NEUE WISSENSCHAFTLICHE BIBLIOTHEK 112
GESCHICHTE

Die Weimarer Republik

Neue Wissenschaftliche Bibliothek

Herausgeberkollegium

KARL OTTO CONRADY
Literaturwissenschaft
begründet von
EBERHARD LÄMMERT

GÉRARD GÄFGEN
Wirtschaftswissenschaften

DIETER HENRICH
Philosophie

KLAUS R. SCHERER
Psychologie
begründet von
CARL FRIEDRICH GRAUMANN

KLAUS R. SCHERER
Kommunikationswissenschaft

WOLFGANG SCHLUCHTER
Soziologie
begründet von
JÜRGEN HABERMAS

HANS-ULRICH WEHLER
Geschichte

Redaktion
HANS-GEORG BEER
BEATE PINKERNEIL

Die Weimarer Republik

Belagerte Civitas

Herausgegeben von
Michael Stürmer

Verlagsgruppe
Athenäum – Hain – Scriptor – Hanstein

CIP-Kurztitelaufnahme der Deutschen Bibliothek

Die Weimarer Republik: Belagerte Civitas /
hrsg. von Michael Stürmer. – Königstein/Ts.:
Verlagsgruppe Athenäum, Hain, Scriptor, Hanstein,
1980.

(Neue wissenschaftliche Bibliothek; 112:
Geschichte)
ISBN 3-445-02064-7 kart.
ISBN 3-445-12064-1 geb.
NE: Stürmer, Michael [Hrsg.]

© 1980 Verlag Anton Hain Meisenheim GmbH, Königstein/Ts.
Alle Rechte vorbehalten
Ohne ausdrückliche Genehmigung des Verlages ist es auch nicht gestattet, das Buch oder Teile
daraus auf fotomechanischem Wege (Fotokopie, Mikrokopie) zu vervielfältigen.
Gesamtherstellung: Friedrich Pustet, Regensburg
Printed in Germany
ISBN 3-445-02064-7 kart.
ISBN 3-445 12064-1 geb.

Inhalt

Vorwort des Herausgebers 9

Einleitung
Weimar oder die Last der Vergangenheit – Aufstieg und Fall der ersten Republik als Problem der Forschung 13

Erster Teil
DAS REICH ZWISCHEN DEN MÄCHTEN

Klaus Hildebrand
1. Das Deutsche Reich und die Sowjetunion im internationalen System 1918–1932. Legitimität oder Revolution? 38

Werner Link
2. Die Beziehungen zwischen der Weimarer Republik und den USA 62

Stephen A. Schuker
3. Frankreich und die Weimarer Republik 93

Gottfried Niedhart
4. Multipolares Gleichgewicht und weltwirtschaftliche Verflechtung: Deutschland in der britischen Appeasement-Politik 1919–1933 113

Carl – Ludwig Holtfrerich
5. Amerikanischer Kapitalexport und Wiederaufbau der deutschen Wirtschaft 1919–1923 im Vergleich zu 1924–1929 131

Zweiter Teil
INDUSTRIEWIRTSCHAFT UND POLITISCHE KULTUR

Klaus J. Bade
6. Arbeitsmarkt, Bevölkerung und Wanderung in der Weimarer Republik 160

Charles Maier
7. Zwischen Taylorismus und Technokratie: Gesellschaftspolitik im Zeichen industrieller Rationalität in den zwanziger Jahren in Europa 188

Helmut Kuhn
8. Das geistige Gesicht der Weimarer Zeit 214

Peter Gay
9. Hunger nach Ganzheit 224

Michael Stürmer
10. Koalitionen und Oppositionen: Bedingungen parlamentarischer Instabilität . . . 237

Friedrich Frhr. Hiller v. Gaertringen
11. Monarchismus in der deutschen Republik 254

Hagen Schulze
12. Die SPD und der Staat von Weimar 272

Dritter Teil
KRISE DER CIVITAS: PARTEIENSTAAT ODER PRÄSIDIALSYSTEM

Hans Boldt
13. Der Artikel 48 der Weimarer Reichsverfassung – Sein historischer Hintergrund und seine politische Funktion 288

Michael Stürmer
14. Der unvollendete Parteienstaat – Zur Vorgeschichte des Präsidialregimes am Ende der Weimarer Republik 310

Knut Borchardt
15. Zwangslagen und Handlungsspielräume in der großen Wirtschaftskrise der frühen dreißiger Jahre: Zur Revision des überlieferten Geschichtsbildes 318

Werner Conze
16. Die Reichsverfassungsreform als Ziel der Politik Brünings 340

Gerhard Schulz
17. Erste Stationen und Perspektiven der Regierung Brüning (1930) 349

Klaus Hildebrand
18. Hitlers *Ermöglichung* und die preußisch–deutsche Geschichte 368

Thomas Nipperdey
19. 1933 und die Kontinuität der deutschen Geschichte 374

Bibliographie 393
Register 402

Abkürzungen

ADAP	– Akten zur Deutschen Auswärtigen Politik
ADGB	– Allgemeiner Deutscher Gewerkschaftsbund
AfW	– Archiv für Wanderungswesen
AHR	– American Historical Review
BA	– Bundesarchiv Koblenz
CEH	– Central European History
DBFP	– Documents on British Foreign Policy
DZA	– Deutsches Zentralarchiv
EHR	– Economic History Review
GStA	– Geheimes Staatsarchiv
GG	– Geschichte und Gesellschaft
GWU	– Geschichte in Wissenschaft und Unterricht
Hb	– Handbuch
HZ	– Historische Zeitschrift
IfZ	– Institut für Zeitgeschichte
Jb	– Jahrbuch
JMH	– The Journal of Modern History
MGM	– Militärgeschichtliche Mitteilungen
NPL	– Neue Politische Literatur
PA.AA	– Politisches Archiv des Auswärtigen Amtes in Bonn
PVS	– Politische Vierteljahresschrift
RH	– Revue Historique
VfZG	– Vierteljahrshefte für Zeitgeschichte
VSWG	– Vierteljahrschrift für Sozial- und Wirtschaftsgeschichte
WRV	– Weimarer Reichsverfassung v. 1919
WWI	– Weltwirtschaftsinstitut
ZS	– Zeitschrift

Vorwort des Herausgebers

Geschichte entsteht aus dem Dialog von Gegenwartsbewußtsein und Vergangenheit. Was die erste deutsche Republik anlangt, wird diese Zwiesprache bis heute übertönt von Dissonanzen: von der Erinnerung an die lange Agonie des liberalen Verfassungsstaats; von der bohrenden Frage nach Ursachen und Aufstieg der totalitären Diktatur; von der Trauer um die erst ein Menschenalter zuvor gewonnene staatliche Einheit der Deutschen; und durch den Versuch der Überlebenden, mit Realpolitik und zweckmäßigen konstitutionellen Vorkehrungen die Gespenster der Vergangenheit zu bannen. Weimar war und blieb Vorbehaltsrepublik im Schatten des Ernstfalls.

Die Auseinandersetzung mit der „Republik ohne Republikaner", dem Gemeinwesen ohne Identität mit sich selbst, begann daher zwangsläufig als Versuch der Vergangenheitsbilanz mit dem Zweck, die politische Kultur der liberalen Demokratie zu rekonstruieren und gegen die Ungewißheit der Zukunft zu sichern. Daß man es so, wie es die Architekten der großen, der Verfassung von 1919 vorausgehenden Kompromisse und dann die Verfassungsväter von Weimar angefangen hatten, nicht wiederholen dürfe, war nach 1945 Konsens unter denen, die noch einmal davongekommen waren. Es galt, ein freies Gemeinwesen festzumachen gegen negative Mehrheiten, gegen Autoritätszerfall, gegen einen übermächtigen Interessenpluralismus und das passive Zuwarten der Republikaner. So wurde Bonn nicht Weimar, konnte es von Anbeginn nicht werden, da die weltpolitischen Konstellationen so gründlich verändert waren wie die inneren Machtstrukturen Mitteleuropas. Und so darf es auch als Zeichen größerer Distanz gelten, wo nicht als Zeichen der Entspannung in unserem Verhältnis zu der belagerten Civitas von Weimar, daß sich die Fragen von damals heute auf eine neue, allgemeinere Weise stellen: die nach der typologischen Bedeutung des Zerfalls eines Gemeinwesens in der Massendemokratie; die nach der in Krise und Entscheidung liegenden Wahrheit des Zwangsstaats; die nach den verschütteten Alternativen demokratischer Gestaltung 1918/19, die nur als konjekturale Geschichte wiedererstehen können; schließlich die Frage nach dem Verhältnis von Wirtschaftsdepression und Institutionenzerfall.

Wenn denn Geschichte je, wie Tacitus es vorhatte, sine ira et studio zu schreiben ist, so war dies in Bezug auf die Republik von Weimar, da sie allen Späteren stets das Trauma ihres Untergangs heraufbeschwor, besonders schwer. Wenn wir von den Erinnerungen und Lebensbeschreibungen von Menschen und Institutionen absehen, so sind, beginnend mit der deutschen wissenschaftlichen Emigration, die Instrumente der zeitgeschichtlichen Strukturanalyse an der Weimarer Republik entwickelt und geschärft worden: anklagend, ratlos, aber auch konstruierend und zugleich distanzierend. Die große historische Synthese der Fragestellungen und der Antworten ist aufgrund solcher Vorbelastungen langezeit gedanklich kaum möglich geworden. Es herrschte die isolierende Betrachtung vor: Soziale Klassen, Verfassungstatbestände, Institutionen und Eliten waren die wichtigsten Forschungsobjekte. Erst in den letzten Jahren, mit zunehmendem Abstand von den Zäsuren und Schuldzumessungen von 1918 und 1933, ist die Weimarer Republik als Ganzes zum historischen Gegenstand geworden.

Aus dieser offenen Situation gewinnt der hier vorgelegte Sammelband seine Ansatzpunkte. Er will jenen, die die erste deutsche Republik post mortem als Studienobjekt betrachten, in drei Dimensionen Orientierung bieten: in der internationalen Politik, im Verhältnis von Industriewirtschaft und politischer Kultur und in der Krise, die zur Entscheidung des Jahres 1933 trieb.

– Im Mächtesystem stand das Deutsche Reich nach dem verlorenen Krieg in einer die alten Staaten und Nationen Europas bereits transzendierenden ideologischen Polarisierung und zugleich in einem durch wirtschaftliche Kriegführung nachhaltig veränderten und durch das internationale Schuldenproblem äußerst instabilen Gefüge der zwischenstaatlichen Beziehungen. Industrielle Kapazität, europäische Mittellage und das Fehlen von Verfassungskonsens und tragfähiger politischer Kultur machten das Potential der noch immer halbhegemonialen Macht in Europas Mitte zu einem Faktor möglicher Revision, ja Revolutionierung des Staatensystems. Die weltpolitische Option zwischen Ost und Welt blieb, wie die innere Verfassung, in einer Schwebelage.

– Die politische Kultur der Republik war geprägt von Spannungslagen und Konflikten, die teils aus dem im Vergleich zu Westeuropa raschen Industrialisierungsprozeß und aus der politisch-sozialen Bauform des Kaiserreichs überkommen, teils durch den Weltkrieg und die Revolutionen Ost- und Mitteleuropas entfesselt waren. Das hochentwickelte System der Verbandswirtschaft, das im Kaiserreich an die Stelle eines kraftvollen Parlamentarismus trat, war im Weltkrieg mit der Staatsbürokratie enger in Symbiose getreten als je zuvor. Die politischen Parteien waren bis zum Weltkrieg in ihrer ideologischen und organisatorischen Führungsstruktur noch überwiegend von den Traditionen des liberalen Obrigkeitsstaats geprägt, und zugleich stiegen seit 1917 auf der Linken und auf der Rechten jene einander scharf entgegengesetzten und doch komplementären „absolutistischen Integrationsparteien" (S. Neumann) auf, die in das Gemeinwesen die Fronten des Weltbürgerkriegs verlängerten und den Nationalstaat damit transzendierten. Die Doppelstruktur der Konfliktentscheidung in der Verfassung endlich, die parlamentarisch und plebiszitär war, geriet zum Ansatzpunkt ihrer Zerstörung.

– Das Präsidialsystem der Jahre 1930 bis 1933 erwuchs aus jenem Dualismus der Verfassungsgrundlagen, der in der Krise die Entscheidung provozierte. Ob es aber logischer Endpunkt der Agonie war, Vorstufe zur totalitären Parteidiktatur, oder Ansatzpunkt eines dritten Weges, ist bis heute umstritten. War es ein Anachronismus, dessen Rechtfertigung in der Krise lag, oder war es die Stunde der Wahrheit für einen Interessenpluralismus, dem weder ein starker Staat noch ein übergeordneter Wertekonsens Schranken setzten? Oder war es schließlich ein Versuch, dem Bürgerkrieg mit bürokratischen Mitteln zu steuern? Es gibt keine einfachen Antworten. Die Situation der Republik in der Agonie war so krisenhaft, wie sie vieldeutig bleibt.

Diese Fragen sind seit einiger Zeit erneut aufgeworfen. Anlaß bot das Erscheinen der Memoiren Brünings, des zwiespältigen Republikaners. Dahinter aber steht die Frage nach der Bedeutung des Ernstfalls für die politische Kultur der liberalen Demokratie. Es

Vorwort des Herausgebers

ist dies auch, losgelöst vom zeitlichen Bezug, die Frage nach der Überlebensfähigkeit der freiheitlichen Demokratie in der Krise von Konsens und Vertrauen.

Kontinuität und Diskontinuität zwischen Kaiserreich, Revolution und republikanischem Neuanfang sind erst jüngst in dieser Reihe zum Thema gemacht worden. Eine wiederholende Ergänzung dieser Fragestellung durfte mithin unterbleiben.[1] Ähnlich steht es mit den Zusammenhängen von Wirtschaftsleben, politischer Kultur und den Entscheidungsprozessen der deutschen und internationalen Politik. Sie wurden unlängst für die gesamte Periode von 1919 bis 1933 und dann erneut für die deutsche Inflation 1914–1923 durch große wissenschaftliche Symposien abgehandelt. Die Ergebnisse liegen, leicht zugänglich und vorzüglich ediert, der Öffentlichkeit vor.[2] Es durfte daher auf eine Verdoppelung verzichtet werden. Stattdessen galt es, mit der Außenpolitik, der politisch-sozialen Bauform und der Krise der pluralistischen Demokratie Problemkreise darzustellen, die heute verstärkter Aufmerksamkeit bedürfen und in einer veränderten Welt der Frage nach der Zukunft einen historischen Rahmen geben. Der Band wird seinen Zweck erfüllen, soweit ihm dies gelingt.

Entsprechend dem Einführungscharakter dieser Reihe erschien es richtig, den Beiträgen als Einleitung eine Skizze der wissenschaftlichen Auseinandersetzung mit der Republik von Weimar voranzustellen. Dem entspricht am Schluß des Bandes ein Literaturverzeichnis, das die wichtigsten Quellenwerke, Handbücher und Monographien der letzten drei Jahrzehnte enthält, freilich in strenger Auswahl. Für vertiefende Forschungen wird auf Spezialbibliographien (s. Einleitung) verwiesen.

Es bleibt der Dank an die Wissenschaftler, die dem Abdruck ihrer Aufsätze in dieser Form zugestimmt haben oder – dies gilt für die Beiträge von K. J. Bade, H. Boldt, F. Frhr. Hiller von Gaertringen, C.-L. Holtfrerich, G. Niedhart, St. A. Schuker und H. Schulze – sie für den neuen Zusammenhang überarbeiteten oder neu formulierten. Die Übersetzung der Beiträge aus dem Englischen wurde von Frau Dr. Annemarie Rahn-Gassert und Herrn U.-Ch. Pallach besorgt. Für die Hilfe bei der Herstellung des Registers danke ich den Herren M. Beer und U.-Ch. Pallach.

Im übrigen, so bleibt zu wünschen, sollte dieser Band nicht allein Studienbuch zur Geschichte einer vergangenen historischen Formation sein. Das Beispiel der belagerten Civitas von Weimar kann die Späterlebenden an die Gefährdung der liberalen Demokratie durch sich selbst, an die Notwendigkeit humaner Vernunft und an die Tatsache erinnern, daß, wo im Industriezeitalter das Erbe bürgerlicher Aufklärung preisgegeben wird, der Weg in die Barbarei beginnt.

Erlangen, im Frühjahr 1980 *Michael Stürmer*

ANMERKUNGEN

1 E. Kolb, *Vom Ersten Weltkrieg zur Weimarer Republik.* Köln 1972.
2 H. Mommsen/D. Petzina/B. Weisbrod (Hg.), *Industrielles System und politische Entwicklung in der Weimarer Republik.* Düsseldorf 1974, 1978² (Pb.).
  O. Büsch/G. D. Feldman (Hg.), *Historische Prozesse der deutschen Inflation 1914 bis 1924.* Ein Tagungsbericht, (Einzelveröffentlichungen der Historischen Kommission zu Berlin Bd. 21). Berlin 1978.

Einleitung

Weimar oder die Last der Vergangenheit – Aufstieg und Fall der ersten Republik als Problem der Forschung

> „Dem Glauben an den Anbruch einer großartigen Zukunft steht das Grauen vor dem Abgrund, aus dem keine Rettung mehr ist, entgegen."
> Karl Jaspers, Die geistige Situation der Zeit, 1931.

> „Es gibt kaum eine Maßnahme, kaum eine Diskussion, kaum ein Werturteil im Bereich der gegenwärtigen Politik, die nicht auf das ‚Beispiel' der Weimarer Republik hin bezogen und an ihren ‚Lehren' gemessen werden. Schwerer noch wiegt die innere Verknüpfung unseres Denkens und Fühlens mit dieser Epoche, die den ersten Versuch einer konsequenten demokratischen Gestaltung unseres öffentlichen Lebens umschließt, und deren Scheitern im politischen Bewußtsein der Deutschen ein Trauma hinterließ, das auch heute noch nicht ganz überwunden oder in konstruktivem Sinne fruchtbar geworden ist."
> Karl Dietrich Bracher, Die Auflösung der Weimarer Republik, 1955.

1. Die Republik ohne Identität mit sich selbst

Belagerte Civitas, stand die erste deutsche Republik von ihrem Aufstieg im Revolutionswinter 1918/19 bis zu ihrem Untergang 14 Jahre später im Schatten des Ernstfalls. In die Perspektive des Ernstfalls bleibt sie bis heute auch für die historische Betrachtung gestellt. Denn niemand vermag die Geschichte der ersten deutschen Republik anders zu sehen als im Banne des Bürgerkrieges, in dem sie zustandekam, der trügerischen Hoffnungen, die sie begleiteten, und der moralischen und politischen Katastrophe, die ihrem Scheitern folgte.[1]

Die Krankheit zum Tode übt auf den Betrachter eine Faszination eigener Art aus: Er kennt, spätgeborener Unheilsprophet, stets das Ende schon – oder meint es doch zu kennen. Sein Interesse verbindet zwei Bezugspunkte: einer in der Vergangenheit, der andere in der Zukunft. Wie aber das Bewußtsein von der Gegenwart sich wandelt, so verschieben sich unsere Perspektiven auf die Vergangenheit. So waren auch die Fragen, die sich 1948/49 im Parlamentarischen Rat stellten, als man das Grundgesetz für die künftige Bundesrepublik beriet, andere als die, welche im Zeichen der großen Debatten um die Wiederbewaffnung in den 1950er und die Notstandsgesetzgebung in den 1960er Jahren folgten, andere auch als jene, die sich heute dem Betrachter aufdrängen. Denn hinter den Fragen an die Geschichte stehen Furcht und Hoffnung der Gegenwart. Mehr als irgendwo sonst gilt dies für die Weimarer Republik, jene fiebrige Phase deutscher Geschichte, über die scheinbar schon alles gesagt, das letzte Wort aber schwerlich schon gesprochen wurde. Denn solange jede Frage nach der Ermöglichung Hitlers mittelbar und unmittelbar alte Wunden aufreißt und neue schafft, solange bleibt auch der Weimarer Staat als Ganzes und prinzipiell unter Verdacht.[2] Am Ende freilich muß auch für die traurige Geschichte von der Auflösung der ersten deutschen Republik in der totalitären Versuchung das Wort Jacob Burckhardts gelten, Historie könne nicht klug machen „für ein andermal", sondern allenfalls dazu verhelfen, weise zu werden „für immer".

Der vieldeutige Zusammenhang zwischen dem Verfall der Republik und dem Aufstieg Hitlers stiftet immer neue Betroffenheit und wirft weit über die damit ihrem Ende zutreibende Geschichte des deutschen Nationalstaats hinaus historisch-politische Fragen auf: die nach Legitimation, Staatsräson und Sicherung einer freiheitlichen Staatlichkeit wider ihre Verächter, die nach den selbstzerstörerischen Antriebskräften politischen Verhaltens, die nach dem Telos der industriellen Zivilisation und endlich die alte, in jeder Generation qualvoll neu gestellte und niemals abschließend beantwortbare Frage nach dem radikal anderen Reich des Millenniums, das auf alle Zeiten Frieden und Gerechtigkeit schaffen soll.

Die Fachhistorie hat, an ihre politischen Traditionen anknüpfend,[3] in Affinität zu den brennenden Fragen demokratischer Neugestaltung nach 1945 enger und damit präziser formuliert: Welche Perspektiven gehen aus der Geschichte von Weimar in die Gegenwart, und was ist aus dem Scheitern der ersten deutschen Republik zu lernen für die Bewahrung der zweiten? Diese Doppelfrage hat das Verhältnis der Überlebenden zu jener Phase der deutschen Geschichte geprägt, die sich als Zwischenakt und retardierendes Moment erwies. Sie liegt bis heute aller historisch-fachlichen Beschäftigung mit der Weimarer Republik zugrunde. Wie stark das Interesse an politischen Kräften und Institutionen in die historische Problemstellung durchschlug, erweist jeder Blick auf die frühen Schwerpunkte der Forschung: Bildende Kunst und Literatur, aber auch Bevölkerungsgeschichte, Sozialer Wandel, Schichtung und Mentalität im Zeichen der fortgeschrittenen Industrialisierung blieben im wissenschaftlichen Nachvollzug[4] weitgehend ausgespart. Dies geschah fast unbewußt, obwohl doch gerade in der Herausbildung der Lebensformen einer industriellen Massengesellschaft nach dem Krieg und in der Zerstörungskraft der Weltwirtschaftskrise wissenschaftliche Herausforderungen lagen, deren Bezug zu praktisch-politischen Lebensfragen ebenso eng war wie die Analyse der Institutionen. Ins gleiche Abseits geriet auch, wenngleich aus anderen Gründen, jener Komplex von Denkformen und Sichtweisen, den man in der Weimarer Zeit selbst noch halb nostalgisch, halb anspruchsvoll „Große Politik" nannte. Ludwig Dehio, der 1948 im Rückblick auf die Katastrophe des deutschen Nationalstaats die Dynamik des europäischen Staatensystems beschrieb,⁵ bleibt bis heute der letzte deutsche Historiker, der dieses aus dem Blickwinkel des Mächtesystems tat.

Der wissenschaftlich zunächst implizierte und bald auch postulierte „Primat der Innenpolitik"⁶ stand den Historikern der deklassierten Großmacht besser an als die Faszination der Väter und Großväter durch das Spiel der Großen Mächte. So wie der Aufstieg des Nationalsozialismus die Auflösung der Weimarer Republik beschleunigt hatte und schließlich vollendete, so hat die Frage nach Hitlers „Ermöglichung" die Zeithistorie bis heute überschattet und selbst noch das späte Kaiserreich, ja die Gesamtepoche der Industrialisierung und der Nationalstaatsbildung unter Verdacht gerückt. „Die Auflösung der Weimarer Republik durch den Nationalsozialismus ist ein Erlebniskomplex, der auch jenseits der Frage nach Verantwortung und Schuld in unserem gegenwärtigen politischen Leben fortwirkt und einer sorgfältigen Diagnose bedarf."⁷ Der Satz, den K. D. Bracher im Vorwort zu seinem heute längst klassischen Werk über die „Auflösung der Weimarer Republik" 1955 niederschrieb, gilt noch immer.

Als Ausdruck des Universitätsseminars, künstlich und konstruiert und ohne einheitsverbürgendes Formprinzip, ist die Weimarer Verfassung von Anfang an gescholten worden. Wer aber ihren Aufbau und Inhalt studiert, kommt nicht umhin, in der Ordnung von 1919 alte soziale und politische Bruchlinien wiederzuerkennen, die die deutsche Geschichte seit der Revolution von 1848/49 durchziehen, als – mit A. J. P. Taylor zu reden – die deutsche Geschichte einen Wendepunkt erreichte, die Wendung aber unterließ. Das Gift einer unausgetragenen, verschleppten Krise habe von 1850 an im Körper des deutschen Volkes gekreist, schrieb Rudolf Stadelmann nach dem Zweiten Weltkrieg im Gedanken an jenes Traumland der liberalen und demokratischen Revolution, als vieles noch hätte anders kommen können. Er nannte den neuen Zustand die typische Krankheit des Landes ohne Revolution.⁸

Auch die Weimarer Verfassung hat daran nur wenig geändert. Sie war nicht geschlossener Ausdruck einer bürgerlichen Revolution, konnte dies so wenig sein wie, nach Lage der Dinge im Winter 1918 auf 1919, Ausdruck einer sozialistischen. Die Nationalversammlung hat eine Reihe von Fundamentalentscheidungen, die längst gefallen waren, nachvollzogen und sanktioniert: die außerkonstitutionelle Stellung der Reichswehr ebenso wie die beherrschende Rolle der „Zentralarbeitsgemeinschaft" für die Arbeitsverfassung in Deutschland, die Stellung der Länder ebenso wie den Verzicht auf die Vergesellschaftung der Produktionsmittel.⁹ Die Weimarer Verfassung hat jene „Neuorientierung" vollendet, die infolge von Industrialisierung und Entstehung eines politischen Massenmarkts bereits im ausgehenden Kaiserreich auf der Tagesordnung stand und der schließlich keine Ereigniskette machtvoller vorgearbeitet hat als der Krieg von 1914 bis 1918.

Der November 1918 hatte dann zuviel Revolution gebracht und auch zu wenig. Es war zu viel Revolution gewesen, um die Reform-Kontinuität des späten Kaiserreichs einfach wieder aufzunehmen, und zu wenig, um aus der Kraft der demokratisch-liberalen Staatsidee in der Gesellschaft und ihren Sozialnormen die neue Staatsordnung machtvoll und dauerhaft zu verankern. Dazu kamen der lähmende Schatten des bolschewistischen Umsturzes in Rußland 1917 und die traumatische Erinnerung an die Schrecken des

Bürgerkriegs.[10] In dieser zwiespältigen Lage zwischen Revolution und Bürgerkrieg hat die „Zentralarbeitsgemeinschaft" der Gewerkschaften und Unternehmer anfangs entscheidend und noch bis 1923/24 den Verfassungsbogen der Republik wirkungsvoll abgestützt.[11]

In den Fragen der Staatsbildung und der Legitimation der neuen Ordnung war die Weimarer Verfassung auch dort, wo sie Formelkompromisse in sich aufnahm, angemessener Ausdruck der gegensätzlichen historischen Kräfte, die sie formten. Der innerstaatliche Kompromiß beruhte auf einem Pluralismus der Kräfte, der mehr einem Waffenstillstand auf Zeit glich als einem dauerhaft tragfähigen Kompromiß. Die Verfassung bedeutete ihren Verächtern auf der Linken und der Rechten letztlich eine Atempause bis zu dem Zeitpunkt, da man sie aus den Angeln heben würde durch Gewalt oder, vorzugsweise, mit dem Bonus der Legalität versehen. Es gehörte zu den entscheidenden Schwächen der Weimarer Verfassung, daß sie ihre tragenden Normen nicht, um es in der Sprache ihres schärfsten Analytikers zu sagen, „bürgerkriegsparteifähig" (C. Schmitt) machte. Das aber war nicht Zufall und Versäumnis, sondern Ausdruck einer Unvereinbarkeit der Ziele von 1918/19, die sich ein Jahrzehnt später unter der Doppelbelastung des Institutionenzerfalls und der wirtschaftlichen Krise als tödlich erwies.

Die Kommunisten hatten sich gar nicht erst an den Wahlen zur Nationalversammlung beteiligt. Die als Deutsche Volkspartei firmierenden Nationalliberalen und die als Sammlungsbewegung der Rechten auftretende Deutschnationale Volkspartei hielten sich bedeckt. Damals in Weimar 1919 ließen viele der Beteiligten ihren Vorbehalt wider das Verfassungswerk, prinzipiell oder abgestuft, sorgsam protokollieren. Es sollte nicht vergessen werden, daß von den 329 Abgeordneten der drei tragenden Koalitionsparteien nicht weniger als 67 bei dieser symbolträchtigen Abstimmung fehlten, neben der Annahme des Versailler Vertrags die wichtigste überhaupt, die die Nationalversammlung zu entscheiden hatte. Das war Zeichen einer Distanz, die nie mehr überwunden werden sollte und die, als schon im Frühsommer 1920 die „Weimarer Koalition" der Mehrheitssozialdemokraten mit der Deutschen Demokratischen Partei und der Zentrumspartei die Mehrheit der Wähler verlor, dem neuen Staat zum Schicksal wurde: Republik ohne Republikaner.[12] „Nicht die Revolution, sondern die der Revolution abgerungene Kontinuität war die Basis der Weimarer Demokratie."[13]

So blieb die Revolution „Ärgernis"[14], der neue Staat von Anfang an fast allen Gruppen der Gesellschaft „Vorbehaltsrepublik" (Bracher) im Schatten des Ernstfalls. Im Grunde hat erst der Schrecken Hitlers, als es zu spät war, die Deutschen begreifen lassen, was sie verloren, als die Republik verkam und schließlich stürzte. Es ist aber bemerkenswert, daß keiner der tragenden Gruppen des Widerstands gegen den Nationalsozialismus der Weimarer Staat, so wie er von 1919 bis 1930 gewesen war, erneuernswert erschien. Danach haben die Schatten der Vergangenheit noch den Parlamentarischen Rat dazu bestimmt, der Bundesrepublik eine konstitutionelle Bauform zu geben, die nicht begreift, wer Weimar nicht begreift.[15] Je mehr aber das Grauen der Vergangenheit einer von ihm verschonten Generation fernrückt, je mehr sozialwissenschaftliche Abstraktion die Realität des Nationalsozialismus auflöst bis zu dem Punkt, da alles zu Kontinuität zusammenschießt und umfassender Faschismusverdacht wuchert, desto nachdrücklicher gerät die Bundesrepublik unter einen Rechtfertigungszwang, der nicht bestand, als der Schrecken noch die Erinnerung besetzt hielt. „Bonn ist nicht Weimar", schrieb F. R. Alleman in den 50er Jahren.[16] Doch wird auf lange Zeit noch die zweite Republik unter dem Schatten der so bitter gescheiterten ersten zu leben haben. Und lange Zeit noch wird gelten, daß jede wissenschaftliche Beschäftigung mit der Weimarer Republik und insbesondere mit den Ursachen ihrer Zerstörung und Selbstzerstörung den Boden der Gegenwart aufreißt.

2. Politik- und Ideengeschichte als Mittel der Standortbestimmung

Der Zerfall der Republik und die Begründung des Nationalsozialismus, der sich seit dem Münchner Debakel von 1923 der Tarnkappe der Legalität bedient hatte, auf die postulierte neue Legitimität einer künftigen „völkischen Verfassung"[17] hatten zur Folge, daß Ursachen und Verlauf des 1930–33 stattgehabten Umbruchs auf die Dauer von 15 Jahren in Deutschland so gut wie gar nicht Gegenstand wissenschaftlichen Nachdenkens wurden. Nach 1933 wurde die „Systemzeit" allenfalls als düsterer Hintergrund für den Glanz des „Tausendjährigen Reiches" eines Blickes gewürdigt. Im übrigen fiel die Republik, während ihre Träger verfolgt und vertrieben wurden, einer gründlich ins Werk gesetzten damnatio memoriae anheim, als habe sie nie bestanden. Die von den Unterlegenen von 1918 seitdem in vielen Varianten vorgebrachte Propagandabehauptung, die von Sozialismus und Demokratie zersetzte Heimat sei der siegreich kämpfenden Front in den Rücken gefallen und habe dadurch den Sieg der Entente herbeigeführt – diese „Dolchstoßlegende" identifizierte von Anfang an die Republik mit Niederlage, Verrat und Schwäche.[18] 1917 und 1918 und alles, wofür diese Daten standen, ungeschehen zu machen, war die Verheißung, die den Nationalsozialisten breiten Zulauf gewann: die Republik als böser Traum. Das war ein Leitmotiv, das von 1917/18 bis 1933 von weit rechts her klang und seit 1933 alle anderen Stimmen übertönte.[19]

Die in die Emigration gezwungenen Historiker und andere Ci-Devants haben an verschiedenen Punkten der deutschen Vergangenheit mit der Frage angesetzt, wie alles gekommen sei und ob alles so habe kommen müssen, wie es dann kam. War Hitler, wie es die NS-Propaganda jedermann einhämmerte, Ziel und Endpunkt der deutschen Geschichte, und galt es allein, diese monströse Behauptung unter umgekehrte Vorzeichen zu stellen: Hitler die Inkarnation des Bösen und das Ergebnis langer Fehlentwicklung? Hitler hat auch den meisten seiner Gegner, ja selbst den Verfolgten und Verfemten den Blick auf zurückliegende Entscheidungslagen und Wahlmöglichkeiten, auf den persönlichen Faktor in der Geschichte und auf die von der Fachhistorie seither zweifelsfrei herausgearbeitete Tatsache verstellt, daß zwar der Untergang der parlamentarischen Republik seit dem Frühjahr 1930 voraussehbar war, daß bis zuletzt aber vieles noch hätte anders kommen können.[20]

Es hat lange Zeit gebraucht, bis die deutsche Geschichte aus der Fahrspur solcher Kontinuitätsthesen freikam und ein kluger Außenseiter der historischen Zunft schreiben konnte, Hitler stehe fremd in der Tradition des Landes. Wie viele tief in den geistigen und gedanklichen Strukturen verankerte Anknüpfungspunkte er auch vorfand, wie zahlreich die Wege waren, die auf ihn hinliefen: Er war, so die These Sebastian Haffners, letztlich ohne Vorläufer. Die Deutschen, so heißt es am Ende von Haffners großem Essay „Anmerkungen zu Hitler", „haben auch in der Zeit ihrer größten Führergläubigkeit dafür einen gewissen Sinn bewahrt. In ihre Bewunderung war immer auch ein Zug der Verwunderung gemischt, Verwunderung darüber, daß gerade ihnen etwas so Unerwartetes, so Fremdartiges wie Hitler beschert war [. . .] Hitler kam für die Deutschen immer von weither; erst eine Weile vom Himmel hoch; nachher dann, daß Gott erbarm, aus den tiefsten Schlünden der Hölle."[21]

Was immer aber Hitler bedeutete, zu seinen Folgen gehörte nach 1945 eine neue Konzentration auf die Politik und ihre Geschichte. Sie fügte sich scheinbar ein in das große Erbe des deutschen Historismus im 19. Jahrhundert, der auf der Bedeutung von Staat und Individualität insistiert hatte. Diese Tradition wurde durch die Übergewalt des historischen Dramas, das sich in Europa Akt für Akt abspielte bis zur Katastrophe des Krieges, eher verstärkt als revidiert, während längst Hitler und Stalin den Politikbegriff des 19. Jahrhunderts schlechthin gesprengt und ganz andere Kategorien provoziert hatten. Dieser Primat der politischen Historie hat, wie er die Deutungen in der Zeit selbst bestimmte, auch die Neuansätze der Fachhistorie nach dem Zusammenbruch des *Dritten Reiches* auf die Dauer einer Generation noch geprägt. Die institutionenbezogene Analyse des geschichtlichen Materials, namentlich mit dem Blick auf Militär und Politik, verstand sich langezeit von selbst und bedurfte keiner sonderlichen Begründung.

Deutsche Geschichte von 1918 bis 1933 konnte in Deutschland, nachdem die Nationalsozialisten ihre *Machtergreifung* durch Terror, Vertreibung und Gedankenkontrolle befestigten, nicht mehr analysiert und geschrieben werden. Alles von Belang, was über die zerstörte Republik verfaßt wurde, erschien im Ausland. Zahlreiche Memoiren wurden verfaßt – Brüning, Braun, Severing vor allem – die meisten aber sind erst nach dem Krieg erschienen, und gerade die wichtigsten, diejenigen Brünings, zuletzt.[22] Am wichtigsten, wenn auch in Deutschland langezeit fast ungelesen, blieb bis in die 1960er Jahre Arthur Rosenbergs Versuch einer Gesamtschau. 1928 erschien der weit ausholende erste Band: „Entstehung der deutschen Republik 1871–1918", 1935 erst im Exil der zweite Band, der die Geschichte der Republik bis zum Vorabend des Präsidialsystems führt.[23] Rosenberg, dessen Weg von der Vaterlandspartei zur KPD und vom Althistoriker zum Betroffenen und Chronisten der Zeitgeschichte führte, hat darin eine Geburtsfehler-These vertreten, die sein eigenes politisches Engagement rehabilitieren sollte. Er sah den Ansatz des Scheiterns der Republik in der, wie er meinte, von den Mehrheitssozialisten bereits 1918 verschenkten Möglichkeit, Großindustrie und Großlandwirtschaft zu sozialisieren und das Erreichte durch ein System der Rätedemokratie zu sichern: Dritter Weg zwischen bürgerlichem Parlamentarismus und bolschewistischem Umsturz. Das war eine These, die von den Zerwürfnissen zwischen Sozialisten und Kommunisten 1918 bis in die Gegenwart eine lange Spur zieht, die die Sozialdemokraten der ersten Stunde für die Agonie der letzten verantwortlich macht und doch an dem Umstand nicht vorbeikommt, daß die sozialistische Umgestaltung entscheidender Lebensbereiche in der Schwebelage von 1918/19 allenfalls um den Preis eines blutigen Bürgerkriegs und ungeheurer Leiden – vielleicht – zu haben war. Eine konsequent sozialistische Umgestaltung aus einer Minderheitsposition – denn mehr stand nicht zur Verfügung – hätte jenen Konsens der Bürger von vornherein zerstört, ohne den ein demokratisches Gemeinwesen nicht denkbar ist. Die Nationalversammlung hätte danach schwerlich noch stattfinden können.

Der Schwerpunkt der Studien zur neuesten deutschen Geschichte lag von 1933 bis 1945 in den Vereinigten Staaten.[24] Zuvor war dort Beschäftigung mit der deutschen Geschichte, sieht man von diplomatiegeschichtlichen Werken zum Ersten Weltkrieg und von Veblens „Imperial Germany and the Industrial Revolution" ab, das 1915 angesichts des nahen Krieges den Amerikanern die revolutionär-reaktionäre Doppelpoligkeit der deutschen Zivilisation erklären wollte, „nicht sehr verbreitet".[25]

Der Sieg des Nationalsozialismus in Deutschland, die Faszination der Revolution von Rechts, der Spanische Bürgerkrieg und der Ausbruch des Zweiten Weltkrieges haben dann das Bedürfnis nach Information steil ansteigen lassen, das hauptsächlich – Gordon Craig und Stuart Hughes waren Ausnahmen – durch die emigrierten Gelehrten befriedigt wurde.[26] Ein zweiter Aufschwung der Befassung mit der deutschen Geschichte folgte in der Nachkriegszeit, als Mitteleuropa Hauptschauplatz der Konfrontationen des Kalten Krieges wurde, die Westintegration der Bundesrepublik Gestalt gewann und die emigrierten deutschen Gelehrten durch ihre Seminare Schule bildeten.[27]

Die Fragestellungen, die die amerikanische Forschung bewegten, waren damit von vornherein diejenigen, die im geistigen Gepäck von Historikern wie Hajo Holborn, Hans Rothfels, Hans Rosenberg, Alfred Vagts, Fritz Epstein, Felix Gilbert oder auch, von der Wirtschafts- und Unternehmergeschichte herkommend, Fritz Redlich den Weg über den Atlantik genommen oder die die Gewalt der militärischen Auseinandersetzung und das Interesse an der Rekognoszierung des Gegners hervorgerufen hatten. Es ging um die Ursachen des Nationalsozialismus und um die Schwäche der Weimarer Republik, und das hauptsächliche Mittel der Analyse war die Untersuchung von Institutionen und Intellektuellen: Politik- und Ideengeschichte aus drängendem zeitgeschichtlichen Anlaß. Die Arbeiten Eckart Kehrs, „angry young man" der Preußen-Historie, der 1933 als Stipendiat in den USA starb, waren unbekannt geblieben.[28] Hans Rosenbergs konjunkturgeschichtliche Studien[29], durch die Auseinandersetzung mit der Weltwirtschaftskrise seit 1929 angestoßen, wurden zwar achtungsvoll gelesen; doch fand die nichtmarxistische, materialistische Betrachtungsweise Rosenbergs langezeit wenig Nachahmer; Schule gebildet hat Rosenberg erst in den 60er Jahren in der Bundesrepublik. Politik und Ideen herrschten langezeit vor. Sie wurden gespiegelt in bedeutenden Figuren des geistigen Lebens und des politischen Betriebs. Die Schwerpunktsetzung verriet sich auch durch ihre Zäsuren, die identisch waren mit Daten politischen Umbruchs: 1871, 1918, 1933.

3. Perspektiven von Bonn auf Weimar

Als 1948 in Bonn der Parlamentarische Rat zusammentrat, um den deutschen Westzonen ein staatliches Gehäuse zu geben, ohne doch alle Möglichkeiten späterer Wiedervereinigung zu versperren, wurde das Scheitern der Republik aus einer akademischen Frage zu einem brennenden Problem politischer Neugestaltung. Alle verfassunggebenden Versammlungen der neueren Geschichte standen im Schatten der Vergangenheit. Selten aber hat eine Versammlung so im Bann der Wiedergänger gehandelt wie jene, die 1948/49 nach dem Willen der sozialdemokratischen Repräsentanten so viel wie möglich an innerer Gestaltung dem späteren Votum des Wählers vorbehalten, nach dem Willen der bürgerlichen Mehrheit aber bestimmte Grundwerte und Festlegungen eben gegen eine künftige Revision treffen sollte.[30] Einig war man sich deshalb vor allem in dem Willen, daß es so, wie es in Weimar gewesen war, nicht wieder sein solle. Die Beschwörung der Geister der Vergangenheit blieb mithin tief doppeldeutig, war Ratsuche, Beispielsammlung und Vorkehrung gegen die Gespenster des konsensverneinenden Radikalismus, taumelnder Regierungen, demagogischer Plebiszite und eine Zerbröselung des Mehrheitswillens durch eine Überzahl kleiner Parteien. Als das Grundgesetz für die künftige Bundesrepublik Deutschland entstand, galt es, wie 30 Jahre zuvor in Weimar, Grundrechte und nationale Frage, Föderalismus und Parlamentarismus, Demokratie, Sozialstaat und Eigentumsverfassung in ein Verhältnis zu bringen.

Vor allem ging es darum, die tödliche Schwäche der ersten Republik zu meiden. Die Frage lautete damit aufs neue, wo denn jene Krankheit zum Tode begonnen hatte. Manches ähnelte sich für den Betrachter, der Weimar und Bonn miteinander verglich und dem manche Gesichter bekannt vorkamen. Vieles aber war von vornherein ganz anders, darunter wichtige politische Rahmenbedingungen: eine deutsche bewaffnete Macht existierte nicht mehr, eine eigenständige Politik der Ost-West-Balance war angesichts des die deutschen Staatsteile scharf trennenden „Eisernen Vorhangs" (Churchill) kaum noch denkbar, geschweige politisch realisierbar; die Vergesellschaftung von Großindustrien, Banken und Großlandwirtschaft auch im Westen war, je länger man sie aufschob, desto weniger politisch möglich. Der wirtschaftliche Erfolg der Sozialen Marktwirtschaft nährte den politischen Erfolg ihrer Träger. Die Länder der westlichen Besatzungszonen beharrten, da sie vor dem Bund dagewesen waren, auf ihrer von den Westmächten als Gegengewicht gegen jeden Zentralismus der Vergangenheit verstärkten neuen Staatlichkeit; wichtigste innenpolitische Entlastung der Beratungen war die Tatsache, daß Beschlüsse über Wehrmacht und Ausnahmezustand sich erübrigten, solange die Besatzungsmächte die Souveränität rechtlich und faktisch in Händen hielten.

Jene scharfen Konflikte, welche die Weimarer Verfassungsberatungen von der ersten Stunde an belasteten, blieben der Bonner Versammlung erspart. Die Rückversicherung an den westlichen Alliierten der seit 1947 sichtbar zerfallenden Anti-Hitler-Koalition wurde bezahlt mit einer Beschränkung verfassungspolitischer Gestaltungsfreiheit – eine Einschränkung, die der Mehrheit der Verfassungsgeber im stillen eher als Vorteil erscheinen mußte denn als Belastung. „Bonn" war in der Tat nicht „Weimar". War 1919 die kaiserliche Vergangenheit in starken Machtgruppen und Sozialschichten noch durchaus gegenwärtig, so bildeten zwischen dem Parlamentarischen Rat und der Vergangenheit die 12 Jahre der nationalsozialistischen Diktatur eine tiefe Bruchlinie – tiefer im Politischen als, wie man später zu bemerken Gelegenheit fand,[31] in den Lebensformen des Alltags, in Mentalitäten und „unspoken assumptions" (J. Joll). Dem weit verbreiteten Gefühl eines – mit Alfred Heuß zu reden – „Verlust der Geschichte"[32] entsprach die halb unwirkliche, weil Kernbestandteile souveräner Verfassungsgebung und Selbstbestimmung aussparende Lage im Parlamentarischen Rat. Antworten auf Wesensfragen der politisch-sozialen Bauform des modernen Industriestaats wurden verschoben auf später, und manche, wie die Frage der Sozialisierung, regelten sich im Verlauf dieses Prozesses von selbst.

Während sich unübersehbar im öffentlichen Bewußtsein die Frage nach dem Sinn der Geschichte und jeder Beschäftigung mit ihr stellte und für die Desillusionierten die deutsche Geschichte, wie vordem als Heilsgeschichte zum Himmel, nunmehr stracks in die Hölle zu weisen schien, hat die Frage nach dem Geschick der ersten Republik und den Ursachen ihres Untergangs die Politiker ebenso in ihren Bann gezogen wie die Historiker. Geschichte sollte klug machen für ein andermal, ungeachtet der aus dem 19. Jahrhundert herüberklingenden Warnung Jacob Burckhardts, daß sie derlei nicht vermöge. Es galt, mit der Vergangenheit einen Dialog über den Abgrund zu führen. Am deutlichsten kam dieses Bedürfnis politischer Sinn- und Zielorientierung in einem großen Forschungsbericht zum Ausdruck, den der Kieler Historiker K. D. Erdmann 1955 im 3. Jahrgang der Vierteljahrshefte für Zeitgeschichte veröffentlichte und der bis heute Grundfragen politischer Wertorientierung und historischen Urteilens aufwirft. Erdmann stellte fest, es sei „jedes Urteil über Verhältnisse und Geschehnisse aus der Zeit der Weimarer Republik zugleich ein politisches Faktum". Er warnte vor fatalistischer Interpretation der Zeitgeschichte und verwies – für die zweite deutsche Demokratie im Schatten der ersten war dies elementare Voraussetzung aller Hoffnungen – auf die Offenheit der Situation auch in den Entscheidungssituationen der Weimarer Zeit und den „schwankenden Boden historischer Prognosen". Die erste Republik, so Erdmanns Plädoyer, bedeutete nicht die Einbahnstraße ins Desaster. Seine These, die die Position der liberalen Republikaner gegen die Verfechter der sozialistischen Demokratie historisch verankerte, ging von einer 1918/19 klar aufgeworfenen Alternative aus: „die soziale Revolution im Bund mit den auf eine proletarische Diktatur hindrängenden Kräften oder die parlamentarische Republik im Bund mit konservativen Elementen wie dem alten Offizierskorps." Erdmann konnte dafür die Sicht von Zeitgenossen wie Friedrich Naumann anführen, die eben dies gesagt und geschrieben hatten, oder Friedrich Ebert, der entsprechend gehandelt hatte.[33] Seine These richtete sich historisch gegen Arthur Rosenbergs These vom prinzipiellen Geburtsfehler der Republik, die in der unterbliebenen sozialistischen Umgestaltung den Keim des – auch Rosenberg vermeidbar erscheinenden – Untergangs sah. Erdmanns These mußte freilich bei den Sozialisten der zweiten Nachkriegszeit Widerspruch wecken, die in ihren Rezepten allein die Gewähr der demokratischen Dauer erblickten – noch vor dem Godesberger Programm und lange vor der Re-Ideologisierung der späten 60er Jahre.

Erich Matthias, Zeithistoriker mit intimer Kenntnis der Ideen- und Sozialgeschichte der deutschen Sozialdemokratie und einer der besten Kenner der Parteiengeschichte im Übergang vom Kaiserreich zur Weimarer Republik[34], hat wenig später kraftvoll eine Gegenposition vertreten und Rosenbergs Thesen verteidigt. Es sei gerade das Verdienst Rosenbergs gewesen, daß er die Gestaltungskräfte der Übergangsperiode 1917/19 eindringlich analysiert und sein Augenmerk auf die Elemente „volkstümlicher Demokratie" gerichtet habe. Die rückläufige Bewegung, die bereits um die Jahreswende 1918/19 – hier fand Matthias den „point of no return" – wirksam wurde, habe die Arbeiterschaft binnen kurzem zersplittert, was nicht ohne die Versäumnisse der Regierung der Volksbeauftragten und „das faktische Versagen der sozialistischen Führer aller Richtungen" erklärbar bleibe.[35]

Wie die meisten historisch-politischen Auseinandersetzungen solcher Art spiegelte diese Kontroverse weniger Differenzen der Quelleninterpretation als vielmehr politische Werthaltungen wider, wie sie bis heute die unterschiedlichen, ja zum Teil scharf gegensätzlichen Deutungen der Revolution und ihrer Folgewirkungen kennzeichnen.[36] Die Deutung der Vergangenheit nährte sich aus unterschiedlichen Bildern von Gegenwart und Zukunft. Erdmann vertrat die Lebensmöglichkeiten eines bürgerlichen – sozialistischen Kompromisses, wie er 1919 ja auch in der Weimarer Reichsverfassung Gestalt gewann. Matthias plädierte für die ungenutzten Gestaltungsmöglichkeiten der sozialistischen Demokratie, die dann erst wieder nach den Brüchen und Konflikten seit 1967/68 in die Debatte der Historiker eindrangen. Indes, die Frage nach den Grundwerten der Demokratie und den sie tragenden Sozialverhältnissen durchzog auch in den 50er und den frühen 60er Jahren die Deutung der Weimarer Republik und prägte die individuelle wie die kollektive Erinnerung. Nur selten wurde sie so unzweideutig zum Thema gemacht wie zwischen K. D. Erdmann und E. Matthias. Während die Frage ungeklärt blieb, ob der Republik ein Zuviel oder ein Zuwenig an bürgerlichem Parlamentarismus zum Schicksal wurde, rückten zunächst einmal drei Formen literarischer Beschäftigung mit Weimar in den Vordergrund: Erinnerung, Dokument und Überblicksdarstellung. Zu der Faszination des Scheiterns, die von Weimar ausging, und zu der Hoffnung, klüger zu werden für ein andermal, trat seit Mitte der 50er Jahre der Reichtum der Quellen: niemals zuvor hatten Historiker Aufstieg und Niedergang einer politischen Kultur, zusammengedrängt auf einen Zeitraum von 14 Jahren, so umfassend aus den Akten rekonstruieren können. Kein Wunder, daß die Tradition politischer Historie, aus dem 19. Jahrhundert überkommen und nach 1945 als vornehmstes Mittel der „Bewältigung" der Vergangenheit rehabilitiert, noch einmal eine Blüte erlebte.

Die Zahl der Erinnerungen an die Weimarer Zeit, ob belangvoll oder belanglos, ist bis heute unübersehbar. Nur einige wichtige und typische seien hier genannt.[37] Mit Kuno Graf Westarp kam einer jener gouvernementalen Deutschnationalen zu Wort, der in seiner Person die Kontinuität vom Kaiserreich zur Republik verkörperte wie auch die Ahnungslosigkeit der alten Konservativen angesichts dessen, was sich auf der nationalen Rechten als Massenbewegung zusammenbraute.[38] Manche dieser Erinnerungen rückten eine Einzelfrage in den Vordergrund wie die nach dem deutsch-russischen Rapallovertrag und den Chancen einer zweiten Rochade dieser Art, nach dem Verhältnis zu

Rußland im Ganzen oder nach der Zusammenarbeit von Reichswehr und Roter Armee.[39] Eine zweite Generation der Memoirenliteratur, die auf der Verantwortung der tragenden Parteien des Weimarer Verfassungsbogens für Auflösung und Scheitern der Republik insistierte, begann bereits mit der frühen Edition von Julius Lebers nachgelassenen Reden und Schriften.[40] Die meisten Erinnerungsbücher indes verbanden Mitteilung, Reflexion und die Erläuterung des moralischen Dilemmas ihrer Autoren, so die Memoiren des Reichsfinanzministers L. Graf Schwerin Krosigk, von Ernst von Weizsäcker und Peter von Kleist.[41] Wenig Kredit fand in der Öffentlichkeit und bei den Historikern, was der Reichskanzler von 1932 zur Erhellung der jüngsten Vergangenheit beitragen wollte: „Die Wahrheit in die Gosse!" – so erlag ein Rezensent der Versuchung, den Titel der getrübten Erinnerungen Papens abzuwandeln.[42] Von den Politikern der Weimarer Zeit meldeten sich Otto Geßler zu Wort, Reichswehrminister „von Ewigkeit zu Ewigkeit", und Hans Luther, Reichskanzler von 1925/26, der das Scheitern der Republik plakativ auf die Zerstrittenheit der Parteien zurückführte, ohne der tieferliegenden Gründe für dieses Faktum innezuwerden.[43] Geßler wie Luther zitierten sich selbst: Ihre Rezepte für die Sanierung der Regierungsweise waren nicht befolgt, ihre Vorstellungen zur Reichsreform übergangen worden.

In den Analysen der ersten zehn Jahre nach dem Ende des *Dritten Reiches* war die Frage nach dessen Voraussetzungen und Anfängen übermächtig. Theodor Eschenburg, einst im Kreis um Stresemann beheimatet, warf mit der These von der „improvisierten Demokratie der Weimarer Republik" ein Stichwort in die Diskussion, das fruchtbaren Widerspruch und die Frage provozierte, ob die Republik in der Tat ohne tiefere Wurzeln in der deutschen politischen Tradition stehe und am Ende des Krieges von oben befohlen worden war.[44] Th. Ellwein untersuchte das Erbe der Monarchie in der deutschen Staatskrise und kam zu dem Schluß, daß es allenfalls Dispositionen nach Rechts begünstigte, aber notwendigerweise in prinzipiellen Gegensatz zu der revolutionärreaktionären Führerbewegung des Nationalsozialismus geriet.[45] Waldemar Besson stellte am Beispiel Württembergs Leistung und Versagen der Einzelstaaten in der Krise dar.[46] Auf die Vorentscheidung des Anfangs lenkten Matthias und Tormin die Aufmerksamkeit, Matthias mit einer ideengeschichtlichen, Tormin mit einer Institutionen-Analyse, nicht ohne die Frage im Hintergrund, ob die Sozialdemokratie auch der zweiten Republik jenes kraftvolle Engagement verweigern würde, das der ersten so entscheidend gefehlt hatte.[47] Aus dem Bedürfnis, Historie und demokratische Identität zu verbinden, entstand damals, parallel zum Münchner Institut für Zeitgeschichte mit seinen anfangs vor allem auf den Nationalsozialismus gerichteten Interessen, in Bad Godesberg die „Parlamentarismus-Kommission" unter direkter Förderung des Bundes, der die Aufgabe übertragen wurde, die Voraussetzungen der liberalen Demokratie in der deutschen Geschichte zu erhellen und zu diesem Zweck wissenschaftliche Arbeiten zu fördern und zu publizieren.[48] Daraus entstand die lange, wissenschaftlich angesehene Reihe der „Beiträge zur Geschichte des Parlamentarismus und der politischen Parteien."

Die Gründerzeit einer auf politische Pädagogik und aufklärerische Politikgeschichte verpflichteten Historie endete, als Karl Dietrich Bracher 1955 eine meisterhafte Strukturanalyse der Weimarer Republik von ihrem Ende her vorlegte. Brachers „Auflösung" hat seitdem viele Auflagen erlebt und der Politischen Wissenschaft wie der Zeitgeschichte einen analytischen und ethischen Maßstab vorgegeben, an denen beide Disziplinen sich seither messen lassen müssen. Bracher leistete, indem er die Dimensionen und Stufen des Scheiterns darstellte, die Integration theoretisch-systematischen Denkens in die historische Beschreibung.[49]

Die strukturgeschichtliche Methode, in Brachers Studie exemplarisch angewandt, hat damals die seit 1945 als moralischer Imperativ wie als politische Überlebensbedingung fungierende „Bewältigung der Vergangenheit" auf die Ebene historisch-methodischer Reflexion gehoben. Es hatte sich erwiesen, daß, um den Abgrund auszumessen, es zum pädagogischen Engagement der Arbeit der Historie bedurfte. Es dauerte jedoch noch einmal mehr als ein Jahrzehnt, bis die moderne systematische Wirtschaftsgeschichte, die ihre Begrifflichkeit an der Industrialisierung geschärft hatte, die Weimarer Periode entdeckte. Zugleich wurde durch die neuere „Sozialgeschichte" jener Aspekt der Historie in den Vordergrund geschoben, der das Leben der sozialen Körper und Institutionen betraf, der Eliten, Interessengruppen, Klassen und Schichten.[50] Die „Gesellschaftsgeschichte" dagegen, welche die ältere Staaten- und Politikgeschichte als integrale Betrachtungsweise abzulösen bestimmt war, ist langezeit und bei der Betrachtung der 20er Jahre im Grunde bis heute nicht über Ansätze und Programme hinausgekommen. Tiefer war die Prägung, bewußt und unbewußt, durch die Wiederbelebung marxistischer Positionen in den späten 60er Jahren, die von der klassischen Orthodoxie bis hin zur bloßen Lust an Bewegung, Widerspruch und Jugendlichkeit ein weites Spektrum aufwies. „Relevanz", Bekundungen über außerwissenschaftlich begründete „erkenntnisleitende Interessen" und ein meist nicht weiter detailliertes Streben nach „Emanzipation" waren Leitsterne einer Historie, der sich im Übereifer der Anklagen gegen den „Kapitalismus" und im Hang zu parteiischer Generalisierung die fundamentale Zäsur, was Rechtsstaat, Bürgerrecht und Menschenwürde anlangte, des Jahres 1933 langsam entzog. Aus der verbohrten Blindheit der deutschen Kommunisten vor 1933 wurde seit 1968 ohne Not eine Tugend herausdestilliert. Davon wird im folgenden noch ausführlicher die Rede sein.

4. Zäsuren der Politik – Zäsuren der Historie

Hatten die Aufbaujahre der Bundesrepublik die Frage des Scheiterns der ersten Republik und der Staatsräson der zweiten niemals zur Ruhe kommen lassen, so wurde die Phase der Konsolidierung im Zeichen der langen Kanzlerschaft Adenauers, mit dem Abbau sozialer Spannungslagen und der weltpolitischen Orientierung durch den Kalten Krieg, durch jene politischen Konflikte bewegt, die dem Parlamentarischen Rat ein Jahrzehnt zuvor mangels souveräner Eigenstaatlichkeit erspart geblieben waren: Westintegration, Wiederbewaffnung und die Einfügung des Ausnahmezustands in das Grundgesetz. Westintegration und Wiederbewaffnung bedeuteten, daß jene Ost-West-Balance, durch die sich die Weimarer Republik einen Restwert von Großmachtpolitik gesichert hatte, vollends unwiederholbar wurde.[51] Der Aufbau der Bundeswehr warf die Frage nach der Rolle der Reichswehr wieder auf, am Anfang, im Kapp-Lüttwitz-Putsch 1920, wie am Ende, als die Generale zum Schiedsrichter im latenten Bürgerkrieg wurden, wobei der Verlust der meisten Akten ein ernstes Hindernis der Forschung bildete.[52] Der Kampf um die Notstandsgesetze zog seine Argumente historisch vor allem aus der Erinnerung an die Rolle, die die dürren Paragraphen des Artikels 48 WRV als Mittel gespielt hatten, um dem Präsidialregime in den Sattel zu helfen, noch bevor Hitler sich ihrer bediente.[53] Auffallend war, daß kaum einer der Kombattanten für und wider die Notstandsgesetze sich des Umstands erinnerte, daß der Ausnahmezustand bis Ende 1923 mehr als 120 Mal gebraucht worden war, um die Republik gegen ihre Verächter von Rechts und Links zu stabilisieren.[54]

Am Ende der 50er und zu Beginn der 60er Jahre wurden die vorgefundenen Forschungsansätze vertieft durch neue, vor allem aus dem Bereich der systematischen Sozialwissenschaften entliehene Fragestellungen, aber auch durch Einbeziehung von bislang schwer oder garnicht zugänglichem Quellenmaterial politischer Provenienz, dessen Aussagekraft zuletzt noch einmal das Vorwalten politikgeschichtlicher Fragestellungen verstärkte. Der politische Nachlaß Gustav Stresemanns (Politisches Archiv des Auswärtigen Amts, Bonn) und die Akten der Reichskanzlei (Bundesarchiv, Koblenz) sind hier an erster Stelle zu nennen, zumal sie der Forschung frühzeitig durch das Medium des Dokumentenfilms zugänglich wurden, Schlüsseldokumente für Beschreibung und Analyse der deutschen Innen- und Außenpolitik der Weimarer Zeit. Die faktische Regierungsweise des Weimarer Staats wurde analysiert, das Verhältnis von Beamtenkörper und Parteienstaat, die Frage des ungefügen, durch das Übergewicht Preußens ungleichgewichtigen Föderalismus und der Reichsreform,[55] schließlich die Rolle des Reichspräsidenten und der plebiszitären Komponenten des Weimarer Verfassungssystems, die dessen repräsentative Bestandteile weniger ergänzten als lahmlegten.[56] Die analytischen Verfahren der politischen Soziologie wurden auf die Parteien angewandt, es wurde gezählt und gewichtet, es wurde die Frage nach der Kontinuität gestellt.[57] Es war ein Außenseiter der historischen Zunft, der Soziologe M. R. Lepsius, der in einem brillanten Aufsatz von 1964 die Historiker daran mahnte, vor Bäumen doch den Wald nicht zu vergessen. Ihm ging es um die Frage nach Kontinuität und Anpassungsfähigkeit der politischen Parteien von ihrer Gründung bis zu ihrer Auflösung 1933, und er setzte die Frage an bei den großen Sozialkonflikten des Industriezeitalters, die eben gerade *nicht* zum Gründungsmythos der Parteien geworden waren. Die deutschen Parteien waren großenteils älter. Die alte Frage, ob Weltanschauung oder Klasse das eigentliche Bestimmungselement der deutschen Parteien sei, beantwortete Lepsius mit dem Hinweis auf „Sozialmilieus" und griff damit Ansätze der modernen Mentalitätsforschung wieder auf.[58]

Angesichts der Katastrophe, in die am Ende alles einmünden wird, blieb für die Forschung bis heute das lange Scheitern der Weimarer Republik ein Gegenstand von düsterer Anziehungskraft. Hier sollte sich, auf Entscheidung und Extrem gestellt, die tieferliegende Wahrheit der Weimarer Gesellschafts- und Staatsverhältnisse gewissermaßen unverhüllt darbieten – ein Gedanke, der in der Weimarer Zeit und gegen sie von Carl Schmitt vorgedacht und seither von vielen nachgedacht wurde. Die Republik wurde und wird bis heute vom Ernstfall her untersucht.[59] Das aber hat ihr, als die intellektuelle und politische Öffentlichkeit in der Bundesrepublik im Gefolge des ersten Ölschocks, stärkerer Arbeitslosigkeit und insgesamt bedrohlicher Wachstumsstörungen der Weltwirtschaft ihrer Gefährdungen innewurde, neue Aktualität als Paradigma der Krise verschafft. Jene geistige „Tendenzwende", die in Kernbereichen der Öffentlichkeit Platz griff, lenkte den Blick erneut nach Rückwärts: war Bonn doch Weimar? Wie immer die Antwort lauten wird – vieles spricht unterdessen dafür, daß es bei dem qualifizierten Nein des ersten Jahrzehnts bleiben wird – die Krise der Industriegesellschaft und der Untergang ihrer politischen Kultur bilden weit über den Kreis der Historiker hinaus, hier vielleicht sogar am wenigsten, ein Memento. Jedenfalls ist es auffallend, daß von 1973 bis in die jüngste Zeit hinein die Zahl der Publikationen, die das Scheitern der Republik in Augenschein nehmen, eher wuchs als zurückging.[60] Das hing freilich auch damit zusammen, daß das Erscheinen der Brüning-Memoiren 1970 manche liebgewordene Illusion über die letzten Ziele des bedeutendsten Kanzlers der Präsidialperiode 1930–33 zerstörte und zu einer Neubewertung von Brünings großem Plan führte – wenn er denn einen solchen schon 1930 hatte und nicht erst, durch Scheitern und Exil von der jüngsten Vergangenheit getrennt, beim Schreiben der Memoiren[61] ein halbes Jahrzehnt später fand, wie alles hätte verlaufen sollen. Die Vorstellung von Brüning als dem letzten Demokraten auf den Kommandohöhen der Reichspolitik wird, wer die Memoiren als Rechenschaftsbericht ernst nimmt, kaum noch vertreten wollen. Eher darf man heute in Brünings Politik den Versuch wiedererkennen, auf der Basis der präsidialen Reserveverfassung Parteienstaat und Parlamentarismus zu transzendieren zu einem bürokratischen Regime, dessen Legitimationsbasis in der Volkswahl des Reichspräsidenten, einer den alten Glanz rückgewinnenden Mitteleuropa-Politik und – nach einer Phase des Verzichts – Prosperität durch Wiedereroberung der verlorenen Führungsstellung in der Weltwirtschaft liegen sollte. Ein Versuch freilich, der im kalten Licht der Aktenvorgänge viel von seiner imponierenden Geschlossenheit einbüßt.[62]

Die vorherrschenden und wie selbstverständlich das historische Interesse lenkenden Erklärungsweisen des deutschen Historismus – Staat, Individualität, Sittlichkeit und der Vorrang des Politischen – sind nicht, wie viele meinen, trotz, sondern gerade infolge der Erklärung heischenden Krisen und Katastrophen des 20. Jahrhunderts über ihre Zeit hinaus gültig geblieben, zuletzt noch einmal elementar erneuert durch das Bedürfnis nach Erklärung und Sinndeutung des Sturzes der Republik und des Aufstiegs der Diktatur. Diese Paradigmen sind indes seit Mitte der 60er Jahre einem Wandel ausgesetzt gewesen, der das Erbe des Historismus in allem in Frage stellt außer in seiner impliziten Funktion, Identität zu schaffen und damit Weltorientierung und Sinndeutung zu geben. Die stark ausgeweitete Disziplin der Sozialgeschichte und eine der älteren Staatengeschichte entgegengesetzte integrale, progressistische Gesellschaftsgeschichte übernehmen in der industriellen Welt des 20. Jahrhunderts so gut und so schlecht die Aufgaben der Daseinsdeutung, wie es der Historismus für die aufstrebenden bürgerlichen Schichten des 19. Jahrhunderts tat. Das Spiel der „Großen Mächte", das die Historiker der zur

Weltmacht aufstrebenden jungen Industrienation faszinierte,[63] ist den Enkeln weithin unverständlich geworden, Schein und Schatten. Auch die eine zeitlang durch die methodische Vermutung eines „Primats der Innenpolitik" noch rehabilitierte Institutionengeschichte und die Analyse von Macht und Herrschaft wurde degradiert, bis sie nur noch eines unter mehreren tragenden Elementen des historischen Prozesses wurde, die es zu analysieren gilt neben sozialer Schichtung, ökonomischer Entwicklung und soziokulturellen Erscheinungen.[64]

Dieser Paradigmenwechsel hatte manches mit der akademischen Aufbruchsstimmung der späten 60er Jahre zu tun, war aber in seinen tragenden Elementen älter als die politische Mode und wurde genährt durch ein Bewußtsein, daß die Bundesrepublik mit ihrer prallen Diesseitigkeit, dem Dégoût ihrer Wähler an profilierter Ideologie, ihrer wirtschaftlichen Leistungskraft und ihrer weltpolitischen Impotenz jenen deutschen Sonderweg, an dem die letzten Generationen ihren Stolz und ihre Malaise ausgelebt hatten, endgültig preisgegeben hat. Nicht allein ökonomisch und strategisch, sondern auch nach der Mentalität ihrer Bewohner und der Tragfähigkeit ihrer politischen Kultur war der Westen des einstigen Reiches Teil des Westens geworden: Rückkehr in eine Normalität, die es nie gegeben hatte. Diese sozialwissenschaftliche Öffnung der Historie hat freilich auch bis heute Verluste an Anschaulichkeit und Spontaneität zur Folge, die es zu konstatieren gilt, eine hermetische Sprache, dazu Einbußen an weltpolitischer Orientierung. Auch blieb das methodische und begriffliche Instrumentarium eigentümlich angelsächsisch verengt, ohne Erweiterung auf Frankreich und die für Mittelalter und Frühe Neuzeit so fruchtbare Schule der „Annales". Jedenfalls trafen seit der Mitte der 1960er Jahre Paradigmenwechsel, ein verbreitetes Bewußtsein der Normalität, die Identitätssuche der Industriegesellschaft jenseits des Nationalstaats und ein Generationswechsel in den Hochschulen zusammen, der durch deren raschen Ausbau sich überproportional zugunsten der neuen Historie auswirkte.

Das alles machte, daß die Weimarer Republik und ihr Scheitern in anderem Licht erschienen als vordem. Aus einem kollektiven Trauma wurde die Republik der 14 Jahre zu einem, wie es schien, abgeschlossenen Fall in der Pathologie der bürgerlichen Verfassungsstaaten, dessen letaler Ausgang als bekannt vorausgesetzt werden durfte.[65] Die Fragen der Väter, wie denn Weimar gescheitert sei und woran, wurden aufs neue gestellt, nur radikaler und deshalb auch einfacher. Im Zeichen der Erinnerung an die deutsche Revolution von 1918 wurde fünfzig Jahre später die Frage des „dritten Wegs" erneut gestellt,[66] oft verbunden mit der Anklage an die regierenden Sozialdemokraten der ersten Stunde, denselben nicht beschritten zu haben. Das Scheitern der Republik ergab sich dann, hier wurde Arthur Rosenbergs frühe Geburtsfehler-These wieder aufgegriffen, am Ende von selbst: den bürgerlichen Verfassungsstaat und die „faschistische" Diktatur, wie generalisierend gesagt wurde, trennten nicht fundamentale Bürgerfreiheiten, Rechtsstaat und politische Kultur, sondern nur eine Wirtschaftskrise und ein paar Jahre des Übergangs.[67] Damit aber wurde nicht nur die Weimarer Republik wiederum allein aus der Perspektive ihres Scheiterns erklärt, sondern es fiel auch schwarzer Verdacht auf den zweiten bürgerlichen Verfassungsstaat in Deutschland, die Bundesrepublik. Die Politik hatte die Historie eingeholt, ja überholt.

Solche aktualisierende Vereinfachung, die in grobem Rundum-Faschismus-Verdacht gipfelte, ist von der Forschung, insbesondere auch von der sozialwissenschaftlich geprägten, überwiegend nicht aufgenommen, sondern ebenso wie die DDR-These vom „Staatsmonopolistischen Kapitalismus" (Stamokap) durch differenzierte Erklärungsmodelle widerlegt worden, die der historischen Fragestellung Interpretationsrahmen und Fragerichtung vorgaben. Das Theorem des „Organisierten Kapitalismus" ist hier ebenso zu nennen wie die auf die Dauer weiterführende, weil komplexere und für außerökonomische Faktoren des historischen Prozesses offenere Modernisierungstheorie.[68] Eine erste große Zusammenfassung sozialgeschichtlicher Forschungsansätze, zugleich ein repräsentativer Test neomarxistischer Interpretation, wurde 1973 auf dem Bochumer Symposion über Wirtschaft und Gesellschaft der Weimarer Zeit vorgelegt, das das ältere politikgeschichtliche mit dem neueren gesellschaftsgeschichtlichen Paradigma in der Frage verband, wie sich „Ökonomie in Politik" umsetze: „Industrielles System und politische Entwicklung in der Weimarer Republik"[69]. Am Ende standen zwei Deutungen dessen, was man getan hatte und weiter tun würde. Die eine fragte, ob Katastrophen wie die von 1933 „den Bedingungen des bürgerlich-kapitalistischen Systems per se entspringen und wieweit sie auf vorkapitalistische Faktoren zurückzuführen sind" (Kocka). Die andere, merkbar kühler, konstatierte, man habe „an einem historischen Exempel [...] einen klaren Einblick in die sozialen Kräfteverhältnisse, die sozialen Reibungen und sozialen Konflikte der gegenwärtigen westlichen Gesellschaft gewonnen" (Maier).

Seitdem blieb dieses zwiegesichtige Erkenntnisinteresse prägend für den größten Teil sozialgeschichtlicher Forschung zur Weimarer Epoche. Während sie mehr und mehr differenzierte Spezialistenarbeit hervorbringt, hat die wirtschaftsgeschichtliche Forschung sich den Prozessen der Inflation, der Umverteilung, des Investitionsverhaltens und der internationalen Verflechtung von Finanzmärkten und Reparationen zugewandt.[70] Die Frage nach der zerrissenen politischen Kultur der Weimarer Epoche und nach den Wechselwirkungen mit dem internationalen System und den geistigen Grundströmungen der Epoche ist dabei eine Zeitlang in den Hintergrund getreten.[71] Nur in der Anwendung auf das Präsidialregime hat sie seither eine vielfach differenzierte Antwort erhalten, zuletzt in einem von K. D. Erdmann geleiteten Kölner Forschungscolloquium des Frühsommers 1979, das die Frage nach dem Zerfall des Konsensus, der Integrationsfähigkeit des politischen Prozesses im Parlament und der Abwehrfähigkeit der liberalen Verfassung gegen die Partisanen des Sowjetsystems wie der nationalsozialistischen Versuchung in den Vordergrund stellte. Das krisengeschüttelte industrielle System wurde erneut, was es für die Politikhistorie immer gewesen war: Vorbehaltsrepublik im Schatten des Ernstfalls.[72]

Bei der Betrachtung der Weimarer Republik fällt die Spezialisierung der Forschung auf, ihre Aufspaltung in Richtungen, die einander wenig oder nichts mehr mitzuteilen haben, aber auch der Mangel an vergleichender Perspektive. Woran liegt es, daß jene andere Republik, die aus Niederlage und Bürgerkrieg entstand, die ein Jahrzehnt lang Vorbehaltsrepublik und kleineres Übel blieb, die langezeit keine tragende Verfassungsbasis fand und die in ihren ersten Jahren ihr Überleben allein der Uneinigkeit ihrer Feinde verdankte und dann doch Formen labilen Gleichgewichts fand, welche mehrere Generationen lang standhielten – wie kommt es, daß die Dritte Französische Republik so gut wie überhaupt nicht als Parallele gedacht wird?[73] Die Krise der 20er Jahre provoziert geradezu die vergleichende Betrachtung.[74] Denn bevor die Weltwirtschaftskrise alles andere mit schrillen Dissonanzen übertönte, war ja längst der Legitimationsverlust des bürgerlichen Verfassungsstaats manifest, hatten die „absolutistischen Integrationsparteien"[75] allenthalben den Konsensus der bürgerlichen Gesittung aufgekündigt, war alle Politik auf Entscheidung und Extrem gestellt: Ausdruck einer altgewordenen Zivilisation, Folge und Fortsetzung des Ersten Weltkriegs mit anderen Mitteln. Die Weimarer Republik, die ihre tragenden Normen nicht vor der legalen Abschaffung schützte und stattdessen alle Abwehr in der Generalklausel des Artikels 48 der Weimarer Reichsverfassung von 1919 bündelte – damit aber der Transzendierung der parlamentarischen zur präsidentiellen Republik fatal vorarbeitete – mußte hier die Antwort schuldig bleiben.

Nachdem Athen und Sparta 30 Jahre lang einen nur von Atempausen unterbrochenen Krieg gegeneinander geführt hatten, der Verfassung und Gesittung beider Städte zerstörte wie ihre Vorherrschaft über die See und das Land, begannen die Überlebenden die wahre Dimension des Konflikts zu ahnen. Thukydides, ein athenischer Stratege, schrieb damals eine Abhandlung über den Peloponnesischen Krieg und begründete damit die Disziplin strenger Geschichtsschreibung, die zugleich den Späterlebenden erklären sollte, wie jene Welt geworden war, die sie vorfanden: Weltorientierung und Sinndeutung. Dem Historiker der Weimarer Republik bleibt dies, bei aller Verpflichtung der wissenschaftlichen Historie auf das einmalige und so, wie es kam, unwiederholbare Geschehen, noch lange Zeit aufgegeben. Jenseits aller spezialistischen Forschung bedarf es der Sicht auf die Einheit der Epoche, wie sie zuletzt noch einmal K. D. Bracher in einer großen Gesamtschau der Krise des bürgerlichen Europa dargestellt hat. Entstehung und Verfall der Weimarer Republik sind dann nichts als eine die Deutschen besonders interessierende Variation über ein europäisches Thema, dessen welthistorische Folgen unübersehbar sind: die Pathologie des freiheitlichen Rechtsstaats im 20. Jahrhundert. In der Krise der Ideen und der Institutionen, die der Weltkrieg den Überlebenden hinterließ, kam in Deutschland nur schärfer, prinzipieller und fataler zum Ausdruck, was anderswo noch einige Zeit im fragilen Gehäuse der Kontinuität eingeschlossen blieb. Der Betrachter muß deshalb begreifen, daß im deutschen Drama der Epoche der Weltkriege allgemeine Fragen aufgeworfen werden, die auf die Natur des Menschen und der industriellen Massenzivilisation zielen und die weit über ihren Anlaß hinaus Beantwortung und Klärung heischen. Mit Bracher zu reden: „Er hat es mit dem ideologisch-historisch begründeten Dauerkonflikt zwischen demokratischen, autoritären und totalitären Regimen, zwischen liberalem, konservativem und revolutionärem Politikverständnis zu tun. Eine Problematik, die in die Glaubens- und Revolutionskriege der frühen Neuzeit zurückweist, ist hier in ein neues Stadium getreten."[76]

ANMERKUNGEN

1 Die folgende Untersuchung über den Wandel der Perspektive, die aus der Gegenwart auf die Weimarer Republik geht, kann eine systematische Bibliographie der wissenschaftlichen Literatur nicht ersetzen. Der Leser sei dafür verwiesen auf die laufende Bibliographie in den *Vierteljahrsheften für Zeitgeschichte* und die periodischen Literaturberichte in der Zeitschrift *Geschichte in Wissenschaft und Unterricht*. Den Forschungsstand gibt mit ausführlicher erläuternder Bibliographie K. D. Erdmann, Die Zeit der Weltkriege, 1. Teilband: *Der Erste Weltkrieg/Die Weimarer Republik* (Gebhardt Handbuch der Deutschen Geschichte Teil 4/1). Stuttgart 1973; ergänzend auch K. D. Bracher/H. A. Jacobsen (Hg.), *Bibliographie zur Politik in Theorie und Praxis*. Düsseldorf 1970, S. 99–114; G. P. Meyer, *Bibliographie zur deutschen Revolution 1918/19*. Göttingen 1977. – Die ersten zwei Jahrzehnte der DDR-Historie zur Weimarer Republik werden analysiert in der Studie von R. Beck, *Die Geschichte der Weimarer Republik im Spiegel der sowjetzonalen Geschichtsschreibung*. Bonn 1966. – Als Überblick über die internationale Forschung (unter Aussparung der sowjetischen Forschung) Sonderheft 4 *GG*, hg. von H.-U. Wehler: *Die moderne deutsche Geschichte in der internationalen Forschung 1945–1975*. Göttingen 1978. Zur Ausgangslage der Republik im Mächtesystem jetzt K. Schwabe, Versailles – nach 60 Jahren, in: *NPL* XXIV 1979, S. 446–475.

2 Dazu jetzt als Darstellung und Analyse der Forschung K. Hildebrand, *Das Dritte Reich*. München 1979.

3 Dazu neuerdings die Arbeiten von G. Iggers, *Deutsche Geschichtswissenschaft*. Eine Kritik der traditionellen Geschichtsauffassung von Herder bis zur Gegenwart. München 1971; ders., *Neue Geschichtswissenschaft*. Vom Historismus zur Historischen Sozialwissenschaft. München 1978. – Einen breiten Überblick vermittelt der Band: *Geschichtswissenschaft in Deutschland*. Traditionelle Positionen und gegenwärtige Aufgaben, hg. v. B. Faulenbach. München 1974; die Perspektive eines amerikanischen Kenners der deutschen Geschichte in: K. Epstein, *Geschichte und Geschichtswissenschaft im 20. Jahrhundert, Ein Leitfaden*. Berlin 1972. Für die Auseinandersetzung der modernen Fachhistorie mit sozialwissenschaftlicher Erkenntnistheorie und sozialwissenschaftlichen Leitbegriffen repräsentativ: *Historische Prozesse,* hg. von K. G. Faber und Chr. Meier (Theorie der Geschichte. Beiträge zur Historik Bd. 2). München 1978, und: *Objektivität und Parteilichkeit in der Geschichtswissenschaft*, hg. von R. Koselleck/W. J. Mommsen/J. Rüsen, (in derselben Reihe Bd. 1). München 1977.

4 Dazu jetzt eine nach Entwicklungslinien getrennte Darstellung, die den Forschungsstand zusammenfaßt, in: *Handbuch der Deutschen Wirtschafts- und Sozialgeschichte* Bd. 2, hg. von H. Aubin/W. Zorn. Stuttgart 1976. Als gelungener Versuch einer vergleichenden Gesamtsicht sei hier die Studie von D. S. Landes erwähnt: *The Unbound Prometheus*. Technological Change and Industrial Development in Western Europe from 1750 to the Present. Cambridge 1969 u. ö. – Zur Deutung H.-U. Wehler, in: Festschrift Hans Rosenberg, hg. von G. A. Ritter, *Entstehung und Wandel der modernen Gesellschaft*. Berlin 1970.

5 L. Dehio, *Gleichgewicht oder Hegemonie*. Betrachtungen über ein Grundproblem der neueren Staatengeschichte. Krefeld 1948. – Daß das Thema selbst keineswegs erschöpft ist, zeigt die große Darstellung von G. A. Craig, *Geschichte Europas im 19. und 20. Jahrhundert*, 2 Bde. München 1978/79.

6 E. Kehr, *Der Primat der Innenpolitik*. Gesammelte Aufsätze zur preußisch-deutschen Sozialgeschichte im 19. und 20. Jahrhundert, hg. von H.-U. Wehler. Berlin 1965, 1970[2]. Relativierend jetzt Wehler, Geschichtswissenschaft heute, in: J. Habermas (Hg.), *Stichworte zur geistigen Situation der Zeit,* 2. Bd., Politik und Kultur. Frankfurt am Main 1979, S. 709–753.

7 K. D. Bracher, *Die Auflösung der Weimarer Republik*. Eine Studie zum Problem des Machtverfalls in der Demokratie. Villingen 1955 u. ö. (Pb.-Ausgabe 1978 mit neuem Vorwort zur Perspektivität der Geschichtsschreibung über die Weimarer Republik).
8 R. Stadelmann, Deutschland und die westeuropäischen Revolutionen, in: ders., *Deutschland und Westeuropa*. Laupheim 1948, S. 11–33; s. auch Stadelmanns knappe Studie: *Die soziale und politische Revolution von 1848/49*. Darmstadt 1962, die erstmals 1948 erschien und damals nicht zuletzt dazu bestimmt war, der politischen Neuorientierung der Nachkriegszeit einen historischen Grund zu geben.
9 Zur Weimarer Verfassung neben der älteren Darstellung von Anschütz/Thoma, *Handbuch des Deutschen Staatsrechts*, 2 Bde. Berlin 1930/32, das zum Zeitpunkt seines Erscheinens bereits durch die Entfaltung der präsidentiellen Reserveverfassung überholt war, noch immer W. Apelt, *Geschichte der Weimarer Reichsverfassung*. München 1946. – Als gründlich-gelehrte Studie der Verfassung und ihrer historischen Bedingungen jetzt zusammenfassend E. R. Huber, *Deutsche Verfassungsgeschichte seit 1789*, Bd. 5. Stuttgart 1978.
10 P. Lösche, *Der Bolschewismus im Urteil der deutschen Sozialdemokratie 1903–1920*. Berlin 1967.
11 Dazu grundlegend G. D. Feldman, *Army, Industry and Labour in Germany 1914–1918*. Princeton 1966; ergänzend Feldmans spätere Arbeiten, vor allem The Social and Economic Policies of German Big Business, 1918–1929, in: *AHR* LXXV 1969, S. 47–55. Ders., *Iron and Steel in the German Inflation 1916–1923*. Princeton 1977.
12 Huber, S. 1066ff.; E. Kolb, *Vom Ersten Weltkrieg zur Weimarer Republik*. Köln 1972, Einleitung.
13 R. Rürup, *Probleme der Revolution in Deutschland 1918/19*. Wiesbaden 1968, S. 5.
14 Kolb, S. 10.
15 F. K. Fromme, *Von der Weimarer Verfassung zum Bonner Grundgesetz*. Tübingen 1960. V. Otto, *Das Staatsverständnis des Parlamentarischen Rates*. Ein Beitrag zur Entstehungsgeschichte des Grundgesetzes für die Bundesrepublik Deutschland. Düsseldorf 1971.
16 F. R. Alleman, *Bonn ist nicht Weimar*. Köln 1956.
17 Huber, *Verfassungsrecht des Großdeutschen Reiches*. Hamburg 1938, S. 54f.
18 F. Frhr. Hiller von Gaertringen, „Dolchstoß"-Diskussion und „Dolchstoß"-Legende im Wandel von vier Jahrzehnten, in: *Rothfels-Festschrift*, hg. von W. Besson, F. Frhr. Hiller von Gaertringen, Göttingen 1963.
19 E. Nolte, *Der Faschismus in seiner Epoche*. München 1963 u. ö., bes. S. 375ff.
20 Dazu vor allem Bracher, Auflösung; in die weitere vergleichende Perspektive stellt Bracher die deutsche Krise in der großen Darstellung: *Die Krise Europas*. Propyläen Geschichte Europas Bd. 6. Berlin 1976. Über die letzte Phase der Republik jetzt V. Hentschel, *Weimars letzte Monate*. Hitler und der Untergang der Republik. Düsseldorf 1978. Bibliographisch zusammenfassend D. Gessner, *Das Ende der Weimarer Republik*. Fragen, Methoden und Ergebnisse interdisziplinärer Forschung. Darmstadt 1978.
21 S. Haffner, *Anmerkungen zu Hitler*. Zürich 1978.
22 O. Braun, *Von Weimar zu Hitler*. München 1953; H. Brüning, *Memoiren 1918–1934*. Stuttgart 1970; F. Friedensburg, *Lebenserinnerungen*, Bd. 1. Frankfurt 1969; W. Hoegner, *Der schwierige Außenseiter*. München 1959; ders., *Flucht vor Hitler*. Frankfurt am Main 1979; C. Severing, *Mein Lebensweg*. Köln 1950; F. Stampfer, *Erfahrungen und Erkenntnisse*. Aufzeichnungen aus meinem Leben. Köln 1957; H. Brüning, *Reden und Aufsätze eines deutschen Staatsmannes*. München 1968.
23 A. Rosenberg, *Entstehung der Weimarer Republik*. Frankfurt a. M. 1971[13]; *Geschichte der Weimarer Republik*. Frankfurt a. M. 1973.[15]

24 Hier vor allem zu nennen Studien von H. Holborn, H. Rosenberg, A. Vagts, H. Rosinski, H. Rothfels, F. Epstein, A. Brecht u. a. Dazu im einzelnen K. Barkin, Amerikanische Forschungen (1945–1975) zur modernen deutschen Sozial- und Wirtschaftsgeschichte, in: Die moderne deutsche Geschichte in der internationalen Forschung 1945–1975, (s. oben Anm. 1: *GG* Sonderheft 4, S. 11–47).
25 Ebd., S. 12.
26 H. S. Hughes, *The Sea Change. The Migration of Social Thought 1930–1965.* New York 1975; R. Boyers (Hg.), *The Legacy of the German Refugee Intellectuals.* New York 1972. Als Selbstzeugnis wichtig: *Die Zerstörung einer Zukunft.* Gespräche mit emigrierten Sozialwissenschaftlern, aufgez. von M. Greffrath. Hamburg 1979; H. Rosenberg, Rückblick auf ein Historikerleben zwischen zwei Kulturen, in: ders., *Machteliten und Wirtschaftskonjunkturen.* Studien zur neueren deutschen Sozial- und Wirtschaftsgeschichte. Göttingen 1978, S. 11–23.
27 Barkin (Anm. 24), S. 13.
28 Neben der Dissertation Kehrs, die bei Meinecke entstand (*Schlachtflottenbau und Parteipolitik, 1894–1901.* Berlin 1930), vor allem die gesammelten Aufsätze u. d. T. *Der Primat der Innenpolitik,* hg. von H.-U. Wehler. Berlin 1965.
29 H. Rosenberg, *Die Weltwirtschaftskrise 1857–1859* (Neudruck der Ausgabe von 1934). Göttingen 1974; ders., *Große Depression und Bismarckzeit.* Berlin 1967 (das wichtige und schulemachende Buch geht zurück auf einen Aufsatz Rosenbergs von 1943).
30 Fromme (s. Anm. 15).
31 R. Dahrendorf, *Gesellschaft und Demokratie in Deutschland.* München 1965.
32 A. Heuß, *Verlust der Geschichte.* Göttingen 1959.
33 K. D. Erdmann, Die Geschichte der Weimarer Republik als Problem der Wissenschaft, in: *VfZG* 3, 1955, S. 1–23. Zuletzt noch einmal ders., Rätestaat oder parlamentarische Demokratie. Neuere Forschungen zur Novemberrevolution 1918 in Deutschland, in: *Kgl. Dänische Wissenschaftsgesellschaft, Hist.-Phil. Klasse,* Kopenhagen 1979.
34 Erich Matthias, Zur Geschichte der Weimarer Republik, in: *Die Neue Gesellschaft 3,* 1956, S. 312–320; ders., Einleitung zu: *Die Regierung der Volksbeauftragten 1918/19,* Erster Teil (bearb. von S. Miller und H. Potthoff). Düsseldorf 1969, S. XV–CXCVIII.
35 Matthias, S. 313 (s. Anm. 34).
36 Dazu E. Kolb, Geschichte und Vorgeschichte der Revolution von 1918/19 in Bayern, in: *NPL,* 1971, S. 383–394; ders. (Hg.), *Vom Ersten Weltkrieg zur Weimarer Republik.* Köln 1972, (Einleitung); zusammenfassend jetzt W. J. Mommsen, Die deutsche Revolution 1918/20. Politische Revolution und Protestbewegung, in: *GG* 4. Jg. H. 3, 1978. Als neuere historische Darstellung S. Miller, *Die Bürde der Macht.* Die deutsche Sozialdemokratie 1918–1920. Düsseldorf 1978; H. Potthoff, *Gewerkschaften und Politik zwischen Revolution und Inflation.* Düsseldorf 1979.
37 S. Anm. 22.
38 *Das Ende der Monarchie am 9. November 1918,* hg. von W. Conze. Berlin 1952.
39 O. Gessler, *Reichswehrpolitik in der Weimarer Zeit,* hg. von K. Sentner. Stuttgart 1957. Zum Rapallo-Komplex Erdmann, Deutschland, Rapallo und der Westen, in: *VfZG* 11, 1963, S. 105–165.
40 J. Leber, *Ein Mann geht seinen Weg,* hg. von seinen Freunden. Berlin 1952.
41 L. Graf Schwerin von Krosigk, *Memoiren.* Stuttgart 1977; E. Weizsäcker, *Erinnerungen.* München 1950; P. Kleist, *Zwischen Hitler und Stalin, 1939–1945.* Bonn 1950.
42 F. von Papen, *Der Wahrheit eine Gasse.* München 1952.
43 H. Luther, *Politiker ohne Partei.* Stuttgart 1960; dazu G. Schulz, *Zwischen Demokratie und*

Diktatur. Verfassungspolitik und Reichsreform in der Weimarer Republik, Teil I, 1919–1930. Berlin 1963; K.-B. Netzband und H. P. Widmaier, *Währungs- und Finanzpolitik der Ära Luther, 1923–1925.* Basel 1964; M. Stürmer, *Koalition und Opposition in der Weimarer Republik 1924–1928.* Düsseldorf 1967.

44 Th. Eschenburg, *Die improvisierte Demokratie der Weimarer Republik.* Gesammelte Aufsätze zur Weimarer Republik. München 1963. Die großen Publikationen der Bonner Parlamentarismus-Kommission über den Interfraktionellen Ausschuß 1917/18 und über die Regierung des Prinzen Max von Baden 1918 kreisten letztlich um die Frage nach historischer Entstehung und Einordnung der Weimarer Demokratie im Gang der deutschen Geschichte seit Bismarck.

45 Th. Ellwein, *Das Erbe der Monarchie in der deutschen Staatskrise.* München 1954.

46 W. Besson, *Württemberg und die deutsche Staatskrise 1928–1933.* Eine Studie zur Auflösung der Weimarer Republik. Stuttgart 1959.

47 E. Matthias, *Kautsky und der Kautskyanismus.* Die Funktion der Ideologie in der deutschen Sozialdemokratie vor dem 1. Weltkrieg, in: *Marxismusstudien 2,* hg. von I. Fetscher. Tübingen 1957, S. 151–197. W. Tormin, *Die Weimarer Republik.* Hannover 1973. Dazu auch H. J. Varain, *Freie Gewerkschaften, Sozialdemokratie und Staat.* Die Politik der Generalkommission unter der Führung Carl Legiens (1918–1920). Düsseldorf 1956.

48 Es war charakteristisch für den politikhistorischen Ansatz der Kommission, daß die erste dort publizierte Studie den Zusammenbruch der letzten durch eine Parlamentsmehrheit getragenen Weimarer Regierung zum Gegenstand hatte: H. Timm, *Die deutsche Sozialpolitik und der Bruch der großen Koalition im März 1930.* Düsseldorf 1952.

49 K. D. Bracher, Auflösung; über die Wirkung des Buches statt vieler Belege H.-U. Wehler, Geschichtswissenschaft heute, in: J. Habermas (Hg.), *Stichworte zur Geistigen Situation der Zeit,* Bd. 2. Frankfurt a. M. 1979, S. 722.

50 Dazu grundlegend J. Kocka, *Sozialgeschichte.* Göttingen 1977. Das breiteste Spektrum sozialgeschichtlicher Forschungsansätze wurde auf einem Symposion dargestellt, das 1973 in Bochum stattfand: *Industrielles System und politische Entwicklung in der Weimarer Republik,* hg. von H. Mommsen/D. Petzina/B. Weisbrod, Düsseldorf 1974. Jetzt weiterführend B. Weisbrod, *Schwerindustrie in der Weimarer Republik.* Interessenpolitik zwischen Stabilisierung und Krise. Wuppertal 1978.

51 Neben der oben in Anm. 39 genannten Literatur zum Problem Rapallo besonders die folgenden Arbeiten: K. D. Erdmann, *Adenauer und die Rheinlandpolitik nach dem 1. Weltkrieg.* Stuttgart 1966; W. Link, *Die amerikanische Stabilisierungspolitik in Deutschland 1921/32.* Düsseldorf 1970; zur Reparationsproblematik das wichtige Buch von W. J. Helbich, *Die Reparationen in der Ära Brüning.* Zur Bedeutung des Young-Plans für die deutsche Politik 1930–1932. Berlin 1962. – Eine zusammenfassende Darstellung der Weimarer Republik in den internationalen Beziehungen fehlt bislang.

52 J. Erger, *Der Kapp-Lüttwitz-Putsch.* Ein Beitrag zur deutschen Innenpolitik 1919/20. Düsseldorf 1967; Gordon A. Craig, *Die preußisch-deutsche Armee 1648–1945.* Staat im Staate. Düsseldorf 1960; F. L. Carsten, *Reichswehr und Politik 1918–1933.* Köln 1964; H. J. Gordon, *Die Reichswehr und die Weimarer Republik 1919–1926.* Frankfurt a. M. 1959; Th. Vogelsang, *Reichswehr, Staat und NSDAP.* Beiträge zur deutschen Geschichte 1930–1932. Stuttgart 1962; als zusammenfassende Darstellung wichtig: R. Wohlfeil/E. Graf v. Matuschka, Die Reichswehr von 1919–1933,in: *Hb. d. deutschen Militärgeschichte.* Freiburg 1970. Jetzt auch für die Frühphase H. Hürten (Hg.), *Zwischen Revolution und Kapp-Putsch, Militär und Innenpolitik 1918–1920.* Düsseldorf 1977; ders., *Die Anfänge der Ära Seeckt.* Düsseldorf 1979.

53 H. Boldt, *Rechtsstaat und Ausnahmezustand.* Eine Studie über den Ausnahmezustand des

bürgerlichen Rechtsstaates im 19. Jh. Berlin 1967; G. Jasper, *Der Schutz der Republik.* Studien zur staatlichen Sicherung der Demokratie in der Weimarer Republik 1922–1930. Tübingen 1963; P. Haungs, *Reichspräsident und parlamentarische Kabinettsregierung.* Eine Studie zum Regierungssystem der Weimarer Republik in den Jahren 1924 bis 1929. Köln 1968. – Eine detaillierte Geschichte der Entstehung und der Handhabung des Artikels 48 von 1919 bis 1923 fehlt bislang, wie auch aufgrund des lückenhaften Quellenbestands in den Akten Reichspräsidialamt die Vorgeschichte der Präsidialrepublik nur in Umrissen bisher rekonstruiert werden konnte, vgl. dazu u. a. Stürmer, Anhang.

54 H. Poetzsch-Heffter, Vom Staatsleben unter der Weimarer Verfassung, in: *Jb. d. öff. Rechts* XIII, 1925 und XVII, 1929. S. auch den Beitrag von H. Boldt in diesem Band.

55 E. Eimers, *Das Verhältnis von Preußen und Reich in den ersten Jahren der Weimarer Republik (1918–1923).* Berlin 1969; zusammenfassend jetzt H. Schulze, *Otto Braun oder Preußens demokratische Sendung.* Berlin 1978.

56 R. Schiffers, *Elemente direkter Demokratie im Weimarer Regierungssystem* (Beitr. z. Gesch. des Parlamentarismus u. d. politischen Parteien, Bd. 40). Düsseldorf 1971.

57 Während bis in die Mitte der 60er Jahre vorwiegend noch Methoden der Ideen- und Organisationsgeschichte auf die politischen Parteien angewandt wurden, zeigt sich seitdem eine Tendenz, sie stärker den Fragestellungen der politischen Soziologie auszusetzen. Zu der älteren Richtung, die auf S. Neumann, A. Bergsträsser u. a. zurückgeht, zusammenfassend mit umfassender Bibliographie jetzt O. Büsch/M. Wölk/W. Wölk (Hg.), *Wählerbewegung in der deutschen Geschichte.* Analysen und Berichte zu den Reichstagswahlen 1871–1933. Berlin 1978; die jüngeren Partei- und Verbandsstudien zum Teil repräsentiert in dem Symposion: Industrielles System und politische Entwicklung in der Weimarer Republik, s. oben Anm. 50. Als wichtigste Studien seien hier genannt: L. Albertin, *Liberalismus und Demokratie am Anfang der Weimarer Republik.* Düsseldorf 1972; R. Morsey, *Die Deutsche Zentrumspartei 1917–1923.* Düsseldorf 1965; eine vergleichende Studie wie die über die Parteien im Kaiserreich von Thomas Nipperdey (*Die Organisation der deutschen Parteien vor 1918.* Düsseldorf 1961) existiert bisher für die Weimarer Republik nicht. Wichtig jedoch G. A. Ritter, Kontinuität und Umformung von Parteiensystem und Wahlergebnissen in Deutschland 1918 bis 1920, in: *Wählerbewegung in der deutschen Geschichte,* S. 362–390.

58 M. R. Lepsius, Parteiensystem und Sozialstruktur. Zum Problem der Demokratisierung der deutschen Gesellschaft, in: *Lütge-Festschrift 1965,* S. 371–393. Ergänzend W. Conze, Die deutschen Parteien in der Staatsverfassung vor 1933, in: Matthias/Morsey (Hg.), *Das Ende der Parteien 1933.* Düsseldorf 1960.

59 Dazu K. Sontheimer, *Antidemokratisches Denken in der Weimarer Republik.* München 1962; ergänzend H. Döring, *Der Weimarer Kreis, Studien zum Bewußtsein verfassungstreuer Hochschullehrer in der Weimarer Republik.* Meisenheim 1975; W. Struve, *Elites against Democracy.* Leadership ideals in bourgeois political thought in Germany 1890–1933. Princeton 1973; mit starker sozialgeschichtlicher Akzentsetzung H. Lebovics, *Social Conservatism and the Middle Classes in Germany 1914–1933.* Princeton 1973; am konsequentesten in der sozialgeschichtlichen Darstellung des geistigen Zerfalls der bürgerlichen Werteordnung H. A. Winkler, Vom Protest zur Panik: Der gewerbliche Mittelstand in der Weimarer Republik, in: *Industrielles System und politische Entwicklung in der Weimarer Republik,* S. 778–791. Vgl. auch Winklers Mittelstandsstudie, *Mittelstand, Demokratie und Nationalismus.* Die Entwicklung von Handwerk und Kleinhandel in der Weimarer Republik. Köln 1972.

60 W. Conze/H. Raupach (Hg.), *Die Staats- und Wirtschaftskrise des Deutschen Reiches 1929–1933.* Stuttgart 1967; vgl. dazu demnächst den Tagungsbericht eines von der Thyssen-

Stiftung im Juni 1979 in Köln veranstalteten Colloquiums, *Ursachen des Scheiterns der Weimarer Republik,* hg. von K. D. Erdmann und H. Schulze.
61 H. Brüning, *Memoiren.* Dazu die Beiträge der Sektion Zeitgeschichte des 29. Historikertags 1972 in Regensburg, Das Präsidialsystem in der Endphase der Weimarer Republik, in: *VfZG* 21, 1973, S. 119–165. R. Morsey, *Zur Entstehung, Authentizität und Kritik von Brünings Memoiren 1918–1934* (Rhein.-Westf. Ak. d. Wiss. Geisteswiss. Vorträge). Opladen 1975. Dazu J. Becker, Bespr. in: *HZ* 224, 1977, S. 215–218. J. Wheeler-Bennett, The End of the Weimar Republic, in: *Foreign Affairs* 50, 1972, S. 351–371. K. D. Bracher, Brünings unpolitische Politik und die Auflösung der Weimarer Republik, in: *VfZG* 19, 1971, S. 113–123. A. Brecht, Gedanken über Brünings Memoiren, in: *PVS* 12, 1971, S. 607–640. W. Conze, Brüning als Reichskanzler – eine Zwischenbilanz, in: *HZ* 214, 1972, S. 310–334. Ders., Die Reichsverfassungsreform als Ziel der Politik Brünings, in: *Der Staat* 11, 1972, S. 209–217 (auch in diesem Band); G. Schulz, Erinnerungen an eine mißlungene Restauration – Heinrich Brüning und seine Memoiren, in: *Der Staat* 11, 1972, S. 61–81.
62 Dazu demnächst die Edition von G. Schulz über Politik und Wirtschaft in der Ära Brüning, insbesondere Einleitung; vgl. daraus den Beitrag von G. Schulz zu diesem Band.
63 L. Dehio, Ranke und der deutsche Imperialismus, in: ders., *Deutschland und die Weltpolitik im 20. Jh.* Frankfurt a. M. 1955; wichtig auch Th. Schieder, Propyläen Geschichte Europas Bd. 4: *Staatensystem als Vormacht der Welt.* Berlin 1977, bes. S. 58–80.
64 Das wurde als Programm explizit gemacht im ersten Heft der seit 1975 erscheinenden Vierteljahresschrift Geschichte und Gesellschaft: *Soziale Schichtung und Mobilität in Deutschland im 19. und 20. Jh.* Dazu auch die Bilanz eines der Gründer: wie oben Anm. 49.
65 Dazu am wichtigsten C. S. Maier, *Recasting Bourgeois Europe.* Stabilization in France, Germany and Italy in the Decade after World War I. Princeton 1975.
66 Zusammenfassend dazu W. J. Mommsen (wie oben Anm. 36).
67 Am deutlichsten in den vielverbreiteten Schriften von R. Kühnl, Formen bürgerlicher Herrschaft, zuletzt: *Faschismustheorien.* Texte zur Faschismusdiskussion 2. Ein Leitfaden. Reinbek 1979. Darin führt Kühnl nicht weniger als 18 einschlägige Veröffentlichungen Kühnls auf, deren Titel und Thesen sich durch häufigen Gebrauch des Begriffs Faschismus auszeichnen.
68 H. A. Winkler, *Organisierter Kapitalismus.* Voraussetzungen und Anfänge. Göttingen 1974. H.-U. Wehler, *Modernisierungstheorie und Geschichte.* Göttingen 1975; B. Weisbrod, *Schwerindustrie in der Weimarer Republik.* Wuppertal 1978.
69 Wie oben Anm. 50, das Zitat S. 974 (Teichova).
70 Als repräsentativ für diese Richtung seien hier zwei Veröffentlichungen genannt: S. Schuker, *The End of French Predominance in Europe.* The Financial Crisis of 1924 and the Adoption of the Dawes Plan. Chapel Hill 1976; *Historische Prozesse der deutschen Inflation 1914 bis 1924.* Ein Tagungsbericht, bearb. u. hg. von O. Büsch und G. D. Feldman. Berlin 1978.
71 P. Gay, *Die Republik der Außenseiter.* Geist und Kultur in der Weimarer Zeit 1918–1933 (or. amerik. 1968). Frankfurt a. M. 1970; W. Laqueur, *Weimar.* Die Kultur der Republik (or. engl.). Frankfurt a. M. 1977. – Ohne die für Gay und Laqueur konstitutive Frage nach dem Zusammenhang von Kunstentwicklung und politischem Zustand, jedoch als Bestandsaufnahme wichtig: J. Hermand/F. Trommler, *Die Kultur der Weimarer Republik.* München 1979. – Von der Fachhistorie bisher viel zu wenig beachtet und methodisch erfaßt ist der Themenbereich der großen Ausstellung 1978/79 im Centre Pompidou: *Paris-Berlin.* Wichtige Querverbindungen zwischen Literatur und Politik zeigt K. Bullivant (Hg.), *Culture and Society in the Weimar Republic.* Manchester 1977.
72 Wie oben Anm. 60.

73 Bemerkenswerte Ausnahmen sind die oben Anm. 65 und 70 genannten amerikanischen Studien von Maier und Schuker.
74 Dazu als wichtigste Studie Nolte (s. oben Anm. 19); weiterführend auch H.-U. Thamer/W. Wippermann, *Faschistische und neofaschistische Bewegungen*. Probleme empirischer Faschismusforschung. Darmstadt 1977.
75 S. Neumann, *Die deutschen Parteien*. Wesen und Wandel nach dem Kriege, Neuausg. des Buches von 1932, hg. von K. D. Bracher. Stuttgart 1965.
76 Bracher, *Die Krise Europas* (oben Anm. 20), S. 11.

ERSTER TEIL
Das Reich zwischen den Mächten

1. Das Deutsche Reich und die Sowjetunion im internationalen System 1918–1932*

Legitimität oder Revolution?

KLAUS HILDEBRAND

Welches waren die außenpolitischen Ziele und Optionen der Sowjetunion und des Deutschen Reiches? Und unter welchen Bedingungen hatten die Staatsführungen beider Nationen Außenpolitik zu treiben?

Im Spannungsfeld zwischen Europa- und Asienpolitik ging es für die Sowjetunion darum,[1] jene Isolierung zu vermeiden, die angesichts der kommunistischen Herausforderung vom Standpunkt der westlichen Mächte her als „Auskreisung" bzw. Selbstisolierung charakterisiert werden konnte, die die UdSSR in Anbetracht einer überwältigend erscheinenden Vielzahl kapitalistisch organisierter Staaten als „Einkreisung" empfinden mußte und die die Gefahr des Zweifrontendruckes auf die Sowjetunion von Osten und Westen her zu potenzieren vermochte. Damit ist – unter machtpolitischem Gesichtspunkt betrachtet – das außenpolitisch-strategische Grundmuster beschrieben, das für die UdSSR während der zwanziger und dreißiger Jahre des 20. Jahrhunderts zum Imperativ ihrer Existenz werden sollte, nachdem sich die von 1917/18 bis zum Anfang der zwanziger Jahre gehegten revolutionären Hoffnungen im Hinblick auf Europa und insbesondere auf Deutschland nicht erfüllt hatten. Die auch von Lenin geteilte Erwartung, daß der Umsturz in Deutschland die Weltrevolution mit sich bringen und Außenpolitik traditionellen Stils schlechthin überflüssig machen würde, war nach der euphorischen Phase revolutionärer Gewißheit spätestens 1923 zu Ende gegangen [. . .].

Die revolutionäre Aktivität der UdSSR wandte sich im Verlauf der zwanziger Jahre zunehmend mehr vom europäischen Schauplatz ab. Sie konzentrierte sich vielmehr darauf, Einfluß auf die nationalen sowie kolonialrevolutionären Bewegungen vor allem in Asien zu gewinnen, blieb jedoch in Europa und in Deutschland gleichwohl prinzipiell und in Form der Moskau grundsätzlich hörigen sowie von den staatspolitischen Notwendigkeiten der Sowjetunion abhängigen Tätigkeit der Komintern und der bolschewisierten KPD präsent [. . .]. Damit ist – in den zwanziger Jahren zum Teil immer wieder akut hervortretend – das grundsätzliche Dilemma sowjetischer Außenpolitik zwischen dem Ziel der Weltrevolution und dem Streben nach Sicherheit und Koexistenz beschrieben [. . .]. In den zwanziger und dreißiger Jahren wurde die revolutionäre Aufgabe gegenüber Europa mehr und mehr zugunsten des vorrangig wichtigen Ziels der Absicherung der UdSSR zurückgestellt. Langfristig gesehen aber würde eben die machtpolitische

---

* Gekürzter Wiederabdruck aus: Frankfurter Historische Vorträge 4, Wiesbaden 1977, S. 9–38.

Abschirmung des „Sozialismus in einem Lande" Voraussetzung der revolutionären Expansion werden. Agitatorisch ging der revolutionäre Kampf auch in dieser Phase weiter, sofern er sich mit den machtpolitischen Erfordernissen der sowjetischen Sicherheitspolitik in Europa verbinden ließ. Störte er die staatspolitischen Notwendigkeiten der UdSSR allerdings gravierend, so wurde er in seiner Intensität verringert oder zeitweilig eingestellt. Das Abflauen der propagandistischen Tätigkeit von seiten der Sowjetunion, der Komintern und der KPD gegenüber dem Reich in der Phase vom Juli 1928 bis zum Frühjahr 1929 kann (zusammen mit Litvinovs und v. Bernstorffs taktisch motivierter Zusammenarbeit bei der Genfer Abrüstungskonferenz und der durch deutsche Vermittlung bewirkten sowjetischen Beteiligung am Kellogg-Pakt) als sowjetische Reaktion auf die Abkühlung der politischen Beziehungen gewertet werden, die nach den Resolutionen des sechsten Kominternkongresses (Juli-August 1928) sowie nach den von deutscher Seite aus auf sowjetische Mithilfe zurückgeführten Wahlgewinnen der KPD (Mai 1928) eingetreten waren.[2] Denn grundsätzlich beinhaltete das von Stalin (zum ersten Mal 1925) am 3. Dezember 1927 verkündete Prinzip der Koexistenz zwischen dem sozialistischen Staat der UdSSR und den übrigen Mächten, daß die ideologische Auseinandersetzung weitergeführt werden mußte und sich stets auf dem Terrain der weltanschaulichen kapitalistischen Gegner abzuspielen hatte, deren liberale Staats- und Gesellschaftsordnung solche Prozedur vergleichsweise großzügig zuließ, während das geschlossene System der sowjetischen Diktatur, unter Stalins Herrschaft zunehmend mehr, weltanschaulichen Disput auf ihrem Territorium als Intervention praktisch ausschloß.

In Asien aber, wo vor allem in China der revolutionäre Kampf weiterging und den Gegensatz zwischen Moskau und London vertiefte, kollidierten Sicherheitsstreben und Revolutionserwartung der UdSSR insofern, als die sowjetisch-englischen Spannungen ihrerseits auf die europäische Szene zurückwirkten und das phasenverschobene Konzept von Abschirmung und Offensive von Zeit zu Zeit zu einer Gleichzeitigkeit zusammenzogen, die die sowjetische Außenpolitik in Europa störte. Eine entscheidende Aufgabe des sowjetischen Außenministeriums war es daher, den durch Phasenverschiebung vorläufig vertagten bzw. hin und wieder aktuell auftretenden Widerspruch zwischen Revolution und Koexistenz, der für das Bewegungsgesetz der sowjetischen Außenpolitik bestimmend erscheint, zu lösen und vor allem die äußere Sicherheit des Staates zu gewährleisten [...].

Betrachtet man die die „alte Welt" herausfordernde Stimmung revolutionärer Euphorie in den Jahren zwischen 1917/18 und 1923 und zieht man in Betracht, daß die revolutionäre Tätigkeit der Sowjetunion in Europa zumindest indirekt und in Asien offen fortgeführt wurde, so läßt sich das Verhältnis zwischen offensiver und defensiver Orientierung sowjetischer Außenpolitik in den zwanziger und beginnenden dreißiger Jahren so bestimmen: Eine groß angelegte Offensive des revolutionären Kampfes sollte ursprünglich das bestehende Staatensystem aus den Angeln heben und in die neue Qualität einer von weltanschaulicher Solidarität getragenen sozialistischen Völkergemeinschaft überführen. Als Folge solch global revolutionärer Zielsetzung und in Konsequenz der gegenrevolutionären Maßnahmen der herausgeforderten westlichen Welt und

Japans wurde die Sowjetunion sodann in eine existenzbedrohende machtpolitische Defensive gedrängt. Um die Isolierung erträglich zu gestalten und um als Staat zu überleben, verließ die UdSSR vorläufig den revolutionären Weg und kehrte unter Anerkennung der Regeln klassischer Machtpolitik wie z. B. des Gleichgewichtsprinzips als eines Regulativs der internationalen Beziehungen zur traditionellen Staatspolitik zurück. Von nun an betrieb die Sowjetunion in den zwanziger und dreißiger Jahren in erster Linie Sicherheits- und Koexistenzpolitik, um Konflikte mit dem „kapitalistischen Gegner" zu vermeiden, um innerhalb der „kapitalistischen Welt" möglicherweise ausbrechenden Kriegen fernbleiben zu können und um ihre Existenz als sozialistischer Staat nicht aufs Spiel zu setzen.

Unter diesem Gesichtspunkt betrachtet, lassen sich die Optionen sowjetischer Außenpolitik systematisch bestimmen: Angesichts der anglo-amerikanischen Interessen in China, vor allem aber in Anbetracht der revisionistisch orientierten Außenpolitik Japans in Ostasien, die für die Sowjetunion mit dem Abschluß des sowjetisch-japanischen Neutralitätspaktes vom Jahre 1925 zwar kontrollierbarer wurde, nach wie vor aber als gefährlich einzuschätzen war und die mit dem japanischen Vorgehen in der Mandschurei im September 1931 einen ersten Höhepunkt erreichte, ja, von nun an in offene Expansion umschlug, galt es an der europäischen Flanke der Sowjetunion die notwendige Absicherung des sowjetischen Territoriums dadurch zu erreichen, daß ein vergleichsweise breites, möglichst von der Sowjetunion abhängiges, zumindest aber ihr gegenüber neutrales Glacis geschaffen wurde. Auf jeden Fall zu vermeiden aber war eine internationale Konstellation, die dadurch gekennzeichnet war, daß sich im europäischen Vorfeld der Sowjetunion eine „Einheitsfront" der kapitalistischen Staaten mit antisowjetischer Spitze herausbildete – eine Entwicklung, die Moskau hinter der westeuropäischen *Locarno-Politik* 1924/25 vermutete und die es 1926/27 im Zuge der Spannungen mit Großbritannien erneut argwöhnisch beschwor, wenn die sodann grassierende Kriegspsychose in der sowjetischen Öffentlichkeit auch nicht zuletzt als Bestandteil der innenpolitisch motivierten Industrialisierungsideologie zu begreifen sein mag.[3]

Im Zuge der europäischen Sicherheitspolitik der Sowjetunion aber gewann die Haltung des Deutschen Reiches zwischen der UdSSR und Frankreich sowie dessen ostmitteleuropäischen Verbündeten zentrale Bedeutung, da die Ausrichtung der deutschen Außenpolitik entscheidend darüber mitbestimmen konnte, ob die Isolierung der Sowjetunion fortdauern oder enden würde. Daher war es eine bis zum Beginn der zwanziger Jahre von sowjetischer Seite ventilierte optimale Möglichkeit der Außenpolitik Moskaus gewesen, ein revolutioniertes Deutschland als Partner in einer Allianz an Sowjetrußland zu binden. Eine solche Option zielte darauf ab, den Wert des stärker antideutsch als antibolschewistisch orientierten „cordon sanitaire"[4] erheblich zu mindern und zwischen den europäischen Westmächten und der Sowjetunion eine Barriere zu errichten, die die Funktionen und Wirkungen der ostmitteleuropäischen Staaten neutralisiert und in Frage gestellt hätte.

Als diese ebenso revolutionär und expansiv wie machtpolitisch und defensiv bestimmte Konzeption nicht verwirklicht werden konnte, wurde die in der Zukunft mit Erfolg praktizierte Lösung aufgenommen, den abschirmenden Sicherheitsgürtel gegenüber der kontinentaleuropäischen halb-hegemonialen Landmacht Frankreich und dem weltpolitischen Widersacher Großbritannien dadurch zu schaffen, daß nach der Anerkennung der Sowjetunion durch eine Vielzahl europäischer Staaten im Jahre 1924 die sowjetische Außenpolitik Grundlagen und Regeln des internationalen Systems akzeptierte und zu handhaben verstand. Seine Möglichkeiten versuchte sie dabei diplomatisch zu nutzen und war im Zuge einer solchen Mitarbeit innerhalb der Staatengesellschaft darauf bedacht, die Neutralität des Deutschen Reiches gegenüber der UdSSR zu sichern, wie sie in dem die Politik von Rapallo (1922) fortführenden und entwickelnden Freundschafts- und Neutralitätsvertrag (Berliner Vertrag) zwischen der Sowjetunion und dem Deutschen Reich vom 24. April 1926 kulminierte.

Dem auf der Grundlage der deutschen Neutralität basierenden Konzept defensiv ausgerichteter sowjetischer Europapolitik, wie es für die zwanziger Jahre bis zum Beginn der dreißiger Jahre verbindlich wurde, war, aus sowjetischer Sicht betrachtet, die von dem Narkomindel unter Außenkommissar Tschitscherin und (ab 21. Juli 1930) von seinem Nachfolger Litvinov vertretene kontinentaleuropäische Variante sowjetischer Abschirmungspolitik vorzuziehen.[5] Jeweils im Zeichen einer sowjetisch-französischen Annäherung (Ende 1922, im Frühjahr und Herbst 1923, 1924 und 1925) oder angesichts deutsch-französischer Ausgleichsbemühungen, wie sie vor allem im Zusammenhang mit der Begegnung zwischen Stresemann und Briand in Thoiry im September 1926 realistisch erschienen, versuchte die sowjetische Diplomatie, die, aus ihrem Blickwinkel gesehen, vorteilhafteste Lösung der europäischen Probleme der UdSSR ins Gespräch zu bringen und einen in globaler Perspektive als Gegengewicht zur britischen Weltmacht konzipierten kontinentaleuropäischen Ausgleich zwischen der Sowjetunion, dem Deutschen Reich und Frankreich sowie Polen zu erreichen. Damit hätte sich das europäische Vorfeld der Sowjetunion nahezu völlig abgeschirmt präsentiert, und die Ausgangsbasis für den Kampf gegen den „englischen Imperialismus" wäre optimal gesichert worden. Durch Beilegung der Probleme an der westlichen Flanke hätte sodann das ostasiatische Risiko einer Intervention der Japaner und Anglo-Amerikaner, deren wirtschaftliche und machtpolitische Differenzen ohnehin eine koordinierte Aktion in China verhinderten und sich vielmehr gegenseitig blockierten, an Gefährlichkeit verloren. Doch sollte die großzügig entworfene Konzeption sowjetischer Europa- und Weltpolitik stets Planspiel bleiben, da die Gegensätze zwischen Deutschland und Frankreich/Polen unüberwindlich waren und den kontinentaleuropäischen Ausgleich verhinderten. Von den drei grundsätzlichen Möglichkeiten sowjetischer Deutschland- und Europapolitik – Allianz mit einem (revolutionierten) Deutschen Reich; kontinentaleuropäischer Ausgleich zwischen Moskau, Warschau, Berlin und Paris; Neutralisierung Deutschlands gegenüber den Westmächten – wurde im Zeichen der äußeren Abschirmung und Sicherung der „revolutionären Resultate" in der Sowjetunion und als Voraussetzung für die langfristig dimensionierte Verwirklichung des revolutionären Fernziels die dritte Möglichkeit, nämlich die des Versuchs der deutschen Neutralisierung realisiert und erlangte im Selbstverständnis der UdSSR eine existenznotwendige Bedeutung.

Erreicht wurde die Neutralisierung Deutschlands, d. h. die Verhinderung einer einseitigen Bindung des Reiches an den Westen, durch die seit dem Ende des Ersten

Weltkrieges fortbestehenden Spannungen machtpolitischer und wirtschaftlicher Natur zwischen dem geschlagenen Deutschland und den Siegermächten einerseits sowie Großbritannien und Frankreich andererseits und durch ihre geschickte Ausnutzung von seiten der sowjetischen Diplomatie. Die Widersprüche im Lager der sog. kapitalistischen Staaten gegeneinander auszuspielen und davon zu profitieren, wurde zur Maxime sowjetischer Außenpolitik schlechthin, die dieses Ziel in den zwanziger Jahren in vornehmlich defensiver Absicht der Selbstbehauptung verfolgte. Die offensiven Möglichkeiten der Expansion beschrieb Stalin jedoch bereits 1925 auf der Plenartagung des Zentralkomitees der Kommunistischen Partei, als er voraussagte, daß sich die Spannungen zwischen den „imperialistischen" Mächten früher oder später in einem Kriege entladen würden. Zu verhindern galt es, so folgerte Stalin, daß sie dabei zu gemeinsamem Vorgehen gegen die UdSSR zusammenfänden, vielmehr mußten sie untereinander in eine kriegerische Auseinandersetzung gebracht werden. Sollte ein solcher Krieg aber ausbrechen, „so werden wir nicht untätig zusehen können", forderte Stalin, „wir werden auftreten müssen, aber wir werden als letzte auftreten, um das entscheidende Gewicht in die Waagschale zu werfen, ein Gewicht, das ausschlaggebend sein dürfte" [. . .].[6]

Für den Zeitraum der Jahre von 1928–1932 aber entwickelte sich die Sowjetunion mehr und mehr zu einer europäischen Status quo-Macht, deren Sicherheitspolitik im Westen durch ihre revolutionäre Tätigkeit in Asien prinzipiell in Frage gestellt wurde, jedoch stets den Blick auf das Telos sowjetischer Politik freigab. Die für die Belange der auf Sicherheitsbewahrung angelegten sowjetischen Defensivstrategie entscheidende Neutralität des Deutschen Reiches konnte Moskau dabei nicht zuletzt durch die stets präsente, wenn auch in erster Linie wohl taktisch eingesetzte Drohung gegenüber Berlin verwirklichen, im Konflikt mit Deutschland den „point d'appui" zu wechseln, sich mit Frankreich und Polen rückversichernd zu arrangieren und das Reich der Isolierung gegenüber dem Osten und dem Westen zu überlassen.

Damit sind wir bei der Bestimmung der Ziele, Optionen und Bedingungen der deutschen Außenpolitik im Zeitraum der Jahre 1918–1932 angelangt.[7] Leitende Vorstellung aller gesellschaftlichen Gruppen und politischen Parteien im damaligen Deutschland war die Revision des Versailler Vertrages, der als „Diktat" verurteilt und dessen Auflagen als ungerecht empfunden wurden [. . .]. Nach der Niederlage im Ersten Weltkrieg galt es, die territorialen, militärischen und wirtschaftlich-finanziellen Bürden der Friedensordnung zu revidieren und den Status einer souveränen Großmacht in Europa wiederzugewinnen [. . .]. Wie konnte Revision unter den nur zu oft divergierenden Positionen einer inneren, nach Westen hin orientierten und einer äußeren, nach Osten hin neigenden Staatsräson[8] erreicht werden, ohne den inneren oder äußeren Krieg zu riskieren, der das Ende der staatlichen Existenz des besiegten Reiches wahrscheinlich mit sich gebracht hätte? Denn es gehörte ja zu den Voraussetzungen, Konsequenzen und Belastungen der „weltpolitischen Sonderstellung"[9] Deutschlands in den zwanziger Jahren, daß sich das Reich nach dem Ende des Ersten Weltkrieges zwar für die politische Ordnung des westlichen Parlamentarismus zu entscheiden hatte, aber eben von den siegreichen Westmächten unter Androhung der Zerstörung seiner nationalen Substanz, falls es innenpolitisch eine revolutionäre Staats- und Gesellschaftsform anstreben würde oder sich außenpolitisch nicht willfährig zeigte, zur Annahme des „Diktats" von Versailles gezwungen wurde.

Im Zeitraum vor der Bekanntgabe der Bestimmungen des Versailler Vertrages, der im Januar 1920 in Kraft trat, hatten vor allem die Mehrheitssozialdemokraten, aber auch Repräsentanten der hohen Bürokratie des Auswärtigen Amtes dafür plädiert, die als Chance angesehene Möglichkeit zu nutzen, im Zeichen der Bolschewisten- und Revolutionsfurcht, wie sie die Regierungen der Siegermächte zweifellos plagte, eine gegen das revolutionäre Sowjetrußland gerichtete und zusammen mit den Westmächten geführte Außenpolitik in der Hoffnung zu treiben, auf diesem Weg bei Briten und Franzosen für das deutsche Interesse, als Großmacht respektiert zu werden, Verständnis und Entgegenkommen zu finden. Die Hoffnung trog, wie besonders der dieser außenpolitischen Vorstellung anhängende Staatssekretär des Auswärtigen Amtes und spätere Reichsaußenminister Graf Brockdorff-Rantzau[10] erfahren mußte. Seine Konzeption deutscher Außenpolitik zielte danach eher auf ein Zusammengehen mit Sowjetrußland gegen die Westmächte, während die Westorientierung nicht zuletzt wohl auch aus innenpolitischen und ideologischen Gründen der Abgrenzung von der Sowjetunion für die Sozialdemokratie während der Weimarer Republik verbindlich blieb.

Der entgegengesetzte außenpolitische Entwurf indes, sich mit einem „weißen" Rußland oder auch mit den Bolschewisten zu verbünden und, auf solche Allianz gegründet, den Westen zu erpressen, wurde in der Reichswehrführung und auf der politischen Rechten – etwa bei der Deutschnationalen Volkspartei – schon vergleichsweise früh erwogen. Einerseits von einer abstrakten äußeren Staatsräson geleitet, andererseits vielleicht aber auch von einem innenpolitisch antiparlamentarisch geprägten Ressentiment geführt, sprach sich z. B. General v. Seeckt dafür aus, zusammen mit einem „weißen" oder „roten" Rußland gegen die westlichen Siegermächte gerichtete Revisionspolitik zu betreiben, durch militärische Zusammenarbeit mit der Roten Armee die Entwaffnungsbestimmungen des Versailler Friedens zu umgehen, somit die Aufrüstung voranzutreiben, „Bündnisfähigkeit" zu dokumentieren und nicht zuletzt durch eine mit einem „weißen" oder „roten" Rußland gemeinsam initiierte Politik gegenüber dem verhaßten polnischen „Saisonstaat" den Großmachtstatus des Reiches zu restaurieren.

Beide Optionen deutscher Außenpolitik, die prowestlich und antisowjetisch orientierte und die prorussisch bzw. – sowjetisch und antiwestlich ausgerichtete, bargen unübersehbar die Gefahr in sich, Deutschland zum Juniorpartner, vielleicht sogar zum Degen Großbritanniens bzw. Frankreichs oder der Sowjetunion zu degradieren und gerade bei dem Versuch, die verlorengegangene Großmachtstellung zurückzuerlangen, an nationaler Souveränität zu verlieren. Beide Entwürfe schienen zudem so diametral entgegengesetzt konzipiert zu sein, daß sie kaum die parlamentarische Unterstützung des jeweiligen Gegners finden konnten und die wechselseitige Blockierung im Reichstag provozierten. Beide Vorschläge beinhalteten endlich das Risiko, durch einseitige Bindung in Form der Allianz an den Westen oder den Osten die Weimarer Republik damit zu belasten, in einen Krieg hineingezogen zu werden, der angesichts der militärischen Ohnmacht des Reiches über das Ende der souveränen Großmachtstellung hinaus mit Wahrscheinlichkeit „finis Germaniae" bedeutet hätte.

Als Kompromiß zwischen solch gegensätzlichen Positionen mag nun die durchaus eigenständig entworfene Konzeption Gustav Stresemanns erscheinen,[11] die für den Gang der deutschen Außenpolitik zwischen 1923 und 1929 bestimmend wurde. Sie war dadurch ausgezeichnet, daß sie eine entschiedene Option zwischen West und Ost vermied und der Einbindung in Allianzen entging. Vielmehr entschied sie sich für eine Politik der Balance und ließ dabei niemals Zweifel darüber aufkommen, daß Deutschland wirtschaftlich und gesellschaftlich dem westlichen System verwandt war, politisch aber die Beziehungen zur Sowjetunion als Gegengewicht zur Westorientierung funktional zu nutzen verstand, um Bewegungsspielraum und Handlungsfreiheit für eine revisionistisch orientierte, aber friedlich prozedierende Außenpolitik zu erhalten und eine deutsche Großmacht im Rahmen der zu etablierenden europäischen (Friedens-)Ordnung wiederaufzurichten. Ja, trotz aller Anfeindungen, die Stresemanns Außenpolitik auch während der Stabilisierungsphase der Weimarer Republik (1924–1929) von Rechts und Links erfuhr und die den Fortgang seiner Bemühungen erheblich belasteten, ist grundsätzlich nicht zu übersehen, daß seine außenpolitische Orientierung der Ost-West-Balance es verstand, kompromißhaft mit den Notwendigkeiten des damaligen Parlamentarismus zum Ausgleich zu finden. Stresemann vermochte in der Tat den Widerspruch von innerer und äußerer Staatsräson, von westlicher und östlicher Orientierung deutscher Innen- und Außenpolitik miteinander zu versöhnen [. . .]. Innerhalb seines Konzepts aber, das die Unterstützung der Vereinigten Staaten und Englands zu gewinnen trachtete, um dem Reich eine (wirtschaftlich fundierte) Machtbasis zu verschaffen und um außenpolitisch aktiv zu werden, und das von der Einsicht in die Notwendigkeit zur Zusammenarbeit mit Frankreich geprägt war, um die deutsche Großmachtstellung in Europa wiederherstellen zu können, bewahrte die Pflege der Beziehungen zur Sowjetunion Stresemann davor, einseitig vom Westen abhängig zu werden. Ja, sie schienen ihm die Möglichkeit zu bieten, nach einer Lockerung des französischen Interesses gegenüber Polen und im Zuge einer Isolierung Warschaus durch Zusammengehen mit der UdSSR auf die polnische Regierung Druck auszuüben und deutsche Revisionsansprüche zu realisieren.

Insgesamt gesehen, wurde Stresemanns Revisions- und Friedenspolitik vom Auswärtigen Amt in relativ hoher Eigenständigkeit gestaltet und verwirklicht [. . .]. Die relativ hohe Autonomie des Auswärtigen Amtes wurde zwar nach Stresemanns Tod und im Gefolge der Weltwirtschaftskrise beeinträchtigt, als vor allem die stärker antibolschewistisch akzentuierte Position der Öffentlichkeit und Presse zu beachten war. Dennoch wäre es falsch, den stärker revisionistisch ausgerichteten außenpolitischen Kurs der Kabinette Brüning, v. Papen und v. Schleicher in der Endphase der Weimarer Republik als eine „Flucht nach vorn" mißzuverstehen und als ein außenpolitisches Bramarbasieren im Zuge und Banne sozialimperialistischer Ablenkungsmanöver zu interpretieren. Das Gegenteil ist richtig:[12] Besonders Brüning und die unter Stresemanns Nachfolger Curtius im Außenamt stärker zur Geltung kommenden Beamten der Behörde, insbesondere der Staatssekretär Bernhard v. Bülow, benutzten die große Krise, um ihre während der „Ära Stresemann" bereits alternativ existierende Konzeption deutscher Außenpolitik zu verwirklichen. Sie zielte unter Brüning besonders auf eine forcierte Lösung des Reparations- und Aufrüstungsproblems und war unter v. Papen und v. Schleicher fast ausschließlich auf die militärische Revision konzentriert.

Nicht zuletzt durch die starre Haltung Frankreichs gefördert [. . .] dominierte in den Jahren zwischen 1930 und 1933 eine Konzeption deutscher Außenpolitik, die „Revision bestehender völkerrechtlicher" Regelungen nicht mehr im Stresemannschen Sinne „als unentbehrlichen Ansatzpunkt für eine neue zukunftweisende Politik" der Friedensbewahrung erachtete und die leitenden Ziele der Revision und des Friedens als fast einander ursächlich bedingende Größen einschätzte. Vielmehr beinhaltete „der Übergang zu einer Politik der nationalen Abgrenzung und der intensivierten Revisionsansprüche" mit der charakteristischen Betonung der Aufrüstungsforderung das Ende jener Bemühung, „Revisionspolitik in eine umfassende Verständigung mit den anderen Großmächten und ein allseits anerkanntes völkerrechtliches Verfahren überzuleiten".[13]

Was das Verhältnis zur Sowjetunion in der Endphase der Weimarer Republik anging, so erfuhr es im Rahmen offizieller bilateraler Beziehungen vorläufig keine grundsätzliche Veränderung. Zu übersehen war indes kaum, daß die UdSSR ihrerseits durch die Unsicherheit über die außenpolitische Orientierung des Reiches, wie sie in v. Papens eher auf das Zusammengehen mit Frankreich ausgerichteten Überlegungen vom Sommer 1932 (Konferenz von Lausanne) zum Ausdruck kam, zu neuen außenpolitischen Möglichkeiten mitangeregt wurde, daß die kommunistische Agitation gegen die um ihren Bestand ringende Weimarer Republik jener gemäßigt revisionistischen Linie einer Außenpolitik im Sinne Stresemanns jede Chance nahm und wider Willen die (innen- und) außenpolitisch nach rückwärts gewandte Revisionspolitik jener Jahre förderte.

Ohne daß man den Regierungen Brüning, v. Papen und v. Schleicher kriegerische Absichten unterstellen könnte, wurde doch immer deutlicher, daß die von Stresemann herbeigeführte Übereinstimmung zwischen Revisions- und Friedenspolitik mehr und mehr zerbrach. Die „wilhelminisch" ausgerichtete Revisionspolitik des Auswärtigen Amtes[14] während der Jahre 1930–1933 unterschied sich von Stresemanns Konzeption durch ihre Bereitschaft zur Übernahme eines erhöhten politischen Risikos, durch den Rekurs auf die Mittel klassischer Machtpolitik anstelle der wirtschaftlich geprägten Strategie der vorhergehenden Jahre und endlich durch die Tendenz zum nationalen Alleingang gegenüber der europäischen Orientierung während der „Ära Stresemann". Sie verwies damit durchaus auf die revisionistische Phase der nationalsozialistischen Expansionspolitik, repräsentierte allerdings in ihrer innen- und außenpolitisch „wilhelminischen" Ausrichtung eine historisch eigenständige Stufe deutscher Großmachtpolitik auf ihrem Weg von Stresemann zu Hitler, von dessen programmatischen Vorstellungen sie sich qualitativ erheblich abhob [. . .].

Nach der Annullierung der Friedensverträge von Brest-Litowsk (3. 3. 1918) und Bukarest (7. 5. 1918) durch die Bestimmungen des Waffenstillstandsvertrages von Compiègne (11. 11. 1918) und dem Widerruf des Brester Friedens durch die Russische Sozialistische Föderative Sowjetrepublik am 13. November 1918 war ein Zustand geschaffen worden, der als „tabula rasa"[15] in den deutsch-sowjetischen Beziehungen bezeichnet werden kann. Lenins Überlegung, den ausgreifenden Forderungen des deutschen Kaiserreiches zeitlich befristet unter dem Zwang der Notwendigkeiten des

Krieges nachzugeben, um das Überleben des revolutionären Rumpf-Staates zu sichern, hatte sich als richtig erwiesen. Die Warnungen des kaiserlichen Auswärtigen Amtes unter seinem Staatssekretär v. Kühlmann, der, in Kategorien der alten europäischen Pentarchie denkend, die Unmöglichkeit eines harten Friedensdiktates im Osten erkannt und es für töricht erklärt hatte, das ehemalige Zarenreich als Großmacht des Staatensystems auszuschalten oder auf den Status einer Kolonie herabdrücken zu wollen, waren bestätigt worden. Wie Lenin und die deutschen Diplomaten aus je verschiedenem Blickwinkel heraus die Vorläufigkeit des Friedensschlusses betonten, so schätzten, freilich unter grundsätzlich anderen Vorzeichen, auch General Ludendorff und die deutsche „Siegfriedens"-Partei die Bestimmungen von Brest-Litowsk und Bukarest als revisionsbedürftig ein. Ihrem Verständnis nach sollte die (über die in den Friedensschlüssen des Jahres 1918 hinausreichende) Verwirklichung einer mit der „Dekomposition" Rußlands verbundenen, dem Deutschen Reich Autarkie garantierenden „Ostraum"-Konzeption zur Basis einer deutschen Weltmachtstellung werden, die unangreifbar sein würde – eine Vorstellung, die im Winter 1918/19 bereits zu den verheerenden Illusionen des Ersten Weltkrieges zählte. Auf deutscher Seite verhielt sich der Rat der Volksbeauftragten der russischen Frage gegenüber vorläufig abwartend, mit der innenpolitischen Entscheidung zwischen Parlamentarismus und Rätesystem vollauf beschäftigt und von der außenpolitischen Furcht geplagt, die revolutionäre Welle werde das Reich überspülen, und Deutschland werde sodann der Intervention der Ententemächte ausgesetzt sein. In Sowjetrußland herrschte zu dieser Zeit die Erwartung vor, daß das Reich der Revolution entgegenstrebe, die Weltrevolution dann kaum mehr fern sei und Wilhelm Liebknechts These sich bewahrheiten werde, daß „die beste Außenpolitik keine"[16] sei. Während die Meinungen darüber auseinandergehen,[17] wie intensiv Lenin 1918/19 die proletarische Revolution in Deutschland beeinflußte, so ist doch festzustellen, daß die Sowjetregierung versuchte, sich im November 1918 dem Reich zu nähern. Gleichzeitig ließ sich ihre Bereitschaft erkennen, im Falle eines militärischen Eingreifens der Alliierten gegen eine siegreich durchgeführte Revolution in Deutschland „der deutschen Arbeiterklasse durch ein brüderliches Bündnis zu Hilfe zu kommen".[18] Doch das Deutsche Reich entzog sich der von der RSFSR ausgehenden Revolution ebenso, wie es (damit) eine alliierte Intervention vermeiden konnte. Die Erwartungen der deutschen Friedensdelegation in Versailles allerdings, unter Hinweis auf die bolschewistische Bedrohung des Reiches die Westmächte konzessionsbereit zu stimmen, scheiterten am unerbittlichen Veto der Franzosen. Den Verzweiflungsschritt jedoch zu tun, nach einer möglichen Revolution im eigenen Land zusammen mit dem bolschewistischen Rußland gegen die Entente zu kämpfen, die Brockdorff-Rantzau gegenüber Harry Graf Kessler am 22. Februar 1919 angedeutet haben soll[19], verhinderten die außenpolitische Ohnmacht des Reiches und die innenpolitischen Machtverhältnisse in Deutschland, der Bürgerkrieg in der Russischen Sozialistischen Föderativen Sowjetrepublik und das Risiko eines westmächtlichen Einmarsches in deutsches Territorium.

Die Kehrseite einer gegenüber der RSFSR geübten dilatorischen Zurückhaltung Berlins lag allerdings angesichts der Feindschaft der Siegermächte gegenüber dem Deutschen Reich in der Gefahr, ohnmächtig und ohne Aussicht auf Verbesserung und

Revision der Lage isoliert zu werden. Doch in dem Maß, in dem sich die revolutionären Hoffnungen auf sowjetischer Seite nicht so rasch erfüllten, wie es erwartet worden war, sah sich auch die Sowjetregierung angesichts der militärischen Intervention der auswärtigen Mächte und der „weißen" Gegenrevolution zunehmend mehr der Drohung einer Isolierung durch die westlichen Staaten ausgesetzt, deren Handeln indes gewiß nicht so einheitlich disponiert war, wie man dies auf sowjetischer Seite damals empfinden mußte.

Noch während der in der RSFSR andauernden Phase revolutionärer Euphorie und im Zeichen einer vorsichtigen Zurückhaltung der deutschen Regierung gegenüber Sowjetrußland zeigte sich in Berlin die Tendenz, sowjetische Initiativen zur Wiederaufnahme der Beziehungen zwischen beiden Staaten positiv einzuschätzen, um „unsere Position der Entente gegenüber durch gradweises Ausspielen unserer Beziehungen zu Rußland"[20] zu stärken. Handelskontakte und die Behandlung der Gefangenenfrage leiteten eine ungemein behutsame, von zahlreichen Skrupeln und Hemmnissen begleitete Annäherung an Sowjetrußland ein, die der Leiter des Rußlandreferates im Auswärtigen Amt, Frhr. v. Maltzan, „nach Möglichkeit im Einvernehmen mit England"[21] gestaltet wissen wollte.

Über den am 19. April 1920 unterzeichneten Vertrag zur Rückführung der Kriegs- und Zivilgefangenen und über eine – bei noch fortdauernder Revolutionserwartung der Sowjetregierung – durch Tschitscherins Funkspruch vom 22. April 1920 vorgeschlagene Intensivierung der sowjetisch-deutschen Handelsbeziehungen hinaus wurde für die Russische Sozialistische Föderative Sowjetrepublik schon bald mit dem Ausbruch des Krieges zwischen Polen und der RSFSR (April-Oktober 1920) entscheidend, wie sich die deutsche Reichsregierung verhalten würde. Nicht zuletzt aus innenpolitischen Gründen erklärte Außenminister Simons die Neutralität des Reiches. Denn jede Parteinahme zugunsten der einen oder anderen Seite hätte innen- und außenpolitisch bedingte kriegerische Verwicklungen nach sich ziehen können. Für Sowjetrußland besaß die Neutralität des Reiches unschätzbaren Wert, da Deutschland somit nicht zum Aufmarschfeld der französischen Schutzmacht Polens werden konnte. Eine Annäherung der beiden Außenseiter des Staatensystems war unübersehbar: Wenn die deutsche Seite es nicht zuletzt auch mit Rücksicht auf den Westen ablehnte, sich allzu intensiv an die revolutionäre Macht des Ostens zu binden, so war doch – neben den bereits bestehenden Wirtschaftsbeziehungen und den nunmehr anlaufenden Kontakten zwischen Reichswehr und Roter Armee[22] – für die Berliner Politiker und ihre revisionistischen Ziele entscheidend, was der damalige sowjetische Vertreter in Deutschland, Viktor L. Kopp, v. Maltzan während der im August aufgenommenen deutsch-sowjetischen Verhandlungen sagte. Die RSFSR erklärte sich nämlich dazu bereit, in Polen die deutschen Grenzen von 1914 zu respektieren, ein revolutioniertes Polen dazu zu veranlassen, die ethnisch deutschen Gebiete dem Reich zurückzugeben oder ein bürgerliches Polen dazu zu bewegen, eine für die deutschen Interessen günstige Korridorlösung zu akzeptieren.[23] Das nach Wiederaufnahme der sowjetisch-deutschen Verhandlungen über die Eröffnung gegenseitiger diplomatischer Beziehungen im November 1920 sodann im Mai 1921 unterzeichnete „vorläufige Abkommen" zwischen beiden Staaten regelte die Rechte der beiden Vertretungen in Berlin und Moskau, intensivierte die Handelsbeziehungen und besaß eine eminent politische Bedeutung, da es den Auftakt einer Zusammenarbeit markierte, die angesichts der Isolierung beider Mächte machtpolitischer Notwendigkeit entsprang.

In allmählich, aber stetig sich vollziehender Annäherung bewegten sich die RSFSR und das Deutsche Reich in den Monaten vor der Konferenz von Genua (10. 4.–19. 5. 1922), die die Regelung internationaler Wirtschafts- und Reparationsprobleme anstrebte, aufeinander zu. Die sowjetische Sorge galt in dieser Zeit dabei vor allem dem Bemühen, eine „kapitalistische Einheitsfront" unter Einschluß des ja ebenfalls in Genua vertretenen Deutschlands zu verhindern. In diesem Sinne ging es sowohl Karl Radek in seinen Berliner Gesprächen zu Anfang des Jahres 1922 als auch Außenkommissar Tschitscherin in den ersten Apriltagen, als er auf der Reise nach Genua in Berlin Station machte, darum, das deutsche und sowjetische Vorgehen auf der Konferenz zu koordinieren und vor allem vor Beginn der Verhandlungen die zwischen den beiden Staaten schwebenden juristischen, wirtschaftlich-finanziellen und auch politischen Fragen zu lösen. Ein entsprechender, mit dem im April 1922 in Rapallo unterzeichneten Vertrag in weiten Teilen identischer Entwurf wurde konzipiert, doch zögerten die Regierung Wirth und das Auswärtige Amt, kurz vor der Konferenz von Genua eine spektakuläre „Sonderaktion"[24] zu unternehmen. Das Reich wollte sich durch das fast normalisierte Verhältnis zur Sowjetregierung „nicht in einen Konflikt mit den Westmächten treiben lassen"[25]. Dabei war übrigens nicht jene sowjetische Drohung gegenüber Berlin zu unterschätzen, die Radek als – wahrscheinlich damals eher taktisch gemeinte als tatsächlich realisierbare – Alternative zu der von ihm beschworenen „Schicksalsgemeinschaft"[26] der beiden Anti-Versailles-Mächte in seinen Berliner Gesprächen im Januar 1922 angedeutet hatte, als er mit einer Wiederaufnahme der russisch-französischen Vorkriegspolitik drohte.

Endlich lieferte die Furcht vor machtpolitischer Isolierung zugleich den aktuellen Anlaß und eines der gravierenden Motive, die die deutsche Delegation und wohl auch den zögernden, sowie einem Ausgleich mit Sowjetrußland eher zurückhaltend begegnenden Reichsaußenminister Rathenau dazu veranlaßten, den Vertrag von Rapallo am 16. April 1922 zu unterzeichnen. Es war angesichts des „Abgeschnittenseins"[27] der Deutschen von den Beratungen in der Villa de Albertis und in Anbetracht der Befürchtungen eines Arrangements zwischen der Entente und der RSFSR zugunsten des Reiches „die Gefahr der endgültigen Ausschaltung ... drohend" gegeben, wie sich Rathenau rückblickend und offiziell rechtfertigte, während er in eher privater Korrespondenz die vor der Unterzeichnung eingetretene Lage weit weniger dramatisch beurteilte.[28] Immerhin erschien die Möglichkeit einer Isolierung so akut, daß sich v. Maltzans Konzeption, eine Einigung mit Moskau herbeizuführen, um gegenüber dem Westen Bewegungsspielraum zu erlangen, durchzusetzen vermochte. Damit sind wir bereits in die Motivanalyse eingetreten, die zu bestimmen hat, warum die Sowjetregierung und das Deutsche Reich den Vertrag von Rapallo abschlossen.

Im Zuge gemeinsamer antifranzösisch orientierter Politik war es der RSFSR und dem Reich gelungen, den von Paris her beabsichtigten Ausschluß beider Länder aus der europäischen Staatengesellschaft zu durchbrechen, diplomatischen Manövrierraum zu gewinnen und im Zuge einer (von Deutschland und von der RSFSR beabsichtigten) Gleichgewichtspolitik zusammen mit dem jeweiligen Vertragspartner ein Gegengewicht zur Entente in Europa zu bilden. Gegenüber diesem für beide Seiten entscheidenden Grundmotiv des in Rapallo geschaffenen Verhältnisses zwischen dem Deutschen Reich und der RSFSR und später der UdSSR trat die oftmals mit dieser Politik eng verknüpfte militärische Zusammenarbeit zwischen beiden Ländern vergleichsweise zurück, da General v. Seeckts über das funktional militärische Element hinausreichende Bündnisvorstellungen nicht zu realisieren waren. Ebenso ist die antipolnische Tendenz der Übereinkunft von Rapallo atmosphärisch zwar durchaus vorhanden, aber revisionistisch orientierte „negative Polenpolitik" treiben zu können, war nicht der einzige und wohl auch nicht der ausschlaggebende Beweggrund des Vertragsabschlusses. Dem Rapallovertrag kann „weder eine konspirative Absicht zur gewaltsamen Sprengung der Fessel von Versailles, noch, um das Unrecht der Grenzziehung im Osten zu korrigieren, ein aggressives Begehren mit militärischen Mitteln, durch ein Bündnis mit Moskau, nachgewiesen werden"[29]. Er war vielmehr im Sinne eines der Zeit angepaßten gleichgewichtspolitischen Denkens ein „aus unmittelbaren wirtschaftlichen und politischen Bedürfnissen herausgewachsener Normalisierungs- und Liquidationsvertrag", der „keine konkreten bündnispolitischen Verpflichtungen" enthielt und „dem Typus der namentlich von Großbritannien in dem Jahrzehnt vor dem ersten Weltkrieg bevorzugten Ausgleichsverträge wie der Entente Cordiale von 1904 oder dem russisch-englischen Vertrag von 1907"[30] ähnelte. Hermann Gramls ganz auf das antipolnisch-revisionistische Motiv des Vertrages ausgerichtete Interpretation, der die Übereinkunft als „entscheidender Sieg" der deutschen Revisions- und Restaurationspolitik gilt, von dem sich „Deutschland wie Europa nie mehr erholen"[31] sollten, dürfte von einer gewissen Einseitigkeit der Betrachtung nicht frei sein.

Denn der gerade durch den Vertragsabschluß beiden Mächten zufallende Bewegungsspielraum und das nun *im Rahmen* der Pariser Friedensordnung etablierte machtpolitische Gegengewicht halfen in der ersten Hälfte der zwanziger Jahre, ein von Deutschland und der Sowjetunion gegenüber dem französischen Hegemonialanspruch dringend benötigtes Gleichgewicht zu schaffen. Seine Existenz und Verträglichkeit mit der bestehenden Nachkriegsordnung aber wurde nicht zuletzt durch das verblüffend, vielleicht muß man auch sagen: verdächtig rasche Einverständnis Großbritanniens, der Interessentin an der „Balance of Power" und traditionellen Hüterin des kontinentaleuropäischen Gleichgewichts, mit den Tatsachen des Rapallo-Vertrages bestätigt. Daher ist es sicher nicht angemessen zu unterstellen, wie Lionel Kochan es tut, daß der Vertrag von Rapallo für Deutschland „a weapon of attack" und für die RSFSR bzw. die UdSSR „primarily a defensive measure"[32] gewesen sei. Im Gegenteil: Es war das Reich, das zeitweilig vorgetragenen „russische[n] Ermunterungen"[33] dazu, eine gemeinsam betriebene revisionistische Politik gegenüber Polen zu verfolgen, mit Rücksicht auf die Westmächte und angesichts der Gefahr zu enger Bindung an den östlichen Vertragspartner widerstanden hat.

Gewiß ist nicht zu übersehen, daß Deutschland die sowjetische Frontstellung gegen den Versailler Vertrag begrüßte und dafür Sowjetrußland Neutralität versprach. Insofern war der Rapallo-Vertrag nicht zuletzt auch angesichts seiner Entstehung im Zeichen der Anti-Versailles-Orientierung der RSFSR und Deutschlands sowie ihrer drohenden bzw. vollzogenen Isolierung von der Staatengesellschaft mehr als nur ein normaler Vertrag neben vielen anderen, der für die sich entwickelnden Beziehungen der (künftigen) Sowjetunion zu den kapitalistischen Staaten charakteristisch war, wie die sowjetische Interpretation im Zeichen der machtpolitischen Neuorientierung der sowjetischen Außenpolitik zu Anfang der dreißiger Jahre im Rückblick auf die Ereignisse des Jahres 1922 lautete[34]. Vielmehr entsprang der Vertragsabschluß einer ganz spezifischen, einzigartigen historischen Lage der beiden Mächte und repräsentierte im Sinne Lenins für die RSFSR „den einzig richtigen Ausweg aus den Schwierigkeiten, dem Chaos und der Kriegsgefahr"[35]. Der Wandel sowjetischer Rapallo-Interpretation von der Einschätzung des Vertrages „as an exclusive relationship with an antiwestern point of view" zu einem Modell „for the USSR's developing relations with third states"[36] demonstriert die Entwicklungsgeschichte des Abkommens vor dem Hintergrund der sich verändernden sowjetisch-deutschen Beziehungen zwischen 1922 und dem Beginn der dreißiger Jahre. Für die Weimarer Republik aber bedeutete der Vertrag einerseits Erleichterung „einer akut bedrohlichen Situation" und wurde andererseits auf die Dauer zu einem Element „aktiver Außenpolitik",[37] die den Weg aus der Bilateralität des deutsch-sowjetischen Verhältnisses zur Mitarbeit im internationalen System beschritt.

Bewährung und Belastung der sich im Aufwind der Vereinbarungen von Rapallo günstig entwickelnden deutsch-sowjetischen Beziehungen brachte das folgende Jahr, als am 11. Januar 1923 französische und belgische Truppen das Ruhrgebiet besetzten, um Reparationsforderungen einzutreiben bzw. die Souveränität des Reiches weiter in Frage zu stellen, und als im Herbst des gleichen Jahres die Komintern den Zeitpunkt für gekommen ansah, die deutsche „Oktoberrevolution" in Mitteldeutschland beginnen zu lassen.

Angesichts der französischen Intervention trat die UdSSR entschieden an die Seite des Reiches. Denn Frankreich drohte – zusammen mit seinem polnischen „Vasallen" – das zentrale Vorfeld der Sowjetunion gänzlich zu unterwerfen und damit die europäische Balance zuungunsten der UdSSR zu verändern. Warnungen an Frankreich und Polen unterstützten den Widerstand des Reiches, dem die Sowjetunion im äußersten Fall einer empfindlichen Schwächung Deutschlands – etwa einer Besetzung Oberschlesiens durch Polen – möglicherweise sogar militärisch zu Hilfe geeilt wäre. Insgesamt jedoch tendierte die sowjetische Politik dahin, im Sinne ihres Sicherheitsbedürfnisses einem Krieg fernzubleiben und das Gleichgewicht durch Diplomatie zu bewahren. So dankbar die deutsche Regierung sowjetische Hilfe damals empfand, so wurde – zuungunsten Moskaus – doch die Einseitigkeit sowjetischer Rückendeckung für das Reich und eine sich daraus über die Rapallo-Bindung evtl. zwanghaft ergebende Notwendigkeit engerer Zusammenarbeit in Form einer Koalition oder Allianz (mit den nicht zu unterschätzenden innenpolitischen Rückwirkungen auf Deutschland) dadurch teilweise aufgehoben, daß das Deutsche Reich sich 1923 in einer gewissen Solidarität mit den die französische Politik verurteilenden anglo-amerikanischen Mächten befand und somit einer allein auf Moskau ausgerichteten Orientierung seiner Außenpolitik entgehen konnte.

Die – von Stresemann zu Beginn seiner Kanzlerschaft allerdings überschätzten – Spannungen zwischen Großbritannien und Frankreich waren für das Überleben des Reiches ebenso wertvoll wie die sowjetische Hilfe: Schon während der europäischen Krise des Jahres 1923 begann die deutsche Politik der Ost-West-Balance ihre Kontur zu gewinnen. Eben die sich abzeichnende deutsch-englische Interessenkoinzidenz aber war es, die die Sowjetunion angesichts des sich seit der Konferenz von Genua verschlechternden britisch-sowjetischen Verhältnisses befürchten ließ, das Reich könne sich in zu große Abhängigkeit von der englischen Politik begeben. Als Gegengewicht zur britischen Weltmacht näherte sich die UdSSR unter Ausnutzung der französisch-britischen Rivalität und gewissen Gemeinsamkeiten sowjetisch-französischer Politik im Nahen Osten (Meerengenfrage)[38] eben jenem Frankreich, das es auf dem Kontinent aus gleichgewichtspolitisch bestimmtem und von Sicherheitsüberlegungen getragenem Motiv heraus an der Seite der deutschen Republik bekämpfte. Denn den Fall eines Einschwenkens der Berliner Politik auf die Linie der konservativen englischen Regierung Bonar Law galt es ebenso zu verhindern, wie der französische Hegemonialanspruch über Europa zusammen mit dem Reich einzudämmen und abzuwehren war. In dieser für die sowjetische Außenpolitik außerordentlich schwierigen, weil interessenbedingt widersprüchlichen Lage versuchte Tschitscherin, die deutsche Regierung davon zu überzeugen, daß seine Bemühungen um ein sowjetisch-französisches Arrangement nicht gegen das Reich, sondern gegen Großbritannien gerichtet seien. Ja, er gedachte der Schwierigkeit, Unvereinbares miteinander zu vereinbaren, dadurch zu entgehen, daß er den Gedanken eines gegen Großbritannien gerichteten „kontinentalen Blocks" zwischen der Sowjetunion, Deutschland und Frankreich ins Gespräch brachte, ohne im Jahr 1923 damit in Berlin auch nur die geringste Resonanz finden zu können.

Dem sowjetischen Partner war von seiten des Reiches aus nach wie vor mit Wachsamkeit, ja, Mißtrauen zu begegnen: Dazu forderte nicht allein die Flexibilität der sowjetischen Diplomatie auf, die sich innerhalb des Staatensystems für machtpolitische Alternativen und einen Wechsel des „point d'appui" stets offen hielt. Dazu bestimmten vor allem die von der Komintern inszenierten, aufgrund einer Fehldiagnose über die Revolutionsanfälligkeit des Reiches unternommenen kommunistischen Versuche in Sachsen und Thüringen, die Macht zu übernehmen und Deutschland auf den Weg der Revolution zu führen, die Ende Oktober 1923 bereits gescheitert waren. Da die deutsche Regierung von der Identität der Interessen und der Politik zwischen der Sowjetunion und der Komintern ausgehen mußte, zeigte sich im Jahre 1923 gegenüber dem Deutschen Reich der Widerspruch zwischen Staatspolitik und Revolutionsanspruch der UdSSR. Noch einmal siegte die ideologisch gespeiste Hoffnung auf die deutsche Revolution über die Sicherheitsinteressen des sowjetischen Staates, der auf die Pflege der Beziehungen zu Deutschland angewiesen war. Innerhalb weniger Monate im Laufe des Jahres 1923 war, aus deutscher Sicht betrachtet, das Verhältnis zwischen beiden Staaten vom „Hochsommer der Freundschaft"[39] auf einen „Tiefpunkt"[40] im Herbst des Jahres 1923 gesunken.

Konsequenz der gescheiterten revolutionären Bemühungen war ein Abrücken der Sowjetunion vom weltrevolutionären Kampf in Europa, eine Konzentration auf den Aufbau des „Sozialismus in einem Lande" und die damit einhergehende Bolschewisierung der kommunistischen Parteien im Sinne eines Primats sowjetischer Sicherheitspolitik. Dabei galt es vor allem, die deutsche Neutralität zu erhalten und eine feste Bindung des Reiches an den Westen zu verhindern, wie Moskau sie in den finanzpolitischen Vereinbarungen des Dawes-Planes vom Jahre 1924 erblickte, die Deutschland ins westliche Wirtschafts- und Finanzsystem integrierten.

Im gleichen Jahr 1924, in dem die UdSSR durch die Anerkennung zahlreicher Staaten handelnd ins internationale System eintreten konnte und einen vergleichsweise größeren Spielraum der machtpolitischen Bestätigung erhielt, wollte sie verhindern, daß Deutschland, der entscheidende Angelpunkt sowjetischer Europapolitik, von ihr abfiel. Doch selbst die von sowjetischer Seite Ende Februar 1925 in Aussicht gestellte Möglichkeit eines – gegen Polen gerichteten – militärischen Bündnisses[41] konnte Stresemann nicht dazu bewegen, einer solchen von Moskau gewiesenen Richtung zu folgen, das Reich damit von der Staatenwelt zu isolieren und den vorgezeichneten Weg nach Locarno bzw. nach Genf zu blockieren.

Die Sowjetunion hatte bereits damit begonnen, Deutschlands Einfügung in eine „kapitalistische Einheitsfront" zu bekämpfen, als angesichts der Erwartung eines deutschen Beitritts zum Völkerbund zu Anfang des Jahres 1925 die Berliner Regierung im Sinne ihrer Revisions- und Friedenspolitik der Ost-West-Balance einen europäischen Sicherheitspakt vorschlug, der die Grenzen im Westen des Reiches garantieren sollte. Nunmehr intensivierte die Sowjetunion ihre Anstrengungen propagandistischer und diplomatischer Natur, um den vermeintlichen Anschluß Deutschlands an den Westen zu verhindern. Angesichts der sowjetischen Furcht vor einer „völligen Umorientierung" der deutschen Politik nach Westen und der damit verbundenen „Vernichtung von Rapallo"[42] hielten die sowjetische Staatsführung und Diplomatie (mit der Presse koordiniert)[43] dem Deutschen Reich sowohl in der bis zum Frühsommer 1925 andauernden Phase rigoroser Ablehnung des deutschen Westkurses als auch in der danach einsetzenden Periode einer kompromißbereiten Haltung, die darauf abzielte, von dem in Rapallo begründeten „deutsch-sowjetischen Sonderverhältnis" zugunsten der sowjetischen Sicherheitsinteressen so viel wie eben möglich zu retten, verschiedene werbende oder drohende Alternativen der Außenpolitik der UdSSR als Ersatz bzw. als Sanktion für eine deutsche Wendung nach Westen und einen Eintritt des Reiches in den Völkerbund vor Augen. Sie reichten vom Angebot eines förmlichen Neutralitätspaktes über die Möglichkeit eines militärischen Bündnisses bis hin zu der von Kopp gegenüber Brockdorff-Rantzau bereits am 4. Dezember 1924 erwähnten Chance gemeinsamer sowjetisch-deutscher Bemühungen um eine Korrektur der polnischen Grenzen.[44] Daneben aber fehlte es von sowjetischer Seite aus auch nicht an Hinweisen auf die Möglichkeit eines diplomatischen „renversement", sich nämlich angesichts der Spannungen zu Großbritannien mit Frankreich zu arrangieren und den Ausgleich mit Polen zu suchen. Doch blieb der deutschen Seite der taktische Charakter solcher Drohung wohl ebenso wenig verborgen, wie Stresemann jede durch militärische Aktion zwischen Deutschland und der Sowjetunion herbeigeführte Korrektur der ostmitteleuropäischen Grenzen ablehnte. Er dachte diese niemals vertraglich zu garantieren, sondern wollte sie vielmehr für zukünftige politische Gestaltung offenhalten. Der Reichsaußenminister beharrte auf seiner Grundlinie, das Reich nach dem Ausgleich mit der UdSSR in die westliche Staatenwelt zurückzuführen. Doch trug er getreu seiner Balance-Konzeption dem sowjetischen Bedenken gegen einen Beitritt Deutschlands zum Völkerbund dadurch in erheblichem (ja, für die Funktion des in der Satzung der „Société des Nations" verankerten Prinzips der kollektiven Sicherheit vielleicht schon bedenklichem) Maße Rechnung, indem er seine Vorbehalte gegen den Artikel 16 der Völkerbundscharta anmeldete und es ihm schließlich gelang, das Deutsche Reich von einer Automatik der Sanktionsverpflichtungen zu befreien. Ob Deutschland im Konfliktfall als Mitglied des Völkerbundes sich an einer Intervention gegen die Sowjetunion beteiligte oder ihr fernblieb, hing nicht vom Beschluß der Genfer Gremien ab, sondern unterlag der Entscheidung der deutschen Reichsregierung.

Somit ist festzustellen, daß 1. der deutsche Garantievorschlag, der zum Locarno-Pakt (1. 12. 1925) führte, die deutsch-sowjetischen Beziehungen nicht zerstörte, sie aber 2. in einen gegenüber den vorhergehenden Jahren veränderten weltpolitischen Zusammenhang stellte und damit ihre Qualität wandelte. Der Eintritt Deutschlands in die Weltpolitik eröffnete dem Reich gemäß Stresemanns Vorstellung von der deutschen Mittlerstellung zwischen West und Ost größere Möglichkeiten der außenpolitischen Betätigung, innerhalb deren das „deutsch-sowjetische Sonderverhältnis" als eine Beziehung zwischen gesellschaftlich und ideologisch heterogenen Staaten einen hohen Rang einnahm. Gleichzeitig boten sich auch der sowjetischen Seite durch die im Zuge der Anerkennung der UdSSR durch eine große Zahl europäischer Staaten erleichterte Mitarbeit im internationalen System, durch den Aufbau eines um die Sowjetunion gruppierten Sicherheitsgürtels in Form von Nichtangriffs- und Neutralitätsverträgen, unter dem Druck des krisenhaft gefährdeten englisch-sowjetischen Verhältnisses und angesichts der sich von der „Schicksalsgemeinschaft" zur Normalität entwickelnden Beziehungen zum Deutschen Reich ebenfalls neue Chancen und Notwendigkeiten außenpolitischer Orientierung, die sich in französisch-sowjetischen und polnisch-sowjetischen Kontakten, mochten sie vorläufig auch noch stark taktisch motiviert sein, andeuteten. Dennoch galt es 3. hic et nunc, d. h. während der Zeitspanne zwischen dem Vertrag von Locarno (1. 12. 1925) und dem deutschen Eintritt in den Völkerbund (8. 9. 1926) für die sowjetische Politik, Stresemann beim Wort zu nehmen und die Ernsthaftigkeit seiner Beteuerung auf die Probe zu stellen, der Sowjetunion im Zuge seiner Politik der Balance die erwünschte Neutralität zugestehen zu wollen.

Durch den Abschluß des sowjetisch-deutschen Wirtschaftsvertrages vom 12. Oktober 1925 atmosphärisch begünstigt, der beiden Seiten erheblichen wirtschaftlichen Nutzen zu bringen versprach, war eine Grundlage geschaffen, um im „Geiste von Rapallo" die deutsche Westpolitik zu ergänzen. Am 21. 11. 1925 unterbreitete Botschafter Krestinskij Stresemann einen Vorschlag,[45] der, als Gegengewicht zur Locarno-Politik konzipiert, nunmehr die sowjetisch-deutschen Beziehungen zu intensivieren vorsah. Da jedoch das Problem der deutschen Haltung gegenüber möglichen Sanktionsforderungen des Völkerbundes damals noch nicht geklärt war, ruhten die Verhandlungen zwischen Berlin und Moskau so lange, bis sie endlich durch das vorläufige Scheitern der Beitrittsbemühungen des Reiches zum Völkerbund (März 1926) und durch die zur gleichen Zeit den deutschen Interessen drohende Gefahr des Zustandekommens eines sowjetisch-polnischen Nichtangriffspaktes von seiten Deutschlands wieder aufgenommen wurden und zum Erfolg kamen: Am 24. April 1926 wurde der Berliner Vertrag unterzeichnet, der die Partner u. a. zur Neutralität und zur Distanz gegenüber Boykottmaßnahmen verpflichtete. Die strittige Sanktionsfrage wurde nicht zuletzt dadurch gelöst, daß in einem angefügten Notenwechsel der gegenüber der Sowjetunion freundliche Kurs des Reiches in der „Société des Nations" ebenso kodifiziert wurde, wie Deutschland darüber zu entscheiden hatte, was als Aggression zu bewerten war.

Der sowjetischen Diplomatie war es im Sinne ihres Maximalziels nicht gelungen, Deutschland daran zu hindern, Anschluß an den Westen zu finden und das Reich im Rahmen eines zweiseitigen Abkommens bzw. einer Einbindung in einen „kontinentalen Block" in eine antibritische Position zu manövrieren. Erreicht aber hatte sie „Moscows minimal diplomatic goal",[46] nämlich die deutsche Neutralität vertraglich zu sichern aufgrund der Tatsache, daß die Beziehungen zur UdSSR dem Reich wirtschaftliche und militärische Vorteile boten, zudem aber – um das ausschlaggebende politische Motiv zu nennen – Stresemanns Konzeption, durch Ausbalancierung von Ost- und Westpolitik Aktionsfreiheit für das Reich zu schaffen, den Vertrag mit der Sowjetunion als Gegengewicht zu den westlichen Vereinbarungen durchaus gebrauchen konnte. Die Balancepolitik, die sich von Rapallo ausgehend zum Locarno-Vertrag entwickelte und im Berliner Abkommen mit der UdSSR bestätigte, sicherte dem Reich für seine geplante, friedlich angelegte Großmacht- und Revisionspolitik während der späteren zwanziger Jahre den nötigen machtpolitischen Spielraum.

Zu bewähren hatte sich das von der „Schicksalsgemeinschaft zur Partnerschaft"[47] entwickelte sowjetisch-deutsche Verhältnis unter dem Druck der weltpolitischen Krise zwischen Großbritannien und der Sowjetunion in den Jahren 1926/27, als Moskau argwöhnte, das innen- und außenpolitisch vom Kommunismus provozierte England plane, die UdSSR durch eine „Einheitsfront der kapitalistischen Staaten" einzukreisen. Obwohl die Sowjetunion nach Abschluß des Berliner Vertrages keineswegs gegenüber Deutschland von einem Empfinden getragen war, das ein später lebender Historiker als „heyday of Rapallo"[48] kennzeichnete, blieb als Resultat aus sowjetischer Sicht doch entscheidend, daß das Deutsche Reich auch im Zeichen des sowjetisch-britischen Gegensatzes die vertraglich festgelegte Neutralität wahrte. Gewiß war es nicht ein Zusammengehen „durch dick und dünn", das die UdSSR angesichts der (indes wohl eher innenpolitisch motivierten als außenpolitisch gerechtfertigten) Kriegspsychose jener Jahre willkommen gewesen wäre. Ja, die französisch-russischen Fühlungnahmen über einen Nichtangriffspakt, der der deutschen Seite im Sommer 1927 möglicherweise sogar akzeptabel vorkam, sowie die Kontakte zwischen Moskau und Warschau über einen entsprechenden Vertrag, den das Reich wegen der damit verbundenen Gefahr einer sowjetischen Garantie der polnischen Grenzen (Eventualität eines „Ost-Locarno") strikt ablehnte, deuten darauf hin, daß die Sowjetunion die Qualität der deutschen Neutralität als instabil und schwankend[49] beurteilte. Immerhin erfüllte sie ihren Zweck, denn das Verhältnis zwischen der UdSSR und dem Reich erfuhr auch während dieser Belastungsprobe der Weltpolitik keine gravierende Beeinträchtigung. Stresemann aber konnte die vereinbarte Neutralität des Reiches gegenüber der Sowjetunion nicht zuletzt deshalb einhalten, weil Großbritannien eben nicht jenen sinistren Plan einer Einkreisung des kommunistischen Gegners ventilierte und der britische Druck auf Berlin, für Londons Sache Partei zu ergreifen, im Grunde niemals so ausschließlich und fordernd war, daß er die Grundlagen der Außenpolitik Stresemanns in Frage gestellt hätte.

Deutschlands Außenpolitik aber hatte damals ihrerseits zu vermeiden, sich dem sowjetischen Vertragspartner so eng anzuschließen, daß es mit der revolutionären Macht alleinblieb, oder sich ohne Zusage auf revisionistische Erfolge dem Westen weiter zu nähern, die Sowjetunion als Gegengewicht zu verlieren und sodann durch ein antibritisch orientiertes sowjetisch-französisch-polnisches Arrangement auf dem Kontinent isoliert und ausgeschaltet zu werden.

Sowjetisches Sicherheitsbedürfnis und Stresemanns Balancepolitik legten es nahe, sich auf der Basis jener Neutralität zu finden, die im Zeichen der britisch-sowjetischen Krise auch im Jahre 1927 eingehalten wurde. Dennoch ließen sich im Durchdenken außenpolitischer Alternativen bzw. in den sichtbar werdenden Versuchen neuer Orientierungen – insbesondere der sowjetischen Seite – Perspektiven beobachten, die auf die Gestaltung der sowjetisch-deutschen Beziehungen zurückwirken konnten und zukünftig einmal zur Realität wurden.

Wenn auch die Beziehungen zwischen Moskau und London bis zum Juli 1929 unterbrochen blieben, so schien Frankreich für die im Zuge der sowjetischen Industrialisierung und ihrer Abschirmung nach außen intensivierte Sicherheitspolitik der UdSSR schon bald wieder als der kontinentale Hauptgegner. Sein europäisches Sicherheits- und Bündnissystem und seine gegen die Sowjetunion gerichteten wirtschaftlichen Boykottmaßnahmen beeinträchtigten die Interessen der UdSSR erheblich, wie ja Paris nach dem Scheitern der deutsch-französischen Ausgleichsversuche von Thoiry im Jahre 1926 auch für Berlin nach wie vor der für die Revisionspolitik des Reiches entscheidende Partner bzw. Gegner blieb. Wie würde sich nun das sowjetisch-deutsche Verhältnis angesichts des französisch-sowjetischen, aber auch in Anbetracht des nach wie vor bestehenden deutsch-französischen Gegensatzes in den Jahren zwischen 1928/29 und 1932 entwickeln?

Als nach den Reichstagswahlen vom 20. Mai 1928 der Sozialdemokrat Hermann Müller eine Reichsregierung der „Großen Koalition" bildete, erregte dies in Moskau – trotz der durch Stresemanns Verbleiben im Amt an sich garantierten außenpolitischen Kontinuität – insofern Mißtrauen, als die Sowjetunion in der innenpolitisch entscheidend zum Zuge gekommenen SPD angesichts deren traditionell westlicher Orientierung eine Gefahr erblickte, die zu einer zu Lasten der UdSSR gehenden deutsch-französischen Einigung führen könne. Die bereits 1927 aus innerparteilichen Gründen von Stalin eingeleitete Distanzierung von der „Einheitsfronttaktik" der Komintern und ihre Unterwerfung unter den „absoluten Führungsanspruch" Stalins[50] erhielt nunmehr ihre weit über die Amtszeit der Regierung Hermann Müller hinausgehende außenpolitische Dimension, die sogar in hohem Maße als ausschlaggebend für die Durchführung sowie das Gelingen der Umorientierung der Komintern, d. h. für ihre Abwendung von der „Einheitsfronttaktik" und ihre Übernahme der „Sozialfaschismus"-Theorie angesehen werden muß.⁵¹ Die Deutschlandpolitik der UdSSR lief folglich „auf mehreren, formal voneinander getrennten, de facto aber aufeinander abgestimmten Ebenen",⁵² der der Diplomatie, der Komintern und der Moskau untergeordneten KPD.

Deutsch-sowjetische Zusammenarbeit im internationalen Bereich der Politik ergab sich gleichsam automatisch, wenn es z. B. darum ging, durch gemeinsame antifranzösische Raison bestimmt, Briands Europa-Plan (1930) zu Fall zu bringen. Beständig ermunterte die UdSSR das Reich damals, im Zusammenhang der Diskussionen um den Kellogg-Pakt (1928) und den Young-Plan (1929), sich im Widerstreit zwischen amerikanischer oder französischer Orientierung für Washington und gegen Paris zu entscheiden. Mit allen Mitteln galt es eine deutsch-französische Annäherung zu vermeiden, deren Befürworter die UdSSR in der SPD erblickte. Daher wurde sie von der Sowjetunion mit Hilfe der „Sozialfaschismus"-Theorie bekämpft, die den wesentlichen Unterschied zwischen Nationalsozialismus und Sozialdemokratie als angeblich nur taktisch verschiedenen Varianten kapitalistischer Herrschaftstechnik gründlich verkannte. Sie leistete damit einer Entwicklung Vorschub, die kurzfristig gesehen: für Deutschland, langfristig betrachtet: für die Sowjetunion, für Europa und die Welt verhängnisvolle Konsequenzen zeitigte. Denn die Unterschätzung des selbständigen Charakters der NSDAP, die Fehldeutung des qualitativ von der deutschen Außenpolitik des Kaiserreichs und der Weimarer Republik sich abhebenden Expansions-„Programms" Adolf Hitlers und die Beurteilung des „Führers" als einer Marionette der „herrschenden Klasse" trugen in erheblichem Maße zum Sieg der NSDAP und zum Untergang der Weimarer Republik bei. Es ist gewiß nicht zutreffend zu behaupten, Stalin habe beabsichtigt, Hitler an die Macht zu bringen, um Deutschland nach einem „faschistischen" Interludium zu revolutionieren oder um das nationalsozialistische Deutschland in außenpolitischen Konflikt mit Frankreich zu verstricken. Stalin hatte einfach den ausschlaggebenden Widerspruch zwischen dem totalitären Telos des Hitlerschen „Programms" und der autoritären Politik seiner Vorgänger Brüning, v. Papen und v. Schleicher bzw. dem bürgerlichen Parlamentarismus der Weimarer Republik aufgrund „ideologischer Scheuklappen"⁵³ verkannt. Daher ging die Einsicht in die relativ hohe Autonomie politischer Herrschaftsformen und in ihre essentiell bedeutenden Qualitätsunterschiede verloren, die in Deutschland während der Jahre von 1930 bis 1933 von einem die bürgerlichen Freiheiten garantierenden parlamentarischen System bis hin zur terroristischen, auf Eroberungs- und Rassenpolitik gegründeten totalitären Herrschaft reichten. In diesem historischen Zusammenhang aber, der neben den entscheidenden endogenen Faktoren der deutschen Geschichte und den Ursachen im Felde der internationalen Politik auch die Mitverantwortung der Sowjetunion für den Untergang der Weimarer Republik sichtbar werden läßt, finden staats- und revolutionspolitische Linie der sowjetischen Außenpolitik in gewisser Hinsicht wieder zueinander, die sich im Bereich der internationalen Beziehungen in Europa unter realpolitischen Notwendigkeiten getrennt hatten. Denn „die sowjetische Außenpolitik", so urteilt Thomas Weingartner,⁵⁴ „mag das ihr von der Ideologie gesetzte Ziel vernachlässigen, die Verfolgung des weltrevolutionären Prozesses den eigenen, spezifischen Staatsinteressen unterordnen oder keine Chancen für Revolutionen sehen, sie wird aber dennoch einer ständigen und zwangsläufigen Beeinflussung durch die Ideologie ausgesetzt sein, weil ihre Träger gewohnt sind, die Realität durch eine ideologisch verzerrte Linse aufzunehmen. Dieser Vorgang, diese permanente ideologische Sicht war für die Unterschätzung des Faschismus und damit des Nationalsozialismus als innenpolitisches und außenpolitisch relevantes Phänomen in starkem Maße verantwortlich und somit auch für die sowjetische Außenpolitik von Belang. Gewohnt, in den Kategorien einer dogmatischen Klassenideologie einzig den aus der sozialen Zusammensetzung resultierenden Interessen, Gegensätzen und Bewußtseinslagen entscheidende Bedeutung beizumessen, konnte die Sowjetunion kaum einer nicht an Klassen und Klassenwidersprüchen orientierten Rassenideologie Eigenständigkeit, d. h. echte Überzeugungskraft zusprechen."

Ungeachtet solcher Fehleinschätzung der weltanschaulichen und politischen Qualität der NSDAP und Hitlers als eines autonomen Faktors, ihrer politischen Rückwirkungen auf die Innenpolitik der Weimarer Republik und ihrer langfristig sichtbar werdenden Konsequenzen für das internationale System liefen die wirtschaftlichen und militärischen, aber auch die diplomatisch-außenpolitischen Beziehungen zwischen der Sowjetunion und dem Reich im gleichen Zeitraum normal weiter und wurden auch durch die Revisionspolitik Brünings kaum grundsätzlich verändert, wie die Verlängerung des Berliner Vertrages am 24. Juni 1931 demonstrieren mag. Allein schon aus antipolnischem Motiv gespeist, dachten weder der Kanzler noch das Auswärtige Amt daran, die auf den Vereinbarungen vom Jahre 1926 basierende Verbindung nach Moskau aufzugeben, wenn sie auch nach der Rheinlandräumung am 30. Juni 1930 darauf bedacht waren, in erster Linie nach wie vor die gespannten Beziehungen zu Frankreich im revisionistischen Sinne zu beeinflussen.

Die Sowjetunion aber beobachtete die politische Radikalisierung in Deutschland deshalb mit wachsender Besorgnis, weil ihr der antibolschewistische Tenor der öffentlichen Meinung nicht entgehen konnte und sie erkennen mußte, wie exklusiv und vornehmlich auf das Auswärtige Amt und die Reichswehr beschränkt die Basis des sowjetisch-deutschen Verhältnisses geworden war. In internationaler Perspektive blieb ihr dazu kaum verborgen, daß die deutsch-französische Auseinandersetzung sich nicht zugunsten des Reiches entwickelte. Ja, nicht zuletzt auch der erfolgreich von Frankreich unterlaufene Versuch der deutsch-österreichischen Zollunion (1931) ließ die UdSSR im Zeichen der Weltwirtschaftskrise und ihrer Folgen, die sich in einer allgemein sichtbar werdenden, zunehmenden Instabilität des internationalen Systems niederschlagen, neue außenpolitische Orientierungsmöglichkeiten suchen. Sie waren bereits in den zwanziger Jahren als taktische Varianten sowjetischer Deutschland- und Europapolitik erkennbar geworden, dienten damals jedoch dazu, als Sanktionsruten gegenüber dem Reich präsentiert, die deutsche Neutralität als ein „essential" sowjetischer Außenpolitik zu garantieren. Die Optionen der Sowjetunion verdichteten sich am Beginn der dreißiger Jahre zu einer gewissen Zweigleisigkeit der Moskauer Außenpolitik, als Molotov am 8. März 1931 davon sprach,[55] daß das deutsch-sowjetische Einvernehmen durch eine Einigung zwischen Paris und Moskau nicht beeinträchtigt werde und mit den Berlin gegenüber bestehenden Vereinbarungen verträglich sei.

Als dann am 18. September 1931 Japan den ostasiatischen Krieg in der Mandschurei begann, stellte sich die Abschirmung der europäischen Front als das alles beherrschende Gebot sowjetischer Sicherheitspolitik gegenüber Europa und Deutschland dar. Angesichts der Bedrohung an den östlichen Grenzen der Sowjetunion und in Anbetracht der doch recht unsicher erscheinenden Neutralität des Reiches versuchte die Sowjetunion, am deutschen Partner „vorbei" und doch darauf bedacht, ihn möglichst nicht zu verlieren, zu einer Einigung mit Frankreich und Polen zu kommen. Die Wende der sowjetischen Europapolitik zu einem Kurs der freien Hand beeinträchtigte natürlich die Beziehungen zum Reich, dessen außenpolitischer Spielraum durch die nach allen Seiten hin offene Strategie der UdSSR empfindlich eingeengt werden konnte.

Ein französisch-sowjetischer Nichtangriffspakt wurde – bereits im August 1931 unterschriftsreif konzipiert – im November 1932 unterzeichnet und signalisierte die Neuorientierung der sowjetischen Außenpolitik ebenso wie die entsprechenden Verhandlungen mit Polen, die im Januar 1932 zur Vertragsunterzeichnung und im Juli zur Ratifizierung des Abkommens führten. Die Sowjetunion ging daran, ihre europäische Front dadurch zu sichern, daß die bisher in erster Linie auf die deutsche Neutralität gegründete sowjetische Abschirmungspolitik nunmehr durch Verträge mit Paris und Warschau ergänzt wurde, die das unsicher gewordene Verhältnis zu Deutschland zwangsläufig in seiner Erheblichkeit relativierten. Im Zuge einer solchen Politik der Rückversicherung und eines Kurses der freien Hand, des Versuchs „of bettering relations with Poland and France without jeopardizing the bond with Germany"[56] verlor der Vertrag von Rapallo endgültig seinen auf den „Anti-Versailles-Komplex" beider Nationen gerichteten Charakter einer „Schicksalsgemeinschaft" und erschien nunmehr als Muster eines Normalisierungsvertrages zwischen zwei Staaten unterschiedlicher Gesellschaftsordnung. Wenn der Ausgleich zwischen Moskau und Warschau auch keineswegs eine Garantie der polnischen Grenzen durch die UdSSR beinhaltete, wie Stalin gegenüber dem deutschen Schriftsteller Emil Ludwig am 12. Dezember 1931 ausführte,[57] so entwickelte sich die Sowjetunion doch von einer den Versailler Vertrag bekämpfenden zu einer das System von Versailles unter dem Zwang akuter und gefährlich erscheinender machtpolitischer Notwendigkeiten hinnehmenden Macht: „Russia is not recognizing the Versailles system, but Russia is also not opposing the Versailles system".[58]

Es hing nunmehr von der Haltung des Deutschen Reiches ab, wie sich Deutschland der nach allen Seiten hin offenen und rückversicherten sowjetischen Außenpolitik in Europa gegenüber verhalten würde. Die Widersprüchlichkeiten der neuen außenpolitischen Linie Moskaus und seiner Vertragspolitik gegenüber einander befehdenden Staaten wie Paris und Warschau einerseits sowie Berlin andererseits werden nur dann verständlich, wenn man sich vor Augen hält, daß die sowjetische Diplomatie ihr Vertragsnetz damals zentral unter dem Gesichtspunkt der Friedensbewahrung konzipierte, indes keine den casus belli vorbereitenden und „klare" Abgrenzungen in der Partnerwahl erfordernden Verträge schließen konnte und wollte. Das aber bedeutet: Wenn auch Litvinovs westlich orientierte, gegen das „Dritte Reich" und Japan konzipierte Politik der „kollektiven Sicherheit", wie sie zwischen 1934/35 und 1938 zu beobachten war, jetzt bereits erkennbar werden mag, so ist doch in den Jahren zwischen 1930 und 1933 die antideutsche Akzentuierung keineswegs zwingendes Ingredienz sowjetischer Außenpolitik.

Vielmehr war die endgültige Entscheidung über die zukünftige Ausrichtung der Außenpolitik der UdSSR nach wie vor zu weiten Teilen der deutschen Seite anheimgestellt. Wie sich das Deutsche Reich jedoch orientieren werde, darin lag der gegenüber der „Ära Stresemann" größer gewordene Unsicherheitsfaktor im Kalkül der sowjetischen Außenpolitik, ohne daß sie etwa an Brünings Entschlossenheit gezweifelt hätte, die sowjetische Neutralität zum Nutzen deutscher Revisionspolitik zu respektieren. „It must be stressed", so faßt Harvey Dyck seinen Eindruck vom deutsch-sowjetischen Verhältnis zur Zeit der Kanzlerschaft Brünings zusammen,[59] „that Soviet leaders concluded non-aggression agreements with France and Poland not because they distrusted the Brüning regime, but because they were sceptical about its longevity." Hatte Brünings Außenpolitik, die sich in der Methode, im Tempo und in der Priorität der Zielsetzung von der Stresemanns abhob, durchaus noch die Bedeutung des sowjetischen Gegengewichts im Rahmen ihrer auf Frankreich konzentrierten Revisionsbemühungen erkannt und gewürdigt, so schienen bereits Franz v. Papens eher auf eine (ökonomische) Zusammenarbeit mit Frankreich und Polen gegen die Sowjetunion orientierten Vorstellungen die Richtigkeit der Entscheidung der UdSSR für einen Kurs der freien Hand und einer allseitig vorgenommenen vertraglichen Absicherung zu bestätigen. Die gegen v. Papens Konzeption opponierenden, auf ein Zusammengehen mit der Sowjetunion hin orientierten Vertreter in der Reichswehr und im Auswärtigen Amt kamen zwar während der Kanzlerschaft v. Schleichers, an dessen vergleichsweise sowjetfreundlicher Außenpolitik nicht zu zweifeln war, noch einmal zum Zuge, doch amtierte die letzte Regierung der Weimarer Republik lediglich zwei Monate lang. Schleichers Nachfolger aber wurde Adolf Hitler, dessen antisowjetisch entworfene und bald schon nach der „Machtergreifung" in diesem Sinne geführte Politik den in den Jahren zwischen 1930 und 1933 von sowjetischer Seite aus unter vertraglicher Absicherung eingeschlagenen und nach allen Seiten hin offenen Kurs der freien Hand fast unmöglich machte. Die Sowjetunion sah sich daher dazu veranlaßt, im Zuge einer Politik der kollektiven Sicherheit Anschluß an den Westen zu suchen, ohne daß die fortbestehende Neigung Stalins zu einer Politik der Doppelgleisigkeit gegenüber den Westmächten und dem Reich auch während der Jahre von 1934/35 bis 1938 übersehen werden könnte.[60]

ANMERKUNGEN

1 Die folgenden Überlegungen zur Außenpolitik der Sowjetunion in den Jahren zwischen 1918 und 1932 stützen sich in erster Linie auf die Beiträge von D. Geyer/F. T. Epstein/W. Eichwede/H.-A. Jacobsen, in: *Osteuropa-Handbuch, Sowjetunion. Außenpolitik 1917–1955*, hg. von D. Geyer. Köln 1972.

2 Vgl. H. L. Dyck, *Weimar Germany and Soviet Russia 1926–1933*. A Study in Diplomatic Instability. New York 1966, S. 135 ff.

3 D. Geyer, Voraussetzungen sowjetischer Außenpolitik in der Zwischenkriegszeit, in: ders., *Sowjetunion*, S. 52 f.

4 P. C. Hartmann, Das Friedensprojekt: Grundstein der französischen, antideutschen und

antibolschewistischen Hegemonialpolitik?, in: *Versailles-St. Germain-Trianon. Umbruch in Europa vor fünfzig Jahren,* hg. von K. Bosl. München 1971, S. 91.
5 Vgl. H. Grieser, *Die Sowjetpresse über Deutschland in Europa 1922–1932.* Revision von Versailles und Rapallo-Politik in sowjetischer Sicht. Stuttgart 1970, bes. S. 164 ff.
6 J. W. Stalin, *Werke,* Bd. 7. Berlin 1952, S. 11 f.
7 Die folgenden Überlegungen zur Außenpolitik der Weimarer Republik in den Jahren zwischen 1918 und 1932 verdanken viele Anregungen den Studien von A. Hillgruber, *Großmachtpolitik und Militarismus im 20. Jahrhundert.* 3 Beiträge zum Kontinuitätsproblem. Düsseldorf 1974.
8 K. D. Erdmann, Das Problem der Ost- und Westorientierung in der Locarno-Politik Stresemanns, in: *GWU* 6, 1955, S. 137.
9 W. Conze, Deutschlands weltpolitische Sonderstellung in den zwanziger Jahren, in: *VfZG* 9, 1961, S. 166 ff.
10 Vgl. jetzt dazu U. Wengst, *Graf Brockdorff-Rantzau und die außenpolitischen Anfänge der Weimarer Republik.* Bern 1973.
11 Zusammenfassend dazu: W. Weidenfeld, Gustav Stresemann – Der Mythos vom engagierten Europäer, in: *GWU* 24, 1973, S. 740 ff., sowie R. Grathwol, Gustav Stresemann: Reflections on His Foreign Policy, in: *JMH* 45, 1973, S. 52, bes. S. 69 f.
12 G. Post, jr., *The Civil-Military Fabric of Weimar Foreign Policy.* Princeton 1973, S. 268, und W. J. Helbich, Between Stresemann and Hitler: The Foreign Policy of the Brüning Government, in: *World Politics* 12, 1959, S. 24 ff.
13 P. Krüger, Friedenssicherung und deutsche Revisionspolitik. Die deutsche Außenpolitik und die Verhandlungen über den Kellogg-Pakt, in: *VfZG* 22, 1974, S. 228 f. und S. 256 f.
14 G. Wollstein, *Vom Weimarer Revisionismus zu Hitler.* Das Deutsche Reich und die Großmächte in der Anfangsphase der nationalsozialistischen Herrschaft in Deutschland. Bonn 1973, und bes. ders., Eine Denkschrift des Staatssekretärs Bernhard v. Bülow vom März 1933. Wilhelminische Konzeption der Außenpolitik zu Beginn der nationalsozialistischen Herrschaft, in: *MGM.* H. 1, 1973, S. 81.
15 H. G. Linke, *Deutsch-sowjetische Beziehungen bis Rapallo.* Köln 1970, S. 28.
16 Zit. nach Geyer, S. 31.
17 F. T. Epstein, Außenpolitik in Revolution und Bürgerkrieg 1917–1920, in: Geyer, S. 117.
18 Ebd., S. 115.
19 Wengst, S. 37.
20 Zit. nach Linke, S. 93.
21 Ebd.
22 Vgl. dazu insgesamt F. L. Carsten, *Reichswehr und Politik 1928–1933.* Köln 1964, passim, und J. Erickson, *The Soviet High Command.* A Military-Political History 1918–1941. London 1962, bes. S. 144 ff.
23 Epstein, S. 118.
24 Linke, S. 198.
25 Zit. nach ebd.
26 Ebd. S. 181.
27 W. Eichwede, Der Eintritt Sowjetrußlands in die internationale Politik, 1921–1927, in: Geyer, S. 163.
28 Linke, S. 210.
29 H. Helbig, *Die Träger der Rapallo-Politik.* Göttingen 1958, S. 5.
30 Th. Schieder, Die Entstehungsgeschichte des Rapallo-Vertrages, in: *HZ* 204, 1967, S. 600.
31 H. Graml, *Europa zwischen den Kriegen.* München 1969, S. 151. Vgl. bes. ders., Die Rapallo-

Politik im Urteil der westdeutschen Forschung, in: *VfZG* 18, 1970, S. 366ff. Vgl. jetzt dazu P. Alter, Rapallo-Gleichgewichtspolitik und Revisionismus, in: *NPL* 19, 1974, S. 509ff.
32 L. Kochan, *Russia and the Weimar Republic.* Cambridge 1954, S. 59.
33 Schieder, S. 601.
34 Dyck, S. 249.
35 Zit. nach Linke, S. 213.
36 Dyck, S. 249.
37 Schieder, S. 600.
38 W. Eichwede, *Revolution und internationale Politik.* Zur kommunistischen Interpretation der kapitalistischen Welt 1921–1925, S. 175 ff.
39 F. A. Krummacher/H. Lange, *Krieg und Frieden.* Geschichte der deutsch-sowjetischen Beziehungen. Von Brest-Litowsk zum Unternehmen Barbarossa. München 1970, S. 143.
40 Eichwede, S. 168.
41 Ebd., S. 186.
42 Ebd.
43 Grieser, bes. 123 ff.
44 M. Walsdorff, *Westorientierung und Ostpolitik.* Stresemanns Rußlandpolitik in der Locarno-Ära. Bremen 1971, S. 63.
45 Ebd., S. 157.
46 Dyck, S. 17.
47 Krummacher/Lange, S. 191
48 Kochan, S. 120.
49 Dyck, S. 87.
50 H.-A. Jacobsen, Primat der Sicherheit, 1928–1938, in: Geyer, S. 216.
51 Dazu Th. Weingartner, *Stalin und der Aufstieg Hitlers.* Die Deutschlandpolitik der Sowjetunion und der Kommunistischen Internationale 1929–1934. Berlin 1970.
52 Jacobsen, S. 228.
53. Weingartner, S. 277.
54 Ebd.
55 Ebd., S. 65 f.
56. Dyck, S. 245.
57 K. H. Niclauss, *Die Sowjetunion und Hitlers Machtergreifung.* Eine Studie über die deutschrussischen Beziehungen der Jahre 1929 bis 1935. Bonn 1966, S. 57.
58 Kochan, S. 159.
59 Dyck, S. 250.
60 S. Allard, *Stalin und Hitler.* Die sowjetrussische Außenpolitik 1930–1941. Bern 1974, passim.

2. Die Beziehungen zwischen der Weimarer Republik und den USA*

WERNER LINK

In den zwanziger Jahren waren die Interessenlagen Deutschlands und der Vereinigten Staaten von Amerika sowie die Bedingungen des internationalen Milieus günstig für eine deutsch-amerikanische Annäherung – bis hin zu offener Kooperation. Genauer gesagt: Sie wurden von maßgeblichen Vertretern der politischen und ökonomischen Führungsgruppen und bald auch von der Mehrheit der Bevölkerung als günstig angesehen, nachdem die im Weltkrieg auf beiden Seiten kultivierten Leidenschaften abgeklungen waren. Freilich basierte die sich entwickelnde Zusammenarbeit auf einer extrem asymmetrischen Machtverteilung; und sie war – wie sich herausstellte – zeitlich eng begrenzt; sie wurde erheblich belastet, nachdem Deutschland – durch diplomatische Vermittlung und ökonomisches Engagement der USA wiedererstarkt – das gemeinsame demokratische Wertesystem radikal negierte und als „Drittes Reich" den Kurs der Autarkie und der Wiederaufrüstung einschlug, um eine rücksichtslose Expansion zu betreiben. Mit dem Scheitern der Weimarer Republik war auch der erste deutsch-amerikanische Kooperationsversuch, der in der Stabilisierungsphase zu einer „internationalen Kameradschaft" (US-Botschafter Schurman) geführt hatte, zum Scheitern verurteilt.[1]

1. Die Einschätzungen der Ausgangssituation

Aus *amerikanischer* Sicht war es höchst bedeutsam, daß das Deutschland der Weimarer Republik nach dem Sturz der Hohenzollern-Monarchie, deren Zurschaustellung militärischer Macht das bürgerliche Amerika abgestoßen hatte, republikanisch-parlamentarisch organisiert war und sich nach der revolutionären Phase in Richtung auf eine „real republic with an approach to our form of Government" (US-Commissioner Dresel) entwickelte. Zudem war das Deutsche Reich nach dem Verlust der Kolonien und der militärischen Machtpotentiale aus der maritimen Konkurrenz ausgeschieden und stellte auch auf dem Kontinent keine unmittelbare hegemoniale Gefahr mehr dar. Die Widerstände gegen die Errichtung eines liberalen, nicht-diskriminierenden Welthandels- und Weltwirtschaftssystems (wie es den amerikanischen Führungseliten vorschwebte) gingen nun primär von den ehemaligen Alliierten und dem kommunistischen Rußland aus;

---

* Zuerst gedruckt in: Knapp/Link/Schröder/Schwabe, *Die USA und Deutschland 1918–1975*. München 1978, S. 62–106.

zunehmend erschien der Völkerbund, der in den USA von Anfang an heftig umstritten war, in amerikanischen Augen als ein Instrument kontinentaler Machtpolitik. Mit der Ablehnung des Völkerbundbeitritts und des Garantiepaktes mit Frankreich stellten die USA die Weichen für ein internationales System, in dem die industriell fortgeschrittenen demokratischen Nationen unter Einschluß Deutschlands eine „community of ideals, interests and purposes" (US-Außenminister Hughes) bilden sollten, und zwar durch einen friedlichen Ausgleich der Interessen und auf der Basis bilateraler und multilateraler Kooperation, aber nicht im Rahmen einer universalistischen Organisation kollektiver Sicherheit.

Es handelte sich um den Versuch der USA bzw. ihrer politischen und ökonomischen Eliten, heimische Schutzpolitik und „open-door-policy" kombinierend, ein informelles Wirtschaftssystem unter amerikanischer Vorherrschaft aufzubauen, in das Deutschland als Glied und Partner eingefügt werden sollte, um von Deutschland aus gleichzeitig die anderen europäischen Staaten zur Übernahme der Regeln der Politik der Offenen Tür zu bringen. Weltweit sollte die „effektive Anerkennung der Politik der offenen Tür und gleicher handelspolitischer Möglichkeiten" (Handelsminister Hoover) erreicht werden.[2] Die Vereinigten Staaten operierten dabei aus einer tatsächlichen, von den Führungseliten zutreffend wahrgenommenen Position der Stärke,[3] die durch ihr ökonomisch-finanzielles Übergewicht begründet war und folglich eine nicht-militärische, wirtschaftspolitische Mittelwahl nahelegte. Die Republikanische Administration, die sich im Gegensatz zu ihrer Vorgängerin als Regierung des big business verstand, lehnte daher eine die friedliche Expansion gefährdende militärische Sanktionspolitik in Europa ab und wies in Fortsetzung der Wilsonschen Politik die Konzeption Frankreichs und Englands zurück, Deutschland unter alliierter Kontrolle zu halten oder die amerikanischen Ressourcen durch britische Kanäle zu leiten. Stattdessen strebte sie eine Konstellation an, die Deutschland als aufnahmefähigen Markt für amerikanische Exporte und Investitionen stabilisierte und offenhielt. Der Separatfrieden mit Deutschland (1921) war der formale Ausdruck dieser Politik; er begründete ein bilaterales Sonderverhältnis zwischen den USA und Deutschland, das seine wirtschafts- und handelspolitische Entsprechung in dem Handelsvertrag von 1923 fand, der als Mustervertrag die Umstellung der amerikanischen Politik auf das Prinzip der unbedingten Meistbegünstigung signalisierte. Im Hintergrund dieser Politik stand die Absicht, nach den Prinzipien von „independence and co-operation" (Außenminister Hughes) weltweit eine Stabilisierung zu fördern – und zwar nicht nach einem abstrakten Modell, sondern in pragmatischer Nutzung aller Möglichkeiten, „to diminish among people the disposition to resort to force and to find a just and reasonable basis for accord". Durch die schrittweise Lösung regionaler Konflikte (wie z. B. bei der Washingtoner Abrüstungskonferenz von 1921/22) sollten in Kommissionen und Konferenzen Regeln und Bezugsrahmen entstehen, die dann für die Beilegung anderer Streitfragen genutzt werden könnten; und aus dem Zusammenwirken der regionalen Staatengruppen, der „associations of nations", könne dann mit der Zeit die Tendenz zu einer „world association of nations" erwachsen.[4] Die Flexibilität eines solchen Kooperationssystems entsprach nach Auffassung der Republikanischen Führung dem raschen Wandel der internationalen Beziehungen und dem amerikanischen

Wunsch nach Entscheidungsfreiheit besser als das starre normative Gehäuse des Völkerbunds. Führende amerikanische Politiker waren überzeugt, daß Frankreichs Sicherheit und die Stabilität in Europa nicht durch die Erhaltung des status quo, sondern durch die Einbeziehung Deutschlands („taking Germany into the camp") erreicht werden könne.⁵

Aus *deutscher* Sicht war nach der Kriegsniederlage ein Arrangement mit dem „stärksten Sieger", der sich so eindeutig aus der Siegerkoalition löste, und mit der liberalen Wirtschaftsmacht, die so nachdrücklich auf Nichtdiskriminierung bestand, naheliegend. An erster Stelle rangierten die revisionspolitischen Überlegungen. Nach der Enttäuschung über den „Wilson"-Frieden waren die deutschen Hoffnungen erneut auf die USA gerichtet worden, als sich herausstellte, daß die Republikanische Regierung konsequent ein universales kollektives Sicherheitssystem ablehnte. Die Revision des Versailler Vertrags war das Hauptziel der deutschen Außenpolitik, das von der gesamten deutschen Bevölkerung unterstützt wurde, wenngleich die Meinungsverschiedenheiten über die beste Methode erheblich waren. Solange Deutschland jedoch die für eine gewaltsame Revision erforderlichen Machtmittel nicht zu Gebote standen, waren alle Vorstellungen über eine einseitige, durch Gewaltandrohung erreichbare Änderung der bestehenden Rechtsordnung illusionär, während eine Politik des friedlichen Ausgleichs eher zum Ziel führen konnte. Die Möglichkeiten einer deutsch-amerikanischen Parallelität ergaben sich aus diesem Sachverhalt. Daß sie gegen die Widerstände offen revanchistischer Kreise realisiert werden konnten, lag nicht zuletzt daran, daß harte politische Fakten (u. a. der Separatfrieden, das deutsch-amerikanische Schuldenabkommen, der deutsch-amerikanische Handelsvertrag, der Dawes-Plan und die Londoner Konferenz) die revisionistische Wirkung der amerikanischen Außenpolitik nach und nach dokumentierten. Die politische und die wirtschaftliche Führung antizipierte, daß ein amerikanisches Engagement in Deutschland das Interesse der USA an einer friedlichen *Veränderung* der europäischen Verhältnisse wachsen lassen würde. Im Kampf gegen die handelspolitischen Beschränkungen des Versailler Vertrags traf sich Deutschland mit den Bestrebungen der USA, ein liberales, nicht-diskriminierendes Welthandelssystem aufzubauen. Die USA betrieben Weltpolitik als Weltwirtschaftspolitik, und Deutschland wollte über die Weltwirtschaft in die Weltpolitik zurückkehren. Die schwache, gefährdete Position Deutschlands ließ die partnerschaftliche Komponente der amerikanischen Politik attraktiv erscheinen. Um den Zugriff Frankreichs und eine „koloniale" Abhängigkeit von England zu verhindern, wurde für eine begrenzte Zwischenphase die ökonomische Durchdringung des deutschen Marktes und der deutschen Wirtschaft durch die USA als notwendig erachtet, weil dadurch die deutsche Produktionskraft gesteigert würde und materielle Interessenverbindungen und -interdependenzen entstünden, die sich politisch günstig auswirken könnten. Gestützt auf einen relativ breiten Konsens, der von den Sozialdemokraten bis zu den Deutschnationalen reichte, war daher die offizielle Außenpolitik des republikanischen Deutschlands von Anfang an bestrebt, die Unterstützung der Vereinigten Staaten beim Wiederaufstieg zu gewinnen. Nach Lage der Dinge konnte es sich nicht darum handeln, eine Allianz anzustreben, sondern die amerikanische Vermittlung im europäischen Konflikt zu erreichen, als deren Folge mittelfristig eine deutsch-amerikanische Interessenverflechtung erhofft wurde.

2. Die amerikanische Vermittlung in der Reparationsfrage

Bis zur Mitte der zwanziger Jahre stand die Reparationsfrage im Zentrum des europäischen Konflikts. Der Versailler Vertrag verpflichtete Deutschland – ausgehend von dessen Kriegsschuld – zur Wiedergutmachung aller Schäden, die der Zivilbevölkerung der alliierten und assoziierten Mächte und ihrem Gut durch die Kriegshandlungen entstanden waren; ein spezieller Ausschuß, die Reparationskommission (Repko), sollte bis zum Mai 1921 Gesamthöhe und Modalitäten festsetzen und anschließend die Zahlungen abwickeln. Es handelte sich um den rigorosen Versuch, ökonomische Ressourcen und Werte in Höhe von insgesamt 132 Milliarden Goldmark (Londoner Ultimatum vom 5. 5. 1921) im Zeitraum von 30 Jahren von Deutschland in die Siegerstaaten zu übertragen. Dieses wirtschaftlich, politisch und moralisch höchst kontroverse Problem war sachlich schier unlösbar. Es barg in sich den Teufelskreis von Nichterfüllung, Sanktionsdrohungen und Sanktionen militärischer und nicht-militärischer Art mit katastrophalen politischen und wirtschaftlichen Folgen. Dieser Krisenzyklus[6] beeinflußte ganz wesentlich die europäische und die weltpolitische Entwicklung der ersten Hälfte der zwanziger Jahre; er konnte nur unterbrochen werden, wenn die USA (die selbst auf Reparationen im eigentlichen Sinne verzichteten) erhebliche Kapitalanleihen zur Verfügung stellten und wenn der Welthandel eine enorme Ausweitung erfuhr. Eine Krisenbewältigung wurde zusätzlich dadurch erschwert, daß Rußland nach der bolschewistischen Revolution aus dem kapitalistischen Weltmarkt ausgeschieden war. Eine Wiedereingliederung wurde von führenden Wirtschaftlern und Politikern als wesentliche Voraussetzung für eine Normalisierung und Ausweitung des Welthandels angesehen; aber sie konnte weder von der westlich-kapitalistischen Staatengruppe diktiert werden, noch bestand über die Art und Weise der Eingliederung innerhalb dieser Gruppe eine Übereinstimmung. Wie der deutsch-sowjetische Vertrag von Rapallo (1922) signalisierte, drohte zudem stets die Gefahr, daß Deutschland, seine Mittellage und die Anti-Versailles-Haltung Sowjetrußlands nutzend, die deutsch-russischen Sonderbeziehungen auf militärischem und wirtschaftlichem Gebiet machtpolitisch ausspielte. Die an den Reparationen sich entzündenden Krisen waren also nur scheinbar regional; in Wirklichkeit berührten sie den gesamten Welthandel und die Weltwirtschaft und erreichten (wie Herbert Hoover Anfang 1921 bereits anschaulich formulierte) auch den „dinner-table of every citizen of the United States". Der Versuch zur Krisenbewältigung mußte in Deutschland, dem eigentlichen Krisenzentrum, ansetzen. Dieser Zusammenhang war führenden Politikern der USA von Anfang an klar:[7] „[. . .] Through the highly industrial developments of Europe prior to the war, Germany has become the axis, and the rehabilitation of Europe and its continued prosperity is most dependent upon that of Germany. Unless Germany is at work and prosperous, France can not be so, and the prosperity of the entire world depends upon the capacity of industrial Europe to produce and purchase. Into this enters the element of credit, and credit will not be forthcoming as long as there is no stability and confidence, and until the German reparation is settled constructively on a basis which will inspire confidence the credits necessary for the reestablishment of normal conditions will not be forthcoming [...]."

Daß es in der Reparationsfrage zu Spannungen zwischen den europäischen Staaten kommen würde, war schon auf der Pariser Friedenskonferenz vorauszusehen gewesen, als die kontroversen Vorstellungen der Siegermächte den amerikanischen Versuch einer definitiven Lösung zum Scheitern brachten und eine Entscheidung bis zum Mai 1921 vertagt wurde. Damit war aber keineswegs eine alliierte Absage an oder ein amerikanischer Verzicht auf die Vermittlungsfunktion der USA verbunden. Im Gegenteil, diese Funktion war dadurch institutionalisiert worden, daß den Vereinigten Staaten in der Repko eine ausschlaggebende Position eingeräumt wurde. Der Sieg der Republikanischen Partei über die Regierung Wilson und den Gedanken der Einordnung Amerikas in ein Sicherheitssystem, in dem die USA von den europäischen Staaten überstimmt werden konnten, führte indes dazu, daß ausgerechnet in dem Zeitabschnitt, in dem die Repko und die Regierungen der Siegermächte zur Festsetzung der Reparationssumme vertraglich verpflichtet waren, die Demokratische Lame-duck-Regierung der USA ihren Repko-Vertreter zurückzog und in Inaktivität verharrte. Die Regierung Wilson trug mithin dazu bei, daß die neue Republikanische Administration ihren Wunsch, den institutionellen Rahmen der Repko unbeschadet des amerikanischen Fernbleibens vom Völkerbund offiziell zu benutzen, gegenüber dem Senat nicht durchsetzen und stattdessen nur inoffiziell, durch einen „unofficial observer", dieses Einflußinstrument handhaben konnte (was sich nachträglich in bestimmten Situationen sogar als vorteilhaft erwies!). Die Republikanische Regierung bejahte also ebenso wie die Demokratische Administration prinzipiell von Anfang an die amerikanische Vermittlerfunktion; die Abgrenzung von den ehemaligen Kriegsalliierten war geradezu die Voraussetzung dafür, daß sie die Rolle einer „dritten Partei" übernehmen konnte. Die USA hielten – wie Winston Churchill sich 1921 eingestehen mußte – die „balance of power" in ihrer Hand. Lediglich der Zeitpunkt, die Form und der Inhalt der Vermittlung waren ungewiß, als im März/April 1921 die erste Reparationskrise entstand.

Die deutsche Politik, hinhaltend zu taktieren, um eine definitive Reparationsregelung bis zum Eingreifen der USA hinauszuschieben, war also ein Kalkül mit einer großen Unbekannten. Die diversen Erkundungs- und Sondierungsaktivitäten gipfelten am 20. April 1921 in der offiziellen Bitte an Präsident Harding, als Schiedsrichter bei der definitiven Reparationsregelung tätig zu werden.

Das Ergebnis der deutschen April-Aktion war negativ. Der Grund dafür war nicht, daß sich etwa die amerikanische Regierung prinzipiell geweigert hätte, die Vermittlerrolle zu spielen. Vielmehr war Außenminister Hughes darauf bedacht, zunächst generell, d. h. nach beiden Seiten, die Position der USA als nicht unmittelbar beteiligte dritte Partei sichtbar zu machen. Da die deutsche Politik allzu deutlich versuchte, die USA auf Deutschlands Seite zu ziehen, mußte sie, ganz abgesehen von taktischen Fehlern, fehlschlagen. Und da die amerikanische Hilfe zunächst ausblieb, mußte Deutschland den Londoner Zahlungsplan annehmen. Aber auch der französische Versuch, die neue amerikanische Regierung für Frankreichs Politik zu gewinnen (Viviani-Mission), scheiterte aus dem gleichen Grunde. Der Abschluß des Separatfriedens mit Deutschland war, von diesem Gesichtspunkt aus betrachtet, das für Frankreich bestimmte Zeichen, daß Amerika definitiv einen unabhängigen Kurs steuern wollte. Die USA lehnten eine Verbindung der Reparationszahlungen mit der Begleichung der Schulden, die die Westalliierten während des Krieges in Amerika gemacht hatten, strikt ab, da sie sonst zum unmittelbar Beteiligten des Reparationskonflikts geworden wären und die Gefahr bestanden hätte, daß Amerika letztlich als eigentlicher Reparationsgläubiger fungierte. Das Axiom der strikten Trennung beider Probleme trug nachhaltig dazu bei, daß zumindest formal Amerikas Status als dritte Partei Anerkennung fand.

Die Schwierigkeit bestand allerdings darin, daß mehrere Faktoren – die faktische Interdependenz zwischen Reparation und Alliierten-Schulden, der amerikanische Anspruch auf Bezahlung der Besatzungskosten und das amerikanische Interesse am deutschen Markt – die offizielle These von der amerikanischen Unparteilichkeit erschütterten. Um als potentieller Vermittler glaubhaft zu bleiben, sah sich daher die Regierung Harding-Coolidge-Hughes-Hoover auch weiterhin gezwungen, ihre Identität als dritte Partei zu demonstrieren. Aus diesem Zusammenhang erklärt sich nicht zuletzt das vorsichtige Taktieren des State Department und die wiederholt bekundete Furcht Hughes', durch eine positive Reaktion auf die zahlreichen deutschen Hilferufe zu früh einseitig fixiert zu werden und dann zu einem späteren Zeitpunkt, in dem eine günstigere Interventionsmöglichkeit bestünde (nämlich dann, wenn beide Seiten „reif" für das amerikanische Eingreifen wären), nicht mehr die nötige Unabhängigkeit und Unparteilichkeit zu besitzen.

Die offizielle amerikanische Außenpolitik bevorzugte eine möglichst informelle, inoffizielle, indirekte und kostenniedrige Intervention. Folgerichtig hoffte sie zunächst, daß die pure Existenz der USA als dritte Partei und ihre materiellen Ressourcen (die überragende Kapitalmacht und die Gläubigerstellung) die europäischen Kontrahenten zu einer wirtschaftlich sinnvollen Einigung veranlassen würden. Bis Ende 1922 beschränkte sich die US-Regierung darauf, Deutschland die Notwendigkeit der Erfüllungspolitik vor Augen zu führen und Frankreich zu belehren, daß nur ein wirtschaftlich gesundes und in seiner territorialen Integrität nicht beeinträchtigtes Deutschland die erwünschten Wiedergutmachungen leisten könne. Die eigene Auffassung lief darauf hinaus, daß eine Untersuchung der deutschen Leistungsfähigkeit, die Festsetzung tragbarer Annuitäten (d. h. die Revision des Londoner Zahlungsplanes) und die Gewährung einer internationalen Anleihe durch ein „unabhängiges" Bankierskomitee erfolgen müsse. Aus amerikanischer Sicht hatte die Zwischenschaltung eines Bankierkomitees mehrere Vorteile:[8] „If all agree to a sane treatment of Germany, a substantial business loan, properly secured, might have an excellent effect by immediately providing money urgently needed for reconstruction of devastated areas, while at the same time putting the damper on a lot of political nonsense. On the other hand, if a business arrangement be impossible, the reasons for failure would become public and would go far in the education of public opinion by forcing it to realize the inevitable. The scheme has the additional feature that it can be worked on our part through private bankers, with perhaps representatives of the Federal Reserve Bank, without the direct interjection of our Government into any political phase of the question."

Zunächst versuchte die amerikanische Regierung inoffiziell und indirekt, nämlich durch führende Bankiers wie J. P. Morgan und Thomas Lamont sowie in geheimen diplomatischen Verhandlungen, diese Idee zu verwirklichen. Erst als im Sommer 1922 die Gefahr akut wurde, daß Frankreich wegen deutscher Nichterfüllungen militärische Sanktionen ergriff, wurde eine direkte amerikanische Initiative zur Einberufung einer Sachverständigenkonferenz vorbereitet (vgl. die Entstehung des Hughes-Boyden-Plans Ende Juli 1922). Daß es schließlich doch nicht zu dieser amerikanischen Initiative kam, ist der Balfour-Note der britischen Regierung vom 1. August 1922 zuzuschreiben, in der Großbritannien seine Forderungen gegenüber den europäischen Schuldnern von der Höhe derjenigen Summe abhängig machte, die es zur Begleichung seiner amerikanischen Schulden zu leisten haben würde. In den USA wurde darin der Versuch gesehen, die reparationspolitischen Schwierigkeiten auf die amerikanische Schuldenpolitik zurückzuführen, „to put Americans in the position to be offenders because they are shylocks" (Bernard Baruch). Indem selbst Großbritannien die USA nicht als Vermittler, sondern als unmittelbar Beteiligten am Reparationskonflikt definierte, sah Außenminister Hughes die Grundlage für eine erfolgreiche Vermittlungsinitiative als nicht mehr vorhanden an. Hinzu kam, daß die deutsche Reichsregierung nach der Ermordung von Außenminister Rathenau eine Schaukelpolitik betrieb. Sie schwankte zwischen der taktischen Absicht, mithilfe der USA französische Sanktionen zu verhindern bzw. günstige Konstellationen für deren Bekämpfung vorzubereiten, und dem Versuch, mit Frankreich auf wirtschaftlicher Basis eine Verständigung herbeizuführen (Stinnes-Plan), was in amerikanischen Augen die Gefahr heraufbeschwor, daß ein „gigantischer Trust" in Mitteleuropa entstand. In dieser Situation beschränkte sich die amerikanische Regierung darauf, auf diplomatischem Wege ihre Vermittlungsbereitschaft zu unterstreichen; in diesem Sinne leitete sie u. a. das deutsche Angebot eines Friedensversprechens und eines Rheinpaktes (15. 12. 1922) an Frankreich weiter. Ansonsten vermied sie jedoch alles, was die Verhärtung entweder der französischen oder der deutschen Haltung hätte erzeugen können.

Erst als die Geheimdiplomatie endgültig gescheitert war und als Außenminister Hughes innenpolitisch unter den Druck des Senats geriet, der ihm Inaktivität in einer auch für die USA folgereichen weltpolitischen Konfliktsituation vorwarf, trat die US-Regierung die Flucht in die Öffentlichkeit an: Hughes legte am 29. Dezember 1922 autoritativ die amerikanische Beurteilung der Reparationskrise und ihrer Gefahren sowie die Prinzipien und Mechanismen des amerikanischen Lösungsvorschlages, d. h. die Einberufung eines Expertenkomitees, öffentlich dar. Die USA schufen damit einen Kristallisationspunkt, auf den sich beide Parteien einigen konnten; und für den Fall, daß sein Plan aufgegriffen wurde, versprach er ausdrücklich die amerikanische Hilfe („the avenues of American helpfulness cannot fail to open hopefully"). Die Hughes-Rede enthielt zugleich das Programm der amerikanischen Deutschlandpolitik in Kurzfassung; angesichts der französischen Sanktionsdrohungen versicherten die USA, „we do not wish to see a prostrate Germany. There can be no economic recuperation in Europe unless Germany recuperates. There will be no permanent peace unless economic satisfactions are enjoyed. There must be hope and industry must have promise of reward if there is to be prosperity. We should view with disfavor measures which instead of producing reparations would threaten disaster".

Eine Initiative im eigentlichen Sinne war das noch nicht, sondern eher eine Demonstration, die jedoch die französisch-belgische Ruhr-Besetzung nicht verhindern konnte. Nicht ohne einen Zug von Zynismus ging der amerikanische Außenminister davon aus,[9] „that each side would probably have to ‚enjoy its own bit of chaos' until a disposition to a fair settlement had been created". Bis dahin wollte er strikt darauf achten, daß keine Seite ihn als „partisan" in Anspruch nahm. Der Hughes-Plan blieb auf der Tagesordnung der internationalen Politik, aber er stellte keinen Blankoscheck für irgendeine Konfliktpartei dar. Ein aktives Eingreifen wurde erst unvermeidbar, nachdem die französisch-deutsche Kriseneskalation (militärische Besetzung und Zwangsmaßnahmen hier und passiver Widerstand dort) den Schaden für die USA gefährlich erhöhte und als die amerikanische Exportwirtschaft die Vorteile, die das Ausscheiden der deutschen Konkurrenz auf dem Weltmarkt bot, sich hinlänglich zueigen gemacht hatte.[10] Die von Frankreich in Angriff genommene „Lösung" der Reparationskrise durch Micum-Verträge, Sicherung der industriellen Vorherrschaft und Abtretung des Rheinlandes war weder für den direkten Reparationsgläubiger England noch für die USA akzeptabel. Es kam daher zu einem geschickt inszenierten britisch-amerikanischen Zusammenspiel, dessen Hauptakt von den beiden Vertretern bei der Repko, Logan und Sir Bradbury, inszeniert wurde. Es resultierte in der Einberufung zweier Sachverständigenkomitees, an denen die USA durch führende Experten (an ihrer Spitze der Bankier und ehemalige Direktor des Bureau of the Budget, General Charles Gates Dawes, und der Chairman of the Board of General Electric, Owen D. Young) beteiligt waren. Das heißt, die von den USA bereits 1922 vorgeschlagene Prozedur wurde von allen Beteiligten akzeptiert – auch von Frankreich, dessen Abhängigkeit von amerikanischen Anleihen mit dem Sinken des Franc und der Bitte um einen Kredit der Firma Morgan manifest wurde und das sich andernfalls in eine verhängnisvolle Isolierung manövriert hätte.

Daß es sich tatsächlich um eine amerikanische Vermittlung, nicht etwa um eine britisch-amerikanische, handelte, zeigt der Verlauf der Komiteeverhandlungen ebenso wie ihr Ergebnis, der Dawes-Plan. Mithilfe einer großen Anleihe, deren Zeichnung primär von dem amerikanischen Kapitalmarkt abhing, brachte er eine Übergangsregelung für allmählich sich steigernde Jahreszahlungen (Annuitäten); er unterstellte Deutschland währungs- und finanzpolitisch ausländischer Kontrolle, wodurch die Weimarer Republik vorübergehend zu einem „penetrierten System" wurde;[11] er sicherte ihm zugleich aber einen Schutz gegen militärische Sanktionen und gegen stabilitätsgefährdende Reparationszahlungen (Transfers) zu. Der Transferschutz bedeutete, daß Deutschlands Reparationsverpflichtung mit der Aufbringung und Einzahlung der festgesetzten Summen auf das Konto des Reparationsagenten erfüllt war; die Übertragung in fremde Währung war Aufgabe des sogenannten Transferkomitees, das unter Leitung des amerikanischen Reparationsagenten stand; es hatte seine Tätigkeit an der Stabilität der deutschen Währung zu orientieren und konnte sowohl ein Transfermoratorium als auch ein Aufbringungsmoratorium verfügen. Indem unter dem Einfluß der amerikanischen Experten – vor allem Owen D. Youngs – die Bestimmungen über die Transferierung ins

Zentrum des gesamten Zahlungsplans rückten, wurde eine zu hohe Einschätzung der deutschen Leistungsfähigkeit durch die Praxis korrigierbar. Sowohl die Amerikaner als auch die Deutschen waren der Überzeugung, daß die für die Zeit ab 1928/29 festgesetzte Normalannuität von 2,5 Milliarden nicht voll transferierbar sein würde. Sie trafen sich in der Absicht, rechtzeitig vor diesem Zeitpunkt eine Revision einzuleiten, aber bis dahin zunächst einmal durch eine provisorische Regelung, die für die ersten Jahre genügend abgesichert schien, aus dem reparationspolitischen Engpaß herauszukommen. Dem Generalagenten kam als „König des Dawes-Plan" (Governor Strong, Federal Reserve Bank) die Schlüsselfunktion in dem Gesamtschema einschließlich der Revisionsvorbereitung zu. Daß dieses Amt ein amerikanischer Staatsbürger bekleiden sollte, stand nach dem Zeugnis von Owen D. Young für die meisten Mitglieder der Expertenkommission von Anfang an außer Frage, „denn nur er habe ein so mächtiges Land hinter sich, daß er den entsprechenden Einfluß ausüben könne." Deshalb favorisierte auch die deutsche Regierung gegen Einwände der Briten einen amerikanischen Transferagenten; man schloß sich insbesondere aus revisionspolitischen Gründen „dem stärksten Partner" an.

Die amerikanische Vermittlungstätigkeit fand ihren Abschluß schließlich auf der Londoner Regierungskonferenz vom Juli/August 1924, die den Dawes-Plan zu beraten und offiziell zu verabschieden hatte. Die amerikanische Delegation erreichte vollständig den von ihr angestrebten Kompromiß zwischen den amerikanischen Bankiers und England einerseits und Frankreich und Belgien andererseits, der für Deutschland „über Erwarten günstig" (Reichsinnenminister Jarres) ausfiel. Frankreich mußte unter dem Druck der amerikanischen Bankiers in allen Punkten (Schiedsgerichtsbarkeit, Abzug der Regie-Eisenbahner, militärische Räumung des besetzten Ruhrgebietes binnen Jahresfrist, sofortige Räumung der Zone Dortmund-Förde und der anderen nicht zum Ruhrgebiet gehörenden Bezirke am Tage der Unterzeichnung des Abkommens) Deutschland ganz erheblich entgegenkommen, ohne daß die deutsche Delegation ein nennenswertes Zugeständnis (auch nicht in handelspolitischer Hinsicht) eingeräumt hatte.

Parallel zu dieser Vermittlung auf internationaler Ebene verlief die konzertierte Aktion von amerikanischen Geschäftsleuten und Regierungsvertretern, durch die Deutschland vor und nach der Londoner Konferenz veranlaßt wurde, den Dawes-Plan anzunehmen. Es waren mithin die USA, die mittels des Dawes-Plans durch interne Einwirkungen und in multilateralen Verhandlungen den „economic peace" in Europa stifteten und die Weichenstellungen für die Stabilisierungsphase vornahmen. Am bedeutsamsten war die schiedsgerichtliche Regelung für den Fall einer willentlichen Nichterfüllung der Reparationsverpflichtungen durch Deutschland:

1. Über eine eventuelle willentliche Nichterfüllung hatte in erster Instanz die Repko unter gleichberechtigter Beteiligung eines Amerikaners zu entscheiden.

2. Sollte keine einstimmige Entscheidung zustandekommen, so konnte von jedem Mitglied ein Schiedsgericht angerufen werden, das aus drei unabhängigen Persönlichkeiten bestehen sollte und unter dem Vorsitz des amerikanischen Vertreters die endgültige Entscheidung zu fällen hatte.

Damit waren die Vereinigten Staaten nicht nur de facto, sondern auch de jure zum

Schiedsrichter in der wichtigsten europäischen Frage geworden. Durch den „American citizen member of the reparation commission" hielten sie – um mit John Foster Dulles zu sprechen – die „balance of power", ein Sachverhalt, der durch die präsidiale Stellung im Drei-Mann-Schiedsgericht noch unterstrichen wurde. Im Zusammenwirken mit dem amerikanischen Generalagenten hatten sie eine Position errungen, die es ihnen ermöglichte, ihre Konzeption in Europa nachdrücklich zu vertreten, ohne ihrerseits völkerrechtliche Bindungen einzugehen. Denn der offiziellen amerikanischen Politik stand es frei, sich dieser Machtposition zu bedienen oder nicht, sie konnte sich mit den Handlungen ihrer Bürger in diesen drei Positionen identifizieren oder sich von ihnen distanzieren, da diese Personen formell ja unabhängig und nicht von der Regierung ernannt waren. Diese Regelung war ideal für eine indirekte Machtausübung. Die mühelose Unterbringung der größten Tranche der Dawes-Anleihe dokumentierte darüber hinaus, daß auch die materiellen Ressourcen, die für eine erfolgreiche Ausübung der Vermittlung notwendig waren, in den USA reichlich vorhanden waren und kurzfristig mobilisiert werden konnten.

3. Die politische Zusammenarbeit in der Stabilisierungsphase

Die amerikanische Vermittlung im Reparationsstreit lieferte gleichzeitig den Beweis, daß die Vermittlung nicht Selbstzweck war, sondern der wirtschafts- und handelspolitischen Expansion der USA in Europa und Deutschland diente. Die Dawes-Verhandlungen boten den USA die einmalige Chance, die währungs- und finanzpolitische Führung endgültig zu sichern. In diesem Sinne schrieb Paul Warburg, einer der Schöpfer des Federal Reserve System, am 21. März 1924 an Owen D. Young: „The opportunity that the present emergency in Europe offers is unique, and I don't believe it will ever be again within as easy a grasp of the United States as it is today. It is the question of whether the Dollar shall permanently retain a predominant position, or whether we are willing to surrender financial mastery to the Pound Sterling for good and all! England realizes that, and that is why the Bank of England is willing to go to a considerable length in granting facilities [...]. Personally, I can envisage, that if through the establishment of gold standards in Europe many countries carry their reserves over here, and invest them in bankers acceptances and balances, the result of that would be the development of a wide open discount market, such as we have been trying in vain for five years to establish over here [...]".

Die Chance wurde voll genutzt. Gegen den Versuch Großbritanniens, Deutschland in den Sterling-Block einzubeziehen, setzten die amerikanischen Unterhändler die Rückkehr Deutschlands zum Gold-Dollar-Standard durch. Damit waren die Voraussetzungen für einen immensen Kapital- und Warenexport nach Europa geschaffen. Im Zuge dieser Entwicklung zeigte sich allerdings binnen kurzem, daß die so mühsam bewahrte juristische Handlungsfreiheit de facto durch ein wirtschaftliches Engagement limitiert wurde. Insbesondere die Investitionen in Deutschland, die in den Jahren der relativen Stabilisierung beachtliche Dimensionen annahmen, schränkten den amerikanischen Handlungsspielraum ein und führten die USA an die Seite Deutschlands. Was 1926 ein Diplomat aussprach und in einer Broschüre mit dem bezeichnenden Titel „Pax Americana" publiziert wurde,[12] charakterisierte treffend den Stand der internationalen Beziehungen in der zweiten Hälfte der zwanziger Jahre: „Great volumes of American money have been poured into Germain industry, and are beginning to go into German financial institutions. America's stake in Germany is already so vast, outside of reparation obligations, that ex necessitate Washington is almost a guardian for German interests in Europe and elsewhere".

Die deutsche Regierung war sich in dieser Phase mehr denn je bewußt, „daß die Entscheidung über Europas Zukunft im wesentlichen in den Händen der Vereinigten Staaten liegen" werde.[13] Außenminister Stresemann trug diesem Umstand in seinem politischen Handeln Rechnung. Er mußte dabei allerdings die Erfahrung machen, daß es schwierig war, die amerikanischen Befürchtungen zu zerstreuen, in den Ansätzen zu einer politischen und wirtschaftlichen Verständigung in Europa sei potentiell eine antiamerikanische Tendenz verborgen. Andeutungsweise tauchte ein solcher Argwohn bereits nach dem Abschluß der Locarno-Verträge auf. Obwohl die offizielle amerikanische Politik Locarno nach Kräften gefördert hatte, mehrten sich in den Vereinigten Staaten diejenigen Stimmen, die „Locarno als den Anfang einer Entwicklung" interpretierten, „die zu einem Zusammenschluß der europäischen Mächte neben den Vereinigten Staaten von Amerika, vielleicht sogar gegen diese führen könnte." Einflußreiche Journalisten artikulierten den amerikanischen Alptraum, die amerikanische Schuldenpolitik provoziere die Bildung eines europäischen Wirtschaftsblockes gegen die USA und den Versuch der Europäer, sich durch gemeinsame wirtschaftspolitische Maßnahmen der drückenden Schuldenlast zu entledigen. Die in Thoiry (September 1926) entwickelten Pläne, mit Hilfe amerikanischer Anleihen die deutsch-französische Annäherung vorwärtszutreiben, gaben dem Mißtrauen vor allem in denjenigen Industriekreisen, die scharf mit Europa konkurrierten, neue Nahrung. Denn die USA konnten nicht ignorieren, daß vor, während und nach den mehr oder weniger verbindlichen deutsch-französischen Gesprächen auf staatlicher Ebene, eine weltwirtschaftlich bedeutsame, kontinental-europäische Kartellbildung vonstatten ging. Europa versuchte seine staatliche Zersplitterung durch eine wirtschaftliche Koordinierung zu kompensieren; und für die zuständigen Stellen im State und Commerce Department gab es keinen Grund zu der Annahme, daß die neuen „European international combinations" nicht ebenso wie die deutschen Vorkriegssyndikate auf dem Kali- und Chemiesektor die Absicht hätten, Amerika durch Preismanipulationen zu schädigen; dies galt es zu verhindern. So entfaltete sich in der Locarno-Thoiry-Phase, gerade auch im Verhältnis zu Deutschland, der grundlegende Widerspruch der amerikanischen Europa-Politik: Die Vereinigten Staaten wünschten einerseits im eigenen Interesse eine politische und wirtschaftliche Stabilisierung in Europa und einen friedlichen Ausgleich der nationalen Antagonismen, weil dies die Voraussetzung für ein finanzielles Engagement und für die wirtschaftliche Expansion Amerikas war; andererseits beharrten sie (wie am deutlichsten in der Handels- und Schuldenpolitik dokumentiert wurde!) auf einer separaten, bilateralen Regelung ihrer Beziehungen zu jedem einzelnen europäischen Staat und wähnten hinter jeder europäischen Gemeinschaftsaktion oder Blockbildung anti-amerikanische oder doch zumindest die amerikanischen Interessen beeinträchtigende Tendenzen.

Angesichts der Komplikationen, die dieser Widerspruch unvermeidlich erzeugte, ergriff die deutsche Außenpolitik doppelt gern die Gelegenheit, auf dem Abrüstungssektor eine Abstimmung und eine „Anpassung der gegenseitigen Verhandlungstaktik" vorzunehmen. Trotz aller Skepsis knüpfte die deutsche politische Führung an die Genfer Verhandlungen die Hoffnung, daß sie „Vorwand und Anlaß" für eine Verminderung der französischen Rüstung und vielleicht sogar für eine „bescheidene Wiederaufrüstung" Deutschlands bieten könnten. Ein solches Ergebnis war nach übereinstimmender Meinung des AA und des Reichswehrministeriums jedoch nur denkbar, „wenn Amerika zusammen mit England einen starken Druck auf Frankreich und seine Schuldnerstaaten und auf die Länder ausübt, die sich um amerikanische Kredite bewerben".[14] Nach Meinung der Reichswehr sollte Deutschland zunächst die marinepolitischen Forderungen zurückstellen, um eine Interessenkollision mit den Seemächten zu vermeiden und sich deren Hilfe bei der „Wiedergewinnung seiner europäischen Stellung" gegen die französische Opposition zu versichern. Es sei zwar „ohne weiteres anzunehmen, daß ein wiedererstandenes Deutschland bei seinem späteren Kampfe um die Rohprodukte und Absatzmärkte in Gegensatz zum amerikanisch-englischen Machtkreise kommen und dann über ausreichende maritime Kräfte" verfügen müsse. Aber diese Auseinandersetzung werde, so betonte man, „erst auf der Grundlage einer festgefügten europäischen Stellung nach einer erneuten Lösung der französisch-deutschen Frage auf friedlichem oder kriegerischem Wege in Betracht kommen". Hinter der formalen Gleichheit der Abrüstungsforderung der USA und Deutschlands verbarg sich also von Anfang an eine fundamentale Zieldiskrepanz, die eine Parallelisierung der Genfer Aktionen nur deshalb zunächst nicht störte, weil die deutsche Großmachtintention nicht artikuliert wurde. Solange die für die vorbereitende Abrüstungskonferenz im Jahre 1926 entwickelte Taktik, alles zu unterlassen, „was (wie z. B. weitgehende Forderungen) die Konferenz scheitern lassen könnte", gültig blieb und solange kein Kompromiß zwischen den USA und den europäischen Seemächten in greifbarer Nähe war, arbeiteten die deutschen und die amerikanischen Delegierten eng zusammen, was beiderseits voll gewürdigt wurde.

In dieser Phase nutzte Stresemann die Entfremdung zwischen den angelsächsischen Mächten, um bei den Verhandlungen über den Kellogg-Briand-Pakt durch eine rasche eigenständige Reaktion der amerikanischen Regierung den Wert einer deutsch-amerikanischen Zusammenarbeit erneut zu demonstrieren. Indem der deutsche Außenminister die Anregung Chamberlains und Briands, über eine gemeinsame Antwort auf den multilateralen Friedenspaktvorschlag Kellogs zu beraten, mit der Begründung zurückwies, „that each nation would have to frame its own individual reply and that they could not have a United States of Europe and Japan on the one side and the United States of America on the other", spielte er die ihm von den USA zugedachte Rolle und erteilte er dem französischen Konzept „einer Zusammenfassung Europas gegenüber dem amerikanischen Übergewicht" (Briand) eine drastische Absage.

Gewitzt durch die Erfahrungen bei den Thoiry-Verhandlungen, wollte Stresemann „unter keinen Umständen" die Vereinigten Staaten verärgern und deshalb den französischen Standpunkt „auch nicht dem Scheine nach unterstützen". Denn „Deutschland werde in Zukunft außenpolitisch auf die amerikanische Unterstützung angewiesen sein" und habe „schon aus reparationspolitischen Gründen ein Interesse daran", sich nicht in einen „Bündnisblock gegen Amerika" einspannen zu lassen.[15]

Die Reichsregierung betrachtete auch den Kellogg-Pakt unter dem generellen Aspekt ihrer Revisionspolitik. Ausgehend von der unwidersprochenen Feststellung, „daß alle Parteien in dem Ziel einig wären, die Revision des Versailler Vertrages zu fördern", konnte Reichskanzler Müller vor dem Auswärtigen Ausschuß des Reichstags zur allgemeinen Befriedigung konstatieren, daß der Pakt Deutschland diesem Ziel nicht entferne, sondern näher bringe. Die Stärkung der deutsch-amerikanischen Beziehungen wurde letztlich nach dem Kriterium beurteilt, inwieweit dadurch die deutsche revisionistische Politik gegenüber der Status-quo-Politik Frankreichs verbessert werde. Und was England betraf, so wurde trotz der Intention, mit beiden angelsächsischen Staaten freundschaftlich zusammenzuarbeiten, für den Fall eines amerikanisch-britischen Konflikts das „gemeinsame Interesse mit Amerika" vorangestellt. Ein Zusammengehen mit den USA schien zudem am ehesten die weitere Verfolgung der Politik der Offenen Tür gegenüber Rußland zu ermöglichen.

Bisher unveröffentlichte Dokumente des Foreign Office enthüllen auf faszinierende Weise, daß dieser deutsche Kurs die britische Politik gegenüber Europa und den USA maßgeblich beeinflußte. In einer Denkschrift von Robert L. Craigie, die am 12. November 1928 auf Veranlassung Lord Cushendums für das Kabinett ausgearbeitet wurde,[16] plädierte das britische Außenamt trotz einiger „irremovable and inherent difficulties" (Handelsrivalitäten, Flottenkonkurrenz, Schuldner-Gläubiger-Verhältnis u.a.m.) für eine Verständigung mit Amerika und gegen den Versuch, eine europäische Einheitsfront aufzubauen, und zwar nicht zuletzt mit Rücksicht auf den Faktor Deutschland! Für die europäische Alternative sei, so lautete die Beweisführung, die deutsche Mitwirkung essentiell, aber eben nicht verfügbar, vielmehr gebe es viele Anzeichen dafür, daß Deutschland auf die weitere Verschlechterung des britisch-amerikanischen Verhältnisses spekuliere, um seine Beziehungen zu den Vereinigten Staaten parallel dazu zu verbessern: „[. . .] At the present time Germany, far from showing any inclination to follow our lead (e.g., to adapt her American policy to ours), is taking the attitude that, as we are committed definitely to France, she must look elsewhere for the support which she still requires. This may be only a passing pretext, but the fact remains that Germany feels no longer dependent upon us as in the days of Lord d'Abernon, and is already counting on America to take our place as protector. Nor can she be considered unjustified in casting the United States for this rôle, if the increasing activity of the German-American element in the United States and the enormous American investments in Germany are taken in account. With Soviet Russia tending towards more moderate courses, the prospect of a close German-Russian entente, backed by American money and goodwill, may not be remote if Anglo-American relations are permitted to suffer any serious or permanent setback [. . .]."

Dank der deutsch-amerikanischen Zusammenarbeit war Deutschlands Gewicht in der internationalen Politik in relativ kurzer Zeit also in erstaunlichem Maße relevant geworden; das Deutsche Reich hatte sich aus der Objektrolle von 1919 mit amerikanischer Hilfe befreit. Auch für die USA hatte sich das Arrangement bezahlt gemacht – nicht nur wirtschaftspolitisch, sondern ebenfalls diplomatisch. Bereits die konservative Regierung Englands war genötigt, mit Rücksicht auf das deutsch-amerikanische Verhältnis ihre Fühler nach Washington auszustrecken, um einen Akkord in der Seerüstung anzubahnen, der dann von der Labour-Regierung abgeschlossen wurde. Mit dem Kellogg-Pakt hatten die Vereinigten Staaten, um Staatssekretär v. Schuberts Würdigung zu zitieren, feierlich zum Ausdruck gebracht, „daß auch in Europa über den Völkerbund hinaus amerikanische Schiedsrichterinteressen künftig mitsprechen sollten". Daß dabei die mannigfachen Interessenverknüpfungen zwischen Deutschland und den USA und die wechselseitigen Sympathien zugunsten Deutschlands ausschlügen, wurde nicht nur in Deutschland angenommen. Im Bereich der Rüstungsbeschränkungen, der Sicherheitspolitik und der Friedenssicherung steuerte die offizielle Außenpolitik einen zur amerikanischen Politik parallel verlaufenden Kurs, da sie den unbedingten Zusammenhang zwischen der Reparationsregelung und einer Friedenserhaltung notwendigerweise in ihre Strategie des Wiederaufstiegs Deutschlands einbeziehen mußte, bis die für Deutschland erträgliche Lösung der Reparationsfrage, die rüstungspolitische Gleichberechtigung und die Rheinland-Räumung erreicht waren. Garantierende Bindeglieder dieser Parallelisierung waren das „gleichlaufende Interesse" (Stresemann) an der Eingliederung Deutschlands in die Weltwirtschaft und die Interdependenz zwischen Schuldner und Gläubiger im privatwirtschaftlichen Sektor, die das deutsch-amerikanische Verhältnis prägten und Inhalt sowie Terminierung der Revisionspolitik vorschrieben. Daß Stresemann gleichzeitig mit der Verbesserung der deutsch-amerikanischen Beziehungen den Berliner Vertrag mit Rußland (1926) abschließen konnte, ohne in Washington eine Verstimmung oder ernsthaften Zweifel an der Westorientierung Deutschlands hervorzurufen, bewies, wie solide die materielle Basis war, auf der die deutsch-amerikanische Kooperation in dieser Phase vonstatten ging.

4. Wirtschaftliche Kooperation und Konkurrenz

Materielle Bindemittel zwischen den USA und Deutschland waren die Investitionen und privaten Anleihen, die nach der erfolgreichen Plazierung von 110 Millionen Dollar der Dawes-Anleihe nach Deutschland gegeben wurden. Krupp, Thyssen, AEG, Siemens, Wintershall, das Kali-Syndikat, die Sächsischen Werke und die Elektrowerke führten den Reigen der Industrieunternehmen an; ihnen folgten Stadtgemeinden wie z. B. Berlin, Köln, München und Bremen. Der Nominalbeitrag der einzelnen Anleihe betrug anfangs in der Regel 10 Millionen Dollar. Insgesamt wurden in den Jahren 1924 bis 1930 135 deutsche langfristige Anleihen in Höhe von 1 430 525 000 Dollar in den USA *öffentlich* aufgelegt; sie machten rund zwei Drittel der gesamten langfristigen Auslandsanleihen Deutschlands und 18% des gesamten US-Kapitalexports aus und verteilten sich wie folgt auf die einzelnen Jahre:

	Zahl der Anleihen	Gesamtbetrag $	In den USA begeben $
1924	2	120 000 000	119 000 000
1925	28	233 950 000	208 997 500
1926	39	296 050 000	248 205 000
1927	19	287 225 000	231 068 000
1928	33	284 950 000	249 603 000
1929	7	42 100 000	30 066 000
1930	7	166 250 000	152 092 000
zus.	135	1 430 525 000	1 293 031 500

Die Höhe der kurzfristigen amerikanischen Anleihe betrug:

1924	$ 14 000 000	1928	$ 4 000 000
1925	$ 21 900 000	1929	$ 600 000
1926	$ 26 200 000	1930	$ 17 400 000
1927	$ 71 800 000		

Diese Aufstellung – zu der die statistisch nicht erfaßbaren kurzfristigen Kredite sowie Aktienbeteiligungen udgl. hinzugerechnet werden müßten – dokumentiert eindrücklich die Stärke des amerikanischen Kapitalstroms. Ihre jahresmäßige Aufschlüsselung verdeckt jedoch, daß auch in den scheinbar konstanten Summen der Jahre 1925 bis 1928 eine gewisse Wellenbewegung vorhanden war (beispielsweise ein vorübergehendes Nachlassen der Kredite im Winter 1925/26), bei deren Analyse sich zeigt, daß „eine eindeutige Beziehung zwischen der jeweiligen deutschen Konjunkturlage und dem Verhalten des Auslandskapitals" existierte, „indem dieses Verhalten, im Sinne eines Zustromes oder Abzuges, bzw. bereits Nachlassens zum eigentlichen konjunkturellen Bestimmungsfaktor wurde" (Rolf Lüke). Selbst Resultat wirtschafts- und allgemeinpolitischer Entscheidungen schufen die Anleihen in Wirtschaft und Politik Fakten und Zusammenhänge, ohne deren Berücksichtigung weder das deutsch-amerikanische Verhältnis noch die weltpolitische Entwicklung in der zweiten Hälfte der zwanziger Jahre und am Anfang des folgenden Jahrzehnts verständlich sind.

Aus deutscher Sicht waren die amerikanischen Anleihen insofern problematisch, als sie den Transfer der Reparationszahlungen ermöglichten und damit die erhoffte Revisionsinitiative hinausschoben. Sie enthoben aber zugleich die Reichsregierung der Notwendigkeit, von ihrer defizitären Haushaltspolitik abzugehen (obwohl der Reparationsagent dies nachdrücklich forderte) und durch eine Kontraktions- und Deflationspolitik die Voraussetzungen für den Reparationstransfer künstlich zu schaffen (was – wie die Ära Brüning zeigen sollte – mit schwerwiegenden sozialen Folgen verbunden gewesen wäre). Aus amerikanischer Sicht hatten die Anleihen den Nachteil, daß sie halfen, die deutsche Wirtschaftskonkurrenz zu stärken. Der Kritik einzelner Industriegruppen an der Anleihepraxis der Bankiers fehlte es aber schon allein deshalb an überzeugender Stoßkraft, weil sich hinter ihr allzu deutlich partielle Wünsche verbargen, denen bereits durch den protektionistischen Zolltarif von 1922 insoweit Rechnung getragen war, als die hohen Zollmauern eine Konkurrenz deutscher Firmen auf dem inneramerikanischen Markt wirkungsvoll (wenn auch nicht vollständig) einengten. Hingegen konnten die Bankhäuser, zumal sie mit den großen Korporationen verflochten waren, ihr eigenes Interesse als identisch mit der auf Expansion abzielenden Gesamtwirtschaft deklarieren, indem sie argumentierten:[17] „The only way in which this country can take its rightful place in the world's economic structure is by making available our surplus capital for use in foreign countries deserving of credit. Any foreign loan issued in this country inevitably increases to that extent the purchasing power of the rest of the world from the United States, irrespective of whether that purchasing power is used by the original borrower or is transferred to others."

Selbst in dem besonders nachdrücklich auf Schutz der heimischen Industrie bedachten Commerce Department mußte man zugeben, daß die Regierung nicht alleine mit der Begründung, die Anleihen könnten für die amerikanische Industrie im In- oder Ausland eine wachsende deutsche Konkurrenz erzeugen, offiziell einschreiten dürfe. Dazu wäre eine Sondergesetzgebung notwendig, deren Verfassungsmäßigkeit fraglich sei. Zudem sei ein gesetzliches Vetorecht auch gar nicht erwünscht, da es der Regierung eine nicht tragbare Verantwortung auferlege und sie in Konflikt mit den Interessen des Anlagepublikums bringe. Außerdem sah man im Commerce Department ein, daß von einer gravierenden Wettbewerbsbeeinträchtigung durch Deutschland noch keineswegs die Rede sein konnte und angesichts der hohen Zinslast, die die deutschen Unternehmungen infolge der Kreditaufnahme zu tragen hätten, auch nicht zu erwarten sei. Ferner gelte es zu bedenken – und damit folgte das Commerce Department den allgemeinen Überlegungen der Bankiers –, daß Deutschland eine große Menge Baumwolle, Fleischprodukte, Getreide, Kupfer, Öl usw. aus den USA importiere und dieser zunehmende Handel mit Deutschland unmittelbar oder mittelbar der amerikanischen Landwirtschaft und Industrie zugute komme. Und schließlich müßten auch noch umfassendere Gesichtspunkte im Auge behalten werden, so etwa die Frage, ob das amerikanische Kapital nicht Deutschland industriell wieder auf seine Füße helfen müsse, um Europa zu stabilisieren und in die Lage zu versetzen, die Kriegsanleihen an Amerika zurückzuzahlen, sowie um in Deutschland den Sieg des Kommunismus zu verhindern.

Diese Kombination aus politischen, wirtschaftlichen und finanziellen Erwägungen sprach gegen die Ergreifung drastischer Maßnahmen. Das hieß jedoch nicht, daß man sich im Commerce Department tatenlos den Hilferufen der Industrie verschloß. Dr. Julius Klein, der einflußreiche Direktor des Bureau of Foreign and Domestic Commerce, war sichtlich beeindruckt von dem Hinweis, daß „the new German loans are frankly intended to develop foreign trade in competition against American firms in markets which this Department has done so much to open", und regte eine Pressekampagne an, um durch die öffentliche Meinung einen Druck auf die Emissionsbanken auszuüben.[18]

Kleins und Hoovers Ideal war eine freiwillige Kooperation zwischen Bankiers und Industriellen, um die direkte Nutzung der amerikanischen Kredite für die amerikanische Exportindustrie (eventuell mit Hilfe eines Systems, das bestimmte Anleihen für US-Aufträge „earmarken" sollte) zu sichern. Da dieser inoffizielle Appell nicht die gewünschten Erfolge zeitigte, eine generelle Regierungseinmischung aus den genannten Gründen weder in Frage kam noch erwünscht war, blieb nur ein Mittelweg offen, nämlich durch die Mobilisierung der Öffentlichkeit und durch partielle Maßnahmen modifizierend zu wirken.

So verhängte die amerikanische Regierung 1925 gegenüber dem deutschen Kali-Syndikat einen Anleihestopp; und gegenüber der Eisen-und Stahlindustrie operierte sie 1926/27 mit zollpolitischen Sanktionen. In beiden Fällen wurde jedoch nach diesem Intermezzo ein Ausgleich gefunden.

4.1 Kooperative Verständigungsversuche

Zur gleichen Zeit, als zwischen den Regierungen eine Verständigung gefunden wurde, setzte sich in der amerikanischen Eisen- und Stahlindustrie selbst zunehmend die Einsicht durch, daß eine Kooperation mit den europäischen Konkurrenten profitabler sein könnte als ein kompromißloser, preisdrückender Wettbewerb. Das erste Abkommen mit der Internationalen Rohstahlgemeinschaft wurde in der ersten Hälfte des Jahres 1928 geschlossen; es brachte eine Verständigung über den Absatz von Eisenröhren für Ölgesellschaften auf der ganzen Welt. Auch dem Schienenkartell (International Rail Manufactures Association) und dem Kupferkartell traten die USA bei. Bis zur Weltwirtschaftskrise spiegelten diese Beispiele von Verständigung zwischen der deutschen bzw. europäischen und der amerikanischen Industrie eine allgemeine Tendenz wider; an die Stelle von „competition-in-separate-action" trat in wichtigen Bereichen „competition-through-cooperation".[19]

Sogar in der chemischen Industrie wich allmählich die fast hysterische Furcht vor der Wiederherstellung der deutschen Dominanz, obwohl sie nie völlig eliminiert werden konnte. Trotz des Widerstands einzelner Chemiekonzerne wurde bereits 1927 ein Abkommen zwischen Standard Oil New Jersey, die in Deutschland durch die Deutsch-Amerikanische Petroleum AG seit 1890 vertreten war, und der IG Farbenindustrie geschlossen, das insbesondere die Nutzung des Patents für Kohleverflüssigung zum Inhalt hatte; und diese Zusammenarbeit wurde erweitert durch die Gründung der Standard Oil IG Company im Jahre 1929, deren Leitung in amerikanischen Händen lag (im Aufsichtsrat standen zwei Deutsche acht Amerikanern gegenüber), um das Ressentiment gegen eine deutsche Vorherrschaft von vornherein zu zerstreuen. Im selben Jahr erfolgte die Gründung der American IG Chemical Corporation durch einen Vertrag zwischen der IG Farbenindustrie, der Standard Oil New Jersey und Ford; die IG Farbenindustrie faßte damit direkt in den USA Fuß, und zwar errichtete sie in Muscle Shoals, Alabama, ein großes Werk zur Gewinnung von Nitrogen nach dem Haber-Bosch-Verfahren (Jahreskapazität: 25 000 t). Es wirkte wie eine Sensation, daß die amerikanische Regierung (an deren Spitze ja inzwischen Hoover stand) unbeirrt von dem

Protest heimischer Chemieunternehmen, die die Anwendung der Anti-Trust-Gesetze verlangten, dies wohlwollend förderte. Washington nahm die damit verbundene Konkurrenzzunahme in Kauf, da die Produktion von Nitrogen in den USA als ein großer Gewinn in militärischer und industrieller Hinsicht gewertet wurde und die Aussicht bestand, mit Hilfe der American IG auch die synthetische Herstellung von Gummi und damit die Unabhängigkeit von dem britischen Monopol zu erlangen.

Das Ausmaß der mit der American IG Chemical Corporation organisierten deutsch-amerikanischen Verflechtung erhellt die Regelung, daß Ford die Beteiligung an der neuen Korporation (Edsel Ford wurde Mitglied des Boards der American IG) durch die Ausgabe neuer Ford-Aktien in Deutschland kompensierte, die von den IG Farben übernommen wurden, und Dr. Carl Bosch von der IG Vorsitzender des Board of Advisers der Ford-Gesellschaft in Deutschland wurde. Mit dem anderen Partner, der Standard Oil Co., die im übrigen die Aktienmehrheit der Petroleum Raffinerie AG vorm. A. Korff in Bremen besaß, hatten die IG Farben zuvor schon eine Verbindung hergestellt; beide Konzerne kontrollierten zusammen mit der Riebeck Montan und der Royal-Dutch-Shell-Gruppe die Deutsche Gasolin AG, die das von den IG Farben produzierte synthetische Benzin und Motalin vertrieb.

Darüber hinaus entwickelten sich in den zwanziger Jahren enge direkte Beziehungen zwischen den IG Farben und dem größten amerikanischen Chemiekonzern. Mit der DuPont Co. wurde ein Gentlemen's Agreement abgeschlossen, durch das eine gegenseitige Voroption auf neue Herstellungsmethoden und Produkte vereinbart wurde, soweit sie nicht bereits dritten Firmen vertraglich gewährt war. Die Abgabe eines kleinen Aktienpaketes an die amerikanische Korporation untermauerte diese Verbindung.

Bayer-Leverkusen und DuPont besaßen gemeinsam die Bayer-Semesan Co., durch die beide Firmen auf dem Gebiet der Samendesinfektionsmittel den amerikanischen Markt beherrschten. Obwohl die Sterling Co. nach dem Kriege das beschlagnahmte Bayer-Eigentum in den USA erworben hatte, gelang es der Firma Bayer, ihre alte Stellung schrittweise zurückzuerobern. Zunächst wurde eine Profitbeteiligung und dann (1926) sogar eine 50%ige Kapitalbeteiligung an der Sterling-Tochtergesellschaft Winthrop Chemical Co. ausgehandelt. 1931 kam es schließlich auf dem wichtigen Sektor der Magnesiumproduktion zu einer Vereinbarung zwischen den IG Farben und der Dow Chemical Co. bzw. der Aluminium Co. of America: Die Magnesiumpatente wurden in die Magnesium Development Corporation eingebracht und der amerikanische Partner akzeptierte ein Produktionslimit, das ohne die Zustimmung der IG Farben nicht überschritten werden durfte. Etwa zur selben Zeit (1930) gründeten DuPont und die Schering AG als Gemeinschaftsunternehmen die Duco Lack- und Farbenfabrik AG in Berlin. Trotz aller dieser partiellen Verständigungen blieb jedoch die Konkurrenzsituation zwischen den beiden chemischen Industrien bestehen – vor allem im Kampf um die neuen Märkte in Asien, Lateinamerika und Afrika.

Auf anderen Produktionsgebieten erfolgten ähnliche Annäherungen. So erweiterten beispielsweise die Firmen Carl Zeiss und Bausch & Lomb Optical Co. im Jahre 1925 ihr Kooperationsabkommen. 1927/28 schlossen die Firma Krupp und General Electric einen Patentvertrag für die Hartmetallproduktion (Wolfram, Karbid) ab, durch den gleichzeitig die Preisfestsetzung auf dem Heimatmarkt der jeweiligen Firma zugesprochen wurde. Die Internationale Preßluft- und Elektrizitäts GmbH, eine Zweigniederlassung der Chicago Pneumatic Tool Company, vereinbarte mit ihrem Hauptkonkurrenten, der Preßluftwerkzeug- und Maschinenbau AG, eine Verkaufsvereinbarung (die wahrscheinlich durch eine Aktienbeteiligung der amerikanischen Firma materiell verankert war).

Es versteht sich fast von selbst, daß in denjenigen Industriezweigen, in denen schon in den ersten Jahren nach dem Krieg eine enge Kooperation (zum Teil in Anlehnung an Vorkriegsverbindungen) in die Wege geleitet worden war, die Interessenverbindung in der Phase der relativen Stabilisierung weiter fortschritt. Im Sommer 1926 – vorausgegangen war im Dezember 1925 eine US-Anleihe von 6,5 Millionen Dollar – gestaltete die Hamburg-Amerika-Linie ihren Vertrag mit dem Harriman-Konzern um: Die Hapag erwarb drei Schiffe (Resolute, Reliance und Cleveland) und mehr als die Hälfte der Aktien des Harriman-Konzerns, während Harriman im Aufsichtsrat der Hapag verblieb und 10 Millionen Hapag-Aktien übernahm. Harriman ging – nachdem sich das gemeinsame Schiffahrtsunternehmen vor allem als deutscher Erfolg herausgestellt hatte – in der Folgezeit daran, seine industriellen Ambitionen in Rußland in Zusammenarbeit mit der Disconto-Gesellschaft nachdrücklicher zu realisieren (Tchiaturi-Konzession von 1925) und sich in Oberschlesien durch den Erwerb des polnischen Teils der Bergwerksgesellschaft Georg von Giesche's Erben, der in der Silesian American Corporation zusammengefaßt wurde, und durch eine 35%ige Beteiligung an der Berliner Holdinggesellschaft der Oberschlesischen Vereinigten Königs- und Laurahütte AG eine beherrschende Stellung in der schlesischen Montanindustrie zu erobern.

Auch in der Filmindustrie, der Schallplatten- und Grammophonindustrie und in der Schreib- und Registriermaschinenindustrie wurde die Anfang der zwanziger Jahre eingeleitete deutsch-amerikanische Verbindung mit zunehmendem Gewicht der amerikanischen Unternehmen intensiviert. Ein weiteres Beispiel deutsch-amerikanischer Zusammenarbeit war die gemeinsame Gründung der Allgemeinen Transportmittel AG durch die General American Tank Car Corporation und die Linke-Hofmann-Buschwerke AG im Jahre 1929.

Alle diese Arrangements (bei denen allerdings der Partner nicht immer gleichberechtigt behandelt wurde) übertraf schließlich der Ausbau der Interessengemeinschaft in der elektrotechnischen Industrie zu einem auch die beiden innerdeutschen Konkurrenten AEG und Siemens umfassenden weltweiten System. Die beiden Kooperationsabkommen zwischen AEG und General Electric sowie zwischen Siemens und Westinghouse, die nach dem Krieg erneuert und ausgeweitet worden waren, bewährten sich; es entstand ein Zustand, der in einer Siemens-Denkschrift von 1931 als „gegenseitige Befruchtung" beschrieben wurde.

Geblieben war jedoch die Konkurrenz zwischen den beiden deutsch-amerikanischen Gruppen; nur in Spezialbereichen (Telefunken, Osram GmbH KG, Klangfilm-GmbH) fand – zunächst ohne direkte Beteiligung des jeweiligen amerikanischen Partners – eine Zusammenarbeit zwischen Siemens und AEG statt. Die Tendenzen für eine allumfassende Verständigung setzten an diesen Verbindungspunkten ein. Im Sommer 1929 verkauften die drei Gesellschafter von Osram (Siemens, AEG und Koppel) je 16⅔% ihres Anteils an die International General Electric Company, die folglich ⅙ des Kapitals (ab 1933 sogar ⅕) der führenden Glühlampen-Firma besaß. Gleichzeitig wurde die Produktion von Glühbirnen in Südamerika vertraglich zwischen GE und Osram aufgeteilt, indem Argentinien für Osram und Brasilien für GE reserviert und für alle übrigen südamerikanischen Länder eine 50%ige Beteiligung vereinbart wurde. Der nächste Schritt erfolgte 1930, indem General Electric durch die Vermittlung von Dillon Read den größten Teil der Participating Debentures (nämlich 10 Millionen Dollar) des Hauses Siemens übernahm und gleichzeitig seine Aktienbeteiligung bei der AEG auf 25% des Kapitals erhöhte.

Durch diese Transaktionen war die General Electric Co. ihrem Ziel, in allen verwandten Unternehmungen des Auslandes eine 25%ige Beteiligung zu erobern, um so – wie Owen D. Young Botschafter v. Prittwitz erläuterte – „wenigstens auf dem Gebiet der Elektrotechnik eine internationale Verständigung und Rationalisierung"zur Ausschaltung einer unrentablen Konkurrenz einzuleiten, ein gutes Stück näher gekommen. Mit der Erweiterung der deutsch-amerikanischen Liaison war die Voraussetzung geschaffen für das International Notification and Compensation Agreement (Inaca-Abkommen) von 1931, das gemeinsam von GE, Westinghouse, AEG, Siemens und fünf weiteren Starkstrom-Elektro-Firmen abgeschlossen wurde und bis zum Kriegsbeginn erfolgreich arbeitete.

Die gleichzeitige Kapitalbeteiligung der General Electric Co. an der AEG und dem Siemens-Konzern wirkte mittelbar auch besänftigend auf die deutsch-amerikanische Konkurrenz, die Ende der zwanziger Jahre mit voller Schärfe im Telephongeschäft ausgebrochen war.

Die deutsch-amerikanische Zusammenarbeit und Verständigung in der elektrotechnischen Industrie mit ihren globalen exportoligopolistischen Implikationen und Intentionen, die an dieser Stelle nur skizziert werden konnte, veranschaulicht gemeinsam mit den zuvor angeführten Beispielen aus anderen Industriezweigen das Ausmaß der kooperativen Komponenten in den wirtschaftlichen Beziehungen zwischen Deutschland und den USA in der zweiten Hälfte der zwanziger und den frühen dreißiger Jahren. Sie wurde erheblich verstärkt durch die Zusammenarbeit im Banksektor, die im Fall der Deutschen Bank sogar bis zur Kapitalbeteiligung gedieh. Die politische Bedeutung dieses Prozesses liegt auf der Hand und wurde von den zeitgenössischen Politikern und Wirtschaftlern nicht unterschätzt (zumal sie bei der Endregelung der Reparationsfrage plastisch zutage trat!). K. G. Frank hatte sie im Auge, indem er am 25. Februar 1931 an Siemens-Direktor Haller schrieb:[20] Zugunsten Deutschlands wirke, „daß in hiesigen geschäftlichen und auch politischen Kreisen immer mehr die Ansicht Platz greift, daß Deutschland doch der logische Partner Amerikas in Europa ist. Es sei hier nicht im einzelnen auf diese Ansicht eingegangen, sondern nur hingewiesen auf die sich immer mehr verstärkenden geschäftlichen und gemeinsamen wirtschaftlichen Interessen der beiden Länder. Wenn man sich die europäischen Nationen eine nach der anderen ansieht, dann kommt man hier ohne weiteres zu der Schlußfolgerung, daß eben das Zusammenarbeiten von Deutschland und den Vereinigten Staaten das Richtige ist."

Diejenigen deutschen Firmen, die ihrer wirtschaftlichen Potenz nach ebenbürtige Partner waren (wie beispielsweise die elektrotechnische Industrie), hatten eine Zusammenarbeit mit amerikanischen Unternehmen nicht zu fürchten. Anders sah es in denjenigen Branchen aus, in denen für die USA keine kooperative Partnerschaft, sondern eindeutige Vorherrschaft (einschließlich der Tendenz zur Eliminierung der deutschen Konkurrenzunternehmen) zur Debatte stand.

4.2 Die amerikanische Konkurrenz in Deutschland

Die kooperativen Verständigungsversuche vermochten zwar partiell und in einigen Bereichen (die oft oligopolistisch strukturiert waren) das Konkurrenzmoment zu neutralisieren oder zu „institutionalisieren". Aber „competition-through-cooperation" bedeutete eben auch Wettbewerb und in vielen Branchen blieb weiterhin sogar der unvermittelte Wettbewerb zwischen deutschen und amerikanischen Firmen („competition-in-separate-action") vorherrschend. Der Konkurrenzkampf fand nicht nur auf den attraktiven Märkten unterentwickelter Länder statt, sondern auch auf dem deutschen und insgesamt auf dem europäischen Markt, der in allen Warengruppen nach wie vor der „leading market", der „größte USA-Kunde" war.

Die amerikanische Konkurrenz betrieb die Erschließung des deutschen Marktes auf dreifache Weise (wobei jeweils der Kapitalexport eine bedeutsame Rolle spielte): durch die Etablierung von 1. Verkaufsorganisationen, 2. Agenturen und 3. Zweigwerken. Nach den Erhebungen des Commerce Department ließen 1930 über 1150 amerikanische Firmen ihre Produkte durch ständige Vertretungen in Deutschland vertreiben, und zwar entfielen auf den Handel mit Lebensmitteln (Getreide, Mehl, Konserven, Früchte, Öle, Fette, Tabak etc.) rund 200, Automobilteilen und -zubehör 146, Maschinen und Ausrüstungen 144, Werkzeugmaschinen 128, Eisenwaren und Werkzeugen 70, chemischen und pharmazeutischen Waren 69, Textilien 51, Bauholz 47, Gummiwaren 35, Elektroausrüstungen 36, fertigen Kraftwagen 15. Darüber hinaus hatten nicht weniger als 79 amerikanische Unternehmen in Deutschland selbst Zweigwerke errichtet, nämlich auf dem Sektor der Weiterverarbeitung von landwirtschaftlichen Produkten und Nahrungsmitteln 7, des Kraftfahrzeugbaus 7, der chemischen Industrie 5, der Elektrotechnik 4, der Eisen- und Stahlwarenproduktion 8, des Maschinenwesens 9, der Mineraliengewinnung 7, der Schuh- und Lederindustrie 3, der Textilverarbeitung 6 und 23 in sonstigen Bereichen. Ihr Kapitalwert belief sich 1930 auf 138 927 000 Dollar. Wie die private Kapitalanlage in deutschen Anleihen durch die relative Stabilisierung der politischen und wirtschaftlichen Verhältnisse sowie durch die Aussicht auf eine hohe Rendite in den Jahren 1925 bis 1930 ein gewaltiges Ausmaß erreichte, so war auch für die industrielle Durchdringung des europäischen Kontinents – oftmals kombiniert mit dem weit größeren Engagement des Anleihekapitals – der deutsche Markt zum Zentrum geworden. Das gesamte direkte US-Investment in Deutschland machte 1930 216 514 000 Dollar aus. Deutschlands günstige geographische Lage und die durch den Hamburger Freihafen sich bietenden Vorteile waren für die Errichtung von Verkaufsdependancen ideal. Die Verlegung der Produktion und Endfertigung nach Deutschland erschien aus mehrfachen

Gründen als vorteilhaft: Zwar konnte nach der Stabilisierung der deutschen Währung nicht mehr mit einer valutabedingten Exportbegünstigung gerechnet werden (so daß also die Erwägungen der Jahre 1921/22 nunmehr hinfällig waren); aber gleichzeitig war durch den Dawes-Plan die reparationspolitische Unsicherheit wenigstens vorübergehend beseitigt und Deutschland in das westlich-kapitalistische System eingeordnet worden. Die vom Unternehmerstandpunkt aus betrachtet günstigen Bedingungen auf dem Arbeitsmarkt und die im Vergleich zu den USA erheblich (ca. 50%) niedrigeren Lohnkosten versprachen in Verbindung mit der Einführung moderner amerikanischer Produktionsmethoden beachtliche Wettbewerbsvorteile. Hinzu kam, daß trotz der Reparationen die deutsche Steuerbelastung weniger groß war als in den europäischen Nachbarländern. Durch die Produktion in Deutschland entfiel die Einfuhrzollbelastung, und schließlich hatte Deutschland mit fast allen Ländern nach und nach Meistbegünstigungsverträge abgeschlossen, u. a. auch mit der Sowjetunion und den osteuropäischen Ländern, auf deren Absatzmärkte nicht wenige der amerikanischen Zweigbetriebe spekulierten.

Einige amerikanische Niederlassungen, deren Gründung z. T. noch in die Zeit vor dem Weltkrieg reichte (wie beispielsweise die Singer Nähmaschinen AG und die Deutsche Harvester Gesellschaft), konnten bei der Nutzung dieser Vorteile auf ihre langjährige Vertrautheit mit den deutschen Verhältnissen zurückgreifen. Für neue Filialbetriebe war nicht selten der Start mit Anfangsverlusten verbunden; sie zogen einen Wechsel auf die Zukunft, die unsicherer war, als ihnen – trotz der Warnungen der amerikanischen Regierung – in der Phase der Scheinblüte und vorübergehenden Stabilisierung erscheinen mochte. Gleichwohl zeigte beispielsweise die Expansion der Yale and Towne Manufacturing Company, wie – ausgehend von einem kleinen Zweigwerk (in Hamburg-Altona) – durch die Einverleibung deutscher Konkurrenzfirmen eine marktbeherrschende Stellung erworben werden konnte.

Wirtschaftlich und politisch am bedeutsamsten waren die Investitionen der amerikanischen Automobilindustrie. Das Netz von Zweigwerken, das die Automobilindustrie in den Jahren 1925 bis 1930 über Deutschland zog, war imponierend. Den Anfang machte die Firma Ford, die schon 1921/22 Niederlassungspläne in Deutschland verfolgt hatte, 1925 mit der Errichtung ihres Berliner Werkes, dessen Endkapazität auf 100 Wagen pro Tag kalkuliert war und im Jahre 1926 bereits 2846 Wagen produzierte. Später (1929) wurde von Ford das Kölner Werk errichtet. Die General Motors Corporation entschloß sich fast zur selben Zeit wie Ford, zunächst in Hamburg und dann in Berlin-Borsigwalde die Montage und Produktion in einem eigenen Werk aufzunehmen; 1926 erreichte die Herstellung in Hamburg 1257 Wagen. Die Firma Chrysler folgte 1927 mit der Errichtung eines Montage- und Zweigwerkes in Berlin. Die Budd Company of Philadelphia gründete ein Karosserie-Werk mit einer Kapazität von 200 Einheiten pro Tag. All diese und ähnliche Investierungen wurden jedoch schließlich übertroffen durch den Ankauf der Adam Opel A.G. in Rüsselsheim durch die General Motors Co. im Frühjar 1929. Wie sehr General Motors an diesem Werk, das täglich (bei einer Viertagewoche) 130 Wagen produzierte, gelegen war, geht aus der Tatsache hervor, daß die Amerikaner ihr Angebot von 30 Millionen Dollar vom Herbst 1928 noch erhöhten und einen Kaufpreis von 155 000 000 Mark zahlten. Dr. E. E. Russell, Geschäftsinhaber der Disconto-

Gesellschaft, bei der die Adam Opel A.G. mit mehr als 4 Millionen Mark verschuldet war, hatte schon das erste Angebot als phantastisch hoch bewertet, und nicht zuletzt scheint der Rat der Disconto-Gesellschaft den Verkaufsentschluß von Opel beeinflußt zu haben. Diese Transaktion besiegelte die Machtstellung der amerikanischen Autoindustrie in Deutschland. Ingesamt hatte sie durch ihre neun größten Unternehmen bis 1930 die gewaltige Summe von 211 500 000 Mark investiert!

Daß die deutschen Firmen, die der gleichen Branche angehörten wie die konkurrierenden amerikanischen Zweigfirmen, eine rege Propagandatätigkeit entfalteten, um die amerikanische Expansion unter dem nationalistischen Schlagwort der „Überfremdung" zu bekämpfen, ist ebenso verständlich wie der Eifer der politischen Rechten, den partiellen Gruppeninteressen den Mantel des Nationalinteresses umzuhängen – ein Prozeß, der nach der nationalsozialistischen Machtergreifung in handgreiflichen SA-Aktionen gegen Käufer und Importeure amerikanischer Waren gipfelte.

Bis zum Ende der Brüning-Ära beobachteten die amerikanischen Regierungsstellen und Industriellen die zunehmende anti-amerikanische Propagandaflut kontinuierlich, interpretierten sie jedoch als unbedeutende Randerscheinung. H. Lawrence Groves, der neue US-Handelsattaché in Berlin, berichtete 1930/31 beruhigend nach Washington, sowohl der Reichsverband der Deutschen Industrie als auch die Regierung seien gegen diese publizistischen Exzesse, da sie sehr wohl Deutschlands Abhängigkeit vom freien, ungehinderten Zugang zum ausländischen Kapitalmarkt einsähen. Die deutsche Industrie sei zu weitgehend auf den Weltmarkt angewiesen, als daß sie riskieren könne, eine feindselige Haltung oder Vergeltungsmaßnahmen im Ausland zu provozieren. Ernsthafter war die amerikanische Reaktion auf die 1930 erneut einsetzenden Bemühungen, ein Kontingentierungssystem und höhere Zollsätze für Automobilimporte einzuführen. Der Berliner Handelsattaché organisierte einen merklichen Druck der amerikanischen Interessenten auf die deutsche Regierung und schrieb es dieser konzertierten staatlich-privaten Aktion zu, daß die Kontingentierungspläne fallengelassen und die Zollerhöhungen aufgeschoben wurden; die deutsche Regierung zeigte sich – wie Groves bemerkte – „very sensitive on such matters".

Grundsätzlich sah die Reichsregierung – sowohl in der Phase der relativen Stabilisierung als auch in der Wirtschaftskrise – „in der Beteiligung amerikanischen Kapitals an deutschen Unternehmen eine wirtschaftliche Kooperation, die der Wirtschaft beider Länder auf die Dauer förderlich ist".[21] Neben dem wirtschaftspolitischen Aspekt war in den Jahren der Revision des Dawes- bzw. Young-Plans der reparationspolitische Gesichtspunkt von ausschlaggebender Bedeutung für diese positive Einschätzung der amerikanischen Wirtschaftsexpansion in Deutschland. Eine Ausnutzung der Kapitalbeteiligung oder Zweigniederlassung zur Ausschaltung der deutschen Konkurrenten wurde selbstverständlich zu verhindern versucht. Aber man verkannte nicht, daß selbst ein solcher an sich unwillkommener Effekt (wie er etwa bei der Übernahme von Opel gegeben war) durch positive Auswirkungen kompensiert werden konnte: nämlich durch die Steigerung der Exporte, durch die Sicherung und Neuschaffung von Arbeitsplätzen, durch die Devisenzufuhr und generell durch die Stärkung des materiellen Interesses großer, einflußreicher amerikanischer Geschäftskreise am Wohlergehen Deutschlands.

Diese Perspektive dominierte in der Strategie der deutschen Außenpolitik von Stresemann bis Brüning. Sie war bestimmend für das amtliche Bemühen, die partiellen Interessenkonflikte, die sich aus dem amerikanischen Engagement ergaben, zu harmonisieren und dabei der amerikanischen Seite weitestgehend entgegenzukommen.

5. Das Ergebnis der Kooperation

Die gesamtpolitische Bedeutung der skizzierten Entwicklung bestand darin, daß die USA die beiden für die Rolle einer dritten Partei konstitutiven Eigenschaften, nämlich Unparteilichkeit und Unabhängigkeit im Maße ihres materiellen Engagements in Deutschland einbüßten. Für die Intervention in einer eventuellen Krise war dies von nicht zu unterschätzender Bedeutung. Der Schein der Unabhängigkeit konnte nicht darüber hinwegtäuschen, daß die Vereinigten Staaten aufgrund der in den Jahren 1924/28 etablierten deutsch-amerikanischen Interdependenzen weniger denn je den Status einer echten dritten Partei (im Sinne eines neutralen Intermediärs) besaßen. Dieser grundlegende Wandel wurde von den Führungsgruppen in Deutschland, in den westeuropäischen Staaten und auch in den USA korrekt wahrgenommen. Er war umso bedeutsamer, als das Provisorische der Dawes-Plan-Regelung und die zu erwartenden Transferschwierigkeiten des Normaljahres 1928/29 eine neue Reparationskrise nicht ausschlossen. Dieses Bewußtsein veranlaßte die verantwortlichen Repräsentanten der amerikanischen Geschäftswelt und Politik im eigenen amerikanischen Interesse und zur Aufrechterhaltung des bestehenden Währungs- und Anleihesystems präventiv die Revision des Dawes-Plans zu initiieren, solange noch die Kapitalressourcen für eine amerikanische bestimmende Einflußnahme verfügbar waren. Die entscheidende Anregung für die Revisionseinleitung *vor* dem Auftreten von Transferschwierigkeiten und ihren Folgen für die Währungsstabilität stammte von Benjamin Strong (Governor der Federal Reserve Bank of New York); in einem Brief vom 21. Juli 1927 an einen Mitarbeiter des amerikanischen Reparationsagenten Parker Gilbert[22] und in einem anschließenden persönlichen Gespräch faßte er sein Plädoyer in die Worte: „I would personally feel that the world would be safer and the possibilities of disorders be better avoided if early approach were made to this subject rather than to have it delayed until an atmosphere of doubt had been created and all the difficulties accompanying such conditions were allowed to develop."

Ungeachtet der Tatsache, daß die USA inzwischen materiell an das Schicksal Deutschlands und der Reparationen gebunden waren, wurde der präventive Revisionsversuch formal nach dem intermediären Muster in Szene gesetzt. Mit dem Plan der Mobilisierung der Reparationsbonds markierten die USA einen Brennpunkt, auf den hin Reparationsgläubiger und -schuldner ihre Erwartungen orientieren konnten.

Das amerikanische Ziel war, sieht man von den Nuancen ab, die Reparationen durch ihre schrittweise Umwandlung in private Schulden zu „entpolitisieren". Eine solche „Kommerzialisierung" verlangte (a) die Festsetzung der Endsumme nach Maßgabe der deutschen Leistungsfähigkeit und (b) die Aufhebung des Transferschutzes. Solange die offizielle deutsche Politik noch nicht auf das Maximalziel der Reparationsstreichung festgelegt war, konnte dieses Konzept theoretisch und, falls die Reduktion der Gesamtverpflichtungen groß genug war, auch praktisch noch mit den deutschen Vorstellungen in Übereinstimmung gebracht werden, zumal die Beseitigung der Kontrollorgane des Dawes-Planes und eine konservative Einschätzung der deutschen Übertragungsmöglichkeiten im Interesse der Mobilisierung der Reparationsbonds nahezuliegen schien. Unter diesem Aspekt erfolgte 1928 die deutsche Zustimmung zur Aufrollung der Reparationsfrage, die in den USA (nicht in Deutschland) initiiert wurde. Wenn eine relativ niedrige Summe ausgehandelt, ein günstiger Rediskontsatz vereinbart und weitere politische Zugeständnisse konzediert worden wären, wäre 1928/29 eine Umwandlung der Reparationsschuld in private Schuldverpflichtung von der deutschen Regierung und den sie tragenden politischen Kräften (einschließlich des Reichsbankpräsidenten Schacht) einhellig begrüßt worden. Als Prozedur wurde wiederum die Expertenberatung vereinbart, durch die die USA den größten Einfluß auszuüben vermochten, ohne daß sich die Regierung offiziell beteiligte.

Entgegen dem Rat Parker Gilberts und der Intention der französischen Regierung legten die USA auch jetzt Wert darauf, nicht in einer Einheitsfront mit den ehemaligen Alliierten, sondern unabhängig als „mediator" (Edwin E. Wilson, US-Botschaft Paris) zu agieren. Deshalb mußte auch der Versuch Schachts scheitern, die Amerikaner für seine politischen Ziele (Rückgabe des Korridors; Eröffnung kolonialer Betätigungsfelder für Deutschland)[23] einzuspannen. Die amerikanische Expertendelegation, die diesmal auch offiziell von Owen D. Young geleitet wurde, setzte ihren Plan sowohl gegen die deutschen als auch gegen die französischen und englischen Widerstände durch. Die Herabsetzung der Annuitätenhöhe, die Ermäßigung der Gesamtverpflichtung auf rund 40 Milliarden Reichsmark (= Gegenwartswert bei einem Rediskontsatz von 5%), die Errichtung der Bank für internationalen Zahlungsausgleich, die Beseitigung der unter dem Dawes-Plan errichteten Kontrollen und die vorzeitige Räumung des Rheinlands waren eindeutig, direkt oder indirekt, das Ergebnis der amerikanischen Aktivitäten im Young-Komitee. Per Saldo ging es zugunsten Deutschlands, mochten auch die überspannten Erwartungen der Reichsregierung und der deutschen Sachverständigen nicht erfüllt worden sein, ganz zu schweigen von den Wunschträumen der nationalistischen Rechten.

Durch ein Sonderabkommen mit Deutschland unterstrich die Regierung der Vereinigten Staaten zusätzlich und in aller Form ihre feste Absicht, trotz des offensichtlichen Zusammenhanges zwischen Reparations- und Schuldenzahlungen weiterhin eine unabhängige Position zur Schau zu stellen und die Bildung einer europäischen Koalition aus Reparations- und Kriegsschuldnern unbedingt zu vereiteln. In Wirklichkeit wurden aber die USA durch die führende Beteiligung an der Young-Anleihe und durch parallele Transaktionen privater Art noch stärker als unter dem Dawes-Plan an Deutschland gebunden und von dem Funktionieren des internationalen Kreditsystems abhängig.

Der Young-Plan brachte nur einen kleinen Fortschritt in der anvisierten Richtung einer Entpolitisierung der Reparationszahlungen. Gemessen an dem Anspruch, eine endgültige Lösung zu liefern, war seine Unzulänglichkeit offenkundig, als sich infolge der Kreditverknappung und der beginnenden ökonomischen Rezession herausstellte, daß die Kommerzialisierung der Reparationen und parallel dazu die Diskontierung der alliierten Schulden in naher Zukunft aussichtslos war, also der ursprüngliche „focal point for agreement" entfiel.

Fortan pendelte sich die deutsche Reparationspolitik auf das Maximalziel der Streichung ein und kollidierte mit dem amerikanischen Ziel, durch die Mobilisierung der Bonds den Einfluß amerikanischer Kapitalbesitzer auf die deutsche Industrie zu steigern und die deutsche Wirtschaft nicht gänzlich von den Reparationsabgaben zu entlasten. Daß die deutsche Außenpolitik trotz dieser Zieldivergenz die amerikanische Regierung schon zwei Jahre nach Inkrafttreten des Young-Plans auf einen Revisionskurs zwingen konnte, war die Folge der immensen privatkapitalistischen Investitionen der USA in Deutschland. Die Vereinigten Staaten waren – wie Außenminister Stimson dem Präsidenten klarmachte – an das deutsche Schicksal gebunden („we are tied up with Germany's situation"). Diese Interdependenz bedeutete zwar einerseits in der Mittelwahl eine temporäre Einschränkung der deutschen Handlungsfreiheit, da die Abhängigkeit von amerikanischen kurzfristigen Krediten eine frühzeitige Nutzung der Moratoriums- und Revisionsklausel des Young-Plans verbot. Die amerikanische Administration sah sich aber ihrerseits zur Intervention genötigt (Hoover-Moratorium vom 20. Juni 1931), um die privaten Anlagen und das kapitalistische System in Deutschland zu retten. Diese zweite Intervention, die Deutschland objektiv der „Tributfreiheit" näherbrachte, erfolgte offener als die erste von 1923/24, aber sie war im Gegensatz zu dieser auf internationaler Ebene nicht sorgfältig vorbereitet, sondern eine ad-hoc-Aktion. Eine positive wirtschaftspolitische Aktion anzubieten und durchzusetzen, waren die USA im Jahre 1931–32 nicht mehr fähig; da ihre ökonomisch begründete Vormachtstellung infolge der Wirtschaftskrise geschwächt war, fehlten ihnen zudem die adäquaten Mittel, um einen neuen stabilisierenden „economic peace", falls er als Pax Americana innovativ hätte entworfen werden können, zu verwirklichen.

Das Hoover-Moratorium konnte nicht mehr unter den Begriff der Vermittlung subsumiert werden. Nicht eine unabhängige dritte Vermittlerpartei, sondern ein direkt beteiligter, vital engagierter Staat intervenierte und gebrauchte das Recht des Stärkeren, ohne auch nur den größten Reparationsgläubiger (Frankreich) zuvor zu fragen oder genau zu informieren und ohne anfangs den Disput auf eine vermittelnde Ebene von „Sachverständigenberatungen" (wie 1924) zu verlagern. Die Reichsregierung und die deutsche Wirtschaft erfreuten sich jetzt des Umstandes, daß der einst formal unabhängige Vermittler im europäischen Konflikt, gezwungen durch seine eigene Interessenlage, nolens volens auf Deutschlands Seite trat.

Die deutsche Außen- und Wirtschaftspolitik hatte eine derartige Wirkung der deutsch-amerikanischen Verflechtung vorausgesehen und deshalb gefördert, war also höchst aktiv und keineswegs nur passiv an der Interessenparallelisierung beteiligt. Rückblickend läßt sich, wenn man das Kriterium der Vermittlungswirkung zugrunde legt, auch erklären, warum Deutschland schon in der ersten Nachkriegsphase bereitwillig auf die amerikanische Linie einschwenkte, während sich Frankreich lange hartnäckig sträubte. Beide Seiten, Frankreich und Deutschland, sahen nämlich, daß eine kapitalistische Lösung der Reparationsfrage, die mit amerikanischen Anleihen operierte, eine militärische Sanktionspolitik ausschloß, Deutschland dem französischen Druck entzog und finanzielle Interessenverbindungen erzeugen würde, die im Konfliktfall u. a. insofern eine politische Relevanz haben würden, als sie Deutschlands Position gegenüber Frankreich stärkten.

Zusammenfassend kann konstatiert werden, daß in der Tat die deutsch-amerikanischen Beziehungen sich in dem Maße verbesserten, in dem die amerikanische Vermittlung sich in ein materielles, partizipierendes Engagement in Deutschland umsetzte. Anders ausgedrückt: Im Prozeß der amerikanischen Vermittlung zwischen Deutschland und den europäischen Siegermächten (insbesondere Frankreich) rückten die USA immer näher an Deutschland heran, bis die Vermittlungslinie fast parallel zur deutschen Politik verlief.

Die offizielle deutsche Außenpolitik vermied in dieser Periode alles, was diese Linie zugunsten der französischen Politik hätte abbiegen können; sie verstärkte die materiellen Interdependenzen, harmonisierte die Konkurrenzkonflikte und bemühte sich, den amerikanischen Erwartungen prompt zu entsprechen (vgl. die rasche Annahme des Kellogg-Pakt-Vorschlags!). In der Endphase des hier behandelten Zeitraums bewirkte diese Parallelität, daß es zu einer herkömmlichen Reparationskrise mit französischen Sanktionsmöglichkeiten gar nicht mehr kam, sondern daß Deutschland auf der Konferenz von Lausanne (Juni/Juli 1932) seine Reparationsverpflichtungen de facto völlig und de jure bis auf einen kleinen Rest abwerfen konnte, ohne dafür ein Do-ut-des-Geschäft mit Frankreich abschließen zu müssen. Desgleichen wurde Deutschland dank der amerikanischen Einflußnahme die formale rüstungspolitische Gleichberechtigung ohne Gegenleistung zuteil.

6. Erfolg und Scheitern der Politik des friedlichen Wandels

Die deutsch-amerikanische Zusammenarbeit in den zwanziger Jahren war – wie oben im einzelnen nachgewiesen wurde – im ökonomischen und politischen Bereich materiell-interessenmäßig fundiert, und auf dieser Basis übten diejenigen amerikanischen und deutschen Geschäftsleute, die miteinander kooperierten, eine assoziative Verbindungsfunktion aus[24] und unterstützten damit die offizielle Politik. Die Zusammenarbeit beider Länder hatte über das Materielle hinaus zugleich auch eine ideelle Begründung, die an dem Ziel der gemeinsamen Friedenssicherung orientiert war. Unter amerikanischem Einfluß wurde in Europa das französische Konzept der kollektiven Sicherheit schrittweise durch das amerikanische Konzept des friedlichen Wandels (peaceful change) ersetzt.[25] Der Dawes-Plan (1924) und seine politische Ergänzung, der Locarno-Vertrag (1925), sowie schließlich der Kellogg-Briand-Pakt (1928) waren Ergebnis und Ausdruck dieser Entwicklung, die den Frieden festigte. Amerikanische „peaceful change"-Politik und deutsche Revisionspolitik waren zwar nie völlig identisch, näherten sich aber in der Stresemann-Ära an. Indem Stresemann im Kabinett als Richtlinie festlegte, „daß als natürliche Ergänzung zum Weltfriedenspakt ein Ausbau der Mittel zum friedlichen Austrag der bestehenden oder in Zukunft auftretenden Gegensätze zwischen den Völkern stattfinden müsse", fand er sich im Einklang mit der amerikanischen Politik des friedlichen Wandels[26]; und die deutsch-amerikanischen Schiedsgerichts- und Vergleichsverträge von 1928 dokumentierten diese Übereinstimmung, auf der letztlich die freundschaftlichen Beziehungen und die Zusammenarbeit zwischen beiden Staaten beruhten.

Der Test auf die Frage, ob die deutsch-amerikanische Kooperation der Errichtung einer dauerhaften revidierten Friedensordnung förderlich war, kam in den ersten Jahren des dritten Jahrzehnts, als gleichzeitig Deutschland seine rüstungspolitischen Forderungen energischer anmeldete und die USA die Abrüstungsdiskussion in der Absicht forcierten, über Abrüstungskonferenzen die Lösung der strittigen europäischen Fragen anzubahnen.

Angesichts des deutsch-französischen Antagonismus war es, vom revisionistischen Standpunkt Deutschlands aus betrachtet, äußerst vorteilhaft, daß die Administration Hoover-Stimson den französischen Versuch, durch finanzielle Hilfen den Status quo für Jahre zu zementieren, als „immoral" verwarf und den „peaceful change of status quo" in allen wichtigen Streitfragen (Reparationen, Rüstung, Korridor- und Kolonialfrage) begünstigte oder gar als notwendige Voraussetzung für eine wirkliche Friedensordnung forderte. Die amerikanischen Erörterungen vor und während des Besuches des französischen Ministerpräsidenten Laval im Oktober 1931 bewiesen, wie weit sich die amerikanische Revisionspolitik mit der deutschen hätte koordinieren lassen. Ungeachtet derjenigen Tendenzen im State Department und in der Hochfinanz, die eher für eine Zusammenarbeit mit Frankreich plädierten, sah jetzt Präsident Hoover angesichts der starren französischen Haltung „nothing in the future than a line-up between Germany, Britain, and ourselves against France".[27] Die USA waren zum wichtigsten Partner der deutschen Revisionspolitik geworden, solange sie sich friedlicher Mittel bediente und eine „schrittweise Revision" verfolgte.

Außenminister Stimson hielt noch 1932 an seiner Intention fest, die deutsche Revisionspolitik und die französische Revisionsgegnerschaft auf dem Boden des gemeinsamen Interesses an der Friedenssicherung und der Stabilisierung der demokratischkapitalistischen Ordnung angesichts der Drohungen der sozialen Revolution zu versöhnen. Die Gespräche zwischen Stimson, Brüning, McDonald und Tardieu im April 1932 in Bessinge (in der Nähe von Genf) und die Formulierung des amerikanischen Versprechens, im Falle einer eklatanten Friedensverletzung zur Konsultation und defensiven Kooperation schreiten zu wollen, sind Beweis dieses nicht ganz erfolglosen Bemühens. Der Sturz Brünings (29./30. Mai 1932) verhinderte jedoch, daß die Tragfähigkeit der Bessinger Präliminarien geprüft wurde.

Trotz der prinzipiellen Ausgleichsbereitschaft Brünings (siehe die deutsch-französisch-belgischen Industriellengespräche in Luxemburg, die bezeichnenderweise der neue Reichskanzler sogleich stoppte!) muß bezweifelt werden, daß die Rückgewinnung der deutschen „Großmachtstellung" „um jeden Preis" (Brüning) mit einer Politik des

„peaceful change" zu vereinbaren gewesen wäre. Es ist unwahrscheinlich, daß das amerikanische Konzept friedlicher und etappenweiser Revision zur Erreichung dieses Zieles hätte führen können. Wie auch immer das Urteil über Brüning lauten mag, daß diejenigen nationalistischen Kreise, die mit dem Sturz Brünings ihre Macht bewiesen, sich nicht mit denjenigen Revisionsergebnissen, die in Kooperation mit den USA im Rahmen eines friedlichen Wandels vorstellbar sind, zufriedengeben wollten, ist aktenkundig. Die Rückgewinnung der militärischen Machtstellung, also eine die deutsche Wiederaufrüstung gestattende Revision der militärischen Klauseln des Versailler Vertrages, war unmittelbar unter der Maxime friedlicher Änderung nicht denkbar, schon gar nicht mit Hilfe der USA, die mit der Stimson-Doktrin vom Januar 1932 begonnen hatten, „peaceful change" mit Status-quo-Politik zu verbinden.[28]

Mit dem Regierungsantritt von Papens und dessen Herrenreiter- und Militärdiplomatie schwanden die Voraussetzungen für eine gemeinsame deutsch-amerikanische Politik des friedlichen Ausgleichs; die nationalistische Regierung legte auch auf dem rüstungspolitischen Sektor keinen unbedingten Wert mehr auf eine Abstimmung mit den USA. Zwar verhalf die amerikanische Vermittlung dem Übergangskanzler von Schleicher Ende 1932 zu dem Erfolg der prinzipiellen Gleichberechtigung in der Rüstungsfrage, weil Stimson angesichts der japanischen Aggression in der Mandschurei die „preservation of the world's peace machinery" für wichtiger hielt als rüstungspolitische Vereinbarungen und einer japanisch-deutschen Koalition vorbeugen wollte. Aber es war ausgeschlossen, daß eine Politik der Drohungen, der militärischen Aufrüstung und gewaltsamer, einseitiger Revisionen im Verein mit den USA betrieben werden konnte. Der deutsche Botschafter in Washington warnte vergeblich vor den Folgen einer solchen Machtpolitik und sagte eine Distanzierung der USA von Deutschland und die amerikanische Annäherung an Frankreich voraus.

Der Sprengung der politischen Verfassung der Weimarer Republik entsprach der Angriff auf die internationale Rechtsordnung durch das nationalsozialistische Deutschland. Die Beseitigung der demokratischen Bremsfaktoren schuf die Voraussetzung für diese Politik. Und die außenpolitischen Haltesignale, die bei der schrittweisen Revision nicht zuletzt mit Rücksicht auf die finanzielle Abhängigkeit von den USA respektiert worden waren, schienen nicht länger zwingend zu sein, als die Wirtschaftskrise die USA innen- und außenpolitisch schwächte und im internationalen System allseits nationalistische Strömungen verstärkte.

Daß die amerikanische Politik durch ihr Eingreifen in Europa und die Zusammenarbeit mit Deutschland außerhalb des Völkerbunds das Konzept des „peaceful change" an die Stelle der 1919 projektierten kollektiven Sicherheitspolitik gesetzt hatte, erwies sich mithin nur vorübergehend als friedenssichernd. Deutschland war mit Hilfe der USA „wieder eine Großmacht geworden, wenn auch noch eine gehemmte Großmacht" (Erich Koch-Weser). Die deutsch-amerikanische Zusammenarbeit hatte in der zweiten Hälfte der zwanziger Jahre eine friedliche Evolution der internationalen Ordnung begünstigt, aber gleichzeitig, insbesondere durch die Kapitalanleihen für die deutsche Industrie, die ökonomischen Grundbedingungen für die Beseitigung dieser „Hemmnisse" entstehen lassen.

Die Tatsache, daß auch Hitler seine Revisionspolitik als „Friedenspolitik" propagierte, konnte nur notdürftig verhüllen, daß ein Konflikt mit den USA wahrscheinlich war, falls nicht das nationalsozialistische Deutschland die Kosten der Kollision scheute und seinen Kurs korrigierte. Immerhin plädierten auch noch in den dreißiger Jahren großindustrielle Kreise der USA für eine Kooperation mit Deutschland. Indes scheiterten bekanntlich alle Verständigungsversuche, deren Ergebnisse im übrigen wohl kaum das Prädikat einer Friedensordnung verdient hätten, weil sie mit der Auslieferung Mitteleuropas an Deutschland verbunden gewesen wären.

ANMERKUNGEN

1 Eine detaillierte Analyse der in diesem Beitrag behandelten Zusammenhänge ist in meinem Buch *Die amerikanische Stabilisierungspolitik in Deutschland 1921–32.* Düsseldorf 1970, zu finden, aus dem einzelne Abschnitte gekürzt übernommen bzw. neu zusammengefaßt wurden. Um den Anmerkungsteil nicht aufzublähen, werden die Quellen- und Literaturangaben auf das Notwendigste beschränkt; ausführliche Belege sind in dem genannten Buch enthalten.
2 In seiner Rede vom 29. 12. 1923 betonte auch Außenminister Hughes ausdrücklich, daß die Open Door Policy weltweit gelten sollte: „It voices, whenever and wherever may be occasion, the American principle of fair treatment and freedom from unjust and injurious discrimination." E. Hughes, *The Pathway to Peace.* New York 1925, S. 53.
3 Siehe u. a. Memorandum des Office of the Economic Adviser, Department of State, 11. 3. 1924 (National Archives, Washington, 611.6231/194): „We have [. . .] advanced to a position of great power and influence among the nations. We have developed unquestionable political strength [. . .]. We have extended our sovereignty to overseas possessions. We have developed and are increasingly intent upon a great overseas commerce. We have taken part in the political councils of other continents. Our cooperation has been sought and has been given on the side of law and justice in the greatest conflict in which the nations of the earth have ever engaged. We have become a mighty world power [. . .]."
4 Memorandum des „Vaters" der neuen amerikanischen Handelspolitik, W. S. Culbertson, für Außenminister Hughes vom 30. 1. 1923 (National Archives, Washington, 611.0031/181).
5 Das Zitat stammt aus einem Brief des amerikanischen Botschafters in London, George Harvey, an Präsident Harding vom 3.10.1921; siehe M. P. Leffler, Political Isolationism, Economic Expansion, or Diplomatic Realism: American Policy Toward Western Europe 1921–1933, in: *Perspectives in American History,* Bd. 3, 1974, S. 413–461 (hier S. 441).
6 Zur hier verwendeten Krisen- und Vermittlungstheorie siehe O. R. Young, *The Intermediaries,* Third Parties in International Crises. Princeton 1967.
7 Norman Davis an Außenminister Hughes, 12. 3. 1921 (Davis Papers, cont. 27, Library of Congress).
8 James Logan (Unofficial Observer to the Repko) an Governor Strong (Federal Reserve Bank of New York), 17. 3. 1922 (Logan Papers, Hoover Institution Stanford, Cal.).
9 Ausführung gegenüber dem britischen Botschafter in Washington am 23. 2. 1923 (Foreign Relations of the United States, 1923 II, S. 56).
10 Vgl. W. Link, Die Ruhrbesetzung und die wirtschaftlichen Interessen der USA, in: *VfZG* 17, 1969, S. 372–382.
11 Genauer dazu in meinem Aufsatz: Der amerikanische Einfluß auf die Weimarer Republik in

der Dawesplanphase, Elemente eines ‚penetrierten Systems', in: H. Mommsen/D. Petzina/ B. Weisbrod (Hg.), *Industrielles System und politische Entwicklung in der Weimarer Republik*. Düsseldorf 1974, S. 485–498.
12 Whaley-Eaton Pamphlet, 7. 5. 1926.
13 Außenminister Stresemann an Botschafter v. Maltzan (Washington). 7. 4. 1925 (Stresemann Nachlaß, PA. AA, Bonn).
14 Min. Dir. Köpke an Botschafter v. Maltzan, 2. 2. 1926; Denkschrift von Oberst v. Stülpnagel, 6. 3. 1926 (ADAP 1918–1945, B, Bd. I,1, S. 325 f. und S. 344 ff.).
15 Ministerbesprechung am 27. 4. 1928 (BA, RK RMin 2b).
16 Public Record Office, F. O. 371/12812.
17 Gemeinsames Schreiben von Mortimer L. Schiff (Kuhn, Loeb & Co.), Thomas W. Lamont (Morgan & Co.) und Howard F. Beebe an Charles H. Sabin (Vorsitzender des Foreign Securities Committee of the Investment Bankers Association) vom 6. 6. 1924 (National Archives, Washington, 800.51/488).
18 Aufzeichnung für Hoover vom 12. 3. 1925 (Hoover Presidential Library, West Branch, Iowa, Cont. 1–I/380).
19 Dieses Begriffspaar ist bezüglich des zwischenstaatlichen Verhaltens von S. H. Hoffmann (*The State of War*. New York ³1966. S. 157) entwickelt worden.
20 Nachlaß Haller, Siemens-Archiv München.
21 Reichswirtschaftsministerium an das Auswärtige Amt, 21. 2. 1931 (DZA, AA Nr. 43815).
22 Strong Papers (Federal Reserve Bank of New York).
23 Reichsbankpräsident Schacht hatte die koloniale Frage bereits im Herbst 1924 mit Owen D. Young besprochen. Im Oktober 1925 führte er die Diskussion in den USA fort und überreichte ein Memorandum, das die gemeinsame deutsch-amerikanische Ausbeutung der Rohstoffgebiete in Angola vorsah (Owen D. Young Papers). Auf der Pariser Sachverständigenkonferenz brachte er Anfang 1929 diese Vorschläge ein, stieß jedoch auf generelle Ablehnung.
24 Aus Raumgründen kann dieser wichtige Wirkungszusammenhang der deutsch-amerikanischen Verbindungsgruppen (linkage groups) hier nicht erörtert werden; siehe dazu Kap. 2 im Schlußteil meines obengenannten Buches (Anm. 1).
25 Zur Begriffsbildung siehe Inis L. Claude, *Swords into Plowshares*. New York ³1964.
26 Siehe P. Krüger, Friedenssicherung und deutsche Revisionspolitik, Die deutsche Außenpolitik und die Verhandlungen über den Kellogg-Pakt, in: *VfZG* 22, 1974, S. 227–257.
27 Aufzeichnung von Außenminister Stimson vom 24. 10. 1931 (Stimson Diary).
28 Aus Anlaß des japanischen Angriffs auf die Mandschurei im September 1931 wurde mit der Stimson-Doktrin die Nichtanerkennung gewaltsam (völkerrechtswidrig) erworbener Besitzstände proklamiert; vgl. dazu K. Krakau, *Missonsbewußtsein und Völkerrechtsdoktrin in den Vereinigten Staaten von Amerika*. Frankfurt 1967, S. 281 ff.

3. Frankreich und die Weimarer Republik

STEPHEN A. SCHUKER

Die Beziehungen zwischen Frankreich und Deutschland während der Weimarer Zeit begannen in Feindschaft und endeten mit der Aussicht auf weitere Feindseligkeiten. Gab es einen Weg, auf dem diese zwei Nationen ihre Zwistigkeiten hätten beilegen und den beiderseitigen Interessenausgleich erreichen können, der das wirtschaftliche und soziale Gefüge Westeuropas seit 1950 umgewandelt hat? Damals wie heute ergänzten sich französische und deutsche Wirtschaft eher, als daß sie miteinander konkurrierten, doch fehlten die politischen Grundlagen für ein wirkliches Sich-Verstehen. Frankreich versuchte, den status quo aufrechtzuerhalten, den der Versailler Vertrag geschaffen hatte. Deutschland wollte die Ordnung Europas, wie sie 1919 errichtet worden war, revidieren. Die Ereignisse sollten zeigen, daß es keinen dauerhaften Kompromiß gab, der gleichzeitig dem französischen Verlangen nach Sicherheit genügen und die Ansprüche des deutschen Volkes befriedigen konnte, die sich auf eine Rückkehr in die dominante Stellung der Vorkriegsjahre richteten.

Während der Zwischenkriegszeit bildete sich allgemein der Eindruck heraus, Frankreich und Deutschland seien Erbfeinde. Tatsächlich aber hatten die deutschen Befürworter des Flottenbaus vor dem Krieg England als den Hauptrivalen angesehen, während preußische Militärs und Sozialdemokraten übereinstimmend das zaristische Rußland als größtes Hindernis ihrer ehrgeizigen Pläne ansahen.[1] In Frankreich ließ man die Statuen auf der Place de la Concorde, die Metz und Straßburg darstellten, weiterhin in symbolisches Schwarz gehüllt stehen; doch als das zwanzigste Jahrhundert anbrach, hielten die Franzosen der jüngeren Generation andere Probleme für wichtiger als die Rückgewinnung der verlorenen Provinzen. Die französischen Geschäftsleute kamen mit ihren deutschen Partnern, mit denen sie im Ausland oft zusammenarbeiteten, gut zurecht. Das Wiederaufleben des französischen Nationalismus in den letzten Vorkriegsjahren rührte von der Furcht vor deutschen Militärzielen her – und von Vertrautheit mit den Umrissen des Schlieffen-Plans. Als die Ermordung des österreichischen Erzherzogs in Sarajewo die Juli-Krise von 1914 entfesselte, kam die französische Regierung Rußland nicht etwa deshalb zu Hilfe, weil sie sich vorrangig um die Folgen auf dem Balkan gesorgt hätte. Vielmehr ging sie das Kriegsrisiko aufgrund der Befürchtung ein, in einer zukünftigen Auseinandersetzung mit dem Reich ohne Bundesgenossen dazustehen.[2]

Trotzdem, fast unmittelbar nach Kriegsbeginn stellte der Kanzler Theobald von Bethmann Hollweg einen Katalog von Kriegszielen auf, der weitgehende Forderungen an Frankreich enthielt. Dieses September-Programm legte die deutschen Kriegsziele dar, wie sie mit geringfügigen Änderungen bis zum Zusammenbruch im Jahre 1918 bestehen bleiben sollten. Das Endziel hieß, das Reich auf erdenkliche Zeit nach West und Ost abzusichern, und dazu mußte Frankreich so geschwächt werden, daß es als Großmacht nicht neu erstehen konnte. Deutschland hatte insbesondere vor, Belfort und die Westabhänge der Vogesen, das Erzbecken von Briey und einen Küstenstrich von Dünkirchen bis Boulogne zu annektieren; eine Kriegsentschädigung zu erheben, die eine französische Wiederaufrüstung auf zwanzig Jahre verhindern würde; das französische Kolonialreich zu konfiszieren; und Frankreich einen Handelsvertrag aufzuzwingen, der es von Deutschland abhängig machen würde.[3]

Trotz der weitgreifenden Forderungen mancher Pariser Publizisten entwickelte die französische Regierung keine so umfassenden Pläne bezüglich Deutschlands. Als der Krieg allerdings erst einmal begonnen hatte, gaben sich fast alle Franzosen dem Glauben hin, daß nur der Wiedererwerb von Elsaß-Lothringen dem Blutbad einen Sinn geben könne. Die Schwerindustrie arbeitete im Stillen auf die Annexion der Saar hin. Viele führende Köpfe Frankreichs wollten außerdem auch das Rheinland von Deutschland abtrennen, doch war ihnen klar, daß dies vom Vordringen der alliierten Heere, also vom Einverständnis der Verbündeten, abhängen würde. Anfang 1917 hatte Aristide Briand als Premierminister noch Verhandlungen mit der zaristischen Regierung im Hinblick auf eine Abspaltung des Rheinlands vom Reich gebilligt – einige Monate später schien er in Geheimgesprächen mit den Deutschen willens zu sein, sich in etwa mit dem status quo ante zufriedenzugeben. Ein Kompromißfriede erwies sich vor allem deshalb als unmöglich, weil die deutsche Regierung, namentlich die Oberste Heeresleitung, nicht hinter ihre Ziele von 1914 zurückgehen wollte. So schleppte sich der Krieg bis zum bitteren Ende hin.[4]

Letzten Endes gab das amerikanischen Eingreifen den Ausschlag. Sonst hätten die deutschen Streitkräfte Frankreich im Frühjahr und Sommer 1918 niedergeworfen. Dank der Verstärkung der Westfront durch frische amerikanische Truppen wurde das deutsche Heer im Felde besiegt. General Ludendorff sollte später die Behauptung aufstellen, Zivilisten hätten einen Dolchstoß in den Rücken des kämpfenden Heeres geführt; tatsächlich aber hatte die Oberste Heeresleitung eine „Revolution von oben" befohlen, um auf der Grundlage der Wilson'schen 14 Punkte um Frieden zu bitten. Dadurch befand sich Frankreich im Kreise der Sieger. Indes, das Gleichgewicht der Kräfte, das sich auf dem europäischen Kontinent bildete, blieb überaus künstlich.[5]

Trotz der militärischen Niederlage ging Deutschland aus dem Krieg, was das Menschen- und Wirtschaftspotential betrifft, mit geringeren Schäden hervor als irgendein anderer der größeren europäischen Kriegsteilnehmer. Es sollte sich herausstellen, daß sich Deutschland ungeachtet des Wandels seiner Regierungsform nicht von der Verfolgung vieler seiner Vorkriegsziele abschrecken ließ. Frankreich hingegen war aufs Äußerste erschöpft und litt unter der Angst vor einer neuerlichen deutschen Invasion. Die zehn Départements im nördlichen und östlichen Teil des Landes, die als Hauptschlachtfeld gedient hatten, waren verwüstet. Der nationalen Industrie war die Basis weitgehend entzogen worden: Ergebnis der gezielten Zerstörungen durch das zurückweichende Reichsheer, das nicht nur den alliierten Heeren die Hilfsmittel zu entziehen versuchte, sondern auch der deutschen Nachkriegsindustrie einen Vorteil verschaffen wollte. Die Ausgaben von vier Kriegsjahren hatten die finanzielle Infrastruktur Frankreichs untergraben. Das Schwerwiegendste: fast 20% der französischen Männer im wehrfähigen Alter waren tot oder schwer verwundet. Nach demographischen Vorausberechnungen würde Frankreich bei der damaligen Altersverteilung seiner Bevölkerung 66 Jahre benötigen, um diese Kriegsausfälle durch neue Geburten auszugleichen. Deutschland hingegen könnte seine eigenen Verluste binnen 12 Jahren ersetzen. Frankreich hatte nach der Wiedererlangung von Elsaß-Lothringen eine Gesamtbevölkerung von nur 38,7 Millionen, während Deutschland trotz der Gebietsverlust, die ihm der Frieden auferlegte, eine Bevölkerung von 62,4 Millionen behielt.[6] Diese andauernde Ungleichheit an Material und Menschen mußte in der Nachkriegszeit das Verhältnis zwischen beiden Nationen schwer belasten.

Unter diesen Bedingungen bedurfte Frankreich der Unterstützung sowohl Großbritanniens als auch der Vereinigten Staaten, wollte es dem militärischen Sieg jene Ordnung Europas abringen, die ein unveränderlich expansionistisches Deutschland bändigen sollte. Premierminister Georges Clemenceau verzweifelte an der Zukunft seines Landes – in seinen Augen hatte der Krieg Frankreich als schwach organisierte und schlecht verwaltete Nation enthüllt. Seiner Ansicht nach lag die einzige Rettung in der Fortführung der Kriegsallianz.[7] Aber David Lloyd George war persönlich nicht vertrauenswürdig. Und der amerikanische Präsident Woodrow Wilson, hielt nichts davon, internationale Beziehungen mittels des Gleichgewichts der Kräfte zu regeln. Das gehörte zur „old diplomacy", die er auf alle Fälle abschaffen wollte. Von der Politik Europas und den tieferen Ursachen des Krieges wußte Wilson erstaunlich wenig. Er hatte die Vereinigten Staaten in erster Linie wegen der deutschen U-Boot-Kriegführung und um die Rechte der Neutralen zu wahren, in die Auseinandersetzung eingreifen lassen. Selbst als Amerika eine kriegführende Macht geworden war, war sein Ziel noch immer die Sicherung eines „peace without victory". Den Forderungen in der amerikanischen Öffentlichkeit nach bedingungsloser Kapitulation des Reiches gegenüber stellte Wilson sich taub, und während der Waffenstillstandsverhandlungen versuchte er, die Alliierten wie auch Deutschland auf das Friedensprogramm zu verpflichten, das seine 14 Punkte verkörperten. Der Präsident fühlte indes wenig Sympathie für Deutschland, und die deutsche Öffentlichkeit sollte bitter enttäuscht werden, als sie erfuhr, was die 14 Punkte wirklich bedeuteten.

Nichtsdestoweniger kam er im Dezember 1918 in der festen Absicht nach Paris, für einen Frieden von abstrakter Gerechtigkeit zu kämpfen. Die Krönung sollte ein Völkerbund sein, von dem er nur eine verschwommene Vorstellung besaß. Wilsons Ziele brachten ihn unweigerlich mit allen wichtigen Verbündeten in Konflikt.[8] Außer Zweifel steht, daß seine Verärgerung über die Franzosen, die bei der Kriegsfinanzierung bis an die Grenze zur Hinterhältigkeit gegangen waren und darüber hinaus amerikanische Soldaten für die Benutzung von Übungsgräben hinter der Front zahlen ließen, in ihm die Entschlossenheit bestärkte, allen französischen Plänen für einen Straffrieden entgegenzutreten.[9]

Auf der Friedenskonferenz, zu der keine deutschen Vertreter geladen wurden, suchte Frankreich territoriale wie finanzielle Garantien gegen einen Wiederaufstieg des Reichs. Als erstes brachte Clemenceau Marschall Fochs Plan vor, das Rheinland in eine Anzahl unabhängiger Pufferstaaten unter permanenter alliierter Besatzung aufzulösen. Später ließ er Bereitschaft durchblicken, für das Rheinland eine weniger drastische Lösung auszuarbeiten, bestand aber auf der Annexion des Saargebiets – oder zumindest jenes Teiles, den Frankreich 1814 besessen hatte. Colonel House, Bevollmächtigter des Präsidenten und Bewunderer Clemenceaus, erklärte sich bereit, einen Kompromiß in Betracht zu ziehen. Lloyd George hingegen sträubte sich gegen die Schaffung von „new Alsace-Lorraines", und auch der Präsident widersetzte sich energisch einer derartigen Verletzung des Selbstbestimmungsrechts. Auf die Idee, die Rheinländer selbst zu fragen, kam merkwürdigerweise niemand. Briten und Amerikaner befürchteten einen deutschen Bolschewismus. Sie begrüßten den sozialdemokratischen Sieg über die Spartakisten und die für die demokratischen Kräfte erfolgreichen Wahlen zur Nationalversammlung vom Januar 1919; und sie beklagten alles, was die noch unsichere Regierung von Weimar zu schwächen drohte. Geheimdienstoffiziere der französischen Armee beschäftigten sich weiterhin damit, extremistische Separatistengruppen im Rheinland zu ermuntern, hatten aber merkwürdig wenig Verbindung zu den einflußreicheren Führern der Zentrumspartei, wie dem Kölner Oberbürgermeister Konrad Adenauer und dem Handelskammerpräsident Louis Hagen, die einen rheinisch-westfälischen Staat innerhalb eines föderativen Reichs anstrebten.

Clemenceau mußte sich schließlich mit einer fünfzehnjährigen Besetzung des Rheinlandes begnügen, die in drei Stufen verlaufen und just dann enden sollte, wenn das Reich seine Fähigkeit, Krieg zu führen, wiedererlangte. Die Kohlengruben der Saar wurden Frankreich als Abschlag auf die Reparationen angewiesen, das Gebiet selber aber bis zu einer Volksabstimmung nach 15 Jahren der Verwaltung durch den Völkerbund unterstellt. Außerdem wurde Deutschland entwaffnet und auf ein Berufsheer von 100 000 Mann beschränkt, obwohl Militärexperten im Stillen bezweifelten, daß man eine Industrienation wie Deutschland auf die Dauer entwaffnen konnte, ohne ihr Gebiet andauernd zu besetzen. Seine Zuversicht setzte Clemenceau letzten Endes auf eine anglo-amerikanische Garantie, Frankreich im Fall eines Angriffs zu Hilfe zu kommen. Diese Verpflichtung ging jedoch Lloyd George nur mit zynischen Vorbehalten ein, und auch Wilson nahm sie nicht ernst. Schließlich verwarf der amerikanische Senat den Garantiepakt. Damit wurde Frankreich in eine strategisch gefährdete Lage versetzt. Die französischen Militärs waren bestürzt über die Zugeständnisse, die Clemenceau gemacht hatte, und zettelten im Juni 1919 in Wiesbaden einen amateurhaften Separatistenputsch an. General Mangin und seine Gesinnungsgenossen in Mainz hatten offensichtlich die ökonomischen Aspekte des Problems nicht gründlich durchdacht. Wie sollten dem Rheinland, wenn dieses erst einmal von Deutschland abgeschnitten war, ausreichende Märkte geboten werden, um seinen Wohlstand zu wahren – wenn Frankreich protektionistisch blieb und wenn die Zustimmung der Alliierten zu einer solchen Lösung fehlte? Auf jeden Fall war es längst zu spät. Durch den Versailler Vertrag verlor das Reich den polnischen Korridor, Teile von Schleswig und Schlesien und einige kleinere Gebiete an der belgischen, litauischen und tschechischen Grenze. Das Prinzip der deutschen Einheit blieb jedoch unverletzt.[10]

Da die Ergebnisse des Friedensvertrags im Punkte militärischer Sicherheit nicht ausschlaggebend waren, gewannen die wirtschaftlichen und finanziellen Abmachungen der Nachkriegszeit zusätzliche Bedeutung. Im Herbst 1918 schlug das französische

Handelsministerium zur Lösung der finanziellen Schwierigkeiten des Landes vor, die Vereinigten Staaten um massive Kredite zu bitten (die nach ihren Vorstellungen später erlassen werden sollten); das Ministerium regte weiterhin an, die alliierten Nationen sollten mit ihren Rohstoffen einen „Pool" bilden, Deutschland hingegen diese Güter verweigern. Daß derartige Projekte Hirngespinste waren, trat während der Friedenskonferenz klar zutage. Finanzminister L.-L. Klotz machte sich daraufhin den populären Slogan zueigen, „que l'Allemagne paie d'abord."[11]

Was würde dies in der Praxis bedeuten? Nach Wochen ermüdender Auseinandersetzungen gelang es den Unterhändlern auf der Friedenskonferenz nicht, sich auf einen Betrag für die deutschen Reparationen zu einigen. Die Schuld lag zum großen Teil bei den Briten. Um den prozentualen Anteil der Dominien zu erhöhen, bestanden sie darauf, die deutschen Verbindlichkeiten auch auf Pensionen für Kriegsbeschädigte auszudehnen. Außerdem schätzten einige britische Experten die deutsche Zahlungsfähigkeit auf 480 Milliarden Goldmark – eine astronomische Summe, deren Verzinsung allein mehr als die Hälfte des deutschen Nationaleinkommens aufbrauchen würde. Von amerikanischen Experten kam die nüchterne Warnung, daß Deutschland ohne Betriebskapital nicht zahlen könne, und sie empfahlen eine Höchstsumme von 60 Milliarden Mark in harter Währung und noch einmal soviel in Papiermark. Die Franzosen redeten unschlüssig hin und her – Klotz machte sich für eine hohe Zahl stark und Louis Loucheur, Clemenceaus Berater, ließ insgeheim sein Einverständnis mit den Amerikanern durchblicken. Deutsche Vertreter boten, nach dem augenblicklichen Geldwert, bloße 30 Milliarden an, die so aufgemacht waren, daß sie wie 100 Milliarden erscheinen sollten. Schließlich stipulierte der Friedensvertrag, eine Reparationskommission solle eine objektive Abschätzung der erlittenen Schäden vornehmen und bis zum Mai 1921 einen Bericht vorlegen. In der Zwischenzeit sollte Deutschland einen Abschlag von 20 Milliarden zahlen. Angesichts der Meinungsverschiedenheiten unter den Experten und der hochgespannten Erwartungen der Öffentlichkeit schien dies damals eine vernünftige Entscheidung. Das Ergebnis jedoch war, die allgemeine Ungewißheit zu verlängern und unter den Deutschen den Verdacht zu nähren, daß die Franzosen sie auf unbestimmte Zeit weißbluten lassen wollten – um sowohl das Land am Boden zu halten als auch das Maximum an Reparationserträgen zu bekommen.[12]

Und in der Tat, ganz Deutschland empörte sich über die Friedensbedingungen. Die meisten Leute gaben den Franzosen die Hauptschuld. Reichskanzler Scheidemann, der aus Protest zurücktrat, rief aus: „Welche Hand müßte nicht verdorren, die sich und uns in diese Fesseln legt!" General Groener wies allerdings darauf hin, daß Widerstand unmöglich war. Ein neues Kabinett war schließlich bereit zu unterzeichnen. Doch ebenso, wie praktisch alle Deutschen an der moralischen Verurteilung durch die alliierten Nationen hinsichtlich der Kriegsschuld Anstoß nahmen, wiesen sie auch die Vorstellung von sich, der Versailler Vertrag sei unabänderlich. Er war „nur Papier", wie ein Kabarettdichter der Zeit es ausdrückte.[13] In einem Wort, die Abmachungen von Versailles bereiteten nur den Schauplatz für die Fortsetzung des deutsch-französischen Konflikts vor.

Während der ersten fünf Friedensjahre drehte sich die europäische Diplomatie um das

Thema der Reparationen. Die Kosten des brutalsten aller Kriege der Geschichte waren nicht mehr rückgängig zu machen. Irgendjemand würde zahlen müssen. Auf der Friedenskonferenz hatten europäische Staatsmänner gehofft, die Vereinigten Staaten für die Unterstützung von Siegern wie Besiegten zu gewinnen – durch Streichung von Kriegsschulden und den Ankauf von Reparationsverschreibungen auf dem offenen Geldmarkt. Doch die amerikanischen Regierungsvertreter lehnten es ab, auf diese Pläne einzugehen. Sie dachten daran, daß ihre Wähler bereits 40 Milliarden Dollar für den Krieg in Europa ausgegeben hatten. Die Frage war nunmehr, ob die deutschen Steuerzahler, Wertpapierbesitzer, Sparer und Verbraucher die Hauptlast des Wiederaufbaus auf sich nehmen würden, oder ob ihre Leidensgenossen in Frankreich und den anderen verbündeten Ländern die Rechnung würden begleichen müssen.[14]

Reparationen, das hieß Transfer von Geldmitteln, Bodenschätzen und Waren, die in den ersten Nachkriegsjahren besonders wichtig waren. In einer Zeit des gestörten Welthandels würde das Land, das Kohle, Koks und Kapital zu günstigen Preisen besaß, einen Vorsprung bei der Wiederbelebung der Binnenwirtschaft gewinnen, auf Exportmärkten konkurrenzfähiger sein und künftig den Einfluß erwerben, der aus der Entwicklung handelspolitischer Abhängigkeiten entsteht. Sollte die Lage sich erst einmal wieder stabilisiert haben, würden solche Startvorteile sich mit ziemlicher Sicherheit als dauerhaft erweisen. Einige Historiker haben behauptet, einen Plan erkennen zu können, den offizielle Kreise Frankreichs ausgeklügelt hätten, um Deutschland als die treibende Wirtschaftskraft Europas durch ihr eigenes Land zu ersetzen.[15] Tatsächlich aber war die französische Regierung hinsichtlich wirtschaftlicher Angelegenheiten viel zu schlecht organisiert, um umfassende Planungen vorzunehmen. Die politische Führungsschicht konzentrierte sich primär auf kurzfristige finanzielle Bedürfnisse. Dabei liegt das Problem, dem sie sich eingehend hätte widmen müssen, auf der Hand. In den 30 Jahren vor dem Krieg hatte Deutschland die übrigen Staaten Europas in puncto industrieller Kapazität schnell hinter sich gelassen und seine Stahlproduktion – d. h. den Schlüssel zu militärischer Macht – mehr als vervierfacht.[16] Frankreich hatte sich jetzt die Minette-Erze Lothringens und Kohle von der Saar gesichert, hatte a conto der Reparationen Ansprüche auf Kapital- und Energiequellen erworben. Würde es jetzt einen der deutschen Entwicklung vergleichbaren Sprung nach vorne tun können? Könnte es die industrielle Infrastruktur entwickeln, die es ihm ermöglichen würde, jene diplomatische Position auf Dauer zu halten, die ihm der Wortlaut des Vertrages für den Augenblick sicherte? Die deutschen Führungskreise waren fest entschlossen, das zu verhindern.

In den frühen 20er Jahren gewannen die Reparationen ein symbolisches Gewicht, das die Bedeutung der ökonomischen und finanziellen Probleme, die zur Debatte standen, noch vertiefte. Fortsetzung des Krieges mit wirtschaftlichen Mitteln – zu nichts Geringerem entwickelte sich dies. Mochte das Streitobjekt noch so gering erscheinen – Lieferung von zu wenig Telegrafenmasten oder Verladung von Kohle ohne Qualitätskontrolle –, die Auseinandersetzung wurde zu einer Kraftprobe. Denn wenn es der deutschen Regierung gelang, die Reparationsklauseln des Versailler Vertrages zunichte zu machen, konnte sie anschließend darangehen, die territorialen Bestimmungen und andere Stützen der Ordnung Europas zu revidieren.

In der deutschen Presse war es damals Mode, die Zahlungen als unvernünftig hoch angesetzt hinzustellen. Der Simplicissimus zeichnete den Premierminister Raymond Poincaré, wie er deutsche Babies zum Frühstück aß. Indes überstiegen die konkreten Forderungen der Reparationskommission die deutsche Zahlungsfähigkeit nicht. Die deutschen Verbindlichkeiten setzte der Supreme Allied Council im Mai 1921 mit 132 Milliarden Goldmark an, aber dieser Betrag hatte nur theoretische Bedeutung. Der sogenannte „London Schedule of Payments" verlangte von Deutschland nur Tilgung und Verzinsung von 50 Milliarden Mark – etwa 7% des damaligen Volkseinkommens. Für eine Nation, die entschlossen war, den Inlandsverbrauch genügend zu beschränken, um die Abgaben aufzubringen, stellte dieser Betrag keine unerträgliche Belastung dar.

In seltener Einmütigkeit jedoch glaubten die Deutschen, daß sie am Ausbruch des Krieges nicht schuld seien und daß sie weder zahlen müßten noch sollten. Von der Friedenskonferenz an arbeiteten französische Regierungsleute wie Jacques Seydoux vom Außenministerium eine Folge von Plänen für den Transfer von Sachreparationen aus. Diese wollte man mit beiderseitig vorteilhaften Abmachungen koppeln, die die Stahl-, Kohle-, Kali-, Chemie- und andere Schlüsselindustrien der beiden Länder verschränken sollten.[17] Die deutsche Regierung vereitelte diese Vorschläge jedoch beständig. Selbst das Kabinett von 1921/22 unter Wirth und Rathenau, das die Erfüllungspolitik theoretisch akzeptierte, verhandelte in der Praxis auf dilatorische Weise, um die Wiesbadener Vereinbarungen über Sachlieferungen zu untergraben.[18] Die Magnaten im Ruhrgebiet gaben ihrer Zuversicht Ausdruck, daß Deutschland sich, wenngleich im Augenblick politisch unterlegen, auf lange Sicht als wirtschaftlich stärker erweisen würde. „Alle französischen Versuche zurückweisen", forderte der Stahlbaron Peter Klöckner. „Wir brauchen jetzt keine Minette. Laßt sie darin ersticken."[19]

Die Mark hatte aus offensichtlichen finanziellen Gründen während und nach dem Krieg an Wert verloren, aber sobald der Zahlungsplan in Kraft trat, beschleunigten die Reichsbank und das Finanzministerium aus außenpolitischen Gründen ihren weiteren Fall. Persönlichkeiten aus Politik und Geschäftswelt bekannten sich öffentlich zu der Theorie, daß eine Besserung der Reichsfinanzen so lange unmöglich sei, als die Handelsbilanz passiv bleibe und die Reparationen die Zahlungsbilanz ungünstig beeinflußten. In der Tat verstanden die meisten Führungskräfte in den öffentlichen und privaten Bereichen die Ursachen und Folgen der Inflation sehr gut. Die Industrie förderte die Inflation, um sowohl die Exporte zu begünstigen als auch die Gewinne der Gewerkschaften aus der Revolution von 1918 auszuhöhlen. Die Regierung wagte nicht, den Steuerspielraum voll auszuschöpfen, weil das ihre Fähigkeit, Reparationen zu zahlen, hätte beweisen können. Die ausländischen Spekulanten schließlich, die bis zum Sommer 1922 nicht aufhörten, Papiermark für harte Währung zu kaufen, stellten dem Reich Mittel zur Verfügung, die dem ökonomischen Äquivalent eines Netto-Transfers von Reparationen nach Deutschland entsprachen! Den französischen Experten entgingen diese Tatsachen nicht, und ab Oktober 1921 erklärten sie immer wieder, daß Deutschland betrügerischen Bankrott betreibe, um sich vor fälligen Zahlungen zu schützen.[20]

Das ganze Jahr 1922 hindurch schickte die Reparationskommission ständig schärfere Mahnungen nach Berlin, doch ohne Erfolg. Im Herbst verlangte Poincaré die Beschlagnahme von Staatsgruben und Forsten im Rheinland als „produktive Pfänder" für Zahlungen. Andernfalls, so warnte er, würde eine Abordnung von Ingenieuren unter Militärschutz das Ruhrgebiet besetzen müssen. Ungeachtet seines Rufs als unbeugsamer anti-deutscher Chauvinist suchte Poincaré ebenso sehr nach Verständigung wie sein Vorgänger Briand. Doch unterdessen sah sich auch Frankreich überwältigenden finanziellen Schwierigkeiten gegenüber. Die Bevölkerung hatte auf einer Defizit-Finanzierung bestanden, um die verwüsteten Gebiete schnell wiederaufzubauen; zugleich jedoch forderte sie eine restriktive Geldpolitik, um den Wert des Franc zu erhalten. Die Regierung hatte diese scheinbar widersprüchlichen Richtungen miteinander in Einklang gebracht, indem sie kurzfristige Obligationen zu negativem Realzinssatz ausgab; der durchschnittliche Franzose kaufte die Obligationen in der Erwartung, daß die Reparationen die finanziellen Schwierigkeiten bald aufheben würden. Als Deutschland um ein Moratorium nach dem anderen ersuchte, wurde dieses Vertrauen tief erschüttert, und es drohten Panikverkäufe.

In der Hoffnung, die britische Einwilligung zu bekommen, befahl Poincaré, eine Besetzung des Ruhrgebiets in beschränktem Ausmaß vorzubereiten. Er wollte hauptsächlich die Starrheit der deutschen industriellen Führung brechen und Frankreich aus seiner Geldklemme helfen. Obwohl er 1919 ein entschiedener Vorkämpfer der Abtrennung des Rheinlandes gewesen war, sah er die Ruhrbesetzung jetzt nicht als militärische Sicherheitsmaßnahme an. Doch sagte er auf der entscheidenden Planungssitzung der Ministerien voraus, daß sich das Reich binnen drei Monaten auflösen werde, sollte Deutschland Widerstand leisten.[21] Die neue, wirtschaftsorientierte Reichsregierung unter dem Reedereichef Wilhelm Cuno nahm die Herausforderung ungeachtet der offensichtlichen Risiken an und erzwang eine Konfrontation. Am 11. Januar 1923 betraten französische Truppen das Ruhrgebiet. Ein Kräftemessen nahm seinen Anfang.

Die französischen Ministerien, die für die Planung der Operation verantwortlich waren, hatten es versäumt, ihre Arbeit zu koordinieren – ein Umstand, der für die Unorganisiertheit der französischen Staatsverwaltung auf Regierungsebene nur zu charakteristisch war. Die deutsche Regierung indes organisierte den „passiven Widerstand" aufs Sorgfältigste. Die Behörden in Berlin legten jedes Merkmal dieses Widerstandes fest, vom passiven Widerstand der Einwohnerschaft bis zu Sabotageakten durch Wehrverbände; sie riefen sogar eine Propaganda-Kampagne ins Leben, die ihn als spontan darstellte. Diese Kampagne beschwor im unbesetzten Deutschland eine Welle des Nationalismus herauf und hinderte die Franzosen, aus der Besetzung Gewinn zu ziehen. Frankreich konnte der Belastung jedoch länger standhalten als Deutschland. Großbritannien und die Vereinigten Staaten griffen nicht ein, wie Cuno ursprünglich gehofft hatte, und die Finanzierung von neun Monaten Widerstand zerrüttete die deutsche Währung vollends. Im September 1923 sah sich ein neuer Kanzler, Gustav Stresemann, gezwungen, den passiven Widerstand aufzugeben, obwohl er keinesfalls auf diplomatische Bemühungen verzichtete, um den französischen Sieg zu untergraben.[22]

Die nächsten Monate markierten den absoluten Tiefpunkt in den deutsch-französischen Beziehungen während der Weimarer Republik. Es war eine Zeit großer Verwirrung. In Sachsen und Bayern wie auch im Rheinland drohten separatistische Bewegungen. Angesichts der unerlässlichen Notwendigkeit, eine neue Währung ins Leben zu rufen, sperrte Finanzminister Hans Luther allmählich den besetzten Gebieten die Finanzhilfe. Unvermeidlich würde dadurch die Bevölkerung des Rheinlands sich Frankreich zuwenden müssen. Innenminister Jarres machte den kühnen Vorschlag, offen mit den Besatzungsmächten zu brechen, auch wenn die westlichen Provinzen verlorengehen sollten; nach seiner Versackungstheorie würde das Reich dieses Gebiet später in einem ausgedehnten Krieg wiedergewinnen. Der vorsichtigere Stresemann versuchte, Zeit zu gewinnen. Anglo-amerikanischer Druck, so hoffte er, würde Frankreich zwingen, eine neue Untersuchung der deutschen Zahlungsfähigkeit zu akzeptieren, und würde dazu beitragen, eine „internationale" Lösung für alle mit der Ruhrbesetzung zusammenhängenden Probleme zu finden.[23]

Am Ende setzte sich Stresemann in beiden Fällen durch, zu Hause gegen Jarres, im Ausland gegen Poincaré. Sein Sieg markierte den eigentlichen Wendepunkt der Zwischenkriegsjahre. Den Franzosen gelang es nicht, sich jene Vorteile, die die Besetzung gebracht hatte, auf Dauer zu sichern. Poincaré konnte nie recht klar machen, was er wollte, und sein Spielraum erwies sich enger als erwartet. Trotz mancher Bemühungen der französischen Linken lehnte er Verhandlungen mit Stresemann ab, der den Widerstand offensichtlich nicht aufgegeben, sondern nur der Form nach geändert hatte. Er wagte aber auch nicht, den Ratschlägen Marschall Fochs und der Rechten zu folgen und damit Ruhrgebiet und Rheinland in eine Reparationsprovinz auf Dauer zu verwandeln, weil dies das Risiko eines Bruchs mit England bedeutete. In den besetzten Gebieten überredete General Degoutte zwar die Industriellen unter Druck, sich zu Lieferungen nach Vereinbarungen mit der MICUM (Mission interalliée de Contrôle des Usines et des Mines) zu verpflichten, doch solche Zahlungen in Sachwerten waren zu eng umgrenzt, um eine umfassende Lösung des Reparationsproblems darzustellen. Der geradezu zwanghaft legalistische Poincaré fühlte sich außerdem verpflichtet, die oberste Rechtsprechung in Entschädigungsfragen an die Reparationskommission zurückzugeben. Das hieß notwendig, sich mit dem anglo-amerikanischen Standpunkt abzufinden und die Ernennung eines Expertenkomitees zu billigen, das noch einmal die deutsche Zahlungsfähigkeit untersuchen sollte.

Unterdessen provozierte eine separatistische Splittergruppe, hinter der anti-französische belgische Nationalisten standen, einen Putsch in Aachen. Poincaré, den die Ereignisse anfänglich überraschten, wies die französischen Streitkräfte an, in ihrer Zone des Rheinlandes eine ähnliche Bewegung zu fördern. Trotzdem konnte er sich nicht entscheiden, ob er die radikalen Separatisten ernstnehmen sollte oder sie (wie Hochkommissar Tirard riet) benutzen sollte, um gemäßigte Autonomisten, wie den Kölner Oberbürgermeister Adenauer, dazu zu treiben, einen föderativen Status innerhalb des Reiches zu verlangen. Sein eigener Finanzminister, den Vorahnungen einer Krise in seinem Ressort plagten, stimmte gegen jede Lösung, die umfangreiche französische Finanzhilfe benötigte. Geschickt zogen Adenauer und seine Mitarbeiter die Angelegenheit in die Länge, in der Hoffnung, daß sich die Finanzen des Reiches erholen würden. Schließlich zauderte Poincaré, bis die Gelegenheit vorbei war. Die größte Bedrohung der deutschen Einheit seit Bismarck löste sich auf.[24]

Im Januar 1924 überrollte eine Spekulationswelle den Franc. Für diese Bewegung an der Börse war die deutsche Regierung nicht verantwortlich, stand am Ende aber als ihr hauptsächlicher Nutznießer da. Die wenig stabile Kontinentalhegemonie, die Frankreich seit Versailles aufrechterhalten hatte, zerfiel nun rasch. Um ihre Währung zu retten, baten die Franzosen Wall Street um Hilfe. Die amerikanischen Bankiers stellten keine ausdrücklichen politischen Bedingungen für eine Anleihe, doch konnte Frankreich kaum eine unabhängige Politik im Ruhrgebiet verfolgen und zugleich mit ihrer dauernden Unterstützung rechnen. Das Expertenkomitee unter General Dawes gab einen Bericht heraus, der die Wiederherstellung der wirtschaftlichen Einheit des Reiches anordnete und die Reparationen auf ein Maximum von jährlich 2,5 Milliarden Mark zurückschraubte. (Dies entsprach 3,3% des Volkseinkommens, als das Teilmoratorium 1929 auslief.) Dieser Betrag deckte nur einen geringen Teil der alliierten Kriegsverluste. Er war offensichtlich zu niedrig, um das wirtschaftliche Ungleichgewicht zwischen Deutschland und Frankreich auszugleichen. Außerdem stimmte das deutsche Kabinett in der vollen Absicht zu, binnen vier Jahren auf eine neuerliche Überprüfung zu drängen. Poincaré blieb indes kein Spielraum. Er bemängelte Einzelheiten, ging aber im Prinzip auf den Plan ein.

Die deutschen Wahlen im Mai 1924 zeugten von einer scharfen Rechts-Schwenkung, was die Unnachgiebigkeit im Berliner Kabinett noch verstärkte. Eine Woche später ging in Frankreich das Kartell der Linken siegreich aus den Wahlen hervor. Der ideenarme, unerfahrene Edouard Herriot löste Poincaré als Premierminister ab. Auf der Londoner Sommerkonferenz, die Einzelheiten über den Dawes-Plan aushandeln sollte, zeigte sich, daß Herriot dem deutschen Verhandlungsteam, bestehend aus Reichskanzler Marx, Stresemann und Luther, nicht gewachsen war. Dazu kam der Druck der Briten und der Bankiers. Herriot stimmte dem Abzug der französischen Truppen aus dem Ruhrgebiet binnen Jahresfrist zu. Die Befugnisse der Reparationskommission wurden beschnitten. Frankreich verpflichtete sich, einseitige Zwangsmaßnahmen nie wieder vorzunehmen. Und trotz der deutschen Verstöße gegen die Entwaffnungsbestimmungen des Versailler Vertrages mußte Frankreich anerkennen, daß die fünfzehnjährige Rheinlandbesatzungsfrist auszulaufen begonnen hatte. Diesen Sieg errangen die deutschen Delegierten unter Vermeidung wirtschaftlicher Zugeständnisse. Sie wichen einer Verpflichtung aus, Ruhrkohle zu französischen Bedingungen gegen lothringisches Eisenerz zu tauschen. Und sie verschoben Zolltarifverhandlungen, womit sie Deutschland die Freiheit beließen, sein wirtschaftliches Übergewicht auszuspielen, wenn 1925 erst einmal die Zollhoheit wiedererlangt wäre. Die Konferenz stellte das erste Treffen zwischen Gleichberechtigten seit Versailles dar. Sie sollte einen neuen Geist in Europa ins Leben rufen.[25] Während der nächsten fünf Jahre pflegte Stresemann diesen Geist geduldig, um Deutschlands Großmachtstellung zu erneuern. Wie aber die neu errungene Macht einzusetzen war, das sollten hauptsächlich seine Nachfolger bestimmen.

Für Stresemann hieß das Anfangsziel, die Entente aufbrechen und den Abzug der alliierten Truppen aus dem Rheinland beschleunigen, was neue Möglichkeiten im Osten eröffnen würde. 1922 hatte Kanzler Wirth gesagt: „Polen muß erledigt werden."[26] Stresemann war weniger kategorisch – oder vielleicht nur weniger aufrichtig. Dem früheren Kronprinzen legte er seine Absichten dar: die zehn oder zwölf Millionen Stammesgenossen zu beschützen, die außerhalb der Reichsgrenzen lebten; die Ostgrenzen durch die Wiedergewinnung von Danzig, dem Polnischen Korridor und von Oberschlesien zu korrigieren; und schließlich trotz der Probleme, die das mit sich bringen würde, den Anschluß Österreichs zu bewerkstelligen. Was Elsaß-Lothringen betraf, so gab er die Hoffnung nicht auf, es eines Tages wiederzubekommen, doch sah er ein, daß von der gegenwärtigen Generation die Revision im Westen nur auf friedliche Weise betrieben werden konnte.[27] Es gehörte zu Stresemanns Taktik, die Konfrontation zu vermeiden, und innerhalb des bestehenden diplomatischen Systems zu „finassieren". Dementsprechend rief er auch Cunos Gedanken an einen Rheinlandpakt mit Frankreich wieder ins Leben, der die Ostbündnisse dieses Landes neutralisieren sollte. Da den Franzosen keine Hoffnung blieb, sich auf andere Weise abzusichern, nahmen sie jene Gespräche auf, die im Oktober 1925 in Locarno ihre Früchte tragen sollten.

Die meisten der dort versammelten Staatsmänner, die die Phantasie der Weltöffentlichkeit durch ihre vielbesprochene Friedensfahrt auf dem Lago Maggiore fesselten, begriffen, daß sie den Weg für territoriale Veränderungen im Osten frei machten. Die Verträge von Locarno beinhalteten eine beiderseitige Garantie der deutschen Westgrenzen und bestätigten die Entmilitarisierung des Rheinlandes, sahen im Osten aber nur eine schiedsrichterliche Regelung von Streitfällen vor. Sir Austen Chamberlain hatte seine Überzeugung kaum verborgen, daß Whitehall für den Polnischen Korridor „the bones of a British grenadier" niemals riskieren werde.[28] Für die Briten lag der Hauptvorteil des Paktes darin, daß er die Franzosen nötigte, eine militärische Defensivstrategie zu verfolgen. Wenn Frankreich seinem polnischen Verbündeten zuerst zu Hilfe eilte, und wenn Deutschland dann Frankreich angriff, würde dies für England kein Garantiefall sein. Das britische Kabinett rechnete damit, daß die Franzosen die logische Folgerung ziehen und ihre Verpflichtungen gegenüber Polen beschränken würden. Dieses Land würde dann wie auch die Tschechoslowakei tiefer in den Bannkreis der deutschen Wirtschaft geraten. Kräfte würden in Bewegung gesetzt werden, die allmählich eine friedliche Revision im Osten erzwingen und dadurch den Kontinent stabilisieren würden.

Das deutsche und das britische Interesse an einer solchen Entwicklung lag auf der Hand. Doch warum sollten die Franzosen sie hinnehmen? Nach dem Ruhrdebakel kam die französische Führung zu der Überzeugung, man müsse diejenige Politik verfolgen, die Großbritanniens Interesse an der Sicherheit Frankreichs wachhielt – wie eng man das auch auslegen mochte. Unter der Belastung ständiger finanzieller Schwierigkeiten versuchte man verzweifelt, die Militärausgaben niedrig zu halten. Ein Alleingang war in Zukunft nicht mehr möglich. Das hochgelobte östliche Bündnissystem, das den Augen der Öffentlichkeit so gewaltig erschien, hatte wenig praktischen militärischen Wert. Außenminister Briand fühlte sich deshalb gezwungen, jene Kräfte innerhalb Deutschlands auf seine Seite zu ziehen, die vielleicht für den Frieden gewonnen werden konnten. Wenn der ehemalige Annexionspolitiker Stresemann nun einer Art von Versöhnung zugänglich schien, konnte man da nicht auf eine positive Entwicklung der öffentlichen Meinung in Deutschland hoffen? Die Appeasement-Politik war ein Glücksspiel mit hohem Risiko. Die Alternativen erschienen indes noch düsterer.[29] Sieben Jahre lang hielt Briand durch, und erst gegen Ende dieser Zeit erwiesen sich seine Hoffnungen infolge der Entwicklung der deutschen Politik als Illusion.

Auf kurze Sicht förderte Locarno eine scheinbare Annäherung der beiden Nationen. Die Skeptiker in Berlin hatte Stresemann zu der Locarno-Idee überredet, indem er einen stetigen Fortschritt in Richtung auf die deutschen Ziele versprach. Sein erster Erfolg entstammte direkt den Locarno-Verträgen. Im Januar 1926 zogen die Alliierten ihre Truppen aus der Kölner Zone ab, die militärisch die wichtigste im Rheinland war, bestanden aber nicht mehr darauf, daß vorher die Entwaffnungsvorschriften des Versailler Vertrages erfüllt würden. Bald darauf wurde auch die Stärke der in den beiden übrigen Zonen stationierten Truppen reduziert. Die Interalliierte Militärkontrollkommission beendete ihre Arbeit im Januar 1927, obwohl die Bendlerstraße ihre noch ausstehenden Forderungen noch nicht befriedigt hatte. In der Zwischenzeit war Deutschland dem Völkerbund beigetreten und hatte nach einigem Streit einen dauernden Sitz im Rat erhalten. Danach trafen sich deutsche, französische und britische Vertreter regelmäßig zu informellen Gesprächen am Sitz des Völkerbunds, um europäische Angelegenheiten zu regeln. Der „Geist" von Locarno ließ die Optimisten unter den Genfer Presseleuten überschwänglich werden. Auch Persönlichkeiten aus der literarischen Welt und dem Geschäftsleben auf beiden Ufern des Rheins kamen zu demonstrativem Dialog zusammen. Im geschäftlichen Bereich gab es ebenfalls greifbare Fortschritte. Im September 1926 einigten sich Schwerindustrielle beider Länder darauf, ein internationales Stahlkartell neu zu schaffen und zwar zu Bedingungen, die den deutschen Erzeugern den beherrschenden Marktanteil gewährten, wie es ihnen aufgrund ihrer leistungsfähigen Vertikalorganisation und ihrer fortschrittlichen Technologie zukam, die aber zugleich die französischen Stahlinteressen befriedigten, indem sie für ihre überschüssigen Halbzeuge Käufer jenseits des Rheins garantierten. Im August 1927 schließlich trafen amtliche Unterhändler ein endgültiges Zollabkommen, das die gegeneinander errichteten Handelsschranken aufhob.[30]

Tiefgreifende Veränderungen in der Haltung der regierenden Kreise von Berlin oder Paris spiegelten solche oberflächlichen Zeichen der Entspannung jedoch nicht wider. Stresemann stieß auf scharfe Kritik vorausplanender Militärs und redefreudiger Nationalisten, die ihm vorwarfen, daß die Deutschland abverlangten Opfer in keinem Verhältnis zu den Endergebnissen zu stehen schienen. Auch Briand gelang es nicht, die Zweifel seiner Kollegen zu zerstreuen, die sich um die Brüchigkeit der Weimarer Demokratie sorgten – und die die Beobachtung machten, daß jedes Zugeständnis den deutschen Appetit nur schärfte. Während die französischen Finanzen im September 1926 noch in einem chaotischen Zustand waren, liebäugelte Briand mit einer Politik hoher Risiken: auf seinem Treffen mit Stresemann in Thoiry ließ er die Bereitschaft erkennen, die Rheinlandbesetzung zu beenden, die Saar gegen Bezahlung zurückzugeben und Deutschland zu gestatten, Eupen-Malmédy von Belgien zurückzuerwerben. Die Gegenleistung: eine bescheidene Anzahl von Reparationsschuldverschreibungen sollte auf den offenen Markt kommen. Aber dieser Plan erwies sich aus einer Reihe von Gründen als unausführbar. Der Widerstand im eigenen Land zwang Briand, die Spuren dieser peinlichen Angelegenheit zu vertuschen und verärgert zu verneinen, er habe Deutschland auch die Türme von Notre Dame verkaufen wollen. Der Zwischenfall ließ auf beiden Seiten Bitternis zurück. Die fortwährende Anwesenheit französischer Truppen auf deutschem Boden blieb auch weiterhin ein Hindernis im Wege der Verständigung.

Stresemann hegte die Hoffnung, daß andauernder Druck endlich die Räumung ohne Gegenleistung bringen werde. Briand jedoch, der ein feines Ohr für politische Schwingungen in der Kammer hatte, hielt es trotz seiner persönlichen Bereitschaft zu diesem Zugeständnis für notwendig, Widerstand zu leisten. 1927 glaubte in unterrichteten Pariser Kreisen kaum noch irgendjemand, daß ein paar stark reduzierte Divisionen in Mainz und Koblenz Frankreichs östlichen Verbündeten ernsthaften Schutz gewähren könnten. Beamte aus dem Quai d'Orsay gaben im Vertrauen zu, es wolle kein Franzose für Danzig sterben. Und wenn es auch unzweckmäßig war, Frankreichs Wendung nach innen von allen Dächern zu verkünden, gab doch der Oberste Kriegsrat einen deutlichen Beweis, daß seine Strategie immer mehr zur Defensive tendierte, indem er den Bau einer befestigten Sperre entlang der Nordostgrenze billigte.[31] Immerhin hatte die Besetzung des Rheinlandes jetzt eine Hilfsfunktion angenommen. Sie stellte nicht nur während des Baus der Maginot-Linie vorübergehend einen Schutzschild gegen deutsche Vergeltung dar, sondern diente auch als Waffe, die in der wirtschaftlichen Auseinandersetzung mit den Vereinigten Staaten eingesetzt werden könnte. Nach der Unterredung in Thoiry klammerten sich französische Führungskreise noch fast zwei Jahre lang an die Illusion, sie könnten sich bei einer allgemeinen Schlußrechnung den Erlaß der Kriegsschulden und die Kommerzialisierung der Reparationsschulden an der Wall Street sichern – als indirekte Kompensation für den Abzug der Truppen.

Auf das Drängen des Reparationsagenten S. Parker Gilbert hin wurden Franzosen wie Deutsche um die Jahresmitte 1928 nüchterner. Premierminister Poincaré begriff, daß er zuerst die Ratifikation der Kriegsschuldenvereinbarungen durchsetzen mußte; erst danach würden die Vereinigten Staaten und möglicherweise auch Großbritannien den öffentlichen Verkauf von Reparationsschuldverschreibungen in Betracht ziehen. Stresemann und der damalige Kanzler, der Sozialist Hermann Müller-Franken, fanden sich damit ab, daß man eine substantielle und langfristige Verpflichtung zur Zahlung von Reparationen eingehen müsse, um das Rheinland zu befreien. Im Herbst 1928 wurde ein stillschweigendes Abkommen getroffen. Eine neue Sachverständigenkommission unter dem Amerikaner Owen D. Young würde den Dawes-Plan überprüfen. Danach würden die Alliierten das Rheinland mehrere Jahre vor dem Vertragstermin räumen. Gilbert machte Stresemann klar, daß das Reich einer jährlichen Minimalverpflichtung von zwei Milliarden Mark würde nachkommen müssen, und die deutsche Regierung stimmte weiteren Verhandlungen zu.[32] Trotzdem blieb die Verständigung brüchig. Sie setzte guten Willen in Berlin und die Fortdauer weltweiten Wohlstandes voraus. Weder die eine noch die andere dieser Voraussetzungen aber war gesichert.

Und in der Tat: als die Young-Kommission im Februar 1929 zusammentrat, ließ die deutsche Wirtschaftskonjunktur bereits nach. Die Zeitgenossen führten den Abschwung vor allem auf die Einstellung amerikanischer Kapitalexporte zurück, für die man Spekulationen an der New Yorker Wertpapierbörse verantwortlich machte. Sie hofften, eine endgültige Regelung der Reparationen werde den amerikanischen Geldhahn wieder öffnen. In der Rückschau wird klar, daß das Problem tiefer lag. Das erste Halbjahr 1929 registrierte wachsende Arbeitslosigkeit und eine steigende Zahl von Bankrotten im Reich. Der Abfluß deutschen Kapitals unterstrich den Niedergang inländischer Investitionsmöglichkeiten.[33] Zu alledem vermehrten politische Konflikte die wirtschaftlichen Schwierigkeiten des Kabinetts Müller. Die Parteien der Großen Koalition konnten kein Programm mehr vereinbaren. Die Spitzen der Schwerindustrie schraken vor der Zusammenarbeit mit den Sozialisten zurück. Und die traditionellen Bürgerparteien waren in selbstzerstörerische Konflikte verwickelt und außerstande, ihre herkömmliche Wählerschaft angemessen zu repräsentieren. Opportunistische Koalitionen und unbefriedigende Kompromisse schienen für das Weimarer System charakteristisch zu sein. Das stieß zahlreiche Wähler ab, deren Neigung zum Nationalsozialismus oder zu anderen extremen Alternativen wuchs. Obwohl Kanzler Müller den Riß in seinem Kabinett vorübergehend kitten konnte, nahmen die Kräfte, die ein Jahr später zum faktischen Ende parlamentarischer Regierung führen sollten, unauffällig an Stärke zu.[34]

Unter diesen Umständen vermochten Müller und Stresemann ihre eigenen Vertreter in der Young-Kommission nicht gänzlich unter Kontrolle zu halten. Der Leiter der deutschen Delegation, Reichsbankpräsident Hjalmar Schacht, lehnte es ab, irgendwelche bereits vereinbarten Grundlagen für die Arbeit der Sachverständigen anzuerkennen. Anfänglich bot Schacht einen Jahressatz von nur 800 Millionen Mark an und wollte selbst diesen Betrag noch von der Rückgabe des Polnischen Korridors und der deutschen Kolonien abhängig machen. Vier Monate lang stritten die Sachverständigen miteinander. Endlich verkündeten sie einen Reparationsplan, der wie erwartet eine durchschnittliche Zahlung von etwas über zwei Milliarden Mark jährlich vorsah (2,6% des damaligen deutschen Volkseinkommens). Für Deutschland stellte der Young-Plan einen ausgesprochenen Erfolg dar, da nur 600 Millionen Mark, die hauptsächlich Frankreich zustanden, bedingungslos zu zahlen waren; der Rest der jährlichen Raten war implizit mit alliierten Leistungen an Amerika verknüpft und würde im Laufe der Zeit vermutlich weiter reduziert werden. Die deutsche Öffentlichkeit begriff jedoch nicht richtig, was man gewonnen hatte, und der deutschnationale Parteiführer Alfred Hugenberg, dem sich Schacht anschloss, führte im Herbst 1929 eine Hetzkampagne gegen die „Versklavung des deutschen Volkes" durch.

Die Briten machten das Abkommen unterdessen beinahe zunichte, um sich einen etwas höheren Anteil an den Reparationen zu sichern. Die Regierung Hoover ihrerseits lehnte das Junktim zwischen Reparationen und Schulden ab und stellte klar, daß sie ihr Veto gegen den extensiven öffentlichen Verkauf von Reparationsschuldverschreibungen, auf den die Franzosen gehofft hatten, gebrauchen würde. Obwohl der Young-Plan auf der zweiten Haager Konferenz im Januar 1930 schließlich gebilligt wurde und die letzten französischen Truppen das Rheinland im Juni des Jahres verließen, war das Klima unheilbar vergiftet worden.[35]

Als das Kabinett der Großen Koalition unter Müller-Franken Ende März 1930 stürzte, bezeichnete dies das Ende aller vernünftigen Erwartungen auf eine deutsch-französische Annäherung. Der neue Kanzler, Heinrich Brüning, überzeugter Monarchist und traditionsverhafteter Nationalist, verfolgte eine Außen- und Wirtschaftspolitik, die Konflikte mit Frankreich praktisch unvermeidlich machte. Brüning stellte sich auf den Standpunkt seines Auswärtigen Amtes, nämlich, daß Deutschland sich nach Osten und Südosten ausdehnen müsse, und verübelte es den Franzosen, daß sie diese Ambitionen durchkreuzten. Gleichzeitig griff Brüning zu schulmäßigen Deflationstechniken, um mit der Depression fertigzuwerden. Vor seiner schmalen von Mittelparteien unterstützten Koalition versuchte er, die notwendigen Opfer durch Erfolge in der Außenpolitik zu rechtfertigen. Seine Strategie schlug fehl. Als die NSDAP bei den Septemberwahlen 1930 erstaunliche Gewinne auf Kosten der gemäßigten Parteien verbuchte, schob Brüning den Alliierten die Schuld zu, weil sie ihm nicht mehr Zugeständnisse gemacht hätten. Doch die Wahlen entzogen Brüning nicht nur die Chance einer konstruktiven Parlamentsmehrheit und zwangen ihn endgültig, durch Notverordnungen zu regieren. Sie beunruhigten auch Investoren aus dem Ausland, die Gelder abzuziehen begannen. So sah sich Brüning gezwungen, weiter zu deflationieren. Jahrelang hatte der Generalagent S. Parker Gilbert die Behörden in Berlin davor gewarnt, im Ausland kurzfristige Anleihen wahllos aufzunehmen und diese im Inland langfristig anzulegen. Aber die deutsche Regierung hatte nicht auf ihn gehört: ihr lag daran, einen Kreis ausländischer Anleger zu schaffen, die darauf bestehen würden, daß die Rückzahlung privater Anleihen – ganz im Widerspruch zu den Bestimmungen des Versailler Vertrages – Vorrang vor den Reparationen erhielt. Dieser Kunstgriff wirkte sich jetzt gegen das Reich aus.

Während des harten Depressionswinters von 1930/31 kamen erste Andeutungen von deutschen Diplomaten, daß sie bald wieder Entlastung von den Reparationen benötigen würden. Fachleute aus dem Finanzministerium rieten ab, dieses Thema anzuschneiden – sie wußten, daß die bescheidenen Zahlungen nach dem Young-Plan die Reichsfinanzen weniger gefährdeten als ein möglicher Abfluß kurzfristig angelegter Gelder –, doch die Politiker bestanden darauf. Im März enthüllten Deutschland und Österreich dann ihre Pläne zur Errichtung einer Zollunion. Sie sollte nach der Ansicht ihrer geistigen Väter in Deutschland einen ersten Schritt zum Anschluß und zur Schaffung einer Wirtschaftsunion im Donaubecken unter Vorherrschaft des Reichs darstellen. Die französische Regierung erhob scharfen Protest. Einige französische Anleger zogen Gelder aus Österreich ab, was den Zusammenbruch der Österreichischen Kreditanstalt, der führenden Wiener Bank, mitverursachte. Die Auswirkungen des Schocks führten ihrerseits in Deutschland zur Aufhebung der Konvertibilität der Reichsmark in Gold und Devisen, in England zur Aufgabe des Goldstandards und im allgemeinen zu einer Verstärkung der Depression.[36]

In dieser Krisensituation trugen Präsident Hoovers ungeschickte Bemühungen, die Interessen der amerikanischen Kurzkreditgeber zu schützen, noch dazu bei, das Unglück zur Katastrophe zu steigern. Hoover überging die Proteste Frankreichs und erzwang die Annahme eines einjährigen Moratoriums für alle Kriegsschulden und Reparationszahlungen, den Pflichtteil der jährlichen Rate einbegriffen. In der Praxis bedeutete dies das Ende der Reparationen, die im Jahr darauf in Lausanne ein würdiges Begräbnis erhielten. Als das Moratorium auslief, bestand der amerikanische Kongreß allerdings darauf, daß die Alliierten die Zahlung der Kriegsschulden wieder aufnehmen sollten. Daß sie dies nicht taten, vertiefte die Isolierung der Vereinigten Staaten von den

Ereignissen in Europa nur noch mehr. Doch was Deutschland wirklich brauchte, war ein Konzept für die Neuordnung der privaten Schulden. Hoovers Feindseligkeit gegen Frankreich aber hinderte jede konzertierte internationale Aktion, dieses Ziel zu erreichen. Premierminister Laval bemühte sich noch, eine tragfähige Basis zur Zusammenarbeit mit Deutschland im Donaubecken und anderswo zu finden, aber Brüning wie Hoover verlangten mehr von ihm, als politisch durchsetzbar war. Als Laval im Oktober 1931 einen Besuch in Washington abstattete, forderten Hoover und Außenminister Stimson die Rückgabe des Polnischen Korridors an Deutschland. Laval gab zu, daß der Korridor eine „Monstrosität" sei und verwies nur kleinmütig auf die praktischen Schwierigkeiten, Polen zu einer sofortigen Rückgabe zu bewegen. Doch Hoover war noch nicht besänftigt. Frankreich, so erklärte er, sei „rich, militaristic, and cocky", und Stimson vertraute er an, er sähe „nothing in the future but a line-up between Germany, Britain, and possibly ourselves against France."[37]

In dieser Stimmung traten die Vereinigten Staaten nicht anders als Großbritannien für „Gleichberechtigung" Deutschlands auf der Genfer Abrüstungskonferenz 1932/33 ein. In der Praxis hieß das, daß die englischsprachigen Mächte angesichts der sprunghaften Steigerungen in den militärischen Vorbereitungen der Reichswehr seit 1931 ein Auge zudrückten. Sie wiesen alle französischen Bemühungen zurück, Abrüstung und Sicherheit zu verknüpfen, und bestanden darauf, daß Frankreich seine Streitkräfte auf ein Niveau reduzierte, das Deutschland längst zu übertreffen plante. Die amerikanische Führung hielt das Gleichgewicht der Kräfte für unmoralisch; die britischen Staatsmänner erkannten gar nicht, wo das Gleichgewicht wirklich lag. Hitlers Übernahme des Reichskanzleramtes machte vorerst wenig Unterschied, zumindest für das Verhalten der Briten. Premierminister MacDonald drang weiterhin auf französische Abrüstung, bis Hitler die deutschen Vertreter im Oktober 1933 aus Abrüstungskonferenz und Völkerbund zurückzog.[38]

Kurz, Frankreich stand am Ende der Weimarer Republik bei der Formulierung sowie der Durchführung seiner Deutschlandpolitik vor unüberwindlichen Schwierigkeiten. Die Koalition der Sieger bestand nicht mehr. Während der Depression zogen sich die Vereinigten Staaten in tiefe Isolierung zurück – weit gründlicher als während des vorangegangenen Jahrzehnts. Auch Großbritannien versuchte, sich von den kontinentalen Konflikten freizumachen. Man gab dem engeren Zusammenschluß mit dem Commonwealth außerhalb Europas und dem haushälterischen Umgang mit den eigenen Kräften zugunsten einer wirtschaftlichen Verjüngungskur den Vorrang. Die britische Führung war willens, sich mit dem Wiederaufleben der deutschen Militärmacht zu arrangieren. In der Hoffnung, die deutschen Ansprüche zu beschwichtigen und die europäische Stabilität zu fördern, begrüßte man in London eine territoriale Revision im Osten. Eine genaue Vorstellung davon, wie das eine zum anderen führen sollte, entwickelte sich aber nie. Und in der Tat hat die erhoffte Kausalität auch nicht funktioniert. Bei allen Unterschieden in der Innenpolitik waren Brüning, v. Papen, v. Schleicher und Hitler gleichermaßen entschlossen, die noch verbleibenden Fesseln von Versailles abzuschütteln. Lebenswichtige Interessen Frankreichs waren dadurch unweigerlich bedroht. Doch das innerlich zerrissene Frankreich hatte jetzt weder mehr den

Willen noch die militärische Macht, allein gegen das Reich zu stehen. Vor dem großen Krieg hatte Frankreich eine Verwicklung in Streitigkeiten auf dem Balkan riskiert, um eine wirksame Allianz mit Rußland aufrechtzuerhalten. Wegen papierener Bündnisse mit den osteuropäischen Nachfolgestaaten würde man diese furchtbaren Gefahren indes nicht noch einmal auf sich nehmen. Mehr und mehr zog sich Frankreich in die militärische Defensive zurück, klammerte sich an den Schatten der britischen Entente und hoffte auf ein Wunder. Zu den Lebzeiten jener Generation sollte sich keines ereignen.

Übersetzung von U.-Ch. Pallach

ANMERKUNGEN

1 R. J. Sontag, Germany and England, Background of Conflict 1848–1894. New York 1938; G. Ritter, Die Legende von der verschmähten englischen Freundschaft 1898–1901. Freiburg i. Br. 1929; ders., Staatskunst und Kriegshandwerk. München 1960. Bd. 2.

2 E. Weber, Nationalist Revival in France 1905–1914. Berkeley 1959; G. Ziebura, Die deutsche Frage in der öffentlichen Meinung Frankreichs von 1911–1914. Berlin 1955; R. Poidevin, Les Relations économiques et financières entre la France et l'Allemagne de 1898 à 1914. Paris 1969; H. Contamine, La Revanche. Paris 1957.

3 F. Fischer, Griff nach der Weltmacht. Düsseldorf 1961, S. 115–117.

4 Zu den französischen Zielen P. Renouvin, Les Buts de guerre du gouvernement français 1914–1918, in: RH, Bd. 235, 1966, S. 1–38; vgl. auch G. Soutou, La France et les Marches de l'Est 1914–1919, in: RH, Bd. 260, 1978, S. 341–388. Die öffentliche Meinung behandelt W. Kern, Die Rheintheorie der historisch-politischen Literatur Frankreichs im ersten Weltkrieg. Diss. Saarbrücken 1973.

5 K. Schwabe, Deutsche Revolution und Wilson-Frieden. Düsseldorf 1971; A. Kaspi, Le Temps des américains 1917–1918. Paris 1976; H. Rudin, Armistice 1918. New Haven 1944; P. Renouvin, L'Armistice de Rethondes. Paris 1969.

6 Vergleichende Zahlenangaben bei E. L. Bogart, Direct and Indirect Costs of the Great World War. New York 1919, S. 283; siehe auch M. Huber, La Population de la France pendant la guerre. Paris 1932, und C. Dyer, Population and Society in Twentieth-Century France. New York 1978.

7 L. Loucheur, Carnets secrets 1908–1932. Brüssel 1962, S. 72.

8 A. Link, Woodrow Wilson. Revolution, War, and Peace. Arlington Heights/Ill. 1979; A. Walworth, America's Moment. 1918. New York 1977.

9 Siehe seine Bemerkungen auf dem Schiff nach Frankreich, in: Edith Benham Helm Diary, 3. Dezember 1918, Library of Congress.

10 Von den zahlreichen Studien zur territorialen Regelung siehe H. I. Nelson, Land and Power. British and Allied Policy on Germany's Frontiers 1916–1919. London 1963; D. R. Watson, Georges Clemenceau. New York 1974, und I. Floto, Colonel House in Paris. Aarhus 1973. Zum Separatismus siehe K. D. Erdmann, Adenauer in der Rheinlandpolitik nach dem Ersten Weltkrieg. Stuttgart 1966, und K. Reimer, Rheinlandfrage und Rheinlandbewegung 1918–1933. Frankfurt a. M. 1979.

11 Clemenceau sagte später über Klotz: „Just my luck to get hold of the only Jew who can't count." Watson, S. 354. Siehe auch E. Clémentel, La France et la politique économique interalliée.

Paris, 1931, S. 337–348, und P. Miquel, La Paix de Versailles et l'opinion publique française. Paris 1972, S. 437.

12 P. Krüger, Deutschland und die Reparationen 1918–1919. Stuttgart 1973; P. M. Burnett, Reparation at the Paris Peace Conference from the Standpoint of the American Delegation. 2 Bde. New York 1940; E. Weill-Raynal, Les Réparations allemandes et la France. Paris 1947, Bd. 1.

13 Zur Empörung und den Berechnungen der Deutschen siehe besonders K. Epstein, Matthias Erzberger und das Dilemma der deutschen Demokratie. Berlin 1962. Die Beratungen des Reichskabinetts, in: Akten der Reichskanzlei, Weimarer Republik. Das Kabinett Scheidemann, hg. v. H. Schulze. Boppard 1971.

14 Siehe S. A. Schuker, The End of French Predominance in Europe. Chapel Hill 1976, S. 3–29, 383–386; auch S. Marks, The Myths of Reparations, in: CEH, Bd. 11, 1978, S. 231–255.

15 J. Bariéty, Das Zustandekommen der Internationalen Rohstahlgemeinschaft als Alternative zum mißlungenen ‚Schwerindustriellen Projekt' des Versailler Vertrages, in: H. Mommsen/ D. Petzina/B. Weisbrod (Hg.), Industrielles System und politische Entwicklung in der Weimarer Republik. Düsseldorf 1974, S. 543–552.

16 Zahlen bei I. Svennilson, Growth and Stagnation in the European Economy. Genf 1954, S. 257–263.

17 P. Krüger, S. 134–137; G. Soutou, Die deutschen Reparationen und das Seydoux-Projekt 1920–1921, in: VfZG, Bd. 23, 1975, S. 237–270.

18 E. Laubach, Die Politik der Kabinette Wirth 1921–1922. Lübeck 1968, und D. Felix, Walther Rathenau and the Weimar Republic. Baltimore 1968, nehmen die Erfüllungspolitiker zu sehr beim Wort.

19 „Aufzeichnung vom 27. April 1922 betreffend Internationales Eisenkartell", BA, R 13 I/261 (Akten des Vereins deutscher Eisen- und Stahlindustrieller). G. Feldman, Iron and Steel in the German Inflation 1916–1923. Princeton 1977, S. 203, zitiert einen ähnlichen Ausspruch Jakob Haßlachers von den Rheinischen Stahlwerken am 22. Februar 1921.

20 S. A. Schuker, Finance and Foreign Policy in the Era of the German Inflation, in: O. Büsch/ G. Feldman (Hg.), Historische Prozesse der deutschen Inflation 1914–1924. Berlin 1978, S. 343–361; siehe auch C.-L. Holtfrerich, Internationale Verteilungsfolgen der deutschen Inflation 1918–1923, in: Kyklos, Bd. 30, 1977, S. 271–292; ders., Reichsbankpolitik 1918–1923 zwischen Zahlungsbilanz und Quantitätstheorie, in: ZS f. Wirtschafts- und Sozialwissenschaften, 1977, H. 3, S. 193–214, und P.-C. Witt, Reichsfinanzminister und Reichsfinanzverwaltung, in: VfZG, Bd. 23, 1975, S. 1–61.

21 Zu den französischen Motiven siehe J. Bariéty, Les Relations franco-allemandes après la première guerre mondiale. Paris 1977, S. 101–108; zu den finanziellen Schwierigkeiten Schuker, End, S. 31–46. Poincarés Feststellung auf der Planungssitzung am 27. November 1922 findet sich im Carton XXVI, Papiers Alexandre Millerand, Ministère des Affaires Etrangères, Paris.

22 J.-C. Favez, Le Reich devant l'occupation franco-belge de la Ruhr en 1923. Bern 1969; L. Zimmermann, Frankreichs Ruhrpolitik. Göttingen 1971. P. Wentzcke, Ruhrkampf. Einbruch und Abwehr im rheinisch-westfälischen Industriegebiet. 2 Bde. Berlin 1930–1932, ist nicht unparteiisch, aber immer noch nützlich. H. Meier-Welcker, Seeckt. Frankfurt a. M. 1967, S. 348–375, unterschätzt wohl die Rolle der Reichswehr im aktiven Widerstand.

23 Zu Erdmann ergänzend M.-O. Maxelon, Stresemann und Frankreich 1914–1929. Düsseldorf 1972, S. 113–163, und R. Thimme, Stresemann und die Deutsche Volkspartei 1923–1925. Lübeck 1961, S. 11–28.

24 Reimer, S. 267–377.

25 Schuker, End, S. 171–382.
26 H. Helbig, Die Träger der Rapallo-Politik. Göttingen 1958, S. 119.
27 Stresemann an Kronprinz Wilhelm, 7. September 1925, in dem mikroverfilmten Nachlaß, 3168/7318/159871 ff.; eine scharfsichtige Diskussion bei H. Gatzke, Stresemann and the Rearmament of Germany. Baltimore 1954, und G. Post, The Civil-Military Fabric of Weimar Foreign Policy. Princeton 1973.
28 Chamberlain an Lord Crewe, 16. Februar 1925, Box C/8, Marquess of Crewe Papers, Cambridge University Library.
29 Für die klassische Formulierung von Jules Laroche vom Außenministerium siehe Conseil Supérieur de la Défense Nationale, 1ère Section (Commission d'Etudes), procès-verbal, 3. September 1925, Service Historique de l'Armée, Vincennes.
30 J. Jacobson, Locarno Diplomacy. Germany and the West 1925–1929. Princeton 1972; C. A. Wurm, Die französische Sicherheitspolitik in der Phase der Umorientierung 1924–1926. Frankfurt a. M. 1979; M. Salewski, Entwaffnung und Militärkontrolle in Deutschland 1919–1927. München 1966; C. Kimmich, Germany and the League of Nations. Chicago 1976; M. Poulain, Querelles d'Allemands entre locarnistes. La Question d'Eupen-Malmédy, in: RH, Bd. 258, 1977, S. 393–439; F. L'Huillier, Dialogues franco-allemands 1925–1933. Strasbourg 1971.
31 P. E. Tournoux, Défense des frontières. Paris 1960, S. 78–127.
32 Gilbert Memorandum, 13. November 1929, Owen D. Young Papers, Van Hornesville, New York.
33 D. Keese, Die volkswirtschaftlichen Gesamtgrößen für das Deutsche Reich in den Jahren 1925–1936, in: Conze, W./H. Raupach (Hg.), Die Staats- und Wirtschaftskrise des Deutschen Reichs 1929–1933. Stuttgart 1967, S. 35–81; P. Temin, The Beginning of the Depression in Germany, in: EHR, Bd. 24, 1977, S. 240–248.
34 Zu den beachtenswerten Studien zur Auflösung des deutschen Parteiensystems gehören W. Conze, Die Krise des Parteienstaates in Deutschland 1929–1930, in: HZ, Bd. 178, 1954, S. 47–83, und L. E. Jones, ‚The Dying Middle'. Weimar Germany and the Fragmentation of Bourgeois Politics, in: CEH, Bd. 5, 1972, S. 23–54.
35 M. Vogt (Hg.), Die Entstehung des Youngplans, dargestellt vom Reichsarchiv 1931–1933. Boppard 1970.
36 E. W. Bennett, Germany and the Diplomacy of the Financial Crisis 1931. Cambridge/Mass. 1962; K. E. Born, Die deutsche Bankenkrise 1931. Finanzen und Politik. München 1967; D. Doering, Deutsch-österreichische Außenhandelsverflechtung während der Weltwirtschaftskrise, in: Mommsen/Petzina/Weisbrod, S. 514–530; K. Borchardt, Zwangslagen und Handlungsspielräume in der großen Wirtschaftskrise der frühen 30er Jahre, in diesem Band.
37 Henry L. Stimson Diary, 23.-25. Oktober 1931, Yale University Library.
38 E. W. Bennett, German Rearmament and the West 1932–1933. Princeton 1979.

BIBLIOGRAPHIE

Einen nützlichen Überblick bieten Poidevin, R./J. Bariéty, Les Relations franco-allemandes 1815–1975. Paris 1975. Zimmermann, L., Deutsche Außenpolitik in der Ära der Weimarer Republik. Göttingen 1958, und Néré, J., The Foreign Policy of France from 1914 to 1945. London 1975, zeigen die sich ergänzenden nationalen Perspektiven. Von den allgemeinen Handbüchern bieten die maßgebliche Behandlung Deutsche Geschichte seit dem Ersten Weltkrieg. Bd. 1, hg. v. Institut für Zeitgeschichte. Stuttgart 1973, und Erdmann, K. D., Die Zeit der Weltkriege (Gebhardt

– Hb. d. dt. Geschichte Bd. IV/1), Stuttgart 1973. Eine knappe Zusammenfassung zur Pariser Friedenskonferenz bei Czernin, F., Versailles 1919. New York 1965. Köhler, H., Novemberrevolution und Frankreich. Düsseldorf 1979, behandelt die Entwicklung der französischen Deutschlandpolitik. Schwabe, K., Deutsche Revolution und Wilson-Frieden. Düsseldorf 1971, stellt diese Politik in größere Zusammenhänge. Miquel, P., La Paix de Versailles et l'opinion publique française. Paris 1972, gibt einen Überblick über die Presse.

Zu den Standardmonographien über die erste Hälfte der Weimarer Republik gehören Bariéty, J., Les Relations franco-allemandes après la première guerre mondiale. Paris 1977, Boisvert, J.-J., Les Relations franco-allemandes en 1920. Québec 1977, Favez, J.-C., Le Reich devant l'occupation franco-belge de la Ruhr en 1923. Bern 1969, Maier, C. S., Recasting Bourgeois Europe. Princeton 1975, und Schuker, S. A., The End of French Predominance in Europe. Chapel Hill 1976. Zimmermann, L., Frankreichs Ruhrpolitik. Göttingen 1971, ist solide dokumentiert, verrät aber noch die erregte Stimmung, die im zweiten Weltkrieg herrschte.

Maßgeblich für die Locarno-Periode Wurm, C. A., Die französische Sicherheitspolitik in der Phase der Umorientierung 1924–1926. Frankfurt a. M. 1979. Siehe auch Jacobson, J., Locarno Diplomacy. Germany and the West 1925–1929. Princeton 1972, und Maxelon, M.-O., Stresemann und Frankreich 1914–1929. Düsseldorf 1972. Versuche geistiger Annäherung verzeichnet L'Huillier, F., Dialogues franco-allemands 1925–1933. Strasbourg 1971. Zu den letzten Jahren der Republik die Beiträge von Bennett, E. W., Germany and the Diplomacy of the Financial Crisis 1931. Cambridge/Mass. 1962, und German Rearmament and the West 1932–1933. Princeton 1979. Brüning, H., Memoiren 1918–1934. Stuttgart 1970, muß mit Vorsicht benutzt werden.

Zu den Reparationen immer noch die grundlegende Quelle Weill-Raynal, E., Les Réparations allemandes et la France. 3 Bde. Paris 1947. Gute Auskunft über kürzere Zeiträume geben Krüger, P., Deutschland und die Reparationen 1918–1919. Stuttgart 1973, und Helbich, W. J., Die Reparationen in der Ära Brüning. Berlin 1962.

Das beste Buch über die Rheinlandfrage bleibt Erdmann, K. D., Adenauer in der Rheinlandpolitik nach dem Ersten Weltkrieg. Stuttgart 1966. Ergänzende Arbeiten u. a. Reimer, K., Rheinlandfrage und Rheinlandbewegung 1918–1933. Frankfurt a. M. 1979, Bischof, E., Rheinischer Separatismus 1918–1924. Bern 1969, Problèmes de la Rhénanie 1919–1930/ Die Rheinfrage nach dem Ersten Weltkrieg, hg. v. Centre de Recherches, Relations Internationales de l'Université de Metz. Metz 1975, King, J. C., Foch versus Clemenceau. Cambridge/Mass. 1960, McDougall, W., France's Rhineland Diplomacy 1914–1924. Princeton 1978, Morsey, R., Die deutsche Zentrumspartei 1917–1923. Düsseldorf 1966, und die kontroverse Arbeit von Köhler, H., Autonomiebewegung oder Separatismus. Berlin 1974.

Deutsche Abrüstung und Wiederaufrüstung behandeln Salewski, M., Entwaffnung und Militärkontrolle in Deutschland 1919–1927. München 1966, Gatzke, H., Stresemann and the Rearmament of Germany. Baltimore 1954, Carsten, F. L., Reichswehr und Politik 1918–1933. Köln 1964, Post, G., The Civil-Military Fabric of Weimar Foreign Policy. Princeton 1973, und Castellan, G., Le Réarmement clandestin du Reich. Paris 1954, Tournoux, P. E., Défense des frontières. Paris 1960, und Hughes, J. M., To the Maginot Line. Cambridge/Mass. 1971, diskutieren die militärischen Planungen Frankreichs.

4. Multipolares Gleichgewicht und weltwirtschaftliche Verflechtung:

Deutschland in der britischen Appeasement-Politik 1919–1933

GOTTFRIED NIEDHART

I.

„This country has led the way in restoring Germany to her position as an equal partner, and in removing the discriminations which pressed upon her." So charakterisierte der britische Außenminister Sir John Simon im November 1933 vor dem Unterhaus die zurückliegende Deutschlandpolitik seines Landes.[1] Er kennzeichnete damit zugleich den prinzipiellen Unterschied zwischen britischen und französischen Grundvorstellungen über die Bedingungen einer neuen internationalen Ordnung nach dem Ersten Weltkrieg. Denn der Weg Deutschlands zurück zur Gleichberechtigung, zurück zum Status einer Großmacht im internationalen System mußte gegen die Vorbehalte vor allem Frankreichs gebahnt werden. Während die französische Politik auf militärische Vorherrschaft zielte, um den Frieden durch substantielle und dauerhafte Schwächung Deutschlands und massive Abschreckung potentieller Friedensstörer zu sichern, setzte die britische Politik diesem Modell der Friedenssicherung durch Hegemonialbildung ihr liberales Modell der Friedenssicherung entgegen. Es sah ein offenes multipolares Staatensystem gleichberechtigter Großmächte vor, in dem der Frieden durch Bündnisfreiheit, Freihandel und Rüstungsbegrenzung zu sichern wäre. Während Deutschland im ersten Fall deutlich geschwächt werden sollte, wäre es im zweiten Fall Mitglied des Großmachtsystems geblieben. Beide Modelle konkurrierten miteinander. Weder das eine noch das andere war in der Lage, sich in der Realität der internationalen Politik nach dem ersten Weltkrieg durchzusetzen. Darin lag ein Moment struktureller Instabilität, die das internationale System konfliktanfällig sein ließ. In der internationalen Politik der zwanziger Jahre führte dies zunächst zum Übergewicht Frankreichs, später zu dem Großbritanniens. Es handelte sich um ein Übergewicht, nicht um Vorherrschaft, so daß das internationale Gefüge stets auf einem Mischungsverhältnis britischer und französischer Ordnungsvorstellungen beruhte.

Für Deutschland als Verlierer des Ersten Weltkriegs bedeutete das Überwiegen britischer Vorstellungen eine Chance für mehr außenpolitischen Handlungsspielraum, ohne daß damit aber die restriktive Wirkung französischer Hegemonialpolitik ganz beseitigt gewesen wäre. Simons Äußerung darf also nicht mißverstanden werden. Die britische Politik bot für Deutschland zwar einen Ansatz zur Revision des Versailler Vertrags im Zuge des „peaceful change", führte aber nicht zu einer prodeutschen und antifranzösischen Wendung Großbritanniens. Vielmehr ging es um die Herstellung eines ausgewogenen Kräftefelds auf dem europäischen Kontinent – ein kontinuierliches Ziel britischer Europapolitik, das in Eyre Crowes berühmtem Memorandum aus dem Jahr 1907 ebenso zum Ausdruck kam[2] wie in der britischen Deutschlandpolitik nach dem Ersten Weltkrieg bis in die dreißiger Jahre: im März 1933 wurde die Bereitschaft der britischen Regierung unterstrichen, „auch mit einem neugeordneten Deutschland vertrauensvoll weiterzuarbeiten"[3].

Die Kontinuität ist unverkennbar[4]: ein stabiler Ordnungsfaktor in der Mitte Europas, wie ihn das deutsche Reich darstellen konnte und aus britischer Sicht darstellen sollte, war unabhängig von den jeweiligen innenpolitischen Verhältnissen in Deutschland mit britischen Interessen nicht nur vereinbar, sondern stellte geradezu einen unverzichtbaren Bestandteil britischer Politik gegenüber dem Kontinent dar.

Alle britischen Regierungen der Zeit nach dem Ersten Weltkrieg stimmten darin überein, daß die Tage der Pax Britannica unwiderruflich vorbei waren. Großbritannien war aufgrund seines relativen Machtverlusts nicht mehr in der Lage, die Aufrechterhaltung der internationalen Ordnung zu erzwingen. An die Stelle der traditionellen interventionistischen Gleichgewichtspolitik, die das britische Gewicht in der Weltpolitik aufgrund autonomer Entscheidungen Londons zur Geltung gebracht hatte, trat eine Gleichgewichtspolitik, die auf die Zustimmung der internationalen Gesellschaft angewiesen war. Das einzige Mittel zur Erreichung dieses Ziels war eine globale Politik der Entspannung, die das Aufbrechen von Antagonismen im internationalen System verhindern sollte. Entspannung hieß allseitige Anerkennung des bestehenden internationalen Systems. Unfähig, die Rolle des Weltpolizisten zu spielen, wollte man gleichwohl als solcher anerkannt werden und versuchte, die weltpolitischen Konkurrenten von der Attraktivität britischer Friedensvorstellungen zu überzeugen. Friedenswahrung und globale Friedensstabilisierung wurden zum verbindlichen Ziel britischer Außenpolitik. Aus dem früheren Interesse am Frieden wurde ein Zwang zur Friedenswahrung und Entspannung oder – nach dem zeitgenössischen Begriff – zum Appeasement.

Während es im 19. Jahrhundert um die Bewahrung des britischen Vorsprungs mit kostensparenden Mitteln ging, also möglichst unter Ausschaltung des Kostenfaktors Krieg, handelte es sich nach dem Ersten Weltkrieg darum, den Status einer konkurrenzfähigen Weltmacht überhaupt zu halten und nicht zur Zweitrangigkeit abzusinken.[5] Genau dies aber drohte bei weiteren kriegerischen Verwicklungen. Folglich war Appeasement der Zustand der internationalen Gesellschaft, den es herzustellen galt: „The aim is to get an appeasement of the fearful hatreds and antagonisms which exist in Europe."[6] In demselben Sinn wurde von den Locarnoverträgen als Grundlage weiterer Arbeit für „appeasement and reconciliation" gesprochen.[7] Die „Locarno policy of appeasement"[8] blieb Richtschnur britischer Europapolitik, die auf „political appeasement in Europe" hinarbeitete.[9] Im Kontext britischer Interessenlagen gab es keine vernünftige Alternative zum Appeasement.[10] Entspannung war die allen außenpolitischen Einzelentscheidungen – nicht zuletzt auch in der Deutschlandpolitik[11] – übergeordnete Kategorie. Das britische Streben nach Appeasement resultierte nicht nur aus der Krise, die aus der erwähnten militärstrategischen Überbeanspruchung folgte. Es war darüber hinaus die Antwort auf einen insgesamt krisenhaften Zustand[12], der die allgemeinen Grundlagen britischer

Politik betraf. Die erhöhten außenpolitischen Belastungen im Ersten Weltkrieg fielen zusammen mit einer Umbruchsituation, die sowohl das Weltreich, die wirtschaftliche Lage wie auch das innenpolitisch-gesellschaftliche Gefüge betraf. Das britische Weltreich war längst nicht mehr ausschließlich eine Quelle der Macht, sondern begann sich mehr und mehr zur Belastung zu entwickeln. Um die kommenden „storm centres" Irland, Ägypten oder Indien unter Kontrolle halten zu können, brauchte Großbritannien nach Überzeugung Sir Henry Wilsons, des Chefs des Imperial General Staff, Ruhe in Europa.[13] Simon fürchtete während der Fernostkrise des Jahres 1931, der indische Unruheherd könnte angesichts der außenpolitischen Gefahr gefährliche Dimensionen annehmen. Eine unkriegerische Lösung des internationalen Konflikts erschien darum zwingend geboten.[14]

Während des von Japan herbeigeführten fernöstlichen Konflikts war Großbritannien nicht nur militärisch unfähig zur Intervention. Der Konflikt traf das Land zugleich mitten in der Finanzkrise des Jahres 1931. „Peace and trade", wie die vom britischen Außenminister im Februar 1932 ausgegebene Formel lautete, war darum die einzige Antwort, die London geben konnte.[15] Damit war zugleich ein Punkt berührt, der durchgängig bei allen außenpolitischen Entscheidungen eine wichtige, bisweilen ausschlaggebende Rolle spielte. Gemeint ist die Weltstellung Großbritanniens als Handels- und Finanzmacht. Großbritannien war in stärkerem Maß als etwa Frankreich von weltwirtschaftlicher Verflechtung abhängig. „Unser Prestige stammt aus drei Quellen: unserem Handel, unserer Finanz, unserer Marine. [...] Wir wollen ja nur Frieden und ausgedehnte Handelsbeziehungen, nicht eine militärische Hegemonie." So charakterisierte Lord D'Abernon, der britische Botschafter in Berlin von 1920 bis 1926, völlig zutreffend den funktionalen Zusammenhang von Weltmachtstatus und Außenhandelsvolumen.[16] Krieg mußte, wie im Foreign Office 1926 sehr genau reflektiert wurde, den britischen Handelsinteressen fundamental zuwiderlaufen und die britische Position in der Welt untergraben: „Without our trade and our finance we sink to the level of a third-class Power."[17] Darum war Großbritannien an einer internationalen Ordnung interessiert, die – möglichst frei von zwischenstaatlichen Konflikten – eine reibungslose Entfaltung des Welthandels erlaubt. Es wurde die Realisierung des liberalen Modells der Friedenssicherung postuliert, dessen Kernsatz den vermuteten Zusammenhang von Friedenssicherung und Freihandel zum Ausdruck bringt. Entspannung und liberale Weltwirtschaftsordnung, Frieden durch Freihandel lauteten die der britischen Politik zugrunde liegenden Vorstellungen. „What we want is peace and order with open facilities for trade", wurde im Foreign Office Ende 1918 als Zielvorstellung für die Nachkriegszeit formuliert.[18] Die Errichtung einer stabilen politischen Ordnung in Europa unter Überwindung der Kriegsgegensätze war dafür erste Voraussetzung. Nur so glaubte man einen Hebel zu besitzen nicht nur zur Erhaltung der britischen Weltstellung, sondern auch zur Bewältigung binnenwirtschaftlicher Probleme. Hier beherrschten Arbeitslosigkeit und Modernisierungsrückstand das Bild,[19] das man nur durch Belebung des Außenhandels in einer möglichst liberalen Weltwirtschaft korrigieren zu können glaubte.

II.

Dadurch war der Kurs der britischen Deutschlandpolitik in wesentlichen Zügen vorbestimmt. Die von London anvisierte Entspannung in Europa konnte nur erreicht werden, wenn Deutschland in die Entspannung einbezogen wurde, d. h. wenn Deutschland einerseits als Großmacht bestätigt wurde, ohne andererseits erneut die Möglichkeit zu erhalten, abermals einen Anlauf zur Errichtung einer Hegemonialposition starten zu können. Schon die von Lloyd George geführten Verhandlungen auf der Friedenskonferenz 1919 in Paris verfolgten dieses Ziel. Da von Deutschland nach Verlust der Flotte und der überseeischen Besitzungen keine Gefahr mehr für Großbritannien und seine imperialen Verbindungslinien ausging, konnte der britische Premierminister für einen Frieden der Mäßigung plädieren. Nachdem entgegen ursprünglichen britischen Vorstellungen die Großmacht Österreich-Ungarn als Faktor des Staatensystems nicht erhalten werden konnte,[20] durfte der zweite Ordnungsfaktor in Mitteleuropa nicht auch noch verschwinden. Im vollen Bewußtsein der inneren und äußeren Probleme seines Landes arbeitete Lloyd George zugleich für die Befriedung der gesellschaftlich-wirtschaftlichen wie der internationalen Konflikte[21]: „Political peace as between nations can have no sure basis without tolerable social peace within them."[22]

Damit war nicht nur Großbritannien angesprochen, dessen innerer und äußerer Frieden planerisch gestaltet werden sollte. Vermehrte staatliche Interventionen im Sozial- und Wirtschaftsbereich, der Ausbau des Sozialstaats bedurften dringend der angestrebten außenpolitischen Ruhelage.[23] Der Wirkungszusammenhang von politisch-sozialem und internationalem Frieden galt in den Augen Lloyd Georges in besonderem Maß auch für das neue politische System in Deutschland. Dessen innere Stabilität und ein maßvoller Frieden schienen aufs engste zusammenzuhängen. Nur ein innenpolitisch stabiles und außenpolitisch in das internationale System der Großmächte integriertes Deutschland sei immun gegen den revolutionären Bazillus, der seit dem Sieg der Oktoberrevolution eine Bedrohung darstellte. Wolle man in Deutschland gesicherte Verhältnisse nach westlichem Vorbild herstellen, d. h. das liberale System etablieren, müsse man eine Alternative zum Bolschewismus aufzeigen.[24] Zwar gelang es deutschen Regierungsvertretern nach Kriegsende nicht, die Bolschewismusfurcht, deren Stellenwert für die gesamtpolitische Planung der Siegermächte sie überschätzten, zur Basis einer gemeinsamen Politik Deutschlands und der westlichen Alliierten zu machen.[25] Das Bolschewismus-Problem hatte eher nachgeordnete Bedeutung – sowohl im Hinblick auf die internationale Politik wie auf den linken Flügel der britischen Arbeiterbewegung.[26] Aber es war ernst genug, so daß aus britischer Sicht ein durchaus wünschbarer, aber sekundärer Effekt einer auch von Deutschland akzeptierten Friedensordnung in der Orientierung Deutschlands nach Westen und seiner Absage an radikale Lösungen gelegen hätte.

Der intendierte primäre Effekt eines liberalen Friedens, wie ihn Lloyd George mit Unterstützung aus dem Commonwealth anstrebte,[27] hätte in der Reaktivierung Deutschlands als Wirtschaftsgroßmacht bestanden. Darin lag für ihn eine wesentliche Voraussetzung für die Wiederbelebung des Welthandels. Kernstück des liberalen Friedens war es, Deutschland den Zugang zu den Rohstoffen und Märkten der Welt zu ermöglichen, um seinerseits von der Aufnahmefähigkeit des deutschen Markts profitieren zu können, und um nicht zuletzt Deutschland in den Stand zu versetzen, die von ihm geforderten Reparationszahlungen leisten zu können. Man könne nicht gleichzeitig Deutschland verkrüppeln und erwarten, daß es zahlt[28]. Solange nämlich die USA nicht auf Rückzahlung der Kriegsschulden verzichteten, war Großbritannien auf deutsche Reparationszahlungen angewiesen und forderte von Deutschland nicht nur Wiederherstellung der eingetretenen Schäden, sondern auch Begleichung von Pensionsansprüchen.

Darüberhinaus stand Lloyd George in dieser Frage unter dem Druck der britischen Öffentlichkeit. Die Unterhauswahlen im Dezember 1918 hatten noch ganz im Zeichen der Feindpropaganda gestanden und hohe Reparationsforderungen gegenüber Deutschland zu einem Wahlversprechen gemacht. Am 8. April 1919 erhielt Lloyd George in Paris ein von 233 konservativen Unterhausmitgliedern unterzeichnetes Telegramm, in dem seine Einlösung gefordert wurde.[29] Die britische Öffentlichkeit forderte Reparationszahlungen ebenso wie einen Prozeß gegen den Kaiser und andere Mitglieder der deutschen Führung.[30] Im Unterschied aber zu französischen Vorstellungen wandte sich die britische Regierung in Übereinstimmung mit Präsident Wilson[31] gegen eine substantielle Schwächung Deutschlands. In der Frage des Saargebiets wie in der Rheinlandfrage konnte Frankreich nicht durchdringen.[32] In Oberschlesien setzte Lloyd George die Abhaltung einer Volksabstimmung durch.[33]

Der Versailler Vertrag war ein Kompromiß zwischen dem britischen liberalen Ansatz und der französischen Forderung nach einem unzweideutigen Siegfrieden. Infolgedessen rief er überall ein zwiespältiges Echo hervor, zu schweigen von der Ablehnung, die er in Deutschland erfuhr. Zwar ließ das britische Unterhaus den Vertrag mit großer Mehrheit passieren, die Fraktion der Labour Party eingeschlossen, obwohl sich der überwiegende Teil der Partei für einen liberalen Frieden eingesetzt hatte.[34] Doch begann die Labour Party innerhalb kurzer Zeit für eine Revision einzutreten, um den ihrer Meinung nach bestehenden Zustand des bloßen Waffenstillstands durch einen wirklichen Frieden überwinden zu können.[35] In der britischen Öffentlichkeit breitete sich zunehmend die Überzeugung aus, der Versailler Vertrag dürfe nicht sakrosankt sein.[36] Herausragend war die Kritik am Friedensvertrag, die von Keynes vorgetragen wurde. Die Friedensmacher seien in einem zentralen Punkt ihrer Aufgabe nicht gerecht geworden: sie hätten die den europäischen Problemen zugrundeliegenden wirtschaftlichen Fragen nicht begriffen.[37] Ob dieser Vorwurf Lloyd George zu Recht trifft, mag bezweifelt werden. Tatsache aber bleibt, daß der Friedensvertrag schließlich derart von der französischen sécurité-Doktrin geprägt war, daß er dem liberalen Entwurf einer Friedensordnung nicht mehr ähnelte. Die britische Regierung aber konnte nicht nur im Rahmen der eigenen nationalen ökonomischen Bedürfnisse handeln, sondern mußte – damit überhaupt ein Frieden zustande kommen konnte – Rücksicht auf den französischen Entente-Partner nehmen. Es gab keine wirkliche Option für die britische Politik. Man wollte einen Ausgleich mit Deutschland, aber nicht auf Kosten Frankreichs, das aus sicherheitspolitischen Gründen von zentraler Bedeutung in der langfristigen britischen Verteidigungsplanung war. Aus diesem Grund schied die Möglichkeit von Separatverhandlungen mit Deutschland völlig aus.[38]

Auch bildeten vorerst das deutsche Verlangen und die latente britische Bereitschaft, eine Revision des Versailler Vertrags durchzuführen, keine ausreichende gemeinsame Basis. Deutsche und britische Interessenlagen waren zwar in gewisser Hinsicht komplementär. Die Weimarer Republik brauchte Unterstützung von außen. In Europa konnte solche Unterstützung nur von London kommen. Großbritannien seinerseits benötigte die Kooperation Deutschlands, um die gewünschte Pazifizierung des internationalen Systems bewerkstelligen zu können. Doch erwiesen sich die aus dieser Konstellation folgenden Berührungspunkte vorerst als zu schwach für eine gemeinsame Arbeitsgrundlage in der internationalen Politik. Auf deutscher Seite führte dies nach 1919 oft genug zu einer Fehleinschätzung der britischen Haltung, zur „englischen Illusion".[39] Die britische Regierung war zwar prinzipiell bereit, Deutschland in einen allgemeinen Entspannungsprozeß einzubeziehen, doch keinesfalls um den Preis der Entente mit Frankreich.

Namentlich im Foreign Office wurde immer wieder den Beziehungen zu Frankreich Priorität eingeräumt, um die internationale Nachkriegsordnung nicht zu gefährden.[40] Politisch-strategische Gesichtspunkte standen neben wirtschaftlichen Überlegungen. Letztere wurden von der Treasury stärker ins Spiel gebracht.[40a] In der britischen Deutschlandplanung und -politik, die nie losgelöst von der Frankreichpolitik gesehen werden dürfen,[41] vermischten sich also wirtschaftliche und sicherheitspolitisch-strategische Elemente. Es wäre verfehlt, die britische Kontinentalpolitik einseitig auf ein ökonomisches Kalkül oder militärpolitisches Sicherheitsdenken zu reduzieren. Beides waren Aspekte einer Gesamtpolitik, die Freund-Feind-Schemata vermeiden und ihren Handlungsspielraum weder gegenüber Frankreich noch gegenüber Deutschland aufgeben wollte.[42]

Die zugunsten einer Integration Deutschlands ins internationale System sprechenden außenwirtschaftlichen Argumente mußten an Gewicht zunehmen, als der kurze britische Nachkriegsboom seit Herbst 1920 einem Konjunktureinbruch wich. Steigende Arbeitslosenzahlen aufgrund der Absatzkrise in den traditionellen britischen Exportindustrien und sinkende Löhne waren die Auswirkung. Abhilfe erwartete man sich allgemein nicht von binnenwirtschaftlichen Strukturmaßnahmen, sondern einer Steigerung des Exports. Der deutsche Markt spielte in diesen Überlegungen eine Schlüsselrolle, denn der Exportrückgang im Handel mit Deutschland war verglichen mit anderen Außenmärkten überproportional groß.[43] Dominierte auf politischer Ebene eher eine Deutschland gegenüber distanziert eingestellte Grundstimmung, die noch weitgehend vom Klischee der Kriegspropaganda geprägt war,[44] so drängten britische Wirtschaftskreise, die Londoner City, die Labour-Opposition sowie gemäßigte Konservative, das Handelsministerium und auch der Premierminister auf eine Deutschlandpolitik, die den deutschen Markt und als Folge davon – so hoffte man – auch die britische Wirtschaft in eine Erholungsphase führen sollte.[45]

Konkret bedeutete dies, eine angemessene Lösung für das immer noch in der Schwebe befindliche Reparationsproblem finden zu müssen. Bis Frühjahr 1921 hatten sich dazu in der Umgebung Lloyd Georges folgende Grundsätze herausgebildet: Deutschland ist moralisch verpflichtet, Reparationszahlungen zu leisten; die Reparationssumme muß in Einklang mit der deutschen Leistungsfähigkeit stehen, d. h. Deutschland muß die Gelder aufbringen und in fremde Währungen transferieren können; das Transferproblem muß so gelöst werden, daß es im Interesse des Welthandels zu einer Stabilisierung der Wechselkurse kommen kann; Reparationen dürfen die Rückkehr zu einer gleichgewichtigen liberalen Weltwirtschaftsordnung nicht beeinträchtigen; es soll keine Sanktionsmaßnahmen nach französischen Vorstellungen geben, um die allgemein labile Situation nicht noch zusätzlich zu verschärfen.[46] All dies änderte aber nichts daran, daß die britischen Reparationsforderungen weit höher lagen, als Deutschland akzeptieren wollte, und daß Großbritannien, wie das Londoner Ultimatum vom 5. Mai 1921 zeigte, auch keineswegs aus der britisch-französischen Reparationsfront auszubrechen gewillt war.

Die Signale für eine Korrektur dieses Kurses waren freilich unübersehbar. So forderte die Federation of British Industries im Juli 1921 eine Revision der Deutschlandpolitik mit dem stets wiederkehrenden Argument, die Wiederherstellung der deutschen Wirtschaft sei der Schlüssel zur Erholung des Welthandels und damit der eigenen Wirtschaft.[47] Schon im November 1921 plädierte die Treasury in einem als Schlüsseldokument anzusehenden Memorandum für eine Modifizierung der Reparationssumme und für einen Zahlungsaufschub. Deutschland dürfe weder seine Kaufkraft verlieren noch seine industrielle Produktion. Das eine würde dem britischen Export und damit der Beschäftigungslage schaden, das andere jegliche Aussicht auf Reparationszahlungen zerstören, auf die man nicht verzichten wollte und konnte.[48] Die Erfüllungspolitik Rathenaus und der dahinter stehende Grundgedanke, dem Ausland die Grenzen deutscher Leistungsfähigkeit zu demonstrieren, war in London nicht ohne die gewünschte Resonanz geblieben.[49] Großbritannien drohte sogar mit dem Ende der Entente, falls Frankreich im Fall deutscher Zahlungsunfähigkeit das Ruhrgebiet besetzen sollte.[50] Um die französische Regierung gesprächsbereit zu machen, setzte man an der für Frankreich neuralgischen Sicherheitsfrage an und betrieb dilatorisch Gespräche über einen britisch-französischen Beistandspakt, der aber in der britischen Öffentlichkeit und bei den Dominions auf unüberwindlichen Widerstand gestoßen wäre.[51]

Öffentlich und privat grenzte sich Lloyd George deutlich gegenüber der französischen Position der strikten Vertragserfüllung ab und warnte vor möglichen Auswirkungen der rigiden französischen Reparationspolitik: „I think we have surrendered too much to French policy already. Their Reparation proposals, I fear, will produce a catastrophe in Germany which will give European trade another set-back, and quite conceivable drive Germany into Bolshevism or Imperialism."[52] Angesichts dieser Probleme entwickelte Lloyd George seine umfassende Entspannungskonzeption unter Einschluß Deutschlands und der Sowjetunion. Ziele waren der wirtschaftliche Wiederaufbau und die politische Befriedung „Europas vom Atlantik bis zum Ural".[53] Dieses groß angelegte Appeasement-Programm[54] scheiterte aus mehreren Gründen, die hier nicht zu erläutern sind. Die zu seinem Zweck im April 1922 in Genua abgehaltene Konferenz blieb ohne Ergebnis. Der Paukenschlag des deutsch-sowjetischen Vertrags von Rapallo am Rande der Konferenz stellte nur ein zusätzliches Störgeräusch in den Dissonanzen von Genua dar und darf in seiner Auswirkung auf die britische Deutschlandpolitik keinesfalls überbewertet werden.[55]

Nach dem Fehlschlag der Konferenz von Genua,[56] der alsbald den Sturz Lloyd Georges nach sich zog, gingen Initiativen in der westlichen Deutschlandpolitik überwiegend von Frankreich aus, das sich mit seiner Politik der „produktiven Pfänder" durchsetzte. Im August 1922 verhinderte Großbritannien noch, daß deutsche Industrieanteile der Reparationskommission übergeben wurden.[57] Doch fehlte es an Entschlossenheit, die französische Sanktionspolitik zu verhindern. Obwohl die Ruhrbesetzung – ähnlich wie schon 1921/22 ins Gespräch gebrachte Aktionen dieser Art[58] – auf schärfsten Widerstand stieß, ließ es die offizielle britische Politik bei ihrer „benevolent passivity" gegenüber der französisch-belgischen Aktion vom Januar 1923 bewenden.[59] Es bestätigte sich auch hier der vertraute Grundzug britischer Deutschlandpolitik: erst Sicherstellung der Entente, dann Abbau der Spannungen im Verhältnis der Westmächte zu Deutschland.[60] Die deutsche Hoffnung, von Großbritannien werde die Wende kommen, war weitgehend unbegründet.[60a] In Großbritannien organisierte Unterstützungsmaßnahmen für die Bevölkerung des Ruhrgebiets[61] oder die offene Verurteilung der französischen Politik durch die Labour Party, die wie die Regierung auch Handelseinbrüche und Arbeitslosenzunahme befürchtete,[62] konnten nicht darüber hinwegtäuschen, daß sich Großbritannien vorerst noch nicht – wie Oppositionsführer Ramsay MacDonald dies forderte[63] – als „active agent for peace" betätigte. Die britische Regierung, die gleichzeitig durch den griechisch-türkischen Konflikt in Anspruch genommen war, verlegte sich aufs Warten. Die Erschöpfung der französischen Finanzen und damit die Selbsterledigung der französischen Sanktionspolitik schienen nur eine Frage der Zeit zu sein.[64]

In der Tat war Frankreich immer weniger in der Lage, seine aufwendige Hegemonialpolitik zu finanzieren. Selbst an Auslandskrediten interessiert, mußte es sich gezwungenermaßen den Auffassungen britischer und amerikanischer Banken beugen, die auf Wiederherstellung der deutschen Wirtschaftseinheit drängten und die mehr Vertrauen in Deutschland als in Frankreich setzten.[65] Der Dawes-Plan, vom Schatzkanzler der neuen Labour-Regierung als „new deal" begrüßt,[66] schuf die Voraussetzung für den europäischen Wirtschaftsfrieden, von dem man sich eine Wende der Dinge erhoffte. Die Wandlung des britischen Deutschlandbilds zum Positiven[67] war eine weitere Voraussetzung, auch auf politischer Ebene zu einer Überwindung alter Gegensätze zu kommen. Die politische Entspannung mußte auf die wirtschaftliche folgen, um die mit dem Dawes-Plan verbundene anfängliche 800 Millionen Mark-Anleihe nicht zu einer Eintagsfliege werden zu lassen. Nachdem das Genfer Protokoll nicht zuletzt am Einspruch der auf die kurze Amtszeit der Labour-Regierung folgenden konservativen Regierung gescheitert war, versuchte Außenminister Austen Chamberlain das Sicherheitsproblem durch einen britisch-französischen Defensivpakt zu lösen, der jedoch nicht als exklusives Militärbündnis gedacht war, sondern die spätere Einbeziehung Deutschlands vorsah. Der Defensivpakt sollte Frankreich endlich das Gefühl der sécurité geben. Die Befriedigung des Verlangens nach Sicherheit aber war in Chamberlains Augen die unverzichtbare Voraussetzung für einen deutsch-französischen Ausgleich, ohne den Entspannung in Europa undenkbar war. Die von Frankreich immer wieder gewünschte und nach dem

Zusammenbruch der französischen Militärhegemonie erneut angestrebte Wiederbelebung der britisch-französischen Entente[68] sollte als Achse der europäischen Entspannung dienen.[69] In der Intensivierung der britisch-französischen Beziehungen liege „the basis of any appeasement of European animosities".[70] Im britischen Kabinett riefen Chamberlains Vorstellungen allerdings ein kritisches Echo hervor, nicht wegen ihrer Zielsetzung, sondern wegen der von Chamberlain in Aussicht genommenen Methode. Man befürchtete, die zu einem späteren Zeitpunkt vorgesehene Einbeziehung Deutschlands könnte mißlingen.[71]

Angesichts dieser Lage kam der deutsche Vorschlag eines westeuropäischen Sicherheitspakts zur rechten Zeit. Vom britischen Botschafter Lord D'Abernon ermuntert,[72] unterbreitete Stresemann seine zu Locarno führenden Vorstellungen in London, wo er nicht nur den Schlüssel zur europäischen Entspannung, sondern auch ein aktives Interesse an engerer britisch-deutscher Zusammenarbeit auf der Grundlage gleichgerichteter wirtschaftlicher Interessen vermutete. Stresemann wollte „weltwirtschaftliche Zusammenhänge" ausnutzen, „um mit dem einzigen, womit wir noch Großmacht sind, mit unserer Wirtschaftspolitik, Außenpolitik zu machen." Hier glaubte er nicht nur mit Frankreich kooperieren zu können,[73] sondern auch das „Bestreben Englands" erkennen zu können, „mit uns wirtschaftlich anzuknüpfen, aus der Angst, daß wir mit Frankreich allein irgendeinen gegen England gerichteten Trust bilden könnten".[74] Stresemann hoffte, über diese Interessenidentität politische Zugeständnisse wie die vorzeitige Räumung des Rheinlands erreichen zu können. Doch er verkürzte die britische Außenpolitik zu Unrecht auf wirtschaftliche Überlegungen, die tatsächlich nur *einen* Gesichtspunkt ausmachten. Chamberlain fand die deutsche Seite im Vorfeld der Locarnoverhandlungen[75] „very nearly intolerable" und dachte nicht daran, dem deutschen Verlangen nach Räumung der Kölner Zone noch vor Vertragsabschluß nachzugeben.[76]

Insgesamt aber hatte Stresemann die Lage durchaus zutreffend beurteilt. Im Interesse wirtschaftlicher Prosperität war die politische Entspannung und in diesem Zusammenhang sowohl die Aufwertung Deutschlands zum Status einer Großmacht wie die weitgehende Anerkennung der durch Versailles bedingten internationalen Ordnung durch Deutschland der einzig gangbare Weg. Amerikanische Kreditgeber, von deren Investitionsbereitschaft ein weiterer europäischer Wirtschaftsaufschwung abhing, machten im Juli 1925 unmißverständlich klar: „Grundvoraussetzung für Kredite sei ... das Vertrauen in eine friedliche Entwicklung Europas. Man habe in den Vereinigten Staaten mit Genugtuung die deutschen Anregungen zu einem Sicherheitspakt begrüßt."[77] Wie Deutschland war Großbritannien aus den bekannten Gründen an Entspannung und Krediten interessiert. Denn nur eine prosperierende deutsche Wirtschaft konnte erstens Reparationen zahlen, die Großbritannien für seinen eigenen Schuldendienst gegenüber den USA benötigte; und zweitens als Abnehmer britischer Waren fungieren, so daß auf Exportsteigerung und Rückgang der Arbeitslosenzahlen gehofft werden konnte: „Locarno and the unemployed have an intimate connexion."[78]

Aus britischer Sicht lag der Vorteil des Vertragswerks von Locarno darin, daß Deutschland im Westen einen Gewaltverzicht ausgesprochen hatte, also das französische sécurité-Problem gelöst schien; und daß dem deutschen Revisionismus auch im Osten die aggressive Spitze abgebrochen schien.[79] Stresemann war zwar nicht zu einem Ost-Locarno bereit, beschränkte sich aber offensichtlich auf die ökonomische Variante deutscher Großmachtpolitik. Großbritannien ging in Osteuropa keine Verpflichtungen ein wie im Westen, war aber nie bereit, Deutschland freie Hand im Osten zu geben, sei es mit Spitze gegen Polen, Südosteuropa[80] oder die Sowjetunion. Die Befürchtungen Moskaus, Locarno enthalte eine antisowjetische Stoßrichtung mit Deutschland als Festlandsdegen gegen die UdSSR, waren unbegründet. Großbritannien arbeitete zwar während der gesamten Zwischenkriegszeit auf eine Westorientierung Deutschlands hin, so daß es zur Isolierung – in britischen Augen zur Selbstisolierung[81] – der Sowjetunion kam. Aber es gab keine gezielte antisowjetische Politik.[82]

Die britische Regierung verzichtete zu keinem Augenblick auf Mitsprache in Ostmitteleuropa. Infolgedessen war sie unter keinen Umständen bereit, eine Revision der deutschen Ostgrenze mit kriegerischen Mitteln zuzugestehen.[83] Aber auch deutsche Pressionen unkriegerischer Art gegen Polen nahm man nicht hin. Auf deutscher Seite wurde das gewiß vorhandene britische Verständnis für den deutschen Wunsch nach Revision der Ostgrenze[84] vorschnell als Bereitschaft mißverstanden, eine baldige Revision auch zu fördern. Dies zeigte sich sehr deutlich während der polnischen Finanzkrise 1925/26. Stresemann glaubte ein Junktim von finanziellen Stützungsmaßnahmen und Grenzverhandlungen aufstellen zu können. Doch blieb der Versuch einer finanziellen Erpressung Polens ohne die gewünschte Wirkung, nicht zuletzt wegen britischer Vorbehalte.[85]

In London glaubte man, mit Locarno das „concert of Europe" wiederbelebt zu haben,[86] ein multipolares Staatensystem mit Großbritannien als ausschlaggebender Führungsmacht. Endlich würde man sich den „eigentlichen" Fragen zuwenden können, den Fragen des internationalen Handels und der Rüstungsbegrenzung. Das deutsche Problem schien, nachdem Deutschland seinen Platz im internationalen System wieder gefunden hatte, im wesentlichen gelöst zu sein. Ganz anders beurteilte man freilich die Lage in Deutschland. Im Unterschied zu Großbritannien war das Deutsche Reich keineswegs saturiert. Stresemann betrachtete Locarno eher als Ausgangspunkt für weitere Revisionen[87] und beklagte sich kurz vor seinem Tod bitter über die britische Zurückhaltung.[88] So ließ die britische Regierung im Frühjahr 1926 Paris das Tempo angeben, wie die Frage der vorzeitigen Rheinlandräumung behandelt werden sollte.[89]

Die nach Locarno offenen Fragen im britisch-deutschen Verhältnis betrafen vor allem die Reparationen und die militärischen Bestimmungen des Versailler Vertrags. In der Reparationsfrage war man im Prinzip wenig gesprächsbereit, solange das Problem der interalliierten Schulden ungelöst war. Die 1929 ins Amt gekommene Labour-Regierung wehrte sich auch mit Entschiedenheit gegen eine Verringerung des britischen Anteils an der Reparationssumme[90] und bestand auf Erfüllung des Young-Plans.[91] Als sich Reichskanzler Brüning Anfang Juni 1931 zu Regierungsgesprächen in London aufhielt, wurde er von der ihm „stets freundlich gesinnten" Sonntagszeitung Observer gewarnt, das Reparationsproblem anzuschneiden. Auf die gleichwohl abgegebene Erklärung, Deutschland sei zu Reparationszahlungen nicht mehr in der Lage, reagierte die britische Regierung bestürzt. Brüning traf zwar eine insgesamt freundliche Atmosphäre an. Es wurde gezeigt, „England wolle den Krieg vergessen. Aber der Wille, uns zu helfen, fehlte."[92] Dieselbe Erfahrung war bereits gemacht worden, als im März 1931 das Projekt einer deutsch-österreichischen Zollunion publik wurde. Zunächst war man positiv dazu eingestellt, denn der Plan entsprach dem aller britischen Entspannungspolitik zugrunde liegenden Kerngedanken: dem Prinzip der wirtschaftlichen Kooperation und Reduzierung von Zollschranken. Doch zeigt auch dieses Beispiel, wie politische Gesichtspunkte letztlich ausschlaggebend waren, nämlich die Rücksichtnahme auf Frankreich, wo man das Gespenst des *Anschlusses* fürchtete.[93]

Die beginnende Radikalisierung in Deutschland blieb ohne Einfluß auf die britische Deutschlandpolitik. Man war nicht bereit, gemäßigteren Kräften schon darum zu Erfolgen zu verhelfen, weil die NSDAP seit 1930 eine steigende Zahl von Wählerstimmen verbuchen konnte. Hitler und die NSAP wurden in der britischen Öffentlichkeit überwiegend nicht als die wirklich bewegenden Kräfte der deutschen Politik angesehen. Man hielt Hitler eher für einen Strohmann konservativer Kreise, der als Werkzeug benutzt wurde, und teilte damit die Illusion der Konservativen in Deutschland selbst.[94]

Neben der Reparationsfrage, die im Sommer 1932 gelöst wurde,[95] stand seit Ende der zwanziger Jahre das Problem der Abrüstung bzw. Rüstungsbegrenzung im Mittelpunkt der internationalen Politik. Aus deutscher Perspektive schien hier ein Ansatzpunkt gegeben zu sein, nach militärischer Gleichberechtigung zu streben und damit die Fesseln des Versailler Vertrags abzuschütteln. Die britische Regierung, für die seit Ausbruch der Mandschurei-Krise im Herbst 1931 Deutschland und Mitteleuropa nur *einen* Aspekt ihrer überdehnten Weltpolitik darstellten, folgte weiter ihrer außenpolitischen Generallinie und versuchte eine multilaterale Regelung auf der Basis der bestehenden internationalen Ordnung zu erzielen. Korrekturen des Versailler Vertrags waren möglich, wenn sie das internationale Gefüge insgesamt nicht in umstürzender Weise antasteten.

Das von der Regierung Brüning postulierte Verlangen nach militärischer Gleichberechtigung[96] bedeutete aus britischer Sicht die Gefahr eines neuen Rüstungswettlaufs[97] und damit das Ende eines britischen Interessen gemäßen Friedens. Der britische Friedensbegriff entsprang dem liberalen Modell der Friedenssicherung mit den Kerngedanken internationale Kooperation, weltwirtschaftliche Verflechtung und Abrüstung. Die deutsche Politik begann sich den Regeln dieses Modells zu entziehen.[98] Denn neue Rüstungen, die nicht ohne Gegenrüstungen bleiben konnten, mußten die nach den Einbrüchen der Weltwirtschaftskrise vordringliche europäische Aufgabe – economic recovery – notwendigerweise stören.[99] Für Premierminister MacDonald war Deutschland, das im Juli 1932 die Abrüstungskonferenz verlassen hatte, schuld daran, daß in der europäischen Politik abermals Mißtrauen und Instabilität an die Stelle von Kooperation und Interessenausgleich getreten waren.[100]

Britisches Mißtrauen resultierte auch aus Bestrebungen der deutschen Politik, mit Frankreich zu einer direkten Absprache auf dem Rüstungssektor zu kommen. Brünings Nachfolger Franz v. Papen versuchte unter Umgehung Londons diesen Weg zu beschreiten, der im Erfolgsfall zu einer Isolierung Großbritanniens geführt hätte.[101] Um solche Entwicklungen zu vermeiden, die London schon wiederholt befürchtet und zu verhindern versucht hatte,[102] kam es am 13. Juli 1932 zum britisch-französischen Konsultativabkommen: beide Regierungen verpflichteten sich, keine getrennten Verhandlungen mit Deutschland über die weitere Revision des Versailler Vertrags zu führen.[103]

Der Geist von Locarno konnte den Belastungsproben, die die Weltwirtschaftskrise und das forcierte Tempo der deutschen Revisionspolitik mit sich brachten, kaum Stand halten. Andererseits sah man in London keine vernünftige Alternative zum multilateralen Konzept von Locarno. Der Zwang zum Appeasement bescherte Deutschland schließlich doch die militärische Gleichberechtigung und damit die – britischerseits grundsätzlich seit 1931 ins Auge gefaßte[104] – Revision des Versailler Vertrags in einer seiner zentralen Bestimmungen. Erleichtert wurde die Entscheidung der britischen Regierung durch die Stellungnahme der eigenen militärischen Führung, die das Tempo der kommenden deutschen Wiederaufrüstung wesentlich langsamer veranschlagte, als die französischen Militärs dies taten, und deren Priorität in der Sicherung des Empires und seiner Verbindungslinien lag. Das Empire aber schien weniger durch deutsche Rüstungen gefährdet als etwa durch sowjetische Aktivitäten in Asien.[105]

Die britische Auffassung, man müsse Deutschland entgegenkommen, damit es nicht zum Pulverfaß werde, von dem ein neuer Krieg ausgehen könne,[106] traf zwar auf erheblichen Widerstand Frankreichs. Doch setzte sie sich schließlich durch. Deutschland wurde militärische Gleichberechtigung innerhalb eines Rahmens zugestanden, der Sicherheit für alle Staaten bieten sollte. Es kehrte daraufhin zur Abrüstungskonferenz zurück.[107] Wenn auch die folgenden britischen Bemühungen, zu Rüstungsvereinbarungen zu kommen, ohne Erfolg blieben,[108] so war doch die Grundentscheidung durchgesetzt, der die britische Deutschlandpolitik nach dem Ersten Weltkrieg stets zu folgen versuchte, sofern dies in Übereinstimmung mit der französischen Politik geschehen konnte: Deutschland war als gleichberechtigte Großmacht anerkannt. Die Motive für diese Grundentscheidung entsprangen spezifischen britischen Interessenlagen und sind nur unzureichend mit dem Epitheton deutschfreundlich zu fassen.[109] Freilich war es 1932/33 zu einer Asymmetrie von Programm und Wirklichkeit gekommen. Das britische Interesse an der Realisierung des liberalen Modells der Friedenssicherung hatte sich so stark verselbständigt, daß Wandlungen in den Zielvorstellungen der deutschen Politik nicht rechtzeitig wahrgenommen und verarbeitet werden konnten. Dies hätte allerdings erhebliche Korrekturen in der britischen Verteidigungspolitik und damit Eingriffe in Gesellschaft und Wirtschaft zur Folge gehabt, die die Regierungen nicht als erforderlich erachteten und die von einer überwältigenden Mehrheit in Großbritannien abgelehnt worden wären.

ANMERKUNGEN

1 A. Wolfers, *Britain and France between Two Wars.* Conflicting Strategies of Peace from Versailles to World War II. New York 1966, S. 249. Diese 1940 zuerst erschienene ältere Studie war von Anfang an und ist immer noch ein Standardwerk für unsere Problemstellung, ebenso wie W. M. Jordan, *Great Britain, France, and the German Problem 1918–1939.* A Study of Anglo-French Relation in the Making and Maintenance of the Versailles Settlement. London

1971, (zuerst 1943) und W. N. Medlicott, *British Foreign Policy since Versailles*. London 1968,[2] (zuerst 1940).

2 Memorandum über den gegenwärtigen Stand der britischen Beziehungen zu Frankreich und Deutschland, 1.1. 1907. *British Documents on the Origins of the War 1898–1914*, Bd. 3. London 1928, S. 397 ff.

3 Botschafter v. Hoesch an Auswärtiges Amt über ein Gespräch mit Baldwin, 15. 3. 1933, ADAP, Serie C, Bd. 1, Teil 1, S. 163. Zum Gesamtzusammenhang vgl. G. Wollstein, *Vom Weimarer Revisionismus zu Hitler. Das Deutsche Reich und die Großmächte in der Anfangsphase der nationalsozialistischen Herrschaft in Deutschland*. Bonn 1973.

4 Zu ihren Ursprüngen K. Hildebrand, Die deutsche Reichsgründung im Urteil der britischen Politik. In: *Francia*. Forschungen zur westeuropäischen Geschichte 5, 1977, S. 399 ff.; G. Hollenberg, *Englisches Interesse am Kaiserreich. Die Attraktivität Preußen-Deutschlands für konservative und liberale Kreise in Großbritannien 1860–1914*. Wiesbaden 1974.

5 Dazu auch P. M. Kennedy. The Tradition of Appeasement in British Foreign Policy 1865–1939. In: *British Journal of International Studies* 2, 1976, S. 195 ff.

6 Kolonialminister Churchill am 7. 7. 1921. M. Gilbert, *Winston S. Churchill*, Bd. 4. London 1975, S. 608. Zu Churchill auch D. G. Boadle, *Winston Churchill and the German Question in British Foreign Policy*. The Hague 1973.

7 Außenminister Austen Chamberlain am 18.11. 1925. M. Gilbert, *Britain and Germany Between the Wars*. London 1964, S. 44.

8 Foreign Office-Memorandum vom 17. 6. 1929, *DBFP*, Serie IA, Bd. 6, S. 348.

9 Simon im Unterhaus 13. 7. 1932. *Parliamentary Debates, House of Commons*, Bd. 268, Sp. 1380.

10 Es versteht sich, daß der hier benutzte Appeasementbegriff nichts mit der späteren pejorativen Sinngebung des Begriffs zu tun hat, die im historischen Sprachgebrauch des Untersuchungszeitraums nicht anzutreffen ist.

11 Siehe auch W. D. Gruner, Frieden, Krieg und politisch-soziales System. Überlegungen zu den britisch-deutschen Beziehungen im 19. und 20. Jahrhundert. In: *ZS für bayerische Landesgeschichte* 41, 1978, S. 921 ff.

12 Insgesamt dazu G. Niedhart, Appeasement: die britische Antwort auf die Krise des Weltreichs und des internationalen Systems vor dem Zweiten Weltkrieg. In: *HZ 226*, 1978, S.67 ff.

13 Diese vom April 1919 stammende Äußerung zitiert D. R. Watson, The Making of the Treaty of Versailles. In: N. Waites (Hg.), *Troubled Neighbours. Franco-British Relations in the Twentieth Century*. London 1971, S. 76, 92.

14 Simon an Cecil 26. 11. 1931: „[. . .] the Indian conundrum is as urgent as the Manchurian conundrum and if it goes wrong will lead to appalling consequences on a scale as big as China itself." *DBFP*, Serie II, Bd. 8, S. 964.

15 F. S. Northedge, *The Troubled Giant. Britain among the Great Powers 1916–1939*. London 1966, S. 348 ff.

16 Viscount D'Abernon, *Ein Botschafter der Zeitenwende*. Memoiren, Bd. 2. Leipzig 1929, S. 337 (Notiz vom 31. 12. 1923).

17 Foreign Office-Memorandum 10. 4. 1926. *DBFP*, Serie IA, Bd. 1, S. 846.

18 H. I. Nelson, *Land and Power. British and Allied Policy on Germany's Frontiers 1916–1919*. London 1963, S. 94 f. Vgl. auch eine Rede von Premierminister Lloyd George vom 4. 10. 1921. Chr. Stamm, *Lloyd George zwischen Innen- und Außenpolitik. Die britische Deutschlandpolitik 1921/22*. Köln 1977, S. 148 f.

19 Für Einzelheiten S. Pollard, *The Development of British Economy 1914–1967*. London 1969²;

D. H. Aldcroft, *The Inter-War Economy: Britain 1919–1939.* London 1970; S. Glynns/J. Oxborrow, *Interwar Britain: A Social and Economic History.* London 1976.

20 Dazu K. J. Calder, *Britain and the Origins of the New Europe 1914–1918.* Cambridge 1976; W. B. Fest, *Peace of Partition.* The Habsburg Monarchy and British Policy 1914–1918. London 1977.

21 Vgl. G. Schmidt, Wozu noch politische Geschichte? Zum Verhältnis von Innen- und Außenpolitik am Beispiel der englischen Friedensstrategie 1918/1919. In: *Aus Politik und Zeitgeschichte.* Beilage zur Wochenzeitung Das Parlament, B 17/75 vom 26. 4. 1975, S. 21 ff.; ders., Effizienz und Flexibilität politisch-sozialer Systeme. Die deutsche und die englische Politik 1918/19. In: *VfZG* 25, 1977, S. 137 ff.

22 Lloyd George laut Times vom 18. 11. 1918. Zit. bei Schmidt, S. 34. Zur Politik Lloyd Georges grundlegend K. O. Morgan, *Consensus and Disunity.* The Lloyd George Coalition Government 1918–1922. Oxford 1979.

23 Neben den oben angegebenen Arbeiten von Schmidt vgl. etwa P. B. Johnson, *Land fit for Heroes.* The Planning of British Reconstruction 1916–1919. Chicago 1968; B.-J. Wendt, Whitleyism – Versuch einer Institutionalisierung des Sozialkonfliktes in England am Ausgang des Ersten Weltkrieges. In: D. Stegmann u. a. (Hg.), *Industrielle Gesellschaft und politisches System.* Beiträge zur politischen Sozialgeschichte. Festschrift für Fritz Fischer zum 70. Geburtstag. Bonn 1978, S. 337 ff.

24 Lloyd George im sog. Fontainebleau-Memorandum, das am 25. 3. 1919 der Friedenskonferenz unterbreitet wurde. Der Text dieses Schlüsseldokuments britischer Appeasementpolitik findet sich bei D. Lloyd George, *The Truth about the Peace Treaties,* Bd. 1. London 1938, S. 406 ff., hier benutzt nach dem Wiederabdruck bei M. Gilbert, *The Roots of Appeasement.* London 1966, S. 189 ff.

25 Dazu P. Borowsky, Die bolschewistische Gefahr und die Ostpolitik der Volksbeauftragten in der Revolution 1918/19. In: Stegmann, *Industrielle Gesellschaft,* S. 402 f. Insgesamt H. Mögenburg, *Die Haltung der britischen Regierung zur deutschen Revolution 1918/19.* Diss. Hamburg 1975.

26 Sein Stellenwert scheint mir überschätzt zu sein bei A. J. Mayer, *Politics and Diplomacy of Peacemaking.* Containment and Counterrevolution at Versailles 1918–1919. New York 1967.

27 Smuts an Lloyd George 26. 3. 1919, man könne Deutschland nicht zerstören, ohne gleichzeitig Europa zu zerstören. „Wir können den Wiederaufbau Europas nicht ohne deutsche Mitarbeit leisten." W. K. Hancock, *Smuts,* Bd. 1. Cambridge 1962, S. 510 ff.

28 Wie Anm. 24. Gilbert, *Roots,* S. 192.

29 Ch. L. Mowat, *Britain between the Wars 1918–1940.* London 1968, S. 51.

30 So Lloyd George am 8. 4. 1919 während der Friedenskonferenz. *Les délibérations du Conseil des Quatre.* Notes de l'officier interprète Paul Mantoux, Bd. 1. Paris 1955, S. 192.

31 Hierzu die neuere Untersuchung M. P. Leffler, *The Elusive Quest.* America's Pursuit of European Stability and French Security 1919–1933. Chapel Hill 1979.

32 C. R. Weikardt, *Das Rheinland in den deutsch-britischen Beziehungen 1918–1923.* Eine Untersuchung zum Wesen der britischen Gleichgewichtspolitik. Diss. Bonn 1967.

33 Nelson, S. 145 ff.; Watson, S. 80 f.; G. Bertram-Libal, Die britische Politik in der Oberschlesienfrage 1919–1922. In: *VfZG* 20, 1972, S. 106 ff.

34 Northedge, S. 121. Zu Haltung und Politik der Labour Party G. Niedhart, Friedensvorstellungen, Gewaltdiskussion und Konfliktverhalten in der britischen Labour Party 1919–1926. In: *Frieden, Gewalt, Sozialismus.* Studien zur Geschichte der sozialistischen Arbeiterbewegung. Hg. v. Huber, W./J. Schwerdtfeger, Stuttgart 1976, S. 641 ff.; W. Krieger, *Labour Party*

und Weimarer Republik. Ein Beitrag zur Außenpolitik der britischen Arbeiterbewegung zwischen Programmatik und Parteitaktik (1918–1924). Bonn 1978.
35 K. E. Miller, *Socialism and Foreign Policy*. Theory and Practice in Britain to 1931. The Hague 1967, S. 86 ff.
36 R. B. McCallum, *Der Weltfrieden und die öffentliche Meinung nach 1919*. Berlin 1948, S. 123 ff.
37 J. M. Keynes, *The Economic Consequences of the Peace*. London 1920 (zuerst 1919), S. 211.
38 L. Haupts, Zur deutschen und britischen Friedenspolitik in der Krise der Pariser Friedenskonferenz. Britisch-deutsche Separatverhandlungen im April/Mai 1919? In: *HZ* 217, 1973, S. 54–56.
39 A. Rosenberg, *Entstehung und Geschichte der Weimarer Republik*. Frankfurt 1955, S. 354.
40 Notiz von Eyre Crowe, dem obersten Beamten im Foreign Office, vom 30. 11. 1921: „What we and what the whole world want is peace. Peace for the present must rest on the execution of the peace treaties. Those would hardly survive a breach between England and France at this moment." *DBFP*, Serie I, Bd. 16, S. 828.
40a Vgl. dazu die vorzügliche Studie von Stamm, S. 199.
41 Vgl. auch W. Weidenfeld, *Die Englandpolitik Gustav Stresemanns*. Mainz 1972, S. 291; J. Hilden, *Germany and Europe 1919–1939*. London 1977, S. 15, 52 f.
42 Zu den darin implizierten Schwierigkeiten siehe M. Howard, *The Continental Commitment*. London 1972.
43 Stamm, S. 26. Vor dem Krieg rangierte Deutschland an zweiter Stelle unter den Abnehmerländern für britische Waren. Z. S. Steiner, *Britain and the Origins of the First World War*. London 1977, S. 62.
44 Vgl. etwa die Berichte des deutschen Botschafters Sthamer vom 8. 6. und 18. 10. 1920 und 17. 2. 1921 sowie den Bericht des deutschen Konsuls in Liverpool vom 27. 7. 1921. Politisches Archiv des Auswärtigen Amts Bonn, Abt. III, Pol. Bez. zwischen England und Deutschland, Bd. 1 und 2. Vgl. auch D. C. Watt, *England blickt auf Deutschland*. Tübingen 1965, S. 23. Sehr detailliert zu den Beziehungen zwischen beiden Ländern in diesem Zeitabschnitt L. Steinbach, *Revision oder Erfüllung: der Versailler Vertrag als Faktor der deutsch-britischen diplomatischen Beziehungen 1920–21*. Diss. Freiburg 1970.
45 Zusammenfassung aller Argumente in einem Memorandum von Thelwall, dem Commercial Secretary an der britischen Botschaft in Berlin, vom 24. 4. 1921. *DBFP*, Serie I, Bd. 16, S. 576 ff. Vgl. zu diesem Komplex ferner Stamm., S. 75, 91; H. J. Rupieper, Industrie und Reparationen: einige Aspekte des Reparationsproblems 1922–1924. In: *Industrielles System und politische Entwicklung in der Weimarer Republik*, hg. v. H. Mommsen u. a.. Düsseldorf 1974, S. 591.
46 Stamm, S. 83, 92 f.; Northedge, S. 187 f., 170 f.
47 D. G. Williamson, Great Britain and the Ruhr Crisis, 1923–1924. In: *British Journal of International Studies* 3, 1977, S. 72 (nach Akten der Federation of British Industries).
48 Memorandum vom 16. 11. 1921. Stamm, S. 186 f.
49 Unterredung zwischen Lloyd George und Rathenau, 2. 12. 1921. Stamm, S. 200.
50 Lloyd George gegenüber dem französischen Regierungsmitglied Loucheur, 8. 12. 1921. Stamm, S. 203.
51 A. A. Orde, *Great Britain and International Security 1920–1926*. London 1978, S. 6 ff.
52 Lloyd George an Austen Chamberlain 24. 3. 1922. University of Birmingham Library, *Austen Chamberlain Papers* 23/6/6. Vgl. auch Rede Lloyd Georges im Unterhaus 3. 4. 1922, *Parliamentary Debates*, House of Commons, Bd. 152, Sp. 1889.

53 So Lloyd George in derselben Unterhausrede, ebd. Sp. 1892.
54 Vgl. auch G. Bertram-Libal, *Aspekte der britischen Deutschlandpolitik 1919–1922*. Göppingen 1972, S. 47 f.
55 Zu der insgesamt gemäßigten britischen Reaktion auf Rapallo vgl. Stamm, S. 306 ff. Vgl. ferner Th. Schieder, Die Entstehungsgeschichte des Rapallo-Vertrags, in: *HZ* 204, 1967, S. 554 f., 594 f.; K. D. Erdmann, Deutschland, Rapallo und der Westen, in: *VfZG* 11, 1963, S. 105, 163.
56 Für die Zeit nach Genua vgl. K. v. Zwehl, *Die Deutschlandpolitik Englands von 1922 bis 1924 unter besonderer Berücksichtigung der Reparationen und Sanktionen*. Diss. München 1974.
57 Rupieper, S. 590.
58 Stamm, S. 64 ff.
59 So ein Beamter im Foreign Office 26. 1. 1923. Williamson, S. 70.
60 Ebd., S. 70 f., 73.
60a Siehe etwa die Konferenz der Reichsregierung mit den Ministerpräsidenten der Länder 1. 5. 1923. *Akten der Reichskanzlei. Weimarer Republik. Das Kabinett Cuno (22. Nov. 1922–12. Aug. 1923)*. Boppard 1968, S. 446 ff.
61 Williamson, S. 78 f.
62 R. A. C. Parker, *Das Zwanzigste Jahrhundert 1918–1945*. Frankfurt 1977, S. 77.
63 MacDonald an Premierminister Bonar Law 29. 1. 1923. Public Record Office London, *MacDonald Papers* 5/33.
64 Rupieper, S.590 f.
65 C. A. Wurm, *Die französische Sicherheitspolitik in der Phase der Umorientierung 1924–1926*. Frankfurt 1979, S. 194 f., 619.
66 Snowden im Kabinett 22. 7. 1924: „What was required was a feeling in the investing countries that a new deal was being made, that the mistakes of the past were recognized, and that the Dawes Report was being used as an opportunity to start afresh and to establish good feeling between the Allies and Germany." Ebd. S. 195 f.
67 Sthamer an Auswärtiges Amt 5. 4. 1924. *PA. AA*, Abt. III, Pol. Bez. zwischen England und Deutschland, Bd. 4.
68 Wurm, S. 200 ff.
69 Dazu im einzelnen Orde, S. 70 ff.; D. Johnson, The Locarno Treaties. In: Waites, S. 109 ff.
70 Chamberlain an den britischen Botschafter in Paris 6. 1. 1925, Johnson, S. 110.
71 Northedge, S. 249 ff.
72 F. G. Stambrook, *Das Kind* – Lord D'Abernon and the Origins of the Locarno Pact. In: *CEH* 1, 1968, S. 233 ff. D'Abernons Rolle für die Formulierung des britischen Entscheidungsprozesses darf indessen nicht überschätzt werden. In London hatte er nicht so viel Resonanz, wie er in Berlin vorgab. Dadurch wurden auf deutscher Seite gelegentlich Erwartungen über die britische Bereitschaft, Deutschland entgegenzukommen, geweckt, die nicht gerechtfertigt waren, so daß Enttäuschungen nicht ausbleiben konnten. Vgl. dazu Weidenfeld, S. 134; Orde, S. 56.
73 Dazu M.-O. Maxelon, *Stresemann und Frankreich 1914–1929*. Deutsche Politik der Ost-West-Balance. Düsseldorf 1972.
74 Stresemann im Rückblick auf die Außenpolitik des Jahres 1925 am 22. 11. 1925 vor dem Zentralvorstand der DVP. H. A. Turner, Eine Rede Stresemanns über seine Locarnopolitik. In: *VfZG* 15, 1967, S. 433 f. Vgl. auch Stresemanns Rede vor der Arbeitsgemeinschaft Deutscher Landsmannschaften in Groß-Berlin vom 14. 12. 1925. ADAP, Serie B. Bd. 1, Teil 1, S. 727 ff.
75 Dazu Orde, S. 99 ff. Neueste Zusammenfassung der Forschung zum Locarno-Problem bei Th.

Schieder (Hg.), Handbuch der europäischen Geschichte, Bd. 7: *Europa im Zeitalter der Weltmächte*. Stuttgart 1979, S. 153 ff.
76 Orde, S. 123.
77 So Benjamin Strong, der Präsident der Federal Reserve Bank of New York, am 13. 7. 1925 in Berlin. K. H. Pohl, *Weimars Wirtschaft und die Außenpolitik der Republik 1924–1926*. Düsseldorf 1979, S. 129. Vgl. auch D'Abernon, Bd. 3, S. 207.
78 Foreign Office Memorandum 10. 4. 1926. Wie Anm. 17.
79 Foreign Office Memorandum vom 13. 11. 1925. *DBFP*, Serie IA, Bd. 1, S. 146.
80 M.-L. Recker, *England und der Donauraum 1919–1929*. Probleme einer europäischen Nachkriegsordnung. Stuttgart 1976.
81 Foreign Office Memorandum 13. 11. 1925, wie Anm. 79, S. 143: „Who is doing the isolating? The rest of Europe or the Russian Government itself? The European camp is not hostile and Russia can enter it by using the passwords which admit its other inhabitants."
82 Vgl. auch Orde, S. 124, 127 ff.; Wurm, S. 290.
83 Austen Chamberlain im Unterhaus 24. 3. 1925: „[. . .] in trying to underpin the Covenant and to stabilize peace in the West, we were not licensing war elsewhere [. . .]". *Parliamentary Debates*, House of Commons, Bd. 182, Sp. 320.
84 A. Chamberlain, *Englische Politik*. Essen 1938, S. 676; Chr. Höltje, *Die Weimarer Republik und das Ostlocarno-Problem 1919–1934*. Würzburg 1958, S. 141 ff.
85 Orde, S. 196 ff.; Chr. M. Kimmich, *The Free City*. Danzig and German Foreign Policy 1919–1934. New Haven 1968, S. 156 ff.
86 Foreign Office Memorandum 26. 4. 1927. *DBFP*, Serie IA, Bd. 3, S. 789.
87 Zu den unterschiedlichen zeitgenössischen Bewertungen von Locarno vgl. das Standardwerk J. Jacobson, *Locarno Diplomacy*. Germany and the West 1925–1929. Princeton 1972, S. 36 ff. Siehe auch P. Urbanitsch, *Großbritannien und die Verträge von Locarno*. Wien 1968.
88 Stresemann 1929 gegenüber dem englischen Diplomaten und Journalisten Bruce Lockhart: „Ich habe gegeben, gegeben und immer gegeben, bis sich meine Landsleute gegen mich gewandt haben. Hätte ich nach Locarno ein einziges Zugeständnis erhalten, so könnte ich mein Volk überzeugt haben. Ich könnte es noch heute, aber ihr Engländer habt nichts gegeben, und die einzigen Zugeständnisse, die ihr gemacht habt, sind immer zu spät gekommen." W. Weidenfeld, Gustav Stresemann – der Mythos vom engagierten Europäer. In: *GWU* 24, 1973, S. 750.
89 Aufzeichnungen von Staatssekretär v. Schubert über ein Gespräch mit D'Abernon vom 22. 4. 1926. *ADAP*, Serie B, Bd. 1, Teil 1, S. 470. Vgl. auch Johnson, S. 118 ff.; J. Jacobson/J. T. Walker, The Impulse for a Franco-German Entente: the Origins of the Thoiry Conference 1926. In: *Journal of Contemporary History* 10, 1975, S. 168.
90 H. H. Rass, *Britische Außenpolitik 1929–1931: Ebenen und Faktoren der Entscheidung*. Bern 1975, S. 19 ff.
91 Außenminister Henderson an den britischen Botschafter in Berlin 2. 12. 1930. *DBFP*, Serie II, Bd. 1, S. 535 ff.
92 H. Brüning, *Memoiren 1918–1934*. Stuttgart 1970, S. 277 ff. (die Zitate S. 277, 283).
93 Außenminister Henderson faßte am 4. 5. 1931 das Ergebnis der Überlegungen zusammen. Man habe „no objection to the customs union as such . . . but we realized that in the present circumstances the political considerations involved dominated the whole problem." *DBFP*, Serie II, Bd. 2, S. 42. Ausführlich zur britischen Reaktion auf den Zollunionsplan unter Einbeziehung des regierungsinternen Entscheidungsprozesses Rass, S. 42 ff. Vgl. auch N. Waites, The Depression Years. In: Waites (Hg.), S. 133 f.

94 Rass, S. 40f.; M. Lessle, *Englands Weg zum Appeasement 1932–1936*. Diss. Heidelberg 1968, S. 66. Der britische Botschafter in Berlin, Sir Horace Rumbold, setzte sich nachdrücklich für Zugeständnisse an Deutschland ein, um die extremen Kräfte dadurch zurückzudämmen, hielt aber die NSDAP nicht für stark genug, die absolute Mehrheit zu erringen, und sah Hitler nach den Juli-Wahlen 1932 am Ende seiner Reserven. M. Gilbert, *Sir Horace Rumbold*. Portrait of a Diplomat 1869–1941. London 1973, S. 340ff.
95 Zur Rolle Großbritanniens vgl. H. G. Bickert, Die Vermittlerrolle Großbritanniens während der Reparationskonferenz von Lausanne 1932. In: *Aus Politik und Zeitgeschichte*. Beilage zur Wochenzeitung Das Parlament B 45/73, S. 13ff.
96 Brüning, S. 308.
97 Dazu M. Salewski, Zur deutschen Sicherheitspolitik in der Spätzeit der Weimarer Republik. In: *VfZG* 22, 1974, S. 140.
98 Sehr kritisch zu diesem Aspekt Brüningscher Außenpolitik H. Graml, Präsidialsystem und Außenpolitik. In: *VfZG* 21, 1973, S. 140ff.; vgl. auch Salewski, *Sicherheitspolitik*, S. 137, 139. Die neuere Forschung wird resümiert bei M. Lee/W. Michalka, *Deutsche Außenpolitik 1917–1933*. Kontinuität oder Bruch? Stuttgart 1980, Kap. IV.
99 Außenminister Simon an Rumbold 29. 8. 1932. *DBFP*, Serie II, Bd. 4, S. 109.
100 MacDonald an Simon 22. 9. 1932. Waites, S. 142.
101 W. Deist, Internationale und nationale Aspekte der Abrüstungsfrage 1924–1932. In: H. Rößler (Hg.), *Locarno und die Weltpolitik 1924–1932*. Göttingen 1969, S. 90. Vgl. auch R. Pfeiffer, *Die deutsch-britischen Beziehungen unter den Reichskanzlern von Papen und von Schleicher*. Diss. Würzburg 1971.
102 So 1923, als die Reichsregierung mit der MICUM verhandelte und möglicherweise britische Wirtschaftsinteressen gefährdet waren, und 1926, als aus demselben Grund britische Vorbehalte gegen mögliche Auswirkungen von Thoiry angemeldet wurden. Weidenfeld, S. 196; Wurm, S. 464ff.
103 Waites, S. 138f.; E. W. Bennett, *German Rearmament and the West 1932–1933*. Princeton 1979, S. 208ff.
104 Deist, S. 88; Bennett, S. 119.
105 Bennett, S. 90f., 240.
106 MacDonald an Herriot 10. 10. 1932. Waites, S. 142. Tagebuchnotizen MacDonalds 3. und 27. 12. 1932. Bennett, S. 218, 263.
107 Deist, S. 91f.; Bennett, S. 250ff.
108 O. Hauser, *England und das Dritte Reich*, Bd. 1. Stuttgart 1972, S. 15ff.
109 Im Kontext der Reparationsproblematik formulierte es der britische Völkerbundsdelegierte Lord Cecil am 11. 9. 1931 sehr genau: „... we are helping Germany, not from love of Germany, but because her destruction would be a grave blow to our own credit; and the Germans know this quite well." *DBFP*, Serie II, Bd. 3, S. 488.

5. Amerikanischer Kapitalexport und Wiederaufbau der deutschen Wirtschaft 1919–1923 im Vergleich zu 1924–1929*

CARL – LUDWIG HOLTFRERICH

I.

Der Kapitalstrom, der in der Zeit der „goldenen" zwanziger Jahre von 1924 bis 1929 aus den USA nach Deutschland floß, steht im Mittelpunkt vieler Beiträge zur Rolle der USA nicht nur bei der Finanzierung der deutschen Reparationszahlungen, sondern auch beim Wiederaufbau der deutschen Wirtschaft nach dem Ersten Weltkrieg, angefangen bei R. Kuczynski über W. Angell bis hin zu Arbeiten aus neuester Zeit.[1] Demgegenüber ist der Beitrag des Auslandskapitals zum wirtschaftlichen Wiederaufbau in Deutschland während der Jahre der Inflation von 1919–23 noch weitgehend unerforscht. Noch immer gilt der Dawesplan von 1924 und die damit eingeleitete Phase einer auf Währungsstabilität ausgerichteten Finanz- und Geldpolitik in Deutschland als der Schlüssel, der der deutschen Wirtschaft die Tür zum internationalen und bes. zum amerikanischen Kapitalmarkt geöffnet habe. So schrieb z. B. Angell am Ende der zwanziger Jahre:

> Die Geschichte Deutschlands seit dem Krieg zerfällt also in zwei Perioden. In der ersten führen die Ereignisse immer schneller dem Abgrund zu. Die Periode der Katastrophen, die mit der militärischen Niederlage und der Revolution begann, trieb die Nation in den dunklen Strudel der Inflation, steigerte sich zum Unglück des Ruhrkampfes und endete schließlich mit dem völligen Zusammenbruch des Jahres 1923. In der zweiten Periode ging es aufwärts. Unter der Ägide des Dawes-Plans und unter Hilfe sehr hoher Beträge von Auslandskapital haben das Geschick der Führer und die ruhige Entschlossenheit der Bevölkerung zusammengewirkt, um den Wiederaufstieg herbeizuführen, der ohne Beispiel in der Weltgeschichte ist.[2]

Es ist jedoch nützlich, zwischen dem finanziellen und dem wirtschaftlichen Wiederaufbau der deutschen Wirtschaft in den Jahren vom Ersten Weltkrieg bis zur Weltwirtschaftskrise zu unterscheiden. Beim finanziellen Wiederaufbau geht es um die Stabilisierung der Währungs- und Kreditbeziehungen, die in Deutschland erst mit der Einführung der Rentenmark im November 1923 begann und durch deutsche Anleihen im Ausland ab

---

* Der Harvard Universität schulde ich Dank dafür, daß sie mir mit einem John-F.-Kennedy-Gedächtnisstipendium Forschungen zu diesem Thema ermöglicht hat. Auch danke ich meinen Kollegen Prof. W. Fischer und Dr. H. Kiesewetter für kritische Anmerkungen zu einem früheren Entwurf dieses Aufsatzes. (Überarbeitete Fassung aus: *VSWG* Bd. 64, 1977)

Ende 1924 abgesichert wurde. Beim wirtschaftlichen Wiederaufbau handelt es sich jedoch nicht um monetäre Phänomene, sondern um die physische Rekonstruktion des Produktionsapparates. Der Geldschleier muß sozusagen beiseite geschoben werden, um die Entwicklung realer makroökonomischer Größen – sei es Konsum, Investition, Außenhandel – hervortreten zu lassen. Auf den wirtschaftlichen Wiederaufbau wurde bereits im Dawes-Gutachten hingewiesen, das die rege Investitionstätigkeit in Deutschland während der Inflationsjahre so beschrieb:

> Ferner hat Deutschland seine Anlagen und Ausrüstung seit 1919 dauernd verbessert; die mit der Begutachtung der Eisenbahnen besonders betrauten Sachverständigen haben in ihrem Bericht dargelegt, daß zur Verbesserung des deutschen Eisenbahnsystems kein Geld gespart worden ist; das deutsche Telephon- und Telegraphenwesen ist mit den modernsten Hilfsmitteln ausgestattet, Häfen und Kanäle sind gleichfalls ausgebaut worden; schließlich waren die Industriellen in der Lage, ihre hochmodernen Fabrikanlagen noch zu erweitern, so daß in vielen Industrien mehr produziert werden kann als vor dem Kriege.[3]

Tabelle 1
Wachstum der deutschen Industrieproduktion (Index 1928 = 100)

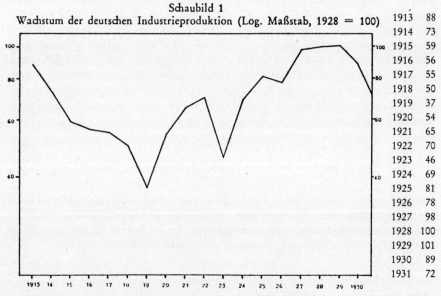

Schaubild 1
Wachstum der deutschen Industrieproduktion (Log. Maßstab, 1928 = 100)

Jahr	Index
1913	88
1914	73
1915	59
1916	56
1917	55
1918	50
1919	37
1920	54
1921	65
1922	70
1923	46
1924	69
1925	81
1926	78
1927	98
1928	100
1929	101
1930	89
1931	72

Quelle: Rolf Wagenführ, Die Industriewirtschaft. Entwicklungstendenzen der deutschen und internationalen Industrieproduktion 1860 bis 1932. *Vierteljahrshefte zur Konjunkturforschung.* Sonderheft 31, Berlin 1933, S. 22, 28, 56. Für die Kriegsjahre: *Statistisches Bundesamt,* Bevölkerung und Wirtschaft 1872–1972, Stuttgart 1972, S. 176.

Da Wagenführ S. 24 angibt, Deutschland habe durch die Gebietsabtretungen infolge des Friedensvertrages rd. 10% seiner industriellen Kapazität verloren, sind die Angaben für die Jahre 1913–18 jeweils um diesen Satz gekürzt, um die Vergleichbarkeit mit den Nachkriegsjahren zu gewährleisten.

Wagenführ hat für das Wachstum der deutschen Industrieproduktion von 1913–31 die in *Tabelle 1* angegebenen Indexwerte zusammengestellt. Im *Schaubild 1* wird deutlich, daß nach 1919 bis 1922 ein mindestens ebenso intensives industrielles Wachstum der deutschen Wirtschaft stattfand wie in der Periode nach 1923 bis 1927 oder gar 1929 während der „goldenen" zwanziger Jahre.[4] Das Jahr 1923 zwischen den beiden Wachstumsperioden war gekennzeichnet durch außerökonomisch bedingte Produktionsstörungen, namentlich die Besetzung des Ruhrgebietes durch französische und belgische Truppen und den passiven Widerstand von deutscher Seite. Der tiefe Einbruch im Jahr 1923 unterbrach die nach 1919 bis zum Beginn der Weltwirtschaftskrise 1929 vorhandene Wachstumstendenz der deutschen Industrieproduktion nur kurzfristig. Der hohe Zuwachs von 1920 bis 1922 ist umso bemerkenswerter, als die weltwirtschaftliche Entwicklung in jenen Jahren von Depression und Wachstumsstörungen gekennzeichnet war.[5]

Unter der Annahme, daß die Entwicklung der deutschen Industrieproduktion gesamtwirtschaftliche Entwicklungstendenzen in Deutschland repräsentiert und daß das Wachstum der Wirtschaft eine Funktion der Investitionstätigkeit ist, kann geschlossen werden, daß die gesamtwirtschaftliche Investitionsquote (= Anteil der Investitionen am Sozialprodukt) in den Jahren 1920–22 zumindest nicht geringer war als in den späteren 20er Jahren nach der Stabilisierung der Währung.[5a] Wo dies anerkannt worden ist, wird argumentiert, daß die hohen Investitionen allein durch inländischen Konsumverzicht ermöglicht worden seien, mit anderen Worten, daß Auslandskredite in dieser Phase keine Rolle gespielt hätten.[6]

Ziel dieser Untersuchung ist es zu prüfen, ob Auslandskapital, insbesondere aus den USA, auch vor 1924 in bedeutendem Umfang am Wiederaufbau des deutschen Produktionsapparates beteiligt war. In Abschnitt II werde ich Umfang und Struktur des deutschen Kapitalimports 1924–30 von seiner finanziellen Seite her darstellen. Abschnitt III behandelt die reale Seite der deutschen Kapitaleinfuhr aus den USA, soweit sie sich in den deutschen Importüberschüssen im Warenverkehr niederschlägt, sowohl für die Jahre 1919–23 als auch die nachfolgende Periode. In Abschnitt IV wird für die Periode 1919–23 die finanzielle Seite des amerikanischen Kapitalexports allgemein und nach Deutschland im besonderen erörtert. Dort wird zunächst die Bedeutung staatlicher Maßnahmen, dann der Umfang der privat motivierten Kapitalausfuhr abgeschätzt. Im Abschnitt V sollen die Ergebnisse zusammengefaßt und im Vergleich der beiden Perioden vor und nach 1924 bewertet werden.

II.

Für die Jahre 1924–30 wird der deutsche Nettokapitalimport (= Überschuß der Kapitalimporte über die Kapitalexporte) mit insgesamt 18,2 Mrd. Reichsmark angegeben. Dieser verteilte sich auf die einzelnen Jahre sowie auf kurz- und langfristigen Kapitalimport wie in *Tabelle 2* angegeben. Dieser Nettokapitalimport löste sowohl außenwirtschaftliche als auch binnenwirtschaftliche Wirkungen aus. Außenwirtschaftlich konnten bei Stabilität der Währung nicht nur die im Dawesplan vorgesehenen, allmählich ansteigenden Reparationszahlungen gedeckt werden, sondern darüber hinaus auch die Defizite in der Handels- und Zinsenbilanz sowie vereinzelt deutsche Investitionen im Ausland, bei denen es sich nach den vorliegenden Statistiken fast ausschließlich um kurzfristige Anlagen handelte.[7] Binnenwirtschaftlich trug der Kapitalzustrom zur Finanzierung der Investitionen und damit zum Wachstum der Wirtschaft bei, ohne daß in entsprechendem Ausmaß Konsumverzicht zu leisten war. Ein Teil des hereinströmenden Auslandskapitals floß direkt an die investierenden Privatunternehmen, so die kurzfristigen Kapitalimporte, bei denen hauptsächlich Banken sowie private Handels- und Industrieunternehmen als unmittelbare Kreditnehmer auftraten.[8] Demgegenüber wurden die langfristigen Auslandsanleihen 1924–1931 zu mehr als 60% von Gebietskörperschaften und öffentlichen Unternehmen aufgelegt.[9] Auch insoweit diese Beträge nicht unmittelbar für staatliche Investitionen eingesetzt wurden, förderten sie die Investitionstätigkeit im Inland, indem sie Kapital aus inländischen Quellen für privatwirtschaftliche Investitionen freisetzten.

Tabelle 2
Deutscher Kapitalimport 1924–1930[a] in Mrd. Reichsmark[b]

	Langfristig	kurzfristig	nicht aufgliederbar	gesamt
1924	1,0	1,5	0,4	2,9
1925	1,1	0,3	1,7	3,1
1926	1,4	0,1	- 0,9	0,6
1927	1,7	1,8	0,4	3,9
1928	1,7	1,4	1,2	4,3
1929	0,6	1,1	1,1	2,7
1930	1,6	0	- 0,9	0,7
1924–1930	9,1	6,2	2,9	18,2

a Layton-Bericht. *Das Basler Gutachten über die deutsche Wirtschaftskrise*, Frankfurt 1931, S. 31.
b Nettowerte. (-) gleich Nettokapitalexport.

Der Anteil der USA an der Zeichnung langfristiger deutscher Auslandsanleihen ist mit 55,2% ausgewiesen.[10] Auch am kurzfristigen deutschen Kapitalimport dieser Periode waren die USA mit 37,2% in stärkerem Maße beteiligt als jedes andere Land, wenn man die regionale Aufgliederung der kurzfristigen Auslandsverpflichtungen deutscher Banken am 31. März 1931 – also vor den Kreditabzügen, die die Bankenkrise im Juli auslösten – zugrundelegt.[11] Man kann daher annehmen, daß die USA am gesamten Nettokapitalimport Deutschlands 1924–30 in Höhe von 18,2 Mrd. RM mit etwa 9,5–10 Mrd. RM beteiligt waren. Dabei wird davon ausgegangen, daß es sich bei den nicht aufgliederbaren Posten in erster Linie um ausländische Direktinvestitionen handelte, die für Ende 1929 auf 2 bis 3 Mrd. RM geschätzt wurden.[12] Hier dürften die USA einen besonders großen Anteil beigetragen haben.

III.

Um den Beitrag der USA zur *wirtschaftlichen* Rekonstruktion der deutschen Wirtschaft nach dem Ersten Weltkrieg zu erfassen, kann man von den physischen Exportlieferungen der USA an Deutschland ausgehen. Insoweit diese über die umgekehrten Lieferungen hinausgingen, wurde die in Deutschland zur Verfügung stehende Warenmenge für Konsum- und Investitionszwecke vermehrt. Diese bilaterale Betrachtungsweise mag erlaubt sein, da Deutschland während der Inflationsjahre eine insgesamt defizitäre Handelsbilanz auswies und die Defizite im Handel mit den USA weder durch Überschüsse im Handel mit anderen Staaten noch durch die geringfügigen Überschüsse in der Dienstleistungsbilanz ausgleichen konnte.[13] Der Ausgleich erfolgte vielmehr über Kapitalimporte, die für die deutschen Importüberschüsse aus den USA und möglicherweise darüber hinaus ihren Ursprung in den Vereinigten Staaten gehabt haben dürften; denn als Folge des Weltkrieges hatten sich die USA zum größten Nettokapitalexporteur der Welt entwickelt.[14]

Ich habe in *Tabelle 3* die Zahlen für den gesamten US-Außenhandel sowie den bilateralen Warenverkehr der USA mit Deutschland für die Jahre 1913 bis 1951, mit Ausnahme der Kriegsjahre, nach den Außenhandelsstatistiken der USA zusammengestellt. Daraus wird ersichtlich, daß sich die deutsch-amerikanischen Handelsbeziehungen in den ersten Nachkriegsjahren besonders intensiv entwickelten. In den Jahren 1920–22 lag der Anteil US-amerikanischer Lieferungen an den gesamten deutschen Importen bei ca. 20%, während er 1910–13 nur bei rund 14% gelegen hatte.[15] Für Deutschland waren die USA damit zum weitaus wichtigsten Lieferanten aufgerückt. Für die USA hatte sich Deutschland hinter Großbritannien zum zweitwichtigsten Absatzmarkt entwickelt, der in dem Depressionsjahr 1921 seine Bezüge trotz stark gefallener Weltmarktpreise auch wertmäßig noch steigerte, als der Nachfragerückgang auf anderen Märkten den Gesamtwert der amerikanischen Exporte gegenüber 1920 etwa halbierte (vgl. *Tabelle 3*). Damit stieg der Anteil, den Deutschland von den gesamten amerikanischen Exporten aufnahm, von 3,8% im Jahr 1920 auf 8,3% im Jahr 1921. Er konnte während der gesamten zwanziger Jahre nur noch wenig gesteigert werden.

Über die Warenstruktur der amerikanischen Exporte nach Deutschland in den Jahren 1919–21 gibt *Tabelle 4* Aufschluß. Ins Gewicht fielen nur Primärprodukte, nämlich

Tabelle 3
Amerikanisch-deutscher Außenhandel in Mio US-Dollar

	US-Exporte [1]			US-Importe aus Deutschland	Überschuß d. US-Exporte nominal	US-Großhandelspreisindex [2] (1926=100)	Überschuß der US-Exporte real [3]
	nach Deutschland	(Gesamt)	in % v.1a				
	1	1a	1b	2	3	4	5
1913	332	(2.466)	13,5	189	143	69,8	204,9
1919	93	(7.920)	1,2	11	82	138,6	59,2
1920	311	(8.228)	3,8	89	222	154,4	143,8
1921	372	(4.485)	8,3	80	292	97,6	299,2
1922	316	(3.832)	8,3	117	199	96,7	205,8
1923	317	(4.167)	7,6	161	156	100,6	155,1
1924	440	(4.591)	9,6	139	301	98,1	306,8
1925	470	(4.910)	9,6	164	306	103,5	295,7
1926	364	(4.809)	7,6	198	166	100,0	166,0
1927	482	(4.865)	9,9	201	281	95,4	294,6
1928	467	(5.128)	9,1	222	245	96,7	253,4
1929	410	(5.241)	7,8	255	155	95,3	162,6
1930	278	(3.843)	7,2	177	101	86,4	116,9
1931	166	(2.424)	6,9	127	39	73,0	53,4
1932	134	(1.611)	8,3	74	60	64,8	93
1933	140	(1.675)	8,4	78	62	65,9	94
1934	109	(2.133)	5,1	69	40	74,9	53
1935	92	(2.283)	4,0	78	14	80,0	18
1936	102	(2.456)	4,2	80	22	80,8	27
1937	126	(3.349)	3,8	92	34	86,3	39
1938	107	(3.094)	3,5	65	42	78,6	53
1946	83	(9.738)	0,9	3	80	121,1	66,1
1947	128	(14.430)	0,9	6	122	152,1	80,2
1948	863	(12.653)	6,8	32	831	165,1	503,6
1949	822	(12.051)	6,8	45	777	155,0	501,3
1950	441	(10.275)	4,3	104	337	161,5	208,7
1951	523	(15.032)	3,5	233	290	180,4	160,8

1 *Historical Statistics of the United States.* Colonial Times to 1970. Washington D. C. 1975, S. 903, 905f.

2 Ebenda, S. 200.

3 Entspricht $\frac{\text{Spalte 3}}{\text{Spalte 4}} \times 100$.

Nahrungsmittel und Rohstoffe (darunter insbesondere Rohbaumwolle, Kupfer und Mineralöl), also die Güter, die Deutschland wegen der schwierigen Ernährungslage und wegen des Rohstoffmangels für den Wiederaufbau der Wirtschaft in diesen Jahren am dringendsten benötigte.

In *Tabelle 3* habe ich die Nominalgrößen des deutsch-amerikanischen Handels mit dem Großhandelspreisindex der USA preisbereinigt, um den jeweiligen realen Außenbeitrag der USA an Deutschland aus den beiderseitigen Handelsbeziehungen zu ermitteln. Die Entwicklung dieser *realen* Exportüberschüsse ist im *Schaubild 2* dargestellt. Für die Jahre 1924–30, in denen der Kapitalimport Deutschlands auch von der finanziellen Seite her statistisch erfaßt ist, sind die entsprechenden Daten aus *Tabelle 2* zusätzlich abgebildet. Für die Jahre ab 1924 ist die Parallelität zwischen den Schwankungen der beiden Reihen deutlich zu erkennen. Es erscheint daher möglich, die Kurve der realen Exportüberschüsse der USA im Handel mit Deutschland als repräsentativ anzusehen für

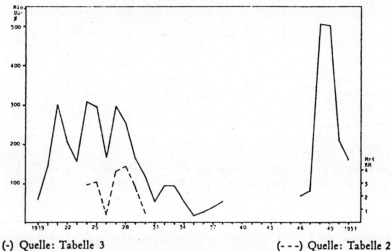

Schaubild 2
Reale Exportüberschüsse der USA im Handel mit Deutschland 1919—1951 (—)
Deutscher Nettokapitalimport 1924—1930 (- - -)

(-) Quelle: Tabelle 3 (- - -) Quelle: Tabelle 2

die Nettokapitalimporte Deutschlands während der Inflationsjahre. Die USA dürften in dieser Phase mindestens ebenso stark wie nach 1924 Hauptkreditgeber gewesen sein, da sie in den frühen Nachkriegsjahren noch stärker als nach 1924 gegenüber den traditionellen europäischen Kapitalexportländern (bes. Großbritannien) wirtschaftlich und finanziell dominierten. Aus dem *Schaubild 2* wird erkennbar, daß Deutschland schon vor der Währungsstabilisierung und dem Dawesplan von 1924 in beträchtlichem Umfang Kapital aus den USA importierte und daß diese Kapitaleinfuhr schon 1921 einen Höhepunkt erreichte, der den späteren Höhepunkten in den Jahren 1924/25 und 1927 in realen Beträgen nicht nachstand. Zum Vergleich sei auf die Entwicklung nach dem Zweiten

Weltkrieg verwiesen: Hier zeigen die entsprechenden US-Handelsstatistiken, daß es vor der Währungsreform und dem Ingangsetzen der Marshallplanhilfe im Jahre 1948 nur einen geringen US-Kapitalexport nach Deutschland gegeben hatte.

Tabelle 4
Wichtigste Artikel unter den amerikanischen Exporten nach Deutschland 1919–21
(Werte in Mio US-Dollar)

	1919	1920	1921[+]
Gesamtexporte	93	311	372
a) Nahrungs- u. Genußmittel			
Brotgetreide und -mehl	2,0	57,7	104,7
Fleisch u. Fleischprodukte	46,0	56,4	49,0
Milch- und Milchprodukte	2,0	4,8	6,4
Tabak	1,1	4,9	5,9
b) Rohstoffe			
Rohbaumwolle	26,3	110,6	110,9
Kupfer	1,4	18,1	31,6
Mineralöl	0,1	21,0	17,6
Düngemittel	0,3	1,6	2,2

Quelle: Department of Commerce. *Bureau of Foreign and Domestic Commerce,* Trade of the United States with the World 1918–1919. Part II: Exports, Washington 1920, S. 35–37. Ebd. 1920–21, Part II: Exports, Washington 1922, S. 33–38.

[+] Hinter den nicht spektakulären wertmäßigen Steigerungen der amerikanischen Exporte von 1920 auf 1921 verbergen sich wegen der rapide gefallenen Weltmarktpreise sehr hohe mengenmäßige Steigerungen. So hatte sich z. B. die Ausfuhr von Rohbaumwolle bei gleichbleibendem Exportwert mengenmäßig genau verdoppelt.

Es stellt sich nunmehr vor allem die Frage nach den Finanzierungskanälen, über die der amerikanische Kapitalexport nach Deutschland während der Inflationsjahre nach dem Ersten Weltkrieg stattfand. Zu unterscheiden ist dabei der staatlich geförderte amerikanische Kapitalexport von dem, der auf rein privatwirtschaftlicher Ebene zustande kam und bei den staatlichen Organen eher Besorgnis auslöste als Förderung erfuhr.

IV.

Im Gegensatz zu ihrer Haltung nach dem Zweiten Weltkrieg war die amerikanische Regierung nach 1918 nur in beschränktem Umfang an der Kreditgewährung nach Europa beteiligt. Nach dem Waffenstillstand vom November 1918 gewährte sie den verbündeten Regierungen zunächst weiterhin Kredite und Finanzhilfen, vorwiegend auf der Grundlage der zum Zwecke der Kriegführung getroffenen Vereinbarungen und Ermächtigungen. Sie gab die im wesentlichen im Jahre 1919 geleisteten Kredite und Finanzierungserleichterungen am 28. Januar 1920 mit folgenden Beträgen an:[16]

Direkte Vorschüsse aus dem Liberty Loan Act	2,4 Mrd. Dollar
Kauf europäischer Währungen zur Finanzierung amerikanischer Armeeausgaben und entsprechende Schaffung von Deviseneinnahmen für die europäischen Wirtschaften	0,7 Mrd. Dollar
Verkauf von Armee- und Regierungsvorräten auf Kredit	0,7 Mrd. Dollar
Nahrungsmittelhilfe (Relief)	0,1 Mrd. Dollar
Aufgelaufene Zinsen für Schulden alliierter Regierungen	0,3 Mrd. Dollar
	4,2 Mrd. Dollar

Für Lieferungen nach Deutschland hatte diese Finanzmasse jedoch keine Bedeutung. Zwar gelangten im Rahmen der Nahrungsmittelhilfe (Relief) besonders in den Monaten April bis August 1919 auch umfangreiche Hilfssendungen in Höhe von rund 160 Mio. Dollar aus den USA oder aus amerikanischen Vorräten in Europa nach Deutschland.[17] Doch während die alliierten und *befreiten* Staaten einen Großteil solcher Sendungen auf Kredit erhielten, mußte die deutsche Regierung als ehemaliger Feindstaat bar – in Gold oder Dollar – bezahlen,[18] was zum großen Teil die Verminderung der Goldbestände der Reichsbank im Jahre 1919 erklärt.[19] Als nach der Unterzeichnung des Versailler Vertrages die alliierten Regierungen diese Hilfssendungen weitgehend einstellten, führten besonders in den USA private und halböffentliche Organisationen solche Programme fort, überwiegend in Form von Geschenksendungen. Für Deutschland fielen diese jedoch gesamtwirtschaftlich mit rund 12 Mio. Dollar[20] nicht ins Gewicht.

Die Regierung bzw. der Kongreß der USA trafen aber Maßnahmen, die der Förderung von Exporten aus der Privatwirtschaft dienen und auf diese Weise den amerikanischen Kapitalexport anregen sollten:[21]

- Novelle zum *War Finance Corporation Act* vom 3. März 1919, die die War Finance Corporation ermächtigte, amerikanischen Firmen zum Zwecke des Exports Kredit zu gewähren.
- Der *Edge Act* vom Dezember 1919, der die Gründung von Bankunternehmen speziell zur Förderung des Exportgeschäfts unter der Aufsicht des Federal Reserve Board vorsah.
- Der *Webb Pomerene Act* vom 10. April 1918, der Ausnahmen von den Shearman-

Clayton-Anti-Trust Gesetzen vorsah für Unternehmen, die sich zwecks Exportförderung zusammenschließen wollten.

Der Webb Pomerene Act schuf Vorteile auf der Kostenseite der Absatzorganisation und spielte für die Kreditgewährung an das Ausland zur Steigerung der Nachfrage nach amerikanischen Exportprodukten nur eine indirekte Rolle. Das war anders bei der War Finance Corporation und dem Edge Act.

Die War Finance Corporation wurde durch Gesetz vom 5. April 1918 mit einem Kapital von 500 Mio. Dollar ins Leben gerufen.[22] Einziger Teilhaber war die US-Regierung. Entsprechend ihrem Namen hatte die neue Institution die Aufgabe, Kredite an solche Banken und Unternehmen zu gewähren, die ihrerseits kriegswichtige Produktion leisteten bzw. finanzierten. Die Novelle vom 3. März 1919 dehnte die Zweckbestimmung auf die Vergabe von Exportkrediten an amerikanische Unternehmen aus und sah hierfür ein Limit an ausstehenden Krediten von 1 Mrd. Dollar vor. Die Kredite wurden in Dollar gewährt und konnten bis zu 5 Jahren Laufzeit haben. Der Zinssatz sollte mindestens 1% über dem Diskontsatz liegen und war an dieser Untergrenze günstiger als die Marktzinssätze. Die ersten Exportkredite dieser Art kamen jedoch erst im Januar 1920 zustande. Bis Ende März 1920 stieg der Betrag an ausstehenden Exportkrediten auf 43 Mio. Dollar. Das amerikanische Schatzamt betrieb jedoch die Einstellung der Aktivitäten der War Finance Corporation, weil es zwar der Förderung amerikanischer Exporte wohlwollend gegenüberstand, aber nur auf der Grundlage privater Finanzmittel. Nachdem im Dezember 1919 der Edge Act mit Unterstützung des Treasury verabschiedet worden war und die Grundlagen privater Kreditgewährung zum Zwecke der Exportförderung gestärkt hatte, sah es den Zeitpunkt für die Beendigung staatlicher Exportfinanzierung gekommen. Am 10. Mai 1920 gab es die Suspension der Aktivitäten der War Finance Corporation bekannt. Mit dem Vorwurf, die amerikanische Regierung und das Federal Reserve Board betrieben *artificial deflation*, leiteten Interessenverbände der amerikanischen Landwirtschaft und insbesondere der Baumwollproduzenten eine Kampagne zur Wiederbelebung der Aktivitäten der War Finance Corporation ein, besonders nachdem im Sommer 1920 die beginnende Depression bei den Agrarpreisen spürbar geworden war. Der Kongreß konnte gegen das Veto des Präsidenten im Januar 1921 schließlich die Wiederbelebung der Aktivitäten der War Finance Corporation durchsetzen.[23]

Über den ersten größeren Exportkredit (10 Mio. Dollar) der War Finance Corporation für ein Exportgeschäft mit Deutschland, und zwar für die Ausfuhr von Milch und Milcherzeugnissen, wurde im ersten Halbjahr 1921 berichtet.[24] Im zweiten Halbjahr wendete sich die Corporation vorwiegend der Kreditvergabe an die unter der Depression leidende Landwirtschaft im Inland zu. Zusammenfassend kann man sagen, daß auf diesem Wege nur ein geringer Teil der US-Exporte überhaupt und nach Deutschland im besonderen finanziert worden ist. Obwohl die amerikanische Regierung mit dieser Institution das Instrument in der Hand hatte, in größerem Stil Exportlieferungen nach Europa zu finanzieren und auf diese Weise Wiederaufbauhilfe zu leisten, machte sie davon nur in unbedeutendem Umfang Gebrauch. Das entsprach ihrem politischen Grundsatz, den der Secretary of the Treasury, Carter Glass, in einem Brief vom

28. Januar 1920 an Homer J. Ferguson, den Präsidenten der amerikanischen Handelskammer, folgendermaßen formulierte:

> Die Regierungen der Welt müssen sich jetzt aus Bank- und Handelsgeschäften zurückziehen. Kredite auf Regierungsebene bedingen nicht nur auf Seiten der kreditgewährenden Regierung zusätzliche Steuern oder Verschuldung mit der Folge von Inflation, sondern auch auf Seiten der kreditnehmenden Regierung eine Fortsetzung der Kontrolle über Aktivitäten der Privatwirtschaft, womit eine gründliche Bereinigung der bestehenden Probleme nur hinausgezögert wird [. . .] Das Schatzamt ist gegen Regierungskontrollen der internationalen Handels- und Finanzbeziehungen eingestellt [. . .] Es ist überzeugt, daß die notwendigen Kredite für den wirtschaftlichen Wiederaufbau und die Wiederbelebung des Handels durch private Kanäle zur Verfügung gestellt werden müssen.[25]

Der *Edge Act* entsprach dieser Politik, sollte er doch die Exportaktivitäten der amerikanischen Wirtschaft auf rein privatwirtschaftlicher Ebene fördern und dabei die Rolle hoheitlicher Organe auf die Überwachung der gesetzlich begünstigten privaten Aktivitäten durch das halbstaatliche Federal Reserve Board beschränken.[26] Zweck des von Senator Edge eingebrachten Gesetzentwurfes war die Schaffung von Finanzierungsinstituten (Edge Act Companies), die ausländischen Abnehmern amerikanischer Exportgüter langfristigen Kredit gewähren konnten im Austausch gegen ausländische Schuldverschreibungen, z. B. gegen die Eintragung einer Hypothek auf die Produktionsanlagen des ausländischen Importeurs. Das Finanzierungsinstitut sollte dann in Höhe seiner Forderungen an das Ausland Schuldverschreibungen (debentures) auf dem amerikanischen Kapitalmarkt unterbringen und auf diese Weise die Beträge flüssig machen, die der ausländische Importeur für die Bezahlung seiner Bezüge aus den USA benötigte. Zur Begründung dieses Verfahrens hieß es, daß Schuldverschreibungen (bonds), mit denen Ausländer direkt an den amerikanischen Kapitalmarkt heranträten, nur wenig Aufnahmebereitschaft in der amerikanischen Öffentlichkeit finden würden, die „debentures" der neuen Finanzierungsinstitute dagegen große, da sie durch das Federal Reserve Board der Aufsicht der amerikanischen Regierung unterworfen seien.[27] Es wurde ausdrücklich erwähnt, daß mit diesen Krediten den ausländischen Kunden ermöglicht werden sollte, mit der endgültigen Begleichung der Schulden bis zu einer Besserung der *ungünstigen Wechselkurse* ihrer Länder zu warten. Es handelte sich also auch bei diesen Kreditgeschäften — obwohl mit Ausländern – um Kontrakte in Dollar. Auf der Grundlage dieses Gesetzes entstand im April 1920 die First Federal Foreign Banking Association in New York mit einem Kapital von 2,5 Mio. Dollar und 1921 die Federal International Banking Company in New Orleans mit einem Kapital von 3,25 Mio. Dollar, letztere vor allem im Hinblick auf die Finanzierung von Baumwoll-, Holz- und Tabakexporten dieser Region nach Europa. Zu weiteren Gründungen kam es bis 1926 nicht, so daß dieses Gesetz für die Finanzierung amerikanischer Exportüberschüsse nach Deutschland während der Inflation nach meiner Einschätzung keine durchschlagende Bedeutung erlangt hat.

Eine etwas wichtigere Rolle für die Exportfinanzierung spielten jedoch die sog. Agreement Banks, die nach einem 1916 verabschiedeten Zusatz zum Federal Reserve Act von 1913 mit der Zustimmung des Federal Reserve Board gegründet werden konnten zum Zwecke des *international or foreign banking*. Zu den größten zählte die auf Initiative von Paul M. Warburg 1920/21 gegründete und geleitete International Acceptance Bank, New York, mit einem Kapital von 16 Mio. Dollar. Paul Warburg war Mitglied des Federal Reserve Board und Bruder des deutschen Bankiers Max Warburg, dessen Bankhaus M. M. Warburg & Co. in Hamburg zu den Gründungsaktionären der International Acceptance Bank gehörte.[28] P. Warburg berichtete im Januar 1925 an die Teilhaber der Bank:

> Bereits im Juli 1921 war die Bank in der Lage, ein Konsortium für einen Akzeptkredit in Höhe von 9 Mio. Dollar zur Finanzierung von Getreidelieferungen nach Deutschland zu organisieren [...] In allen Transaktionen mit Deutschland hatten wir den unschätzbaren Vorteil der Ratschläge und der Zusammenarbeit mit unseren dortigen Freunden und Geschäftspartnern [...] Wir können mit Freude feststellen, daß wir auf Grund der Intelligenz und Wachsamkeit dieser Freunde nicht einen einzigen Ausfall in unseren Kreditbeziehungen mit diesem Lande zu beklagen haben.[29]

Robert Dunn beziffert die Summe derartiger Dollar-Kredite amerikanischer Bankenkonsortien an deutsche Wirtschaftsunternehmen und Banken während der Nachkriegsjahre bis Oktober 1924 auf 50 Mio. Dollar.[30]

Nun komme ich zu den Formen amerikanischen Kapitalexports, die sich auf rein privatwirtschaftlicher Ebene entwickelten. Aus der Übersicht über die amerikanische Zahlungsbilanz in *Tabelle 5* wird deutlich, daß in den ersten drei Jahren nach dem Ersten Weltkrieg der jährliche amerikanische Kapitalexport größer war als in den Jahren nach 1924, wenn man von den Überschüssen in der Leistungsbilanz ausgeht. Allein in den beiden Jahren 1919 und 1920 belief er sich auf etwa 7 Mrd. Dollar. In der Kapitalbilanz zeigt sich, daß der langfristige private Kapitalexport im Jahr 1923 auf ein Minimum fiel, die Werte in den Jahren vorher und nachher jedoch nicht bedeutend voneinander abwichen.[31]. Da für die Jahre 1919–22 die kurzfristigen privaten Kapitalbewegungen nicht gesondert erfaßt sind, schlagen sie in den Restposten der Zahlungsbilanz zu Buche. Hier zeigt sich, daß 1919 und nach dem Auslaufen des staatlichen Kapitalexports in noch größerem Umfang 1920 der Leistungsbilanzüberschuß durch Erwerb kurzfristiger Forderungen an das Ausland finanziert worden ist. Als Hauptempfängerländer der kurzfristigen amerikanischen Kredite wurden das Vereinigte Königreich und Deutschland genannt.[32] Großbritannien konnte auf diese Weise mit amerikanischem Kapital seine traditionelle Rolle als Hauptvermittler internationaler Handelskredite wiederaufnehmen. Deutschland finanzierte daraus teils die Reparationszahlungen, teils den eigenen Kapitalexport, die sog. Kapitalflucht, vor allem aber Importüberschüsse, die die inländischen Ressourcen für den schnellen Wiederaufbau der Wirtschaft vermehrten.[33]

Die Diskussion um die derart erworbene „schwebende Schuld" des Auslandes an die USA spielte in der finanzpolitischen Diskussion der ersten Nachkriegsjahre eine bedeutende Rolle, nicht zuletzt im Zusammenhang mit der im Sommer 1920 vom Federal Reserve Board eingeleiteten Hochzinspolitik. Z. B. sah B. M. Anderson,[34] Chefökonom der Chase National Bank, New York, in dem kurzfristigen privaten US-Kapitalexport eine Gefahr sowohl für die europäische wie für die amerikanische Wirtschaft. Er begrüßte daher die vom Federal Reserve Board eingeleitete Hochzinspolitik, weil sie den Finanzierungsspielraum der amerikanischen Wirtschaft für die Gewährung kurzfristiger

Tabelle 5
Zahlungsbilanz der USA 1917–1933
(in Mio Dollar)

Jahr	Leistungsbilanz Güter u.Dienste (+=Exportüber- schuß)	einseitige Übertragungen Privat	einseitige Übertragungen Staat	Kapitalbilanz (-=Kapitalexport) Staat (kurz-u.lang- fristig)	Kapitalbilanz (-=Kapitalexport) Privat langfristig	Kapitalbilanz (-=Kapitalexport) Privat kurzfr.	Goldbewegungen (-= Goldimport)	Rest- posten
1917	3.475	- 180	- 25	- 3.656	- 630	- 400	- 312	928
1918	2.458	- 268	.	- 4.028	- 396	- 422	- 5	1.817
1919	4.868	- 832	- 212	- 2.328	- 384	.	- 166	- 1.278
1920	3.523	- 634	- 45	- 175	- 832	.	- 68	- 1.905
1921	2.122	- 450	- 59	30	- 592	.	- 735	316
1922	997	- 314	- 38	31	- 815	.	- 269	4o8
1923	842	- 328	- 37	91	- 45	- 33	- 315	175
1924	1.351	- 339	- 25	28	- 7oo	- 119	- 256	178
1925	1.087	- 373	- 30	27	- 57o	- 106	- 1oo	135
1926	826	- 361	- 20	30	- 726	- 419	- 93	75
1927	1.073	- 355	- 2	46	- 1.037	- 585	- 113	423
1928	1.377	- 346	- 19	49	- 847	- 348	- 238	1o4
1929	1.148	- 343	- 34	38	- 278	- 4	- 143	384
1930	1.032	- 306	- 36	77	- 298	- 479	- 31o	32o
1931	516	- 279	- 4o	14	- 194	- 637	- 133	99
1932	4o7	- 217	- 21	26	- 225	- 446	- 53	79
1933	358	- 191	- 17	- 7	- 77	- 412	- 131	61

Quelle: *Historical Statistics of the United States. Colonial Times to 1970*, Washington D. C. 1975, S. 867.

Kredite an Europa einschränke. Die Placierung langfristiger europäischer Anleihen auf dem amerikanischen Kapitalmarkt hielt er für die einzig *gesunde* Methode zur Finanzierung des einseitigen Warenstroms aus den USA nach Europa. Die Kredite für den kurzfristigen Kapitalexport seien den europäischen Empfängern in geringerem Maße direkt, vor allem aber indirekt von amerikanischen Banken zur Verfügung gestellt worden, indem amerikanische Unternehmen aus ihrem Betriebskapital Exportkredite für den Absatz ihrer Produkte in Europa vergaben und ihre eigenen liquiden Mittel durch Kreditaufnahme bei amerikanischen Banken wiederauffüllten.[35] Daher stehe die Expansion des amerikanischen Bankkredits 1919/20 in einem engen Zusammenhang mit dem Anwachsen der schwebenden Schuld Europas an die private Wirtschaft in den USA. Ein Großteil der europäischen Schuld liege konzentriert in London, dessen Geldmarkt sich zur Drehscheibe für die Verteilung der amerikanischen Kredite an andere europäische Länder entwickelt habe. Die verschiedenen Kanäle, auf denen amerikanisches Kapital nach Europa gelangt ist, werden bei Anderson folgendermaßen beschrieben:

> Darlehen amerikanischer Banken direkt an europäische Importeure sind ohne Zweifel von relativ geringem Umfang. Kredite amerikanischer Banken an europäische Importeure auf der Grundlage von Garantien verantwortlicher europäischer, besonders britischer Banken waren jedoch weit umfangreicher. Kredite amerikanischer Banken sind auch direkt an europäische, besonders britische Banken gewährt worden. Ein größerer Teil der schwebenden Schuld wird wahrscheinlich unmittelbar von amerikanischen Wechselkursspekulanten gehalten. Ein noch größerer Teil wird wahrscheinlich direkt von amerikanischen Produzenten und Exporteuren gehalten, die auf diese Weise ihr Betriebskapital in Vorschüssen an Europa gebunden haben.[36]

Quantitativ bedeutungsvoll dürften für den amerikanisch-deutschen Kapitalfluß zum einen die Lieferantenkredite amerikanischer Exporteure an deutsche Abnehmer in Dollar, vor allem aber alle die Transaktionen gewesen sein, die direkt auf eine Wechselkursspekulation in Mark gerichtet waren.[37] Über diese Positionen der amerikanischen Zahlungsbilanz sind zur damaligen Zeit keine offiziellen Statistiken geführt worden. Es gibt nur Hinweise auf ihre Bedeutung[38] sowie Schätzungen von informierter Seite, die zum Teil auf Rundfragen bei Banken oder Exportunternehmen beruhen. Im folgenden sollen diese zusammengetragen werden, um – so gut es geht – ein Bild vom Umfang und der Entwicklung dieses amerikanischen Kapitalexports nach Deutschland zu gewinnen.

Anderson bemerkte im Oktober 1920: „[...] wenn die [europäischen] Wechselkurse genügend fallen, werden außereuropäische Spekulanten die europäischen Währungen kaufen und sie für eine unbestimmte Periode halten."[39] Nachdem mit dem Ausgang des Krieges und erneut mit der Unterzeichnung des Versailler Vertrages die deutsche Mark an den internationalen Devisenbörsen stark gefallen war – und zwar erheblich stärker einerseits als die Währungen der anderen europäischen Industriestaaten Frankreich, Italien, Belgien und erst recht Großbritannien und andererseits als die Entwertungsrate im Innern Deutschlands[40] – war die von Anderson beschriebene Situation für Deutschland in besonderem Maße gegeben. Amerikanische Spekulanten engagierten sich in Mark im wesentlichen auf zweierlei Weise:
1. durch Kauf deutscher Inlandsanleihen,
2. durch Kauf von Markdevisen.

Zunächst soll die Bedeutung des Absatzes ausländischer Inlandsanleihen allgemein und der deutschen Markanleihen speziell auf dem amerikanischen Kapitalmarkt dargestellt werden.

Die Investment Bankers Association of America (IBAA) zeigte sich schon frühzeitig besorgt über das Ausmaß der „unsichtbaren"[41] Einfuhr ausländischer Wertpapiere. Auf ihrer 8. Jahresversammlung vom 20.–22. Oktober 1919 in St. Louis berichtete Thomas W. Lamont, Partner des Bankhauses J. P. Morgan und Vorsitzender des Foreign Securities Committee der IBAA, über die „Placierung bedeutender Beträge ausländischer Effekten in den USA, die in ihren Heimatländern als Inlandsanleihen emittiert worden waren."[42] Da sie in der Heimatsprache ausgefertigt wären und nur wenig Schutz gegen Fälschungen böten, schlug er eine zentrale Registrierstelle für in den USA gehandelte ausländische Inlandsschuldverschreibungen vor, um den amerikanischen Anleger vor allzu großen Risiken zu schützen. Auf der darauffolgenden Jahrestagung (4.–6. Oktober 1920) wurde berichtet:

> Es ist allgemein bekannt, daß eine große Anzahl Inlandsschuldverschreibungen ausländischer Städte und Regierungen hier in den USA abgesetzt worden sind, und zwar von wenig verantwortungsbewußten Bankhäusern. Die Grundlage, auf der solche Wertpapiere der amerikanischen Öffentlichkeit verkauft worden sind, ist die anhaltende Entwertung der ausländischen Wechselkurse derjenigen Länder gewesen, deren Inlandsemissionen hier untergebracht worden sind. In den meisten Fällen ist der Abschlag der gegenwärtigen Wechselkurse gegenüber dem Normalzustand betont worden sowie die Möglichkeit riesiger Gewinne im Falle der Rückkehr der Wechselkurse zum Normalzustand.[43]

Wieder wurde eine zentrale Registrierstelle vorgeschlagen, um die Öffentlichkeit vor den Risiken des Betruges oder der Unwissenheit zu schützen. Im Juni 1921 kam es zur Gründung der Association of Foreign Security Dealers of America, zwar außerhalb der Investment Bankers Association, doch wurde Zusammenarbeit vereinbart. Die neue Organisation verfolgte den Zweck, für den Handel mit ausländischen Inlandsschuldverschreibungen, die nicht an der New Yorker Börse eingeführt waren, Handelsregeln aufzustellen und allgemein den Markt für diese Papiere zu verbessern.[44] Zu der wiederum vorgeschlagenen zentralen Registrierstelle kam es jedoch nicht, obwohl das Foreign Securities Committee im Oktober 1922 erneut feststellte: „Ein sehr bedeutender Betrag ausländischer Inlandsschuldverschreibungen ist von Kapitalanlegern in diesem Lande aufgenommen worden."[45] In den Protokollen der Jahrestagung vom September 1923, dem Jahr der totalen Währungsentwertung in Deutschland, fehlte jeder Hinweis auf diese Probleme. Ein Jahr später wurde beschlossen, den Foreign Bondholders Protective Council ins Leben zu rufen, zu spät, um amerikanischen Verlusten aus dem Kauf von Währungsanleihen entgegenzuwirken, jedoch rechtzeitig vor dem Boom amerikanischer Dollaranleihen an das Ausland, insbesondere an Deutschland.

Umfragen der Federal Reserve Bank of New York unter den führenden New Yorker Banken – erstmals im Jahre 1922 – vermitteln einen Eindruck von der Größenordnung des amerikanischen Kapitalexports, der in den Jahren 1919–23 durch den Absatz von Wertpapieren in ausländischer Währung auf dem amerikanischen Markt zustandekam sowie darüber hinaus durch den Reimport amerikanischer Wertpapiere aus dem Ausland

(*Tabelle 6*). Williams konstatierte hierzu 1922, daß der Import von Wertpapieren in Auslandswährung und der Reimport amerikanischer Wertpapiere aus dem Ausland „die bedeutendsten Kanäle für den amerikanischen Kapitalexport seit dem Waffenstillstand gewesen sind."[46] Letztere dürften im Fall Deutschland allerdings eine untergeordnete Rolle gespielt haben, da ausländische Wertpapiere zum größten Teil schon während des Krieges zur Deckung des deutschen Einfuhrüberschusses verwendet worden waren und die von deutscher Seite gehaltenen Auslandsanlagen während der Nachkriegsinflation eher erhöht als abgebaut wurden.[47]

Tabelle 6
Der sog. unsichtbare Wertpapierverkehr der USA mit dem Ausland in Mio Dollar

	1919	1920	1921	1922	1923
1. Importe ausländischer Wertpapiere	39	481	227	326	33[a]
2. Reexport ausländischer Wertpapiere	-	-	32	189	
3. Importe amerikanischer Wertpapiere aus dem Ausland	195	258	26	34	
4. Export amerikanischer Wertpapiere	-	-	42	61	339[b]

a Schließt die Importe amerikanischer Wertpapiere ein.
b Schließt die Reexporte ausländischer Wertpapiere ein. Die Zahl dürfte jedoch im wesentlichen den Verkauf amerikanischer Wertpapiere wiedergeben.

Quelle: J. H. Williams, The Balance of International Payments of the United States for the Year 1922, in: *The Review of Economic Statistics*, Vol. V, 1923, S. 283, und S. Tucker, *The Balance of International Payments of the United States in 1923*. Trade Information Bulletin, No. 215, Washington 1924, S. 15. Vgl. auch: H. B. Lary, S. 107.

Auf den Anteil der Markanleihen an dem amerikanischen Gesamtimport ausländischer Wertpapiere gibt es nur verstreut Hinweise, die allerdings den Schluß zulassen, daß deutsche Wertpapiere den Löwenanteil ausmachten. In der Pionierstudie von F. A. Vanderlip und J. H. Williams über die amerikanische Zahlungsbilanz 1919 wird darauf hingewiesen, daß europäische Inlandsanleihen erst seit der zweiten Jahreshälfte 1919 und verstärkt in den letzten drei Monaten in größeren Mengen auf dem New Yorker Markt auftauchten, was sich in den Anzeigenteilen der New Yorker Finanzzeitungen niederschlug.[48] Das fällt in dieselbe Periode, in der deutsche Importe aus den USA zu steigen begannen.[48a] Der *Annalist,* ein von der New York Times herausgegebenes Wochenblatt für Finanz- und Börsenwesen, berichtete am 16. Februar 1920 in einem Artikel unter der

Überschrift *Foreign Exchange Situation Alluring to Speculators*, daß sich spekulative Nachfrage nach ausländischen Wertpapieren in erster Linie auf deutsche Anleihen richte, sowie auf französische, italienische, belgische und nur in einem viel geringeren Umfang auf britische. Denn der Kauf von Sterling-Wertpapieren stelle eine „Mischung aus einer soliden Investition und Wechselkursspekulationen dar. Diejenigen aber, die nur eine solide Investition wollen, können unter einem reichen Angebot an amerikanischen Wertpapieren auswählen, während diejenigen, die auf Wechselkursspekulation aus sind, in anderen Währungen als Sterling mehr Gelegenheit finden."[49] Anderson nannte – gestützt auf Schätzungen von Bankiers, die größere Geschäfte in solchen Papieren tätigten – für den Import europäischer Inlandsanleihen in die USA von Anfang 1919 bis 31. August 1920 einen Betrag von 155 Mio. Dollar. Die Hauptstücke seien zwei französische Anleihen gewesen. „Die Zahl schließt jedoch einen großen Posten von Markanleihen ein."[50] Speziell für den amerikanischen Import von Markanleihen habe ich zwei Schätzungen gefunden: in einem Bericht der britischen Botschaft in Washington an das Foreign Office in London[50a] (100 Mio. Dollar bis Oktober 1920) sowie in der gut informierten Finanzzeitschrift *Annalist*. Dort wurde im Januar 1923 in einem Artikel *America as the World's Banker* ausgeführt:

> Wäre in Amerika das Wissen um die Probleme der Auslandsinvestitionen in stärkerem Maße verbreitet gewesen, hätte vermutlich die Propaganda, die augenscheinlich den Kauf deutscher Mark beim amerikanischen Publikum populär gemacht hat, nicht den Grad an Erfolg haben können [...] Mehr als eine Milliarde Dollar ist in dieser Weise aus den USA abgeflossen. Es wird geschätzt, daß es mehr als 10 Millionen Käufer von Papiermark in den USA gegeben hat und daß diese 10 Millionen Leute in den letzten paar Jahren insgesamt ca. 700 Mio. Dollar für den Kauf deutscher Währung aufgewendet haben und mehr als 300 Mio. in Markanleihen angelegt haben.[51]

Die Zahl von 300 Mio. Dollar läßt sich auf zweierlei Weise überprüfen. Erstens: In den Jahren 1919–22 importierten die USA ausländische Wertpapiere im Gesamtbetrag von 1073 Mio. Dollar (vgl. *Tabelle 6*). Markanleihen hätten daran einen Anteil von knapp einem Drittel gehabt. Das erscheint angesichts der vielen Hinweise darauf, daß auch in den Inlandsanleihen anderer Länder spekuliert wurde, jedoch die Markanleihen von allen Währungsanleihen die bedeutendste Rolle gespielt haben, weder überhöht noch zu niedrig. Zweitens: Nimmt man mit Moulton und McGuire an, daß Deutschland von Anfang 1919 bis Ende 1922 für die Ausfuhr von Markobligationen und -aktien den Gegenwert von mindestens 3 Mrd. Goldmark (= 715 Mio. Dollar) erhielt,[52] so hätten die USA daran einen Anteil von mehr als 40% getragen. Das entspricht ziemlich genau dem Anteil, den ich aufgrund einer detaillierten Buchprüfung deutscher Banken durch den McKenna-Ausschuß als Anteil der USA an den gesamten Verlusten des Auslandes auf Markeinlagen bei deutschen Banken in derselben Periode festgestellt habe.[53] Es erscheint plausibel, daß diese beiden Anteile übereinstimmen können, da den ausländischen Markeinlagen bei deutschen Banken und den Auslandsanlagen in Markanleihen die Spekulation auf Währungsgewinne gemeinsam ist. Beide unabhängig voneinander ermittelten Ziffern für den jeweiligen Anteil der USA bestätigen daher ihre ungefähre Größenordnung wechselseitig.

Der Versuch, über deutsche Archivunterlagen zur Durchführung der Aufwertung des Altbesitzes von Anleihen in der zweiten Hälfte der zwanziger Jahre zu einer Schätzung der amerikanischen Käufe von Markanleihen in der Inflationsperiode zu kommen, war leider nicht erfolgreich. Immerhin geht aus den von mir eingesehenen Unterlagen hervor, daß die deutsche Regierung wegen der Bedeutung des amerikanischen Besitzes deutscher Markanleihen 1925 ein Sonderkommissariat in New York für die Abwicklung der dortigen Aufwertungsansprüche einrichtete, das bis Ende 1927 tätig war.[54] Es gibt Feststellungen, daß von Amerikanern weniger Reichsanleihen als Städteanleihen und Industrieobligationen gekauft worden waren. Auch heißt es: „Das Geschäft in deutschen Anleihen hat im wesentlichen in der Hand von kleineren Bankfirmen gelegen, die heute [Okt. 1925] zum Teil nicht mehr existieren."[55]

Damit komme ich zu dem Teil des amerikanischen Kapitalexports, der durch den Ankauf von Devisen in den USA zustandekam. Über den amerikanischen Import fremder Währungen (Sorten und Devisen) liegen für die ersten Nachkriegsjahre keine Erhebungen vor. Die erste Umfrage wurde für die Jahre 1921 und 1922 bei 80 führenden New Yorker Bankhäusern vorgenommen, bezieht sich aber nur auf Sorten (*currencies*). Demnach wurde an Sorten der Gegenwert von insgesamt 3,1 Mio. Dollar 1921 und insgesamt 3,0 Mio. Dollar 1922 eingeführt, also nur unbedeutende Beträge. Williams bemerkte hierzu 1923:

> Es ist daher unwahrscheinlich, daß spekulative Käufe von Mark, die in früheren Jahren zugegebenermaßen bedeutenden Umfang hatten, in unserer Zahlungsbilanz der letzten zwei Jahre irgendeine Rolle gespielt hätten [. . .]. [Allerdings] haben wir keine Zahlen über amerikanische Einlagen bei ausländischen Banken.[56]

Letztere dürften jedoch den Großteil des kurzfristigen amerikanischen Kapitalexports der frühen Nachkriegsjahre und damit den Großteil der sog. schwebenden Schuld (*unfunded debt*) des Auslandes an die USA ausgemacht haben, die Anderson für August 1920 noch auf 3,5 Mrd. Dollar bezifferte und zum Teil auf die Kreditgewährung amerikanischer Firmen und Banken im Zusammenhang mit Exportgeschäften zurückführte.[57] Williams bezifferte sie für den 1. Januar 1922 auf nur noch 1,2 Mrd. Dollar.[58] Sollten die beiden Zahlen zutreffen, so spiegelt sich in der Abnahme weniger ein Defizit in der amerikanischen Zahlungsbilanz, als vielmehr die Entwertung amerikanischer Devisenforderungen durch Wechselkursverfall im Ausland, wobei die Mark eine Hauptrolle gespielt haben könnte. Erhebungen, die das Department of Commerce in Zusammenarbeit mit der Federal Reserve Bank of New York bei amerikanischen Banken und Exportunternehmen zur Ermittlung der offenen Buchforderungen an das Ausland durchführte, liegen zwar in der Größenordnung zu niedrig, da wichtige Unternehmen, wie z. B. das Bankhaus Morgan & Co. oder die National City Bank, nicht kooperierten.[59] Sie vermitteln jedoch einen Eindruck von der Tendenz (Tabelle 7).

Es zeigt sich, daß von Mitte 1921 auf Mitte 1922 die schwebenden Buchforderungen amerikanischer Unternehmen an das Ausland zurückgingen, was mit der Feststellung von kurzfristigen Kapitalimporten in der amerikanischen Zahlungsbilanz für 1922, die sich in den Restposten niederschlagen, übereinstimmt. Darüberhinaus vermittelt die

Tabelle 7
Offene Auslandsforderungen und -verpflichtungen amerikanischer Unternehmen 1921 und 1922 in Mio. Dollar

	1. Juli 1921	1. Juli 1922
1. Forderungen - Gesamt	1.177	864
a) Banken	666	479
b) Produzierendes Gewerbe	511	385
2. Verpflichtungen - Gesamt	4o3	4ἴ6
a) Banken	358	418
b) Produzierendes Gewerbe	45	48
3. Nettoforderungen amerikanischer Unternehmen - Gesamt	774	398
a) Banken	3o8	61
b) Produzierendes Gewerbe	466	337

Quelle: US Department of Commerce, *The Balance of International Payments of the United States in 1922.* Trade Information Bulletin No. 144. Washington 1923, S. 20.

Tabelle 7 einen Eindruck von der Verteilung der kurzfristigen Auslandsforderungen auf Banken einerseits und sonstige Unternehmen, im wesentlichen aus dem produzierenden Gewerbe, andererseits: während die Banken 1921 mehr als die Hälfte ihrer Auslandsforderungen und 1922 fast ihre gesamten Auslandsforderungen durch entsprechende Verpflichtungen ausgeglichen hatten, wiesen die Exportunternehmen ähnlich hohe Forderungen aus, denen nur zu rund einem Zehntel entsprechende Verpflichtungen gegenüberstanden. Es kann nicht festgestellt werden, wie sich Forderungen und Verpflichtungen jeweils auf Inlands- und Auslandswährung verteilten. Zwar entscheidet diese Verteilung darüber, wer bei einer Entwertung von Auslandswährungen Verluste zu tragen hatte, aber aus den vorliegenden Zahlen wird bereits erkennbar, daß Exportunternehmen, im Zusammenhang mit ihren Lieferungen an das Ausland, einen bedeutenden Teil des kurzfristigen Nettokapitalexports der USA betrieben hatten. Insofern wird die oben für die Jahre 1919/20 zitierte Einschätzung Andersons über die Hauptkomponenten der schwebenden amerikanischen Forderungen an Europa durch diese Zahlen bestätigt.[60]

Was nun diese Form amerikanischen Kapitalexports nach Deutschland angeht, so verwies Williams lediglich auf die hohen Exportüberschüsse der USA im Handel mit Deutschland 1920 und 1921 und bemerkte hierzu:

> Es ist nicht unwahrscheinlich, daß Deutschland hierfür wie für Importe aus anderen Ländern teilweise durch Export von Papiermark bezahlt hat.[61]

Das dürfte in vielen Fällen so vor sich gegangen sein, daß der deutsche Importeur seinen ausländischen Lieferanten durch Überweisung des Kaufpreises in Mark bezahlte, das ausländische Exportunternehmen also eine Einlage bei einer deutschen Bank erwarb, die es in der Hoffnung auf einen Spekulationsgewinn im Falle eines Wiederansteigens des Markwechselkurses an den Devisenbörsen hielt statt in die eigene Währung einzutauschen. R. G. Hawtrey sah den Zusammenhang so:

> Eine Flut von Exporten strömte damals nun [...] besonders aus den Vereinigten Staaten herein, um für den Warenmangel in Europa Ersatz zu schaffen [...] Viele von ihnen [amerikanische Exporteure] hielten daher lieber ihre Mark fest, ehe sie sie unter vernichtenden Opfern verkauften [...] Dadurch, daß die amerikanischen Exporteure und Spekulanten so einen Strich unter ihre Verluste machten, [...] hatte sich der größte Teil der Kredite, die sie an das notleidende Europa gewährt hatten, in reine Geschenke verwandelt.[62]

Ich habe an anderer Stelle die Untersuchungen des McKenna-Ausschusses über Auslandseinlagen bei deutschen Banken und deren Entwertung während der Inflationsjahre behandelt.[63] Der Gesamtverlust des Auslandes wurde auf 7–8 Mrd. Goldmark beziffert. Der amerikanische Sachverständige dieses Ausschusses, L. P. Ayres, schätzte den amerikanischen Anteil an diesen Verlusten auf 770 Mio. Dollar (= 3,2 Mrd. Goldmark). Das liegt ungefähr in der Größenordnung, die auch vom *Annalist* im Januar 1923 (700 Mio. Dollar)[64] sowie von der New Yorker Zeitung *World*[65] in ihrer Ausgabe vom 3. Oktober 1922 (960 Mio. Dollar) nach jeweils anderen Schätzmethoden angegeben wurde. Innerhalb dieser Marge dürfte die Schätzung daher als relativ gesichert gelten.

Tabelle 8
Ausländische Kreditoren der deutschen Banken (in Mrd. Mark)

	Auslandseinlagen (jeweils am 31.12.) Papiermark [a]	Jährlicher Zuwachs	
		Papiermark	Goldmark[b]
1918	5,4		
1919	19,0	13,6	3,8
1920	31,3	12,3	0,9
1921	57,8	16,8	0,8
1922	247,2	189,4	
1923	306×10^9	306×10^9	

a Zur Zusammenstellung der Zahlen siehe C.-L. Holtfrerich, *Internationale Verteilungsfolgen*, S. 282.

b Umgerechnet mit dem Jahresdurchschnitt der Meßziffern Papiermark – Goldmark in: *Zahlen zur Geldentwertung in Deutschland 1914 bis 1923*. Sonderheft 1 zu Wirtschaft und Statistik, Berlin 1925, S. 6. Mit dem Einsetzen der Hyperinflation Mitte 1922 verlieren derartige arithmetische Jahresdurchschnitte gänzlich ihre Aussagekraft, so daß Umrechnungen für 1922 und 1923 nicht mehr vorgenommen wurden. Im Jahre 1922 dürfte der Geldimport Deutschlands auch versiegt sein. Vgl. dazu auch C.-L. Holtfrerich, *Internationale Verteilungsfolgen*, S. 280.

Amerikanischer Kapitalexport und Wiederaufbau der deutschen Wirtschaft 151

In meiner früheren Untersuchung konnte ich zeigen, daß der Zustrom ausländischer Gelder auf Konten der deutschen Banken allgemein und vermutlich auch aus den USA bis ins Jahr 1922 hinein angehalten hat. Die Auslandseinlagen bei deutschen Banken 1918–23 entwickelten sich entsprechend *Tabelle 8*.

Demnach hätte der Höhepunkt dieser Art kurzfristigen deutschen Kapitalimports im Jahre 1919 gelegen, was durch die Tatsache bestätigt wird, daß das deutsche Handelsbilanzdefizit in jenem Jahr weit höher war als in jedem der folgenden Jahre. Der deutsche Außenhandel mit den USA war in jenem Jahr allerdings noch wenig entwickelt. Daraus ist zu schließen, daß der Großteil der amerikanischen Markeinlagen entweder – sofern sie unmittelbar mit amerikanischen Exporten nach Deutschland zusammenhingen – in den Jahren 1920 und 1921 oder unabhängig von Handelsgeschäften aufgrund spekulativer Nachfrage nach Mark in den USA bereits 1919 entstand, in jenem Jahr allerdings weitgehend die deutschen Importüberschüsse aus anderen Ländern finanzierte. Ich halte letzteres für wahrscheinlicher, da sowohl Williams als auch Tucker sowie Anderson in den Jahren 1919 und 1920 den Höhepunkt amerikanischer Markkäufe gesehen haben.

V.

Das Ergebnis dieser Untersuchung läßt sich folgendermaßen zusammenfassen: Die USA exportierten in den ersten zwei Jahren nach dem Ersten Weltkrieg mehr Kapital als in jedem anderen Jahr der Zwischenkriegszeit. Nachdem sich seit Mitte 1919 die amerikanische Regierung an der internationalen Kreditgewährung kaum mehr beteiligte, wurde dieser Kapitalexport, der sich real in hohen Überschüssen der amerikanischen Handels- und Dienstleistungsbilanz niederschlug, vorwiegend in Form kurzfristiger privater Kredite an das Ausland betrieben. Staatliche Maßnahmen zur Förderung des privaten Kapitalexports, auf die sich das Interesse der Historiker dieser Periode vor allem konzentriert hat,[66] schlugen kaum zu Buche. Dagegen spielten Handelskredite amerikanischer Exporteure sowohl in Dollar wie in Auslandswährung eine bedeutende Rolle.

Im Verhältnis zu Deutschland hatten spekulative Engagements amerikanischer Personen und Unternehmen in Papiermark ein entscheidendes Gewicht. Sie ermöglichten die Finanzierung amerikanischer Exportüberschüsse nach Deutschland, insbesondere Lieferungen von Nahrungsmitteln und Rohstoffen, von insgesamt 951 Mio. Dollar während der Jahre 1919 bis 1923. Dieser Betrag stimmt annähernd überein mit der Summe der Beträge, die als amerikanische Käufe deutscher Markeffekten (ca. 300 Mio. Dollar) sowie Markdevisen (ca. 770 Mio. Dollar) ermittelt wurden. Der Vorteil dieses Mark-Engagements lag für die USA in der warenausfuhrfördernden Wirkung im Handel mit Deutschland. Besonders in der weltweiten Depression von 1920/21 stieg die Bedeutung des deutschen Marktes für die amerikanische Exportwirtschaft stark an. Für Deutschland aber bedeutete das amerikanische Mark-Engagement aufgrund der fortschreitenden Inflation nicht Kapitalimport im üblichen Sinn, mit der Folge zukünftiger Belastung der

Volkswirtschaft mit Zins und Tilgung zugunsten des Auslandes, als vielmehr eine Subvention. Insofern ist die Kreditgewährung der USA an Deutschland auf Mark-Basis in Höhe von ca. 4,5 Mrd. Goldmark während der Jahre 1919 bis 1923 aus deutscher Sicht wesentlich günstiger zu beurteilen als die Dollarkredite, die in den Jahren 1924 bis 1930 in einer Gesamthöhe von 9,5 bis 10 Mrd. Reichsmark von den USA nach Deutschland vergeben wurden.[67] Dennoch wird man annehmen können, daß die Stabilisierung der deutschen Währung 1923/24 sowohl für die USA wie für Deutschland eine Notwendigkeit für die Fortführung der Wirtschaftsbeziehungen darstellte: für die USA insofern, als nach der *Enteignung* der dortigen Mark-Gläubiger durch die deutsche Hyperinflation auf anderer als stabiler Währungsgrundlage amerikanisches Kapital zur Anlage in Deutschland nicht mehr bereitgestellt worden wäre; für Deutschland insofern, als man sich nur auf dieser Grundlage die Beteiligung amerikanischen Kapitals an der deutschen Wirtschaft im Hinblick auf seinen wirtschaftlichen und politischen Nutzen sichern konnte.

ANMERKUNGEN

1 R. R. Kuczynski, *Deutsche Anleihen im Ausland 1924–1928*. Washington 1929². J. W. Angell, *Der Wiederaufbau Deutschlands*. Von Versailles bis zum Young-Plan. München 1930.
 F. Costigliola, The United States and the Reconstruction of Germany in the 1920s, in: *Business History Review*, 1976, S. 477–502. Sowie: Ders., *The Politics of Financial Stabilization: American Reconstruction Policy in Europe 1924–30*. Ph. D. Diss. Cornell University 1973.
2 Angell, S. 317.
3 Die Sachverständigen-Gutachten von Dawes und McKenna nebst allen Anlagen, Berlin 1924, S. 14.
4 Auch F. W. Henning (*Das industrialisierte Deutschland 1914 bis 1972*. Paderborn 1974) greift diese Bezeichnung als Kapitelüberschrift auf (S. 76), kommt jedoch unter anderen Gesichtspunkten als meinen zu dem Schluß, daß man von *goldenen* Jahren nicht sprechen könne (S. 90).
5 Vgl.: International Abstracts of Economic Statistics 1919–1930. International Conference of Economic Services. London 1934.
5a Diese Überlegung wird gestützt durch K. Laursen/J. Pedersen, *The German Inflation 1918–1923*. Amsterdam 1964, S. 32. Sie vertreten die These, daß während der Nachkriegsjahre bis einschl. 1922 der Umfang realer Investitionen in Deutschland ebenso hoch war wie in den Vorkriegsjahren. Bei gesunkenem Sozialprodukt bedeutete dies eine gesteigerte Investitionsquote. Entsprechend gelangen Petzina und Abelshauser auf Grund makroökonomischer Überlegungen zu der Feststellung, daß die Investitionsquote 1919–22 höher gelegen haben muß als nach 1923. Vgl. D. Petzina/W. Abelshauser, Zum Problem der relativen Stagnation der deutschen Wirtschaft in den zwanziger Jahren, in: H. Mommsen/D. Petzina/B. Weisbrod (Hg.), *Industrielles System und politische Entwicklung in der Weimarer Republik*. Düsseldorf 1974, S. 64. W. Abelshauser, Inflation und Stabilisierung. Zum Problem ihrer makroökonomischen Auswirkungen auf die Rekonstruktion der deutschen Wirtschaft nach dem Ersten Weltkrieg, in: O. Büsch/G. Feldman (Hg.), *Historische Prozesse der deutschen Inflation 1914 bis 1924*. Ein Tagungsbericht. Berlin 1978, S. 168. Die bisher einzige Schätzung einer Zeitreihe für die Investitionstätigkeit während der Nachkriegsinflation wurde auf der Grundlage der Flußstahler-

zeugung vorgenommen von G. Gehrig, Eine Zeitreihe für den Sachkapitalbestand 1925 bis 1938 und 1950 bis 1957, in: *Ifo-Studien*, 7. Jg., 1961, S. 35. Die geschätzten Daten bestätigen die rege Investitionstätigkeit während der Inflationsjahre. Kritisch zur Schätzmethode: K. Borchardt, Wachstum und Wechsellagen 1914–1970, in: Aubin, H./W. Zorn (Hg.), *Handbuch der deutschen Wirtschafts- und Sozialgeschichte*. Bd. 2. Stuttgart 1976, S. 701.

6 Z. B. E. Lederer, Umschichtung der Einkommen und des Bedarfs, in: B. Harms (Hg.), *Strukturwandlungen der deutschen Volkswirtschaft*, Bd. 1. Berlin 1929^2, S. 52. J. Hirsch, Wandlungen im Aufbau der deutschen Industrie, in: ebenda, S. 201. G. Stolper/K. Häuser/ K. Borchardt, *Deutsche Wirtschaft seit 1870*. Tübingen 1964, S. 115.

7 Ausschuß zur Untersuchung der Erzeugungs- und Absatzbedingungen der deutschen Wirtschaft, *Die deutsche Zahlungsbilanz*. Berlin 1930, S. 133 ff.

8 Untersuchungsausschuß für das Bankwesen 1933, *Untersuchung des Bankwesens 1933*, II. Teil Statistiken. Berlin 1934, S. 462. Ausschuß zur Untersuchung ... *Die deutsche Zahlungsbilanz*, S. 144f. Ausschuß zur Untersuchung ... *Der Bankkredit*. Berlin 1930, S. 80ff. Vgl. auch: F. W. Henning, Die Liquidität der Banken in der Weimarer Republik, in: *Schriften des Vereins für Socialpolitik*, N. F., Bd. 73. Berlin 1973, S. 45–92.

9 Der Layton-Bericht. *Das Basler Gutachten über die deutsche Wirtschaftskrise*. Frankfurt 1931, S. 38.

10 Ebd., S. 38. Der Anteil gilt für die Zeichnungen von 1924 bis zum 30. Juni 1931.

11 Ebd, S. 35.

12 Ausschuß zur Untersuchung ... *Die deutsche Zahlungsbilanz*, S. 141.

13 Zur deutschen Zahlungsbilanz während der Inflationsjahre vgl. den Bericht des McKenna-Ausschusses in: *Die Sachverständigen-Gutachten* ... sowie: H. G. Moulton/C. E. McGuire, *Deutschlands Zahlungsfähigkeit*. Eine Untersuchung der Reparationsfrage. Berlin 1924.

14 United Nations. *International Capital Movements during the Inter-War Period*. New York 1949, S. 5.

15 US Department of Commerce, *Foreign Trade of the United States in the Calendar Year 1923*. Trade Information Bulletin No. 225. Washington 1924, S. 76. Vgl. auch: *Deutschlands Wirtschaftslage unter den Nachwirkungen des Weltkrieges*. Berlin 1923, S. 52f. sowie die *Statistischen Jahrbücher für das Deutsche Reich*, entsprechende Jahrgänge. Zahlen zum deutsch-amerikanischen Handel in den ersten Nachkriegsjahren und Vergleiche zur Vorkriegssituation auch in: W. Link, *Die amerikanische Stabilisierungspolitik in Deutschland 1921–32*. Düsseldorf 1970, S. 59f.

16 League of Nations, *International Financial Conference Brussels 1920, Memorial on International Finance and Currency with Relative Documents*. League of Nations Publication 1920 II. 6, S. 37. Allgemeiner zu den Hilfsmaßnahmen in Europa 1919–1924: H. Stöhr, *So half Amerika. Die Auslandshilfe der Vereinigten Staaten 1812–1930*. Stettin 1936, S. 157–172.

17 F. M. Surface/L. Bland, *American Food in the World War and Reconstruction Period. Operations of the Organizations Under the Direction of Herbert Hoover 1914 to 1924*. Stanford 1931, S. 197. Vgl. auch: League of Nations, *Relief Deliveries and Relief Loans 1919–1923*. Geneva 1943. Neuerdings: E. Schremmer, Deutsche Lebensmittelimporte und ihre Finanzierung zwischen Waffenstillstand und Friedensvertrag. Das Hungerjahr 1918/19, in: J. Schneider (Hg.), *Wirtschaftskräfte und Wirtschaftswege*. Festschrift für Hermann Kellenbenz, Bd. III: Auf dem Weg zur Industrialisierung. Stuttgart 1978, S. 627–653.

18 League of Nations, *Europe's Overseas Needs 1919–20 and how they were met*. Geneva 1943, S. 34.

19 Die Goldbestände der Reichsbank fielen im Jahr 1919 von 2,26 auf 1,09, also um einen Betrag

von 1,17 Mrd. Goldmark (= 280 Mio. Dollar). Vgl. *Die Reichsbank 1901–1925*. Berlin o. J., Tabelle 5, S. 12. Das entspricht annähernd genau den gesamten „Relief"-Lieferungen des Auslands (neben den USA vor allem Großbritannien, Frankreich, Argentinien, Niederlande, Schweiz) an Deutschland in demselben Jahr. Vgl. Surface, F. M./R. L. Bland, S. 197.

20 Ebd.

21 League of Nations, *International Financial Conference*. Paper No. X. Relief Credits and the Promotion of Export. A Summary of Government Measures. League of Nations Publication 1920 II. 16, S. 10.

22 Ebd. sowie: M. A. Goldman, *The War Finance Corporation in the Politics of War and Reconstruction 1917–1923*, unpublished Ph. D. Diss. Rutgers University 1971, S. 192–239.

23 Ebd., S. 240–262.

24 *Die Bank*, 1921, S. 528. Diese Zeitschrift berichtet fortlaufend über die Aktivitäten der War Finance Corporation, insbes. soweit es sich um Kreditgewährung für amerikanische Exporte nach Deutschland handelt.

25 Meine Übersetzung aus: League of Nations Publication 1920 II. 16, a.a.O., S. 37. Wortlaut des Briefes ebenfalls in: H. B. Lary, *The United States in the World Economy*. The International Transactions of the United States During the Interwar Period. Washington D. C. 1943, S. 139 f. Auch im folgenden sind Zitate aus englischen Quellen jeweils von mir übersetzt.

26 League of Nations Publication 1920 II. 16, a.a.O., S. 12–15. Sowie: J. C. Baker/M. G. Bradford, *American Banks Abroad*. Edge Act Companies and Multinational Banking. New York 1974, bes. S. 25–29 und S. 57–58. Vgl. auch: C. Lewis, *America's Stake in International Investments*. Washington D. C. 1938, S. 194–198. D. L. Woodland, *Financing Under the Edge Act*. Ph. D. Diss. Austin 1962.

27 Es ist bezeichnend für die Haltung der amerikanischen Regierung, wie Senator Edge bei der Begründung des Gesetzentwurfs die Rolle der Staatsorgane definierte: „Dieses Gesetz sieht eine minimale, aber hinreichende Staatsaufsicht vor, ohne staatliche Beteiligung, Kreditgewährung oder Garantie." *League of Nations Publication 1920*. II. 16, a.a.O., S. 13.

28 Rosenbaum, E./A. J. Sherman, *Das Bankhaus M. M. Warburg & Co. 1798–1938*. Hamburg 1976, S. 159.

29 Federal Reserve Bank of New York, B. Strong Papers 120. O (Paul M. Warburg), Report of the International Acceptance Bank, Inc. to the Stockholders at the Annual Meeting Jan. 20, 1925, S. 7.

30 R. W. Dunn, *American Foreign Investment*. New York 1925, S. 144.

31 Direktinvestitionen amerikanischer Unternehmen im Ausland wurden erst nach 1924 bedeutsam. Vgl. H. B. Lary, *The US in the World Economy*. Washington 1943, S. 219. Neuerdings: M. Wilkins, *The Maturing of Multinational Enterprise: American Business Abroad from 1914 to 1970*. Cambridge/Mass. 1974, bes. S. 51. Das gilt gerade auch für amerikanische Direktinvestitionen in Deutschland, vor denen das US Commerce Department die amerikanische Geschäftswelt 1922 gewarnt hatte. Vgl. US Department of Commerce, *Establishing Branch Factories in Germany*. Trade Information Bulletin No. 52, August 10, 1922.

32 United Nations, *International Capital Movements during the Inter-War-Period*, New York 1949, S. 9.

33 Zur deutschen Zahlungsbilanz dieser Jahre vgl. das Gutachten des McKenna-Ausschusses, in: *Die Sachverständigen-Gutachten* ... a.a.O.

34 B. M. Anderson, Three and a half billion dollar floating debt of Europe to private creditors in America, in: *The Chase Economic Bulletin*, Vol. I, No. 1, October 1920. Vgl. auch C. C. Abbott, *The New York Bond Market 1920–1930*. Cambridge 1937, S. 51–84.

35 Anderson, S. 5 u. 6.
36 Ebd. S. 15.
37 Darauf deutet die Tatsache, daß in allen zeitgenössischen Studien der amerikanischen Zahlungsbilanz den spekulativen Käufen von Mark-Devisen und -Wertpapieren mehr Aufmerksamkeit geschenkt wurde als anderen Devisenengagements. Vgl. die in Anmerkung 46, 48 und Tabelle 6 zitierten Studien.
38 Z. B. bei R. G. Hawtrey, *Währung und Kredit*. London 1923. Deutsche Übersetzung Jena 1926, S. 344–346. Vgl. vor allem die Dokumente im Anhang zu C.-L. Holtfrerich, Amerikanischer Kapitalexport und Wiederaufbau der deutschen Wirtschaft 1919–1923 im Vergleich zu 1924–29, in: *VSWG*, Bd. 64, 1977, S. 527–529.
39 Anderson, S. 16.
40 Ausführliche Statistiken hierzu: J. P. Young, *European Currency and Finance*. Commission of Gold and Silver Inquiry, US-Senate, Vol. I, II. Washington D. C. 1925.
41 Im Gegensatz zu den „sichtbaren" Einfuhren von Wertpapieren, d. h. der Emission von Auslandsanleihen auf dem amerikanischen Kapitalmarkt, die statistisch gut erfaßt sind und für die das State Department seit 1921 einen Genehmigungsvorbehalt geltend machte. Vgl. H. Feis, *The Diplomacy of the Dollar 1919–1932*. New York 1950, Reprint 1965, S. 11 sowie: J. W. Angell, *Financial Foreign Policy of the United States*. A Report to the Second International Studies Conference on The State and Economic Life, London, May 29 to June 2, 1933, Reprint New York 1965, S. 99 f. B. Williams, *Economic Foreign Policy of the US*. New York 1929, S. 87 f.
42 *Proceedings of the Eighth Annual Convention of the Investment Bankers Association of America*. Chicago 1919, S. 151.
43 Proceedings of the Ninth Annual Convention . . . . Chicago 1920, S. 44.
44 Proceedings of the Tenth Annual Convention . . . . Chicago 1921, S. 286.
45 Proceedings of the Eleventh Annual Convention . . . . Chicago 1922, S. 173.
46 J. H. Williams, The Balance of International Payments of the United States for the Year 1921, in: *The Review of Economic Statistics*, 1922, S. 206.
47 Vgl. hierzu das Gutachten des McKenna-Ausschusses in: *Die Sachverständigengutachten* . . .
48 F. A. Vanderlip/J. H. Williams, The Future of Our Foreign Trade. A Study of Our International Balance in 1919, in: *The Review of Economic Statistics*, 1920, S. 15. Siehe z. B. den Anzeigenteil des *Commercial and Financial Chronicle* 1919. Es handelt sich hier um die traditionsreichste New Yorker Finanzzeitschrift. Vgl. auch: *The Annalist*.
48a E. Biber, *Die Entwicklung der Handelsbeziehungen Deutschlands zu den Vereinigten Staaten von Amerika nach dem Kriege*. Frankfurt/M. 1928.
49 Zitiert nach: Vanderlip/Williams, S. 16. Während *Moody's Analysis of Investments*, New York, lfde. Jahrgänge, 1920 zu den deutschen Mark-Anleihen keine Beurteilung abgibt, „wegen der ungeregelten Verhältnisse in Deutschland", werden dort 1921 alle öffentlichen Anleihen aus Deutschland mit der Note C beurteilt, d. h. der niedrigsten verfügbaren Note für „a rank speculation or gamble".
50 Anderson, S. 32.
50a Public Record Office, London, F. O. 371/4844. Der Passus ist abgedruckt im Anhang zu: C.-L. Holtfrerich, in: *VSWG*, Bd. 64, 1977, S. 527.
51 F. McGrann, America as the World's Banker, in: *The Annalist, Annual Edition*, New York January 8, 1923, S. 51.
52 H. G. Moulton/C. E. McGuire, *Deutschlands Zahlungsfähigkeit*. Eine Untersuchung der Reparationsfrage. Berlin 1924, S. 77.

53 C.-L. Holtfrerich, Internationale Verteilungsfolgen der deutschen Inflation 1918–1923, in: *Kyklos*, 1977, S. 271–292.
54 BA Koblenz, R 2, 2315–2316. Vgl. auch: National Archives Microfilms. Department of State. Records Relating to Internal Affairs of Germany M 336, No 98–101.
55 BA Koblenz, R 2, 2273. Brief Friedrichs (New York) an Reichskommissar für die Ablösung der Reichsanleihen alten Besitzes (Berlin) v. 13. 10. 1925. Als typisch wird das Bankhaus Zimmerman und Forshay angeführt. Auf dieses Bankhaus bin ich auch in amerikanischen Regierungsakten über deutsche Anleihen in den USA gestoßen, die ebenfalls die Bedeutung der Anleihen deutscher Städte in diesem Zusammenhang unterstreichen. *National Archives*, Washington, Record Group 39 (Bureau of Accounts, Treasury), Box 64, Folder, *Germany: General, Foreign Loans Jan. 1919 – June 1934.* Sowie: Record Group 151 *(Bureau of Foreign and Domestic Commerce,* Department of Commerce), Box 2965. Folder: Foreign Loans Germany 1920–1924. Vgl. auch: *National Archives Microfilms.* Department of State. Records Relating to Internal Affairs of Germany. M 336 No. 93, 94. Sowie: K. E. Born, *Geld und Banken im 19. und 20. Jahrhundert.* Stuttgart 1977, S. 389.
56 J. H. Williams, The Balance of International Payments of the United States for the Year 1922, in: *The Review of Economic Statistics,* 1923, S. 284.
57 Anderson, S. 15.
58 J. H. Williams, The Balance of International Payments of the United States for the Year 1921, in: *Review of Economic Statistics,* 1922, S. 207.
59 Innerhalb der Federal Reserve Bank of New York wurden diese Zahlen daher als „von zweifelhaftem Wert" angesehen. Die Bank versuchte, das Commerce Department von der Durchführung solcher Umfragen abzuhalten mit dem Argument, daß die Zusammenstellung der gewünschten Angaben für die befragten Banken ungewöhnlich mühsam sei und die Zahlen „furthermore are of a confidential character which makes banks extremely reluctant in many cases to give them out." Federal Reserve Bank of New York, B. Strong Papers 320. 453. Snyder's Letters and Memos for Strong, Jan. – Dec. 1923. Office Correspondence G. B. Roberts to C. Snyder, Dec. 13, 1923.
60 Vgl. S. 149 sowie das Dokument II im Anhang zu C.-L. Holtfrerich, in: *VSWG,* Bd. 64, 1977, S. 527 f.
61 J. H. Williams, The Balance of International Payments of the United States for the Year 1921, S. 208.
62 Hawtrey, S. 344–346.
63 Holtfrerich, *Internationale Verteilungsfolgen,* S. 277–279.
64 Vgl. Anmerkung 51.
65 Danach hatten bis zu diesem Zeitpunkt amerikanische Staatsbürger und Unternehmen Mark in Form von Bar- und Giralgeld (Sorten und Devisen) bis zum Betrag von 80 Mrd. Papiermark gekauft. Als durchschnittlicher Ankaufskurs wurden 12 Dollar pro 1000 Mark zugrundegelegt, was einem Kapitalexport von 960 Mio. Dollar (= rd. 4 Mrd. Goldmark) entsprach. Da dieses Papiermarkengagement der USA durch die Hyperinflation ebenso entwertet wurde wie Geldforderungen innerhalb Deutschlands, sprach die Zeitung von einer amerikanischen *Subvention* an Deutschland, die in ihrem Betrage der französischen Kriegsentschädigung von 1871 gleichkäme. Zitiert nach: F. Gaertner, Die deutsche Reichsmark, in: *Die Wirtschaft.* Wochenschrift für Industrie, Handel und Landwirtschaft, hg. v. F. Weil/F. Bacher, IV. Jg., Nr. 27 v. 8. Dez. 1922, S. 515 f. Sowie: A. Fourgeaud, *La Dépréciation et la révalorisation du Mark Allemand et les enseignements de l'expérience monetaire allemande.* Paris 1926, S. 83–84.
66 C. P. Parrini, *Heir to Empire.* Pittsburgh 1969. Sowie die folgenden noch unveröffentlichten

Dissertationen: P. P. Abrahams, *The Foreign Expansion of American Finance and its Relationship to the Foreign Economic Policies of the United States 1907–1921*. Ph. D. Univ. of Wisconsin 1967. L. Ambrosius, *The United States and the Weimar Republik 1918–1923: From the Armistice to the Ruhr Occupation*. Ph. D. Univ. of Illinois 1967. R. H. Jr. van Meter, *The United States and European Recovery 1918–23*. A Study of Public Policy and Private Finance. Ph. D. University of Wisconsin 1971.

67 Allerdings fielen diese Kredite in den dreißiger Jahren für die Gläubiger auch vielfach aus, zunächst aufgrund der Moratorien und Stillhalteabkommen und schließlich durch den Ausbruch des Zweiten Weltkrieges. Vgl. hierzu: I. Mintz, *Deterioration in the Quality of Foreign Bonds Issued in the United States 1920–1930*. New York 1951, S. 30, 42.

ZWEITER TEIL
Industriewirtschaft und politische Kultur

6. Arbeitsmarkt, Bevölkerung und Wanderung in der Weimarer Republik

KLAUS J. BADE

Die Geschichte von Arbeitsmarkt, Bevölkerung und Wanderung folgt langen Entwicklungslinien mit fließenden Zeitgrenzen. Sie durchbrechen die Zäsuren, die Anfang und Ende der Republik von Weimar markieren. Innerhalb dieser politischen Wegmarken aber kennzeichnet das besondere Verhältnis von Kontinuität und Diskontinuität den historischen Ort der Weimarer Zeit: in Arbeitsmarkt- und Bevölkerungsentwicklung, in der Bewegung von überseeischer Auswanderung, kontinentaler Zuwanderung und Binnenwanderung wie in der Stellung des Staates zum transnationalen und internen Wanderungsgeschehen.[1]

Schaubild 1[2] zeigt langfristige Trendbewegungen in der intersektoralen Verschiebung der Beschäftigtenanteile auf dem Arbeitsmarkt. In der Weimarer Zeit treten zwei Entwicklungstendenzen hervor, deren erste schon im Jahrzehnt vor dem Weltkrieg durchgeformt war, während die zweite erst nach dem Weltkrieg deutlichere Konturen gewinnt. Die erste ist gekennzeichnet durch das Zurücktreten der primären hinter die sekundären Beschäftigtenanteile im Übergang vom industrialisierten Agrarstaat zum Industriestaat mit starker agrarischer Basis:[3] Nach den Kurven der primären und sekundären Wertschöpfungsanteile, die sich schon in den späten 1880er Jahren treffen,[4] überschneiden sich im ersten Jahrfünft des 20. Jahrhunderts auch die Kurven der primären und sekundären Beschäftigtenanteile und streben fortan der Tendenz nach umgekehrt proportional auseinander. In der Weimarer Republik laufen diese langen Trendlinien weiter. Sie werden mehrfach verworfen durch krisen- und konjunkturbedingte Störungen, die indes den Gesamttrend nicht zu brechen vermögen, im Durchschlagen der ‚Reinigungskrise' auf den Arbeitsmarkt 1925/26 und im von struktureller Arbeitslosigkeit begleiteten Aufschwung der späten 1920er Jahre ebensowenig wie in der Weltwirtschaftskrise. – Mit den stark wachsenden Beschäftigtenanteilen des Tertiärbereichs zeichnet sich in den 1920er Jahren deutlicher der zweite Säkulartrend in der Arbeitsmarktentwicklung ab: In dessen weiterem Verlauf tendiert der kontinuierlich aufrückende tertiäre Sektor schließlich dahin, die materielle Produktion des primären und sekundären zu überformen. Durch Produktivitätssteigerungen im Primär- und Sekundärbereich freiwerdende Kapazitäten werden zunehmend vom tertiären Sektor absorbiert. Er ‚produziert' bei wachsenden Beschäftigtenzahlen vergleichsweise extensiv, weil Produktivitätssteigerungen durch Rationalisierung und Mechanisierung hier – vor Datenverarbeitung und Prozeßsteuerung – nur in begrenztem Umfang möglich sind. Innerhalb dieses für Herausbildung und Weiterentwicklung moderner Industriegesellschaften charakteristischen Strukturwandels liegt die Weimarer Republik in der Arbeitsmarktentwicklung an der von J. Fourastié in seiner Studie über die „trois phases de la période transitoire" beschriebenen Schwelle zum Übergang von der „période traditionelle" zur „civilisation tertiaire".[5]

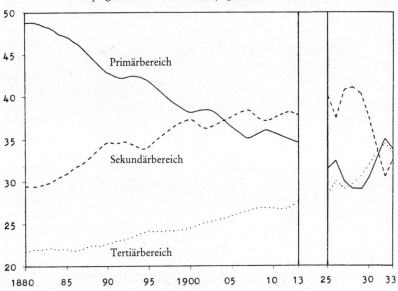

Schaubild 1
Der Strukturwandel des Arbeitsmarkts in Deutschland im Spiegel der sektoralen Beschäftigtenanteile 1880–1933

Während Wertschöpfungs- und Beschäftigtenanteil des primären Sektors von noch 36% und 49% im Jahr 1879 über 23,2% und 34,6% im Jahr 1913 auf 15,8% und 29,1% im Jahr 1929 schrumpfen, steigen diejenigen des sekundären von 32,6% und 21,7% (1879) über 45% und 37,8% (1913) auf 48,5% und 40,3% zu Beginn der Weltwirtschaftskrise. Wertschöpfungs- und Beschäftigtenanteil des tertiären Sektors schließlich wachsen im gleichen Zeitraum von 31,4% und 21,7% (1879) über 31,8% und 27,6% (1913) auf 35,7% und 30,6% (1929) an.[6] Für die langfristigen Entwicklungstendenzen im interdependenten Wirkungszusammenhang von Wirtschafts- und Bevölkerungsweise, Arbeitsmarktentwicklung und Wanderungsgeschehen ist hier besonders die Gewichtsverlagerung zwischen primären und sekundären Beschäftigtenanteilen von Belang: Aus der intersektoralen Verschiebung der Arbeitsmarktstruktur sprach zunächst nur eine relative Verlagerung der Kräfteverhältnisse und noch nicht ein absolutes Schrumpfen der Erwerbstätigkeit im Primärbereich. Das starke Bevölkerungswachstum ließ die Beschäftigtenzahlen im Primärbereich sogar von 9,6 Millionen im Jahr 1879 auf 10,7 Millionen im Jahr 1913 ansteigen. In der Zwischenkriegszeit erst beginnt die Entwicklung der Erwerbstätigkeit auch absolut jene durch den Agrarprotektionismus verzögerte tendenzielle ‚Entagrarisierung' zu spiegeln, die die Beschäftigtenzahlen des primären Sektors im Vergleich zur Gesamtbeschäftigung von der Hälfte im Jahr der Reichsgründung (1871:

8,5 von 17,3 Millionen) über ein Drittel am Vorabend des Ersten Weltkriegs (1913: 10,7 von 31 Millionen) auf rund ein Viertel zu Beginn des Zweiten Weltkriegs (1939: 10,8 von 40 Millionen) herabdrückt.

Auch in der natürlichen Bevölkerungsbewegung laufen im Übergang zur „neuen", industriellen Bevölkerungsweise schon vor dem Weltkrieg eingeschliffene Trendentwicklungen über die Weimarer Republik hinweg fort. Schaubild 2[7] erfaßt den Prozeß der

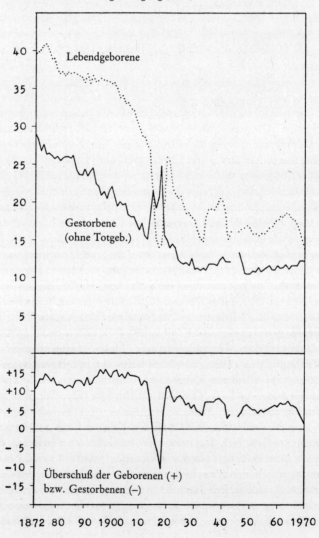

Schaubild 2
Natürliche Bevölkerungsbewegung (1000) in Deutschland 1872–1970

demographischen Transition mit seiner phasenverschobenen Angleichung der Bevölkerungs- an die Wirtschaftsweise im Übergang zur Industriegesellschaft. Das Zusammenwirken sinkender Sterbeziffern und zunächst noch unvermindert hoher Geburtenziffern hatte zu jener Bevölkerungsexplosion geführt, die die Reichsbevölkerung während der beiden letzten Jahrzehnte des 19. Jahrhunderts um fast 25%, von rund 45 Millionen (1880) auf rund 56 Millionen (um 1900) anwachsen ließ. Erst in den beiden ersten Jahrzehnten des 20. Jahrhunderts, in denen die Sterbeziffern von 22,1‰ (1900) weiter auf 15,1‰ (1920) sinken, folgt mit dem Absturz der bis dahin nur leicht zurückgegangenen Geburtenziffern von 35,6‰ (1900) auf 25,9‰ (1920) der entscheidende Umbruch im Wandel der generativen Strukturen zur industriellen Bevölkerungsweise, der über Weltkrieg und Weimarer Republik hinweg fortläuft. Das peitschenförmige, extrem gegenläufige Ausschlagen der Sterbe- und Geburtenkurven in Kriegs- und Nachkriegsjahren störte nur kurzfristig den säkularen Gesamttrend im Wandel der generativen Verhaltensweisen.[8]

Die Zeit der Weimarer Republik könnte – bei aller gebotenen Zurückhaltung gegenüber einer vordergründigen Koordination demographischer und politischer Entwicklungsabschnitte – in der deutschen Bevölkerungsgeschichte der „spättransformativen" Phase zugeordnet werden.[9] Die Sterbeziffern pendeln sich bei verlangsamtem Abwärtstrend auf dem für moderne industriegesellschaftliche Strukturen charakteristischen niedrigen Niveau ein: Die Sterbefälle sinken von 15,1‰ (1920) auf 11,1‰ (1930). Die Geburtenkurve erreicht bei fortgesetzt starkem Abwärtstrend (von 25,9‰ auf 17,5‰) im gleichen Jahrzehnt das „durchschnittliche Niveau industrieller Gesellschaften": Während Säuglings- und Kleinkindersterblichkeit zwischen 1871 und den frühen 1930er Jahren um fast 70% zurückgehen, fällt die Geburtenkurve um rund 60% ab. Im Blick auf den Wandel der generativen Strukturen umfassen die fünf Jahrzehnte von den 1880er bis zu den 1930er Jahren den dramatischen Kernbereich im Prozeß der demographischen Transition, an dessen Anfang die Schere zwischen Sterbe- und Geburtenziffern am weitesten geöffnet ist und an dessen Ende sie sich weitgehend wieder geschlossen hat: die Transformationsphase, die für den Übergang zur „neuen", industriellen Bevölkerungsweise charakteristisch ist. Daß damit, wie wir heute vermuten können, bevölkerungsgeschichtlich ein Weg zu „neuer Stabilität" begann,[10] konnte den Zeitgenossen nicht erkennbar sein. Sie erlebten das anhaltend scharfe Abfallen der Geburtenkurve als Sturz ohne Ende: Treffender als R. Kuczynskis überpointierte demographische Langfristprognose von 1928, „the population of Western and Northern Europe is bound to die out",[11] erscheint heute diejenige von K. C. Thalheim aus dem Jahr 1930, daß auf weite Sicht bei den industriegesellschaftlich hochentwickelten „Völkern des abendländischen Zivilisationskreises [...], bei denen das Wachstum der Volkszahl mit der wirtschaftlichen Entwicklung nicht Schritt hält, die frühere überseeische Auswanderung durch eine interkontinentale Einwanderung" aus den industriewirtschaftlich weniger entwickelten Ländern Europas abgelöst werden dürfte.[12] Ideologisch und schon auf der schiefen Ebene zur nationalsozialistischen Bevölkerungslehre angesiedelt war die Mitte der 1930er Jahre von F. Burgdörfer vorgetragene These, Versailles habe „auch in biologischer Hinsicht unser Volk in seiner Lebenskraft und in seinem Lebenswillen gelähmt" und zum „Volk ohne Jugend" werden lassen.[13] Auch die nationalsozialistische Bevölkerungspolitik indes vermochte den säkularen Gesamttrend im Wandel der generativen Strukturen nicht mehr zu brechen, der die Jahre der Weimarer Republik durchzog.

Stärker als die natürliche wurde die tatsächliche Bevölkerungsbewegung – unter Einschluß also auch der grenzüberschreitenden Wanderungsbewegungen – in der Weimarer Zeit von neuen äußeren Entwicklungsbedingungen beeinflußt. Die deutsche Wanderungsbilanz in Schaubild 3[14] spiegelt in den Jahren der Weimarer Republik weit

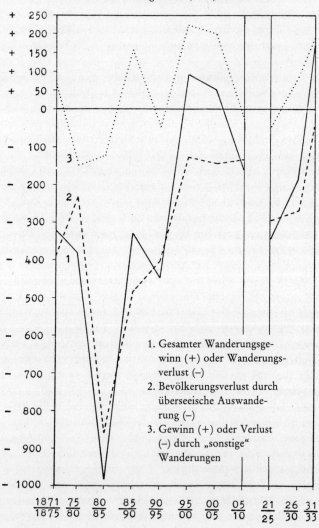

Schaubild 3
Deutsche Wanderungsbilanz (1000) 1871–1933

1. Gesamter Wanderungsgewinn (+) oder Wanderungsverlust (−)
2. Bevölkerungsverlust durch überseeische Auswanderung (−)
3. Gewinn (+) oder Verlust (−) durch „sonstige" Wanderungen

mehr als bei den transatlantischen und kontinentalen Massenwanderungen des späten 19. und frühen 20. Jahrhunderts den Einfluß kriegs- und krisenbedingter Entwicklungsstörungen und direkter staatlicher Interventionen: In der Weimarer Zeit sind nicht nur der Rückstrom Deutscher und Deutschstämmiger aus den in Versailles abgetretenen Gebieten, aus Osteuropa, Frankreich und in geringem Umfang auch aus den früheren Kolonialgebieten, sondern auch die deutsche überseeische Auswanderung und die kontinentale Zuwanderung ausländischer Arbeitskräfte in ihrem Bewegungsablauf nurmehr bedingt mit dem transnationalen Wanderungsgeschehen vor dem Weltkrieg vergleichbar.

Von 1919–1932 wanderten insgesamt rund 603 000 Deutsche nach Übersee aus.[15] Daß die in der zeitgenössischen Diskussion als „Auswanderungsdrang" und „Auswanderungsfieber" angesprochene Auswanderungsbereitschaft erheblich stärker war als die tatsächliche Auswanderung, zeigt ein Vergleich der in Schaubild 7[16] gegebenen Kurve der Überseeauswanderung mit derjenigen der Auswandererberatung, von der im gleichen Zeitraum 1 139 326 Auswanderungswillige in 1 368 439 Anfragen Gebrauch machten.[17] Im 19. Jahrhundert hatte die deutsche überseeische Auswanderung zu rund 90% ihr Ziel in den USA gefunden. Im Wechsel von der dritten, in den USA besonders harten („panic of 1893") und in Deutschland vergleichsweise schwach ausgeprägten Phase der Trendperiode wirtschaftlicher Wachstumsstörungen (1873–1896) zur Aufschwungphase in die lange Industriekonjunktur vor dem Ersten Weltkrieg verblaßte die Anziehungskraft des sozialökonomischen Chancenangebots im überseeischen Haupteinwanderungsland Mitte der 1890er Jahre gegenüber der seit den 1880er Jahren wachsenden Sogwirkung des Erwerbsangebots auf dem industriellen Arbeitsmarkt im Auswanderungsland.[18] Die besonders von den ländlichen Nordostgebieten des Reichs getragene dritte, stärkste und längste Auswanderungswelle des 19. Jahrhunderts (1880–1893) lief, wie Schaubild 4[19] zeigt, Mitte der 1890er Jahre aus. In den folgenden beiden Jahrzehnten durchgehend auf niedrigem Niveau schwankend, riß die Überseeauswanderung aus dem blockierten Deutschland im Krieg vollends ab. Umsomehr wurde zu Kriegsende und vor allem nach Versailles mit „vielen Millionen Auswanderungswilligen oder besser -hungrigen" gerechnet, „denen der Boden der Arbeit und die Lebensluft zu knapp im Vaterland werden" würde.[20] Die Erwartung täuschte: Bei zögerndem Neueinsatz 1919/20 erreichte die transatlantische Bewegung nach dem schrittweisen Abbau der kriegsbedingten Auswanderungsbarrieren über 24 173 (1921) und 36 623 (1922) erst im abrupten Anstieg zum Maximum von 115 431 im Jahr 1923 noch einmal die Dimension der dritten Auswanderungswelle. Dabei wirkten im wesentlichen vier Bestimmungskräfte zusammen: 1. die Realisierung von früher getroffenen und durch den Auswanderungsstau in Krieg und unmittelbarer Nachkriegszeit verzögerten Auswanderungsentschlüssen, 2. die Auswanderung von durch den Krieg und die Gebietsabtretungen von Versailles, durch Untergang des Kaiserreichs, Revolution und das Mißbehagen an der neuen Republik Entwurzelten und Abgestoßenen, 3. die ökonomisch spekulative Flucht aus der Krise und 4. schließlich die Auswanderung derjenigen, die diesen mittelfristig geplanten Schritt beschleunigten, um das für den Aufbau einer neuen Existenz in Übersee gedachte Startkapital aus der Inflation zu retten. In der Stabilisierungsphase wurde die Auswanderung langsam rückläufig und fiel – ähnlich wie in der Krisenzeit Mitte der 1870er Jahre – seit Beginn der Weltwirtschaftskrise, die den Arbeitsmarkt im Auswanderungsland wie im überseeischen Haupteinwanderungsland gleichermaßen traf, steil ab. In der Weltwirtschaftskrise übertraf das Volumen der überseeischen Rückwanderung bei weitem dasjenige der überseeischen Auswanderung, die Anfang der 1930er Jahre zum Rinnsal schrumpfte, bis mit der politischen Emigration und der jüdischen Fluchtwanderung aus dem nationalsozialistischen Deutschland ein neuer Abschnitt der deutschen Auswanderungsgeschichte begann.[21]

Aus dem Strukturbild der überseeischen Auswanderung, das die Daten der Wanderungsstatistik bieten, spricht der schon in den Vorkriegsjahrzehnten ausgeformte Übergang von der ländlichen Siedlungswanderung zur industriellen Arbeitswanderung und von der Familien- zur Einzelwanderung bei starker Zunahme der transatlantischen Zeitwanderung[22]. Bis zum Weltkrieg hatte sich die transatlantische Bewegung, dem Wirkungszusammenhang vorwiegend sozialökonomischer Schub- und Sogkräfte in Auswanderungsland und überseeischen Zielländern entsprechend, weitgehend frei entfalten können. Für Wanderungsgeschehen und Wanderungsverhalten in der Weimarer Republik indes bieten die für die Auswanderungsgeschichte des 19. und frühen 20. Jahrhunderts hilfreichen ökonomischen Korrelationen der Datenreihen von Auswanderungsstatistik und überseeischen Einwanderungsstatistiken mit Daten über die Entwicklung potentiell wanderungsbestimmender Schub- und Sogkräfte[23] nurmehr sehr bedingt Ansatzpunkte der Interpretation. Zwar kannte die Verordnung von 1924 gegen Mißstände im Auswanderungswesen einschneidende Auswanderungsrestriktionen ebensowenig wie das erste Reichsgesetz über das Auswanderungswesen von 1897, so daß die Auswanderung nach wie vor der freien persönlichen Entscheidung überlassen blieb, wie sie auch in Art. 112 WRV ausdrücklich zugesichert wurde.[24] Zielrichtung, Volumen und Struktur der transatlantischen Bewegung aber wurden in der Weimarer Republik in einem bis dahin nicht erlebten Maße von der Einwanderungspolitik des überseeischen Haupteinwanderungslandes USA mitbestimmt: Wenn das deutliche Aufrücken anderer, vor allem südamerikanischer Auswanderungsziele den Anteil der Vereinigten Staaten an der deutschen Überseeauswanderung der Jahre 1921–1933 auf rund 71% senkte, dann hatte dies nicht nur mit der Aufnahmebereitschaft südamerikanischer Einwanderungsländer oder mit der – auch im bürgerlichen Mittelstand wachsenden, von Zivilisationskritik und Kulturpessimismus in der Anpassungskrise an die politische Kultur der Republik mitbestimmten – Anziehungskraft der südamerikanischen Pioniersiedlung zu tun, sondern auch mit der restriktiven Kontingentierung der Nordamerikaeinwanderung. Einwanderungsbeschränkungen und -verbote für ganze Berufsgruppen verschoben zur Zeit der Weltwirtschaftskrise auch die Berufsstruktur der Überseeauswanderung: Zulassungsbeschränkungen für Farmer und Landarbeiter etwa drückten den Anteil landwirtschaftlicher Erwerbstätiger an der Gesamtzahl der erwerbstätigen Auswanderer von 23,1% im Jahr 1930 auf 11,3% im Jahr 1931. Selbst die Geschlechtsstruktur der Auswanderung wurde wesentlich durch die Einwanderungsbestimmungen beeinflußt: Wiewohl in der Auswanderung der Weimarer Jahre ein starkes Aufrücken alleinstehender erwerbstätiger Frauen zu beobachten ist, war doch das auffällige Schrumpfen des Männeranteils von noch 53,5% in den Jahren 1929 und 1930 auf 44,6% im Jahr 1931 Ausdruck der einseitigen Bevorzugung weiblicher Nachreisender bei der Erteilung der Einwanderungserlaubnis.[25]

Schaubild 4
Phasen im Bewegungsablauf der deutschen überseeischen Auswanderung 1872–1932

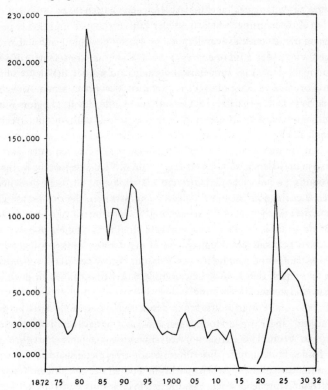

„Die Wanderungswirtschaft der Welt befindet sich heute auf dem Weg vom Liberalismus zur staatlichen Planwirtschaft", konstatierte K. C. Thalheim 1930.[26] „Die Mehrzahl der Länder regelt seit dem Weltkrieg rücksichtslos nach eigenem Gutdünken das Recht der Auswanderung der Staatsbürger und die Einwanderung der Fremden", kritisierte I. Ferenczi die einseitigen Reglementierungen zum Schutz der Arbeitsmärkte, „und ihre Forderungen gegenüber anderen Staaten stehen vielleicht in noch krasserem Widerspruch zu dem eigenen Vorgehen als auf dem Gebiete der Zollpolitik".[27] Das galt in besonderem Maße für Deutschland in seiner seit der Jahrhundertwende hervorgetretenen einzigartigen und in der nationalen wie internationalen Diskussion umstrittenen Kipplage zwischen Aus- und Einwanderungsland: Die These von der „staatlichen Planwirtschaft" traf besonders die im Kaiserreich vorwiegend preußische, in der Weimarer Republik reichsrechtliche Regelung der kontinentalen Zuwanderung ausländischer Arbeitskräfte nach Deutschland. Schon ihr Aufstieg zur Massenbewegung um die Jahrhundertwende stand weithin im Zeichen direkter staatlicher Interventionen ins transnationale Wanderungsgeschehen. Die positiven Werte der deutschen Wanderungsbilanz (Schaubild 3) zur Zeit der Weltwirtschaftskrise waren vor allem auf die zunehmende Rückwanderung bei abnehmender Auswanderung zurückzuführen. Die Wanderungsgewinne zu Anfang des Jahrhunderts hingegen hatten ihren Grund in der starken kontinentalen Zuwanderung. Seit den 1890er Jahren stieg sie umgekehrt proportional zum Rückgang der Überseeauswanderung zur Massenbewegung auf und strebte in der Vorkriegszeit zügig der Millionengrenze zu.[28] Daß die kontinentale Zuwanderung Deutschland nicht vom Aus- zum Einwanderungsland werden ließ, hatte seinen Grund in dem im vorwiegend antipolnischen „Rahmen der preußischen Abwehrpolitik"[29] entwickelten System der restriktiven Ausländerkontrolle, das als „Legitimationszwang" in die Geschichte von Arbeitsmarkt, Wanderungspolitik und Ausländerrecht in Preußen-Deutschland einging: Die kontinentale Zuwanderung wurde auf dem Verordnungsweg weitgehend in den in Schaubild 5[30] wiedergegebenen Bahnen einer jährlich fluktuierenden transnationalen Saisonwanderung gehalten. Weil Preußen die höchste Ausländerbeschäftigung zu verzeichnen hatte und die stärksten, aus dem östlichen Ausland stammenden Kontingente hier und in den Bundesstaaten, die das preußische Modell übernahmen, dem jährlichen „Rückkehrzwang" in der winterlichen „Karenzzeit" unterlagen, war die preußische Regelung maßgeblich für das Reich insgesamt. Sie trug wesentlich dazu bei, daß sich Deutschland in den beiden Vorkriegsjahrzehnten nicht zum Einwanderungsland wandelte, sondern nur unter den „arbeiterimportierenden Staaten" zum – nach den USA – „zweitgrößten Arbeitseinfuhrland der Erde".[31] Die ausländische landwirtschaftliche und industrielle Reservearmee blieb beschränkt auf befristete Ersatz- und Pufferfunktionen in dem durch strukturelle Agrarkrise und lange Agrarkonjunktur, industrielle Stockungsspanne und anhaltende Hochkonjunktur gekennzeichneten Wechsel von Krise und Aufschwung in den Jahrzehnten vor dem Ersten Weltkrieg. In der Hochindustrialisierungsperiode trug die ausländische Einsatzreserve wesentlich dazu bei, auf dem Arbeitsmarkt die Folgen der gewaltigen Verschiebung in den Beschäftigungsanteilen zwischen ländlichen Primär- und städtischen Sekundärbereichen zu balancieren. Selbst im Krieg, der Überseeauswanderung und kontinentale Zuwanderung abschnitt, erfüllte sie entscheidende Ersatzfunktionen. Das galt vor allem für die auf dem landwirtschaftlichen Arbeitsmarkt zurückgehaltenen und rasch durch Kriegsgefangene ergänzten ausländischen Arbeitskräfte, ohne die die Kriegswirtschaft sehr viel früher zusammengebrochen wäre.[32]

In der Weimarer Republik bestand, wie Schaubild 5 zeigt, das für die Vorkriegsjahre charakteristische Strukturbild der Ausländerbeschäftigung mit seiner jährlichen Fluktuation fort.[33] Die Steuerung der Ausländerzulassung und ihre Beschränkung auf Ersatz- und Pufferfunktionen aber traten nicht nur deutlicher, sondern auch auf eine qualitativ ganz neue Weise zutage: Bestimmend für das Bewegungsmuster der kontinentalen Zuwanderung war im Gegensatz zum Kaiserreich nicht mehr die Strategie der „Abwehrpolitik", sondern die Ratio der Arbeitsmarktpolitik. Der Absturz in der Kurve der

Schaubild 5
Jährliche Fluktuation der kontinentalen Zuwanderung im Spiegel der Legitimationsdaten der Feldarbeiterzentrale / Deutschen Arbeiterzentrale 1910–1920

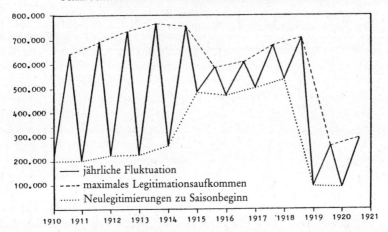

Ausländerbeschäftigung 1919 hatte wesentlich damit zu tun, daß ein großer Teil der ausländisch-polnischen und ehemals preußisch-polnischen Arbeitskräfte in den neuen polnischen Staat zurück- oder nach Frankreich weiterwanderte.[34] Die im Vergleich zur Vorkriegszeit erheblich niedrigere jährliche Fluktuation der Ausländerbeschäftigung aber war das Ergebnis restriktiver Kontingentierung im räumlich geschrumpften und wirtschaftlich verarmten Nachkriegsdeutschland. Das galt auch für die landwirtschaftliche Reservearmee aus dem östlichen Ausland, die – nach der Verschiebung der preußischen Ostgrenzen nach Westen und dem damit verbundenen Schrumpfen ihrer Haupteinsatzgebiete – in verringertem Umfang ihre Ersatzfunktion trotz hoher städtischer Arbeitslosenzahlen bis zur Weltwirtschaftskrise weiter erfüllte.[35] Die Bestimmungen des Arbeitsnachweisgesetzes (ANG) vom 19. 10. 1922, die in seinem Rahmen bis 1926 erlassenen Verordnungen und deren Anpassung an die neue Organisation der Arbeitsverwaltung 1927[36] zielten mit der jährlichen Genehmigungspflicht darauf ab, die Ausländerbeschäftigung in den Grenzen des Ersatz- und Zusatzbedarfs auf dem Arbeitsmarkt zu halten: Für ausländische Arbeitskräfte wurden Visa nurmehr erteilt, wenn die Arbeitsnachweise bestätigt hatten, daß entsprechende einheimische Arbeitskräfte nicht zur Verfügung standen. Deswegen auch gleicht die in Schaubild 6[37] wiedergegebene Kurve der Ausländerbeschäftigung in Industrie und Landwirtschaft der Weimarer Republik einer Art Krisenbarometer für die Entwicklung der Angebot-Nachfrage-Spannung auf dem Arbeitsmarkt: im Blick auf die Rückwirkungen des Ruhrkampfes 1923 auf den Arbeitsmarkt in den besetzten Gebieten und auf die Krisenzeit vom Herbst 1925 bis zum Frühjahr 1927 ebenso wie im Blick auf die Massenarbeitslosigkeit zur Zeit der Weltwirtschaftskrise, in der die Ausländerbeschäftigung insgesamt scharf abfiel. Die ausländischen Arbeitskräfte des Jahres 1932 waren in der Landwirtschaft zu etwa einem Drittel, in der Industrie fast durchweg deutschstämmig, seit Jahren im Reich ansässig, deshalb zumeist durch den begehrten „Befreiungsschein" der jährlichen Genehmigungspflicht enthoben und deutschen Arbeitern gleichgestellt.[38]

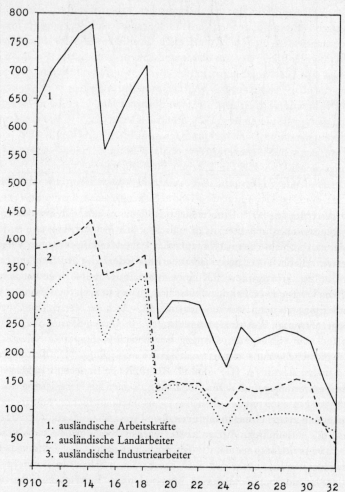

Schaubild 6
Das Legitimationsaufkommen (1000) der Deutschen Arbeiterzentrale 1910–1932

1. ausländische Arbeitskräfte
2. ausländische Landarbeiter
3. ausländische Industriearbeiter

Aus der Zwitterstellung zwischen Aus- und Einwanderungsland aber ergab sich für Deutschlands Stellung in der „Weltwanderungswirtschaft" (Thalheim) eine einzigartige Ambivalenz: Als Auswanderungsland stand Deutschland gegen die einschneidenden Einwanderungsrestriktionen, vor allem im überseeischen Haupteinwanderungsland USA, während es als „Arbeitseinfuhrland" eine restriktive Kontingentierung der kontinentalen Zuwanderung zu verteidigen hatte, die in ihren protektionistischen Intentionen erheblich weiterging als die neue amerikanische Einwanderungspolitik. Diese Doppelrolle bestimmte auch die Haltung Deutschlands gegenüber den multilateralen Bemühungen um eine Regelung des Aus- und Einwanderungswesens, die mit der Entfaltung der internationalen Organisationen nach dem Ersten Weltkrieg hervortraten: Im Sinne des Vorschlags der Internationalen Arbeitskonferenz in Washington 1919[39] wurden mit den europäischen Herkunftsländern der ausländischen Arbeitswanderer bilaterale Abkommen angestrebt.[40] Bei multilateralen Verhandlungen über eine Regelung des internationalen Wanderungswesens indes blieb die deutsche Position zwiespältig, je nachdem, ob die Verhandlungsgegenstände das Auswanderungsland oder das „Arbeitseinfuhrland" tangierten. Das galt für Regierungsvertreter ebenso wie für die Vertreter organisierter Interessen auf dem Arbeitsmarkt: von der mitteleuropäischen Wirtschaftskonferenz über die Organisation des Arbeitsmarkts in Budapest 1910 über das Delegiertentreffen der Auswanderungsländer in Rom 1921, die erste internationale Konferenz der Aus- und Einwanderungsländer in Rom 1924 und den vom Internationalen Gewerkschaftsbund und der Sozialistischen Arbeiterinternationale 1926 nach London einberufenen Weltwanderungskongreß bis hin zur zweiten internationalen Konferenz der Aus- und Einwanderungsländer in Havanna 1928, zu der Deutschland nurmehr einen Beobachter ohne Diskussions- und Stimmrecht entsandte.[41] Einzig nachwirkendes Ergebnis der nach der vielversprechenden ersten Konferenz in Rom enttäuschenden zweiten in Havanna war der gemeinsame Eindruck der Beteiligten, daß Verhandlungen über Aus- und Einwanderungsprobleme beim Internationalen Arbeitsamt besser aufgehoben seien als auf Konferenzen der Aus- und Einwanderungsländer. Die von der Internationalen Organisation der Arbeit schon 1920 eingesetzte „Internationale Auswanderungskommission" freilich blieb von den kaum überbrückbaren Interessengegensätzen zwischen Aus- und Einwanderungsländern ebensowenig verschont wie das 1925 eingesetzte paritätische „Ständige Auswanderungskomitee" in Genf.[42] Das Auswanderungsland Deutschland aber erlebte als „Arbeitseinfuhrland" seit den 1890er Jahren über den Weltkrieg hinweg bis in die Anfangsjahre der Weimarer Republik hinein in der öffentlichen Diskussion scharfe Interessenkonflikte um die Ausländerzulassung, wie sie nach ihrer Reichweite und Intensität ansonsten nur in echten Einwanderungsländern begegneten.[43]

Die Spannung zwischen den Intentionen deutscher ‚Aus'- und ‚Einwanderungspolitik' fand Ausdruck auch im Institutionengefüge: Nach der 1902 bei der Deutschen Kolonialgesellschaft eingerichteten nichtamtlichen, aber der Aufsicht des Reichskanzlers unterstellten „Zentralauskunftstelle für Auswanderer" war das „Reichsamt für deutsche Einwanderung, Rückwanderung und Auswanderung (Reichswanderungsamt)"[44] die erste, vornehmlich mit der Auswanderung beschäftigte Reichsinstitution: Im Mai 1919 aus der ein Jahr zuvor zur Leitung und Eingliederung des kriegsbedingten Rückwandererstroms geschaffenen „Reichswanderungsstelle" hervorgegangen und im April 1924 vom Sparkommissar zur „Reichsstelle für das Auswanderungswesen" zusammengestrichen,[45] blieb das Reichswanderungsamt wie sein nichtamtlicher Vorläufer beschränkt auf individuelle Beratung und öffentliche Informationsdienste zum Schutz gegen Fehlentscheidungen und Übervorteilung bei der Auswanderung.[46] Nur auf diesem Umweg über unverbindliche Beratung gab es Versuche einer indirekten Einflußnahme auf Auswanderungsentscheidungen: Die Zentralauskunftsstelle hatte sich vor dem Weltkrieg vergeblich darum bemüht, für die ohnehin nur in geringerem Umfang mögliche Auswanderung in die deutschen Kolonien zu werben und – im Sinne des in der Kolonialbewegung verbreiteten Konzepts einer informellen Expansion durch Auswanderung – einen Teil der Auswanderung von Nord- nach Südamerika abzulenken.[47] In der Weimarer Republik, in der die restriktive Einwanderungspolitik der USA die Auswanderung nach Südamerika ohnehin stärker hervortreten ließ, war das Reichswanderungsamt vielmehr bemüht, schwankenden Auswanderungswilligen von ihrem Vorhaben abzuraten. Dies aber brachte das „Reichsverhinderungsamt" unter Manipulationsverdacht und behinderte nur die in dieser Hinsicht ohnehin wenig effektive Beratungstätigkeit im „Amt der verlorenen Worte".[48] – Die zunächst ebenfalls nichtamtliche und 1907 durch die Übertragung des „Legitimationsmonopols" in Preußen zur halbamtlichen Institution aufgewertete preußische Feldarbeiterzentrale bzw. Deutsche Arbeiterzentrale (seit 1912) hingegen war jenseits ihrer Funktionen in Auslandsrekrutierung und Inlandsvermittlung ausländischer Arbeitskräfte von Anbeginn an auch restriktive Kontrollinstanz im System des „Legitimationszwangs", mithilfe dessen zunächst freilich nur die jährliche Fluktuation der Ausländerzuwanderung aufrechterhalten wurde.[49] 1921 begann durch die Verbindung des Legitimationsverfahrens mit dem 1922 im ANG rechtlich verankerten Genehmigungsverfahren die Kontingentierung der Ausländerzulassung, zuerst in sekundären und tertiären Erwerbsbereichen. Die Arbeiterzentrale wurde zum ausführenden Steuerungsorgan, als der nunmehr paritätisch geleiteten Institution 1922 das „Monopol" auch für die Vermittlung ausländischer Landarbeiter im Reich übertragen wurde, bei jährlicher Festlegung der Beschäftigtenzahlen zunächst durch die Landesämter für Arbeitsvermittlung und seit 1927 durch die neue Reichsanstalt für Arbeitsvermittlung und Arbeitslosenversicherung.[50] Der überseeischen Auswanderung wie der kontinentalen Einwanderung gegenüber zeigte sich in Weimar eine wachsende Tendenz zur staatlichen Überformung des Institutionengefüges mit gegensätzlichen Intentionen: zum Schutz für die deutsche Auswanderung und zum Schutz gegen die kontinentale Zuwanderung.

Am deutlichsten indes war die Tendenz zur Verstaatlichung beim Ausbau der Arbeitsverwaltung, mit dem sich auf dem Arbeitsmarkt in der Weimarer Republik der Umbruch vollzog von der Balance durch Arbeitswanderung zum Spannungsausgleich durch Arbeitsvermittlung. Im späten 19. und frühen 20. Jahrhundert glich Deutschland, wie W. Sombart pointierte, „einem Ameisenhaufen, in den der Wanderer seinen Stock gestoßen hat".[51] Das Wanderungsgeschehen auf dem Arbeitsmarkt wurde einerseits bestimmt durch die Binnenwanderung über größere Distanzen, die in der Hochindustrialisierungsperiode vor dem Weltkrieg zur „größten Massenbewegung der deutschen Geschichte"[52] aufstieg, und andererseits durch Wechselwirkungen im Bewegungszusammenhang von Auswanderung, Binnenwanderung und kontinentaler Zuwanderung: Die Verschiebung der Arbeitsmarktanteile zwischen ländlichen Primär- und städtischen Sekundärbereichen war gleichbedeutend mit einer massenweisen Umschichtung vom Land- ins Industrieproletariat. Jenseits der ländlichen Einzugsbereiche industrieller

Arbeitsmärkte bedeutete intersektorale berufliche Mobilität in aller Regel Arbeitswanderung über mittlere bis weite Distanz. Bestimmend für das interne Wanderungsgeschehen der Vorkriegsjahrzehnte waren – abgesehen von den vielfältigen Formen der wachsenden interstädtischen und innerstädtischen Mobilität[53] – seit den 1880er Jahren vor allem die Ost-West-Wanderung aus den landwirtschaftlichen Nordostgebieten in die industriellen Ballungsräume Mittel- und Westdeutschlands und die langfristig laufende, im Urbanisierungsprozeß der Hochindustrialisierungsperiode hektisch beschleunigte Land-Stadt-Wanderung mit ihren vielgestaltigen Verlaufsformen: von der intrasektoralen Etappenwanderung, die an den Grenzen der industriellen Verdichtungszonen aus dem Primärbereich austreten konnte, bis zur intersektoralen Direktwanderung[54]. Ost-West- und Land-Stadt-Wanderung setzten sich, mit freilich rückläufiger Tendenz, in die Weimarer Zeit hinein fort:

Seit den 1890er Jahren zur Massenbewegung und damit zum internen Pendant der abflachenden Überseeauswanderung aufgestiegen, bildete die intersektorale Ost-West-Fernwanderung aus dem landwirtschaftlichen Osten in den montanindustriellen Westen die schärfste Bruchlinie im Wandel der Lebensformen im Übergang von der Agrar- zur Industriegesellschaft in den Jahrzehnten vor dem Ersten Weltkrieg. Sie war eine Art interner Auswanderung und mündete im Zielgebiet in einen echten Einwanderungsprozeß: Wie bei der Überseeauswanderung mit ihren charakteristischen Formen der transatlantischen Wanderungstradition und der transatlantischen Kommunikation zwischen deutschen Siedlungsschwerpunkten in Übersee und den Hauptausgangsräumen im Auswanderungsland, bildeten sich auch in der internen Ost-West-Fernwanderung stabile interregionale Wanderungstraditionen mit Koloniebildung im Zielgebiet und eine der transatlantischen durchaus vergleichbare interregionale Kommunikation heraus. Sie wirkten fort bis in die Jahre der Weimarer Republik, in den Siedlungsschwerpunkten im Ruhrgebiet ebenso wie in der Gliederung der Zechenbelegschaften nach Herkunftsgebieten.[55] Nach einem letzten größeren Schub, mit dem die Arbeitsplätze abgewanderter Polen aufgefüllt wurden, lief die intersektorale Ost-West-Fernwanderung Mitte der 1920er Jahre aus. Ähnliches gilt für den Urbanisierungsprozeß, soweit er über die interstädtische Mobilität und den natürlichen Zuwachs der Stadtbevölkerung hinaus durch die Land-Stadt-Wanderung der Hochindustrialisierungsperiode beschleunigt worden war: Vom anhaltend starken Wachstum der zehn Großstädte mit mehr als 500 000 Einwohnern abgesehen, wurde der Bevölkerungszuwachs in Orten mit mehr als 2000 Einwohnern 1925 bis 1933 schon stark durch Eingemeindungen bestimmt. Als säkulare Massenbewegung trat die Land-Stadt-Wanderung in der zweiten Hälfte der 1920er Jahre zurück, lief aber, von der kurzfristigen „allgemeinen Stockung der Binnenwanderung" 1932[56] abgesehen, in stark verringertem Umfang auch zur Zeit der Weltwirtschaftskrise fort, die überseeische Auswanderung und kontinentale Einwanderung fast ganz zum Erliegen brachte. Die Weltwirtschaftskrise reduzierte zwar die räumliche Mobilität insgesamt, ließ aber die bis dahin rückläufige Zahl der „wandernden Erwerbslosen" noch einmal sprunghaft ansteigen und löste in einzelnen industriellen Ballungsräumen mit ländlichem Umfeld kurzfristige und häufig überschätzte intersektorale Rückwanderungsbewegungen aus, die mehr den Charakter krisenbedingten Ausweichens als den der „Stadtflucht" hatten, bis der konjunkturelle Aufschwung seit 1934 die „Landflucht" erneut verstärkte.[57]

Die Massenbewegungen der überseeischen Auswanderung, der internen Abwanderung aus der Landwirtschaft und der kontinentalen Zuwanderung, die in den drei Vorkriegsjahrzehnten phasenverschoben allesamt ihre Maxima erreichten,[58] standen in Wechselwirkung: Überseeische Auswanderung und interne Abwanderung waren – von den vielfältigen anderen materiellen und immateriellen Bestimmungsfaktoren des Wanderungsverhaltens abgesehen[59] – nicht nur Ausdruck des regional unterschiedlich ausgeprägten Mißverhältnisses von Arbeitskräfte- und Erwerbsangebot. Sie führten ihrerseits zu Störungen in der Angebot-Nachfrage-Relation auf dem Arbeitsmarkt in den Ausgangsräumen, die wiederum durch wachsende Ausländerbeschäftigung ausgeglichen wurden. Das galt besonders für die landwirtschaftlichen Nordostgebiete als Hauptausgangsräume überseeischer Auswanderung und interner Abwanderung und als erste Hauptzielräume der aus dem östlichen Ausland nachrückenden kontinentalen Zuwanderung.[60] In den Vorkriegsjahrzehnten, in denen die Arbeitsvermittlung zwar ständig expandierte, aber noch nicht über ein vielgestaltiges Mosaik von zahlreichen einzelnen und häufig konkurrierenden Einrichtungen hinauskam, stand der Spannungsausgleich in der Angebot-Nachfrage-Relation auf dem Arbeitsmarkt noch weithin im Zeichen von internem und transnationalem Wanderungsausgleich mit volkswirtschaftlich teuren Reibungsverlusten:

Das galt allgemeinhin 1. für die intrasektorale Gleichzeitigkeit von Überangebot und Mangel an Arbeitskraft und für die intersektorale Spannung zwischen einerseits ländlichen Ausgangsräumen, in denen sich das Überangebot bei steigender „Landflucht" in „Leutenot" verkehrte und andererseits städtisch-industriellen Zuwanderungsgebieten, in denen bei anhaltendem Arbeitskräftezustrom Erscheinungen von Lohnkonkurrenz, Unterbeschäftigung und Arbeitslosigkeit begegneten.[61] Es galt 2. in ländlichen Aus- und Abwanderungsgebieten mit steigender Ausländerbeschäftigung, in denen der Einsatz ausländischer Saisonarbeiter vereinzelt zu internationaler Verdrängungskonkurrenz auf dem Arbeitsmarkt führte und zugleich jene Saisonalisierung des Erwerbsangebots forcierte, die einheimische, auf Dauerbeschäftigung angewiesene Landarbeiter zur „Landflucht" bestimmte.[62] Es galt 3. für die Verschärfung von Spannungen in der Angebot-Nachfrage-Relation in städtisch-industriellen Zuwanderungsgebieten, in denen entweder ausländische Arbeitskräfte über die Sättigungsgrenze hinweg weiter zuströmten[63] oder aber arbeitslose einheimische Arbeitskräfte nicht mehr bereit waren, auf der internationalisierten unteren Ebene des doppelten Arbeitsmarkts in Konkurrenz zu den ausländischen zu treten, so daß hier kommunale Versorgungslasten für erwerbslose einheimische Arbeitskräfte anfielen, während zugleich Lohngelder aus dem lokalen Markt ins Ausland transferiert wurden.[64] Unproduktive Reibungsverluste gab es schließlich 4. bei der dem Bereich der volkswirtschaftlich „überflüssigen Wanderungen" zuzurechnenden Bewegung jener hochmobilen „reisenden Arbeitslosen", deren Wege sich auf ihrer nicht nur inner-, sondern auch interstädtischen Arbeitsuche mit denen der ortlosen Wanderarmen überschnitten: Die Zahl der „Schlafnächte", die „Wanderer" in den deutschen Herbergen zur Heimat verbrachten, spiegelt nicht nur die in der Hochindustrialisierungsperiode sprunghaft steigende räumliche Mobilität, sondern auch die in der Hochkonjunkturphase vor dem Weltkrieg auf den Arbeitsmarkt durchschlagenden kurzfristigen wirtschaftlichen Entwicklungsstörungen: Die Zahl der „Schlafnächte" stieg von 2 740 000 im Jahr 1890 auf durchschnittlich 3 600 000 im folgenden Jahrzehnt, überschritt 1900 die Grenze von 4 000 000, erreichte 1902: 4 490 000 und schließlich 1908: 4 547 028.[65]

Wege zur Überwindung des volkswirtschaftlich teuren indirekten Arbeitsmarktausgleichs durch Wanderung wiesen der Ausbau von Arbeitsvermittlung und Arbeitsmarktbeobachtung und der Übergang von karitativer Armenpflege und kommunaler Erwerbslosenfürsorge zur Arbeitslosenversicherung im Kontext der öffentlichen Arbeitsverwaltung. Bis zum Weltkrieg hatte sich der Staat herausgehalten aus der Arbeitsvermittlung, die im wesentlichen in drei Formen betrieben wurde: 1. als „gewerbsmäßige" Arbeitsvermittlung, 2. als „nichtgewerbsmäßige" Arbeitsvermittlung durch private Vereine und von Arbeitgeber- und Arbeitnehmerverbänden getragene Arbeitsnachweise und 3. als „öffentliche" Arbeitsvermittlung großstädtischer Gemeinden. Das Stellenvermittlungsgesetz vom 2. 6. 1910 hatte für das seit 1869 freie Gewerbe der Stellenvermittler zwar die Konzessionspflicht eingeführt, die kommerzielle Stellenvermittlung als solche aber nicht angetastet, zumal sie durch die nicht minder zersplitterte und unkoordinierte Tätigkeit nichtgewerbsmäßiger und kommunaler Arbeitsnachweise noch nicht zu ersetzen war: Außer den größeren kommerziellen Vermittlungsbüros und ihren Filialen, kleineren ländlichen Gesindemaklern, städtischen Stellenvermittlern und zahlreichen informell mit Vermittlungen befaßten Einrichtungen und Vereinen – von den Herbergen zur Heimat über die Wanderarbeitsstätten bis hin zu den Mädchenschutzvereinen – arbeiteten 1912 allein 2224 nichtgewerbsmäßige Vermittlungsstellen: Neben den „einseitigen" Arbeitsnachweisen der Arbeitergewerkschaften (547), Angestelltenverbände (90) und Arbeitgeberverbände, den handwerklichen Innungsnachweisen (561) und den Arbeitsnachweisen der Landwirtschaftskammern (97) standen 354 zumeist von privaten Vereinen getragene fürsorgerische bzw. karitative Vermittlungseinrichtungen. Neben bzw. gegen kommerzielle und nichtgewerbsmäßige arbeiteten im gleichen Jahr mit höchst unterschiedlicher Effektivität 382 kommunale Arbeitsnachweise[66]. Sie waren die unmittelbare Vorstufe zur überregional koordinierten öffentlichen Arbeitsvermittlung und Arbeitsmarktbeobachtung: auf Provinz- bzw. Landesebene zu Arbeitsnachweisverbänden zusammengeschlossen, die ihrerseits vereinigt waren im Verband deutscher Arbeitsnachweise, der das erste Presseorgan für kontinuierliche reichsweite Arbeitsmarktberichterstattung schuf[67]. Den Durchbruch zur reichsweiten Organisation der öffentlichen Arbeitsverwaltung aber brachte erst das Hervortreten des wirtschafts- und sozialinterventionistischen Verordnungsstaats[68] in der Kriegswirtschaft: Während die schon im August 1914 beim Reichsamt des Innern eingerichtete „Reichszentrale für Arbeitsnachweise" und der seither vom Statistischen Reichsamt herausgegebene „Arbeitsmarktanzeiger" in der interregionalen Arbeitsvermittlung weitgehend wirkungslos blieben, folgte 1917 – im weiteren Rahmen des Hilfsdienstgesetzes vom 2. 12. 1916 – die erste systematische, das gesamte Reichsgebiet umfassende Organisation der öffentlichen Arbeitsvermittlung mit der Zentrale im Kriegsamt. Zugleich verlor im Rahmen der

Kriegswohlfahrtspflege mit ihren Reichszuschüssen zur kommunalen Erwerbslosenfürsorge die Arbeitslosenunterstützung den Charakter der Armenpflege[69].

Reichsorganisation des Arbeitsnachweiswesens und Befreiung der Erwerbslosenfürsorge vom Stigma der Armenpflege waren entscheidende Voraussetzungen für die qualitativ neue Verschränkung von Arbeitsvermittlung und Arbeitslosenversicherung, die in der Weimarer Republik 1927 ihren Abschluß fand. Schon in der Zentralarbeitsgemeinschaft vom November 1918 zeichnete sich die Einigung von Gewerkschaften und Arbeitgeberverbänden ab, unparteiische öffentliche, paritätisch besetzte Arbeitsnachweise mit reichseinheitlicher Organisation einzurichten und in der Arbeitsverwaltung selbst Arbeitsvermittlung, Berufsberatung und Arbeitslosenunterstützung zu verschränken. Der Konflikt der Sozialparteien um die „Verstaatlichung des Arbeitsmarkts" war bis auf weiteres beigelegt. In der institutionellen und materiell-rechtlichen Entwicklung führte der Weg von der Einrichtung des Reichsarbeitsamts, der Ersetzung des Kriegsamts durch das Demobilmachungsamt im November 1918 und die Übertragung der Befugnisse beider Institutionen auf das Reichsarbeitsministerium 1919 zur Bildung des Reichsamts für Arbeitsvermittlung 1920, bis das ANG 1922 die uniforme Organisation des Arbeitsnachweiswesens auf Reichsebene institutionalisierte: mit den örtlichen Arbeitsnachweisen als Unterbau, den Landesämtern für Arbeitsvermittlung als übergeordneten Instanzen und dem Reichsamt für Arbeitsvermittlung an der Spitze. Das ANG ließ zwar das unkoordinierte Mosaik der nichtgewerbsmäßigen Stellenvermittlungen bestehen und gab der gewerbsmäßigen noch eine Frist von 10 Jahren, eröffnete aber den Weg zur systematischen überregionalen Entfaltung der öffentlichen Arbeitsverwaltung, die die nichtgewerbsmäßige und gewerbsmäßige Stellenvermittlung zusehends aus dem Markt drängte. Das Gesetz über Arbeitsvermittlung und Arbeitslosenversicherung (AVAVG) vom 16. 7. 1927 schließlich gab der Arbeitsverwaltung – mit paritätischer Leitung, Selbstverwaltung und eigenem, durch den Reichstag zu genehmigendem Haushalt – die endgültige dreistufige Bauform[70].

Dem Ausbau von öffentlicher Arbeitsvermittlung und Arbeitsmarktbeobachtung auf Reichsebene parallel lief die Eingliederung der Erwerbslosenfürsorge in die Arbeitsverwaltung: Im Prinzip schon im Aufruf des Rates der Volksbeauftragten vom 12. 11. 1918 mit seiner Ankündigung einer Verordnung über die Unterstützung der Erwerbslosen enthalten, hatte die staatliche Unterhaltspflicht bei Arbeitslosigkeit als Kehrseite des kollektiven Arbeitsrechts in Art. 163 WRV auch ihre verfassungsrechtliche Bestätigung gefunden. Entscheidung über Unterstützungsanträge durch die Vorsitzenden der Arbeitsnachweise, Beitragspflicht und dreimonatige Anwartschaft leiteten 1924 über vom Fürsorge- zum Versicherungsprinzip in der Erwerbslosenunterstützung als Teil der Arbeitsverwaltung. Das Gesetz über die Krisenfürsorge von 1926 verpflichtete zwar die Gemeinden zur Unterstützungszahlung, doch erst das AVAVG wandelte die staatliche Fürsorgepflicht zum gesetzlichen Unterstützungsanspruch und vollendete zugleich die versicherungspolitische Konzeption in der Arbeitsverwaltung als Teil der staatlichen Sozialpolitik: Berufsberatung und Lehrstellenvermittlung, die den Arbeitsnachweisen schon im ANG von 1922 als fakultative Zusatzaufgaben zugeordnet worden waren, wurden im AVAVG mit der Arbeitsvermittlung verschränkt zum integralen Vorbeugekonzept der Arbeitsverwaltung gegen den Versicherungsfall Arbeitslosigkeit[71]. Mit dem institutionellen Ausbau der öffentlichen Arbeitsverwaltung und ihrer gesetzlichen Verankerung wurde bis 1927 ein komplexes und flexibles Instrumentarium zum Spannungsausgleich auf dem Arbeitsmarkt geschaffen, das bei im Vergleich zu den Vorkriegsjahrzehnten drastisch gesunkener räumlicher, aber auch verringerter beruflicher Mobilität auf dem Arbeitsmarkt[72] die „überflüssigen Wanderungen" einheimischer Arbeitskräfte durch interlokal und überregional koordinierte Arbeitsvermittlung einzuschränken tendierte, während die kontinuierliche Arbeitsmarktbeobachtung den indirekten Spannungsausgleich durch Ausländerbeschäftigung in den transparenter und kalkulierbarer werdenden Grenzen des jährlichen Zusatzbedarfs hielt.

Der Einbruch der Weltwirtschaftskrise indes ließ dem neuen Instrumentarium kaum Bewährungschancen. Schon beim Durchschlagen der ‚Reinigungskrise' auf den Arbeitsmarkt 1925/26 hatte, wie Schaubild 7[73] zeigt, die Kurve der nichtvermittelten Arbeitsgesuche diejenige der Vermittlungen kurzfristig durchbrochen. Als die durch Rationalisierung und Konzentration verschärfte strukturelle Arbeitslosigkeit, die seit 1926 im Jahresdurchschnitt nicht mehr unter die Millionengrenze sank, und die im Jahresrhythmus fluktuierende saisonale Arbeitslosigkeit zusammentrafen mit der konjunkturell bedingten Massenarbeitslosigkeit der Weltwirtschaftskrise, wurde die Leistungsgrenze der neuen Arbeitsvermittlung abrupt und bei weitem überschritten: Der Gegenläufigkeit von Vermittlungsnachfrage und Stellungsangebot entsprechend stürzten in der negativen Erfolgsbilanz der Arbeitsnachweise die Kurven von gelungenen Vermittlungen und unerfüllbaren Gesuchen umgekehrt proportional auseinander. Die Schere, die sich erst im nationalsozialistischen Deutschland wieder zu schließen begann, markierte auch den frühen Zusammenbruch der Arbeitslosenversicherung: Die neue Reichsanstalt hatte nicht annähernd zureichende Rücklagen für den Ernstfall bilden können, schloß schon in ihrem ersten Jahr mit einem Defizit von 14 Millionen RM ab und mußte ab Januar 1929 verstärkt durch Reichskredite gestützt werden. Während die überforderten Arbeitsnachweise in der Krise zu „Stempelstellen" für die Arbeitslosenunterstützung absanken, geriet der Kampf um Sanierung durch Leistungsabbau oder Erhöhung von Versicherungsbeiträgen und Reichszuschüssen 1929/30 ins Zentrum der Krise des parlamentarisch-demokratischen Sozialstaats, in der der Interessenausgleich zwischen den politischen Parteien blockiert wurde durch den Grundsatzkonflikt der Sozialparteien[74].

Fluchtwege aus dem von der Weltwirtschaftskrise erschütterten Arbeitsmarkt gab es kaum: Die Kurven in Schaubild 7 geben keine Hinweise auf einen unmittelbaren Zusammenhang zwischen Arbeitslosen- und Auswandererzahlen. Niveau und Ausschläge in der Kurve der Anfragen bei den Auswandererberatungsstellen zeigen, daß es zwar eine krisenbedingt verstärkte Neigung zur Auswanderung, aus den genannten Gründen aber wenig Chancen gab, ihr zu folgen[75]. Offenkundiger und folgenreicher als der Zusammenhang zwischen Erwerbslosigkeit und dem vergeblichen Streben nach räumlicher Flucht aus der Krise wurde der Zusammenhang zwischen Massenarbeitslosigkeit, sozialer Angst und politischer Flucht aus der Republik, in der der demokratische Fundamentalkonsens nicht mehr zu stiften und der Konflikt durch Sozialtechnik nicht mehr zu überbrücken war. Wege aus dem Chaos auf dem Arbeitsmarkt wurden in der

Schaubild 7
Arbeitsvermittlung, Überseeauswanderung und Anfragen bei den Auswandererberatungsstellen (1000) 1919–1933

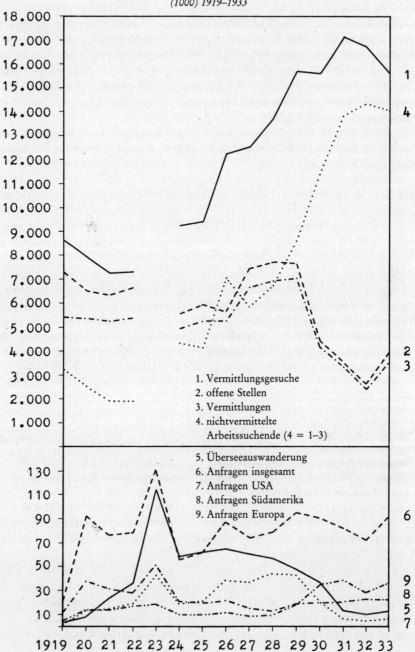

1. Vermittlungsgesuche
2. offene Stellen
3. Vermittlungen
4. nichtvermittelte Arbeitssuchende (4 = 1–3)
5. Überseeauswanderung
6. Anfragen insgesamt
7. Anfragen USA
8. Anfragen Südamerika
9. Anfragen Europa

Agonie der Republik noch in den deflationistischen Arbeitsbeschaffungsprogrammen unter v. Papen und v. Schleicher angetreten. Der Sieg über die Massenarbeitslosigkeit durch deren modifizierte Weiterführung und Ergänzung durch die arbeitsintensiven Investitionsprogramme von Reichsbahn und Reichspost indes war erst der nationalsozialistischen Arbeitspolitik gutzuschreiben, um den Preis einer radikalen Umfunktionierung des in Weimar entwickelten Systems der wirtschaftsdemokratischen Arbeitsverwaltung: Das bis 1927 entwickelte neue Institutionengefüge der Arbeitsverwaltung wurde nach 1933 zu einem der wichtigsten Grundelemente deformiert, aus denen die nationalsozialistische Herrschaftsarchitektur schrittweise das wirtschafts- und sozialpolitische Fundament des totalen Staates baute. Mit der Umorientierung von der Arbeitsvermittlung zum Arbeitseinsatz begann der Weg zur Militarisierung der Arbeitswelt und zur Instrumentalisierung der Wirtschafts- und Sozialpolitik unter dem Primat der nationalsozialistischen Machtstaatpolitik[76].

ANMERKUNGEN

1 Für die umfangreiche zeitgenössische Literatur s. bes. J. Stammhammer, *Bibliographie der Social-Politik*, 2 Bde. Jena 1896, 1912 sowie die fortlaufende Berichterstattung in: *Bibliographie der Sozialwissenschaften* (1, 1905 ff.). Eine Gesamtdarstellung der Geschichte von Arbeitsmarkt, Bevölkerung und Wanderung in der Weimarer Republik fehlt. Einen hilfreichen Aufriß bietet: W. Köllmann, Bevölkerungsentwicklung in der Weimarer Republik, in: H. Mommsen/ D. Petzina / B. Weisbrod (Hg.), *Industrielles System und politische Entwicklung in der Weimarer Republik*. Düsseldorf 1974, S. 76–84. Zur vergleichenden Wirtschafts- und Sozialgeschichte von Überseeauswanderung, Binnenwanderung und kontinentaler Zuwanderung anhand deutscher und amerikanischer Daten über das transatlantische Wanderungsgeschehen, unveröffentlichter Erhebungen über Ausländerbeschäftigung und Wanderungsbewegungen in Preußen sowie der Aktenbestände über Arbeitsmarkt und Wanderung im *Zentralen Staatsarchiv*, Potsdam (ZSTA I) und Merseburg (ZSTA II): K. J. Bade, *Land oder Arbeit: Massenwanderung und Arbeitsmarkt im Deutschen Kaiserreich*, 1981.
2 Datenquellen: W. G. Hoffmann / F. Grumbach / H. Hesse, *Das Wachstum der deutschen Wirtschaft seit der Mitte des 19. Jahrhunderts.* Berlin 1965, S. 205 f.; vgl. *Bevölkerung und Wirtschaft 1872–1972*, hg. v. Statist. Bundesamt, Wiesbaden 1972, S. 101 ff.
3 H. Böhme, *Prolegomena zu einer Sozial- und Wirtschaftsgeschichte Deutschlands im 19. und 20. Jahrhundert.* Frankfurt 1968, S. 82 ff.
4 S. die Daten bei Hoffmann, S. 454 f. Diagramm in: K. J. Bade, Transnationale Migration und Arbeitsmarkt im Kaiserreich: Vom Agrarstaat mit starker Industrie zum Industriestaat mit starker agrarischer Basis, in: T. Pierenkemper (Hg.), *Historische Arbeitsmarktforschung*. Göttingen 1981.
5 J. Fourastié, *Le Grand Espoir du XXe Siècle*. Paris 1958,[4] S. 86 ff. (dt.: *Die große Hoffnung des 20. Jahrhunderts*, Köln 1954, S. 119 ff.); vgl. dazu Hoffmann, S. 36 f.
6 Datenquellen s. Anm. 2, 4.
7 Datenquelle: Bevölkerung und Wirtschaft, S. 101 ff.; vgl. die Diagramme bei G. Mackenroth, *Bevölkerungslehre*. Theorie, Soziologie und Statistik der Bevölkerung. Berlin 1953, S. 56; W. Köllmann, Bevölkerungsgeschichte 1800–1970, in: *Handb. d. dten. Wirtschafts- u. Sozialge-*

schichte hrsg. v. W. Zorn/H. Aubin, Bd. 2. Stuttgart 1976, S. 24; R. Spree, *Wachstumstrends und Konjunkturzyklen in der deutschen Wirtschaft von 1820 bis 1913.* Göttingen 1978, S. 55, 59.

8 Über den Begriff der generativen Strukturen bzw. Verhaltensweisen und die nur als Ausdrucks- bzw. Strukturanalogie, nicht aber als Kausalnexus zu verstehende Interdependenz in der Entwicklung von Bevölkerungs- und Wirtschaftsweise s. Mackenroth, S. 110f., 415; vgl. Köllmann, *Bevölkerung in der industriellen Revolution.* Studien zur Bevölkerungsgeschichte Deutschlands. Göttingen 1974, S. 25–34.

9 Zur idealtypischen Phasengliederung der demographischen Transition s. J. Hauser, *Bevölkerungsprobleme der Dritten Welt.* Bern 1974, S. 131; hierzu und zum Folgenden: B. Schattat, Demo-ökonomische Modelle, in: J. Schmid/H. Bauer/B. Schattat, *Einführung in die Bevölkerungssoziologie.* Hamburg 1976, S. 282 ff.; Köllmann, Bevölkerungsentwicklung, S. 76–80.

10 Ders., Bevölkerungsgeschichte 1800–1970, S. 35 ff.

11 R. Kuczynski, *The Balance of Births and Deaths.* New York 1928, S. 62.

12 K. C. Thalheim, Gegenwärtige und zukünftige Strukturwandlungen in der Wanderungswirtschaft der Welt, in: *AfW* 3, 1930, S. 41–47, hier S. 46; vgl. auch I. Ferenczi, Die Krise der Wanderungen und der Geburtenrückgang, in: *Der internationale Kapitalismus und die Krise.* Festschr. f. J. Wolf. Stuttgart 1932, S. 114–122.

13 F. Burgdörfer, *Volk ohne Jugend.* Heidelberg 1937, S. 437 (vgl. ders., *Der Geburtenrückgang und seine Bekämpfung.* Eine Lebensfrage des deutschen Volkes. Berlin 1929); hierzu: Köllmann, Bevölkerungsentwicklung, S. 76.

14 Datenquellen: F. Burgdörfer, Die Wanderungen über die Deutschen Reichsgrenzen im letzten Jahrhundert, in: *Allg. Statist. Archiv* 20, 1930, S. 161–196, 383–419, 536–551, hier S. 539; Köllmann, Bevölkerungsentwicklung, S. 81.

15 Für den Begriff ‚Auswanderung' gab es weder eine allgemein akzeptierte wissenschaftliche noch eine rechtsgültige Definition. Auch das grundlegende erste deutsche Auswanderungsgesetz von 1897 kannte keine solche Bestimmung. Als operationale Definition wird hier die von H. W. Tetzlaff in Auseinandersetzung mit zeitgenössischen Begriffsbestimmungen entwickelte übernommen: „Auswanderung ist das freiwillige Verlassen des Staatsgebiets, in dem sich der Wohnsitz befand, ohne die bestimmte Absicht, dahin wieder zurückzukehren" (ders., *Das deutsche Auswanderungswesen unter besonderer Berücksichtigung der Übervölkerung Deutschlands in staats- und völkerrechtlicher Sicht,* jur. Diss. Göttingen 1953 (Ms.), S. 2–20, zit. S. 20). Die kontinentale Auswanderung („Überlandauswanderung"), über die es keine exakten Zahlen gibt, wurde vom Statist. Reichsamt im gleichen Zeitraum auf 405 000 geschätzt, dürfte damit aber – als „Auswanderung" und nicht als temporäre Arbeitnahme im Ausland verstanden – etwas zu hoch angesetzt sein. Vgl. S. Schmidt, Überblick über die deutsche Auswanderungsbewegung der letzten Jahre, in: *AfW* 4, 1934, S. 111–115, hier S. 114. Zur Höhe der Europa-Anfragen beim Reichswanderungsamt s. Schaubild 7.

16 Datenquellen s. Anm. 75.

17 Dabei sind die Daten der Auswandererberatung nur ein mangelhafter Indikator für die tatsächliche Auswanderungsbereitschaft, denn von der staatlichen Auswandererberatung wurde zunächst nur in beschränktem Umfang Gebrauch gemacht (vgl. Anm. 44, 48).

18 Hierzu: K. J. Bade, Massenwanderung und Arbeitsmarkt im deutschen Nordosten von 1880 bis zum Ersten Weltkrieg: überseeische Auswanderung, interne Abwanderung und kontinentale Zuwanderung, in: *Archiv für Sozialgeschichte* 20, 1980.

19 Datenquellen: Burgdörfer, Wanderungen, S. 192; *Statist. Jb.* 49, 1930, S. 20f.; 50, 1931, S. 20f.; 52, 1933, S. 24f.; 53, 1934, S. 30f.; vgl. die Diagramme bei G. Moltmann (Hg.), *Deutsche Amerikaauswanderung im 19. Jahrhundert.* Sozialgeschichtliche Beiträge. Stuttgart 1976, S. 201

(bereinigte Kurve 1820–1910); Bade, s. Anm. 4, 18 (Wanderungswellen 1830–1932, Auswanderungsräume 1871–1910); zum wellenförmigen Verlauf der Nordamerikaeinwanderung s. H. Schmidt, Die verschiedenen Einwanderungswellen in die Vereinigten Staaten von Nordamerika von den Anfängen bis zur Quotengesetzgebung, in: *Hist. Jb.* 85, 1965, S. 323–361.

20 W. Zimmermann, Das internationale Arbeiterwanderungsproblem und der Friedensvertrag, in: *ZS für Handelswissenschaft und Handelspraxis,* Jg. 1919, S. 160–163, hier S. 161; vgl. G. Sinner, Auswanderung und Technik, in: *Europäische Staats- und Wirtschaftszeitung* 4, 1919, S. 374–377; W. G. Burckhardt, *Auswandern! Aber Wohin?.* Berlin 1919; H. v. Kiesling, Die Frage der Auswanderung nach dem Kriege, in: *Die Glocke* 5, 1919, S. 334–345; C. A. Hartung, Wirtschaftsfragen, Klassenkämpfe, Auswanderung, in: *Magazin für Technik und Industriepolitik* 10, 1919, S. 116–125; A. Dix, Die Auswanderungsfrage nach dem Kriege, in: *Deutscher Dienst,* Jg. 1919, S. 16f.; ders., Industrie und Auswanderung, in: *Deutsche Industrie* 1, 1920, S. 226–228; O. Lutz, Das Problem der Auswanderung, in: *Die Umschau.* Wochenschrift über die Fortschritte in Wissenschaft und Technik 24, 1920, S. 657–662.

21 K. C. Thalheim, *Das deutsche Auswanderungsproblem der Nachkriegszeit.* Jena 1926, S. 69ff.; Burgdörfer, Wanderungen, S. 389f.; B. Heyne, Die internationale Rückwanderung, in: *AfW* 5, 1932, S. 87–95. Während die Überseeauswanderung steil abfiel, stieg die kontinentale Auswanderung, die die überseeische 1930–1932 übertraf, nach den Schätzungen des Statist. Reichsamts von ca. 40 000:1930 auf ca. 60 000:1931, um im folgenden Jahr (1932: ca. 25 000), in dem auch in Europa die Erteilung von Arbeitsgenehmigungen für Ausländer scharf eingeschränkt wurde, ebenfalls deutlich abzusinken (S. Schmidt, S. 113); neue Gesamtdarstellung zur Überseeauswanderung in der Weimarer Republik: H. Bickelmann, *Deutsche Überseeauswanderung in der Weimarer Zeit,* phil. Diss. Hamburg 1977 (Ms.); zur Auswanderung aus dem nationalsozialistischen Deutschland: E. Lacina, *Emigration 1933–1945,* rer. pol. Diss. Erlangen-Nürnberg 1980 (Ms.).

22 Hierzu neben den in Anm. 1 und 18 genannten Arbeiten: W. Mönckmeier, *Die deutsche überseeische Auswanderung.* Jena 1912, S. 133–173; Burgdörfer, Wanderungen, S. 401–409; Thalheim, Auswanderungsproblem, S. 59–68; E. M. Stürmer, *Die soziologischen Probleme der modernen Auswanderung,* phil. Diss. Heidelberg 1947 (Ms.), S. 57–80; P. Marschalck, *Deutsche Überseeauswanderung im 19. Jahrhundert.* Stuttgart 1973, S. 72–84.

23 Zum Problem: H. Jerome, *Migration and Business Cycles.* New York 1926, S. 187–196; J. Isaac, *Economics of Migration.* London 1947, S. 226ff.; für Deutschland: Marschalck, S. 52–71, 110–113; für England: B. Thomas, *Migration and Economic Growth.* A Study of Great Britain and the Atlantic Economy. Cambridge 1973[2].

24 Tetzlaff, S. 104ff.

25 S. Schmidt, S. 111–115; Burgdörfer, Wanderungen, S. 390f.; Stürmer, S. 24ff., 139, 154; M. A. Jones, *American Immigration.* Chicago 1960, S. 247ff., 278ff.; Köllmann, Bevölkerungsentwicklung, S. 82f.; H. J. Wendler, *Universalität und Nativismus.* Das nationale Selbstverständnis der USA im Spiegel der Einwanderungspolitik, phil. Diss. Hamburg 1978, S. 176ff.

26 Thalheim, Wanderungswirtschaft, S. 47; vgl. D. Benjamin, Wanderungsgesetzgebung und Arbeitsmarkt, in: *Soziale Praxis,* 35, 1926, S. 185–188, 211–216.

27 I. Ferenczi, Weltwanderungen und Wirtschaftsnot, ebd. 36, 1927, S. 890–894, hier S. 890.

28 Zur Ausländerbeschäftigung in Deutschland vor dem Ersten Weltkrieg: J. Nichtweiss, *Die ausländischen Saisonarbeiter in der Landwirtschaft der östlichen und mittleren Gebiete des Deutschen Reiches.* Ein Beitrag zur Geschichte der preußisch-deutschen Politik von 1880 bis 1914, Berlin (DDR) 1959; vgl. Anm. 1, 4, 18.

29 Hierzu und zum Folgenden: K. J. Bade, Politik und Ökonomie der Ausländerbeschäftigung im

preußischen Osten 1885–1914: die Internationalisierung des Arbeitsmarkts im „Rahmen der preußischen Abwehrpolitik", in: *GG* Sonderheft 6, 1980 („Rückblick auf Preußen").

30 Datenquelle: Denkschrift über die Ein- und Auswanderung nach bzw. aus Deutschland in den Jahren 1910 bis 1920, 30. 3. 1922, in: *Sten. Ber. über die Verh. des dten. Reichstags,* Bd. 372 (1920/I), S. 4382 ff. Die Zahl der Neulegitimierungen zu Jahresbeginn und das maximale Legitimationsaufkommen in der Hochsaison sind nicht mit der erheblich höher liegenden Gesamtzahl der ausländischen Arbeitskräfte im Reich zu verwechseln, vgl. hierzu Anm. 58.

31 Frhr. v. d. Bussche-Kessel (Direktor der Feldarbeiterzentrale) in: *Verh. d. Budapester Konferenz betr. Organisation des Arbeitsmarkts* (7., 8. 10. 1910). Leipzig 1911, S. 81; I. Ferenczi, *Kontinentale Wanderungen und die Annäherung der Völker.* Jena 1930, S. 21.

32 A. Skalweit, *Agrarpolitik.* Berlin 1924², S. 288; vgl. W. Radetzki, Der gegenwärtige Stand der landwirtschaftlichen Wanderarbeiterfrage in Deutschland, in: *Landwirtsch. Jb.* 63, 1926, S. 305–338, hier S. 312; zur Ausländerbeschäftigung im Weltkrieg im Anschluß an Nichtweiss: L. Elsner, *Die ausländischen Arbeiter in der Landwirtschaft der östlichen und mittleren Gebiete des Deutschen Reiches während des 1. Weltkrieges.* Ein Beitrag zur Geschichte der preußisch-deutschen Politik, phil. Diss. Rostock 1961 (Ms); vgl. dagegen F. Zunkel, Die ausländischen Arbeiter in der deutschen Kriegswirtschaftspolitik des 1. Weltkriegs, in: *Festschrift f. H. Rosenberg,* Berlin 1970, S. 280–311; dazu L. Elsner, Sicherung und Ausbeutung ausländischer Arbeitskräfte. Ein Kriegsziel im 1. Weltkrieg, in: *ZS f. Geschichtswissenschaft,* 24, 1976, 530–546; ders., Liberale Arbeiterpolitik oder Modifizierung der Zwangsarbeitspolitik? Zur Diskussion und zu den Erlassen über die Behandlung polnischer Landarbeiter in Deutschland 1916/17, in: *Jb. f. d. Gesch. d. sozialist. Länder Europas* 22, II, Berlin (DDR) 1978, S. 85–105.

33 Zur Geschichte der Ausländerbeschäftigung in der Weimarer Republik im Anschluß an Nichtweiss und Elsner: J. Tessarz, *Die Rolle der ausländischen landwirtschaftlichen Arbeiter in der Agrar- und Ostexpansionspolitik des deutschen Imperialismus in der Periode der Weimarer Republik 1919–1932,* phil. Diss. Halle 1962 (Ms.).

34 E. Franke, Die polnische Volksgruppe im Ruhrgebiet 1870–1940, in: *Jb. des Arbeitswiss. Inst. der DAF Berlin* 2, 1940/41, S. 319–404, hier S. 330–333; W. Brepohl, *Der Aufbau des Ruhrvolkes im Zuge der Ost-West-Wanderung.* Beiträge zur deutschen Sozialgeschichte des 19. und 20. Jahrhunderts, Recklinghausen 1948, S. 140–148; H.-U. Wehler, Die Polen im Ruhrgebiet bis 1918, in: ders. (Hg.), *Moderne deutsche Sozialgeschichte.* Köln 1968, S. 437–455, hier S. 443 f.; Köllmann, Bevölkerungsentwicklung, S. 81 f.; Chr. Kleßmann, *Polnische Bergarbeiter im Ruhrgebiet 1870–1945.* Soziale Integration und nationale Subkultur einer Minderheit in der deutschen Industriegesellschaft. Göttingen 1968, S. 150 ff., 161 ff.

35 Tessarz, S. 40 ff., 110 ff.

36 Über die Genehmigungspflicht für ausländische Arbeitskräfte und die entsprechenden Verordnungen im Anschluß an das ANG s. die fortlaufende Berichterstattung in: *Arbeit und Beruf.* Monatsschrift für Fragen des Arbeitsrechts, der Berufsberatung und verwandter Gebiete, 1, 1921 ff.; zur Entwicklung der staatlichen Arbeitsverwaltung s. u.

37 Datenquellen: Burgdörfer, Wanderungen, S. 542; *Statist. Jb.,* 50, 1931, S. 305; 51, 1932, S. 295; 52, 1933, S. 294.

38 Der Knick in der Kurve der Ausländerbeschäftigung 1923 wurde noch stark durch die Inflation mitbedingt, von der auf Lohngeldtransfer ausgehende ausländische Arbeitskräfte besonders hart getroffen wurden. Während Grenzpendler besondere „Grenzläuferkarten" erhielten (1932 nurmehr 305), konnten ausländische Landarbeiter, die seit dem 1. 1. 1913 und ausländische Industriearbeiter, die schon seit dem 1. 1. 1919 in Deutschland beschäftigt waren, „Befreiungsscheine" beantragen: Von den noch 43 391 ausländischen Landarbeitern und 65 271 ausländi-

schen Industriearbeitern des Jahres 1932 besaßen 37 766 Landarbeiter (87%) und 61 096 Industriearbeiter (94%) „Befreiungsscheine" (*Statist. Jb.* 52, 1933, S. 294); vgl. dagegen die Angaben bei Syrup, F. / O. Neuloh, *Hundert Jahre staatliche Sozialpolitik 1839–1939*, Stuttgart 1957, S. 323f.; vgl. ferner I. Ferenczi, Die Entwicklung der festländischen Wanderungen, in: *Wirtschaftsdienst*, 14, 1929, S. 2248–2252, hier S. 2249f.; ders., Kontinentale Wanderungen, S. 21–23; zur Ausländerarbeit in Deutschland nach 1933: E. L. Homze, *Foreign Labor in Nazi Germany*. Princeton 1967.

39 I. Ferenczi, Die internationale Regelung der Aus- und Einwanderung, in: *Soziale Praxis* 30, 1921, S. 898–904; *Deutsche Sozialpolitik 1918–1928*. Erinnerungsschrift des Reichsarbeitsministeriums. Berlin 1929, S. 128; Tetzlaff, S. 144; L. Preller, *Sozialpolitik in der Weimarer Republik*. Stuttgart 1949, S. 243.

40 Zu den bilateralen Verhandlungen um Arbeits- und Wanderungsverträge mit Polen: ZSTA I, *Auswärtiges Amt (AA) 30007, 35226–35229; Reichsministerium des Innern (RMdI) 1673, 13729;* mit Italien: ZSTA I, *AA 34780–34783; RMdI 1674, 1678;* mit Jugoslawien: ZSTA I, *AA 35198f.; RMdI 1682;* mit Österreich: ZSTA I, *AA 34784, 35221;* mit Rumänien: ZSTA I, AA 35232; mit der Tschechoslowakei: ZSTA I, *AA 35255; RMdI 1681;* mit Ungarn: ZSTA I, *AA 35259;* vgl. Deutsche Sozialpolitik, S. 130f.; Tessarz, S. 69ff., 133ff., 184ff.

41 M. Grisebach, Die Wanderungsfrage auf internationalen Tagungen 1927/28, in: *Der Auslandsdeutsche* 11, 1928, S. 726–728; W. Maas, Europäische Arbeiterwanderungen, in: *AfW* 5, 1932, S. 21–25, 45–50, 105f.; Tetzlaff, S. 136ff.; Nichtweiss, S. 187ff., 200f.; Elsner, S. 79ff.; Tessarz, S. 69ff., 133ff.; für die Budapester Konferenz 1910 s. Anm. 31; zu den multilateralen Verhandlungen: ZSTA I, AA 27558–27580, 27584–27588, 34757–34764; RMdI 1888–1893, 1897–1899.

42 Tetzlaff, S. 141ff. Am erfolgreichsten blieb die internationale Kooperation auf dem Gebiet der Dokumentation und der internationalen Wanderungsstatistik; vgl. hierzu bes.: International Labour Office (Hg.), *Emigration and Immigration: Legislation and Treaties*. Genf 1922; W. F. Willcox (Hg.), *International Migrations*, Bd. 1: Statistics, Bd. 2: Interpretations. New York 1929 (Repr. 1969).

43 Für die Vorkriegszeit neben den in Anm. 1, 4, 18 und 29 genannten Arbeiten: Nichtweiss, S. 143ff., 154ff., 175ff; für Kriegzeit und Weimarer Republik: Elsner, S. 251ff. und Tessarz, S. 110ff.; Beispiele aus der publizistischen Diskussion seit 1913: Der Bedarf an ausländischen Arbeitern in Landwirtschaft und Industrie, in: *Agrarpolitische Wochenschr.*, 1913, H. 43, S. 691–694; Allmähliche Abstoßung der ausländischen Wanderarbeiter, Verh. d. 42. Plenarvers. d. Deutschen Landwirtschaftsrats 1914, in: *Archiv des Dten. Landwirtschaftsr.*, 38, 1914, S. 5–110; A. Winnig (Dter. Bauarbeiterverband), Die Frage der ausländischen Arbeiter in Deutschland, in: *Soziale Praxis*, 26, 1916, S. 121–125; Ausländische Arbeiter in Deutschland nach dem Kriege, in: *Der Arbeitgeber*, 1. 2. 1916; A. Singalowski, Grenzen des Gastrechts, in: *Die Weltbühne* 15, 1919, S. 631–633; H. Schneider, Die polnischen Saisonarbeiter, in: *Magazin der Wirtschaft* 2, 1926, S. 620–622; Aereboe (1928), S. 163ff.

44 ZSTA I, *RMdI 1573–1575:* Die Zentralauskunftstelle für Auswanderer (Juni 1897–Nov. 1917). Die verloren geglaubten Akten des Reichswanderungsamts habe ich im *ZSTA I* in verschiedenen Beständen auffinden und auswerten können. Einen auf die internen Berichte des Reichswanderungsamts über Wanderungsverhalten und Wanderungsgeschehen in der Weimarer Republik gestützten kleineren Beitrag hoffe ich bald vorlegen zu können.

45 ZSTA I, *AA 300023f.; RMdI 18318–18322, 18338;* Deutsche Kolonialgesellschaft 107a–112, 124–126.

46 Rundschreiben des Reichswanderungsamts an die Zweigstellen, Merkblätter und Auskunftshef-

te in: ZSTA I, *RMdI 18345-18350; Nachrichtenblatt des Reichsamtes für deutsche Einwanderung, Rückwanderung und Auswanderung (Reichswanderungsamt)*, 1, 1919 ff.

47 Hierzu K. J. Bade, *Friedrich Fabri und der Imperialismus in der Bismarckzeit: Revolution – Depression – Expansion.* Freiburg i. Br. 1975, S. 80–88, 97 ff., 191 ff., 354 ff.; zum Wiederaufleben der Verschränkung von Auswanderungs- und Expansionspublizistik in der Weimarer Republik: ebenda, S. 367 f.

48 Jung (Präsident desReichswanderungsamts), Entstehung und Aufgaben des Reichswanderungsamts, in: Auswandererberatung und Auswandererfürsorge, eine Notwendigkeit der Zeit (*Jb. für Wohlfahrtspflege auf dem Lande*, H. 4), Berlin 1920; C. H. Thewalt, *Das Amt der verlorenen Worte.* München 1920; Thalheim, Auswanderungsproblem, S. 115–123, 125 f.

49 Nichtweiss, S. 93 ff., 134 ff.

50 I. Ferenczi, Die internationale Regelung der kontinentalen Arbeiterwanderungen in Europa, in: *Weltwirtschaftliches Archiv* 20, 1924, S. 427–460, hier S. 436 ff.; Deutsche Sozialpolitik, S. 130; Syrup/Neuloh, S. 309, 324; Tessarz, S. 47 ff.

51 W. Sombart, *Die deutsche Volkswirtschaft im 19. Jh. und im Anfang des 20. Jh.* (1903). Berlin 1927⁷, S. 408.

52 Köllmann, Bevölkerungsgeschichte 1800–1970, S. 20.

53 Hierzu jetzt: D. Langewiesche, Wanderungsbewegungen in der Hochindustrialisierungsperiode. Regionale, interstädtische und innerstädtische Mobilität in Deutschland 1880–1914, in: *VSWG 64,* 1977, H. 1, S. 1–40.

54 Zu den vielfältigen Erscheinungsformen des intra- und intersektoralen Wanderungsgeschehens von 1860–1914 s. die in Anm. 1 genannte Arbeit. Grundlegend für die Geschichte der Land-Stadt-Wanderung im Urbanisierungsprozeß der Hochindustrialisierungsperiode neben den Studien von Köllmann, Bevölkerung, S. 125 ff., 140 ff., 229 ff., 250 ff. noch die älteren Studien: P. Quante, *Die Flucht aus der Landwirtschaft.* Berlin 1933; International Institute of Agriculture and International Labour Office (Hg.), *The Rural Exodus in Germany* (Studies on Movements of Agricultural Population, I). Rom 1933; Heberle, R. / F. Meyer, *Die Großstädte im Strome der Binnenwanderung.* Wirtschafts- und bevölkerungswissenschaftliche Untersuchungen über Wanderung und Mobilität in deutschen Städten. Leipzig 1937.

55 Hierzu Anm. 18; für den westlichen Aufnahmeraum neben Brepohl: E. Franke, *Das Ruhrgebiet und Ostpreußen.* Geschichte, Umfang und Bedeutung der Ostpreußeneinwanderung. Essen 1936; als Fallstudie für einen nordöstlichen Ausgangsraum: A. Golding, Die Wanderbewegung in Ostpreußen seit der Jahrhundertwende mit besonderer Berücksichtigung der Abwanderung vom Lande, in: *ZS d. Preuß. Statist. Landesamtes* 69, 1930, S. 203–234.

56 In Auseinandersetzung mit den Meldungen des Statist. Reichsamts (*Wirtschaft und Statistik,* 12, 1932, Nr. 5, 17) hierzu: O. Most, Fortgang der Großstadtentvölkerung?, in: *Ruhr und Rhein* 13, 1932, S. 648–650.

57 F. Bier, Wanderbewegung und Arbeitslosigkeit, in: *Archiv für soziale Hygiene und Demographie* 7, 1932, S. 57–64; H. Rolfes, *Der wandernde Erwerbslose,* Diss. Freiburg (o. J.); Heberle/Meyer, S. 89 ff.; 197 ff.; R. Heberle, The Causes of Rural-Urban Migration. A Survey of German Theories, in: *The American Journal of Sociology* 43, 1937/38, S. 932–950, hier S. 949; ders., Binnenwanderung in Krise und Aufschwung, in: *Soziale Praxis* 47, 1938, S. 343–347; vgl. Köllmann, Bevölkerungsentwicklung, S. 83; ders., Bevölkerungsgeschichte 1800–1970, S. 37; H. Poor, City Versus Country: Urban Change and Development in the Weimar Republic – A Preliminary Report, in: *Mommsen/Petzina/Weisbrod,* S. 111–127, hier S. 113 ff.

58 1880–1893 wurden rund 1,8 Millionen Überseeauswanderer gezählt (Bevölkerung und Wirtschaft, S. 115); die Zahl der Staats- bzw. Provinzgrenzen überschreitenden Binnenwanderer

1860–1914 wird auf 15–16 Millionen geschätzt (Köllmann, Bevölkerungsgeschichte 1800–1970, S. 20); die Ausländerbeschäftigung rückte im Jahrfünft vor dem Weltkrieg an die Millionengrenze (Neuberechnung der Ausländerbeschäftigung in der in Anm. 1. genannten Arbeit).
59 S. Anm. 18.
60 S. Anm. 29.
61 „Vielleicht würde die Gesamtheit der verfügbaren inländischen Arbeitskräfte dem Bedürfnis in der Landwirtschaft nicht weniger als in der Industrie genügen, wenn eine entsprechende gleichmäßige Verteilung derselben zu erreichen wäre. Allein die Arbeiter sind [...] nicht gerade an einer bedürftigen Stelle zu halten." (Regierungspräs. in Breslau an Preuß. Landwirtschaftsmin., 8. 3. 1898, ZSTA II, *Rep. 120, VIII, 1, Nr. 106, Bd. 2,* S. 112ff.); zur Kehrseite s. die fortlaufende Berichterstattung in der Spalte „Arbeitslosenfürsorge"
in: *Der Arbeitsnachweis in Deutschland. ZS d. Verbandes Deutscher Arbeitsnachweise* 1, 1913/14ff.
62 Hierzu Anm. 18.
63 Franke, Polnische Volksgruppe, S. 347; vgl. A. Knoke, *Ausländische Wanderarbeiter in Deutschland.* Leipzig 1911, S. 59–62; A. u. E. Kulischer, *Kriegs- und Wanderzüge. Weltgeschichte als Völkerbewegung.* Berlin 1932, S. 195f.
64 O. Becker, *Die Regelung des ausländischen Arbeiterwesens in Deutschland.* Unter besonderer Berücksichtigung der Anwerbung und Vermittlung (Schriften der Deutschen Gesellschaft zur Bekämpfung der Arbeitslosigkeit, H. 4). Berlin 1918, S. 53f., 110; Syrup/Neuloh, S. 224f.
65 Über Wanderordnungen, Wanderarbeitsstätten und Wanderarmenunterstützung s. die Spalte „Wanderarmenfürsorge" in: *Der Arbeitsnachweis* (s. Anm. 61); H. Backhaus, Verpflegungsstationen und Wanderarbeitsstätten, in: *Die Neue Zeit,* 28, 1910, II, S. 499–504; Heberle/Meyer, S. 47f.; R. Heberle, Wanderung und Mobilität der Arbeiter in ihrer Bedeutung für Betrieb, Familie und Gemeinde, in: *Soziale Praxis* 47, 1938, S. 1219–1228, hier S. 1219; O. Uhlig, *Arbeit amtlich angeboten. Der Mensch auf seinem Markt.* Stuttgart 1970, S. 169ff.; Beispiel für die Wege eines „reisenden Arbeitslosen" zwischen Arbeitsuche und Bettel um die Jahrhundertwende in der Arbeiterbiographie von M. Th. W. Bromme, *Lebensgeschichte eines modernen Fabrikarbeiters* (1905), hg. v. B. Neumann, Frankfurt 1971, S. 263–281.
66 E. Graak, *Die Arbeitsvermittlung in Deutschland.* Entstehung, Formen, Wirksamkeit. Berlin 1926, S. 38–64; vgl. Syrup/Neuloh, S. 218ff.; zur zeitgenössischen Diskussion um die Arbeitsvermittlung: Ostertag, *Arbeitsnachweis als Mittel vorbeugender Armenpflege* (Schr. d. Vereins für Armenpflege und Wohltätigkeit, H. 1). Leipzig 1886; L. Héritier, Die Arbeiterbörsen. Ihre Geschichte und ihre Aufgaben, in: *Die Neue Zeit* 14, 1895/96, I, S. 645–650, 687–692; F. Frhr. v. Reitzenstein, *Der Arbeitsnachweis. Seine Entwicklung und Gestaltung im In- und Auslande.* Berlin 1897; I. Jastrow, *Sozialpolitik und Verwaltungswissenschaft,* Bd. 1. Berlin 1902, S. 129–168; H. Eckert, *Der moderne Arbeitsnachweis, seine Entwicklung, sein gegenwärtiger Stand und seine Vorteile.* Leipzig 1902; F. Ludwig, Die Gesindevermittlung in Deutschland, in: *ZS für die gesamte Staatswiss.,* Ergänzungsheft 10, Tübingen 1903; ders., *Der gewerbsmäßige Arbeitsnachweis.* Berlin 1906; C. Conrad, *Die Organisation des Arbeitsnachweises in Deutschland.* Leipzig 1904; Kaiserl. Statist. Amt, Abt. für Arbeiterstatistik (Bearb.), *Die bestehenden Einrichtungen zur Versicherung gegen die Folgen der Arbeitslosigkeit im Ausland und im Deutschen Reich,* Bd. 2: Der Stand der gemeinnützigen Arbeitsvermittlung öffentlicher und privater Verbände im Deutschen Reich. Berlin 1906; *Sechster Deutscher Arbeitsnachweis-Kongreß in Breslau, 27.–29. 2. 1910, Sten. Ber.* Berlin 1911, S. 14–103 („Die einseitigen Arbeitsnachweise der Arbeitgeber und Arbeitnehmer"); E. Graak, *Ein deutscher Arbeitsnachweis in seiner geschichtlichen Entwicklung* (Dresden). Dresden 1915.

67 *Der Arbeitsnachweis* (s. Anm. 61). Seit den 1870er Jahren schon hatten nach angloamerikanischem Vorbild auch deutsche Zeitungen und Zeitschriften häufiger und schließlich regelmäßig die Spalte „Der Arbeitsmarkt" eingerückt. Für erste Anfänge periodischer, aber noch sehr allgemein und beschreibend gehaltener Arbeitsmarktinformation s. diese Spalte in: *Der Arbeiterfreund. ZS des Central-Vereins für das Wohl der arbeitenden Klassen* 15, 1877 ff.; vgl. hierzu auch Jastrow, S. 62–88, 169–178.

68 Vgl. hierzu: G. D. Feldman, Der deutsche Organisierte Kapitalismus 1914–1923, in: H. A. Winkler (Hg.), *Organisierter Kapitalismus. Voraussetzungen und Anfänge*. Göttingen 1974, S. 150–171 (vgl. K. J. Bade, Organisierter Kapitalismus oder: Von den Schwierigkeiten vergleichender Sozialgeschichte, in: *NPL* 20, 1975, S. 293–307); vgl. ferner: J. Kocka, *Klassengesellschaft im Krieg. Deutsche Sozialgeschichte 1914–1918*. Göttingen 1973; F. Zunkel, *Industrie und Staatssozialismus. Der Kampf um die Wirtschaftsordnung in Deutschland 1914–18*. Düsseldorf 1974.

69 Preller, S. 61–66; Syrup/Neuloh, S. 222 f.

70 Die Hauptstelle der neuen Reichsanstalt für Arbeitsvermittlung und Arbeitslosenversicherung trat als Zentralinstanz an die Stelle des Reichsamts; die nach wirtschaftlichen und arbeitsmarktpolitischen Gesichtspunkten eingerichteten 13 Landesämter übernahmen als Mittelinstanzen die Funktion der 22 Landesämter für Arbeitsvermittlung; als Basisinstitutionen rückten 361 Arbeitsämter an die Stelle von 885 kommunalen Arbeitsnachweisen. Hierzu P. Wölbling, *Der Arbeitsnachweis. Handbuch für den Gebrauch bei der Stellenvermittlung im Deutschen Reiche*. Berlin 1918, S. 84–123; R. Schmölder, *Die Verstaatlichung des Arbeitsmarktes*. Berlin 1920; Kaskel, W./F. Syrup, *Arbeitsnachweisgesetz. Kommentar*. Berlin 1922, S. 27–36, 43–178; Graak, Arbeitsvermittlung, S. 64–89; Preller, S. 236 f., 276 ff., 374 f.; Syrup/Neuloh, S. 303 ff., 308 ff.; F. Kuster, Die geschichtliche Entwicklung der deutschen Arbeitsverwaltung, in: ders. (Bearb.), *Fachkunde für den Dienst beim Arbeitsamt*. Stuttgart 1976⁵, S. 221 ff.; zur Entwicklung des Andrangs bei den Arbeitsnachweisen seit 1921 s. die Diagramme und Daten in *Wirtschaft und Statistik*, 1, 1921 ff.

71 F. Syrup, Von der Erwerbslosenfürsorge zur Arbeitslosenversicherung, in: *Reichsarbeitsblatt 1928* II, S. 203 ff.; Preller, S. 363–378; M. Stürmer, *Koalition und Opposition in der Weimarer Republik 1924–1928*. Düsseldorf 1967, S. 203 ff.; Kuster, S. 222 f.; A. Gladen, *Geschichte der Sozialpolitik in Deutschland*. Wiesbaden 1974, S. 98.

72 In Städten mit 50 000 und mehr Einwohnern fiel die Mobilitätsziffer, die in der Nachkriegszeit nurmehr halb so hoch lag wie vor dem Krieg, in den Jahren 1929 bis 1932 auf einen wohl seit den 1870er Jahren nicht mehr erreichten Tiefpunkt: Die durchschnittliche Mobilität in deutschen Städten lag 1900 bei 317‰ (= 100), stieg 1912 auf 365‰ (= 115) und fiel 1932 ab auf 141‰ (= 44), um nach 1932 wieder anzusteigen; hierzu: Heberle/Meyer, S. 98, 142; Heberle, Binnenwanderung, S. 344; ders., Wanderung und Mobilität, S. 1219 f.

73 Datenquellen: *Statist. Jb.* 41, 1920–52, 1933; Bickelmann, S. 208; vgl. Burgdörfer, Wanderungen, S. 391; Diagramm über die Zahl der unterstützten Erwerbslosen bei Uhlig, S. 254 f.; vgl. hierzu auch Borchardt, in diesem Band, Abb. 5.

74 Preller, S. 165–169, 336 ff., 418–452; H. Timm, *Die deutsche Sozialpolitik und der Sturz der Großen Koalition im März 1930*. Düsseldorf 1953, S. 89 ff. 180 ff.; Gladen, S. 97, 100 ff.; vgl. die Berechnung der Arbeitslosenzahlen bei D. Petzina/W. Abelshauer/A. Faust, *Materialien zur Statistik des Deutschen Reiches 1914–1945* (Sozialgeschichtliches Arbeitsbuch, III). München 1978, S. 119.

75 M. Griesebach, Auswanderung und Erwerbslosigkeit, in: *Der Auslandsdeutsche* 11, 1928, S. 32–36; vgl. K. C. Thalheim, Die Krise der Überseewanderungen und die Seeschiffahrt, in:

Hansa 69, 1932, S. 795 ff.; S. Schmidt, S. 111 f.; E. Schultze, Die Motive der Einwanderungsfeindschaft und die Hemmung der Arbeiterwanderungen durch die Weltwirtschaftskrise, in: *AfW* 5, 1932, S. 79–87.

76 Syrup/Neuloh, S. 403–460; Gladen, S. 104 f.; W. Fischer, *Deutsche Wirtschaftspolitik 1918–1945*. Opladen 1968³, S. 56 ff., 60 ff.; K. Hardach, *Wirtschaftsgeschichte Deutschlands im 20. Jahrhundert*. Göttingen 1976, S. 61, 70 ff.; T. W. Mason, *Arbeiterklasse und Volksgemeinschaft*. Dokumente und Materialien zur deutschen Arbeiterpolitik 1936–1939. Opladen 1975, S. 24 f., 46–60; zur Destruktion der materiell-rechtlichen Basis der Arbeitsverwaltung s. W. Sommer (Hg.), *Die nationalsozialistische Arbeitseinsatz-Gesetzgebung mit dem AVAVG und den Ergänzungsvorschriften zur unterstützenden Arbeitslosenhilfe*. Berlin 1938³.

7. Zwischen Taylorismus und Technokratie*

Gesellschaftspolitik im Zeichen industrieller Rationalität in den zwanziger Jahren in Europa

CHARLES MAIER

Wie Antonio Gramsci Ende der Zwanziger Jahre in seinen Aufzeichnungen aus dem Gefängnis richtig erkannte, bot der Schock, der von der Technologie der Vereinigten Staaten ausging, einen Schlüssel zum Verständnis der jüngsten europäischen Entwicklung: „Die europäische Reaktion auf den Amerikanismus [...] muß aufmerksam untersucht werden. Ihre Analyse wird mehr als eines der Grundelemente erbringen, die zum Verständnis der gegenwärtigen Situation einer Reihe von Staaten des alten Kontinents sowie der politischen Ereignisse der Nachkriegszeit nötig sind."[1]

Unter Amerikanismus verstand Gramsci einen Komplex von Ansätzen, Fertigungsbedingungen und Arbeitsbeziehungen in der Industrie neu zu strukturieren. Der ‚Fordismus' verkörperte die eine Seite, der ‚Taylorismus' die andere; wie jedoch 1924 ein deutscher Fachmann bemerkte, erschienen sie lediglich als besonders typischer Beitrag zu dem ungeheuren wirtschaftlichen Aufschwung Amerikas insgesamt.[2] In den Zwanziger Jahren rief wissenschaftliches Management – das die ursprünglichen Neuerungen des Taylorismus auf alle Gebiete der Produktion, der technologischen Effizienz und selbst der industriellen Organisation ausdehnte – als ein charakteristisches Element der amerikanischen Zivilisation[3] Begeisterung unter deren europäischen Nachahmern hervor.

Gramsci spürte, daß die Welle des sogenannten Amerikanismus auf tiefgreifende Veränderungen in Europa hindeutete und vor allem eine starke, im Gefolge des Ersten Weltkriegs noch verstärkte Nachfrage nach technokratischer Kompetenz widerspiegelte. Aber auch unabhängig von den Folgen des Krieges konnte sich die europäische Welt ohne weiteres der Lehren technologischer Effizienz bedienen: Strukturveränderungen in der Wirtschaft des zwanzigsten Jahrhunderts weckten das Interesse für ‚Rationalisierung'; neue Strömungen in Architektur und Kunst offenbarten die Faszination, die von gesellschaftlichen Anwendungsmöglichkeiten der Rationalisierung ausging.

Taylorismus und Fordismus bieten damit einen guten Ansatzpunkt für die Frage, um was es damals ging. Sie fanden weniger als technische Errungenschaft im engeren Sinne in Europa Resonanz, sondern wegen ihrer gesellschaftlichen und politischen Anwendungsmöglichkeiten. Der Taylorismus versprach eine Neugestaltung der Arbeitsbeziehungen auf der Grundlage wissenschaftlicher Regelung der Arbeitsprozesse und zentraler

---

* Gekürzter Wiederabdruck aus: *Journal of Contemporary History* 5 (1970), S. 27–61.

Planung innerhalb der Fabrik. Der Fordismus bedeutete technologische Innovation – wie z. B. Einführung des Fließbandes –, aber auch die Aussicht auf permanent wachsenden Wohlstand im kapitalistischen System auf Grund hoher Löhne bei niedrigeren Preisen für die neuen Massenprodukte, wie z. B. Fords „Modell T". Im Taylorismus war die Rolle des Ingenieurs weniger definiert als Herr der Maschine, sondern eher als die des künftigen Beherrschers der Arbeitsbeziehungen. Mithin geht es in diesem Aufsatz auch nicht in erster Linie um die zeitgenössische Nutzanwendung auf die Produktion, sondern um die kulturellen und politischen Auswirkungen. Diese ideologischen Begleitumstände waren wichtig, und die Untersuchung des wissenschaftlich-technischen Managements und der damit verbundenen Faszination durch Wirtschafts- und Gesellschaftsplanung eröffnet neue Perspektiven auf die Zeit vom Ersten Weltkrieg bis zur Weltwirtschaftskrise.

Während in Amerika der Glaube an technologische Effizienz und Produktivität nahezu die gesamte Kultur prägte, wirkte er sich in Europa nur in bestimmten Bereichen aus. Es ist dabei zu fragen, wodurch diese unterschiedliche Rezeption bedingt war, jedenfalls soweit sie sich in der öffentlichen Debatte und am Interesse staatlicher Instanzen messen ließ. Es ist bemerkenswert, daß die geistige Trennungslinie zwischen Befürwortern, Gleichgültigen und Gegnern nicht einem einfachen Rechts-Links-Schema entsprach. Im allgemeinen übten während der ersten Nachkriegsjahre gerade technokratische, ingenieurmäßig entworfene Modelle gesellschaftlicher Steuerung besondere Anziehungskraft aus auf die neueren, stärker synkretistischen und oft extremen Strömungen der europäischen Politik. Italienische Nationalsyndikalisten und Faschisten, deutsche Vertreter der ‚Revolution von Rechts' und ‚konservative Sozialisten' ebenso wie jene Linksliberalen, die zwischen Bürgertum und Sozialdemokratie zu vermitteln suchten, ja selbst die Sowjetführer – sie alle zeigten sich interessiert. In den späteren Zwanziger Jahren, als die amerikanische Vorstellung von Produktivität ihrer utopischeren Züge entkleidet war, gewann sie für konservative Wirtschaftskreise eine praktisch-nützliche Funktion. Zwischen der frühen Begeisterung für die tayloristische Lehre und dem späten Triumph des Fordismus aber lag eine wichtige Entwicklungsstufe in der ideologischen Entfaltung des Amerikanismus. Im allgemeinen erfreuten sich alle diese Varianten technokratischer Glaubenszuversicht großer Zugkraft, wo immer eine demokratische Regierung schlecht zu funktionieren schien. Es war nicht ohne Ironie, daß die amerikanischen Produktivitätsvorstellungen die Kritik am liberalen Parlamentarismus überall verstärkten.

Die Vision des Amerikanismus mit ihren eingängigen Lehren von Produktivität, Expertentum und Optimierung versprach einen Ausweg aus der Unentrinnbarkeit von sozialem Konflikt und Klassenkampf. Wenngleich aus verschiedenen Gründen, so suchten alle diese Befürworter wissenschaftlich begründeten Managements und technologischer ‚Generalüberholung' den unveränderten Fortbestand der ideologischen Konflikte der Vorkriegszeit zu leugnen. Sie wollten ein neues Bild der Klassenbeziehungen dagegensetzen.

Die Verheißung der Technik in Amerika

Bereits vor 1914 war in Europa der Taylorismus als Herausforderung und als Ausdruck des eindrucksvollen amerikanischen Wirtschaftswachstums aufgegriffen worden, wenngleich das System selbst in den Vereinigten Staaten nur selten voll zur Anwendung kam. Seine Entfaltung und intellektuelle Durchbildung in den 20er Jahren jedoch zeigen die Anziehungskraft der Idee, die Technologie zum gesellschaftlichen Schiedsrichter zu machen. Verfolgt man ihre Auswirkungen unter diesem Gesichtspunkt, so wird deutlich, was auf dem Spiel stand – in Europa wie in Amerika –, wenn man die entscheidenden Probleme dem Techniker oder dem ‚Produzenten' zur Lösung überwies.

Im ersten Jahrzehnt unseres Jahrhunderts propagierte Frederick Taylor (1856–1915) ein Verfahren zur Hebung der Arbeitsdisziplin und zur Umstrukturierung der Fabriken. Es beruhte auf Untersuchungen über Leistung und Antriebsstruktur des Menschen, die als wissenschaftlich gesichert galten. Taylor ging aus von den Problemen passiver Resistenz und schleppender Arbeitsweise und stellte für den Ablauf abgegrenzter, einfacher Arbeitsgänge bestimmte Zeiten fest. Er entwickelte programmierte Aufgabenkarten für jeden Beschäftigten, empfahl die Einrichtung von Stabsabteilungen für Betriebsplanung und setzte sich ein für Tarifnormen, die auf Akkordfertigung beruhen sollten. Der Arbeiter sollte von jeder Steigerung der Produktion profitieren, sein Lohn jedoch unter das Existenzminimum sinken und seine Anstellung verloren gehen, wenn er unterhalb der Norm arbeitete. Während beflissene Jünger das System Taylors verbreiteten und emsige Konkurrenten Varianten entwickelten, drang die neue Lehre vor allem aufgrund der Diskussion über ihre Vorzüge, aber auch infolge der ihr nachgesagten Unmenschlichkeit in das Bewußtsein der Öffentlichkeit ein.[4]

Auch früher hatte es Ideen über rationalisierte Betriebsführung gegeben. Das Neue am Taylorismus war die Anwendung der maschinenorientierten Disziplin der technischen Wissenschaften auf die Arbeitsbeziehungen in der Industrie.[5] [. . .] Technik als praktische Nutzanwendung der Naturwissenschaften im Bereich wirtschaftlicher Zwänge mußte zwangsläufig nach dem Prinzip der Effizienz vorgehen, mußte Aufwand und Ertrag, Kosten und Nutzen in eine Beziehung stellen. Der Begriff der Optimierung – wenngleich im frühen Taylorismus noch nicht verwendet – stand als Schlüsselbegriff hinter der Anwendung der Technologie auf den industriellen Bereich und dessen Arbeitsbeziehungen. Arbeitnehmer und Arbeitgeber hatten keinen Grund mehr, über Löhne, Arbeitsstunden oder Arbeitsbedingungen zu streiten, wenn beide Parteien unter dem Schiedspruch der Wissenschaft standen. „Was wir brauchen", schrieb Henry L. Gantt, ein begeisterter Anhänger Taylors, „sind nicht mehr Gesetze, sondern mehr Taten, und die ganze Frage wird sich von selber lösen."[6]

In der Praxis jedoch führten, wie zu erwarten, die angeblich unparteiischen neuen Erkenntnisse der Wissenschaft dazu, die Stellung der Betriebsleitung zu festigen auf Kosten der Belegschaft. In einem System technologischer Zwänge und des Akkordlohns blieb wenig Raum für Verhandlungen. Der für die Leitung des Betriebs notwendige Sachverstand war allein dem Management gegeben, und nur das Management konnte

Normen einer kostengünstigen Produktion festsetzen – davon ging Taylor nicht ab.[7] Trotzdem sollte es, in der Theorie zumindest, nicht zu Willkürentscheidungen kommen. Wenn Taylor selbst gemeinhin noch die Notwendigkeit hervorhob, Leistungsverweigerung der Belegschaft zu vereiteln, so sollten spätere Reform-Tayloristen mit Nachdruck feststellen, daß die unternehmerische Praxis sich zum Konservatismus hin verändern müsse. Der springende Punkt lag darin, daß beide Konzepte von dem Glauben getragen waren, man könne die bestehenden Interessenkonflikte aufheben. Um es mit einem Begriff der Spieltheorie auszudrücken: Der Taylorismus versprach einen Ausweg aus dem Nullsummen-Konflikt, in dem der Gewinn der einen Partei nur aus einem gleich hohen Verlust der gegnerischen Partei bestehen konnte.

Das System sollte ein optimales Verhältnis zwischen einer bestimmten Produktionsmenge und dem Einkommen der Arbeiter sichern und darüberhinaus durch bessere Organisation der Fabriken und Steigerung des ‚output' beiden Seiten Nutzen bringen. Die erhöhte Produktion war gleichermaßen zwischen Arbeitern und Unternehmern zu verteilen, so daß es nicht wegen jedes Produktionsfortschritts zu erbitterten Konflikten kommen mußte. Effizienz, Optimierung, gesteigerte Produktivität und erhöhter Umsatz bildeten auf diese Weise ein in sich stimmiges System, das viel forderte und viel verhieß. Wie Taylor vor dem amerikanischen Repräsentantenhaus erklärte, bestand das Wesen wissenschaftlichen Managements nicht allein in Akkordarbeit, programmierten Aufgabenkarten und der Normierung der Arbeitszeit, sondern in der „umfassenden Umgestaltung der inneren Einstellung beider Seiten", so daß alle überkommenen Konflikte von Grund aus beseitigt würden:

> Die große Revolution, die unter einer wissenschaftlichen Betriebsführung in der geistigen Einstellung beider Parteien stattfindet, besteht darin, daß beide Seiten ihren Blick nicht mehr nur auf die Verteilung des erwirtschafteten Überschusses als des allein entscheidenden Punktes richten, sondern sich gemeinsam für die Vermehrung dieses Überschusses einsetzen, bis ... es genügend Spielraum gibt für eine umfangreiche Lohnerhöhung zugunsten des Arbeiters und eine gleich große Gewinnsteigerung des Unternehmers.[8]

Was der Taylorismus zu bieten hatte, war – jedenfalls innerhalb der Betriebe und nach Meinung seines Erfinders letztlich in allen Bereichen von Politik und Gesellschaft[9] – die Befreiung von Not und Zwang. Taylorismus bedeutete mithin eine revolutionäre Wandlung des Begriffs Macht: den programmatisch verkündeten, aber utopischen Wandel von der Gewalt über Menschen zu der Verwaltung von Dingen. Eine derartige Entwicklung beseitigte zwangsläufig die Voraussetzungen für die Bildung von Klassen im Sinne der Gesellschaftswissenschaften.[10] Es schien, die Fabrik Taylors könne Keimzelle einer nach-bürgerlichen oder zumindest stabilen technokratischen Welt werden.

Die ambivalente Reaktion von Rechts

Die Bilderwelt der technologischen Zukunftsvision erwies sich als ebenso suggestiv wie ihre utopischen Ideen; wenn die Maschine die Gesellschaft verändern sollte, mußte sie auch die Umwelt neu gestalten. Rückschauend betrachtet, zeigt sich in der Antwort aus Kunst und Architektur, in welchem Milieu die schöpferischen technologischen Ideen sich durchsetzen konnten, so wie es in Deutschland und Österreich geschah, in Italien und später auch in Rußland und Frankreich. Die Gründung des Deutschen Werkbunds 1907 brachte zum Beispiel den linksliberalen und national-sozialen Politiker Friedrich Naumann mit Vertretern moderner Industriezweige wie der AEG zusammen, aber auch mit Neuerern der Architektur wie Hermann Muthesius, Peter Behrens und Walter Gropius. Das bedeutete aber noch nicht, daß in Mitteleuropa die Moderne mit ihren Forderungen den Sieg bereits errungen hatte; es deutete lediglich darauf hin, daß selbst in einer Gesellschaft, die von tiefen Rissen durchzogen war und sich vielfach nach rückwärts orientierte, ein bewußter, von der Technologie inspirierter Aufbruch möglich war. Die Zielvorstellungen, die den Werkbund leiteten, waren darauf gerichtet, den Materialismus der wilhelminischen Gesellschaft zu überwinden, der die gesellschaftlichen Bruchlinien verschärfte. Gropius pries die für Amerika typischen Fabrikbauten und Getreidesilos als Vorbild eines neuen Baustils und forderte die ästhetisch ansprechende Gestaltung der Fabriken aus sozialen Rücksichten; dadurch erst würde freudiges gemeinsames Arbeiten möglich.[11]

In ähnliche Richtung, wenngleich mit anderen politischen Folgen, gingen die italienischen Futuristen, deren Werk die Welt der Maschine als Quelle von Erotik, Gewalt und Tod begriff. Die Bilder von Severini und Bolla verkörpern ebenso wie das berüchtigte ‚Manifesto' Marinettis eine entscheidende Entwicklung im visionären Entwurf der technisierten Welt: von der Rechten her die Verbindung von Technik und Irrationalismus. Es fällt auf, daß zu dieser Zeit die liberalen Gesellschaften Frankreichs und Englands auf dem Gebiet der Kunst weniger spezifisch technologisch inspirierte Werke hervorbrachten; zu Beginn der Zwanziger Jahre jedoch, als das amerikanische Industriemodell immer mehr Faszinationskraft gewann, provozierte es auch dort eine Antwort der Kunst. Le Corbusier pries in seinen Abhandlungen Ford und Taylor und versuchte die in ihrem Können traurig abgesunkenen Architekten Frankreichs auf die Höhe von „gesunden und männlich-starken, tatkräftigen und nützlichen, ausgeglichenen und glücklichen Ingenieuren" zu bringen. Das Haus und dann die Stadt sollten vom Monument zum Werkzeug werden. Die neue Ästhetik verlangte eine neue Technokratie: Le Corbusiers Evangelium der Stadtplanung in den frühen Zwanziger Jahren forderte die von einer vorausschauenden Autorität auferlegte lineare Regelmäßigkeit, ein ‚technisches Werk' jenseits von Kommunismus oder Kapitalismus.[12] Nicht daß der Kommunismus keine ähnlichen Ideen aufzuweisen gehabt hätte: In Moskau kam während weniger fruchtbarer Jahre ein abstrakter Formalismus zur Blüte, der die Verbindung der Technik und ihrer Möglichkeiten mit der sozialen Revolution feierte und jene Impulse aufnahm, die Lenin zu seinem Flirt mit dem Taylorismus verführten und in Rußland eine

Begeisterung für wissenschaftliches Management und amerikanische Technologie auslösten.[13]

Indessen zeigten jene Länder, in denen die kulturelle Avantgarde sich nicht engagierte, meist weniger Interesse an den neuen Lehren. Im England der Vorkriegszeit stießen Pläne für wissenschaftliches Management bei Ingenieuren wie Fabrikanten kaum auf Interesse. Dies entsprach einem industriellen Führungsstil, der seiner selbst sicher war; mehr noch, er spiegelte Zufriedenheit mit dezentralisierter Produktion und einer liberalen Wirtschaftsordnung in einem Land, wo der Mittelstand noch wenig um die soziale Ordnung fürchtete; ein stärkeres Interesse an Technologie kam erst angesichts der wirtschaftlichen Schwierigkeiten der Zwanziger und Dreißiger Jahre auf.[14] Lange Zeit schien auch Frankreich wenig von dem technologischen Messianismus Amerikas berührt. Auch dort fand die Idee des wissenschaftlichen Managements nur hier und da ein Echo, bis schließlich gegen Ende der Zwanziger Jahre, als konservative Werte stärker gefährdet waren, die amerikanisch inspirierten Ideen von Produktivität und Modernisierung Produzenten und Politiker in ihren Bann schlugen.[15]

Gewiß hatte es schon früher Schritte in Richtung ‚Amerikanismus' gegeben; die Sachzwänge der Rüstungsproduktion verstärkten das Interesse an jenen technologischen Neuerungen, die Frankreichs Alliierter entwickelt hatte. Anfang 1918 verlangte Clemenceau, in den Rüstungsbetrieben die Prinzipien des Taylorismus zu beachten, auch plante er die Errichtung von Planungsstäben nach Taylorschem Muster.[16] Noch aussichtsreicher war jene geistige Tendenz in der französischen Politik, die den Ruf nach dem Ingenieur als Lenker der Gesellschaft bereits vorwegnahm. Der Saint-Simonismus kann als Verkörperung einer proto-technokratischen Ideologie gelten, die die überlieferte Klassenspaltung zugunsten der Vereinigung aller ‚produktiven' und ‚arbeitenden' Elemente wie Bürger, Bauern und Proletarier gegen die überflüssigen Aristokraten und Rentiers ablehnte.[17] Die Thesen, die Veblen zur selben Zeit vertrat, erinnern in der Tat an das Konzept Saint-Simons; die amerikanische Verurteilung des Müßiggangs und der Verschwendung hätte unmittelbar den Schriften des französischen Utopisten entstammen können. Der Saint-Simonismus hatte die Idee uneigennütziger sozialer Optimierung von oben entworfen und eine funktionale Verwaltungsstruktur sowie das Vertrauen auf die Akkumulation sozialen Wohlstands und Wohlergehens hinzugefügt. Das alles waren Themen, die sich auch in neueren amerikanischen Abhandlungen wieder fanden.

Doch gab es in Frankreich nach dem Ersten Weltkrieg nur eine Handvoll Saint-Simonisten, die den obskuren „Le Producteur" herausgaben.[18] Sicherlich erregte die Vorstellung von ‚production' das Gemüt vieler Zeitgenossen, darunter auch das des populären Bürgermeisters von Lyon, Edouard Herriot, der 1919 auf den Taylorismus hinwies und die Modernisierung von Bürokratie, Wirtschaft und Erziehung in einer technologisch inspirierten ‚Vierten Republik' forderte. Das neue System sollte die Verfilzung der Parteien, lokale Vetternwirtschaft und die ‚café-comptoir comités' der Vorkriegszeit ersetzen, die zur Struktur französischer Politik gehörten.[19] Aber Herriots rauschende Rhetorik brachte keineswegs praktischen Einsatz mit sich, auch waren die Radikalsozialisten hinter ihm unfähig, seinen Rezepten zur technologischen Generalüberholung zu folgen und die kleinstädtische Interessensverflechtung preiszugeben, auf der ihre Macht ruhte. Als Etienne Clémentel, Clemenceaus Handelsminister, in einer ‚Fédération des Syndicats' ein Organisationsmodell industrieller Selbstverwaltung in Frankreich entwickelte, stieß er auf Mißtrauen und Apathie seitens der Unternehmer, die vor allem die Staatsaufsicht der Kriegsjahre abschütteln und ihre gewohnte, weniger kühne Wirtschaftsweise wieder aufnehmen wollten.[20]

Daß die streng saint-simonistischen Themen kaum ein Echo fanden, ist verständlich; denn seit ihren Ursprüngen waren sie mit einer starken Exekutive verbunden, und ihr größter Einfluß lag in der Epoche des Zweiten Empire. Solange die parlamentarische Regierungsform noch zufriedenstellend funktionierte, sorgte der politische Ausleseprozeß dafür, daß die Möchtegern-Technokraten von Machtpositionen ferngehalten wurden. Doch der Krieg änderte den parlamentarischen Status quo. Das Erbe der Krise von 1917, die Unzufriedenheit mit der Herrschaft der Radikalsozialisten und das Bewußtsein, daß der totale Krieg tiefgreifende, unabsehbare Veränderungen bringen würde – all dies trug zu der antiparlamentarischen Strömung bei, die im Wahlsieg des ‚Bloc National' November 1919 Ausdruck fand. Zum erstenmal seit dem letzten Jahrzehnt des 19. Jahrhunderts war ein nicht mehr nur klerikaler oder reaktionärer Unterton zu vernehmen, sondern eine rechtsradikale Fanfare:[21] mitunter schon unter den ‚Bloc National'-Kandidaten selbst, auch in vereinzelten Anstrengungen der ‚Action Française', schließlich in der kurzlebigen neuen Bewegung, die von ‚Lysis' (Ernest Letailleur) geführt wurde. Lysis klagte, es fehle Frankreich ‚l'idée d'une technique nationale'. Er wurde daraufhin von den älteren Oligarchen und parlamentarischen Glücksrittern mundtot gemacht. Er forderte eine Vertretung der Berufsgruppen, betonte den Unterschied zwischen ‚produktivem' Kapitalismus und dessen schmarotzerischer Version und verkündete einen neuen Sozialismus, der statt Klassenkampf die Klasseneinheit wollte.[22] Bei den Wahlen erging es seinen Anhängern schlecht, weil die Kandidaten des ‚Bloc National' besser auf die Unzufriedenheit zu antworten wußten, die er erzeugt hatte; keineswegs stieß sein Programm auf gänzliche Ablehnung. Auf eine politische Organisation von Bedeutung, die aus den ideologischen Themen des Lysis politisches Kapital schlug, mußte Frankreich indes bis Mitte der Zwanziger Jahre warten, als bereits das parlamentarische System in Auflösung begriffen war und sich im Bürgertum tiefes Ressentiment angesammelt hatte.

Anderswo konnten sich rechtsradikale Wortführer einer ‚produktivistischen' Doktrin besser durchsetzen. Trotzdem blieb ihr Denken, ähnlich wie die futuristische Kunst, ambivalent gegenüber der Technologie. Wenn die Vertreter des Radikalismus von Rechts auch die Ordnung eines liberalen Kapitalismus oder zumindest die des liberalen Parlamentarismus angriffen, so stand doch dem Glauben an den Ingenieur, Manager oder Fachexperten als dem potentiellen Führer ein tiefer Anti-Intellektualismus entgegen. Schon vor dem Weltkrieg war dies in den widerspruchsvollen Schriften von Georges Sorel sichtbar geworden. Wie Veblen, zu dem er in ambivalentem Gegensatz steht, hielt auch Sorel an der Dichotomie von nutzbringender Produktion und finanzieller Ausbeutung fest. Aufgrund seiner Ausbildung zum Ingenieur sah Sorel den Produzenten als einen Mann der Tugend, womit er sich indes zum Hüter einer vor-industriellen ‚morale des producteurs' machte, die nur im Rahmen kleiner Werkstattbetriebe gelten konnte.

Während Veblens Glorifizierung des Werkmanns unzweideutig friedlich gemeint war, enthielt Sorels Idealvorstellung ein militantes Element, das sich unter modernen Bedingungen nur durch den Mythos revolutionärer Kämpfe wiederbeleben ließ. Der durch die Aufklärung gezeugte Rationalismus, der dem Maschinenzeitalter den Weg bereitete, führte unvermeidlich auch zur Entartung des Menschen, während für Veblen die Technologie der Würde des Menschen in keiner Weise Abbruch tat.[23]

Die italienische Episode einer frühen faschistischen Technokratie spiegelt in einem realen institutionellen Rahmen jene Spannungen wider, die in Sorels Theorien zu spüren sind. In Italien waren die Themen der neuen Industrieführung und des Antiparlamentarismus ineinander verwoben. Nationalistisch denkende italienische Schriftsteller der Vorkriegszeit hatten längst die liberale und soziale Demokratie im Namen eines Syndikalismus von rechts angegriffen.[24] 1917 forderte der Präsident des ‚Comitato Nazionale Scientifico Tecnico', G. Belluzzo, später faschistischer Wirtschaftsminister, es müsse der notwendigen Transformation des Staates eine Rationalisierung und Konzentration der Industrie vorausgehen.[25] Im August 1918 hatte Mussolini den Untertitel seiner Zeitschrift von ‚Sozialistisches Tageblatt' in ‚Tageblatt für Arbeiter und Soldaten' umgeändert. Seitdem kritisierte er die sozialistische Partei als „Blutsauger" und „Schmarotzer" der Arbeiterschaft und fügte hinzu, daß „die Unternehmer verteidigen bedeutet, die Bourgeoisie ihre historische Funktion voll erfüllen zu lassen".[26] Dieses Thema wurde nach dem Krieg weiterverfolgt: „Keine politische Revolution, kein Extremismus, keine Enteignung und nicht einmal Klassenkampf, wenn die Industriekapitäne klug sind. Intensive und harmonische Zusammenarbeit von Unternehmern und Arbeitern in der Produktion."[27]

Mussolinis ‚produttovismo' stützte sich weniger auf den Ingenieur oder den Technologen als vielmehr den Experten allgemein. Ein junger Verfechter der faschistischen Technokratie gab den vorherrschenden Ideen und Bildern Ausdruck, wenn er behauptete: „Der faschistische Staat ist mehr als ein Staat, er ist ein Dynamo" – eine rhetorische Metapher, die die Bedeutung des Futurismus für die Frühzeit der Bewegung zeigt.[28] Als die Faschisten an die Macht gekommen waren, wollten sie in allen Bereichen Expertenkommissionen gründen. Die Parteistatuten zum August 1921 forderten lokale ‚fasci', die Listen von Fachleuten im öffentlichen Dienst und in der Wirtschaft aufstellen sollten, die zur Kooperation bereit waren. Theoretisch sollten diese ‚gruppi di competenza' für die faschistische Partei eine Art Generalstab bilden, der zur Übernahme des Staates bereit stand; praktisch wollte man Anhänger gewinnen, indem die Bewegung sich als ideologisch offen darstellte. Trotzdem wurden solche Kader fast ausschließlich mit dem Ziel konzipiert, die Autorität von Staat und Bürokratie wiederherzustellen, und sie orientierten sich auf die Ministerien, nicht die Fabriken. Die dann im Jahre 1923 gegründeten Gruppen standen überdies unter Kontrolle führender Regierungsvertreter, was zur Folge hatte, daß sie sich politischer Überwachung kaum entziehen konnten.[29]

Der experimentelle Charakter dieser Bestrebungen und ihr Mangel tatsächlicher technokratischer Verankerung erwiesen sich am Schicksal der ‚gruppi' in den innerparteilichen Kämpfen der Jahre 1923/24. Der frühere Journalist und Vorkämpfer der ‚gruppi di competenza' Massimo Rocca war auch führender Vertreter des faschistischen

‚Revisionismus'. Dies bedeutete eine Politik der Normalisierung, eine Abschwächung revolutionärer Ziele und folglich auch lokaler Gewaltanwendung durch den Faschismus, seiner Milizen und jenes Rotten- und Rädelsführertums, wie es Roberto Farinacci aus Cremona praktizierte.[30] Dahinter stand die Bereitschaft, der Zusammenarbeit mit den liberalen Eliten die Reinheit der Lehre zu opfern. Das lag auf einer Linie, die Mussolini während des ersten Jahres seiner Regierung für opportun hielt, besonders im Hinblick auf die Wahlen, die seine Stellung im Parlament festigen sollten. Da er über ein Wahlgesetz verfügte, das ihm zwei Drittel der Sitze versprach, wählte Mussolini die Taktik der Kollaboration, um die parlamentarischen Führer der liberalen Gruppen auf seine Seite zu ziehen, während er gleichzeitig daran ging, ihre alten Parteistrukturen zu zerbrechen. Mit dem Wahlsieg vom April 1924 jedoch gab es keinen Grund mehr für Kollaboration mit Nicht-Faschisten und die ungeduldigen Vorkämpfer radikal faschistischer Politik konnten beschwichtigt werden. Rocca, den die Orthodoxen bereits im Herbst 1923 aus der Partei ausstoßen wollten, kam erneut unter Beschuß und wurde fallengelassen. Darüber hinaus gewannen in der Krise, die die Ermordung Matteottis Ende 1924 auslöste, die Verfechter der umfassenden Parteidiktatur die Oberhand über diejenigen, die für Modernisierung und Normalisierung eintraten; in der Folge kamen alle Bestrebungen zum Erliegen, die auf eine parteilich ungebundene Technokratie abzielten.[31]

Seit Anfang des Jahres 1924 wurden die ‚gruppi di competenza' in die stärker abhängigen ‚consigli tecnici' umgewandelt, die ausdrücklich nur als Körperschaften im Dienst und zur Unterstützung der neuen Herrschaft fungierten. Auf ähnliche Weise wurden die syndikalistischen Organisationen Edmondo Rossonis so eingeschränkt, daß alle unabhängigen, arbeitnehmer-orientierten Ziele den Erfordernissen von Staat und Partei ganz untergeordnet wurden. Die stärkere Festlegung des Regimes auf staatliche Wirtschaftsverbände anstelle der früheren Syndikate kündigte bereits an, daß jedes radikale Experiment abgebremst würde. Im Zuge dieser Aushöhlung der unabhängigen wirtschaftlichen oder administrativen Expertenzentren mußte die faschistische Technokratie absterben.[32]

Prinzipiell litt schon die Konzeption technokratischer Kader unter einer fundamentalen ideologischen Doppeldeutigkeit. Indem er die Ratio von Produktion und Technologie hervorhob, machte der Faschismus, wie früher der Saint-Simonismus, die Rolle einer neuen herrschenden Schicht geltend, deren Ursprung außerhalb der traditionellen Klassen lag. Die faschistische, oder, genauer gesagt, national-faschistische Ideologie glich in einem entscheidenden Punkt dem Taylorismus. Sie verhieß eine Welt ohne Null-Summen-Konflikt, in der die eine Klasse nicht länger nur auf Kosten der anderen zu Wohlstand kommen konnte, im Gegensatz zum traditionellen Spektrum europäischer Ideologien, die sämtlich von der Nullsumme ausgingen oder lediglich umverteilten. Ihr Rezept bestand von jeher in der Übertragung von Anteilen an Macht, Status und Wohlstand von der einen Sozialgruppe auf die andere – oder in der Verhinderung eines solchen Transfers. Der Marxismus bedeutete lediglich die radikalste Zielvorstellung solcher Umverteilung. Die Anziehungskraft des Saint-Simonismus wie der amerikanischen Vision von der technologisch gelenkten Gesellschaft lag deshalb in diesem

Anspruch, derlei schmerzhafte Umschichtungen zu vermeiden. Expansive Produktivität bedeutete, daß nicht länger die Notwendigkeit bestand, eine unveränderbare Menge an nationalem Wohlstand aufzuteilen. Wer auf eine neue soziale Rolle der Produzenten oder, besser gesagt, einer Elite wissenschaftlich ausgebildeter Manager setzte, die den Konflikt schlichteten, der hoffte, daß die Feindschaft zwischen den Klassen aufzuheben war.

Während die faschistische Ideologie Ähnliches für sich beanspruchte, bestanden in wichtigen Punkten auch Unterschiede. Das Modell einer auf soziale Probleme angewandten Technologie versprach, interne Auseinandersetzungen um die Macht in technische Optimierungsfragen aufzulösen. Der Faschismus steuerte die Idee bei, es müßten erst die Kämpfe zwischen den Klassen beigelegt werden, bevor man die Konflikte zwischen den Nationen überwinden könnte: Italien als Ganzes war eine Art Proletariat unter den Mächten Europas. Während der Saint-Simonismus die Mitwirkung einer Avantgarde von Unternehmern betonte und der Taylorismus den Ingenieur hervorhob, wollte der Faschismus einen anderen Führertyp. Da er aus dem leidenschaftlichen Einsatz für den ‚intervento' erstanden war, setzte er die ‚combattenti' kraft ihrer Bewährung an der Front als Führungselite ein. Er leugnete nicht den Anspruch von Technologie und Produktivität, entgegengesetzte Interessen auszugleichen, doch sollte dies nicht das alleinige Anrecht auf Führung vermitteln: ‚Blut' und die Gefahr des Schützengrabens zählten ebenso.

Diese Verbindung von Technologie mit vitaler Energie trug zur Anziehungskraft der rechtsradikalen Ideologie bei. Der deutsche Radikalismus der Revolution von Rechts kam vielfach zu derselben schwierigen Synthese – eine zweifache Feindschaft gegen Liberalismus und Materialismus, wie ihn auch die Linken verdammten. Der Werkbund z. B. zog Anhänger der radikalen Rechten ebenso an wie solche demokratischer Richtung; und seine frühen Architekten blickten auf die Idee des ‚Rembrandt-Deutschen' Langbehn, der den Bruch mit den schwülen und synkretistischen Stilen der 1880er Jahre forderte.[33] Oswald Spengler, der als einer der Propheten der revolutionär-konservativen Bewegung galt, verschmolz die Metaphorik der Maschine mit der Ablehnung des Liberalismus. „Der Organisator und Verwalter bildet den Mittelpunkt in diesem künstlichen komplizierten Reich der Maschine", schrieb er. Aber zusammen mit dem Manager war „der Ingenieur, der wissende Priester der Maschine [. . .] in aller Stille ihr eigentlicher Herr und ihr Schicksal."[34] Spengler sah, daß die Macht des Geldes – er nannte sie „unser inneres England" und an anderer Stelle „Kapitalismus und parlamentarischer Liberalismus"[35] –, die sich die Technologie unterwarf, nur durch ‚Blut' und einen neuen cäsaristischen Kollektivismus zu besiegen war, vielleicht aber auch durch einen preußischen Sozialismus der Arbeit und der Unterordnung unter den Staat.[36] In Spenglers Vorstellungen konnte deshalb Technologie niemals Macht ersetzen. Technokratie im eigentlichen Sinne des Wortes war nicht möglich, auch wenn der Ingenieur im Maschinenzeitalter unentbehrlicher Gehilfe der Staatsmacht wurde. Von Sorel über Mussolini bis zu den deutschen Anhängern der ‚Revolution von Rechts' verband sie die technologische Vision mit dem Glauben an die Werte des Irrationalismus. Das Bild des im Dienst einer ausgreifenden nationalen Idee stehenden Ingenieurs hatte für ihre Vertreter zwingende psychologische Kraft: der harte Herr des Maschinenzeitalters, der die weiche Sentimentalität und die kleinbürgerliche Demokratie des 19. Jahrhunderts wegfegt. Der ideologische Versuch, die sozialen Konflikte aufzuheben, konnte sich ebenso auf nationales Machtstreben und einen neuen Autoritarismus berufen wie auf nationale Wohlfahrt und Optimierung durch die Methoden des Rechenschiebers. Daher war es nur folgerichtig, wenn Amerika wie ein doppelgesichtiger Janus erschien: Einerseits eine Welt technischer Rationalität, deren neue Städte Männer wie Spengler (und Le Corbusier) tief beeindruckten und zugleich erschreckten;[37] andererseits Verkörperung des hohlen demokratischen Pathos eines Wilson – das italienische und deutsche Nationalisten als Maske des angelsächsischen Finanzimperialismus empfanden und deshalb verabscheuten. In der widersprüchlichen Deutung spiegelte sich auch der Zwiespalt der radikalen Rechten zwischen technologischer Vernunft und utilitaristischer Rationalität liberaler Prägung.

Die Doppeldeutigkeit der Planung

Das steigende Planungsinteresse in den Reihen der Linken kam dem nationalen Syndikalismus der Rechten nahe. Walther Rathenau von der AEG und sein Mitarbeiter, der preußische Aristokrat und Ingenieur Wichard von Moellendorff, entwickelten ihre Organisationserfahrung aus der Zeit der Kriegswirtschaft und der Rohstoffbewirtschaftung zu einem Planwirtschaftskonzept, das auch nach dem Krieg beibehalten werden sollte. Mitglieder der sozialdemokratischen Partei wie Rudolf Wissell, Wirtschaftsminister 1919, und Max Cohen, der für ein korporatistisches Oberhaus eintrat, versuchten ebenso wie Georg Bernhard, Herausgeber der liberalen ‚Vossischen Zeitung', der der Demokratischen Partei nahestand und einen ‚Reichswirtschaftsrat' befürwortete, die Wirtschaft neu zu strukturieren, indem sie Elemente der Räteideologie mit Vorstellungen von Staat und Gemeinschaft als Organismus verbanden. Was sie vor Augen hatten, war eine Pyramide von Industrieplanungsorganen, die sich aus Vertretern des Unternehmertums, der Arbeiterschaft und des Staates zusammensetzen sollte. Mit der Befugnis, Preise festzusetzen, Rohmaterialien und Marktanteile zuzuweisen und die Richtlinien der Wirtschaftspolitik zu bestimmen, sollten diese neuen Institutionen eine Partnerschaft der Klassen im Sinne des öffentlichen Wohls verkörpern. Selbst wenn Verfechter solcher Ideen, wie Wissell, zur Sozialdemokratie zählten, setzten sie sich keineswegs für die Herrschaft des Proletariats ein, sondern forderten die größtmögliche Produktion für die Gesamtheit.

Es fanden sich indes im Planungskonzept der Linken ebensoviele Ungereimtheiten wie im Verhältnis der Rechten zur Technokratie. Als selbstverständlich wurde angenommen, daß, indem man die Vertreter der Industrie, der Arbeiter und der Konsumenten oder des Staates an einen Tisch brachte, deren Entscheidungen dann auch das öffentliche Interesse im weitesten Sinne wahren würden; es wurde außerdem vorausgesetzt, daß man politische Zwänge der ökonomischen Sphäre fernhalten könne. Darin steckte der gleiche Industrieutopismus, wie ihn wissenschaftliches Management und Rüstungsorganisation in Amerika hervorgebracht hatten. Der Versuch, solche Vorstellungen in der frühen Weimarer Republik zu institutionalisieren, traf bereits auf Schwierigkeiten, wie sie in Amerika erst anläßlich des Experiments mit der ‚National Recovery Administration' voll zutage traten.[38]

Die institutionellen Modelle der Planwirtschaft entlieh man in erster Linie der Kriegswirtschaft, einschließlich der Rüstungsbetriebe in gemischt staatlich-privatem Besitz. In ihnen sah Rathenau eine Zwischenstufe auf dem Weg vom Kapitalismus zum Staatssozialismus. Der Krieg erzeugte auch die materiellen Voraussetzungen für jene Zusammenarbeit von Betriebsleitung und Arbeiterschaft, die im Mittelpunkt aller Planungsbestrebungen stand. Das Diktat des Krieges, der Produktion um jeden Preis forderte – genauer gesagt die Forderungen der Generäle und Industriekapitäne nach oft unvernünftiger Produktion zu unverhältnismäßigem Preis – machte das Aushandeln leicht: Die Unternehmer erhielten außergewöhnlich hohe Gewinne, und die Gewerkschaftsführer gewannen mehr Einfluß auf die Arbeitsbedingungen. Die inflationäre Kriegsfinanzierung verhinderte die alten Lohnstreitigkeiten, da Unternehmer und Arbeitgeber gemeinsam Mittel aus solchen Wirtschaftsbereichen ableiteten, die nur ein relativ unbewegliches Einkommen hatten.[39] Angesichts der Erfordernisse der Kriegszeit konnte das verpflichtende Ziel ‚Produktion' in der Tat die Kooperation fördern – aber, wie das Gemeinwesen davon profitierte, zahlte es auch die Rechnung.

Rathenau und Moellendorff billigten keineswegs den wirtschaftlichen Größenwahn des Hindenburg-Programms (1916), wollten jedoch die neue Partnerschaft festigen. Abgesehen davon, daß sie dieselben Verwaltungsaufgaben zu lösen hatten, teilten sie auch geistige Voraussetzungen. Die großen Generatoren der AEG und das schlichte, strenge Bild preußischer Disziplin und Tradition hielten ihre Vorstellungskraft besetzt. Für Rathenau, der stets zum Philosophieren neigte, war die moderne Welt gekennzeichnet durch den Rhythmus der Maschine: „[. . .] sie ist die Zusammenfassung der Welt zu einer unbewußten Zwangsorganisation, zu einer lückenlosen Gemeinschaft der Produktion und Wirtschaft." Aber um dieses technologische Schicksal zu meistern, bedurfte es nicht eines neidischen Marxismus, sondern einer neuen Moral und, wie Rathenau zunächst vorschlug, der ‚Entpersonalisierung' von Eigentum; private Betriebe sollten Stiftungen werden, Arbeitnehmer, Universitäten oder Verwaltungsbehörden sollten Anteile erhalten. Später faßte Rathenau Kartelle mit staatlicher Teilhaberschaft ins Auge, die Planung koordinieren und Reibungsverluste des Wettbewerbs ausschalten sollten: ein öffentlicher Syndikalismus der Erzeuger in Analogie zu den Vorstellungen von Assoziation, wie sie auch in den Vereinigten Staaten aufkamen.[40]

Moellendorff glaubte an ähnliche Ideale, wenngleich er in Details von Rathenau abwich. Die Zukunft würde nach seiner Meinung im Zeichen des Sozialismus oder des Anarchismus stehen; dem Ingenieur würde die Entscheidung zufallen. Für seine Auffassung vom Ingenieur hatte Moellendorff vor dem Krieg Anleihen beim Taylorismus gemacht, den er nicht ohne Mut zur Intuition als germanisch ansah. Der Taylorismus machte das Kriterium der Kompetenz zum Ordnungsprinzip der Wirtschaft und zeigte, daß menschliche Arbeitsleistung keine unübersteigbare Begrenzung der Produktion bedeutete. Taylorismus war Ausdruck jener Kräfte, die Amerika seine Dynamik verliehen; Moellendorff sah darin auch die Kraft, die der Wirtschaft den kollektiven Elan jener vorbildlichen und ursprünglichen germanischen Gemeinwesen gab, die Tacitus einst beschrieben hatte.[41] „Begreifen wir Taylor erst einmal ganz, so werden wir von oben und von unten her gemeinsam die *Übel unserer Gesellschaft* erdrosseln: die Unordnung der Unfähigen, die Zinsverantwortung der Geschäftigen, die Willkür der Kurzsichtigen, die Vormacht der Erfolgreichen, das Mitleid der Furchtsamen." Moellendorffs Visionen hatten dabei eine durchaus autoritäre Seite: Der Taylorismus diente in seinen Augen als ‚Produktionsmilitarismus', der die Arbeiter dazu brachte, die alte Klage über die Trennung zwischen Betriebsführung und Arbeit zu vergessen.[42] Ebenso wie Taylors hierarchisch gegliederte, konfliktfreie Wirtschaftsordnung verkörperten auch Moellendorffs Ideen einen strengen Kollektivismus. Obwohl er als Staatssekretär im Wirtschaftsministerium Wissell weiterhin zur Seite stand, lehnte Moellendorff die Debatten über Sinn und Zweck der ‚Sozialisierung' ab. Er stellte ihnen das Konzept einer ‚Gemeinwirtschaft', eines ökonomischen ‚Commonwealth', entgegen.[43]

War es verwunderlich, daß die sozialdemokratischen Führer, als sie sich mit den aus Wissells Ministerium kommenden Denkschriften beschäftigten, alles andere als glücklich waren? Sie standen in einem Dilemma: Sie hatten die Verantwortlichkeit parlamentarischer Führung, ohne noch über die Macht zur Reorganisation der Wirtschaft zu verfügen, nachdem sie das Rätesystem und sofortige Enteignungsmaßnahmen abgelehnt hatten. Würde nicht, nachdem nun einmal die Entscheidung für die parlamentarische Demokratie gefallen war, die Gestaltung einer sich selbst verwaltenden Gemeinwirtschaft in Wirklichkeit von der Macht abhängen, die jede Seite in die politischen und ökonomischen Verwaltungsorgane einbrachte? Die SPD war sich nicht sicher, ob die Planungsidee den Sozialismus fördern oder ihn abbremsen würde. Die innerparteiliche Diskussion über den Taylorismus war dafür kennzeichnend. Im März 1919 vertrat Otto Bauer die Meinung, „in der Hand eines demokratischen und wohlverstanden sozialisierten Staates" könne Taylorismus dazu dienen, die Produktion zu steigern und damit zur beschleunigten Leistung der Reparationen beitragen. Zwei Jahre danach meinte Kurt Lewin, daß Taylorismus – den er insgesamt als Industriepsychologie verstand – einem sozialistischen System durchaus nützen könne, weil er die Menschen nicht aufgrund klassenabhängiger Ausbildung, sondern gemäß ihrer Befähigung den verschiedenen Tätigkeiten zuordne.[44] Kurzum, der Taylorismus konnte legitimerweise dem Sozialismus an der Macht nützlich sein. Aber war der Sozialismus an der Macht?

Wenn gelegentlich über Taylorismus im engen Sinne diskutiert wurde, so kamen eben jene Probleme zum Vorschein, die die großen Debatten über die Wirtschaftspolitik der neuen Regierung prägten. Die radikaler eingestellten Unabhängigen Sozialisten, die oft auch die organisierten Massen der Arbeiter repräsentierten, verlangten mehr Macht für die Betriebsräte, die aus Vertretern der Belegschaft bestanden. Die Gewerkschaftsführer dagegen sahen alle Bestrebungen, die Betriebsräte in der neuen Verfassung zu verankern, mit Mißtrauen, mußten jedoch angesichts der großen Streiks vom Frühjahr 1919 sich dieser Forderung beugen. Gewerkschaftsführer und die quasi-korporatistischen Sozialisten um die ‚Sozialistischen Monatshefte', eingeschlossen Max Cohen, bevorzugten paritätische – d. h. aus Arbeitnehmern und Arbeitgebern zu gleichen Teilen zusammengesetzte – Wirtschaftsverwaltungsorgane gemäß den Richtlinien der ‚Zentralarbeitsgemeinschaft', die Gewerkschaftsführer und Industrielle gemeinsam vorgelegt hatten. Auf dem zweiten Kongreß im April 1919 und danach auf dem SPD-Parteitag in Weimar (Juni 1919) verfocht Cohen eine Arbeiterkammer als Oberhaus des künftigen Parlaments. Diese Arbeiterkammer sollte aus Produktionsräten hervorgehen, die Manager, Unternehmer und Vertreter der Arbeiter bilden sollten zum Schutz der Produktion und zur Abwehr vorschneller Sozialisierungsmaßnahmen. Dieser Plan kam den Vorstellungen Rathenaus, Moellendorffs und Wissells nahe, und in der Tat teilte Cohen deren Grundüberzeugungen. Für ihn bedeutete Sozialismus einen leichteren Weg zu gesteigerter Produktion, was fortgesetzte Partnerschaft mit den Unternehmern voraussetzte, nicht als Kapitaleigner, sondern als Wirtschaftsfachleute.[45] Damit gaben seine Pläne jede ernsthafte Umverteilung der Macht zugunsten der arbeitenden Klasse preis und konzentrierten sich stattdessen auf die Suche nach einer Form der Harmonie, die den Ruf nach Sozialismus oder Arbeitermacht gar nicht erst aufkommen ließ.

Damals hatte sich die SPD so daran gewöhnt, die demokratischen Verpflichtungen gegenüber der Gesellschaft insgesamt voranzustellen, daß der Sozialismus, für den sie eintrat, wenig Durchschlagskraft besaß. Das zeigt der im Frühjahr 1919 gegründete, völlig wirkungslose Reichskohlenrat. Gemäßigte Sozialisten erstrebten nicht den Sieg des Proletariats zu Lasten der Produktion, weil dies angesichts der Übermacht der Alliierten als selbstmörderisch erschien. Sicherer erschien es, der Arbeiterklasse insgesamt den Weg zur Macht zu ebnen durch Ausbau der parlamentarischen Demokratie. Aber bedeuteten Cohens Pläne nicht damit Verzicht auf jeden Machtgewinn im wirtschaftlichen Bereich? Die SPD sah so viele Schwierigkeiten voraus, daß sie auch die allgemeine Konzeption von Planwirtschaft ablehnte – zuerst im Reichskabinett im Juli 1919 und dann endgültig auf dem Parteitag in Kassel 1920. Wie Karl Landauer zugestand, mochten nach bestimmten Organisationskriterien Rationalisierung und Planung der Wirtschaft als Schritt in Richtung Sozialismus erscheinen. – Aber das führte in die Irre. Denn ohne effektive Beteiligung der Arbeiterklasse an der wirtschaftlichen Macht würden derlei Planungseinrichtungen nur den Kapitalismus rationalisieren.[46]

Darin aber lag für viele Sozialisten gerade die verführerische Wirkung der Planung. Seit Hilferdings Analyse des Finanzkapitals (1910) wurde die Ära kapitalistischer Kartellbildung und Wirtschaftskonzentration als Umwandlungsphase der bürgerlichen Wirtschaft interpretiert, die zwar deren sicheren Zusammenbruch zeitweilig aufhalten könne, aber schließlich den wirtschaftlichen Übergang zum Sozialismus nur erleichtere. Selbst Lenin hatte diese Interpretation einmal für annehmbar gehalten und konnte dementsprechend ebenfalls ein Stadium des Staatskapitalismus gutheißen, das auf wirtschaftliche Konzentration unter proletarischer Aufsicht hinauslief. Für russische Beobachter verkörperte die deutsche Kriegswirtschaft mit ihren Ansätzen zentraler Planung in der Tat die ökonomische Dimension des gesellschaftlichen Umbruchs. In den ersten Monaten seiner Herrschaft lobte Lenin öffentlich den Taylorismus als Mittel, um die Sowjetmacht zu stärken. Seine wirtschaftlichen Berater Miljutin und Larin bezogen sich ausdrücklich auf die Vorstellungen Rathenaus und Moellendorffs; bis in die Zwanziger Jahre hinein dienten Industrietrusts unter Befehl der Bolschewiki als flexibler Rahmen, um die zerrüttete Wirtschaft zu reorganisieren.[47] Entscheidend war indes, daß Lenin, bevor er in Richtung Planung ging, effektiv im Besitz der Macht war; er hatte die entscheidende ‚kto-kawó' (Wer-Wen?) – Frage bereits beantwortet, was die deutschen Sozialdemokraten unterlassen hatten. Taylorismus und Planung konnten dem Sowjetregime nützen, aber es nicht ersetzen; der Kommunismus mochte, wie Lenin sagte, aus Sowjetmacht plus Elektrifizierung bestehen – doch nicht aus Elektrifizierung allein.[48] Wenn im Westen der Taylorismus sich mit Ideologien verbunden hatte, die die Übergewalt des Klassenkonflikts leugneten, so konnte er in Rußland gerade deshalb Aufnahme finden, weil dort der Konflikt bereits entschieden war und eine neue Ära begonnen hatte.

Was daraus wurde, wenn die Linke die Utopien der Produktivität übernahm, ohne die Macht zu haben, zeigte in Deutschland die Entwicklung der Planung. Cohens Vorstellung von der Arbeiterkammer und einem Produktionsrat wurde nur in einer verwässerten Form in die Verfassung aufgenommen. Der Reichswirtschaftsrat, dem Arbeitnehmer, Arbeitgeber und Vertreter der Öffentlichkeit angehörten und der bei Gesetzesvorhaben das Parlament beraten sollte, war als Krönung einer Pyramide von wirtschaftlichen Beratungsorganen gedacht. Die entschiedensten Vorkämpfer fanden sich unter jenen bürgerlichen Demokraten, die – wie Georg Bernhard – die Arbeiterschaft in eine Partnerschaft der Mäßigung und des Ausgleichs einbinden wollten. Trotzdem war Bernhard von der gefundenen Lösung nicht befriedigt. Er hatte Cohens ursprüngliche Pläne aus demselben Grund gutgeheißen, der sie der Linken unannehmbar machte – als Schritt über die Idee der Nationalisierung hinaus in Richtung auf eine „echte Gleichstellung der Produzenten – der Unternehmer-Produzenten und der Arbeiter-Produzenten".[49] Das Ergebnis war ein Kompromiß, den die SPD zugelassen hatte, um damit jene Elemente der Arbeiterschaft zu beschwichtigen, die eine bestimmende Rolle für die Räte wollten. Anstatt die Arbeiterräte alle in paritätisch besetzte Ausschüsse zu integrieren, bewirkten diese Pläne einer Hierarchie von Wirtschaftsorganen eine Verschmelzung der Räte-Delegierten und Industrievertreter erst auf der höchsten institutionellen Stufe des geplanten Systems:

> Nichts ist hier mehr von einem Aufbau der Produktion zu spüren. Alle Gedanken, die ein neues Berufsethos des Arbeiters schaffen und ihn zur Mitwirkung an der produktiven Arbeit zum Aufbau des nationalen Wirtschaftslebens aufrufen wollen, sind ausgemerzt. An die Stelle eines produktiven Sozialismus ist die Erfüllung einer alten agitatorischen Gewerkschaftsforderung getreten. An Stelle einer Versöhnung der Gegensätze zwischen Arbeitgeber und Arbeitnehmer zugunsten eines gemeinsamen fruchtbaren Zusammenarbeitens im Dienste der Unternehmung hatte man die alte Scheidewand zwischen Arbeitern und Unternehmern noch verdickt.[50]

In Wirklichkeit gab es keinen Grund zur Besorgnis. Die unteren wirtschaftlichen Beratungsgremien wurden niemals eingesetzt; folglich konnten die Räte den Reichswirtschaftsrat niemals direkt beeinflussen; dieser selbst gelangte – wie die Akten im Potsdamer Archiv zeigen – nur selten über eine allgemeine Pattsituation und Lähmung hinaus.[51]

Der endgültige, fast mitleiderregende Abschluß jener Enttäuschungen, denen sich die deutsche Linke durch die Faszination der Produktivität ausgesetzt hatte, kam mit dem Mitte 1920 neu entflammten Streit um die Verstaatlichung des Kohlebergbaus. Die Gewerkschaftsseite wiederholte die Forderung nach öffentlicher Kontrolle, wurde jedoch schon weitgehend dadurch ausmanövriert, daß sie sich dem Leitziel der Produktion nicht entziehen konnte. Rathenaus Vorstellungen über Selbstverwaltung wurden Grundlage der Diskussion. Es blieb aber offen, wo in der vorgesehenen Struktur der Selbstverwaltung die Entscheidungen fallen würden. Wer würde die Wächter überwachen? Hugo Stinnes und mit ihm Paul Silverberg verstanden es, die Biegsamkeit des Selbstverwaltungskonzepts auszunutzen, indem sie ein großartiges Programm entwickelten, das ihren eigenen Unternehmen öffentliche Autorität verliehen hätte – alles dies im Namen von Produktivität und Allgemeinwohl.[52]

Stinnes' Pläne von 1920 offenbarten die gefährliche institutionelle Vieldeutigkeit, welche in all diesen produktivistischen Ideen zur Vermeidung von Klassenkonflikten steckte. Daß Stinnes immer wieder auf der Notwendigkeit der Produktionssteigerung insistierte, was sich auch mit eigenen Interessen deckte, bedeutete den logischen Endpunkt des Produktivitätsideals der Gemäßigten. Was in Wirklichkeit geschah, war die unauffällige Verschiebung vom Vorrang der sozialen Steuerung, wie sie Moellendorff vorschwebte, zur Durchsetzung verstärkter Konzentration in der Wirtschaft. Wie die Verfechter des wissenschaftlichen Magements in Amerika wollten Stinnes und auch Rathenau – ungeachtet ihrer häufigen Zusammenstöße waren sich die beiden in entscheidenden Fragen einig –, daß ein Netzwerk privater Unternehmerverbände im Mittelpunkt öffentlicher Autorität stehen sollte. Gewiß zielte Rathenau damit eher im echten Sinne auf Öffentlichkeit als Stinnes; aber institutionell garantierte sein Plan dies nicht besser; er stützte sich auf wenig mehr als das Gefühl moralischer Verpflichtung gegenüber der Gesamtheit. Außerdem lag nunmehr das Schwergewicht dieser Ausschüsse für Produktion und Planung nicht mehr beim technologischen Expertentum, sondern in finanzieller Steuerung. Jene beiden Aspekte des Unternehmertums, die nicht zuletzt Veblen stets ausdrücklich unterschieden hatte, trafen seitdem in den Wirtschaftskonzeptionen der Weimarer Republik zusammen – und mit eben jenen ausbeuterischen Folgen, die Veblen befürchtet hatte. In letzter Konsequenz blieb indes diese Entwicklung nicht auf Deutschland beschränkt: hier lag die entscheidende Doppeldeutigkeit aller Vorstellungen von Technokratie und Planung, die privaten Interessen öffentliche Gewalt übertrugen. Ob im faschistischen Italien oder im liberalen Deutschland der Weimarer Republik, wer durch die Beschwörung technokratischer Utopien die Bedeutung der Macht leugnete, unterwarf sich denen, die in Wahrheit politische oder wirtschaftliche Macht besaßen. Vielleicht war es nichts anderes, was jene wünschten.

Fordismus und die Rationalisierung des Kapitalismus

Die Zeit der ‚Stabilisierung' in Europa brachte tiefgreifende Veränderungen in der geistigen Bewältigung industrieller Produktivität mit sich. Hier können nur die Hauptpunkte erörtert werden. Seit Mitte der Zwanziger Jahre beherrschte das in Deutschland entwickelte Konzept der ‚Rationalisierung' die Diskussion über wissenschaftliches Management. Rationalisierung konzentrierte sich auf die Steigerung der Produktion und technischer Effizienz; in Deutschland war dies jedoch mit starken Konzentrationstendenzen verbunden – mit der Bildung neuer kartellähnlicher Strukturen auf den Trümmern so zerbrechlicher vertikaler Gebilde der Inflationszeit wie des Stinnes-Imperiums. Deutsche Vorkämpfer der Rationalisierungsbewegung indes glaubten weiterhin, daß sie solche Konzepte den Vereinigten Staaten verdankten; und amerikanische Industrielle wie z. B. Edward Filene aus Boston mit seinem ‚Twentieth Century Fund' fuhren fort, internationale Studien und Kongresse zur Weiterentwicklung des wissenschaftlichen Managements zu fördern.[53] Aber das schöne Bild fortschrittlicher Technik, das Amerika der Welt bot, war in einem Wandel begriffen. Die Lehren des Taylorismus im engeren Sinne wurden kritischer bewertet, in Mode kam der Fordismus. Ein deutscher Betrachter deutete dies als Erweiterung des Wirkungskreises: Während der Taylorismus sich lediglich mit Betriebsführung befaßte, legten die Lehren Fords den Nachdruck auf Reorganisation des gesamten Produktionsprozesses.[54] Dies war zum Teil eine Rationalisierung, denn anfangs war auch der Taylorismus weiter gefaßt worden. Jetzt jedoch zogen die europäischen Verfechter wissenschaftlichen Managements und der Rationalisierung es aus praktischen Erwägungen vor, den Taylorismus auf seine anfängliche Beschäftigung mit Arbeitseffizienz einzugrenzen und damit zugleich seine utopistischen Ausweitungen zu beschränken. Dagegen nutzte man die Errungenschaften Fords – Fließband, Standardisierung und Ausweitung des Marktes für Massenartikel durch niedrige Preise und hohe Löhne – um darzutun, daß die sozialen Voraussetzungen für Kapitalismus und Großindustrie in ihrer bestehenden Form durchaus bestanden. Paradoxerweise erwiesen sich die Fordschen Zukunftsbilder vom Wohlstand gerade für die bürgerlich-konservativen, ja oft malthusianischen Ziele der europäischen Industrie und Wirtschaft am Ende der Zwanziger Jahre als zweckdienlich. Der Fordismus bot den Nutznießern des Wirtschaftssystems technologischen Schwung, wie ihn der Taylorismus nicht mit Sicherheit erbringen konnte.

Dieser Wechsel ergab sich großenteils aus der wirtschaftlichen Lage am Ende der Zwanziger Jahre. Währungsstabilisierung und Aufwertung, begleitet von empfindlichen, wenn auch kurzen deflationären Geldverknappungen, waren für diese Zeit charakteristisch. Obwohl die nationalen Einkommen insgesamt stiegen, mußten bestimmte Sektoren und Schichten Einbußen hinnehmen: die amerikanische Landwirtschaft und die europäische Kohle-und Stahlindustrie litten unter Überkapazitäten. Noch verhängnisvoller wirkte sich die Angst vor Sättigung des Marktes aus, die in Europa eine Rationalisierung vorantrieb, die vor allem auf Senkung der Produktionskosten einschließlich der Arbeitslöhne abzielte. Ein französischer Vertreter der Rationalisierungsbewegung verwies auf die beachtliche Verringerung des Binnenhandels und die Bedrohung durch harten ausländischen Wettbewerb um Kunden im In- und Ausland. Ein Deutscher schrieb, daß der Nutzen, den wissenschaftliches Management der Arbeiterschaft bringe, in Deutschland stets geringer sein würde als in den Vereinigten Staaten, denn während Amerika hauptsächlich für den Binnenmarkt produziere, müßten deutsche Waren im Ausland konkurrenzfähig sein, folglich müßten die Löhne niedrig bleiben.[55] Die kontinental-europäischen Vertreter der Kohle- und Stahlindustrie suchten den Ausweg in langwierigen Verhandlungen über Marktquoten ohne Preiswettbewerb.[56] Alles dies führte dazu, daß die Zielrichtung der Ideen über wissenschaftliches Management sich wandelte. Technologie und wissenschaftliches Management waren nicht länger Teil einer Wirtschaftspolitik, die grundlegende Reorganisation der Gesellschaft zu jedermanns Nutzen verhieß, sondern spielten eine Rolle in jenen Auseinandersetzungen, die wir als Umverteilungs- oder Nullsummen-Kämpfe bezeichnet haben. Trotz gegenteiliger Beteuerungen bedeutete es Rationalisierung, daß die kleineren Produzenten der Großindustrie untergeordnet wurden und die Lohnquote insgesamt sank. Der Fordismus rechtfertigte diese Strategie als Voraussetzung des Wohlstands. Obwohl in der Praxis überwiegend konservativ, barg der Taylorismus mit seiner Aufwertung des Technokraten ein subversives Element, während der Fordismus den Unternehmer wieder aufwertete.

Diese neuerdings eher konservative Rolle der Lehre vom wissenschaftlichen Management war in Deutschland wie in Italien evident. In der Weimarer Republik gehörte die Begeisterung für Rationalisierung in die vier Jahre politischer Vorherrschaft konservativer und bürgerlicher Parteien (1925–1928), nicht in die Zeit der Koalitionen mit der SPD. Vorangegangen war eine Stabilisierungskrise mit Kreditverknappung, die nicht nur die Konzentration in der Wirtschaft beschleunigte, sondern auch einen Abbau der von den Gewerkschaften 1918 erzielten Fortschritte einleitete.[57] In Italien organisierten die Unternehmer im Zeichen der Disziplinierung der Arbeiterschaft einen der aktivsten Kader für wissenschaftliches Management in Europa – ENIOS – und waren im September 1927 bei einem Kongreß gleichgesinnter Verbände in Rom Gastgeber. Dies zielte auf die Unterordnung der kleineren Unternehmen unter die großen und die Vorherrschaft der ‚Confindustria'-Politik in allen staatlichen Gremien.

In Italien fand die Rationalisierung in ähnlichem Umfeld statt wie in Deutschland; die Politik förderte den Protektionismus und eine deflationäre Rückkehr zum Goldstandard. In einer solchen Übergangsphase mit der dadurch ausgelösten Liquiditätskrise waren Wirtschaftskonzentration und Druck auf die Arbeitslöhne unausweichlich; von den faschistischen Arbeitsorganisationen war Widerstand nicht zu erwarten. Die ‚Organizzazione del Lavoro' war durchaus geneigt, bei der Suche nach Methoden der Kostensenkung mitzuwirken, durch die die Unternehmen der Metall- und Elektroindustrie auch unter veränderten Bedingungen Gewinne erwirtschaften konnten.[58]

Diese allgemeine Umorientierung wurde in den späten Zwanziger Jahren auch in Frankreich und England merkbar. Die widersprüchliche Politik der tiefzerstrittenen Linken 1924 bis 1926 ließ die Unzufriedenheit über das parlamentarische Regierungssystem Frankreichs anwachsen. Das amerikanische Bild technologischen Expertentums hob sich vorteilhaft ab von dem traurigen Schauspiel einer unsicheren Politik im eigenen Land und verstärkte bei den Verfechtern neuer mechanisierter Großindustrien den Ruf nach Konsolidierung und Generalüberholung. Ein typisches Produkt der wachsenden Faszination durch den Amerikanismus war Ernest Merciers ‚Redressement Français'. Diese Vereinigung, die in der langen Agonie des Linkskartells entstand, bedeutete den Versuch, eine wirtschaftliche Führungselite heranzubilden, die über aller Parteipolitik stehen sollte, ein Kader mit der Aufgabe institutioneller Modernisierung.[59]

Das ‚Redressement' nahm alle Themen wieder auf, die die Suche nach höherer Produktivität charakterisierten. Wiederum galt Amerika als Musterbeispiel für Partnerschaft der sozialen Klassen sowie für – dank Handelsminister Hoover – Standardisierungsbestrebungen und Vermeidung von Ausschuß.[60] Auch wenn es keine ‚abschließende Lösung der sozialen Frage' gab, wie Mercier feststellte, hatten die Vereinigten Staaten doch mehr erreicht als ‚nur einen Waffenstillstand'. Ein anderer Autor bestätigte Merciers Meinung, „daß es Formeln der ökonomischen und sozialen Übereinstimmung gibt, die ein Land im ganzen reicher machen, ohne die Armen ärmer zu machen".[61] Rationalisierung – so glaubten die Befürworter oder behaupteten es doch – verhieß eine ‚echte soziale Revolution'.[62] Begeisterung für den amerikanischen Neo- oder Superkapitalismus durchzog die gesamte französische Industrie der späten Zwanziger Jahre. Die Zeit, die Lindberghs Atlantiküberquerung erlebte, war auch von wachsender Bewunderung für den Fordismus bestimmt. André Tardieu, der in Poincarés Kabinett 1926 bis 1929 die technischen Ministerien leitete, legte die Regierung auf Schiff- und Straßenbau fest. Als er selbst zum Premierminister wurde, legte er ein Fünfjahresprogramm für die Erneuerung der französischen Industrie vor.[63]

Insgesamt bedeutete Rationalisierung in Europa indessen nur einen schwach entwickelten Ableger der amerikanischen Produktivitätsvisionen in ihrer ursprünglichen Form. Sie kam einer konservativen Geschäftswelt zugute, die zunächst den Übergang zu stabiler Währung und dann den prosperierenden, aber bald gesättigten Markt der späten Zwanziger Jahre zu nutzen versuchte. Gramscis Einsicht war mithin zum Teil richtig, wenn er gegen Ende des Jahrzehnts schrieb:

> Was heute als Amerikanismus bezeichnet wird, ist großenteils vorweggenommene Kritik an den alten sozialen Schichten, die durch die neue Ordnung in ihren Grundlagen erschüttert werden und auf die bereits eine Welle sozialer Panik, Auflösung und Verzweiflung zurollt.[64]

Genau genommen waren die betroffenen Schichten nicht nur alte, denn zu ihnen zählten gerade auch dynamische Vertreter des Unternehmertums. Trotzdem war Gramscis Deutung ihres sozialen Abwehrkampfes richtig. Als Ergebnis der Kriegsanstrengung – Produktion ohne effektive Bindung an Preis und Nachfrage – war ein radikaler Amerikanismus entstanden; zehn Jahre später jedoch waren die Voraussetzungen verändert, und so änderte sich auch seine soziale Funktion. Tardieu und Hoover (es ließe sich nachweisen: auch Stalin)[65] übernahmen jeder auf seine Weise jene Elemente des Amerikanismus, die sich am einfachsten handhaben ließen, und jeder unterwarf dessen originäre Zielvorstellungen der eigenen Ideologie. Die Kometenbahn der technologischen Vision endete mit dem ‚Großen Ingenieur', einem unfähigen Präsidenten der Wirtschaftskrise und einem zänkischen Verteidiger der besitzenden Schichten.

Aber selbst am Höhepunkt der Wirtschaftskrise konnte die endzeitliche Hoffnung auf Produktivität und soziale Technologie noch einmal aufsteigen. Howard Scotts' „Technocracy" befeuerte am Ende des Jahres 1932 die amerikanische Vorstellungskraft und fand auch in Europa ein Echo.[66] Scott, exzentrischer Nachfahre von Gantt und ‚The New Machine', hatte 1921 eine sogenannte ‚Technische Allianz' gegründet und pries Technokratie als messianische Verheißung der Energienutzung an. So wie Veblen industrielle Produktion und finanzielle Manipulation gegeneinander begrifflich ausgespielt hatte, wollte Scott die wirklichen Energiequellen aus den Regeln des Preismechanismus herauslösen. Während er schrieb – so sagte er –, sei bereits eine Gruppe von Ingenieuren damit befaßt, ein umfassendes Energieinventar anzulegen, das den Weg bereiten sollte für ein Zeitalter märchenhafter Freizeit.

Messianische Verheißung und die Disproportion zwischen industriellem Potential und tatsächlicher Einkommensverteilung machten Technokratie zur Antwort auf fundamentale Fragen; aber sie erwuchs nicht aus der Kraft des amerikanischen Wirtschaftserfolgs, sondern aus der Krise des Kapitalismus; sie verkörperte das Hilfsmittel der Verzweiflung, nicht eine Vision des Triumphs. In Wirklichkeit untergruben die Begleitumstände der Wirtschaftskrise unausweichlich das industrielle Utopia des Amerikanismus. Wirtschaftliche Schrumpfung entzog der Partnerschaft der Klassen den Boden und nahm den Befürwortern des Systems die Legitimation. Bis zum Zweiten Weltkrieg gewann das amerikanische Modell industrieller Produktivität seine Fazinationskraft nicht wieder zurück. Roosevelts gesellschaftliche Neuorientierung fand ihre Anhänger, aber das unbegrenzte Vertrauen auf Technologie und Produktion als soziale Erlösung durch den Ingenieur scheiterte mit den anderen Träumen der Zwanziger Jahre.

ANMERKUNGEN

1 A. Gramsci, *Note sul Macchiavelli, sulla politica, e sullo stato moderno*. Turin 1949, S. 312.
2 F. von Gottl-Ottilienfeld, *Fordismus?* Paraphrasen über das Verhältnis von Wirtschaft und technischer Vernunft bei Henry Ford und F. W. Taylor. Jena 1924, S. 6.
3 Völkerbund, International Labour Office (ILO), International Economic Conference. Genf, 4. Mai 1927, *Documentation: Scientific Management in Europe*. Genf 1926, S. 7–8. Dieser Bericht ist eine gekürzte Fassung von: P. Devinat, Scientific Management in Europe, in: *ILO, Studies and Reports*, Reihe B, Nr. 17. Genf 1927.
4 Vgl. S. Haber, *Efficiency and Uplift*. Scientific Management in the Progressive Era 1890–1920. Chicago 1964; M. J. Nadworny, *Scientific Management and the Unions 1900–1932*. Cambridge/Mass. 1955, bes. S. 1–42; F. W. Taylor, *Shop Management*. New York 1903 (Neudr. 1911); ders., *The Principles of Scientific Management*. New York 1911; ders., *Testimony before the Special Committee of the House of Representatives*. New York 1911; C. B. Thompson (Hg.), *Scientific Management*. A Collection of the More Significant Articles Describing the Taylor System of Management. Cambridge/Mass. 1914. Über Taylor selbst: F. B. Copley, *F. W. Taylor*. New York 1923. Zu den Kontroversen über die Anwendungsmöglichkeiten H. G. J. Aitken, *Taylorism at Watertown Arsenal*. Cambridge/Mass. 1960.
5 Haber, S. 9–17. M. Calvert, *The Mechanical Engineer in America 1830–1910*. Baltimore 1967.

Über englische und europäische Versuche W. H. G. Armytage, *A Social History of Engineering*. London 1961, bes. S. 108 ff., 149–152, 185 ff. J. P. Callot, *Histoire de l'Ecole Polytechnique*. Paris 1958. Über französische Ursprünge G. Sorel, *Les illusions du progrès*. 3. Aufl. Paris 1921, S. 357f. Vgl. auch H. Klages/G. Hartleder, Gesellschaft und soziales Selbstverständnis des Ingenieurs, in: *Schmollers Jb.*, Bd. 85, 1965, S. 661–685.

6 Zitiert in L. P. Alford, *Henry Lawrence Gantt*. Leader in Industry. New York 1934, S. 262.
7 Taylor, *Testimony*, S. 235. Vgl. auch Nadworny, S. 9. Die unausgesprochenen Vorbehalte zugunsten des Unternehmers werden ebenfalls diskutiert in R. Bendix, *Work and Authority in Industry*. New York 1963, S. 276–287. Taylor glaubte überdies keineswegs, daß die Löhne im selben Verhältnis steigen sollten wie die produzierte Warenmenge; eine geringere Zuwachsrate würde den Arbeiter zwingen, sich weiterhin anzustrengen, vgl. ders., *Shop Management*, S. 29.
8 Taylor, *Testimony*, S. 27–30.
9 Taylor, *Principles*, S. 8.
10 Vgl. R. Dahrendorf, *Soziale Klassen und Klassenkonflikt in der industriellen Gesellschaft*. Stuttgart 1957. Den theoretischen Rahmen einer Anschauung, die sich stärker mit den Taylorschen Implikationen deckt, liefert T. Parsons, Social Classes and Class Conflict in the Light of Recent Sociological Theory, in: *Essays in Sociological Theory*. New York 1964.
11 Für die allgemeine Diskussion N. Pevsner, *Pioneers of Modern Design*. Baltimore 1965, S. 31–39, 179 ff.; R. Banham, *Theory and Design in the First Machine Age*. London 1960, S. 68–87; W. Gropius, Die Entwicklung moderner Industriebaukunst, in: *Jb. des deutschen Werkbundes*, Bd. 1, 1913, S. 17–22. Vgl. auch H. Muthesius, Das Formproblem im Ingenieurbau, ebd.; W. H. Jordy, The Aftermath of the Bauhaus in America. Gropius, Mies, and Breuer, in: *Perspectives in American History*, Bd. 2, 1968, bes. S. 489–491.
12 Über Futurismus und Le Corbusier Banham, S. 99–137, 220–263. Vgl. J. Joll/F. T. Marinetti, Futurism and Fascism, in: *Intellectuals in Politics*. London 1960, insbes. S. 169f. über Mussolinis Freude an allem Mechanischem. Außerdem T. Marinetti, *La democrazia futurista*. Mailand 1919, zur technokratischen Zukunftsprojektion. Vgl. Le Corbusier, *Vers une architecture*. 2. Aufl. Paris 1924, S. 6ff. über den Ingenieur, S. 234 über die Nöte der ‚dienenden Klasse' (dt. Übersetzung: *Kommende Baukunst*. Stuttgart 1926), sowie ders., *The City of Tomorrow*. London 1947, S. 308 f.(eine Übersetzung von *Propos d'urbanisme*. Paris 1929; dt. Übersetzung: *Grundfragen des Städtebaues*. Stuttgart o. J.).
13 Banham, S. 193 ff., C. Gray, *The Great Experiment*. Russian Art 1863–1922. New York 1962, S. 181–197, 215–227. Vgl. auch K. G. Pontus-Hultén, *The Machine as seen at the End of the Mechanical Age*. New York 1968, S. 107 ff., 128 ff. Bezüglich der russischen Begeisterung für wissenschaftliches Management Devinat, S. 86 ff.
14 A. L. Levine, *Industrial Retardation in Britain 1880 – 1914*. London 1967, S. 60–68. Vgl. dazu auch die These, daß in England das wissenschaftliche Management, trotz gelegentlicher Anwendung Taylorscher Lehren, als allgemeine Bewegung lange hinausgeschoben wurde – eine Verzögerung, die man der empirischen Denkweise und dem Unbehagen an Großorganisationen zuschrieb und die bis nach dem Ersten Weltkrieg andauerte: L. Urwick, *The Development of Scientific Management in Great Britain*. London 1938, S. 75–80.
15 Ein Abriß der Entwicklung wissenschaftlichen Managements in Frankreich und in den anderen europäischen Staaten bei Devinat, S. 233–245, sowie im Vorwort von A. Thomas, der den Beginn des Arbeiterwiderstandes in Frankreich beschreibt. Devinat liefert auch eine ausführliche Bibliographie der französischen und deutschen Literatur. Vgl. vor allem die Werke von H. Le Chatelier, dem Metallurgen der Sorbonne, Herausgeber einer vom ‚Comité des Forges' geförderten Zeitschrift und Übersetzer von Taylor, einschließlich *Le Taylorisme*, 2. Aufl. Paris

1934. Zu dem ganz ähnlichen Ansatz von H. Fayol und seiner ‚doctrine administrative' vgl. ders., *Industrial and General Administration.* London 1930 (engl. Übers.), mit einer ausführlichen Bibliographie, und J. Billard, *Organisation et direction dans les affaires privées et les services publics.* Un essai de doctrine, le Fayolisme. Paris 1924. Zu dem Gegensatz von Taylorismus und Fayolismus vgl. F. Bourricaud, France, in: A. M. Rose (Hg.), *The Institutions of Advanced Societies.* Minneapolis 1958, S. 49f. Bezüglich der Hauptkritik der französischen Sozialisten am Taylorismus, wie er in Amerika praktiziert wurde, vgl. A. Philip, *Le problème ouvrier aux Etats-Unis.* Paris 1927, S. 39–87.

16 Zitiert bei Copley, Bd. 1, S. XXI.
17 Eine Zusammenfassung der Ideologie findet sich bei F. Manuel. *The New World of Henri Saint-Simon.* Cambridge/Mass. 1956, sowie *The Prophets of Paris.* Cambridge/Mass. 1962, S. 105–148.
18 Bezüglich dieser Gruppe vgl. M. Bourbonnais, *Le néo-saint-simonisme dans la vie sociale d'aujourd'hui.* Paris 1923.
19 E. Herriot. *Créer.* 2 Bde., Paris 1919, insbes. Bd. 1, S. 448–468, Bd. 2, S. 335.
20 Über Clémentels Bestrebungen siehe *La Journée Industrielle,* 8./9. März, 16. und 25.–28. August 1919.
21 A. Siegfried, *Tableau des partis en France.* Paris 1930, S. 131f.
22 Lysis, *Vers la démocratie nouvelle.* Paris 1917, S. 37ff., 117ff., 277. Hinsichtlich der Programme des ‚Bloc National' siehe *Programmes, professions de foi et engagements électoraux de 1919.* Paris 1920.
23 G. Sorel, *Réflexions sur la violence,* 11. Aufl. Paris 1950, S. 109–120, 377ff., sowie *Illusions.* Vgl. auch I. L. Horowitz, *Radicalism and the Revolt against Reason.* The Social Theories of Georges Sorel. Carbondale/Ill. 1968, insbes. S. 127–163. Siehe außerdem M. Freund, *Georges Sorel. Der revolutionäre Konservatismus.* Frankfurt a. M. 1932.
24 Siehe u. a. E. Corradini, *La marcia dei produttori.* Rom 1916, sowie *Discorsi politici (1902–1923).* Florenz 1923. P. M. Arcari, *L'elaborazione della dottrina politica nazionalista (1870–1914).* 3 Bde., Florenz 1934–1939, sowie das sehr nützliche Werk von P. Ungari, *Alfredo Rocca e l'ideologia giuridica del fascismo.* Brescia 1963.
25 G. Belluzzo, *La organizzazione scientifica delle industrie mechaniche in Italia.* Mailand S. 3f. zitiert in: P. Fiorentini, Ristrutturazione capitalistica e sfruttamento operaio in Italia negli anni ‚20', in: *Rivista Storica del Socialismo,* Bd. 10, 1967, S. 135f. Zu der italienischen Diskussion über den Fortschritt von Taylorismus und wissenschaftlichem Management während dieser Zeit vgl. den Artikel von A. Mariotti, L'organizzazione del lavoro, in: *Rivista Italiana di Sociologia,* Bd. 22, 1918.
26 B. Mussolini, Novita, in: *Il Popolo d'Italia,* 1. August 1918, in: *Opera Omnia di Benito Mussolini,* Bd. 11, Florenz 1953. Vgl. auch R. De Felice, *Mussolini il rivoluzionario.* Turin 1965. S. 405f., sowie R. Vivarelli, *Il dopoguerra in Italia e l'avvento del fascismo (1918–1922),* Bd. 1, Neapel 1967.
27 ‚Il sindicalismo nazionale. Per rinascere!' in: *Il Popolo d'Italia,* 17. November 1918, zitiert in De Felice, *Mussolini il rivoluzionario,* S. 493f. Vgl. *Opera Omnia,* Bd. 12, S. 11–14. Über den Einfluß von ‚Lysis' auf Mussolini siehe De Felice, *Mussolini il rivoluzionario,* S. 410. Während De Felice Mussolinis ‚Produktivismus' als neuen Reformismus sieht, der den Sozialisten das Wasser abgraben sollte, betont Vivarelli die von Anbeginn vorhandene Beziehung zum Nationalismus des rechtenFlügels.
28 C. Pelizzi, *Problemi e realtà del fascismo.* Florenz 1924, S. 165.
29 A. Aquarone, Aspirazioni tecnocratiche del primo fascismo, in: *Nord e Sud,* 11, 1964,

S. 109–128. C. Pelizzi, *Una rivoluzione mancata*. Mailand 1949, insbes. Kap. 1. M. Rocca, *Come il fascismo divenne una dittatura*. Mailand 1952, S. 132 ff.

30 Ders., Il Fascismo e l'Italia, in: *Critica Fascista*, 15. September 1924, abgedruckt in: ders., *Idee sul fascismo*. Florenz 1924, insbes. S. 64; ders., Diciotto Brumaio, in: *Critica Fascista*, 24. September 1923, abgedruckt in: ders., *Il primo fascismo*. Rom 1964, S. 99. Dazu auch Roccas Erinnerungen (wie Anm. 29), insbes. S. 145 ff. Zu Farinaccis Ansichten vgl. seinen Artikel La seconda ondata, in: *Cremona Nuova*, 29. Mai 1923, zitiert in: De Felice, *Mussolini il fascista*, Bd. 1. La conquista del potere (1921–1925). Turin 1966, S. 413–415; vgl. ebenso seinen Brief an Mussolini vom 4. August 1923, in dem er sich beklagte, daß bei Ernennungen für führende technologische Posten Nicht-Faschisten, ja sogar erklärte Anti-Faschisten bevorzugt würden. Siehe *Segretaria particolare del Duce*, Nationales Filmarchiv, T 586, Spule 448, 062223–24. Zur allgemeinen Diskussion der verschiedenen Richtungen innerhalb der Partei vgl. G. Lumbroso, *La crisi del fascismo*. Florenz 1925.

31 Bezüglich der politischen Entwicklungen vgl. die in Anm. 30 zitierten Werke Roccas; ebenso De Felice, *Mussolini il fascista*, S. 518–730; L. Salvatorelli/G. Mira, *Storia d'Italia nel periodo fascista*. Turin 1957, S. 269–332; A. Lyttelton, Fascism in Italy. The Second Wav, in: *Journal of Contemporary History*, Bd. 1, 1966.

32 Aquarone, *Aspirazione*, S. 125–128, sowie *L'organizzazione dello stato totalitario*. Turin 1965, S. 113–118.

33 Banham, S. 72.

34 O. Spengler, *Der Untergang des Abendlandes*. Bd. 2, München 1922, S. 632.

35 Ders., *Preußentum und Sozialismus*. München 1920.

36 Ders., *Untergang*. Bd. 2, S. 634.

37 Ebd. Bd. 2, S. 118 über die Seelenlosigkeit der Schachbrettplanung; Le Corbusier, *City*, S. 63, 76.

38 Vgl. E. W. Hawley, *The New Deal and the the Problem of Monopoly*. Princeton 1966, S. 35–46 über die Spannungen innerhalb der Planungsvorstellungen.

39 Zu Rathenaus Ansichten über die Rüstungsgesellschaften vgl. das von G. D. Feldman zitierte Memorandum: *Army, Industry, and Labour in Germany*. Princeton 1966, S. 49. Ich habe mich bei den Beschreibungen der Kriegsauswirkungen im allgemeinen an dieses Buch gehalten. Interessanterweise diskutierte auch der Historiker der deutschen Rohstoffbewirtschaftung im Krieg, die Rathenau und Moellendorff überwachten, noch Probleme des Taylorismus: O. Goebel, *Taylorismus in der Verwaltung*. Hannover 1925.

40 W. Rathenau, *Von kommenden Dingen* (1916), *Gesammelte Schriften*. Bd. 2, Berlin 1918, S. 35, 64 ff., 139 f., 158 f.; vgl. *Die neue Wirtschaft* (1917), ebd. Bd. 5, Berlin 1918, insbes. S. 203 ff., 231 ff. Zur konstruktiven Rolle des Staates vgl. S. 249 f.; zur Rolle der neuen Ordnung, um das allgemeine Wohl zu fördern, aber nicht eine erzwungene Gleichheit zu oktroyieren, vgl. S. 255. Zu Rathenaus Kritik an den Lösungsvorschlägen der orthodoxen Sozialdemokraten vgl. ders., *Der neue Staat*. Berlin 1922, S. 38, 61 ff.

41 W. von Moellendorff, *Konservativer Sozialismus*. Hamburg 1932, S. 34–46.

42 Ebd., S. 49–51, 56.

43 Ebd., S. 118–124, aus: *Der Aufbau der Gemeinwirtschaft; Denkschrift des Reichswirtschaftsministeriums vom 7. Mai 1919*. Jena 1919.

44 Bauers Verordnung vom 19. März 1919 und seine Kommentierung in: G. Pietsch, Das Taylorsystem, in: *Neue Zeit*, 19. September 1919; K. Lewin, *Die Sozialisierung des Taylorsystems*. Berlin 1921. Wenn die Wortführer der Arbeiterschaft auf die Folgen für die Arbeitsbedingungen schauten und nicht auf die Steigerung der Produktionskraft, waren sie freilich weniger glücklich;

Pietschs Klage, daß der Mensch zum bloßen Teil eines Rädchens in der Maschine reduziert würde, war ein typischer Kritikpunkt. Gegen die Mitte des Jahrzehnts jedoch waren die deutschen und französischen Arbeiter eher bereit, tayloristische Vorschläge zu akzeptieren, solange sie nicht nur eine reine Steigerung des Arbeitstempos bedeuteten; vgl. Devinat, passim.

45 Zu Cohens Argumenten vgl. das *Protokoll über die Verhandlungen des Parteitages der SPD, abgehalten in Weimar am 15./16. Juni 1919.* Berlin 1919, S. 422–428. Cohen debattierte gegen Hugo Sinzheimer, der in einer glänzenden Rede für die Räte stritt, stimmte der Idee einer Planwirtschaft mit Priorität der Bedürfnisse der Gemeinschaft zu, wollte aber keine Räte-Delegierten ins Parlament aufnehmen aus Furcht, daß eine beratende Kammer in eine bloße Vertretung von Interessengruppen ausarten würde, ebd. S. 413–416. Zum allgemeinen Problem der Räte zu Beginn des Jahres 1919 vgl. P. von Oertzen, *Betriebsräte in der Novemberrevolution.* Düsseldorf 1963. Zur Verbindung zwischen Räte und Planwirtschaftsvorstellungen vgl. R. Wissell, Zur Räte-Idee, in: *Neue Zeit,* 30. März 1919, S. 159 ff.

46 Zur Ablehnung der Vorschläge Wissells zur Planwirtschaft vgl. die Kabinettssitzung vom 8. Juli: *Alte Reichskanzlei, Kabinetts-Protokolle,* Filme 1349/742683-731; vgl. ebenso die Sitzung der Nationalversammlung vom 28. Juli: *Verhandlungen der verfassunggebenden deutschen Nationalversammlung,* Bd. 328, S. 1848 ff. Zu Landauers Kommentar vgl. Planwirtschaft. Ein Nachwort zum Parteitage, in: *Neue Zeit,* 10. Dezember 1920, S. 249–256. Eine neuere sozialistische Darstellung bei W. Abendroth, Die Alternative der Planung: Planung zur Erhaltung des Spätkapitalismus oder Planung in Richtung auf eine klassenlose Gesellschaft, in: *Antagonistische Gesellschaft und politische Demokratie.* Neuwied 1967.

47 W. I. Lenin, The Immediate Tasks of the Soviet Government, in: *Iswestia,* 8. April 1918, übersetzt in: ders., *Selected Works.* 2 Bde., Moskau 1947, Bd. 2, S. 327. Zur Wirtschaftspolitik Lenins und seiner Berater und zur Frage der Trustbildung und Planung E. H. Carr, *The Bolshevik Revolution.* 3 Bde., London 1950–1953, Bd. 2, S. 86–95 über Staatskapitalismus, S. 109–115 über Produktivität und Taylorismus.

48 Über die Anfänge der Planung und ihre enge Beziehung zur herrschenden Klasse ebd., Bd. 2, S. 360–375.

49 G. Bernhard, *Wirtschaftsparlament,* Wien 1923, S. 42. Als englischer Beitrag zum Reichswirtschaftsrat H. Finer, *Representative Government and a Parliament of Industry. A Study of the German Federal Economic Council.* London 1923.

50 Bernhard, S. 46.

51 Der Reichswirtschaftsrat wirkte von 1921 bis 1923 und wurde danach in seiner Funktion eingeschränkt. Wenngleich er nicht Politik entschied, bot er doch ein Forum für Diskussion und Sachverstand, das sich gewöhnlich über Berichte zugunsten der Industrie und solche, die den Gewerkschaften willkommen waren, entzweite; deshalb war er ein nützliches Instrument, um Vorschläge aufzuhalten, die auf Wunsch zerstrittener Ministerien erst einmal abkühlen sollten. Vgl. dazu *Deutsches Zentralarchiv,* Potsdam, Bestand 04.01. Siehe hierzu C. D. H. Hauschild, *Der vorläufige Reichswirtschaftsrat 1920–1926.* Berlin 1926.

52 Vgl. C. S. Maier, *Recasting Bourgeois Europe.* Stabilization in France, Germany and Italy in the Decade after World War I. Princeton/N. J. 1975, S. 209–225. Weiteres Quellenmaterial in den *Verhandlungen der Sozialisierungs-Kommission für den Bergbau im Jahre 1920.* 2 Bde, Berlin 1920; *BA Koblenz,* NL Paul Silverberg; ebd., *Reichskanzlei:* Verhandlungen des Unterausschusses der Sozialisierungsfrage, R 43 I/2114.

53 Vgl. Devinat, insbes. Vorwort und S. 63 ff. Nationale Organisationen von Bedeutung waren u. a. das Reichskuratorium für Wirtschaftlichkeit, die Masaryk-Arbeitsakademie in Prag, das Institut Solvay in Brüssel – ganz den ‚produktivistischen' saint-simonistischen Anschauungen

seines Gründers gewidmet –, die russische *Zeitliga* und die Allrussische Wissenschaftliche Leitungskonferenz, sowie die italienische ,Ente Nazionale per l'Organizzazione Scientifica' (ENIOS). Die beste Übersicht über die Rationalisierungsbewegung in ihrem Herkunftsland bietet R. Brady, *The Rationalization Movement in German Industry*. Berkeley 1933. 1924 fand ein Kongreß in Prag statt, 1925 in Brüssel, 1927 in Rom; im selben Jahr wurde in Genf ein Internationales Management-Institut gegründet.

54 G. Briefs, Rationalisierung der Arbeit, in: *Die Bedeutung der Rationalisierung für das deutsche Wirtschaftsleben*, hg. v. der Industrie- und Handelskammer zu Berlin 1928, S. 41: „Nur ein Name sei hier genannt, der die amerikanische Arbeitsrationalisierung aus der Taylorschen Überspitzung herausgeführt hat, indem er die Arbeit in den großen Rhythmus der fließenden Fertigung einbaute, der Name Ford. [. . .] Wenn bei Taylor die Profitidee unverhüllt regiert, so regiert sie bei Ford in der Einklammerung der sozialen Dienstidee [. . .]" Vgl. E. Mercier: „Was der Durchschnittseuropäer unter ,Taylorismus' versteht, ist auf eine starre Doktrin gerichtet, die die industrielle Praxis in vielen Fällen zugunsten der Übernahme einer flexibleren Lösung aufgegeben hat." Mercier fügte hinzu, daß die Konsequenz wissenschaftlicher Betriebsorganisation ,travail à la chaine', d. h. das Fordsche Fließband sei. Siehe in: Les conséquences sociales de la rationalisation en France, in: *L'aspect social de la rationalisation, Redressement Français*, Paris 1927. Bezüglich der Lehren, die all dies inspirierten, siehe H. Ford, *My Philosophy of Industry*. London 1929. Eine Übersicht über die deutschen Stimmen zum Fordismus bietet P. Berg, *Deutschland und Amerika 1918–1929*. Lübeck 1963, S. 96–132.

55 A. Detoeuf, *La réorganisation industrielle, Redressement Français*, Paris 1927. Vgl. auch B. Birnbaum, *Organisation der Rationalisierung Amerika-Deutschland*. Berlin 1927, S. 70 f.

56 Eine gute Dokumentation dieser Verhandlungen findet sich in den National Archives, USA, German Foreign Ministry, Film L 177, Handakten Min. Dir. Ritter.

57 Siehe L. Preller, *Sozialpolitik in der Weimarer Republik*. Stuttgart 1949, S. 294–316. Vgl. auch H.-H. Hartwich, *Arbeitsmarkt, Verbände und Staat 1918–1933*. Berlin 1967, passim. Zum Standpunkt der Arbeitgeber H. Buecher, *Finanz- und Wirtschaftsentwicklung Deutschlands in den Jahren 1921 bis 1925*. Berlin 1925, S. 41–53.

58 R. Romeo, *Breve storia della grande industria in Italia*. Bologna 1963, S. 153–156. Vgl. auch F. Guarneri, *Battaglie economiche tra le due grandi guerre*. Mailand 1953, S. 111–139. 146–159.

59 R. F. Kuisel, *Ernest Mercier*. French Technocrat, Berkeley 1967, S. 45–88, liefert die grundlegende Diskussion des Redressement, auf die ich mich gestützt habe.

60 E. Mercier, La production et le travail, in: *Redressement Français*, Paris 1927, S. 10–16. Mercier war 1925 in den USA gewesen und hatte Filene, Dennison und andere Enthusiasten des wissenschaftlichen Managements getroffen. Vgl. Detoeuf, S. 67–80 über amerikanische Rationalisierung. Zur Verbindung mit saint-simonistischen Themen vgl. E. S. Mason, Saint-Simonism and the Rationalization of Industry, in: *Quarterly Journal of Economics*, Bd. 45, 1931.

61 Mercier, *Production*, S. 25. Detoeuf, S. 1. Eine der möglichen sozialen Folgen war natürlich die Arbeitslosigkeit, aber beide Autoren hielten sie für ein vorübergehendes Phänomen: Mercier, *Conséquences*, S. 16, 41 f., sowie Detoeuf, S. 41 f.

62 Mercier, *Conséquences*, S. 19.

63 R. Binion, *Defeated Leaders*. New York, S. 289–292. Zu der allgemeinen Begeisterung vgl. P. Bourgoin, La rationalisation, in: *Revue de France*, 15. November 1929; P.-E. Flandin, Le problème social, in: *Revue de Paris*, 1. Februar 1928; E. Giscard d'Estaing, Le Néocapitalisme, in: *Revue des Deux Mondes*, 1. August 1928.

64 Gramsci, S. 343 f.

65 Zur Einführung in die Geschichte amerikanischer Ingenieure in Rußland während der frühen

Stalinzeit vgl. P. Filene, *Americans and the Soviet Experiment 1917–1933*. Cambridge/Mass. 1966. Außerdem W. H. G. Armytage, *The Rise of theTechnocrats*. London 1965, S. 219ff. Vgl. jedoch die Rede Bucharins vor sowjetischen Ingenieuren vom Februar 1932, in der er sie daran erinnerte, daß die Ingenieure sich der Diktatur des Proletariats unterordnen müßten und nicht nach einer Technokratie streben dürften, zitiert bei J. Dorfman, *Thorstein Veblen and his America*, New York 1934. S. 514f.

66 Zur Technokratie vgl. ebd., S. 510ff.; H. Scott u. a., *Introduction to Technocracy*. New York 1933; A. Raymond, *What is Technocracy?* New York 1933; A. M. Schlesinger, *The Crisis of the Old Order 1919–1933*. Boston 1957. Europäische Kommentatoren: E. Kraemer, *Was ist Technokratie?* Berlin 1933; K. Resar, *Technokratie, Weltwirtschaftskrise und ihre endgültige Beseitigung*. Wien 1935.

8. Das geistige Gesicht der Weimarer Zeit*

HELMUT KUHN

Ein Menschenalter trennt uns von den Jahren der Weimarer Republik, und dem Rückschauenden beginnt sich die ihnen eigentümliche Physiognomie zu enthüllen. Sie zeigen ein ausdrucksvolles, aber auch ein schmerzliches, ja zerrissenes Gesicht. Der Expressionismus, die charakteristische Kunstart jener Zeit, liebte die harten Gegensätze und den jähen Übergang. Darin war er ein getreues Abbild der Epoche, in der er sich auslebte. Auch wir bedürfen, wenn wir uns diese Epoche vergegenwärtigen wollen, der krassen Farben und der harten Linien. Ein Genrebild wäre nicht am Platze. Etwas war zu Ende gegangen – das Bewußtsein davon war tief, allgemein, wenn auch unklar. Die aus der Qual des Krieges und der Betäubung der Niederlage Erwachenden rieben sich die Augen, die von einem frostigen und ungewissen Licht getroffen wurden. Morgenlicht oder Abenddämmerung? – die Antwort blieb unsicher. Zu Ende gegangen war mit dem Ersten Weltkrieg das bürgerliche Zeitalter und die europäische Gesellschaft. Allenthalben stand es etwa so wie, nach der Schilderung von Proust, in der Pariser Gesellschaft nach 1918. Nichts und niemand war mehr an seinem Platz, alles war möglich geworden. In Deutschland markierte sich das Ende sichtbarer als anderswo. Das Kaiserreich mit seinem Hochglanz war über Nacht verschwunden. Nach Niederschlagung des kommunistischen Aufstandes hatte man eine Republik errichtet, in der die einzige Partei, die sich einer demokratisch-republikanischen Philosophie rühmen konnte, dahinsiechte. Hier war das Zuende-gehen immer noch im Gang. Die Inflation verwandelte eine breite Schicht des Mittelstandes aus mit Behagen im Staat wohnenden Bürgern in eine Masse von Beraubten und Beleidigten. Etwas war zu Ende gegangen. Aber der Gekränkte kann sich mit dem *Zu-Ende* nicht abfinden. Das Verlorene, so argwöhnt er, ist nicht einfach dahingegangen – es ist ihm feig und niederträchtig entwendet worden von Feinden draußen und Feinden im Land. Sollte es nicht möglich sein, das Entwendete wiederzugewinnen, nicht etwa genau wie es war – nein, besser, stärker, gefeit für alle Zeit gegen neuen Verderb? Während einer falschen Wirtschaftsblüte, die niemand in vollen Zügen genoß, und dann erst recht während der lähmenden Depression, beim Anwachsen der Heere von Arbeitslosen, schwelte und braute, zunächst unterirdisch, dann hervorbrechend, allen sichtbar, allen hörbar, ein irres und böses Hoffen. Das wuchs und wuchs, bis sein Geschrei in allen Straßen widerhallte – ein geharnischtes Hoffen. Es drohte mit Femegericht und Attentat. Es mobilisierte Privatarmeen, denen die Reichswehr gegenüberstand, eine scharf geschliffene Waffe. Wer aber im entscheidenden Augenblick nach ihr greifen würde, blieb ungewiß. Auf so vulkanischem Boden mußte der Geist bauen, eine ihm nicht ungewohnte oder ungemäße Notwendigkeit. Das Idyll ist eine Erfindung der Musen, nicht ihre Wiege. Der Boden der zwanziger Jahre, so muß nun gleich

* Zuerst in: ZS f. Politik 8, 1961, S. 1–10.

hinzugefügt werden, ist aber nicht der Mutterboden, aus dem die charakteristische Kunst der Zeit, der Expressionismus, hervorwuchs. Sie gehört mit ihren Anfängen, aber auch, jedenfalls in der bildenden Kunst, mit ihren kraftvollsten Leistungen der Vorkriegs- und Kriegszeit an. Die Weimarer Republik übernahm sie als ein kulturelles Erbstück, erhob sie zu einer ihr schlecht anstehenden Würde offizieller Repräsentanz, gab ihr den durch die historische Katastrophe aufgerüttelten Menschen als Publikum, stellte sie in eine ihr kongenial gewordene gesellschaftliche Umgebung – kurz, adoptierte sie an Kindes Statt. Und was von der Kunst gilt, das trifft weitgehend auch auf die gedanklichen Schöpfungen zu. Vieles und Vielerlei lebte sich aus, Weniges keimte und blühte. Man hört gelegentlich von unserer eigenen Zeit sagen: sie lebe geistig von den Schätzen der Zwischenkriegsjahre. Wenn das wahr ist, so bedeutet es: wir leben von der Zeit, die 1914 zuendegegangen ist.

Weimarer Zeit – das ist ein politisch-gesellschaftlicher Begriff. Die geistige Entwicklung aber hat eine Zeitgliederung, die sich nicht ohne weiteres auf dem politischen Kalender eintragen läßt. Ehe noch der Zusammenbruch der bürgerlichen Daseinsordnung durch den 1. Weltkrieg zu einer geschichtskundigen Tatsache geworden war, hatte er sich in dem ahnenden Geist von Künstlern und Denkern vollzogen. Die geistig-künstlerische Revolution war der politischen Katastrophe vorangegangen. Als die Niederlage traf, waren die Nachdenklichen nicht unvorbereitet. Nicht daß sie deren politischen Sinn begriffen hätten – er ist noch heute unenträtselt. Aber dank der revolutionären Antizipation des Geistes lag die Kategorie „Katastrophe" in ihrem Denken schon bereit. Sie hatten sich daran gewöhnt, im Stande des erschütterten Vertrauens zu leben. Dieser Bereitschaft war es zu danken, daß das deutsche Dasein im Schatten der Niederlage nicht eitel Trübsinn und Jammer wurde, sondern ein zwar bedrohtes und angstvolles, aber doch lebendiges Leben. Die Gebildeten unter uns hatten die 1915 erschienene Bearbeitung der Troerinnen des Euripides von Werfel gelesen – das Spiel von vernichtender Niederlage und hoffnungslosem Sieg. Da das Denken sich den tragischen Möglichkeiten des Daseins geöffnet hatte, konnte das Ertragen des nationalen Unglücks sinnvoll werden: die der äußeren Form nach beschämende Existenz eines zerrissenen, besiegten, mit seiner eignen Existenzform hadernden Volkes barg die Würde geistiger Leidensbereitschaft in sich.

Die Expressionismus genannte Revolution, entzündet vor allem durch die französische post-impressionistische Kunst, hatte in der Malerei bereits in der ersten Dekade des Jahrhunderts begonnen. 1911, im gleichen Jahre, in dem Arnold Schönberg seine Harmonielehre herausgab, hatten sich die deutschen expressionistischen Maler im „Blauen Reiter" vereinigt. Der Krieg hatte dann ihre Scharen gelichtet, Franz Marc dahingerafft. Seit etwa 1914 war es üblich geworden, den von einem französischen Maler geprägten Namen auf die gleichzeitige literarische Bewegung anzuwenden. So konnte 1919, im ersten Lebensjahr der Republik, die symbolische Tat hervortreten: unter dem Titel „Menschheitsdämmerung" erschien eine Sammlung expressionistischer Dichtung. „Man fühlte", so schrieb Kurt Pinthus im Vorwort, „immer deutlicher die Unmöglichkeit einer Menschheit, die sich ganz und gar unabhängig gemacht hatte von ihrer eignen Schöpfung, von ihrer Wissenschaft, von Technik, Statistik, Handel und Industrie, von einer erstarrten Gemeinschaftsordnung, bourgeoisen und konventionellen Gebräuchen [...] Der wirkliche Kampf gegen die Wirklichkeit hatte begonnen mit jenen furchtbaren Ausbrüchen, die zugleich die Welt vernichten und eine neue Welt aus dem Menschen heraus schaffen wollten."

Die neue Kunst war ganz das, was man in unserem Jahrzehnt l'art engagé zu nennen sich gewöhnt hat. In jener Vorrede von 1919 hieß es weiter: „Niemals war das Ästhetische und das L'art pour l'art-Prinzip so mißachtet wie in dieser Dichtung, die man die ‚jüngste' oder ‚expressionistische' nennt, weil sie ganz Eruption, Explosion, Intensität ist – sein muß, um jene feindliche Kruste zu sprengen." Ähnlich Alfred Wolfenstein: „Gegenüber den vergangenen Künsten ist das eigne jubelnde Ja dieser bis in ihre Form hinein von ihrem Ethos durchdrungenen Kunst: Menschen hervorzurufen; – zu wirken, daß die menschliche Tat die trägen Umdrehungen des Gegebenen rings herrlich überwiege. Ihr Klang ist Welt – nichts festeres ist sie. Diese niemals Erstarrung duldende Welt reißt die Wirklichkeit nach sich. Sie ist über den Ländern und Bürgern die Utopie des menschlichen Menschen." Diese Kunst wollte politisch sein. Von ihr angehaucht, wenn auch nicht erschüttert, raunte Stefan George, der Meister esoterischer Form, dunkle Worte von Krieg und Zukunft in das Ohr seiner Zeitgenossen, und von Einem, der aufsteht und die Tat tut. Johannes R. Becher stimmte seine proletarischen Kampfgesänge an, und Walter Hasenclever schwärmte von dem Dichter, der nicht mehr in blauen Buchten träumt, sondern die Völker begleitet:

> Er wird ihr Führer sein. Er wird verkünden.
> Die Flamme seines Wortes wird Musik.
> Er wird den großen Bund der Staaten gründen.
> Das Recht des Menschentums. Die Republik.

Aber diese für immer futuristische Republik der Dichter war nicht die Weimarer Republik. Die Dichter wollten politisch sein und wurden es doch nie. Mit den politischen Wirklichkeiten ihrer Tage hatten sie nichts zu schaffen. Mensch, Welt, Bruder, Gott waren ihre Lieblingsworte. Wiederum fand der Herausgeber der „Menschheitsdämmerung" das treffende Wort: „So ist allerdings", schrieb er, „diese Dichtung politische Dichtung, denn ihr Thema ist der Zustand der gleichzeitig lebenden Menschheit, den sie beklagt, verflucht, verhöhnt, vernichtet, während sie zugleich in furchtbarem Ausbruch die Möglichkeiten zukünftiger Änderung sucht. Aber – und so nur kann politische Dichtung zugleich Kunst sein – die besten und leidenschaftlichsten dieser Dichter kämpfen nicht gegen die äußeren Zustände der Menschheit an, sondern gegen den Zustand des entstellten, gepeinigten, irregeleiteten Menschen selbst". Eine Prozession „sehnsüchtiger Verdammter" zieht an uns vorüber, verzweifelt Hoffender, denen die Weimarer Republik Freiheit der Äußerung und eine erschreckt-achtungsvolle Aufmerksamkeit schenkte, die dieser Republik aber wenig Dank wußten für solche Gaben und deren Mehrzahl einem dunklen Geschick entgegenging. Verbannung und Verfolgung, Flucht von Land zu Land, Heimatlosigkeit und einsamer Tod sollte ihr Teil werden.

Der Geist, der politisch sein wollte und doch das Politische verfehlte, der von der

Republik in Freiheit gesetzt und geehrt wurde und ihr dafür mit Verachtung oder linkischer und unglaubhafter Huldigung zahlte, der in seinem Verhältnis zum Staat so an die Negation gewöhnt war, daß er beim Versuch zur Bejahung sich selbst verlor, der das Ja nur im Aufschrei äußern konnte – „Schrei ist Klarheit, Schrei ist Wahrheit", hieß es in Gerhard Hauptmanns „Weißem Heiland" – und der sich die artikulierte Sprache für das Nein vorbehielt –, diese Selbstverbannung des wirklichkeitssüchtigen Geistes aus der Wirklichkeit gehörte zum Schicksal der Weimarer Jahre. Die Lehre Max Schelers von der ursprünglichen Ohnmacht des Geistes war, wenn auch ein metaphysischer Irrtum, doch echte Philosophie im Hegelschen Verstand: ihre Zeit, die zwanziger Jahre, in Gedanken erfaßt.

Die zornige Entfremdung der Dichtung der „Menschheitsdämmerung" hatte ein Gegenstück in der gelassenen Entfremdung der Großen, die ihren Ruhm unter dem Kaiserreich begründet hatten und die sich nun in der ihnen vorgezeichneten Bahn fortbewegten. Gerhard Hauptmann erinnerte nur noch von fern an den Dichter der „Weber", und seine Bereitschaft, Lorbeerkränze aus regierender Hand entgegenzunehmen, kannte keine politischen Unterscheidungen. Als sich der subtile Thomas Mann vom künstlerischen Spiel mit von Todessehnsucht umwitterten Kostbarkeiten der politischen Wirklichkeit zuwandte – in den „Betrachtungen eines Unpolitischen" – da geschah es ihm, daß er zum Nationalisten wurde: er verwechselte das wirkliche Land der Deutschen mit dem Land des von ihm erträumten Späthumanismus. Aber das wahrhaft symbolische Buch der Entfremdung war der 1924 veröffentlichte „Zauberberg." Da wird in geistvollem Rückblick das politisch-geistige Welttheater der Vorkriegszeit aufgebaut. Aber diese Welt ist entwirklicht, gerückt in die Perspektive des Zauberbergs, der ein Gegenberg zum Berge Karmel ist, ein Berg der fruchtlosen Ekstase und der Entscheidungslosigkeit. Erst als die Republik und ihre Freiheiten durch das Steigen der braunen Flut bedroht wurden, da hat, auf dem Umweg über das Nein, dieser verführbare aber tapfere Geist das entschiedene Ja wiedergefunden – ein Vorgang, den sein Sohn Golo Mann in einem klugen Kapitel seiner „Deutschen Geschichte des 19. und 20. Jahrhunderts" gewürdigt hat. Im Reiche der Entfremdung gibt es keine echten Loyalitäten, und alle ihre geistigen Paladine dienten der Republik mit Vorbehalten. Wer war deutlicher zu ihrem Hüter bestellt als der Historiker Friedrich Meinecke, Mitbegründer der Deutschen Demokratischen Partei, unentwegter Sachwalter der Liberalen Tradition? Aber dieser Liberale hielt nicht viel von der Demokratie, und der Parteienstaat schien ihm im Grunde der Verteidigung wert nur, weil er ihn als die Puppe ansah, der eines Tages der Traumschmetterling des parteilosen Kulturstaates entschlüpfen könnte.

Der geistige Machthaber ersten Ranges, der über dem Deutschland der Weimarer Jahre waltete, war Nietzsche, der Denker der Entfremdung par excellence. Er war es auch, der auf ein schon vor ihm bekanntes, aber nie zuvor mit gleichem Radikalismus angewandtes Heilmittel verfiel: für das immer wieder entgleitende Wirkliche setzte er das Harte. Was dem Geist widersteht, ihm schwerfällt und ihn zurückstößt – das soll das Wirkliche sein, und ihm gegenüber bewährt sich der Mann mit der Härte stählernen Lebenswillens. Die Lyrik der „Menschheitsdämmerung" bewegte nur diejenigen, die mit dem literarischen Leben vertraut waren. Dagegen wurde in jenen ersten Jahren der

Republik allenthalben, wo es überhaupt geistiges Leben gab, ein Buch mit Leidenschaft erörtert, dessen von Nietzsche inspirierter Verfasser erklärte: „Wenn unter dem Eindruck dieses Buches sich Menschen der neuen Generation der Technik statt der Lyrik, der Marine statt der Malerei, der Politik statt der Erkenntniskritik zuwenden, so tun sie, was ich wünsche, und man kann ihnen nichts Besseres wünschen" (S. 54). Oswald Spenglers „Untergang des Abendlandes" bewegte die Gemüter nicht so sehr als eine Morphologie der Weltgeschichte, gemäß der die Kulturen nebeneinander aufwachsen, blühen und verwelken „in einer erhabenen Zwecklosigkeit [...] wie die Blumen auf dem Felde" (28). Was packte, war vielmehr die mit dem Pathos der Härte vorgetragene Zeitdiagnose. „Die *Härte* des Lebens ist wesentlich, nicht der Begriff des Lebens", hieß es im Vorwort der Auflage 1922. Dem Bewußtsein des Zu-ende-gehens wurde eine geschichtsphilosophische Weite und Notwendigkeit zugesprochen. Wie Hegel die Vorsehung denken wollte, so Spengler das Schicksal. Es geht zu Ende mit uns, wie es zuvor mit der antiken Kultur, der chinesischen, der magischen Kultur des Islam zu Ende gegangen ist. Was sich an uns vollzieht, ist nichts Neues, und die Zukunft ist berechenbar. Vorüber ist es mit der Kultur, mit Dichtung, Kunst, Metaphysik – „mögen sie zugrunde gehen". Uns bleibt noch das Durchlaufen der Endphase, die regelmäßig auf die Kultur folgt: der Zivilisation. Wir „haben mit den harten und kalten Tatsachen eines späten Lebens zu rechnen" (53). Zu diesen Tatsachen gehört die Maschinenwelt, die eiserne Massendisziplin, vorgeübt in Preußentum und Sozialismus, die Kapitäne der Großindustrie und die Cäsaren, die eine auseinanderfallende Menschheit mit eiserner Rute regieren, und, schließlich, die Selbstzerstörung durch Vernichtungskriege. All das aber wurde von Spengler nicht als „wahr" behauptet – es gab für ihn keine ewigen Wahrheiten – sondern als der zeitnotwendige Ausdruck der abendländischen und insbesondere der deutschen Seele: Hegel blickte Nietzsche über die Schulter. Je tiefer die Verachtung für den Menschen, desto größer die Bewunderung für das Nichtmenschliche: „Ich liebe die Tiefe und Feinheit mathematischer und physikalischer Theorien, denen gegenüber der Ästhetiker und Physiologe ein Stümper ist. Für die prachtvoll klaren, hochintellektuellen Formen eines Schnelldampfers, eines Stahlwerkes, einer Präzisionsmaschine, die Subtilität und Eleganz gewisser chemischer und optischer Verfahren gebe ich den ganzen Stilplunder des heutigen Kunstgewerbes samt Malerei und Architektur hin" (58). Als dann aber die wirkliche Härte, befeuert von einem kommenden wirklichen Diktator, in brauner Uniform unter Hakenkreuzbannern durch die Straßen marschierte, da wollte Spengler diese Boten der von ihm vorausgesagten Zukunft nicht anerkennen – ja, er verachtete sie vielleicht noch mehr, als er zuvor den „Humanitätsschwindel" und die Demokratie verachtet hatte. Seine Wirklichkeit, die reine Komposition aus Blut, Stahl und Glas, war eben nicht die *wirkliche* Wirklichkeit. Die wirkliche Härte, die natürlicherweise im Bündnis mit brutaler Stumpfheit und mit der Gemeinheit des Ressentiments auftritt, erfüllte den Konstrukteur der Zukunft aus Beton und Eisen mit einem begreiflichen Widerwillen. Nicht anders erging es Ernst Jünger, der in seinem Buch „Der Arbeiter, Herrschaft und Gestalt" (1932) den Gedanken der neuen Härte, Nüchternheit und Disziplin als Zukunftsbild von der kommenden Arbeitergesellschaft darstellte. „Nicht anders als mit Ergriffenheit", so schrieb er, „kann man den Menschen betrachten, wie er inmitten chaotischer Zonen an der Stählung der Waffen und Herzen beschäftigt ist, und wie er auf den Ausweg des Glücks zu verzichten weiß" (292). So gilt allgemein, daß zwar die Intellektuellen der Weimarer Zeit die Feinde der Republik mit Waffen und Munition versorgten. Aber sie taten das auf Grund eines Mißverständnisses. Ihre nationale oder „konservative" Revolution war nicht die wirkliche Revolution, ihr Hitler nicht der wirkliche Hitler. Der Geist irrte am Wirklichen vorbei. Die Bewunderer eines künftigen Über-Preußens rechts waren die sich verkennenden Brüder der Menschheits- und Friedensschwärmer links. Beide konnten nur in einem Staat leben, der ihnen die Freiheit gab, ihn zu beschimpfen. Die einen waren zur inneren, die anderen zur äußeren Emigration, und manche von den einen wie von den anderen waren zum Widerstand vorbestimmt. Inzwischen betrogen sie sich und ihre Leser dadurch, daß sie sich gegenseitig als Todfeinde bekämpften. Sollte etwa das Wirkliche nicht bloß das Widerstehende und das Harte sein, sondern das Böse schlechthin? So etwa läßt sich der ihre Seelen in Verwirrung bringende Verdacht aussprechen.

Auch die philosophische Revolution war ein Ereignis der Vorkriegszeit. Sie vollzog sich in akademischer Stille und in den Formen strenger logischer Esoterik durch Edmund Husserl, den Begründer der Phänomenologie. Aber erst Max Scheler zeigte, daß der Ruf „Zurück zu den Sachen!" die ganze Welt des Gedankens erschüttern kann. Lange hatte das katholische Denken, geregelt aber gebunden durch die Autorität des hl. Thomas, eine Enklave im deutschen Leben gebildet. Schelers Denkleidenschaft durchbrach die Isolierung durch den kühnen Versuch, mit modernen Denkmitteln den metaphysisch-religiösen Ordnungsbegriff Augustins zu erneuern. Wenn er auch mit diesem Versuch scheiterte und ihn schließlich selbst preisgab, so sprangen doch andere in die von ihm geschlagene Bresche. Worum Carl Muth und seine Freunde im „Hochland" gerungen hatten, das wurde unter der Republik dank Männern wie Theodor Haecker und Romano Guardini zur Wirklichkeit. Das katholische Denken wurde ein Partner im Gespräch, den alle hören mußten. Dies Gespräch war verwirrend genug. Der Entfremdung im Verhältnis zur Wirklichkeit entsprach ein Überangebot an sich widersprechendem Tiefsinn. Sigmund Freud, gestützt auf die neu erworbene Autorität der von ihm inaugurierten Psychoanalyse, meinte in der Libido den Schlüssel zur menschlichen Psyche gefunden zu haben. Adler setzte dafür den Machtwillen ein, und C. G. Jung erfand das kollektive Unbewußte. Die Lebensphilosophie, die sich scheute, dem in der Tiefe Bewegenden mit bestimmten Begriffen zu Leibe zu gehen, entwickelte eine Strukturlehre der Kultur und eine vor allem durch Klages angebahnte Ausdruckswissenschaft. Der Marxismus, durch den Revisionismus verwässert und für die sozialdemokratischen Politiker zu einer Erbschaft geworden, von der sie nicht lassen und mit der sie nicht leben konnten, wurde wieder von seinen philosophischen Prinzipien her durchdacht – eine Bemühung, der die Veröffentlichung der Frühschriften von Marx neue Nahrung gab. Schließlich gesellte sich zu der evolutionären marxistischen Theorie ihre bürgerliche Zwillingswissenschaft, Wissenssoziologie genannt.

Was soll ich tun? fragte der ratlose Bürger. „Blick in dich, dann wirst du sehen, was dich im Innersten bewegt!" scholl die einmütige Antwort aus der großen Schar seiner beglaubigten Berater. So tat er denn, und es wurde ihm klar, was für ein unheimliches, von Kräften getriebenes und gestoßenes Wesen er war. Aber was war nun das eigentlich Treibende? Libido, oder Machttrieb, oder das Kollektiv-Unbewußte oder Leben oder Angst (denn auch der Existenzphilosph hatte sich inzwischen zum Rat der Weisen gesellt) oder die Produktionskräfte der Gesellschaft oder der historische Kairos oder – die Verwirrung wurde grenzenlos. Die Wirklichkeit, die sich dem nach politischer Realität greifenden Geist hartnäckig entzog, wollte sich auch der Wendung nach innen nicht stellen.

In der Verlegenheitspause des hoffnungslosen Disputes konnte der katholische Philosoph, gestützt auf eine gemein-europäische Begriffstradition, zu bedenken geben, ob nicht vielleicht mit der hektischen Suche nach dem Treibenden der Sinn der sokratischen Frage verfehlt worden sei: diese Frage zielt auf den Menschen, indem sie das für ihn Gute zu ermitteln sucht. Er konnte an einige grundlegende Wahrheiten erinnern: an die Kreatürlichkeit des Menschen, das Herrscheramt der Vernunft, den unendlichen Wert jeder einzelnen Seele. Und er blieb nicht allein. Die Wiederbegegnung mit der Macht des Religiösen erweckte eine tiefere Besinnung und schlug Brücken von Konfession zu Konfession. In einer Zeitschrift mit dem bezeichnenden Titel „Die Kreatur" fanden sich ein Katholik, Joseph Wittig, ein Protestant, Viktor von Weizsäcker, und ein Jude zu gemeinsamem Werk zusammen. Martin Buber, der dritte Herausgeber, Erbe der chassidischen und zugleich der deutsch-mystischen Überlieferung, entwickelte seinen Gedanken vom Mitmenschen als dem Du, das, nur in der Begegnung erfahren, nicht als Ding objektiviert werden kann. Hier hatte endlich ein mächtiger Atem den Flugsand der Sophistik fortgeblasen, und der Felsen, die Wirklichkeit selbst, trat hervor. Die Erfahrungen strahlten aus, und es bildeten sich Schwerpunkte der Besinnung. Als Vermittlung diente vielfach diejenige Beschäftigung mit der abendländischen Tradition, die unter Verzicht auf geschichtsphilosophische Konstruktionen sich ihrem Gegenstand ehrfürchtig und in Freiheit des Geistes hingab. Durch Karl Reinhardt und Werner Jaeger trat die Altertumswissenschaft aus den Grenzen einer Spezialdisziplin heraus, und das Wort *Humanismus* wurde aus einer Reminiszenz zur Bezeichnung einer Wirklichkeit. Die deutsche Geisteswissenschaft, gerade dort wo sie nicht in falschem Ehrgeiz Philosophie werden wollte, fing an, sich kraft einer ursprünglichen Berührung mit dem Numinosen aus den Fesseln hegelscher Geschichtsgläubigkeit zu befreien. Solche Besinnung vermochte nicht, die Republik zu retten. Aber sie bereitete den Widerstand gegen den nationalsozialistischen Terror vor.

Die Jahre unter der Republik waren wie eine Bühne, auf der längst Vorbereitetes ins Rampenlicht trat und zu agieren anfing. Das Spiel hob an mit ein paar Büchern, die den Vorhang aufrissen. Zu ihnen gehörte auch die „Psychologie der Weltanschauungen" von Karl Jaspers, veröffentlicht im Jahre 1919. Der Titel war akademisch im traditionellen Sinn, und im Vorwort versprach der Verfasser, die Kräfte aufzuzeigen, die die Seele bewegen – also wieder ein Runenleser im dunklen Raum der Introspektion. In Wahrheit bedeutete das Buch etwas ganz anderes. Mit ihm begann, mindestens für Deutschland, die Existenzphilosophie und die Kierkegaard-Renaissance – eine heut verebbte Bewegung, die aber ihre Spuren in unserem Denken und Sprechen hinterlassen hat. Im Grunde ging es wieder um die Entfremdung. Aber das Unvermögen des Geistes, das Wirkliche zu erfassen, wurde hier nicht bloß manifestiert, die Entfremdung nicht bloß erlitten. Vielmehr wurde diese Erfahrung durch einen Akt der von Kierkegaard erlernten Reflexion in das Zentrum der existierenden Person verlegt – Menschsein heißt: so verloren zu sein. Jaspers schilderte die „Grenzsituationen", in denen die Verlorenheit des Menschen sich aufdrängt – Kampf, Tod, Zufall, Schuld –, und die Leser horchten auf: fanden sie selbst sich nicht in einer Grenzsituation? Sie lebten in Unentschiedenheit, und Jaspers half ihnen nicht, sich für das eine oder andere zu entscheiden. Statt dessen rief er sie zur Entschiedenheit auf. Der Inhalt der Entscheidung blieb dem Einzelnen anheimgestellt – dem Existierenden, der in Freiheit sich selbst wählen sollte. Eine in der Tat zeitgemäße Lehre: dem Auseinanderfallen von Geist und Wirklichkeit entsprach der Zerfall der Gemeinschaft in Individuen, die einander im Ereignis der Kommunikation berührten. So war Jaspers dazu berufen, mit Autorität aus der Zeit heraus über die Zeit zu sprechen, ohne über sie hinauszuführen. Im Jahre 1931, als die Republik schon im Zerfall war, zeichnete er mit scharfen, ja überscharfen Umrissen das geistige Profil der sich ihrem Ende zuneigenden Jahre. In dem „Die geistige Situation der Zeit" betitelten Göschen-Bändchen heißt es: „Das Bewußtsein des Zeitalters löst sich von jedem Sein und beschäftigt sich mit ihm selbst" (14). „Der ungeborgene Mensch gibt dem Zeitalter die Physiognomie, sei es in Auflehnung des Trotzes, sei es in der Verzweiflung des Nihilismus, sei es in der Hilflosigkeit der vielen Unerfüllten, sei es im irrenden Suchen, das endlichen Halt verschmäht und harmonisierenden Lockungen widersteht. Es gibt keinen Gott, ist der anschwellende Ruf der Massen; damit wird auch der Mensch wertlos, in beliebiger Zahl hingemordet, weil er nichts ist" (130). Der Verfasser, hellsichtig und doch gefangen in der Illusion der Gegenwartsbenommenheit, glaubt, in der Verlegenheit des Augenblicks einen Wendepunkt der Weltgeschichte zu erkennen: „Nachdem die Geschichte den Menschen aus einer Daseinsform in die andere, von einem Bewußtsein seines Seins in das andere getrieben hat, kann er heute wohl sich erinnern, aber er scheint diesen Weg so nicht weiter gehen zu können. Es ist wie am Anfang seines Weges dem Menschen noch einmal etwas geschehen, das darin zum Ausdruck kommt, daß er vor das Nichts geraten ist, nicht nur faktisch, sondern für sein Wissen, und daß er nunmehr mit der Erinnerung des Vergangenen aus dem Ursprung seinen Weg sich neu zu schaffen hat" (180). Hier wurde mit klaren Worten ausgesprochen, was schon als Ahnung und Gefühl die Dichter der „Menschheitsdämmerung" bewegt hatte: der Mythos von der Nullpunkt-Existenz, der Wahn eines Neubeginns vom Ur-anfang her. Während die äußere Revolution des nationalen Ressentiments vor der Tür stand, wurde hier die Revolution der Innerlichkeit proklamiert. Zwischen beiden waltete eine geheime Beziehung der Verwandtschaft und Feindschaft. Die erste verhielt sich zur zweiten wie die Macht der triumphierenden Gewalt zur Ohnmacht des inneren Widerstands.

Oswald Spengler hatte behauptet, daß „wir selbst, sofern wir leben, *die Zeit sind*" (*Untergang* S. 159). Durch Martin Heideggers „Sein und Zeit", Erste Hälfte, erschienen 1927, wurde dies geistreiche Aperçu zu einem philosophischen Satz. Die beiden herrschenden Bewegungen der Zeit, Phänomenologie und Existenzphilosophie, vereinigten sich zur Hervorbringung dieses Buches – und doch ist damit noch wenig über seine Bedeutung ausgesagt.

Das von Heidegger in Gang gesetzte Unternehmen hob sich selbst auf: auf dem Boden eines extremen existenzphilosophischen Subjektivismus wollte er die philosophische Grundwissenschaft vom Sein neu begründen. Daß die Zweite Hälfte des Buches ausbleiben mußte, war leicht vorauszusagen. Dennoch war das Scheitern des unmöglichen Unternehmens philosophisch ergebnisreicher als alle erfolgreich durchgeführten systematischen Entwürfe seit Hegel oder jedenfalls seit Bergson. Es wäre irreführend, als Begründung für dieses Urteil die kraftvollen Analysen und Prägungen vorzuführen, deren sich bald nicht nur die Geisteswissenschaften, sondern auch die Literatur bemächtigten – die Umwelt und das Zuhandene, das ‚Zeug‘, das ‚Man‘ und die Sorge als Grundstruktur des Daseins. Und wenn wir auf den bösen Hauch des Gnostischen, der das Buch durchweht, hinweisen, auf den auch hier gepflegten Kultus des *Harten*, der sich schon in der gewaltsamen Sprachform verrät, und schließlich auf die uns bekannte fatale Verwechslung, die Heidegger für eine Weile in der Maske des nationalsozialistischen Philosophen auftreten ließ – auch damit bleiben wir dem Wesen und der Bedeutung der Sache fern. Wir lassen die Worte des Vorspruchs von „Sein und Zeit" wieder an unser Ohr klingen: „Haben wir heute eine Antwort auf die Frage nach dem, was wir mit dem Wort ‚Seiend‘ eigentlich meinen? Und so gilt es denn, *die Frage nach dem Sinn vom Sein* erneut zu stellen. Sind wir denn heute auch nur in der Verlegenheit, den Ausdruck ‚Sein‘ nicht zu verstehen? Keineswegs. Und so gilt es denn vordem, allererst wieder ein Verständnis für den Sinn dieser Frage zu wecken." Die Existenzphilosophie, statt zu belehren, will an den Menschen appellieren. Im Grund gibt es aber nur *eine* wirksame Form des Appells: das Beispiel, das Vor-machen. Die Appelle der geängstigten Intellektuellen, über deren Häuptern das Haus der Republik wankte, an die „Eigentlichkeit der Existenz" sind wirkungslos verhallt. Der Appell an das Denken hingegen, der in jenem Vorspruch und in dem Buch selbst laut wurde, rüttelte an dem verschlossenen Tor der Wahrheit. Um mit dem schon einmal gebrauchten Bild zu sprechen: wiederum stieß der Spaten durch den Flugsand auf gewachsenen Fels.

Zu den Büchern des erregenden Auftaktes gehörte vor allem Karl Barths „Römerbrief", in erster Auflage 1919 erschienen. Wie Kierkegaard in zwei literarischen Rollen aufgetreten war, als der psychologische Experimentator der unter Pseudonymen veröffentlichten Schriften und als christlicher Prediger, so erlebte er jetzt eine doppelte literarische Auferstehung: bei Jaspers, der das Christliche ausklammerte, bei Barth, der in Kierkegaard den Ernst des Glaubens wiederfand. Nun wurde das Einfache und Grundlegende gesagt: *Gott ist Gott.* „Gott ist im Himmel und der Mensch auf Erden." Der „qualitative Unterschied", von dem Kierkegaard gesprochen hatte, wurde eingehämmert. Und Gott spricht. Seine Sprache ist Heilsbotschaft – „Keine religiöse Botschaft, keine Nachrichten und Anweisungen über die Göttlichkeit oder Vergöttlichung des Menschen, sondern Botschaft von einem Gott, der ganz anders ist, von dem der Mensch als Mensch nie etwas wissen noch haben wird und von dem ihm eben darum das Heil kommt" (zitiert nach 2. A. 1922 S. XII). Weder weise noch abgewogen waren die Worte dieses Buches, und es ist kein Zufall, daß der Verfasser sich im Vorwort der 2. Auflage gegen den Vorwurf des Marcionitentums, d. h. eines unchristlichen Dualismus, wehren mußte. Der Ingrimm, mit dem die Kluft zwischen Schöpfer und Geschöpf geweitet wurde, hat gnostische Untertöne. Aber es war doch Kraft und Wahrheit genug in dieser paulinischen Theologie der Buße und des Umdenkens, um den bürgerlichen Kulturprotestantismus und die liberale Theologie über Nacht schal und unwirksam werden zu lassen. Kritiker beschwerten sich über die schwierige Sprache. Doch wurde in ihr etwas Einfaches gesagt: es wurde an Gott als Gott erinnert. Die Diener der evangelischen Kirchen, an die diese Erinnerung in besonderem Maße erging, fühlten sich nicht sehr wohl in einem Staat, der der Religion gegenüber eine nicht immer wohlwollende Neutralität an den Tag legte. Die Älteren gedachten mit Heimweh der Zeit, da der Altar in der Nähe des Thrones gestanden hatte. Als aber nach dem Zusammenbruch der Republik die Zeit der Prüfung gekommen war, zeigte sich, daß Barth nicht umsonst gesprochen hatte. Die Bekennende Kirche, die zusammen mit der katholischen Kirche den Block des religiösen Widerstandes gegen die Staatsreligion von Blut und Boden bildete, ist ohne seinen Weckruf nicht zu denken.

Während der Geist an der Wirklichkeit vorbeidachte, fiel die Wirklichkeit dem Ungeist anheim. Die Welle des nationalen Ressentiments, alle anderen Ressentiments in sich aufnehmend, stieg und stieg, bis sie Hitler in die Macht trug. Es war richtig und angemessen, daß gerade Karl Barth dazu ersehen war, mit einem Rückblick auf die zu Ende gegangenen Jahre der Republik dem deutschen Volk unvergessene Worte des Wunsches und der Warnung auf seinen Weg mitzugeben. In der am Sonntag, den 25. Juni 1933, abgeschlossenen Schrift „Theologische Existenz heute" lesen wir: „Das Volk, auch gerade das deutsche Volk von 1933, braucht es, kann das nicht entbehren, daß der uns gewordene Auftrag ausgeführt werde. Ihm ist heute Außerordentliches in Aussicht gestellt: daß es sich selbst finden, einig und frei werden solle auf einem Weg, den seine Führer zu kennen ihm erklärt haben und den mit ihnen zu gehen es sich entschlossen hat. Aber das deutsche Volk wird der Mahnung und des Trostes des Wortes Gottes bedürfen, auch wenn jenes Ziel erreicht sein wird, um wieviel mehr heute, da es am Anfang des Weges dazu steht. Und das um so mehr, als ihm um jener Verheißung willen heute viel genommen werden mußte, dessen es sich früher freuen durfte und auch wohl allzu töricht und unverantwortlich gefreut hat. Wo ist alles das hingekommen, was noch vor einem Jahr und vorher hundert Jahre lang Freiheit, Recht und Geist hieß?"

Und so geschah es denn: der Weg wurde beschritten, Freiheit, Recht und Geist aufgehoben. Das unerreichbare Ziel war die Unwirklichkeit selbst, das wirkliche Ende des Wegs das Ende des geeinten Deutschlands. Was der Republik folgte, wurde zum Gericht über sie. Sie fiel nicht kämpfend, sondern man liquidierte das bankerotte Geschäft. Die Wirklichkeit packte die, die hartnäckig an ihr vorbeidachten. Gelingt es uns, beim Durchsuchen der Trümmer das im Feuer geprüfte Gold zu entdecken, oder beschäftigen wir uns damit, den verkohlten Tand wiederherzustellen? Das ist die Frage an uns, die auf den Zügen des Gesichtes der Weimarer Zeit zu lesen steht.

9. Hunger nach Ganzheit*

PETER GAY

Der Hunger nach Ganzheit fand seinen treffendsten Ausdruck in der Jugend. Nach dem Kriege suchte die deutsche Jugend – ruhelos, verwirrt, oft unheilbar der Republik entfremdet – ihr Heil bei den Dichtern, doch fand sie auch andere, eher prosaische, wenngleich nicht weniger anstrengende Führer. Die Jugendbewegung, die um die Jahrhundertwende bescheiden begonnen hatte, kam in den zwanziger Jahren zu üppiger Blüte; sie sammelte in ihren Reihen und behielt unter ihren Führern viele Möchtegern-Philosophen, die auf der Jagd waren nach einer organischen Weltanschauung.

Ein ideologisches Porträt des Wandervogels und seiner vielen Ableger läßt sich nicht zeichnen. Die Gruppen der Jugendbewegung besaßen keine eigentliche Weltanschauung. Viele waren antisemitisch, manche nahmen Juden auf. Viele banden ihre Mitglieder in starken, wenn auch uneingestanden homoerotischen Freundschaften aneinander, andere luden Mädchen als Mitglieder ein. Viele entwickelten eine pantheistische Liebe zur Natur und eine mystische Vaterlandsliebe, manche waren zwanglose Gruppen, die gesundes Wandern pflegten. Viele lehnten jeden Versuch ab, die Politik einzubeziehen, manche verbanden sich, zumal nach 1918, mit kommunistischen, sozialdemokratischen oder nationalsozialistischen Gruppen. Aber mit Ausnahme der am allerwenigsten engagierten Gruppen hielten alle Wandervögel ihre Bewegung für ungeheuer wichtig – eine Wichtigkeit, die nur dumpf empfunden, aber begeistert geäußert wurde. Als ernste, aufsässige Bürgerliche – und sie waren fast alle bürgerlich – empfanden sie ihr Wandern und Singen, ihr Sitzen ums Lagerfeuer und ihre Besuche in altehrwürdigen Ruinen als Zuflucht vor einem Deutschland, das sie weder achten noch auch nur verstehen konnten; als einen Versuch, ursprüngliche Bindungen wiederherzustellen, die von übermächtigen Ereignissen und heimtückischen Kräften gelockert worden waren – kurzum, als Kritik an der Welt der Erwachsenen.

Die Ausdrucksweise der Wortführer in der Jugendbewegung verrät diesen hochfliegenden Idealismus, das unermüdliche Suchen und die heillose Verwirrung. Viele Jugendführer sahen in einem idealisierten, romantisierten mittelalterlichen Deutschland eine Zuflucht vor Kommerzialisierung und Zerrissenheit. Hans Breuer, der das Liederbuch der Jugendbewegung – in diesem Jahrhundert in Deutschland einer der erfolgreichsten Bestseller – zusammengestellt hat, versichert in seinem Vorwort: „Und darum, weil wir Enterbte sind, weil wir in unserer Halbzeit den Stachel und Sehnsucht nach jenem ganzen, harmonischen Menschentum nur um so stärker in uns fühlen, ist jenes Volkslied unser Trost und Labsal, ein unersetzlicher, durch nichts wiederzuerringender Schatz." Und er fragt und antwortet: „Was ist das alte, klassische Volkslied? Es ist das Lied des

---

* Aus: P. Gay, *Die Republik der Außenseiter. Geist und Kultur der Weimarer Zeit.* Frankfurt 1970, S. 107–137.

ganzen, in sich geschlossenen Menschen, jenes starken Menschen [. . .]."¹ Der junge Mensch, der diese Lieder sang, war ein selbstbewußter Rebell gegen seinen Vater. Ja, Hans Blüher, der erste Historiker der Wandervogelbewegung und Verteidiger ihrer pubertären Erotik, schreibt ausdrücklich: „Die Zeit, die den Wandervogel hervorbrachte, ist durch einen Kampf der Jugend gegen das Alter charakterisiert. Man mag hinsehen, wohin man wolle, selten, ja fast gar nicht will es gelingen, eine offene und restlose Einigkeit der Jugend mit dem Geschlechte der Väter zu erkennen." Entfremdete Söhne suchten nach andern entfremdeten Söhnen und bildeten einen großen „Bund der Freundschaft".² Hält man sich an diese Autoren, so suchte der Wandervogel nach Wärme und Kameradschaft, nach einem Ausweg aus den Lügen, die eine kleinbürgerliche Kultur erzeugt hatte, nach einer sauberen Lebensweise, die frei von Alkohol und Tabakgenuß war, und vor allem nach einer Gemeinschaft, die sich über Selbstsucht und schäbige Parteipolitik erhöbe. Führer und Gefolgschaft bedienten sich gleichermaßen einer verkürzten Ausdrucksweise, die Beweis und Symbol ihrer emotionalen Vertrautheit war. Bestimmte Wörter waren für sie Talismane, Anrufe mit leidenschaftlichem Widerhall und beinahe magischer Kraft, Wörter wie Aufbruch oder Gemeinschaft.

Der Philosoph Paul Natorp, der voller Sympathie Anteil nahm, warnte schon 1920 davor, daß diese Bestrebungen und Bräuche von zweifelhaftem Wert seien. Er sagte, der flinke Irrationalismus der Wandervögel, ihre Suche nach der Seele und ihr Mißtrauen gegen den Geist müßten falsche Ideale schaffen und zu gemeinschaftsfeindlichem Verhalten führen. „Ihr fürchtet Zerstückung eures Wesens in all dem Stückwerk menschlichen Wissens und Wollens, und merkt nicht, daß ihr selbst zur Ganzheit nicht gelangen könnt, wenn ihr so große und wesentliche Stücke dessen, was ‚der ganzen Menschheit zugeteilt ist', von euch abstoßt. Ihr sucht die Ungeteiltheit des Menschenwesens, und willigt selbst in seine Zerreißung."³

Natorps Warnung war vergeblich. Die zügellose Neuromantik und das gefühlsbetonte Denken der Vorkriegsjahre waren durch die Erfahrung des Krieges und des nachfolgenden Friedens nicht geheilt worden; diese Ereignisse, von denen die Jugendführer wie besessen waren, vermehrten die Verwirrung nur noch. Das Ergebnis war ein merkwürdig undoktrinärer, unanalytischer, ja überhaupt unpolitischer Sozialismus. Eine Beobachterin schrieb: „Sozialist zu sein ist nun zwar für diese Menschen der Jugendbewegung selbstverständliche Voraussetzung."⁴ Junge Männer und Frauen, die Reinheit und Erneuerung suchten, waren instinktiv Sozialisten. Auf der einen Seite strebten die sogenannten Völkischen nach „der Wiedererweckung echten deutschen Volkstums in deutschen Landen"; auf der anderen Seite warben dagegen die sogenannten „Sozialisten" um „die Wiederherstellung einer *societas*, einer gemeinschaftlich aufgebauten Gesellschaft der Menschen".⁵ Überall kam es unter den heillos zersplitterten Gruppen und ihren vergeblichen Bemühungen um Wiedervereinigung zu einer gewissen Fixierung auf das Jugenderlebnis als solches; Romane über Schulen und Jugendgruppen bezeugten und verstärkten diese Fixierung noch. Abgesehen von den Freudschülern und ein paar andern beschäftigten sich Psychologen und Soziologen mit der heranwachsenden Jugend und vernachlässigten die Kinderpsychologie. Wenn sie ihre Arbeit auf die reifere Jugend konzentrierten, so war das Ausdruck einer echten Notwendigkeit und Sorge, war jedoch auf seine Weise Teil eben jener Fixierung, die sie zu verstehen suchten. Flucht in die Zukunft durch Flucht in die Vergangenheit, Reform durch Sehnsucht – am Ende bedeutete solche Denkweise lediglich, daß man sich entschloß, die Jugendzeit in eine Ideologie zu verwandeln.

Die Führer der Jugendbewegungen brauchten keine eigenen Ideen zu entwickeln. Ideen hatte Weimar allenfalls zu viele – mannigfaltige, untereinander (und manchmal in sich selbst) widerspruchsvolle, unreflektierte und häufig unreflektierbare Ideen. Es erstickte in einer Polemik, welche darlegen sollte, daß die Kultur der Republik der vermeintlichen Herrlichkeit des Ersten und Zweiten Reiches unterlegen sei – oder auch der Herrlichkeit des künftigen Dritten Reiches. Und für diejenigen, die ihre Lektüre auf Buchumschläge beschränkten, lieferten die Autoren schlagwortähnliche Titel. Werner Sombarts Anklage des Krämergeistes stellte schon in ihrem Titel *Händler und Helden* den Westen den Deutschen gegenüber; es war ein typisches Kriegsprodukt, fand aber bis in die zwanziger Jahre hinein noch Leser. Noch bemerkenswerter war, daß Ferdinand Tönnies' soziologischer Klassiker *Gemeinschaft und Gesellschaft*, 1887 erschienen, erst in der Weimarer Republik zum Erfolge kam dank seiner bösartigen Gegenüberstellung der wahren organischen Gemeinschaft und der materialistischen Zerrissenheit der Krämergesellschaft. Hans Grimms Roman *Volk ohne Raum* aus dem Jahre 1926 hielt sich lange als Bestseller; schon in seinem Titel kam ein verbreitetes Gefühl der Klaustrophobie zum Ausdruck, einer Angst vor „unzulänglichem Lebensraum" und „Einkreisung" Deutschlands, die sich die Politiker der Rechten zunutze machten. 1931 rief der völkische Schriftsteller Hans Freyer in seiner *Revolution von Rechts* ekstatisch zur Auflehnung gegen liberale Ideen auf; er bot damit eine weitere Neuheit an: eine Revolution, nicht wie üblich, von links, sondern von rechts. Am wirkungsvollsten war vielleicht das Nebeneinander im Titel eines dreibändigen Werkes des Antisemiten Ludwig Klages, der früher einmal zum George-Kreis gehört hatte; sein Werk *Der Geist als Widersacher der Seele* bekämpfte im Namen des Irrationalismus den Verstand. Diese Titelfabrikanten hielten sich zwar für Aristokraten, scheuten aber vor volkstümlichen Phrasen nicht zurück, ja, das Phrasendreschen bereitete ihnen sogar Vergnügen.

Bücher riefen Bewegungen ins Leben, welche sich der Öffentlichkeit gewöhnlich unter Beziehungen vorstellten, die bewußt widersprüchlich waren: Konservative Revolution, Jungkonservative, Nationalbolschewismus, Preußischer Sozialismus. Das waren augenscheinlich verantwortungsvolle Versuche, sich von der herkömmlichen politischen Terminologie zu lösen, doch zeugten sie in Wirklichkeit nur von einem perversen Vergnügen am Paradoxen und waren ein bewußter, lebensgefährlicher Angriff auf die Vernunft. Es war seltsam: die klugen Leute, die stolz verkündeten, daß sie die herkömmlichen Bezeichnungen liberaler Politik, nämlich links und rechts, abgeschüttelt oder – ein Lieblingsausdruck – ‚überwunden' hätten, endeten gewöhnlich auf der Rechten. Meinecke hat das 1924 ganz richtig gesehen: „Das tiefe Verlangen nach innerer Einheit und Harmonie aller Lebensgesetze und Lebensvorgänge blieb trotzdem im deutschen Geiste mächtig erhalten."[6]

Die Wortführer dieser Sehnsucht waren ebenso unterschiedlich und widersprüchlich wie die von ihnen verkündeten Ideen. Martin Heidegger war ein schwerverständlicher, anscheinend absichtlich esoterischer Philosoph, der die Auflehnung gegen die Vernunft in eine eigene neue Sprache kleidete. Hugo von Hofmannsthal war ein hervorragender, gebildeter ‚Literat', bemüht, in einer Zeit des Verfalls die Fahne der Zivilisation hochzuhalten. Ernst Jünger übersetzte seine Erfahrungen bei Abenteuer und Kriegsdienst – jenes teils authentische, teils mystische *Kriegserlebnis* – in eine nihilistische Lobpreisung von Tat und Tod. Der Industrielle, Volkswirtschaftler und Utopist Walther Rathenau wendete sich gegen die Industrie, der er sein Vermögen verdankte, indem er komplizierte und ehrgeizige Anklagen gegen das Maschinenzeitalter richtete und ein neues Leben prophezeite. Oswald Spengler beeindruckte diejenigen, die dafür empfänglich waren, mit der Schaustellung seines Wissens, mit unbedenklichen Prophezeiungen und mit seiner plumpen Arroganz. [...].

Es war nur natürlich, daß sich die Sucher nach einem sinnvollen Leben in einer sinnlosen Republik der deutschen Geschichte zuwendeten, um dort Trost oder Vorbilder zu finden. Sie fanden, was sie suchten; deutsche Historiker waren bereit mitzumachen, und es zeigte sich, daß die deutsche Geschichte ungewöhnlich reich an überlebensgroßen Helden und denkwürdigen Auftritten war, die beide für die Legendenbildung unschätzbar wertvoll waren. Ein berühmter Auftritt, von dem sich Nationalisten und völkische Kreise gern inspirieren ließen, hatte im Oktober 1817 stattgefunden, dreihundert Jahre, nachdem Martin Luther seine Thesen an die Kirchentür in Wittenberg genagelt hatte. Deutsche Studenten in altväterischer Tracht versammelten sich auf der Wartburg, schrien „Heil!", sangen vaterländische Lieder, sprachen glühende Gebete und verbrannten einige Bücher; es waren Mitglieder der neuen Burschenschaften. Die radikalen, nationalistischen, antisemitischen und antifranzösischen Studentenverbindungen bezogen ihre Namen aus der sagenumwobenen Vergangenheit: Germania, Arminia, Teutonia. Sie waren auf der Wartburg, um die Befreiung ihres Landes – oder vielmehr ihrer Länder – von fremdem Joch zu feiern, und während der Feiern stellten sie den Reformator Luther neben Marschall Blücher als die beiden Befreier deutschen Geistes und deutschen Bodens; sie waren fest entschlossen, aus alten Sagen Kraft für die vor ihnen liegenden politischen und sittlichen Aufgaben zu ziehen.

Dieser Geist überlebte bis in die Weimarer Republik; und er griff zurück auf ein ständig wachsendes Repertoire von Helden: Bismarck, der Mann von Blut und Eisen, der harte Realist, der die deutsche Nation allein mit seinem eisernen Willen geeint hatte; Friedrich II. von Preußen, immer noch *der Große* genannt, der mit einem geschichtsnotorischen Aufwand an Selbstzucht aus dem verweichlichten Flötenspieler zum Alten Fritz wurde – zäh, schlau, fleißig, kurzum prachtvoll, abgezehrt von lebenslanger erschöpfender Arbeit, ein erster Diener seines Staates; Martin Luther, der trotzig einen neuen Glauben und eine neue Sprache prägte und nicht anders konnte; wagnerische Teutonen, die französische Advokaten im 18. Jahrhundert ebenso wie altrömische Historiker mit ihrer Reinheit, ihrer Tapferkeit und ihrer politischen Tüchtigkeit inspiriert hatten. Das war eine berauschende und für empfängliche Gemüter giftige Mischung. Ernst-Walter Techow, einer der Rathenau-Mörder, schrieb 1933: „Die jüngere Generation kämpfte für etwas Neues, kaum Erahntes. Sie witterte Morgenluft. Sie sammelte in sich eine Kraft, die genährt wurde vom Mythos der preußisch-deutschen

Vergangenheit, dem Druck der Gegenwart und der Erwartung einer unbekannten Zukunft."[7]

Wer Weimar ganz und gar verpflichtet war, mußte diese ganze Mythologie ablehnen. Die Republik beleidigte durch ihr bloßes Dasein die Helden und die Klischees, die jedes Kind in Deutschland kannte, an die viele deutsche Politiker appellierten und die, wie sich herausstellte, die meisten Deutschen verehrten. Im Kampf gegen die historischen Symbole waren die Republikaner von Anfang an im Nachteil. Im Vergleich zu Bismarck und andern charismatischen Führern, die ebenso übermenschlich wie farbenprächtig waren, wirkten die Weimar zur Verfügung stehenden Vorbilder blaß und langweilig. Der Goethe des modernen Weimar war ein wohlmeinender, kraftloser Weltbürger voller denkwürdiger Äußerungen über Humanität, die jedermann zitierte und niemand befolgte. „Das offizielle Deutschland feiert Goethe", schrieb Carl von Ossietzky 1932 zu Goethes hundertstem Todestag, „aber nicht als Dichter und Künder, sondern als Opium."[8] Und die Revolutionäre, die angeblich die Republikaner inspirierten, waren die Revolutionäre von 1848 mit ihrer schwarzrotgoldenen Fahne, ihren wohlmeinenden Reden und ihrem entscheidenden Versagen. Es war bezeichnend, daß Heinrich Heine, vielleicht der eindeutigste und vitalste Vorläufer des Geistes von Weimar, am Ende der Republik noch immer kein Denkmal bekommen hatte; seit fünfundsiebzig Jahren hatten Vorschläge, ihm ein Standbild zu errichten, wütende Tiraden, maßlose Verleumdungen und schließlich erfolgreiche Obstruktion hervorgerufen.[9]

Zwar bedurfte Weimar dringend einer Umwertung historischer Werte, doch war die Hoffnung, sie zu verwirklichen, nur gering. Daß die Notwendigkeit groß und die Hoffnung gering war, hatte sogar dieselbe Ursache: Die deutsche Historikerzunft, weit entfernt davon, solche Legenden der Kritik oder der ätzenden Säure des Humors auszusetzen, hatte sie längst eingeordnet und verfeinert. Theodor Mommsen war eine bemerkenswerte Ausnahme, aber im allgemeinen hatten sich die deutschen Historiker mühelos den Verhältnissen angepaßt. Von Berufs wegen neigten sie einer konservativen Haltung zu und waren daher eher bereit, überlieferte Werte zu horten, als auf Änderungen zu dringen. Sie fühlten sich im deutschen Universitätswesen völlig zu Hause und lehnten neue Männer ebenso und mit gleicher Heftigkeit ab wie neue Ideen. 1915 bewarb sich Gustav Mayer, ein Jude, in der Politik ein radikaler Unabhängiger, um eine Stellung als Lektor an der Berliner Universität; Erich Marcks und Friedrich Meinecke hatten ihm dazu geraten. Zwar bezweifelte Mayer, „daß die alten Vorurteile gegen Demokraten, Juden und Outsider im Zeichen des Burgfriedens bei der Universitätsclique wirklich ihre Macht verloren hatten", beschloß jedoch, es zu riskieren. Er mußte sich demütigenden Prüfungen unterziehen, um doch nur seine Skepsis gerechtfertigt zu sehen: er bekam den Posten nicht, den er offensichtlich verdient hatte. Erst in der Weimarer Zeit wurde er der Berliner Universität aufgenötigt, doch änderte sich dadurch an der herrschenden Clique der Geschichtsprofessoren nur wenig.[10] Die Ideologie, von der die deutsche Historikerzunft während der zwanziger Jahre weiterhin beherrscht wurde, war auch deshalb so zäh, weil sie selber wiederum eine lange Geschichte besaß. Sie konnte sich auf eine Gestalt berufen, die für deutsche Historiker nicht weniger charismatisch war, als es die Gestalten aus deutscher Vergangenheit für das deutsche Volk waren: Leopold von

Ranke. Zweifellos war Ranke ein sehr großer Historiker; man muß zugeben, daß die deutschen Historiker, wenn sie sich seinetwegen häufig selber lauthals beglückwünschten, tatsächlich viel Grund dazu hatten. Ranke war bahnbrechend bei der Benutzung von Archiven, beherrschte komplizierte Stoffe meisterhaft, glänzte durch dramatische Darstellung und begründete einen neuen Stil historischen Denkens. Rankes Hauptlehren – die Autonomie des Historikers und dessen Pflicht, jede Epoche aus sich selbst heraus zu verstehen – haben der Wissenschaft ungeheuer genützt. Unter den Händen deutscher Historiker im ausgehenden Kaiserreich und in der jungen Republik verwandelte sich jedoch die Autonomie der Geschichtswissenschaft in deren Isolierung. Die Trennung der Geschichte von der Ethik führte bei den meisten deutschen Historikern dazu, daß sie die Dinge, wie sie nun einmal waren, passiv hinnahmen, und die Trennung der Geschichte von andern Wissenschaften entfremdete die meisten deutschen Historiker den Sozialwissenschaften. Sosehr sie Max Webers historisches Wissen anerkannten, taten die meisten Historiker ihn doch als *outsider* ab;[11] sosehr er auch übertreiben mochte, sprach der mittelalterliche Historiker Georg von Below doch für seine Kollegen, wenn er erklärte, „daß wir eine neue Wissenschaft der ‚Soziologie' entbehren können".[12]

Ihre Arbeiten beweisen, wie wenig sie jene entbehren konnten. Von der Soziologie und Politologie hätten sie lernen können, kritischen Abstand von den sozialen und politischen Strukturen zu gewinnen, in denen sie so behaglich lebten. Schließlich aber war Ranke mit der ganzen Energie seines Geschichtsdenkens bestrebt gewesen, die Kritik zu meiden und sich mit der Macht fröhlich abzufinden. Seine berühmte Forderung nach dem Primat der Außenpolitik war die logische Folge seiner fröhlichen Resignation gegenüber den Realitäten des modernen imperialistischen Staates.

Rankes Triumph als Historiker war ebenso verhängnisvoll, wie er glanzvoll gewesen war: Sein Vermächtnis war unheilvoll. Zwar waren viele seiner Epigonen tüchtige Männer – und nur wenigen gelang es, nicht Rankes Epigonen zu sein –, doch verwandelte sich bei ihnen Rankes Stolz in Einbildung, seine Sorgfalt in Pedanterie und seine Hinnahme der Macht in eine Mischung aus Untertänigkeit daheim und Angeberei im Ausland. Vielleicht hatten sie daran weniger schuld als die Geschichte selber, denn Rankes Lehren waren dem neunzehnten Jahrhundert angemessener und weniger schädlich als dem zwanzigsten. Was aber auch die Ursache gewesen sein mag, so waren die Auswirkungen dieser Verschiebung verheerend. Wir neigen dazu, viel Aufhebens zu machen von den Bemühungen der Historiker, die Arbeit ihrer Vorgänger zu revidieren; wir machen zu wenig Aufhebens von der Kontinuität historischer Lehrmeinungen. Rankes erklärte Schüler vor dem Ersten Weltkrieg – tüchtige Historiker wie Max Lenz, Otto Hintze, Erich Marcks und Hans Delbrück – übertrugen Rankes mystischen Glauben an den Nationalstaat und dessen unaufhörlichen Machtkampf auf die Welt als Ganzes. In der jüngsten Geschichte Europas hatten die Großmächte mittels Diplomatie oder Krieg verhindert, daß ein einzelner Staat die Hegemonie gewann. Jetzt aber, so schlossen sie in einer imperialistischen Epoche, werde Deutschland durch die Hegemonie der einen Seemacht Großbritannien bedroht. Daher müsse Deutschland rüsten und notfalls kämpfen, um sich den gebührenden Platz unter den Großmächten zu sichern.

Die Folgen solcher Denkweise waren unvermeidlich: unbedenkliche Unterstützung des politisch-militärischen Apparates, der das Land beherrschte, und eine politische Flucht vor Konflikten im Innern. So legten die Historiker der auf Ranke folgenden Generation eine merkwürdige Mischung aus blutleerem Rationalismus und kaum verhüllter Mystik an den Tag. Kaltblütig verschoben sie Armeen und Grenzen auf dem Schachbrett der Weltpolitik und offenbarten dabei das geheimnisvolle Wirken der Geschichte, welches Deutschland eine hehre Mission aufgetragen hatte. Sie schlossen sich dem Ausspruch des demokratischen Imperialisten Friedrich Naumann an, der „das Nationale" als den „Trieb des deutschen Volkes, seinen Einfluß auf die Erdkugel auszudehnen", definierte.[13] Als dann der Krieg kam, verteidigten sie den hemmungslosen Einsatz der nackten Macht und Deutschlands besonderen Auftrag, die Kultur zu bewahren und auszubreiten – ein Produkt, auf das sich die Deutschen scheinbar besonders gut verstanden und das sie vermeintlich gegen die barbarische Massengesellschaft in Rußland, die verweichlichte Dekadenz Frankreichs, den technischen Alptraum der Vereinigten Staaten und das unheroische Krämertum Englands verteidigen mußten. Angesehene Historiker – Troeltsch, Meinecke, Hintze – gaben sich dazu her, in einem Sammelband nach dem andern einer ungläubigen Welt die Überlegenheit deutscher ‚Kultur' gegenüber der bloßen *Zivilisation* der Alliierten zu verkünden. Ein gut Teil dessen, was Thomas Manns *Betrachtungen eines Unpolitischen* enthalten, wurde in diesen Kundgebungen vorweggenommen. [. . .].

Friedrich Meinecke ist der Thomas Mann der deutschen Geschichtsschreibung, und seine *Idee der Staatsräson* ist sein *Zauberberg;* das Werk erschien wie der *Zauberberg* 1924 und war wie dieser geschrieben als Konfrontation mit der jüngsten Geschichte. Es sollte den dialektischen Kampf von Licht und Finsternis erfassen, die einander in unlösbarem Konflikt bekämpfen und zugleich in unauflöslicher Bruderschaft unter ein Joch gespannt sind. Wie Thomas Mann war Meinecke ein zur Republik bekehrter Kulturaristokrat, wie jener war er ein Meister der umständlichen Ironie, genoß die subtile Verflechtung von Motiven, suchte das Gute, fand aber das Böse faszinierend und zog aus den Schmerzen des Krieges und der Niederlage die einzige Lehre, daß der Mensch, wenn er jemals den ihm innewohnenden Dämon bezwingen soll, das nur erreichen kann, wenn er ihm ins Gesicht blickt und ihn richtig einschätzt. Thomas Mann verläßt seinen schlichten Helden Hans Castorp auf dem Schlachtfeld; es ist ungewiß, ob er überleben wird, aber ihn hält die hoffnungsvolle Frage aufrecht: Wird aus diesem weltweiten Todesschwelgen eines Tages Liebe hervorgehen? Meinecke, der mit *seinem* Dämon, der Staatsräson, ringt, schließt in ähnlichem Ton: „Die Kontemplation kann nicht müde werden, in ihr Sphinx-Antlitz zu blicken, und kommt ihr doch nie ganz auf den Grund. Dem handelnden Staatsmann aber darf sie nur zurufen, daß er Staat und Gott zugleich im Herzen tragen müsse, um den Dämon, den er doch nicht abschütteln kann, nicht übermächtig werden zu lassen."[14]

Die Idee der Staatsräson ist Literatur, Philosophie und, wie Meinecke selbst offen zugab, Autobiographie. Er habe das Buch geschrieben, sagte er, um einige Themen, die er vor dem Kriege in *Weltbürgertum und Nationalstaat* aufgegriffen hatte, weiterzuführen; aber das ernste Kriegsgeschehen habe ihm neue Perspektiven erschlossen, während

„die Erschütterungen des Zusammenbruchs" das Hauptproblem „in seiner Fruchtbarkeit" in den Vordergrund geschoben hätten.[15] Ich möchte aber gleich hinzufügen, daß das Buch zugleich wissenschaftliche Geschichtsschreibung ist. Auf mehr als fünfhundert dicht bedruckten Seiten verfolgt Meinecke den Begriff *raison d'état* von den Anfängen des modernen politischen Denkens bei Machiavelli über ihre bedeutenden Vertreter wie Friedrich den Großen bis ins 20. Jahrhundert. Dabei schildert er ihr Gewicht und ihre problematischen Eigenschaften. Der Staat hat seine eigenen Bedürfnisse – Aufrechterhaltung und Ausweitung seiner Macht in einem konkurrierenden Staatensystem –, und der Staatsmann sieht sich gezwungen, auf eine Weise zu handeln, die er als sittlicher Mensch im persönlichen Leben verurteilen würde. Die Macht wird anscheinend von einem tragischen Dualismus beherrscht: indem sie ihr eigenes Bestes will, wird sie zu üblen Mitteln gezwungen – zu kalter Berechnung, Betrug und Gewalt. [. . .].

Meinecke hält sein Idealbild des Staates – eine organische Einheit, zu der Herrscher und Beherrschte sich zusammenfinden – für die Wirklichkeit und nimmt damit als bewiesen hin, was zu beweisen nötig, aber nicht möglich war. Als Gefangener seiner eigenen Voraussetzungen hat Meinecke nie erkannt, daß das tragische Verständnis des Staates dazu beitrug, dessen Verbrechen zu entschuldigen; daß die Armen keinen Anteil hatten, wenn Macht und Ansehen des Staates wuchsen; daß der Staat nicht die letzte Antwort der Natur auf die Frage nach der Organisationsform der Menschen ist, und daß der Staat überhaupt nicht immer, ja nicht einmal häufig, das Gemeinwohl vertritt. War Kantorowicz regressiv, weil er wissenschaftliche Fragen in Mythen verwandelte, so war Meinecke es, weil er sie in philosophische Probleme verwandelte.

Die vielfältigen Empfindungen und Reaktionen, die ich *Hunger nach Ganzheit* genannt habe, erweisen sich bei näherer Betrachtung als eine mächtige Regression, die einer großen Angst entsprang: der Angst vor Modernität. Die abstrakten Begriffe, mit denen Tönnies, Hofmannsthal und andere hantierten – Volk, Führer, Organismus, Reich, Entscheidung, Gemeinschaft –, offenbaren ein verzweifeltes Verlangen nach Verwurzelung und Gemeinschaft, eine heftige, häufig bösartige Ablehnung der Vernunft, begleitet von dem Drang nach unmittelbarer Aktion oder nach Kapitulation vor einem charismatischen Führer. Der Hunger nach Ganzheit war erfüllt von Haß; die politische und manchmal auch die private Welt seiner Wortführer war eine paranoide Welt voller Feinde: die entmenschlichende Maschine, der kapitalistische Materialismus, der gottlose Rationalismus, die wurzellose Gesellschaft, die weltbürgerlichen Juden und jenes alles verschlingende Ungeheuer – die Großstadt. Der Österreicher Othmar Spann, ein katholischer Sozialphilosoph, dessen Phantastereien in Rechtskreisen ungeheuer beliebt waren, offerierte einen Katalog von Schurken, den seine Leser unschwer billigen konnten: Locke, Hume, Voltaire, Rousseau, Ricardo, Marx, Darwin, die *unflätige* Psychoanalyse, den Impressionismus, Dadaismus, Kubismus und den Film. Dieses Konglomerat von Feindseligkeit, das sich als Philosophie ausgab, veranlaßte Troeltsch 1922, nicht lange vor seinem Tode, vor dem zu warnen, was er als die den Deutschen eigentümliche Neigung zu einer „Mischung aus Mystik und Brutalität" nannte.[16]

Dennoch war die Weimarer Situation alles andere als einfach. Nicht alle, die in den zwanziger Jahren nach Bindung und Einheit suchten, waren Opfer einer Regression.

Einige wenige – eine Minderheit, der kein Erfolg beschieden war – suchten ihr Verlangen nicht durch Weltflucht, sondern durch Beherrschung ihrer Welt zu stillen; nicht durch Beschimpfung, sondern durch Anwendung der Technik; nicht durch Irrationalismus, sondern durch Vernunft; nicht durch Nihilismus, sondern konstruktiv – und dieses letzte ganz buchstäblich. Diese moderne und demokratische Weltanschauung wurde nämlich von Architekten in ihren Schriften formuliert und ihren Bauten verwirklicht.

Zu den Wachsten unter diesen Architekten zählte Erich Mendelsohn, der in der Weimarer Zeit einige hervorragende Bauten errichtet hat, darunter das Universum-Filmtheater in Berlin 1927 und 1928/29 das Warenhaus Schocken in Chemnitz. Mendelsohn betonte, der Architekt müsse Analyse und Dynamik, Vernunft und Unvernunft miteinander verbinden. „Zwischen diesen beiden Polen, dem Rationalen und dem Irrationalen, bewegen sich meine Natur, mein Leben und mein Werk."[17] „Gewiß", so schrieb er an seine Frau, „das primäre Element ist die Funktion, aber Funktion ohne sinnlichen Beistrom bleibt Konstruktion. Mehr als je stehe ich zu meinem Versöhnungsprogramm. Beide sind notwendig, beide müssen sich finden." Indem er den Hegelschen Begriff des „Aufhebens" benutzte, meinte Mendelsohn: „Der Dualismus ist aufgehoben eben in Gott, wie er aufgehoben ist in jedem Organismus, Geschöpf wie Werk."[18] 1920 baute der damals noch junge und unbekannte Mendelsohn eine Sternwarte, den Einsteinturm. Er entwarf ihn nach seinen eigenen Worten aus einem unbekannten Drang und ließ ihn „aus der Mystik um Einsteins Universum"[19] hervorgehen. Als Albert Einstein durch das Gebäude ging, billigte er es mit einem einzigen Wort – „organisch".[20]

Solche Betrachtungsweise erscheint einem Architekten wie Mendelsohn angemessen, der kraftvolle Rundungen der Geraden vorzog. Walter Gropius aber, der Wortführer eines klassischen, geometrischen Stils, bekannte sich im wesentlichen zu der gleichen Betrachtungsweise. Gropius, der vor dem Ersten Weltkrieg einige schöne Bauten geschaffen hatte, war, als die Republik geboren wurde, bereits ein bekannter Mann, doch begründete er seinen eigentlichen Ruhm erst im Bauhaus, das für immer mit seinem Namen verbunden bleiben wird. Anfang 1919 eröffnete er das Bauhaus in Weimar und verschmolz seine Neugründung mit zwei älteren Schulen, einer Kunstakademie und einer Kunstgewerbeschule. Indem Gropius Grundsätze, die der Deutsche Werkbund vor dem Krieg formuliert hatte, interpretierte und kühn darüber hinausging, widmete er seine Schule von Anfang an der Schöpfung eines einzigen Kunstwerkes: dem Bau. Damals und später beharrte er darauf, daß es ihm nicht allein um eine Theorie der Kunst gehe; das Handwerk sei eine „Vorbereitung auf die Baukunst". Es handelte sich auch nicht einfach um eine „funktionale" Lehre, die sich auf die Praxis oder die Industrie beschränkte; es war ausdrücklich eine ästhetische Theorie, die sich auf psychologische Untersuchungen stützte. So schrieb Gropius in seinem Programm vom April 1919: „Architekten, Maler und Bildhauer müssen die vielgliedrige Gestalt des Baues in seiner Gesamtheit und in seinen Teilen wieder kennen- und begreifen lernen, dann werden sich von selbst ihre Werke wieder mit architektonischem Geiste füllen, den sie in der Salonkunst verloren. Die alten Kunstschulen vermochten diese Einheit nicht zu erzeugen", da sie Kunst und Handwerk getrennt hatten. Hier müsse eine Änderung eintreten. „Architekten, Bildhauer, Maler, wir alle müssen zum Handwerk zurück!" Es gebe keinen wesentlichen Unterschied zwischen Handwerker und Künstler. „Der Künstler ist eine Steigerung des Handwerkers." Daher sollte man jede „klassentrennende Anmaßung" fallenlassen und gemeinsam arbeiten an dem „neuen Bau der Zukunft, der alles in einer Gestalt sein wird: Architektur und Plastik und Malerei, der aus Millionen Händen der Handwerker einst gen Himmel steigen wird als kristallenes Sinnbild eines neuen kommenden Glaubens". Lyonel Feininger illustrierte diesen Aufruf zu neuer Einheit mit einem Holzschnitt, der einen von Sternen erhellten, hochragenden, schlanken weltlichen Dom darstellte.[21]

Die Ausbildung im Bauhaus war dazu bestimmt, diese Worte in die Wirklichkeit umzusetzen. Jeder Studierende wurde, nachdem er den Grundkurs absolviert hatte, in den Werkstätten von zwei Meistern ausgebildet, die ihm, wie man hoffte, die Beherrschung des Materials wie auch der künstlerischen Theorie vermitteln würden, Form und Inhalt zugleich. „Eine zweifache Ausbildung dieser Art", schrieb Gropius später, „würde die heranwachsende Generation instandsetzen, die Vereinigung aller Formen von schöpferischer Arbeit zu vollziehen und die Baumeister einer neuen Zivilisation zu werden." Paul Klee zeichnete 1922 eine symbolische „Idee und Struktur des Staatlichen Bauhauses": ein siebenstrahliger Stern innerhalb eines Ringes. Der Ring stellt die „Vorlehre" dar, welche die verschiedenen Materialien (Glas, Stein, Holz) und die verschiedenen Kurse (Konstruktionslehre, Farblehre, Kompositionslehre) einschließt und zum Mittelpunkt des Sterns führt. Dieser ist abermals ein Kreis, worin das Ziel des Bauhauses verkündet wird: „Bau und Bühne".[22] Die Atmosphäre des neuen Bauhauses war experimentell, fröhlich, großartig kraftvoll; um sie sich zu vergegenwärtigen, braucht man nur an einige der Lehrer zu denken: Paul Klee, Wassily Kandinsky, Lyonel Feininger, Gerhard Marcks, Oskar Schlemmer, Laszlo Moholy-Nagy, Josef Albers.

Das Bauhaus war zugleich erfinderisch und vielseitig aktiv: Typographie, Möbelentwürfe, Lampen, Teppiche, Töpferei, Buchbinden und Tanz – alles wurde mit äußerster Freiheit behandelt, und vieles davon hat, wie wir heute wissen, bleibenden Einfluß ausgeübt; wir sitzen immer noch auf Stühlen, die Marcel Breuer entworfen hat, und lesen Schriften, die Herbert Bayer zuerst gezeichnet hat. Die Atmosphäre im Bauhaus war eigenartig und überaus anregend: das Bauhaus war Familie, Schule, Genossenschaft und Missionsgesellschaft. Weder Gropius noch die andern Meister hielten viel von Schülern. Es war nicht eine Akademie, wo der große Lehrer kleinere Ausgaben seiner selbst hervorbringt, sondern *ein Laboratorium*, wo *Studenten die Lehrer anregten* und Lehrer die Studenten. Nützlichkeit und Schönheit standen nicht einfach nebeneinander, sondern die Meister waren bestrebt, beide zu vereinigen, wenngleich auch Raum blieb für reine Schönheit; von Feiningers, Klees und Kandinskys interessantester Graphik entstand ein Teil im Bauhaus. Sie bedurften einer hohen Moral nicht nur, um schaffen zu können, sondern um überhaupt am Leben zu bleiben; die finanzielle Unterstützung der Schule war dürftig und die Armut, zumal bei den Studenten, außerordentlich groß. Walter Gropius weiß zu berichten, daß sie 1923, als das Bauhaus seine erste Ausstellung veranstaltete, nicht einmal das Geld für das Reinigen der Gebäude besaßen, so daß die Frauen der Meister sich freiwillig als Putzfrauen betätigten. „Der Geist war einfach hervorragend", schreibt Gropius, „und einige zwanglose Veranstaltungen, etwa unsere

Feste, denen jemand ein Thema aufgab wie *Schwarz und Weiß* oder *Viereckig,* waren großartige Gelegenheiten."

Es war unvermeidlich, daß es auch Spannungen gab. Der Maler und Pädagoge Johannes Itten, den Gropius aus Wien herbeigeholt hatte, damit er die überaus wichtigen Grundkurse leitete, hatte sich leidenschaftlich und ausschließlich der Ästhetik verschrieben und kümmerte sich um praktische Ergebnisse weniger, als Gropius es für richtig oder auch nur für möglich hielt. So schied Itten 1923 aus, und die Grundkurse übernahmen zwei andere bedeutende Lehrer: Josef Albers und Laszlo Moholy-Nagy. Je mehr sich aber im Laufe der Zeit eine ungezwungene, zu Debatten einladende Atmosphäre entwickelte, um so mehr ließen die Spannungen nach. Das Bauhaus zog sogar Nutzen aus der ziemlich verfrühten Ausstellung von 1923, die gegen die bessere Einsicht von Gropius und andern auf Drängen der Regierung zustande kam. Auf jeden Fall war der eigentliche Gegner nicht die Spannung im Innern, sondern die Feindseligkeit draußen – die politische und künstlerische Abneigung der rechtsstehenden, traditionsgebundenen Handwerker gegen die revolutionäre Bedeutung der Experimente und gegen das bohèmehafte Auftreten der Studenten des Bauhauses. Gropius wußte sehr wohl, daß er „auf einem Pulverfaß saß", und untersagte darum jegliche politische Betätigung. Das war sehr nützlich. 1925 siedelte das Bauhaus von Weimar in die ihm mehr zusagende Stadt Dessau über. Dort errichtete Gropius seine berühmten Bauwerke – vielleicht die am meisten fotografierten Kunstwerke der Weimarer Zeit –, Klee und Kandinsky malten weiter ihre Bilder, Breuer baute seine Möbel, und die Werkstätten entwarfen Lampen, Porzellan und Silber – klar, fest und schön –, die das Bauhaus im Ausland ebenso berühmt machten, wie es im eigenen Lande berüchtigt wurde. Schließlich vertrieben 1932 Politik und Wirtschaftsnot das Bauhaus nach Berlin, wo es seine zwielichtige Schlußphase erlebte.

In seinen späteren Schriften führte Gropius einfach die Grundzüge weiter aus, die er in seinem Gründungsmanifest 1919 festgelegt hatte: die neue Baukunst suchte nach Ganzheit, indem sie gleichermaßen ökonomischen und ästhetischen Ansprüchen zu genügen bestrebt war. Die Maschinen mußten in Dienst genommen werden, ja, das Bauhaus war geschaffen worden, „die Versklavung des Menschen durch die Maschine zu verhindern, indem man das Massenprodukt und das Heim vor mechanischer Anarchie bewahrt und sie wieder mit lebendigem Zwecksinn erfüllt [. . .] Unsere Absicht bestand darin, die Nachteile der Maschine auszuschalten, ohne dabei irgendeinen ihrer wirklichen Vorteile zu opfern." Gewiß sei der moderne Mensch zerrissen, aber die Arbeitsteilung aufzugeben, sei nicht nur unmöglich, sondern gar nicht wünschenswert. Das Trauerspiel der Fragmentierung werde nicht von der Maschine oder der ins einzelne gehenden Arbeitsteilung verursacht, sondern „von der überwiegend materialistischen Einstellung unserer Zeit und der unzulänglichen und unwirklichen Artikulierung des einzelnen gegenüber der Gemeinschaft." Man bedürfe einfach einer neuen Philosophie, die sich weder vor der Mechanisierung noch vor Standardisierung der richtigen Art fürchtet. Was das Bauhaus in der Praxis lehrte, war die Gleichberechtigung aller Arten schöpferischer Arbeit und ihr logisches Ineinandergreifen innerhalb der modernen Weltordnung. Unser Leitgedanke war, daß der Gestaltungstrieb weder eine intellektuelle noch eine materielle Angelegenheit ist, sondern einfach ein integraler Teil der Lebenssubstanz einer zivilisierten Gesellschaft. „Hier müßten Vernunft und Leidenschaft zusammenarbeiten." Gewiß bleibe ein Kunstwerk ein technisches Produkt, doch habe es auch einem geistigen Zweck zu dienen, welchen nur Leidenschaft und Phantasie erreichen können. „Ich glaube jedoch ohne Übertreibung sagen zu dürfen, daß die Gemeinschaft des Bauhauses durch die Ganzheit ihres Versuchs dazu beigetragen hat, die heutige Architektur und Gestaltung wieder sozial zu verankern." Das Bauhaus habe die „totale Architektur" hervorgebracht.[23]

Die Architektensprache ist dafür berüchtigt, ungenau, hochtrabend und phrasenhaft zu sein, und auch Gropius ist manchmal der Versuchung erlegen, sich orakelhaft zu äußern. Aber sein Werk – die Häuser, die er entwarf, die Arbeiten, die er überwachte, die Schüler, die er ausbildete, und das Publikum, das er anzog – verleiht selbst seinen ausgefallensten Ausdrücken einen handfesten, konkreten Sinn. Was Gropius lehrte und was die meisten Deutschen nicht lernen wollten, war die Lehre Bacons, Descartes' und der Aufklärung: daß man sich der Welt stellen und sie beherrschen muß, daß das Heilmittel für die Leiden der Moderne mehr Moderne der richtigen Art ist. Es kann niemand überraschen, daß das Bauhaus die Weimarer Republik nur um ein halbes Jahr überlebt hat.

ANMERKUNGEN

1 Vorwort zur 10. Auflage des Zupfgeigenhansl (1913), in: *Grundschriften der deutschen Jugendbewegung.* Hg. W. Kindt. 1963. S. 66 und 67.
2 Geschichte des Wandervogels. 1. Bd. 1912, in: *Grundschriften,* S. 47.
3 Hoffnungen und Gefahren unserer Jugendbewegung, eine zuerst 1913 gehaltene Vorlesung. Das Zitat entstammt der 3. Auflage aus dem Jahr 1920, in: *Grundschriften,* S. 145.
4 E. Busse-Wilson: Freideutsche Jugend 1920, in: *Grundschriften,* S. 245.
5 Vgl. E. Buske: Jugend und Volk, in: *Grundschriften,* S. 198.
6 F. Meinecke, *Die Idee der Staatsräson in der neueren Geschichte.* München 1924, S. 490.
7 Gemeiner Mörder? Das Rathenau-Attentat, S. 20, zitiert in: J. Joll: *Three Intellectuals in Politics.* 1960. S. 128 (Hier aus dem Amerikanischen zurückübersetzt.)
8 Weltbühne, in: *Ausnahmezustand.* Eine Anthologie aus ‚Weltbühne' und ‚Tagebuch', hg. v. W. Weyrauch. München 1966, S. 236.
9 Über diese Tragikomödie berichtet Ludwig Marcuse „Die Geschichte des Heine-Denkmals", Tagebuch (1932), in: *Ausnahmezustand,* S. 227–236.
10 *Erinnerungen,* S. 282–286. Das Zitat findet sich auf S. 282.
11 H. Mommsen, Zum Verhältnis von politischer Wissenschaft und Geschichtswissenschaft in Deutschland, in: *VfZG* 10, 1962, S. 346–347.
12 Georg von Below, autobiographische Skizze, in: *Die Geschichtswissenschaft der Gegenwart in Selbstdarstellungen,* Hg. S. Steinberg. 1. Bd. S. 45. Below hatte schon während des Krieges prophezeit, „das Ungeheuer einer großen Wissenschaft der Soziologie wird nie ins Leben treten". *Die deutsche Geschichtsschreibung von den Befreiungskriegen bis zu unseren Tagen. Geschichte und Kulturgeschichte,* 1916, S. 102. Meinecke, dem niemand eine Vorliebe für Sozialwissenschaften nachsagen konnte, gab 1922 zu, daß seine Wissenschaft andere Diszipli-

nen, von denen sie viel lernen könne, vernachlässigt habe. *Drei Generationen deutscher Gelehrtenpolitik*, in: *HZ 75*, 1922, S. 248–283.

13 Zitiert bei L. Dehio, Gedanken über die deutsche Sendung 1900–1918, in: *HZ 174*, 1952, S. 479–502. Es kennzeichnet die respektvolle Haltung deutscher Historiker, daß Dehio es noch in einem zwei Jahre vorher (1950!) veröffentlichten Aufsatz für nötig hielt, jegliche Anmaßung von sich zu weisen: „In Wahrheit fühle ich mich den Meistern der früheren Generationen nach wie vor dankbar verpflichtet und glaube gerade ihrem Geiste zu entsprechen, wenn ich versuche, den neuen Umblick auszuwerten, der sich uns Heutigen von dem hohen Scherbenberge eigener Erfahrungen aus bietet." Aus: L. Dehio, Ranke und der deutsche Imperialismus, in: *Germany and World Politics in the Twentieth Century*. 1959.
14 F. Meinecke, *Staatsräson*, S. 542.
15 Ebd. S. 27.
16 Zitiert bei K. v. Klemperer, *Germany's New Conservatism. Its History and Dilemma in the Twentieth Century*. 1957. S. 113.
17 W. v. Eckardt: *Erich Mendelsohn*. 1960. S. 9.
18 Erich Mendelsohn: *Briefe eines Architekten*. Hg. O. Beyer. 1961. S. 57, 73.
19 W. v. Eckardt, S. 11.
20 A. Whittick, *Erich Mendelsohn*. 1940. S. 64.
21 Das Programm ist vollständig abgedruckt in: *Das Bauhaus 1919–1933*: Weimar, Hg. M. Wingler. 1962. S. 38–41.
22 Ebd. S. 10.
23 Diese Zitate entstammen dem Buch *Architektur – Wege zu einer optischen Kultur* von W. Gropius, 1956, wo sie verschiedenen Kapiteln entnommen sind.

10. Koalitionen und Oppositionen: Bedingungen parlamentarischer Instabilität*

MICHAEL STÜRMER

I.

Die Parteien zwischen Koalition und Opposition

Die Mittelphase der Weimarer Republik hat erst in den letzten Jahren größere Bedeutung als selbständiger Gegenstand der Forschung gewonnen. Das ist um so eigenartiger, als die Zwischenphase der Jahre 1924–1928 für eine politisch-historische Untersuchung der Weimarer Republik besondere Aussagekraft besitzt, existierte doch der Weimarer Staat nur in diesen Jahren verhältnismäßig frei von entscheidenden äußeren Belastungen. Die Eigengesetzlichkeit des Regierungssystems konnte deshalb stärker hervortreten als in der Anfangs- oder der Auflösungsphase der ersten deutschen Republik; zudem erweist die Mittelphase für den rückschauenden Beobachter, wie wenig in der Tat die Geschichte der Weimarer Republik auf einer Art historischer Einbahnstraße, ohne grundlegende Entscheidungsmöglichkeiten und Alternativen, verlief. Die in diesen Jahren noch einmal sichtbar werdenden Entwicklungstendenzen des Weimarer Regierungssystems deuten jedenfalls auf eine größere Offenheit der geschichtlichen Situation hin, als sie sich aus der Untersuchung von Bildung und Auflösung der Weimarer Republik allein ergeben mag.[1]

Für die Frage, unter welchen Voraussetzungen sich in der Weimarer Republik parlamentarische Mehrheiten bildeten und erhielten, ergeben sich aus dem Gegensatz von Regierungskoalition und parlamentarischer Opposition politische Leitbegriffe. Sie vermochten zwar innerhalb des Regierungssystems der Republik den politischen Prozeß nur in begrenztem Ausmaß zu prägen, können aber gleichwohl angesichts der vielfachen Überlagerungen und Überschichtungen der parlamentarischen Kräfte als Schlüsselbegriffe dienen. Das Spannungsverhältnis von Koalition und Opposition weist insoweit auf ein Grundproblem der modernen parteienstaatlichen Demokratie hin, als es einer Polarisierung der politischen Entscheidungsbildung entspricht. Diese Zweiteilung setzt jedoch Übereinstimmung hinsichtlich der Form voraus, in der politisch-soziale Konflikte ausgetragen werden. Eine der wesentlichen Funktionen des parlamentarischen Regierungssystems, wie es die Weimarer Reichsverfassung verstand, lag in der Aufgabe des Reichstags, zwischen den gegensätzlichen Kräften innerhalb der Gesellschaft Verbindung und Ausgleich herzustellen und sie auf dem Boden des Parlaments zur politischen

* Aus: *PVS* 8, 1967, S. 71–87

und sozialen Integration zu bringen. In dem Gegensatz von Koalition und Opposition kam der politisch-soziale Konflikt auf einen allgemeinen Nenner.

Doch war für das Funktionieren des Regierungssystems von großer Bedeutung, daß der politische Konsens, der diese Spannung in sich aufhob, immer nur von einem Teil der gesellschaftlichen Kräfte getragen wurde. Die Konflikte zwischen den mannigfachen Gruppen und Kräften im politischen Raum nahmen in den Krisenzeiten der Weimarer Republik die Form offenen und latenten Bürgerkrieges an, parlamentarische Opposition wurde im äußersten Fall ununterscheidbar vom Kampf gegen die Regierungs- und Staatsform.

Mit dem Jahre 1924 trat nun insofern eine Veränderung der Fronten ein, als sich, beschleunigt durch die Auseinandersetzung um den Dawesplan, innerhalb der Deutschnationalen Volkspartei eine Tendenz zeigte, sich pragmatisch der Weimarer Verfassung anzunähern:

> Die Republik beginnt sich zu stabilisieren und das deutsche Volk beginnt, sich mit dem Geschehenen abzufinden. Es ist jetzt der Augenblick, wo wir nicht länger zögern dürfen [...] Wollen wir [die DNVP] als einflußreiche und machtvolle Rechtsbewegung erhalten und weiter stärken, so müssen wir jetzt die Macht im Staat mit übernehmen.[2]

Die „Macht im Staat" bedeutete das Ziel – fast schon die Zauberformel –, das die Deutschnationalen einigte. Unterschiedlich waren aber die Konsequenzen, die die einzelnen Gruppen der Partei daraus ziehen wollten. Lehnten die Radikalen völkischalldeutscher Prägung grundsätzlich alle Konzessionen an den Parlamentarismus ab,[3] so fanden sich in der Gegenrichtung die interessenpolitische und die gouvernementale Strömung zusammen, der es um den Versuch ging, sich einen Anteil an der staatlichen Verfügungsgewalt zu sichern.[4] Das spätere Auseinanderfallen der DNVP zeichnet sich hier schattenhaft bereits ab.[5]

Mit der Schwenkung des Gros der DNVP erweiterte sich auch der Kreis der potentiellen Regierungsparteien; schon 1925 bezog die Regierungskoalition zum erstenmal offiziell die überwiegende Mehrheit der parlamentarischen Rechten ein. Die Basis des politischen Konsens – dieser soll nicht so sehr als tragende Idee verstanden werden, sondern vielmehr als der wesentliche Gehalt jener Machtkompromisse der Parteien, die in der Mittelphase Voraussetzung und Grundlage der Regierung bildeten – hatte sich dadurch wesentlich verbreitert.

Wenn die Spannung von Koalition und Opposition nur in dem vorgezeichneten Rahmen dieses pragmatischen Grundkonsens der überhaupt kooperationswilligen und regierungsfähigen Kräfte begriffen wird, so wird damit auch der Untersuchungsgegenstand bewußt eingeengt. Die Grenzlinie verläuft zwischen Kooperation und Nichtkooperation; Kommunisten und Völkische, in Permanenz Bestandteile der negativen Parlamentsmehrheiten, entziehen sich gleicherweise dem Versuch, sie in den Gegensatz von Koalition und Opposition einzuordnen, soll nicht der Oppositionsbegriff jede Schärfe verlieren. Auf der Gegenseite stehen die Parteien, die sich unter den Vorzeichen des parlamentarischen Systems als regierungsfähig verstanden, die im allgemeinen, unabhängig von ihrer augenblicklichen Stellung zur Reichsregierung, in außen- und militärpolitischen Fragen ins Vertrauen gezogen wurden und die sich vor allem konstruktiv an der Mehrheitsbildung im Reichstag beteiligten.

Doch auch in der Zwischenphase unterlag der politische Gehalt von Koalition und Opposition einem dauernden Wandel. Schon das Verhältnis von Regierung und Koalitionsparteien läßt sich rückblickend nicht als politische Gleichung verstehen, nach der Regierung und Regierungskoalition im wesentlichen gleichgerichtete Kräfte auf verschiedener Ebene dargestellt hätten. Die unablässige Spannung zwischen Reichsregierung und Koalition, wesentliches Moment der Instabilität des Regierungssystems, spiegelte vielmehr die Diskrepanz zwischen der tragenden Funktion der Parteien und ihrem politischen Selbstverständnis wider, das den parteienstaatlichen Elementen des Weimarer Regierungssystems nur unvollkommen entsprach.[6] Diese Spannung verdeutlicht auch die Anfälligkeit der politischen Parteien der Weimarer Republik für den Mythos des aus der staatlichen Bürokratie oder der Wirtschaft hervorgegangenen, angeblich überparteilichen Fachministers.[7] Schließlich kam in dem latenten Konflikt von Kabinett und Regierungsparteien zum Ausdruck, daß die Koalitionspolitik der Weimarer Zeit in mancherlei Hinsicht noch der unter dem konstitutionellen System ausgebildeten Methode des Regierens mit wechselnden Mehrheiten verhaftet blieb. Die Regierungskoalition lag am Schnittpunkt verschiedener fester Interessenbündnisse: wo die Koalitionspolitik von ihren vordergründig parteipolitischen Bezügen abgelöst wird, kommen ausgesprochen stabile, ja starre ökonomisch-politische Interessengruppierungen zum Vorschein. Für die Untersuchung gerät damit der Koalitionsbegriff, ebenso wie der Oppositionsbegriff, in Fluß; liegen doch in diesen festen Bündnissen und vorgeprägten Mustern politischen Handelns die Grundelemente, von denen der Versuch ausgehen muß, in der Mittelphase der Republik eine Zwischenbilanz des parlamentarischen Systems zu ziehen.

II.

Bündnisse und Fronten im Reichstag

Die parlamentarischen Bündnisse, auf die sich in den Jahren 1924 bis 1928 (II. und III. Wahlperiode) das Reichskabinett stützte, entsprachen zwei Grundformen. In den Jahren 1924 und 1926 bestanden Minderheitsregierungen, die sich vor jeder parlamentarischen Entscheidung eine Mehrheit im Reichstag eigens durch Verhandlungen und Kompromisse nach dieser oder jener Seite sichern mußten. Dagegen entstand zum erstenmal 1925 mit dem Kabinett *Luther*, danach 1927/28 noch einmal mit dem (IV.) Kabinett *Marx* eine Mehrheitskoalition, die das fast schon traditionelle Bündnis der Mitte auf die parlamentarische Rechte erweiterte. Bei den Mehrheitsregierungen versagte sich zwar nach außen hin die demokratische Fraktion, doch zeigte sie sich im stillen zur Mitarbeit bereit.[8] Von vornherein verfügten die Mehrheitskoalitionen über eine breitere Basis im Reichstag, ihre Bewegungsfreiheit aber blieb nach allen Seiten eingeschränkt, da die Mehrheitsbildung innerhalb eines Rahmens erfolgen mußte, den weit auseinanderweisende Gesellschaftsprogramme und schwer vereinbare interessenpolitische Ziele bestimmten.

Es kann als ein Symptom der permanenten Strukturkrise der Weimarer Republik gelten, daß es nie gelang, die Regierungskoalition auf eine Dauer versprechende Mehrheit abzustützen. Auch löste sich die dialektische Beziehung von Regierung und parlamentarischer Opposition in eine Vielheit einander überschneidender Gegensätze auf, die im Grunde jede neugebildete Regierung von allem Anfang an zum Provisorium werden ließ. Die allgemeine Labilität der Mehrheitsbildung brachte jenes gleitende Element in das Verhältnis von Mehrheit und Minderheit im Reichstag, das in der Rückschau als charakteristisches Merkmal des parlamentarischen Kräftespiels in der Weimarer Zeit hervortritt. Der politische Prozeß wurde in eine Reihe von Einzelkonflikten zerlegt, die zugleich die mangelnde Integrationskraft des Parlamentarismus Weimarer Prägung widerspiegelten. So standen immer mehrere, in sich eng begrenzte Interessenbündnisse nebeneinander, die koalitionsbildend wirken konnten. Unterschiedlich artikuliert, besaßen sie auch ungleiche politische Festigkeit. Auf diese Weise konnte ein Gleichgewicht der Gruppengegensätze entstehen, das von der parteipolitischen Orientierung auf die Mitte und der eindeutigen Schwerpunktbildung auf der parlamentarischen Rechten oder Linken gleich weit entfernt blieb. Letztlich nicht auf einem grundlegenden Ausgleich, sondern auf der wechselseitigen machtpolitischen Neutralisierung des Klassengegensatzes beruhend, verhinderte dieses Gleichgewicht, daß sich zwischen Regierungskoalition und parlamentarischer Opposition stabile Fronten herausbildeten.

Die außenpolitische Reichstagsmehrheit war das dauerhafteste dieser Bündnisse. Unter der Führung *Stresemanns* unterstützte diese Mehrheit von den Sozialdemokraten bis zur Deutschen Volkspartei im Jahre 1924 den *Dawes*plan und blieb auch gegenüber der bürgerlichen Mehrheitskoalition des folgenden Jahres latent bestehen. Die Locarno- und Völkerbundpolitik konnte auf die Bereitschaft der beteiligten Parteien rechnen, ungeachtet ihrer innenpolitischen Konflikte einen unbedingten Vorrang der Außenpolitik anzuerkennen. Für die liberalen Mittelparteien gaben starke Handels- und Kreditinteressen den Ausschlag, die sich nur durch eine nüchterne Außenpolitik absichern ließen, für die Sozialdemokratie das Programm internationaler Verständigung und friedlicher Revision; sobald es um die äußere Politik ging, abstrahierte die SPD nahezu vollkommen von den innenpolitischen Gegensätzen und gab sich weitgehend gouvernemental. Die darin einbegriffene strikte Trennung von innerer und äußerer Politik trug freilich stark fiktive Züge, die durch das Argument, man handele hinsichtlich der Außenpolitik ja eben unter dem Diktat der „berüchtigten außenpolitischen Zwangsläufigkeiten",[9] zwar nicht geklärt, aber immerhin doch erträglich gemacht wurden. Tatsächlich identifizierte sich die SPD in den großen außenpolitischen Fragen fast bedingungslos mit den Zielen der offiziellen deutschen Außenpolitik.

Innenpolitisch dagegen erwies sich diese (Große) Koalition nicht als tragfähig. Darin kam in erster Linie ein sozial- und wirtschaftspolitischer Gegensatz zum Ausdruck, den die Interessen von Industrie, Handel und Grundbesitz auf der einen, die der Arbeitnehmergruppen auf der anderen Seite bestimmten. Den Schwerpunkt der industriellen

Interessenvertretung bildete die Deutsche Volkspartei: nahezu jedes dritte Mitglied der Reichstagsfraktion konnte vom Reichsverband der Deutschen Industrie vertraulich als „nahestehend" gezählt werden.[10] Die Arbeitnehmer waren dagegen, abgesehen von den Mitgliedern der KPD, vor allem in der SPD, die sich trotz der auf den Parteitagen von Görlitz und Heidelberg akzentuierten Bestrebungen, Volkspartei zu werden, noch immer in erster Linie als Klassenpartei und Sprecherin der „arbeitenden Massen" verstand, aber auch in größerem Umfang im Zentrum vertreten; schließlich besaß auch die DNVP über die Verbindung zum Deutschnationalen Handlungsgehilfen-Verband eine beachtliche Angestelltengruppe in der Reichstagsfraktion. Dieser Interessenhorizont der Parteien verdeutlichte erst das Grundproblem der Großen Koalition, die immer wieder an den verfestigten sozialpolitischen Fronten scheiterte, vor allem an dem durch die Arbeitszeitnotverordnung vom 21. Dezember 1923 verschärften Kampf um die Arbeitszeit:

> Hier türmen sich – schrieb *Stresemann* zu Anfang 1927 im Rückblick auf die jüngst fehlgeschlagenen Versuche einer ‚stillen' Großen Koalition[11] – die größten Schwierigkeiten für die grundsätzliche Einstellung der Sozialdemokratie und in bezug auf die Anschauungen der Wirtschaft zusammen, die soeben glaubt, vorwärtskommen zu können, und sich in allen ihren Erwartungen zurückgeworfen sieht, wenn eine Neuregelung der Arbeitszeit auf der Basis eines mehr oder weniger schematischen Achtstundentages erfolgte.[12]

Angesichts der von den verfestigten sozialpolitischen Interessen ausgehenden Hemmnisse gegen die Große Koalition konnten die gesetzgeberischen Ziele der Gewerkschaften nur auf Umwegen Gestalt annehmen: erst im Frühjahr und Sommer 1927 zeigte sich die christliche Gewerkschaftsbewegung imstande, gegenüber einer stark an den Interessen von Landwirtschaft und Industrie orientierten Mehrheitskoalition ihre taktische Randposition auszunutzen und einen Teil ihrer alten sozialpolitischen Forderungen durchzusetzen.[13] Das Arbeitszeitgesetz vom 8. April 1927 und das Gesetz über Arbeitsvermittlung und Arbeitslosenversicherung waren Ergebnis dieser Konstellation.

Das dritte jener großen Bündnisse stand hinter der Zollgesetzgebung der Mehrheitskabinette 1925 und 1927. Besonders die deutschnationale Fraktion machte sich zum Sprecher der landwirtschaftlichen Schutzzollinteressen. Jedes zweite Mitglied der Reichstagsfraktion gehörte dem Reichslandbund an, mehr als ein Drittel der Fraktion bestand aus aktiven Landwirten und Vertretern landwirtschaftlicher Organisationen.[14] Die Forderungen des Reichslandbundes spielten zum erstenmal im Jahre 1924 eine Schlüsselrolle in der deutschen Innenpolitik, als der Landbund versuchte, im Gegenzug zu der geforderten Zolltarifnovelle die Zustimmung der DNVP zum *Dawes*plan anzubieten,[15] ohne sich damit allerdings in der Fraktion am Ende ganz durchsetzen zu können. Der Riß in der deutschnationalen Fraktion, den die Schlußabstimmung über die Gesetze zum Dawesplan (29. August 1924) offenlegte, hatte darin eine seiner Ursachen. Auch in den folgenden Jahren geriet der Pragmatismus der Interessenpolitiker in dauernden Widerspruch zum Programm der deutschnationalen Dogmatiker. Zweimal drohte die Abspaltung einer „freikonservativen Agrarpartei", deren erster und wichtigster Programmpunkt im aktiven Einfluß auf die Regierungspolitik bestand.[16] In weitaus schwächerem Maß waren die landwirtschaftlichen Interessen in Zentrum und Deutscher

Volkspartei vertreten, im Zentrum jedoch weitgehend neutralisiert durch das Gegengewicht des Gewerkschaftsflügels, in der Volkspartei durch starke Export- und Handelsinteressen, die sich vor allem bei den kritischen Handelsvertragsverhandlungen mit Spanien (1925) und Polen (1927) am Ende als ausschlaggebend erwiesen.

Schließlich bestand, ohne sich jemals mit einem dieser Bündnisse ganz zu decken, die offizielle Regierungskoalition. Doch stellte sie in der Regel nicht mehr als eine Aushilfslösung des Dauerdilemmas der parlamentarischen Mehrheitsbildung dar, ohne darüber hinaus etwas anderes als ein befristetes Gleichgewicht herbeiführen zu können.

III.

Regierung, Koalition und die politischen Parteien

Der Vielschichtigkeit dieser Koalitionen entsprach die Heterogenität der Opposition. Eine geschlossene Minderheit gab es im Reichstag ebensowenig wie eine kooperationsfähige Mehrheit. Für eine „Integration durch Polarität",[17] wie sie auf den Idealfall des Verhältnisses von Regierung und Opposition im funktionierenden, auf einer klaren Alternative aufbauenden Zweiparteien- oder Zweigruppensystem hinweist, fehlten die Voraussetzungen. Statt dessen hatte sich eine Vielzahl von Einzelgegensätzen herausgebildet, die auf lange Sicht alle Versuche fehlschlagen ließen, zu dauerhaften, stabilen Mehrheitsverhältnissen zu kommen.

Seit der Niederlage der Weimarer Koalition in den Reichstagswahlen von 1920 ging auf der demokratischen Seite der Weg zur Mehrheitsbildung nur noch über die Große Koalition, die auch die Deutsche Volkspartei einschloß. Einzig die Regierung *Wirth* konnte sich als Minderheitskabinett der Linken halten, und zwar im wesentlichen deshalb, weil die Volkspartei noch nicht etablierte Regierungspartei und daher zu Zugeständnissen bereit war. Doch auch die parlamentarische Rechte war außerstande, eine Mehrheitskoalition zu bilden, ohne zugleich das Zentrum einzubeziehen. Daher umschlossen beide Koalitionen einen so breiten Bereich der überhaupt kooperationsfähigen Kräfte, daß für die Flügelparteien, sei es der Großen Koalition, sei es des Bürgerblocks, die Mitverantwortung für die Regierung zugleich auch immer das Parteigefüge belastete.

Das Fehlen einer wirklich kooperationsfähigen Mehrheit ließ nur den Ausweg in eine Politik offen, die sich den vorhandenen Mehrheits- und Machtverhältnissen anpaßte. Es war danach nur folgerichtig, wenn sich die Mittelparteien zum ständigen Vermittler der Koalitionspolitik machten und durch ihr wendiges Taktieren – von den Sozialdemokraten meist als kleineres Übel toleriert, doch auch bereit, mit den Deutschnationalen in Einzelfragen der inneren Politik zusammenzuarbeiten – eine Ersatzlösung anboten. Daher war die Mitte imstande, für ihre eigenen Interessen die parlamentarischen Gewichte zu verschieben und den Gegensatz der Flügelparteien SPD und DNVP in jene vielschichtigen Bündnisse umzusetzen, die die Mehrheitsbildung oft erst ermöglichten, die aber auch die Koalitionspolitik in ihrem Grundzug während der Stabilisierungsphase nie anders als gleitend und unübersichtlich bleiben ließen. Diese Improvisation konnte die Strukturprobleme des Parteiensystems nicht lösen, folgte sie doch allein dem Weg des geringsten Widerstandes. Zugleich aber hatte sie für die Parteien den Vorzug, daß sie ohne klare Lösung der Verantwortungsfrage auskam.

Anders als die Minderheitsregierungen der Mitte versuchte das erste Bürgerblockkabinett unter der Führung *Luthers*, dieses Dilemma zu lösen. Das Kabinett sollte nach der vom Reichskanzler für das Zentrum erfundenen Formel keine eigentliche Parteienregierung darstellen, sondern vorwiegend aus Fachministern bestehen, um die Flügelparteien zu entlasten und dem Kanzler größeren Spielraum zu gewähren. Praktisch erwies sich jedoch, daß das Kabinett nach wie vor den Mehrheitsparteien verantwortlich und von ihnen abhängig war.[18] Der vorsichtige Kompromiß Luthers, der die klare Form durch eine gelungene Formulierung ersetzt hatte, scheiterte endgültig in der außenpolitischen Herbstkrise des Jahres 1925, als die deutschnationalen Landesverbände zum offenen Angriff auf die Regierungskoalition übergingen. Schon Monate zuvor allerdings hatte das Zentrum die Grenze seiner inneren Kompromißfähigkeit erreicht: „Die innere Überladung an Spannung, an der wir so sehr leiden",[19] hatte zu diesem Zeitpunkt bereits den Plan reifen lassen, den Bruch der Koalition herbeizuführen, sobald die Hauptziele der Außenpolitik erreicht wären.[20] Die der Idee nach über die Parteien hinausweisende Form des Kabinetts blieb für die Praxis eine Fiktion.

In der Entwicklung des Staatslebens waren von Anfang an komplizierte koalitionspolitische Abläufe an Stelle der in der Weimarer Verfassung konzipierten Führungsrolle des Kanzlers bei der Regierungsbildung getreten.[21] Zwischen der seit 1925 an Bedeutung ständig zunehmenden Intervention des Reichspräsidenten bei der Regierungsbildung einerseits und den Vorentscheidungen der Fraktionen andererseits blieb dem designierten Kanzler in der Regel nur geringer Spielraum, um ein Kabinett zu bilden und ein Programm zu entwickeln. Während sich jedoch das Eingreifen des Reichspräsidenten nur in Einzelheiten auf die praktische Regierungsarbeit auswirkte, vermochten es die politischen Parteien im Verlauf ausgedehnter Absprachen, die parteipolitische Färbung, wesentlich die Zusammensetzung und endlich das Arbeitsprogramm der Kabinette festzulegen.[22] Damit waren die Wahlkapitulationen der Kanzler fixiert.

Anders als es die gängige Parteienkritik in Staatsrechtslehre und Publizistik der Weimarer Zeit wollte,[23] lag die entscheidende Schwäche des parlamentarischen Regierungssystems indessen keineswegs in dieser unter den Vorzeichen des Parteienstaates doch mehr oder weniger zwangsläufigen Entwicklung der Verfassungswirklichkeit, sondern sie rührte vielmehr von der strukturellen Unfähigkeit der politischen Parteien her, ihren Wirkungsraum durch stabile Mehrheitskoalitionen auszufüllen. Ebensowenig gelang es den Parteien, jemals die Vielzahl der Verwicklungen der deutschen Innenpolitik in ein einziges koalitionspolitisches Programm einzufügen, das auch die äußere Politik einbezog und elastisch genug war, um in der Folgezeit eine ausreichende Arbeitsgrundlage abzugeben. An die Stelle wirkungsvoller Koalitionsabsprachen mußte immer von neuem ein System von Aushilfen treten, um die verfestigten Gegensätze auf die eine oder andere Weise zum Ausgleich zu bringen. Wenn auch Teilerfolge in der Art der Sozialgesetzgebung des Jahres 1927 nicht ausblieben, so ergab sich am Ende doch nur wieder ein labiles System gleitender Bündnisse, das zwar offenkundige Schwächen in sich trug, als Arbeitsgrundlage aber unersetzlich blieb.

Selbst wenn solche Bündnisse, wie sie vor allem der Druck der vorherrschenden ökonomisch-politischen Interessen zusammenfügte, über längere Zeiträume Bestand hatten, so konnte doch wenig Zweifel daran bestehen, daß die eigentlichen Strukturprobleme des Weimarer Parteiwesens – die mangelnde Integrationskraft der Parteien und die Unstimmigkeiten der politischen Willensbildung zwischen Regierungsparteien und Regierung – nach wie vor einer Lösung harrten. Die Vielzahl der notwendigen Bündnisse und stillschweigenden Übereinkünfte bedeutete nicht so sehr den Ansatz der Stabilisierung, sondern blieb ein Zeichen der inneren Schwäche und der gefährlichen Spannungen.

Doch waren es gerade wechselnde Mehrheiten und gleitende Bündnisse, die der taktisch wendigen Koalition der Mitte Gelegenheit boten, zwischen SPD und DNVP eine Gleichgewichtspolitik eigener Prägung zu praktizieren. Auf diese Weise gewann die Mitte einen Aktionsradius, der weit über das Maß hinausging, das sie auf Grund ihrer parlamentarischen Stärke hätte erreichen können. Für diesen Sachverhalt war es bezeichnend, daß gerade Kabinette auf schwacher Basis es eher vermochten, durch taktische Bündnisse *ad-hoc*-Lösungen zu schaffen, als äußerlich starke Koalitionen, die sich auf eine formelle Mehrheit stützten. So konnte die (II.) Minderheitsregierung *Marx* am 29. August 1924 die ausschlaggebenden Vorlagen zum Dawesplan mit qualifizierter Mehrheit verabschieden lassen, während das darauffolgende Kabinett *Luther,* das über eine knappe Mehrheit im Reichstag verfügte, an der verwandten Frage des Locarnopakts zerbrach.

Die Entwicklung zu Kräftegruppierungen, die sich strenggenommen weder als Regierungskoalition noch als Opposition klassifizieren ließen, sondern bald mehr zur einen, bald zur anderen Seite tendierten, trat auch in der Tatsache zutage, daß abgeschwächte Formen der Zustimmung mehr und mehr das regelrechte Vertrauensvotum der parlamentarischen Mehrheit (Art. 65 WRV) ersetzten, um der zurückhaltenden Unterstützung oder bloß abwartenden Tolerierung eines Kabinetts Ausdruck zu geben. Billigungserklärungen oder die einfache „Kenntnisnahme" der Regierungserklärung wurden schon in den Anfangsjahren der Republik üblich. Mag die feine Abstufung auch als Streit um Worte anmuten, so gewannen diese Formeln doch symptomatische Bedeutung für den Zustand des Regierungssystems. Nur zwei der fünf Kabinette, die während der II. und III. Wahlperiode des Reichstags amtierten, erhielten ein regelrechtes Vertrauensvotum, zwei weitere eine Billigungserklärung, während für das III. Kabinett *Marx* die schlichte Kenntnisnahme genügen mußte.[24] Nur auf diese Weise ließ sich eine Mehrheit von Ja-Stimmen oder zumindest eine hinreichende Zahl von Stimmenthaltungen sichern, um auch nach außen der komplizierten und mehrschichtigen Lage der Bündnisverhältnisse im Reichstag Rechnung zu tragen.

Umgekehrt entsprachen auch Motive und Entwicklung von Regierungskrisen und Kabinettswechseln der normativ nicht umschriebenen Machtstruktur. Allein die beiden Minderheitsregierungen des Jahres 1926 stürzten auf Grund eindeutiger Mißtrauensvoten. Die übrigen Kabinette dieser Zeit sahen sich zum Rücktritt gezwungen, als die Regierungskoalition auseinanderbrach.

Die Vielzahl der potentiell entscheidenden Mächte und die komplizierte Kräfteverteilung im Reichstag ließen ein dauernd gefährdetes Gleichgewicht entstehen, das sich einerseits im häufigen Wechsel der Regierung dokumentierte, andererseits aber – trotz des wiederholten Szenenwechsels – vorwiegend die gleichen Kräfte ins Spiel brachte. Denn einmal hatte die Zentrumspartei ihre traditionelle Mittelstellung im Reichstag behauptet, zum anderen hatte die Deutsche Volkspartei eine ähnliche Schlüsselposition im Parteienfeld gewonnen, so daß sich im Grunde keine Regierung ohne die beiden Parteien bilden ließ. Diese Konstellation führte in der Koalitionspolitik zu einem anhaltenden Schwebezustand, der ebenso der auf den inneren Ausgleich gerichteten Sozialstruktur der Zentrumspartei wie den spezifischen Interessen der Volkspartei entsprach.

Die DVP lief Gefahr, ihr bürgerlich-liberales Erscheinungsbild zu verlieren, sobald ihre Interessenverbindung mit den Deutschnationalen allzu deutlich an die politische Oberfläche trat. Sie mußte daher, um für ihre Wähler unverwechselbar zu bleiben, stets eine erkennbare Distanz zu ihrer rechten Nachbarpartei einhalten. Insgesamt wurde jedoch, abgesehen von solchen eher taktischen Modifizierungen, die Koalitionspolitik der Deutschen Volkspartei seit 1923 fast unverändert von dem Leitmotiv bestimmt, die DNVP in die Regierungsverantwortung einzuspannen; die Gründe dafür lagen teils in der interessenpolitischen Partnerschaft, teils in dem Hintergedanken, auf diese nützliche Weise die gefährlichste parteipolitische Konkurrenz sich verschleißen zu lassen.

Anders das Zentrum: als bewußt katholische Integrationspartei konnte sich die Zentrumspartei auf lange Sicht kaum auf eine einseitige Koalitionspolitik einlassen. In der Mittelphase verband sich daher mit einer national-konservativen Grundtendenz in der Reichspolitik immer wieder auch der Versuch, im Reich oder in Preußen die Verbindung zu den Sozialdemokraten nicht abreißen zu lassen. Zentrumspolitik war daher zu einem wesentlichen Teil Taktik aus Instinkt, die das labile Gleichgewicht der innerparteilichen Gruppen zu bewahren suchte.

Nur innerhalb dieser Grenzen konnten beide Parteien überhaupt Koalitionen eingehen. Hier lagen auch die unveränderten Voraussetzungen dafür, daß beide Parteien nicht davon abkamen, die Koalitionspolitik, wenn auch unter verschiedenem Blickwinkel, immer wieder auch als Gleichgewichtspolitik aufzufassen. Daher konnte das Bündnis der Mitte immer dann wieder aufleben, wenn sich die Verhandlungsbasis für eine feste Mehrheit als zu schmal erwies. Aber auch das bedeutete nur eine Teillösung des Dilemmas. Die bürgerlichen Mittelparteien konnten dann zwar mit wechselnden Mehrheiten operieren, doch blieb zugleich ihre Machtposition von taktischen, unechten Mehrheiten der stillen Bündnispartner SPD und DNVP bedroht.

Während gleichzeitig immer mehrere Parteienbündnisse nebeneinander denkbar, wenn auch praktisch nicht gleicherweise realisierbar waren, vermochte sich auch keine geschlossene Opposition zu bilden, die die parlamentarischen Fronten begradigt hätte.[25] War erst einmal der enge Bewegungsraum innenpolitischer Alternativen akzeptiert, so mußten taktische Überlegungen übergroßes Gewicht erhalten. Koalitions- und Oppositionsverhalten konnte schließlich so eng nebeneinander liegen, daß beides sich bis zur Bildung neuer, die Koalition auflösender Fronten berührte. Die Grundbedingung für den Erfolg lag vor allem darin, daß die neue Gruppierung einen genügenden Teil der Mitte einbezog.

Daher stellte nicht nur der Flankendruck der neuen „absolutistischen Integrationsparteien"[26] auf das Parteiensystem die Funktion einer staatstreuen parlamentarischen Opposition überhaupt in Frage, sondern gleicherweise lähmend wirkte sich auch die – in dem akzeptierten Rahmen aller Parteien – unüberwindlich erscheinende Enge der Koalitionspolitik aus. Sie machte gerade dadurch, daß sie Alternativen weitgehend auszuschalten schien, den Begriffsinhalt parlamentarischer Opposition fragwürdig. Die „nicht verfassungsmäßig normierte soziale Entsprechung" der Regierung[27] geriet in Gefahr, in dem ungewissen Raum zwischen tolerierendem Abseitsstehen und starrem Widerstand zu zerrinnen.

IV.

Strukturprobleme des Parteiensystems

Innerhalb des in sich äußerst spannungsvollen Vielparteiensystems der Weimarer Republik blieben bestimmte Grundzüge konstant. Das parteitaktische Problem blieb die Distanz, das koalitionspolitische die Zusammenarbeit und der Ausgleich. Das Dilemma der Parteien lag darin, daß sie die Erfordernisse des inneren Kräftegefüges gegen die notwendige politische Manövrierfähigkeit ausbalancieren mußten und daß keine eingeübte parlamentarische Kompromißpraxis diese Aufgabe lösen half. Die überlieferte starke Betonung weltanschaulicher Momente in den deutschen Parteien mochte vielmehr dazu führen, daß der Kompromiß als solcher suspekt erschien. Die Beteiligung an der offiziellen Regierungskoalition wirkte belastend, sobald sie den Ausgleich der innerparteilichen Gewichte gefährdete. Es beruhte letztlich auf diesem Zusammenhang, wenn sich 1925 die Deutschnationalen, indem sie die Locarnokrise in Gang brachten, der Regierungsverantwortung entzogen. Ähnliche Motive bestimmten die Sozialdemokraten, als sie im Jahre darauf mit erheblichem Lärm die kurzlebige „stille" Große Koalition verließen.

Dieses Vielparteiensystem vermochte zwar gesellschaftliche Kräfte differenziert widerzuspiegeln, doch akzentuierte es auch vorhandene soziale Spannungen und Gegensätze und schränkte die politischen Parteien auf ein schmales Feld der Kräfte ein. Die innere Integrationsfähigkeit der Parteien verminderte sich dementsprechend und erschwerte jeden politischen Kompromiß. Nur die Zentrumspartei, geradezu Modell einer Volkspartei, fügte sich diesem Bild nicht ein. In den anderen Parteien gab es zwar Ansätze dazu, den begrenzten Gruppencharakter aufzugeben, doch mangelte es diesen Versuchen auf die Dauer stets an Überzeugungskraft. Gerade die Enge ihres Bewegungsraumes ließ die Parteien ständig den Abstand zu eben jenen Partnern suchen, auf deren Mitarbeit in Koalitionen sie gleichwohl nicht verzichten konnten. Die liberale Selbstbestätigung, wie sie die Volkspartei 1927/28 aus Anlaß des Entwurfes eines christlichen Schulgesetzes gegenüber ihren christlich-konservativen Koalitionspartnern suchte, bot dafür ebenso ein Beispiel wie das Bemühen der demokratischen Fraktion in derselben Zeit, sich durch eine betont bürgerlich gefärbte Innenpolitik überzeugend von den Sozialdemokraten abzuheben.

Anders als im Zweiparteiensystem, in dem die Mehrheit in der Regel die Regierung bildet, mußte sich in der Weimarer Republik ein regierungsfähiges Parteienbündnis erst über Kompromisse zusammenfinden, die zwischen weltanschaulich getrennten und organisatorisch selbständigen Partnern eine gemeinsame Marschroute von Punkt zu Punkt festlegten. Der Integrationsvorgang war zweigeteilt. Er spielte sich nur vorläufig innerhalb der einzelnen Koalitionsparteien ab, in einer ungleich schwierigeren Phase aber erst im Koalitionsverband. Um überhaupt in Koalitionsverhandlungen eintreten zu können, sah sich jede Partei dazu gezwungen, ihre Ausgangsposition zur Diskussion zu stellen und Vergleiche einzugehen. Der Partikularismus der Parteien, gefördert durch das Verhältniswahlrecht, schränkte die innere Elastizität der Koalitionen ein. Regierungsverantwortung zu übernehmen, hieß stets auch, das Parteigefüge Belastungen auszusetzen, denen es historisch nicht angepaßt war. Die Struktur der politischen Parteien und die durch die Ausschaltung von der politischen Macht und Zurückdrängung auf allein „negative Politik"[26] geschichtlich geprägte Tradition des Reichstags standen in offenem Widerspruch zu der Notwendigkeit, stabile Regierungskoalitionen zu schaffen.

V.

Krise und Versagen des Parlaments

Die Mehrheitsregierungen von 1925 und 1927/28 machten das Verhältnis von Koalition und Opposition zum Hauptnenner der politisch-gesellschaftlichen Konflikte in der Stabilisierungsphase. Die Minderheitskabinette dagegen lebten in der Hauptsache davon, die bestehenden Gruppenantagonismen sich nicht so weit verdichten zu lassen, daß der aufbrechende Klassengegensatz den Schwebezustand der Innenpolitik aufhob. Daher fanden es die Mittelkabinette notwendig, alle Grundentscheidungen der inneren Politik vor sich herzuschieben. Wurde aber ein Schritt der Gesetzgebung, der die bestehende sozialökonomische Machtverteilung wesentlich beeinflußte, schließlich unausweichlich, so erwies sich das taktische Prinzip der Minderheitsregierungen, von Fall zu Fall halbe Zugeständnisse nach links und rechts zu machen, als nicht mehr tragfähig. So ergab sich für das 1924 amtierende Minderheitskabinett die Notwendigkeit, die

Grundentscheidung über die Verteilung der Lasten aus dem *Dawes*plan, die die Mittelparteien nicht gemeinsam mit der SPD treffen wollten, durch einen Frontwechsel vorzubereiten. Der parallele Vorgang spielte sich ab, als die Minderheitsregierungen des Jahres 1926 vor dem Problem der Arbeitszeitfrage standen.

In den zahlreichen Regierungskrisen verstärkten die großen Interessenverbände ihre innenpolitische Aktivität. Mitunter griffen sie entscheidend in die Verhandlungen über Programm und Zusammensetzung der Regierungen ein. Die außerparlamentarischen Einflüsse, von den Interessengruppen ebenso wie von den Parteiapparaten ausgehend, belasteten zusätzlich das ohnehin schwierige Verhältnis von Regierung und Regierungskoalition. In den Mehrheitskoalitionen von 1925 und 1927/28 mußte sich das Kabinett am Ende gegenüber den zahlreichen, nur schwer miteinander in Einklang zu bringenden Forderungen der Interessengruppen darauf beschränken, die äußere Form des Kompromisses zwischen den einzelnen Koalitionsparteien festzulegen und mit taktischen Maßnahmen – darunter vor allem Verbindung von Gesetzesvorlagen gegensätzlicher Zielrichtung, aber auch Überredung, Ultimatum, Rücktrittsdrohung – durchzusetzen.

Darüber hinaus wirkte es sich entscheidend aus, daß es den Parteien nicht gelang, den Prozeß der innerparteilichen Willensbildung auf breiter Grundlage den Strukturprinzipien und Erfordernissen der parteienstaatlichen Demokratie anzupassen. Die Beziehungen zwischen den Koalitionsparteien und der von ihnen getragenen Regierung blieben auch aus diesem Grunde dauernd gespannt. Ließ sich gerade dieses Problem für die Minderheitsregierungen noch verhältnismäßig einfach lösen, so stellte es für die Mehrheitsregierungen eine Existenzfrage dar. Man versuchte, die Organisation des Führungsapparates der Regierung dem Dualismus von Parteien und Kabinett anzupassen. Als jedoch die Institution des Interfraktionellen Ausschusses im Jahre 1926 wieder ins Leben gerufen wurde, um den Dialog zwischen Regierung und Koalition über eine elastische Zwischeninstanz zu führen, traf dieser Versuch charakteristischerweise schon im Vorstadium auf die Gegnerschaft der Parteien, die ihre Autonomie bedroht sahen.[29]

Drohte in der inneren Politik der Ausgleich zwischen den Machtfaktoren fehlzuschlagen, so stellte es den naheliegenden Ausweg dar, die Ansprüche zu summieren. Dieses Vorgehen konnte schon 1925 in den entscheidenden Fragen der Zoll- und Steuergesetzgebung, des Etats und der Handelsverträge die Taktik des Mehrheitskabinetts bestimmen.[30] Die Kunst des Regierens bestand dann vor allem darin, die mühsam gefundene Balance der Gruppenforderungen zu erhalten. *Luther*, dessen Regierungsstil eher dem Essener Rathaus entstammte, wo er als Oberbürgermeister amtiert hatte, als dem Reichstag, dessen Bewegungsgesetzen der „Politiker ohne Partei"[31] ohnehin nur schwaches Verständnis entgegenbrachte, suchte zwar diese Entwicklung zu steuern, sah sich aber am Ende dazu gezwungen, vor der Übermacht der Parteien und der organisierten Interessen zu kapitulieren. Der Ansatz zur „Kanzlerdemokratie", wie ihn Luthers Regierungsstil zumindest anfänglich zu versprechen schien, schlug damit fehl. Ihren Höhepunkt erreichte diese Entwicklung jedoch erst mit der zweiten Mehrheitskoalition, in der der Machtkampf der Interessenkräfte die Grundzüge der Innenpolitik entscheidend mitzuprägen vermochte. Die Koalition wurde mehr und mehr zu einer Konföderation autonomer Interessengruppen, deren hauptsächliche Gemeinsamkeit in dem festen

Willen bestand, sich den größtmöglichen Anteil am Sozialprodukt zu sichern. Die aufbrechenden weltanschaulichen Gegensätze verschärften dabei die allseitige Frontbildung.

Die Stabilität der Koalitionen hing davon ab, daß sich die gesellschaftlichen Kräfte im Vorfeld der Parteien zum Ausgleich bereit fanden. Als der Reichslandbund 1927 in den christlichen Gewerkschaften einen potentiellen Bundesgenossen für die eigenen Zollpläne erblickte, die es gegen die am Export interessierte Industrie durchzusetzen galt, gab man sich in der Arbeitszeitfrage kompromißbereit: der Reichslandbund wollte der Vorlage dann zustimmen, „wenn die Landwirtschaft Zug um Zug in die Lage versetzt würde, diese neue Belastung aufzubringen".[32] Nachdem die Zollvorlage dann Anfang Juli 1927 den Reichstag passiert hatte, zog der agrarische Interessenverband Bilanz: es komme auch in Zukunft nur darauf an, jedes Zusammengehen mit Industrie oder Gewerkschaften „vom reinen Nützlichkeitsstandpunkt für die Landwirtschaft" zu betrachten.[33]

Der enge Zusammenhang zwischen Parteien und vorparlamentarischen Gruppen bedingte zugleich jenes Dauerdilemma der Koalitionspolitik, das darin bestand, daß der Erfolg der parlamentarischen Integration maßgeblich von nicht eigentlich politischen Gruppen mitbestimmt wurde. Diese suchten auf die politischen Parteien einzuwirken, ohne jedoch über ihre partikulare Zielsetzung hinaus zwischen den antagonistischen Kräften der Gesellschaft und dem politischen Prozeß vermitteln zu können.

Der Übergang von der Stabilisierung des Regierungssystems zur Stabilität wäre, da er den dauerhaften Interessenausgleich voraussetze, fast zwangsläufig zu Lasten der einzelnen Parteien gegangen und hätte wahrscheinlich für die Mehrzahl der Parteien Änderungen der Führungsstruktur und der Kanäle der Willensbildung bedeutet. Ein tiefgreifender Strukturwandel jedoch hätte eine Wechselwirkung von Regierung und Koalition vorausgesetzt, die auf langer Kompromißpraxis beruhte. Notwendigerweise hätte die Verfassungswirklichkeit sich verändert. Der Impuls dazu konnte mutmaßlich, wenn überhaupt, nur vom Reichspräsidenten oder von einem starken Kanzler ausgehen. In der Mittelphase gab es im wesentlichen jedoch nur einen solchen Ansatz zur Neuordnung: den Versuch *Luthers*, den Regierungsparteien gegenüber die Führung durch das Kabinett durchzusetzen, der indessen nach Anfangserfolgen, die sich vor allem in der Aufwertungsfrage auswirkten,[34] an den Machtpositionen der etablierten Interessen scheiterte. Nur mit großen Vorbehalten lassen sich weiter die 1926/27 andeutungsweise hervorgetretenen Pläne *Hindenburgs* anführen, die auf ein parlamentarisch weitgehend unabhängiges Kabinett abzielten – als letzte Lösung eine „Regierung der Persönlichkeiten", die jedoch nur lebensfähig erschien, wenn der Reichspräsident „zur Auflösung des Reichstags und den alsdann zu treffenden besonderen Maßnahmen hinter dieser Regierung steht"[35] –, aber mit Sicherheit eher in der Aushöhlung als der Stabilisierung des parlamentarischen Regierungssystems geendet hätten.

Das Gesetz des Handelns entglitt immer mehr einem Parteiensystem, das sich als unfähig erwies, die parlamentarischen Grundprinzipien anders als taktisch zu verwirklichen. Trotz der sichtbaren inneren Festigung des Weimarer Regierungssystems seit der Jahreswende 1923/24, als nach den Worten *Arthur Rosenbergs* ein kritischer Beobachter

„keine fünf Rentenmark" mehr für den Bestand der Weimarer Republik gegeben hätte,[36] blieb es auch während der Dauer der eigentlichen Stabilisierungsphase immer fraglich, inwieweit das Parlament neben seiner gesetzgeberischen Aufgabe imstande wäre, die politische Führung auszuwählen und darüber hinaus einen grundlegenden gesellschaftlich-politischen Konsens herbeizuführen. Der „Machtschwund des Reichstags"[37] und die fortschreitende innere und äußere Erosion des parlamentarischen Regierungssystems erwiesen sich dabei als Ausdrucksformen desselben Prozesses.

Die innen- und außenpolitischen Schwierigkeiten, die schon die Anfänge der Weimarer Republik belasteten, vor allem aber die besonderen strukturellen Hemmnisse der parteienstaatlichen Demokratie in Deutschland führten dazu, daß sich der Integrationsgedanke des Parlaments nur ansatzweise verwirklichen konnte. Diese Entwicklung blieb auch während der Mittelphase Ausdruck der inneren Schwäche des Regierungssystems. Die Ansätze zur Verbreiterung des politischen Konsens auf den überwiegenden Teil der national-konservativen Rechten im Reichstag, sosehr sie Kriterium der politischen Stabilisierung dieses Zeitabschnitts sind, konnten doch schon den Belastungen der folgenden Jahre und dem Angriff der alldeutsch-völkischen Kräfte innerhalb der DNVP nicht standhalten. Unter diesem Blickwinkel bietet die Geschichte der Mittelphase ein Bild historischen Versagens, denn der entscheidende Strukturwandel der Koalitionspolitik und der deutschen Innenpolitik blieb aus. Allein, die verhältnismäßig kurze Dauer der demokratischen Stabilisierung läßt die Frage unbeantwortet, ob nicht bei längerem Anhalten des Experiments die angefangene Entwicklung endlich doch in eine tiefere Konsolidierung der demokratisch-parlamentarischen Regierungsform hätte überleiten können.

In der Stabilisierungsperiode reichte zwar in der Regel die Kompromißfähigkeit der Mitte und der Flügelparteien SPD und DNVP aus, um die sozialen Gegensätze auf einen Näherungswert zu bringen, doch blieben die Koalitionen in sich eng begrenzt. Jede Kontinuität der Außen-, Wirtschafts- und Sozialpolitik wurde durch die fließenden Übergänge von Koalition und Opposition in Frage gestellt. Das Handeln der politischen Parteien erlaubte in der Koalitionspolitik zwar Akzentverschiebungen, doch war längst eine Neuorientierung des parlamentarischen Regierungssystems, seiner wesentlichen Ziele und Methoden notwendig geworden, sollte das System selbst überleben.

ANMERKUNGEN:

1 Dem folgenden Beitrag liegen Ergebnisse einer Arbeit über „Koalition und Opposition in der Weimarer Republik 1924 bis 1928" zugrunde, die 1967 erschien.

2 v. *Lindeiner-Wildau* an Graf *Westarp*, 22. September 1924, Nachlaß *Westarp*, zit. bei R. *Thimme, Stresemann und die Deutsche Volkspartei 1923–1925* (Historische Studien, Heft 382). Lübeck und Hamburg 1961, S. 89.

3 Der anhaltende Kampf des Alldeutschen Verbandes gegen den gemäßigten Flügel der DNVP, der nicht unwesentlich zu der Machtübernahme *Hugenbergs* in der Partei 1928 beitrug, wird deutlich in den Protokollen des Geschäftsführenden Ausschusses des Alldeutschen Verbandes,

Deutsches Zentralarchiv Potsdam (hiernach zit. DZA), Akten Alldeutscher Verband, Bd. 134–154 (1924–1928).
4 Vgl. *Sigmund Neumann, Die deutschen Parteien, Wesen und Wandel nach dem Kriege.* Berlin 1932, S. 61 f.
5 Zur Entwicklung der Deutschnationalen Volkspartei bis 1928 neuerdings *Lewis Hertzman, DNVP, Right-Wing Opposition in the Weimar Republik 1918–1924.* Lincoln 1963; für die folgende Zeit die materialreiche Darstellung von *Manfred Dörr, Die Deutschnationale Volkspartei 1925–1928.* Diss. Marburg/L. 1964.
6 Vgl. *Neumann,* S. 22.
7 Das Gewicht der Fachminister-Idee bestimmte weitgehend schon die Überlegungen im Reichskabinett, die der Regierungsbildung durch *Luther* vorausgingen. Zudem erblickte man in diesem Gedanken den Ausweg aus einer verfahrenen innenpolitischen Lage: Bundesarchiv Koblenz (hiernach zit. BA), R 43/I Akten betr. Kabinettsprotokolle, Ministerbesprechung vom 16. November 1924; dazu die Ministerbesprechung vom 19. Dezember 1924, gedr. bei *O. Gessler, Reichswehrpolitik in der Weimarer Zeit.* Stuttgart 1958, Anhang 21.
8 Vgl. die jeweils den Ausschlag gebenden Vorstandssitzungen der Deutschen Demokratischen Partei vom 2. Februar 1925 und vom 12. Februar 1927, BA R 45 III/19, S. 99 ff., und ebd., Bd. 20, S. 58 ff.
9 „Vorwärts" Nr. 261 vom 5. Juni 1924 im Hinblick auf die sich für die Zeit nach der Annahme des Dawesplans bereits abzeichnende Umgruppierung der Kräfte im Reichstag; auch in der Locarnokrise vom Herbst 1925 trugen die Sozialdemokraten zwar zunächst schwere Bedenken, „auf außenpolitischem Gebiet anderen Parteien die Kastanien aus dem Feuer zu holen", stimmten aber am Ende dem Locarnovertrag im Reichstag zu; Aufzeichnung des Ministerialdirektors in der Reichskanzlei *Pünder* vom 26. November 1925 über eine Unterredung mit dem preußischen Staatssekretär Weismann, BA R 43 I/429.
10 Verzeichnis der Industrie nahestehender Parlamentarier, Anlage eines Briefes von *Carl Duisberg* (Erster Vorsitzender des Präsidiums des Reichsverbands) an *Paul Silverberg* (Mitglied des Präsidiums), 13. März 1925, BA Nachlaß *Silverberg,* Bd. 259. Die Zahlen im einzelnen:

	a) Fraktionsmitglieder	b) davon der Industrie „nahestehend"
DVP	51	16
DNVP	111	10
DDP	32	4
Zentrum	69	4
Gesamt		34 = 6,9% aller Abgeordneten im III. Reichstag

Zur Vertretung der Arbeitnehmer in den Fraktionen des Reichstags vgl. die Übersicht bei *R. Thieringer, Das Verhältnis der Gewerkschaften zu Staat und Parteien in der Weimarer Republik, Die ideologischen Verschiedenheiten und taktischen Gemeinsamkeiten der Richtungsgewerkschaften, 1918–1933.* Diss. Tübingen 1954, S. 154 f.
11 Nachdem wiederholt SPD und DNVP, wiewohl aus ganz verschiedenen Motiven, unechte, taktische Mehrheiten gebildet und die Arbeit des Haushalts- und des Sozialpolitischen Ausschusses lahmgelegt hatten, suchte das Kabinett Anfang November 1926 nach einem *„modus vivendi"* mit den Sozialdemokraten. Ergebnis war das überaus zwiespältige Gebilde einer „stillen" Großen Koalition; dazu die Ministerbesprechungen vom 10. und 11. November und 13. Dezember 1926.

12 Undatierte „Betrachtungen zur Krisis", zum Teil veröffentlicht in: *Deutsche Stimmen* Nr. 4 vom 20. Februar 1927, Manuskript im *PA.AA*, Nachlaß *Stresemann*, Bd. 50.
13 Zu den in dieser Periode sich gleichwohl verschärfenden innerparteilichen Spannungen in der Zentrumspartei vgl. *J. Becker,* Joseph Wirth und die Krise des Zentrums während des IV. Kabinetts Marx (1927–1928), Darstellung und Dokumente, in: *Zeitschrift für die Geschichte des Oberrheins 109,* 1961.
14 Vgl. die vom Reichsverband angefertigte Aufstellung über „Landwirtschaftsvertreter im neuen Reichstage", *DZA,* Akten Reichslandbund, Bd. 116 (Reichstagswahlen vom Dezember 1924), S. 144:

	a) Landbundmitglieder	b) Landwirte und Vertreter landwirtschaftlicher Organisationen
DNVP	52	39
DVP	4	5
Zentrum	4	13
BVP	0	5
DDP	0	1

15 Vgl. Ministerbesprechung vom 19. Juni 1924, in der *Graf Kanitz,* Reichsminister für Ernährung und Landwirtschaft, diese Beziehung zum erstenmal aufstellte; dazu *Netzband, K. B./H. P. Widmaier, Währungs- und Finanzpolitik der Ära Luther, 1923 bis 1925* (Veröffentlichungen der List-Gesellschaft, Bd. 32), Basel *und Tübingen* 1964, S. 243f.
16 Vgl. die Unterredung *Stresemanns* mit dem pommerschen Gutsbesitzer *v. Flemming* als Vertreter des Reichslandbunds, 6. Dezember 1925, Aufzeichnung im Nachlaß *Stresemann,* Bd. 272; im darauffolgenden Jahr wurde die Gefahr der Abspaltung wiederum akut, als die deutschnationale Reichstagsfraktion Anfang Juli den Regierungsentwurf zur Fürstenauseinandersetzung ablehnen wollte. Vgl. den Brief *Graf Westarps* an *Graf Seidlitz,* 5. Juli 1926, Nachlaß *Westarp.*
17 *D. Sternberger,* „Über parlamentarische Opposition", in: *Wirtschaft und Kultursystem, Festschrift für Alexander Rüstow,* Zürich 1955, S. 302.
18 Dazu *H. Schinkel, Bildung und Zerfall der Regierung Luther.* Diss. Berlin 1959.
19 Aus einem Brief *Friedrich Dessauers* (MdR) an *Wilhelm Marx,* 11. September 1925, *Historisches Archiv Köln,* Nachlaß *Marx* XIII.
20 Vgl. den Brief *Marx'* an *Josef Wirth,* 17. August 1925, ebd., dessen Tendenz bestätigt wird durch einen Bericht *Pünders* an den Reichskanzler vom 9. September 1925, *BA* R 43 I/2657.
21 Vgl. *F. Poetzsch-Heffter,* Organisation und Geschäftsformen der Reichsregierung, in: *Handbuch des Deutschen Staatsrechts,* hg. v. *G. Anschütz/R. Thoma,* Tübingen 1930/32, Bd. I, S. 520.
22 Vgl. *W. Apelt, Geschichte der Weimarer Verfassung.* München 1946, S. 207ff. Apelt sah allerdings in dem Vordringen der Parteien nicht eine unabweisbare Entwicklung der Verfassungswirklichkeit, sondern in erster Linie die Abweichung von der Verfassungsnorm. Dadurch werden die Akzente, allzusehr vom Affekt gegen die Parteien bestimmt, korrekturbedürftig.
23 Vgl. die Hinweise bei *K. Sontheimer, Antidemokratisches Denken in der Weimarer Republik.* München 1962, bes. S. 198ff.; die Frage nach der Repräsentativität der angeführten Belege muß offenbleiben; wichtig ist die Unterscheidung zwischen „antidemokratischem Denken" und mangelndem Verständnis der Funktionsbedingungen der parteienstaatlichen Demokratie, fand sich letzteres doch bis weit in die demokratischen Parteien hinein.

24 II. Kabinett *Marx* (1924, Minderheit) – Billigung
    I. Kabinett *Luther* (1925, Mehrheit) – Billigung
    II. Kabinett *Luther* (1926, Minderheit) – Vertrauensvotum
    III. Kabinett *Marx* (1926, Minderheit) – Kenntnisnahme
    IV. Kabinett *Marx* (1927, Mehrheit) – Vertrauensvotum.
25 Vgl. dazu allgemein S. *Landshut*, Formen der parlamentarischen Opposition, in: *Wirtschaft und Kultursystem*. Festschrift für *Alexander Rüstow*, S. 222 f.
26 *Neumann*, S. 110 f.
27 W. *Hennis*, Parlamentarische Opposition und Industriegesellschaft, Zur Lage des parlamentarischen Regierungssystems, in: *Gesellschaft, Staat, Erziehung* 1, 1956, S. 206; zu den Grundformen parlamentarischer Opposition S. *Neumann:* Der demokratische Dekalog, Staatsgestaltung im Gesellschaftswandel, in: *VfZG* 11, 1963, S. 6.
28 M. *Weber*, Die Lehren der deutschen Kanzlerkrisis, in: *Frankfurter Zeitung* vom 7. September 1917, Text: *Gesammelte politische Schriften*, 2. erw. Aufl., neu hg. v. *J. Winckelmann*, Tübingen 1958, S. 213.
29 Schon als *Luther* im Januar 1925 bei seinen ersten Regierungsverhandlungen verlangte, die Parteien sollten sich verpflichten, Anträge im Reichstag nur nach Genehmigung seitens der Reichsregierung einzubringen, reagierte die DVP-Franktion in typischer Weise, indem sie eine starre „fraktionelle Bindung" zurückwies und – nicht ohne unfreiwillige Ironie – lediglich zusicherte, „daß keine die Regierung wesentlich hemmenden Anträge gestellt werden"; Vorstandssitzung der Reichstagsfraktion, 13. Januar 1925, *BA* R 45 II/66.
30 Dazu vor allem die Ministerbesprechung vom 28. Juli 1925.
31 So der bezeichnende Titel des ersten Bandes von *Luthers Memoiren*, Stuttgart 1960.
32 *Kriegsheim*, Direktor beim Reichslandbund, auf der Bundesvorstandssitzung vom 9. März 1927, *DZA,* Akten Reichslandbund, Bd..144, S. 141 f.
33 *Kriegsheim*, Sitzung des Bundesvorstandes vom 13. Juli 1927, ebd., S. 73.
34 Zur Behandlung der Aufwertungsfrage durch das Kabinett, wobei *Luther* zum erstenmal mit der Rücktrittsforderung operierte, vgl. die Ministerbesprechungen vom 7. und 21. März 1925.
35 Aus den „Bemerkungen zur Regierungsbildung" des Staatssekretärs *Meissner* vom 18. Dezember 1926, DZA, Büro des Reichspräsidenten, Abt. B, Titel III, Bd. 44, S. 7–9; daß sich *Hindenburg* diesen Gedanken zu eigen machte, geht aus dem Bericht hervor, den *Marx* dem Kabinett über seine Besprechung mit dem Reichspräsidenten gab, Protokoll des Reichsministeriums vom 18. Dezember 1926; zur weiteren Entwicklung dieser Pläne jetzt die Dokumentation von *J. Becker:* Zur Politik der Wehrmachtabteilung in der Regierungskrise 1926/27, in: *VfZG* 14, 1966, S. 69 ff.
36 *Geschichte der Weimarer Republik*, Neudruck hg. v. *K. Kersten*, Frankfurt/M. 1961, S. 154 f.
37 K. D. *Bracher, Die Auflösung der Weimarer Republik*. Eine Studie zum Problem des Machtverfalls in der Demokratie, Villingen 1964[4], S. 9.

11. Monarchismus in der deutschen Republik

FRIEDRICH FRHR. HILLER VON GAERTRINGEN

Die Behandlung des „Monarchismus" in der Literatur zur Weimarer Republik vermittelt einen eigentümlich zwiespältigen Eindruck.[1] Auf der einen Seite gehört es, wenn von ihrem Scheitern die Rede ist, zum festen Thesenbestand, daß in weiten Teilen des deutschen Volkes eine monarchistische Grundeinstellung verbreitet war, insbesondere, daß sie in führenden Schichten wie höherem Beamtentum, Offizierkorps der Reichswehr und auch Hochschullehrerschaft,[2] aber auch in großen Teilen der ländlichen Bevölkerung dominierte, und es herrscht Übereinstimmung darüber, daß dies eine schwere Belastung für das Wachsen eines neuen Staatsgefühls in der Republik bildete. Andererseits wird die Wirksamkeit der monarchistischen Gruppen und werden die Chancen für die Verwirklichung ihrer Ziele als sehr gering eingeschätzt.

Die einzige Monographie zu unserem Thema, Walter H. Kaufmanns Buch Monarchism in the Weimar Republic,[3] entstand vor über 25 Jahren auf schmaler Quellenbasis und mit einem sehr weit gefaßten Begriff des Monarchismus; so wurde sie eher eine Art erster Gesamtdarstellung der Geschichte der Deutschnationalen Volkspartei. Auch in Untersuchungen zu begrenzten Teilbereichen sind die Aussagen auch heute noch pauschal und unpräzise, so wenn in einer Arbeit über „Monarchistisches Beamtentum und demokratischer Staat"[4] als einziger Beitrag zu unserem Thema die Charakterisierung eines Unterstaatssekretärs als „Monarchist bis auf die Knochen" zitiert und hinzugefügt wird: „Diese Aussage läßt sich ohne weiteres verallgemeinern. Sie trifft auf fast jeden Angehörigen des höheren Dienstes zu". Ebenso pauschal wird „die" Reichswehr schlicht „monarchistisch" genannt,[5] was den Eindruck erwecken kann, das Ziel der bewaffneten Macht der Republik oder wenigstens ihrer einflußreichsten Persönlichkeiten sei die monarchische Restauration gewesen. Auch Kaufmann vermittelt ferner die Vorstellung, fast ununterbrochen hätten entschiedene Gegner der Republik im Zentrum der Macht gesessen, stellt er doch fest,[6] seit 1920 hätten der Reichsregierung mit Ausnahme der beiden Kabinette Wirth (1921/22) stets „Monarchisten" angehört. Die Wahl des „Monarchisten" Hindenburg zum Staatsoberhaupt der Republik wird nicht nur als Zeichen der Schwäche der bewußt republikanischen Kräfte und der Anhänglichkeit an einen nationalen Heros gewertet, was sie gewiß war. Sie galt und gilt manchen in gleicher Weise als Indikator für die sonst schwer meßbare Stärke monarchistischer Strömungen wie etwa die starke Beteiligung der Bevölkerung an fürstlichen Leichenbegängnissen – „nicht Begräbnis, sondern Auferstehung".[7] Darüber hinaus sieht man im Bereich der Weimarer Verfassungsordnung die Übernahme von Strukturelementen der konstitutionellen Monarchie, auf die Theodor Eschenburg hingewiesen hat,[8] als institutionellen Ansatzpunkt für eine beabsichtigte Überformung der Republik durch ihre monarchistischen Gegner – so als ob die Existenz von „Ersatz"-Einrichtungen die Rückkehr der eigentlichen

Institution erleichterte und nicht erschwerte. Im ganzen ergibt sich der Eindruck, daß hier vorwiegend die Bewertung bestimmter Erscheinungen und Äußerungen als „monarchistisch" und die ihrer Relevanz für die politische Wirklichkeit überprüft werden müssen, wenn geklärt werden soll, was „Monarchismus" für die Weimarer Republik bedeutete.

In starkem Gegensatz zur Vorstellung einer weiten Verbreitung monarchistischer Bestrebungen stehen die Ergebnisse von Arbeiten, die sich mit der Wirksamkeit „monarchistischer" Parteien und Verbände befassen.[9] Bei keinem der Ereignisse, hinter denen man Monarchisten als Urheber oder bei denen man wenigstens ihre starke Beteiligung vermutete, hat sich bestätigt, daß das Ziel einer Restauration die ursprüngliche Absicht war, daß es das Vorgehen ausgelöst oder seinen Verlauf wesentlich bestimmt hätte – weder beim Kapp-Lüttwitz-Putsch[10] noch beim Hitler-Putsch 1923,[11] so viele Monarchisten unterschiedlicher Richtung von Gustav v. Kahr bis Ernst Röhm auch unter den Akteuren waren und so sehr auch mit monarchistischen Parolen gearbeitet wurde. Auch parteigeschichtliche Untersuchungen kommen hinsichtlich der Wirksamkeit des Monarchismus zu negativen Ergebnissen; selbst bei der DNVP,[12] die am ehesten als monarchistisch zu bezeichnen ist, drängt sich die Frage auf, ob er unter den antirepublikanischen Strömungen noch die stärkste war. Für die überschaubare Zukunft trat das Ziel der Restauration immer mehr zurück, auch wenn es bis 1933 als gemeinsame programmatische Basis anerkannt blieb.

Es besteht also eine auffallende Diskrepanz zwischen einer großen und weitgestreuten Zahl von Monarchisten und dem geringen Grad politischer Planung und Aktivität, die zudem nachließ und erst in den Jahren 1930/33 vereinzelt wieder stärker hervortrat. Nicht zuletzt angesichts der Tatsache, daß Heinrich Brüning in seinen Memoiren die Pläne für eine monarchische Restauration als „Angelpunkt" seiner Politik und ihre Erfolgschancen besonders herausgestellt hat,[13] erscheint es erforderlich, das Thema des Monarchismus in umfassender Form aufzunehmen. In dem hier gesteckten Rahmen sollen als Beitrag hierzu einige Gesichtspunkte herausgearbeitet werden, die bisher vernachlässigt wurden. Dabei sollen unter Monarchismus die Bestrebungen und Anschauungen verstanden werden, deren Ziele – zumindest zunächst – an der im 19. Jahrhundert in Deutschland entwickelten und bis 1918 bestehenden Form der Monarchie orientiert waren. Andere, oft ebenfalls mit „Monarchismus" bezeichnete, autoritäre Richtungen, die sich etwa vom Gedanken der Erbmonarchie gelöst hatten, beriefen sich zwar als „zeitgemäße" Varianten auf die Verwandtschaft tragender Prinzipien in der Monarchie und im autoritären Staat oder im „Führerstaat" und spielten bei Monarchisten als denkbare Weiterbildungen nicht selten eine Rolle, sollen aber hier vom „Monarchismus" klar unterschieden werden.

1. Staatsrechtliche und dynastische Voraussetzungen einer Restauration

Obwohl der Erfolg eines Restaurationsversuchs in erheblichem Maße davon abhing, ob ein geeigneter Prätendent – gegebenenfalls auch in den Einzelstaaten – zur Verfügung stand, ist in der Literatur von den dynastischen Verhältnissen zwischen 1918 und 1933 kaum die Rede. Eine Politik, die die Wiedererrichtung einer Erbmonarchie erstrebte, die also an das Recht der vormals regierenden Häuser anknüpfte, hatte von dem staatsrechtlichen Zustand unmittelbar vor der Revolution, dem Ergebnis der Oktoberreform, auszugehen, auch wenn man eine Restauration mit zusätzlichen Reformen, mit einer Weiterentwicklung der alten Monarchie, zu verbinden gedachte.

Das Kaisertum der Hohenzollern hatte auf dem Bund von 22 Fürsten und 3 Hansestädten aufgeruht. Für den Legitimisten verstand sich von selbst, daß die Monarchie im Reich und in den Einzelstaaten wiederhergestellt werden müsse; in der politischen Öffentlichkeit wurde dagegen die Existenz der einzelnen Fürstenhäuser kaum mehr zur Kenntnis genommen, ihre Vielzahl aber als Belastung empfunden. Bei mindestens der Hälfte der 22 Monarchien hatte es sich um „Zwergstaaten" gehandelt, selbst 17 von ihnen (alle kleinen Staaten einschließlich der Großherzogtümer ohne Baden) umfaßten weniger als 10 Prozent der Fläche und der Bevölkerung des Reichs. Zudem war in einer Zeit, da der Gesamtstaat mit den Weltmächten in Konkurrenz trat, ihre Existenz als mitspracheberechtigte Glieder fragwürdig geworden. Bis zur Revolution im November 1918 hatte sich die Zahl der einzelstaatlichen Monarchen dadurch von 22 auf 19 verringert, daß in ausgestorbenen oder nicht regierungsfähigen Linien (Schwarzburg-Sondershausen, Reuß ältere Linie und Mecklenburg-Strelitz) ein schon regierender Fürst des gleichen Hauses nachgefolgt war. Die Zahl von 19 ehemals monarchischen Staaten war im Jahre 1920 durch den demokratisch legitimierten Zusammenschluß der Bevölkerung und des Gebiets von acht Kleinstaaten zum Lande Thüringen und 1927 durch die vollständige Eingliederung Waldecks in Preußen weiter verringert worden. Wer hätte hier daran denken können, im Falle einer Restauration auch territorial „das Rad der Geschichte" zurückzudrehen? Andererseits bestand die Möglichkeit, daß ältere Ansprüche wieder auflebten, etwa die der 1866 entmachteten Häuser Hannover und Hessen, nachdem nun auch die Throne der Sieger gestürzt waren. Schließlich hätte der weithin als Ziel deutscher Politik anerkannte „Anschluß" Österreichs nicht nur das „katholisch-süddeutsche Element" gestärkt und die Forderung nach einer katholischen Dynastie für das Reich, etwa dem Hause Wittelsbach, belebt;[14] es war nicht ausgeschlossen, daß auch das Haus Habsburg hierfür Anhänger fand.

Neun der ehemaligen Bundesfürsten starben während der Weimarer Republik, doch standen stets Prätendenten zur Verfügung, die nach dem monarchischen Staatsrecht nachfolgeberechtigt waren. Im Hause Hohenzollern gab es allerdings trotz aller eindeutigen Bestimmungen, die Thronfolge und eventuelle Regentschaft im Königreich Preußen regelten, eine politisch bedeutsame Unsicherheit. Nach den Abdankungen des

Kaisers am 28. und des Kronprinzen am 30. November 1918[15] hatte gemäß der preußischen Verfassung der 1906 geborene älteste Sohn des Kronprinzen unmittelbar die Nachfolge anzutreten und war bis zu seiner Volljährigkeit (1924) der nächste Agnat (Prinz Eitel Friedrich) als Regent einzusetzen. Doch erhob Wilhelm II. bald durch sein persönliches Verhalten den Anspruch, selbst als Monarch zurückzukehren, was seit 1922 durch eine rege Tätigkeit seiner zweiten Gemahlin immer wieder betont wurde.[16] Ebenso ließ Kronprinz Wilhelm erkennen, daß er seinen Verzicht auf seine „Rechte an der Krone Preußens und an der Kaiserkrone", den er ohne jede Einschränkung „ausdrücklich und endgültig" ausgesprochen hatte, in Frage stellte, indem er sich nachträglich auf ein höheres Recht berief und sich dem deutschen Volk, sofern es den Wunsch habe, als Kronprätendent anbot.[17] Es fehlte nicht an Versuchen, die Rechtsgültigkeit der Abdankungen mit der These anzuzweifeln, beide Hohenzollern seien in der Internierung nicht Herr ihrer Entschlüsse gewesen.

Wilhelm II. beeinträchtigte mit dieser Haltung, für die er seine Autorität als Chef des Hauses und Vater einsetzte, die Chancen einer Wiedererrichtung der Monarchie erheblich, wie er auch am Vorabend der Revolution eine vielleicht letzte Möglichkeit, die Kontinuität der Staatsform zu erhalten, blockiert hatte, indem er seinen fünf nachgeborenen Söhnen das Versprechen abforderte, weder seine Nachfolge noch eine Vormundschaft anzutreten, wenn er zur Abdankung gezwungen werde.[18] In der Weimarer Republik unterwarf sich auch Kronprinz Wilhelm dieser Autorität, solange dies von politischer Bedeutung hätte sein können,[19] brachte aber trotzdem auch seinen eigenen Anspruch immer wieder ins Spiel. Da auf Grund der Rechtslage die Anwartschaft des Prinzen Wilhelm stillschweigend fortbestand, gab es für die Krone Preußens und damit in der Vorstellung vieler für das Reich drei Prätendenten aus dem Hause Hohenzollern. Der große Vorteil einer eindeutigen Nachfolgeregelung, wie sie ein ausgebildetes monarchisches Staatsrecht bietet, wurde dadurch preisgegeben, daß zwei der entscheidenden Persönlichkeiten aus ihrem Schicksal nicht die unerläßlichen Konsequenzen zu ziehen bereit waren, sondern ihre nachträglich bedauerte Abdankung rückgängig machen wollten. Den Mißbrauch der väterlichen Autorität hat Wilhelm II. später eingestanden, als er 1933 Reinhold Schneiders Wort zustimmte:[20] „Könige sind keine Väter, werdende Könige keine Söhne".

Die Einstellung der Prätendenten zu den vordringlichen Fragen einer Restauration – etwa zum Vorrang der Hohenzollern oder einer anderen Dynastie im Reich, zu einer Beschränkung der Zahl wiedereinzusetzender Dynastien, zu Fragen des Regierungssystems, ist noch nicht näher untersucht, ebensowenig ihre grundsätzliche Haltung zum republikanischen Staat und zur Möglichkeit der Rückkehr ihres Hauses an die Spitze ihres Staates. Ihre starke Zurückhaltung konnte als Resignation gedeutet werden, und in der Tat kann man etwa bei König Wilhelm II. von Württemberg den Eindruck gewinnen, daß er persönlich den Übergang zur Republik als endgültig ansah, wenn er erklärte, seine Person solle „niemals ein Hindernis sein" für die „freie Entwicklung des Volkes und dessen Wohlergehen".[21] Andererseits war Kronprinz Rupprecht von Bayern eine Ausnahme, wenn er anläßlich der Beisetzung des Königs Ludwig III. die Verbundenheit seines Hauses mit Bayern hervorhob und die demonstrative Formel wählte: „Eingetreten in die Rechte meines Herrn Vaters . . ."[22] – der weder im November 1918 noch später förmlich abgedankt hatte.

Die starke Zurückhaltung der meisten Fürsten erklärt sich vor allem aus der Rücksicht auf die langjährigen Auseinandersetzungen mit den republikanischen Staaten über das Vermögen der vormals regierenden Häuser, in denen es auch um die Versorgung vieler Bediensteter ging, ferner aus dem Bemühen um strikte Wahrung der Überparteilichkeit in einer Zeit, in der die Frage einer Restauration Gegenstand parteipolitischer Auseinandersetzungen werden konnte. Selbst Kronprinz Rupprecht mied „jede politisch zu wertende Beziehung zu monarchistischen Organisationen."[23] So ist es auch unwahrscheinlich, daß monarchistische Politiker und Parteien aus dem Kreis der ehemaligen Bundesfürsten materielle Unterstützung in erwähnenswertem Umfang erhalten haben.[24]

Über eine gemeinsame Meinungsbildung im Kreise der Prätendenten und ihrer Häuser ist nichts bekannt.[25] Dabei war der Vorrang des Hauses Hohenzollern keineswegs als selbstverständlich vorauszusetzen; dazu war die Kritik an Wilhelm II. zu verbreitet. Doch nachdem Kronprinz Rupprecht sich von den Plänen eines süddeutsch-katholischen Kaisertums eindeutig distanziert hatte,[26] wurde dieser Vorrang dann doch nicht mehr streitig gemacht. Von politisch geringerer Bedeutung war es, wie sich die Prätendenten zur Form einer künftigen Monarchie und Regierung stellten. Daß sie den Übergang zur parlamentarischen Monarchie, der im Oktober/November 1918 eingeleitet worden war, bestätigen, möglicherweise auch weiterentwickeln würden, konnte angenommen werden, auch bei Kronprinz Wilhelm,[27] dem häufig antidemokratische Auffassungen unterstellt worden waren. Die Öffentlichkeit hatte demnach mangels anders lautender Nachrichten damit zu rechnen, daß sämtliche dynastischen Ansprüche, aber auch die legitimistische Solidarität der Fürsten fortbestanden, daß die künftigen Monarchen aber die innere Entwicklung ihrer Staaten zu einem demokratischen und liberalen Verfassungsstaat voll anerkennen würden.

Zusammenfassend ist festzustellen, daß die staatsrechtlichen und dynastischen Voraussetzungen angesichts des unitarischen Zugs der Zeit eine monarchische Restauration sehr erschweren mußten, da sie auch eine Wiederherstellung der durch die Weimarer Verfassung entwerteten Stellung der Einzelstaaten erfordert hätten, nach dem Bruch der Kontinuität aber für das Recht der kleinen Monarchien kaum noch Verständnis bestanden hätte. Die Unklarheit in der Prätendentenfrage des Hauses Hohenzollern stellte eine zusätzliche außerordentliche Belastung für jede monarchistische Werbearbeit dar, da für deren Erfolg eine überzeugende Persönlichkeit als Anwärter auf den Kaiserthron unerläßlich war.

2. „Monarchisten" in der Republik

Wer war in der Weimarer Republik „Monarchist", welche Gruppen trieben „monarchistische" Politik? In der Literatur macht man es sich – wie eingangs gezeigt – mit einer Eingruppierung oft so leicht, wie politische Gegner der Zeit es sich mit der Verwendung dieses Kampfbegriffs leicht gemacht haben.[28] Das durch dieses Wort erfaßte Spektrum reicht von strengen Legitimisten bis zu „Vernunftrepublikanern" wie Friedrich Meinekke, der im November 1918 schrieb, „Der Vergangenheit zugewandt" bleibe er „Herzensmonarchist".[29] Einfach einzuordnen sind Vereinigungen wie der „Bund der Aufrechten", deren Hauptziel die monarchische Restauration war und die man als „organisierte Monarchisten" bezeichnen kann. Weniger klar ist die Zuweisung bei den meisten Politikern: Zeitgenossen genügte und nicht selten genügt auch Historikern dafür die Zugehörigkeit zu einer Partei, deren Programm ein Bekenntnis zur Monarchie enthielt (DNVP, DVP), oder zu einer sozialen Gruppe oder Schicht, bei deren Angehörigen man vermutet, Staat und Gesellschaft der 1918 beseitigten Monarchie genössen ihre besondere Sympathie. Klischees wie „junkerlich-monarchistisch" und „militaristisch-monarchistisch" verstellen in marxistisch-leninistischen Arbeiten geradezu die Möglichkeit, wirklichen Aufschluß über den Zusammenhang gesellschaftlicher Strukturen und politischer Anschauungen zu gewinnen.

Am schwersten faßbar ist der Monarchismus „weiter Volkskreise", von dem Zeitgenossen als einer feststehenden, positiv oder negativ bewerteten Tatsache sprachen und von dem auch die Literatur ausgeht.[30] Die Anfang November 1918 oft ausgesprochene, durch die Wirklichkeit widerlegte These, als Folge der Abdankung Wilhelms II. würden die meisten Offiziere ihren Dienst verlassen und das Heer werde „auseinanderlaufen", zeigt, wie schwer ein Urteil hierüber war. Wieviel schwerer war in einer republikanischen Umwelt abzuschätzen, ob die „Anhänglichkeit" an das „angestammte Fürstenhaus", die Bindung an den ehemaligen Obersten Kriegsherrn, nur einer Verherrlichung der guten, alten Zeit in der Not der Nachkriegsjahre entsprang oder doch zu politischen Konsequenzen führen konnte.

Die Vielfalt der Vorstellungen über eine künftige, zu erstrebende Monarchie und die Art ihrer Wiedereinführung kann zu einem erheblichen Teil am Beispiel der Deutschnationalen Volkspartei untersucht werden – nur geringer Ergänzungen wird es bedürfen –, denn in ihr vereinigten sich, entsprechend ihrem Charakter als Zusammenschluß mehrerer rechtsstehender Vorkriegsparteien, gegensätzliche Meinungen auch über das Ziel der Monarchie. Schon bei der Formulierung der frühen programmatischen Erklärungen zwischen Dezember 1918 und Frühjahr 1920 zeigte sich die Breite der Meinungsvielfalt. Sieht man von denen ab, die am liebsten hinter die Indemnitätsvorlage von 1866 zurückwollten, so wurde eine Restauration der Hohenzollern in enger Anlehnung an die beseitigte konstitutionelle Monarchie nur von einer kleinen, in den Jahren 1918/19 zurückgedrängten Gruppe gefordert, die durch Graf Westarp als Sprecher der früheren Deutschkonservativen vertreten wurde.[31] Die Parteiführung unter Staatsminister a. D. Hergt – wieweit ihr Rückhalt in der Partei hierfür war, ist nicht zu bestimmen – erstrebte dagegen mehr oder minder weitgehende Reformen, die sich hinter den Formeln „Soziale Volksmonarchie", „Demokratisches Kaisertum" verbargen. Man dachte an Wilhelm II., wenn man die Funktionen des künftigen Monarchen beschränken wollte und für den „englischen Typ" der Monarchie eintrat. Man rechnete dabei mit einem funktionierenden parlamentarischen Regierungssystem und einer die Monarchie stützenden Arbeiterschaft – in Wirklichkeit unerläßliche Voraussetzungen dieses Typus, die aber in Deutschland kaum zu erreichen waren.

Das Programm der am weitesten rechts stehenden Partei vom Frühjahr 1920[32] beschränkte sich darauf, die Hohenzollern als Begründer des Reichs zu nennen, forderte aber nicht ausdrücklich ihre Wiedereinsetzung, sondern pries nur allgemein die Vorzüge der Monarchie: sie entspreche Eigenart und Geschichte des deutschen Volkes und verbürge „am sichersten die Einheit des Volkes, den Schutz der Minderheiten, die Stetigkeit der Staatsgeschäfte und die Unbestechlichkeit der öffentlichen Verwaltung". Wie die Deutsche Volkspartei in ihrem Programm vertrauten jüngere Deutschnationale in einem „Nationalen Manifest"[33] auf den „gesunden Sinn" des Volkes, das „sich zur rechten Zeit seinen Fürsten rufen" werde.

Bemerkenswert war, daß sich beide Parteien bemühten, die vermutete gefühlsmäßige Bindung weiter Kreise an die Monarchie in den frühen Nachkriegsjahren durch einen „Vernunftmonarchismus" zu stützen. Die günstigen Wirkungen der Monarchie auf das Staatsleben, die man hier hervorhob, wurden von „Vernunftrepublikanern" wie Max Weber und Friedrich Meinecke durchaus eingeräumt. Weber nannte die „strenge parlamentarische Monarchie" die „technisch anpassungsfähigste und in diesem Sinne stärkste Staatsform",[34] Meinecke hätte es „für ein unschätzbares Glück gehalten", „wenn es uns gelungen wäre, die Kontinuität der Verfassungs- und Rechtsentwicklung zu erhalten inmitten radikalster Wandlungen ihrer Grundlagen".[35] Strittig war dagegen die Beurteilung der historischen Wirklichkeit. Hatte nach Meinecke „die unwürdige Art ihres Endes" der Monarchie den Todesstoß versetzt, so war es trotz interner Kritik an Wilhelm II. eine der Haupttätigkeiten monarchistischer Politiker, im Interesse der Restauration das Verhalten des Kaisers zu rechtfertigen; allerdings bediente man sich auch des Hilfsarguments, daß das Versagen eines Trägers der Krone noch kein Beweis gegen das monarchische Prinzip sei.

Die Möglichkeit einer Restauration wurde grundsätzlich bejaht, auch wenn man sich im klaren darüber war, daß in der sozialdemokratischen Arbeiterschaft, besonders der Industriegebiete, keine Sympathien für die Monarchie mehr bestanden und auch in Zukunft kaum zu gewinnen waren.[36] Andererseits konnten Erfahrungen in den Wahlkämpfen den Zweifel daran, ob nach einem Kontinuitätsbruch überhaupt an eine Restauration gedacht werden könne, widerlegen.[37] Wer sich vorgenommen hatte,[38] „das tausendjährige Sehnen nach dem deutschen Kaisertum zu pflegen", brauchte sich von den geringen Chancen seiner Bewegung in den ersten Jahren nicht entmutigen zu lassen.

Die Ernüchterung, die das Scheitern des Kapp-Lüttwitz-Putsches für die Rechtsopposition und alle Pläne eines gewaltsamen Umsturzes gebracht hatte, rückte den Zeitpunkt für eine Restauration in weite Ferne. Die Einführung der Monarchie mit dem Stimmzettel bedurfte langer Vorarbeit. Häufig hielt man für einen endgültigen Erfolg das

Eintreten besonderer psychologischer Umstände für erforderlich – Fritz Schäffer, eine der führenden Persönlichkeiten der Bayerischen Volkspartei, erhoffte sich dafür eine „Stunde der Entscheidung und äußersten Gefahr", in der das Volk sich „in Gärung" befand;[39] Graf Westarp sah die eigentliche Chance im Zeitpunkt der außenpolitischen „Befreiung", in der sich der künftige Monarch zu bewähren hatte.[40]

Über die Qualität des „Monarchismus" in zwei häufig im Zusammenhang mit ihm genannten Personengruppen – dem Reichswehr-Offizierkorps und der DNVP – geben politische Ereignisse der Jahre 1926 und 1928 und die Reaktionen auf sie Aufschluß. Eine scharfe Kritik des Reichstagspräsidenten Löbe im November 1926 an der Haltung der Reichswehr zum bestehenden Staat führte zu lebhaften Diskussionen. Zwei führende Militärs mit gutem Einblick in die Stimmung des Offizierkorps, Generalleutnant Hasse und Oberst v. Schleicher, gingen in Denkschriften[41] auch auf den häufig als Ursache der „antirepublikanischen" Haltung bezeichneten Monarchismus ein. Sie wiesen den Vorwurf antirepublikanischer Gesinnung im Offizierkorps zurück, wobei sie im besonderen die Behauptung einer allgemeinen monarchistischen Einstellung als falsch bezeichneten; der äußere Eindruck habe allerdings dies Fehlurteil ermöglicht. Hasse betonte, die Reichswehr habe „den republikanischen Staat mit Hingabe geschützt", habe es aber versäumt, ihre positive Einstellung öffentlich zu bekunden. Dies wäre „für die weitaus größte Mehrheit des Heeres keine Heuchelei, wenn sich jeder über das, was er wirklich in seinem innersten Herzen glaubt, Rechenschaft ablegt". Seine Zusammenfassung war zwar kein freudiges Bekenntnis zur Republik, aber „monarchistisch" kann man diese Äußerung noch weniger nennen: „Wir haben eine Republik, können es aus sachlichen und personellen Gründen nicht ändern und wollen es auch gar nicht ändern". Sicher denke auch „außerhalb des Heeres ein großer Teil der vernünftigen Leute, selbst in den Reihen der Deutschnationalen, ebenso". Für Schleicher ist die Frage Monarchie oder Republik, „so wie sich die Dinge nun mal entwickelt haben, keine Tatfrage mehr". In Deutschland gebe es „kaum ein Dutzend ernst zu nehmender, einflußreicher Männer, die die Wiederherstellung der Monarchie in absehbarer Zeit für zweckmäßig, geschweige denn für möglich und durchführbar" hielten. Für das falsche Bild machten beide Offiziere einen „Mangel an Bekennermut" verantwortlich, einen „inneren konventionellen und traditionellen Zwang" und von außen „gesellschaftlichen Terror": es gelte „als nicht ‚fein', so nüchterne, aber unpopuläre Wahrheiten auszusprechen". Nach beider Urteil war die innere Abkehr von der Monarchie schon weiter fortgeschritten, als von außen erkannt wurde.

In einer politischen Partei, zu deren anerkannter ideologischer Grundlage das Ziel eines deutschen Kaisertums gehörte, mußte die allmähliche Distanzierung von dieser gemeinsamen Basis und ein daran entzündeter Streit andere Formen annehmen als in der Reichswehr, deren Ordnung und Auftrag ein Festhalten am monarchischen Gedanken eigentlich gar nicht zuließ. Für die DNVP war die laut ausgesprochene These, der Monarchismus sei für viele überlebt, existenzgefährdend, denn sie stellte die Glaubwürdigkeit der bisher gemeinsam durchgeführten oder wenigstens hingenommenen Politik in Frage. Als der Reichstagsabgeordnete Walther Lambach, Geschäftsführer des größten Angestelltenverbandes, im Juni 1928 in einem Aufsatz „Monarchismus"[42] den Ausschließlichkeitsanspruch der Monarchisten in der DNVP für den Rückschlag der Partei in der Reichstagswahl 1928 verantwortlich machte, zeigte dies, daß die Ernüchterung über den Wert einer monarchistischen Zukunftsvision für die nationale Politik in der Partei weiter vorgedrungen war, als es ihr Bild in der Öffentlichkeit vermuten ließ. Unter ihrem gemeinsamen Dach befanden sich auch jetzt Monarchisten vom strengen Legitimisten bis hin zu alldeutschen Nationalisten, für die der Monarchismus nur unter dem Gesichtspunkt seines Nutzens für die nationale Bewegung zählte und somit damals wenig Gewicht hatte. Da die Frage zu keiner Zeit akut war, hatte diese Meinungsvielfalt unausgetragen in der DNVP als „monarchistisch" fortbestanden. Lambachs Lagebeschreibung lautete: Der Volksentscheid über die Fürstenvermögen von 1926 (rund 14 Millionen für die Enteignung) habe „bereits eindeutig das Sterben des monarchischen Gedankens" gezeigt. Neunzig Prozent der deutschnationalen Abgeordneten hegten „den Kaisergedanken als Hoffnung auf eine ferne Zukunft". Die Jugend bleibe der DNVP fern, „weil sie in dieser bürgerlichen Welt der Arbeit und des Sports keinen Erbmonarchen schaffen helfen" wolle. Für die nach 1905 Geborenen seien „Kaiser und Könige keine geheiligten unantastbaren Größen mehr", sie seien für sie „zu Film- und Bühnenangelegenheiten geworden". Im Vordergrund der Reaktion aus der Partei auf diesen Artikel standen bezeichnenderweise Fragen der Parteidisziplin und der politischen Folgen. Die Thesen selbst wurden von Lambachs Anhängern bestätigt, von seinen Gegnern dagegen mit Bekenntnissen und Appellen beantwortet, aber nicht wirklich widerlegt. Am stärksten argumentierte man noch gegen seine Darlegung der Ursachen dieser Entwicklung – etwa daß Hindenburg als republikanisches Staatsoberhaupt den Kaiser im Gefühl des Volkes von dem Platz neben den großen Hohenzollern verdrängt habe. Der „Fall Lambach" machte deutlich, daß in der Anhängerschaft auch dieser Partei, besonders aber bei ihren politisch hervortretenden Mitgliedern, das Ziel der Monarchie an Überzeugungskraft und an Aktualität verloren hatte. In Beurteilung dieser Lage war der Staatsrechtler Frhr. v. Freytagh-Loringhoven im Wahlkampf 1928 mit einer im alldeutsch-völkischen Flügel verbreiteten Meinung den Auffassungen seines Gegners Lambach ziemlich nahe gekommen:[43] „Die Wiederherstellung der Monarchie liegt heute nicht im Bereich der Möglichkeit. Sie ist weder mit dem Stimmzettel noch auf dem Wege des Umsturzes zu erreichen. Sie kann nur kommen als Frucht großer weltpolitischer Umwälzungen, die herbeizuführen nicht in unserer Macht liegt." Unter den Folgerungen aus der Parteikrise ragen nicht Appelle der Legitimisten für die Rückkehr zur reinen Lehre hervor, sondern diejenigen, die fordern, daß der Monarchismus hinter dem nationalen Gedanken zurücktreten müsse. Wie die deutschen Fürsten 1918 „das dynastische Prinzip unter das nationale Prinzip gestellt" hätten, so solle auch die DNVP ihren Monarchismus „der nationalen Idee unterordnen", forderte der Hugenberg nahestehende Alldeutsche G. W. Schiele (Naumburg),[44] der für sich selbst bekannte: „Mein monarchistischer Glaube ist vollkommen untergeordnet meinem nationalen Sehnen und Wollen". Freytagh-Loringhoven sah in der jüngsten Entwicklung – also wohl mit der Präsidentschaft Hindenburgs – eine Chance darin, daß sich der „Führergedanke" im gewählten Staatsoberhaupt verwirkliche.[45]

Dieser Überblick zeigt, daß eine klare Abgrenzung zwischen „Monarchisten" und

„Republikanern" immer schwieriger wurde. 1922 hatte Meinecke[46] bei den Republikanern neben Gesinnungsrepublikanern in der Arbeiterschaft eine „große mittlere Schicht des Bürgertums" festgestellt, die er „neugewordene Vernunftrepublikaner" nannte und die dies „in sehr verschiedenen Graden und Dosierungen" seien, von „bloßer vorübergehend gemeinter Anpassung an Unvermeidliches bis zur endgültigen vernunftgemäßen und ehrlichen Anerkennung einer geschichtlichen Notwendigkeit". Ähnliche Abstufungen – hier allerdings wohl einer schrittweisen Abkehr – wird man auch bei den „Monarchisten" herausarbeiten können, von einer starken persönlichen Bindung oder einem konsequenten Legitimismus bis hin zu einem rein konventionellen Festhalten, wo eine Preisgabe Unannehmlichkeiten mit sich gebracht hätte, und einer Abkehr, die mit dem Vorrang des nationalen Gedankens oder effektiverer Formen der Staatsführung begründet wurde.

So zeigt sich gegen Ende der zwanziger Jahre ein Ermüden der monarchistischen Bestrebungen selbst in derjenigen politischen Organisation, die dazu bestimmt sein konnte, den Monarchismus „weiter Kreise" und führender Personengruppen allein oder zusammen mit anderen Kräften in der politischen Wirklichkeit zur Geltung zu bringen. Vielen Monarchisten fehlte für ihr Bekenntnis und für ihre weitere Bereitschaft zu werbender Arbeit das klare Ziel – Klarheit über den Prätendenten im Reich, Klarheit auch über das Schicksal der einzelstaatlichen Dynastien, die geschaffen sein mußte, wenn man sich für eine Restauration einsetzen wollte. Nach einem Jahrzehnt in der Republik fehlten vor allem überzeugende Argumente dafür, daß die Wiedererrichtung der Monarchie – in welcher Form auch immer – tatsächlich Deutschland in seiner schwiegen Lage Erfolge oder wenigstens Vorteile bringen, daß sie nicht heftigen inneren Streit auslösen, sondern als „sinnbildliche Verkörperung des Einheitsgedankens" auch tatsächlich einigend wirken werde, daß sie außenpolitisch nicht Mißtrauen erwecken und Rückschläge verursachen, sondern die Revision des Versailler Friedensvertrages erleichtern und dem Reich zu neuem Ansehen verhelfen werde. Wenn Monarchisten dennoch an ihrem Ziel – notfalls für eine ferne Zukunft – festhielten, dann taten sie es in der Überzeugung, gegenüber der als vorübergehend angesehenen republikanischen Gegenwart Hüter von beständigeren Werten zu sein.

Die Stellung der Monarchisten in der Weimarer Republik erinnert in mancher Beziehung an die der Sozialdemokraten im Kaiserreich, deren Haltung als „revolutionärer Attentismus"[47] bezeichnet worden ist. Radikale Infragestellung des bestehenden Staates in Worten auf der einen Seite, Verbesserung der eigenen Position in diesem Staat durch Mitarbeit und damit Stabilisierung der bestehenden Ordnung auf der anderen Seite weisen zahlreiche Parallelen auf, sowohl in der Rechtfertigung dieser Haltung als auch in ihrer Kritik durch grundsatztreue Parteigänger, die bei beiden eine „Versumpfung" im „Parlamentarismus" als Ursache für die Minderung der Kampfkraft feststellen. Wie Karl Kautsky die deutsche Sozialdemokratie „zwar eine revolutionäre, aber keine Revolution machende Partei" nannte, so kann man von der stärksten politischen Vertretung der „Monarchisten", der DNVP, sagen, sie sei eine „monarchistische Partei" gewesen, habe aber in ihrer Politik eine monarchische Restauration nicht wirklich herbeizuführen versucht. Es war eine Haltung des Abwartens, die ihre Hoffnungen mehr aus den

Schwächen der Republik herleitete als aus der festen Überzeugung, ein bestimmter Monarch werde die Rettung bringen. So ähnlich die beiden oppositionellen Gruppen durch ihre Gegner behandelt wurden – man nahm ihren Radikalismus in Reden über ein fernes Zukunftsziel beim Wort und nannte sie deshalb eine unmittelbar drohende Gefahr, bediente sich aber zugleich ihrer Bereitschaft zur Mitarbeit, allerdings ohne diese voll zu honorieren –, der „monarchistische Attentismus" war in seinen Zukunftserwartungen schon durch die ihm eigentümliche Last der Geschichte geschwächt.

3. Monarchistische Mitarbeit und Restaurationspläne in der Republik

Walther Kaufmann unterscheidet in seinem Werk über Monarchismus in der Weimarer Republik zwei Phasen: Die Jahre von 1918 bis 1923 überschreibt er mit „Monarchism as Opposition against the Republic"; nach Abschluß der „Putschperiode" und nachdem sich die Radikalen endgültig vom Monarchismus getrennt haben, sieht er ihn als „Opposition in the Republic". Dieser Periodisierungsversuch beschreibt einleuchtend den Wandel, der sich in diesen Jahren vollzog und der im Jahre 1925 mit der Regierungsbeteiligung der DNVP und der Wahl Hindenburgs zum Reichspräsidenten seinen äußeren Ausdruck fand. Dagegen stellt sich die Frage, ob sich nicht in der Zeit der Präsidialkabinette Art und Bedeutung des Monarchismus so verändert haben, daß von einer dritten Phase mit neuen Bedingungen und verändertem Ziel gesprochen werden muß.

An ihrem sehr allgemein und zurückhaltend formulierten Bekenntnis zur Monarchie in ihren Parteiprogrammen war zu erkennen, daß DNVP und DVP an dieser Frage die Zusammenarbeit mit anderen, nichtmonarchistischen Parteien nicht scheitern lassen wollten, doch hatte mit dieser Taktik nur Stresemann Erfolg. Für die Deutschnationalen blieb der Monarchismus über Jahre hinweg ebenso inneres Hemmnis wie Angriffspunkt. Die Frage tauchte regelmäßig auf, wenn es um Koalitionsbereitschaft und Koalitionsfähigkeit ging – sei es aus echter Sorge vor einer Gefährdung einerseits der Republik, andererseits eines wichtigen Parteigrundsatzes, sei es als ein von beiden Seiten gebrauchter einleuchtender Vorwand, der andere Gründe gegen eine Koalition, deren es genug gab, ersetzen konnte. Im Interesse einer Mitarbeit im gegenwärtigen Staat anerkannte die DNVP die Rechtsgültigkeit der Reichsverfassung und insbesondere der republikanischen Staatsform.[48] Dennoch forderte Reichskanzler Marx aufgrund der Erfahrungen der ersten Regierungs- und der folgenden Oppositionszeit der Deutschnationalen in seinen Richtlinien 1927 zusätzlich – und auch dies anerkannte die DNVP[49] – unbedingten Schutz der „Verfassung in ihrer Gesamtheit sowie der verfassungsmäßigen Reichsfarben [. . .] gegen alle herabsetzenden Verunglimpfungen und rechtswidrigen Angriffe". Andererseits war, wie der Partei- und Fraktionsvorsitzende Graf Westarp feststellte, in den Koalitionsverhandlungen ein „Gesinnungsbekenntnis", eine Preisgabe der „monarchischen Überzeugung", weder gefordert noch abgegeben worden.[50] Für eine „Pflege des monarchischen Gedankens" in der Öffentlichkeit und für gleichzeitige Mitarbeit im republikanischen Staat blieb also ein schmaler Pfad offen. Auf der Grundlage der gegenseitiges Verständnis fordernden Erklärungen entschieden sich die Parteiführungen von Zentrum, DVP und DNVP mit dem 4. Kabinett Marx (1927–28) für eine Koalition. Sie ernteten aber so heftige Kritik[51] aus großen Teilen ihrer Anhängerschaft, die den neuen Partner aus der Sicht der parteipolitischen Grabenkämpfe beurteilten und sich dabei an den deutlichsten, aber sachlich keineswegs gewichtigsten Gegensatz – Monarchie gegen Republik – hielten, daß dieser Versuch schon nach 14 Monaten als gescheitert angesehen werden mußte. Selbst das große Zugeständnis des Republikschutzgesetzes (1927)[52] beseitigte nicht das Mißtrauen gegen die „monarchistische" Partei, auch nicht die Feststellung ihrer Führung, daß die Wiedereinführung der Monarchie keine akute Frage[53] sei. Die DNVP-Führung hatte die Belastung ihrer „Grundsatztreue" in Kauf genommen, um sich den politischen Einfluß zu sichern, mit dem sie nicht nur den wirtschaftlichen Interessen ihrer Wähler dienen, sondern auch die Voraussetzungen für ihre künftige Politik verbessern wollte, bot damit aber den Vorwand für ihre Ablösung. Die Position der überzeugten Monarchisten, aus deren Reihen 1928 der Führungswechsel mit besonderem Nachdruck betrieben wurde,[54] verlor jedoch unter Hugenbergs Parteivorsitz weiter an Gewicht, zumal mit der Parteispaltung einige führende Persönlichkeiten ausschieden, die in den sich neu bildenden kleinen Parteien als Monarchisten isoliert blieben.[55]

Bedingungen und Konsequenzen verantwortlicher Mitarbeit von Monarchisten in der Republik lassen sich auch an der Reichspräsidentschaft Hindenburgs[56] erkennen. Schon nach wenigen Jahren waren die Illusionen, die viele Monarchisten mit seiner Wahl verknüpft hatten, einer realistischen Betrachtung gewichen. Dieser „Monarchist" im höchsten Amt der Republik konnte sich nach seinem Amtsverständnis, das als das eines „legitimistischen Republikaners"[57] bezeichnet worden ist, zu keiner Zeit für monarchistische Bestrebungen einsetzen; er beschränkte sich bis zu seinem Lebensende darauf, dem Kaiser, in dessen Schuld er sich seit dem 9. November 1918 fühlte, bei einer etwaigen Restauration einen unbedingten Vorrang zu sichern, also in der Generationenfrage des Hauses Hohenzollern Partei zu nehmen. Sein Wirken als Staatsoberhaupt war unterdessen geeignet, viele Gegner der Republik mit dem Staat der Gegenwart zu versöhnen. So mehrten sich die Stimmen, daß seine Wahl „zum endgültigen Begräbnis des Kaisertums der Hohenzollern"[58] geworden sei. Durch den Kontinuitätsbruch hatte die Monarchie viel von „jener historischen Weihe" verloren, „auf der ihre innere Autorität so wesentlich beruht",[59] und ein großer Teil der monarchistischen Arbeit richtete sich darauf, diese Unterbrechung der gefühlsmäßigen Bindung wenigstens bei den dafür Empfänglichen zu überbrücken. Doch mit Hindenburgs Gestalt wuchs dem republikanischen Staat – sehr allmählich – etwas von einer solchen Autorität zu.

Eine Bilanz des ersten Jahrzehnts monarchistischer Politik in der Republik ergab trotz der zunehmenden Krisenerscheinungen der parlamentarischen Demokratie im Jahre 1929 wenig Positives für den monarchischen Gedanken und für die Chancen einer monarchischen Restauration. Die „organisierten Monarchisten" waren Splittergruppen in der Vielzahl antirepublikanischer Organisationen geblieben; die „monarchistische" DNVP spaltete sich, nachdem unter monarchistischem Vorwand eine Parteikrise herbeigeführt worden war, ohne daß in ihr oder in einer der abgetrennten Gruppen dem Gedanken einer monarchischen Restauration noch stärkeres Gewicht beigemessen worden wäre; Leitbilder persönlich überzeugender Kronprätendenten, deren gerade eine monarchistische Bewegung bedurfte, mit denen man die Hoffnung auf einen Ausweg aus der Krise des Staates hätte verbinden können, hatten schon angesichts der historischen und föderalistischen Erschwernisse nicht hervortreten können.

Die zunehmende Schwäche und Gefährdung der Weimarer Republik, wie sie spätestens in den Reichstagswahlen vom 14. September 1930 offenkundig wurde, gab den antirepublikanischen Kräften starken Auftrieb. Welche Rolle spielten in den nun folgenden entscheidenden zweieinhalb Jahren „Monarchisten" als politische Akteure oder als erwünschtes Anhängerpotential? Bei der von der „Nationalen Opposition" in Aussicht genommenen Regierungsübernahme – sei es über die Gewinnung einer Reichstagsmehrheit, sei es auf dem Wege über ein Präsidialkabinett[60] – wurde von vielen eine spätere Überleitung zur Monarchie als Möglichkeit unterstellt, man beruhigte und beschwichtigte sich damit, und die Hauptgruppen (DNVP, Stahlhelm, NSDAP) traten diesem Eindruck zumindest nicht entgegen. Da jede „ihren" Kaisersohn als Mitkämpfer herausstellte[61] und auch Kronprinz Wilhelm – nach Stresemanns Tod seine Zurückhaltung aufgebend – auf derartigen Kundgebungen erschien,[62] hatte es den Anschein, als ob die Hohenzollern sich der „Nationalen Opposition" zur Verfügung stellten. Es ist jedoch ganz unwahrscheinlich, daß die Parteien hinter dieser Fassade bis Frühjahr 1932 ernsthaft eine Restauration in Erwägung gezogen haben.[63] Auch bei der DNVP finden sich in den zugänglich gewordenen Briefwechseln der Hugenberg nahestehenden Politiker[64] keine Anzeichen hierfür. Hugenberg hatte schon 1929 eine Aufforderung zu stärkerer Aktivität mit dem Hinweis auf fehlende Voraussetzungen beantwortet.[65] Erst auf dem Tiefpunkt seiner Wirksamkeit als Parteiführer, nach den Landtagswahlen vom 24. April 1932, als die Gefahr bestand, daß Hitler sich vollends seinem Einfluß entzog, interessierte er sich stärker für die Möglichkeit einer Restauration. Mehr als bisher trat er öffentlich für sie ein und nannte sie – nach einem neuen Mißerfolg in den Wahlen vom 31. Juli 1932 – vor der Reichstagsfraktion der DNVP den wohl einzigen Weg, nach Hindenburgs nicht mehr fernem Tod einen Nachfolger Hitler zu vermeiden.[66] Im Ringen um die Führung des künftigen autoritären Staates sollte mangels eigener Durchschlagskraft nun ein Monarch die Aufgabe des Gegengewichts gegen den überlegenen Partner übernehmen.

Hitler zerstörte Ende März 1933 die letzten Illusionen, die monarchistische Anhänger sich über ihn als Förderer der Monarchie gemacht hatten;[67] angesichts der neuen Machtverhältnisse hatten die zaghaften Hinweise, die die Deutschnationalen danach noch bis zu ihrer Auflösung im Juni 1933 wagten, vorwiegend die Funktion, das eigene Gewissen zu beruhigen. Parallel zu diesen Bemühungen hatte Brüning nach eigenem Zeugnis seit 1930 Pläne einer Restauration gehabt, wenn auch mit anderer Zielsetzung. Im Rückblick betrachtete er sie gar als „Angelpunkt" seiner Politik.[68] Die Einsetzung des Reichspräsidenten v. Hindenburg als Reichsverweser mit anschließender Nachfolge

„eines Kaiserenkels"[69] hätte nicht, wie bei Hugenberg, in einen neuen Staat überleiten, sondern den bestehenden Staat stabilisieren sollen, indem sie das Staatsoberhaupt, die bisher durch Volkswahl legitimierte Stütze der Präsidialkabinette, dem drohenden Parteienkampf entzog und auf ein eigenes historisches Recht gründete. Obwohl Brüning behauptet, er sei innenpolitisch so weit gewesen, daß er für den Sommer 1932 die Wiedereinführung der Monarchie auf legalem Wege habe betreiben können – „in einer Form, die im Innern befriedigte und nach außen die Voraussetzung für ein Sichabfinden mit der Restauration der Hohenzollern bildete"[70] –, fehlt die Bestätigung dafür, daß er der verfassungsrechtlich notwendigen Zweidrittelmehrheit des Reichstags und des Reichsrats sowie der Mitwirkung des in Aussicht genommenen Prätendenten sicher sein konnte. Seine Vorentscheidung gegen den Kaiser und den Kronprinzen mußte auf erheblichen Widerstand nicht nur in dem wohl noch nicht konsultierten Hause Hohenzollern, sondern auch unter vielen „Monarchisten" stoßen. Die im Frühjahr 1932 bewiesene Bereitschaft von Demokraten und Sozialdemokraten, durch Unterstützung des nach sieben Präsidentenjahren in ihrem Sinne bewährten Hindenburg die Fortsetzung des Kabinetts Brüning zu ermöglichen, hatte nicht zur selbstverständlichen Folge, daß sie auch Brünings viel weiter gehenden Plan deckten. Der erkennbare Zweck, eine Regierungsübernahme der Nationalen Opposition zu verhindern, mußte deren Gruppen mobilisieren, zumindest mißtrauisch machen. Das Fehlen ausreichender Zeugnisse für Brünings Politik in dieser Beziehung und die geschilderten Schwierigkeiten für eine Verwirklichung des Plans haben zu starken Zweifeln geführt, ob Brüning nicht im Rückblick sowohl den Reifegrad des Unternehmens als auch den Stellenwert dieses Plans für seine Gesamtpolitik überschätzt hat.[71]

Im Februar 1933, in der Abwehr der nationalsozialistischen Gleichschaltungsaktionen, taucht schließlich ein verwandter Plan auf. Der Gedanke, den Kronprinzen Rupprecht als bayerischen Generalstaatskommissar einzusetzen, kann im Grunde in gleicher Weise als Versuch gewertet werden, den demokratischen Rechtsstaat zu erhalten. Doch bildeten nicht nur die Belastung, die der Eindruck eines partikularistischen Alleingangs im „Umbruch" dieser Wochen mit sich bringen mußte, sondern auch die Entschlossenheit der nationalsozialistischen Führung und ihrer kooperationsbereiten bürgerlichen Partner kaum überwindbare Hindernisse. Selbst die notwendige volle Übereinstimmung zwischen den Politikern, der bayerischen Staatsregierung und dem in Aussicht genommenen Generalstaatskommissar und Prätendenten scheint gefehlt zu haben.[72]

In der Krise der Republik seit 1930, die von Auseinandersetzungen über eine neue staatliche Ordnung bestimmt war, taucht somit der Gedanke an eine monarchische Restauration immer wieder auf, doch nicht als eigenständiger Plan einer monarchistischen Bewegung, die etwa eine konstitutionelle Monarchie preußisch-deutscher Prägung oder eine Monarchie „englischen Typs" wiedereinzuführen bestrebt gewesen wäre, sondern als Mittel in der Hand politischer Kräfte, die die Monarchie im Interesse ihrer eigenen Ziele einsetzen wollten. Die Gruppen der Nationalen Opposition wollten sich der antirepublikanischen Strömungen „der Monarchisten" für die Beseitigung des „Systems" bedienen, die demokratischen Parteien hofften darauf, die bei Monarchisten vermutete rechtsstaatliche Gesinnung gegen jene Gefahren einsetzen zu können, die mit der Machtübernahme der Nationalsozialisten verbunden schienen. Keiner dieser Pläne ist so weit gediehen, daß ein Prätendent sich in verantwortlicher Position hätte bewähren müssen. Wie stark auch immer die Gewissenskonflikte gewesen sind, die Monarchisten in der Weimarer Republik zwischen den Forderungen der Tagespolitik und ihren grundsätzlichen Anschauungen über Recht und Staat zu bestehen hatten, eine erwähnenswert wirksame, eigenständige monarchistische Politik hat es in der Weimarer Republik nicht gegeben.

ANMERKUNGEN

1 Dem vorliegenden Aufsatz liegt eine eingehendere Behandlung des Themas zugrunde: Zur Beurteilung des Monarchismus in der Weimarer Republik, in: *Tradition und Reform in der deutschen Politik.* Gedenkschrift für Waldemar Besson. Hg. G. Jasper. 1976, S. 138–185. Auf sie sei allgemein für zusätzliche Erörterungen und Beispiele sowie weitere Quellen verwiesen (zitiert: Hiller, mit Seitenzahl).
2 Hierzu, insbesondere zur Hochschullehrerschaft: Th. Eschenburg, *Die improvisierte Demokratie.* München 1963, S. 57; ferner W. Runge, *Politik und Beamtentum im Parteienstaat.* Stuttgart 1965, S. 222–237.
3 W. H. Kaufmann, *Monarchism in the Weimar Republic.* New York, 1953.
4 H. Fenske, in: *Demokratie und Verwaltung* (Schriftenreihe der Hochschule Speyer, Bd. 50), S. 117f.
5 Vgl. z. B. D. Grosser, *Vom monarchischen Konstitutionalismus zur parlamentarischen Demokratie.* Den Haag 1970, S. 216, der für diese Frage auf andere Arbeiten sich stützend die „herrschende Lehre" wiedergeben dürfte.
6 Kaufmann, S. 244–252.
7 M. Harden, in: *Die Zukunft,* 29, 1921, S. 116f., zit. nach L. F. Gengler, *Die deutschen Monarchisten 1919–1925,* phil. Diss. Erlangen 1932, S. 49f.
8 Eschenburg, S. 53: der Reichspräsident „ein monarchisches Element in der Republik, aber infolge der Improvisierung der Demokratie sowie der innen- und außenpolitischen Lage des Reiches ein unentbehrliches"; S. 48: die Reichswehr „eine monarchische Insel".
9 Das Handbuch *Die bürgerlichen Parteien in Deutschland,* 2 Bände, Berlin(-Ost) 1970, dürfte am umfassendsten diese Parteien und Verbände behandelt haben, allerdings mit oft sehr unkritischem Gebrauch des Wortes „monarchistisch". Vgl. die Artikel über Bund der Aufrechten, Bund der Kaisertreuen, DVP, DNVP, Preußenbund, Reichsflagge, Stahlhelm; unter dem Stichwort Offizierverbände: Nationalverband Deutscher Offiziere. Über den Bayerischen Heimat- und Königsbund vgl. K. O. v. Aretin, *Die bayerische Regierung und die Politik der bayerischen Monarchisten in der Krise der Weimarer Republik 1930–1933,* in: *Festschrift f. H. Heimpel.* Göttingen 1971, Bd. 1, S. 206f. Siehe auch die Arbeiten in Anm. 12.
10 J. Erger, *Der Kapp-Lüttwitz-Putsch.* Düsseldorf 1967, S. 102ff.
11 H. J. Gordon, *Hitlerputsch 1923.* Frankfurt a. M. 1971, S. 397f.; H. H. Hofmann, *Der Hitlerputsch,* 1961, S. 201f.
12 W. Liebe, *Die Deutschnationale Volkspartei 1918–1924.* Düsseldorf 1956, S. 104; M. Dörr, *Die Deutschnationale Volkspartei 1924–1928,* phil. Diss. Marburg 1964, S. 133 u. 394ff; L. Hertzman, *DNVP – Right Wing Opposition in the Weimar Republic.* Lincoln 1963, S. 86.

13 H. Brüning, *Memoiren 1918–34.* Stuttgart 1970, S. 378 u. 456.
14 Vgl. Gengler S. 104 ff. Für deutschkonservative Sorgen in dieser Beziehung s. Hiller, S. 178, Anm. 23.
15 Gedruckt: *Dokumente zur deutschen Verfassungsgeschichte,* hg. E. R. Huber, 2. Aufl., Bd. 2, S. 512 f. Wilhelm II. verzichtete „für alle Zukunft auf die Rechte an der Krone Preußens und die damit verbundenen Rechte an der deutschen Kaiserkrone".
16 Vgl. jetzt S. v. Ilsemann, *Der Kaiser in Holland.* München 1968, insbesondere Bd. 2.
17 P. Herre, *Kronprinz Wilhelm und seine Rolle in der deutschen Politik.* München 1954, S. 194 ff.
18 Eingehende Darstellung und Belege: Hiller, S. 144 f. u. 178 f. Anm. 30.
19 Ilsemann Bd. 2, S. 220; Herre S. 194 ff.; W. Stribny, Der Versuch einer Kandidatur des Kronprinzen Wilhelm bei der Reichspräsidentenwahl 1932, in: *Geschichte und Gegenwart,* hg. H. Heinen u. H. J. Schoeps. Paderborn 1972.
20 R. Schneider, *Die Hohenzollern.* Leipzig 1933, S. 157; die Zustimmung des Kaisers: Ilsemann Bd. 2, S. 243.
21 Thronverzichterklärung vom 30. 11. 1918, abgedr. *Staatsanzeiger für Württemberg* Nr. 282 vom 30. 11. 1918.
22 *Bayerische Staatszeitung* Nr. 258 vom 6. 11. 1923, zit. nach Gengler S. 120.
23 Gengler S. 108.
24 S. dazu Hiller S. 179 Anm. 39.
25 Über eine vergebliche Anregung in dieser Richtung s. Hiller, S. 147 f.
26 Gengler, S. 109; Aretin, S. 237, betont, daß Kronprinz Rupprecht in seinen Anschauungen durchaus dem Bismarck-Reich verpflichtet war.
27 Vgl. seinen veröffentlichten Brief in der *Kreuzzeitung* Nr. 54 vom 1. 2. 1922, später bei G. Frhr. v. Eppstein, *Der deutsche Kronprinz.* Leipzig 1926, S. 309 ff.
28 Beispiele bei Hiller, S. 140.
29 F. Meinecke, *Politische Schriften und Reden, Werke Bd. 2.* Darmstadt 1968, S. 281.
30 Meinecke hatte nach den Novemberereignissen 1918 keinen Zweifel daran, „daß die überwiegende Mehrheit des deutschen Volkes noch heute monarchisch empfindet" (ebd).
31 Liebe, S. 18 f., Hertzman, S. 86; Manuskript K. Graf v. Westarp, *Konservative Politik in der Weimarer Republik,* Bd. 1 (1918–1920), Teil I, im Nachlaß Westarp (künftig zitiert: Westarp-Ms).
32 Gedruckt bei W. Mommsen, *Deutsche Parteiprogramme* (Deutsches Handbuch der Politik Bd. 1). München 1960, S. 536 (DNVP); DVP-Programm S. 521.
33 *Nationales Manifest der DNVP,* als Entwurf gedruckt (Nachlaß Westarp).
34 M. Weber, *Deutschlands künftige Staatsform,* November 1918 (Ges. politische Schriften, hg. J. Winckelmann, 1958, S. 436).
35 Meinecke, S. 281, auch zum folgenden.
36 Informationen Westarps hierzu an Kronprinz Rupprecht und an Kronprinz Wilhelm: Hiller, S. 181, Anm. 66.
37 Westarp-Ms.
38 Wie Anm. 33.
39 Aretin, S. 213.
40 Westarp-Ms, Teil II, S. 563; vgl. auch unten die Äußerung Freytagh-Loringhovens bei Anm. 43.
41 Stellungnahme des Generalleutnants Otto Hasse für den Chef der Heeresleitung vom 30. 11. 1926 und Niederschrift von grundsätzlichen Ausführungen des Obersten v. Schleicher über die Stellung der Reichswehr zur politischen Lage, abgedr. Th. Vogelsang, *Reichswehr, Staat und*

NSDAP. Stuttgart 1962, S. 408–413; vgl. auch Vogelsang S. 49ff., F. L. Carsten, Reichswehr und Politik 1918–1933, Köln 1964, S. 278–287.

42 Politische Wochenschrift, 4. Jg., Nr. 24 vom 14. 6. 1928, abgedr. bei Dörr, S. 554ff. Darstellungen des im folgenden erwähnten Falls Lambach: Dörr, S. 394–402, und K. D. Bracher, *Die Auflösung der Weimarer Republik,* Stuttgart-Düsseldorf 1955, S. 313–315.

43 „Verfassungsfragen", in: *Der nationale Wille,* hg. M. Weiß, Berlin 1928, S. 150, und in: *Politisches Handwörterbuch (Führer-ABC),* hg. M. Weiß. Berlin 1928, S. 944.

44 „Über deutschen Monarchismus", Aufsatz, am 25. 6. 1928 Westarp zugesandt (Nachl. Westarp); das folgende Zitat aus Brief Schieles an G. Traub vom 14. 11. 1929 (Nachl. Traub, BA Koblenz Nr. 67, Bl. 99f.).

45 Wie Anm. 43.

46 Meinecke, S. 345.

47 D. Groh, *Negative Integration und revolutionärer Attentismus.* Frankfurt a. M. 1973.

48 Über frühere Koalitionsverhandlungen Dörr, S. 90, 93ff.; Hiller, S. 166.

49 Dörr, S. 299, Text der Richtlinien ebd., S. 541ff.

50 Verhandlungen des Reichstags, Steu. Berichte *Bd. 391, 262. Sitzung v. 3. 2. 1927, S. 8804.*

51 Dazu z. B. *Der Nachlaß des Reichskanzlers Wilhelm Marx,* Teil I, S. 466ff.; Dörr, S. 269f; umfangreiches Material im Nachlaß Westarp.

52 Dazu eingehender Hiller, S. 168f. u. 184; M. Stürmer, *Koalition und Opposition in der Weimarer Republik 1924–1928.* Düsseldorf 1967, S. 213ff.; Dörr, S. 304ff.

53 In Abwehr gegnerischer Angriffe hatte Westarp in der Kreuzzeitung (Nr. 240, 23. 5. 1927) festgestellt: „Kein Mensch unter uns ist so töricht, die unmittelbare Wiederherstellung der Monarchie als eine Aufgabe der Gegenwart anzusehen", hatte damit aber scharfe Reaktionen aus der DNVP ausgelöst. Vgl. auch Dörr, S. 307ff.

54 Generalmajor a. D. Wilhelm v. Dommes, ein enger Vertrauter Wilhelms II., DNVP-Kreisvorsitzender in Potsdam, organisierte die innerparteiliche Opposition gegen Westarps Parteiführung (17 „befreundete Landesverbände") und betrieb Hugenbergs Wahl zum Parteivorsitzenden.

55 R. Mumm im Christlich-Sozialen Volksdienst, Westarp bei den Volkskonservativen, der schon früher ausgeschiedene J. V. Bredt in der Wirtschaftspartei, andere im Landvolk (Belege bei Hiller, S. 184, Anm. 119–121).

56 Zu Hindenburgs Einstellung und zeitgenössischer Beurteilung A. Dorpalen, *Hindenburg in der Geschichte der Weimarer Republik.* Berlin 1966, S. 132f., 248f.; W. Hubatsch, *Hindenburg und der Staat.* Göttingen 1966, S. 81.

57 So Hubatsch, ebd.

58 J. V. Bredt, *Erinnerungen und Dokumente 1914–1933,* hg. M. Schumacher. Düsseldorf 1970, S. 181; Lambach in seinem „Monarchismus"-Artikel (oben Anm. 42).

59 Meinecke, S. 347.

60 Dazu F. Frhr. Hiller v. Gaertringen, Deutschnationale Volkspartei, in: *Das Ende der Parteien 1933,* S. 543ff.

61 Prinz Eitel Friedrich beim Stahlhelm; Prinz August Wilhelm bei der NSDAP; Prinz Oskar spätestens seit Januar 1932 im Parteivorstand der DNVP, von Hugenberg intern als Präsidentschaftskandidat vorgeschlagen.

62 Vgl. dazu Stribny; ferner P. Herre, *Kronprinz Wilhelm.* Seine Rolle in der deutschen Politik. München 1954, und K. W. Jonas, *Der Kronprinz Wilhelm.* Frankfurt a. M. 1962.

63 Kleist-Schmenzin erntete mit einem Aufruf „Für Hohenzollern" im Frühjahr 1932 nur Ablehnung (B. Scheurig, *Ewald v. Kleist-Schmenzin.* Oldenburg 1968, S. 104 u. 220 Anm. 68).

64 Nachlässe Hugenberg, Wegener, Traub, Schmidt-Hannover im BA Koblenz. Ein Beispiel, wie die deutschnationale Führung bewußt gegen Brünings im folgenden erwähnte Pläne arbeitete, bei Hiller, S. 174 f. mit 186 Anm. 137.
65 Ilsemann, Bd. 2, S. 132.
66 Informationsbrief des Abgeordneten Hintzmann vom 15. 6. 1932 (Staatsarchiv Osnabrück, Erw. C 1, Nr. 59, Bl. 65).
67 Reichstagsrede vom 23. 3. 1933 *(Sten. Berichte,* Bd. 457, S. 27 D); Verbot der Rundfunkübertragung einer Rede des deutschnationalen Staatssekretärs v. Bismarck vom 26.3 mit Erwähnung der Monarchie *(Der Nationale Wille,* Jg. 1933, S. 181; *Der Aufrechte,* 1933, Nr. 7).
68 Brüning, S. 378; vgl. ferner S. 146, 194, 418, 453–456, 462f., 512, 520, 579, 582.
69 Zu der für 1931 schwer verständlichen Formulierung „einen der Kronprinzensöhne" (S. 453 u. 512) vgl. Hiller, S. 175.
70 Brüning, S. 456.
71 Zur Beurteilung des Brüningschen Berichts vgl. R. Morsey, Brünings politische Weltanschauung vor 1918, in: *Gesellschaft, Parlament und Regierung.* Düsseldorf 1974, S. 319; W. Conze, Brüning als Reichskanzler – eine Zwischenbilanz, in: HZ 214, 1972, S. 332; K. D. Erdmann, *Die Zeit der Weltkriege* (= Gebhardt, Hb. der deutschen Geschichte, Bd. 4/1). Stuttgart 1973, S. 315, Anm. 2; Hiller, S. 172–176.
72 Vgl. hierzu Aretin, S. 231.

12. Die SPD und der Staat von Weimar

HAGEN SCHULZE

I

Die Stimmung im Parteiausschuß der Sozialdemokratischen Partei Deutschlands war trüb wie die Jahreszeit, als er am 10. November 1932 im Haus des Parteivorstands zusammentrat, um die Lage nach den Reichstagswahlen zu beraten. Der Parteivorsitzende Otto Wels beschrieb in seinem Eingangsreferat den vorherrschenden Eindruck: „So neblig, wie draußen die Witterung heute ist, so neblig ist auch die politische Situation für uns alle [. . .]".[1] Bedrückung und Ratlosigkeit beherrschten die Runde. Die Reichstagswahlen hatten vier Tage zuvor wieder einmal mehr die rückläufige Tendenz der sozialdemokratischen Wahlstimmen ergeben, in geradliniger Fortsetzung aller Wahlen seit 1930: von den 29,8% der 1930 für die SPD abgegebenen Stimmen waren nur noch 20,4% übriggeblieben – selbst gegenüber den Reichstagswahlen vom 31. Juli 1932 war der sozialdemokratische Stimmenanteil nochmals um 1,2% gesunken. Es war das schlechteste sozialdemokratische Wahlergebnis seit 1890, und nunmehr brütete der Generalstab der Partei über der langen Reihe verlorener Schlachten und war von der bangen Ahnung beschlichen, daß der Krieg verloren sei. Man vertiefte sich in selbstquälerische Analysen; Gründe für den Niedergang der Partei fanden sich in Hülle und Fülle: Die Belastungen durch die Tolerierung Brünings, die Unterstützung Hindenburgs bei seiner Wiederwahl im Frühjahr 1932, die passive Haltung der Partei während der Amtsentsetzung der preußischen Minister durch Reichskanzler v. Papen am 20. Juli 1932, sodann die konziliante Haltung der rechtmäßigen preußischen Regierung, die vom Staatsgerichtshof teilweise wieder in ihre Ämter eingesetzt worden war und nun, anstatt scharfe Opposition gegen Reichspräsident und Reichsregierung zu betreiben, sich mit Hindenburg und v. Papen zu arrangieren trachtete, und schließlich der Berliner Verkehrsstreik, bei dem die SPD vergebens als Ordnungsmacht aufgetreten war – eine endlose Kette von Demütigungen und Niederlagen. Dazu die KPD, die im gleichen Maße erstarkte, in dem die SPD verlor – von 1928 bis jetzt ein Stimmenzuwachs von 10,6 auf 16,9 Prozent –, der Verlust fast aller staatlichen Machtpositionen, und der unübersehbare Zerfall der *Eisernen Front*, des sozialdemokratischen Widerstandskartells: die Freien Gewerkschaften zeigten unübersehbare Anpassungstendenzen an die neuen Staatsgewalten, das *Reichsbanner Schwarz-Rot-Gold* stand in offenen Verhandlungen mit dem Reichswehrministerium über seine Eingliederung in das *Reichskuratorium für Jugendertüchtigung*, der Vorform einer geplanten deutschen Milizarmee unter der Leitung von aktiven Reichswehroffizieren und reaktionären *Stahlhelm*-Kadern.

Was war zu tun? In dieser Frage herrschte wenig Klarheit. Die Partei fand sich zwei Strategieangeboten gegenüber. Man konnte versuchen, das Beste aus der Lage zu machen; das bedeutete: Verhinderung erneuter Reichstagsauflösung durch minimale Tolerierung der Reichsregierung, wenn man schon nicht in der Lage war, zusammen mit anderen Parteien eine mehrheitsfähige Regierung zu bilden; konstruktive Mitarbeit bei der Reichsgesetzgebung, um im Rahmen der gegebenen Möglichkeiten die reaktionären Verfassungsreformpläne und wirtschaftspolitischen Maßnahmen der Regierung v. Papen zu konterkarieren oder zumindest abzuschwächen, Teilnahme an Regierungsvorhaben wie Arbeitsdienst oder Reichskuratorium für Jugendertüchtigung, um Einfluß auszuüben, kurz: die Fortsetzung der „Politik des kleineren Übels" aus der Brüning-Ära. Abgesehen von den preußischen Sozialdemokraten Severing und Heilmann, die mit aller Vorsicht, und von Gewerkschafts- und Reichsbanner-Funktionären wie Graßmann oder Höltermann, die mit aller Deutlichkeit zu diesem Weg rieten, fand aber eine derartige Politik keine Gegenliebe, weder bei den anwesenden Mitgliedern des Parteivorstands noch der Reichstagsfraktion noch der Funktionäre aus den Parteibezirken.

Um so allgemeiner war die Zustimmung zu der anderen in Frage kommenden strategischen Alternative: der uneingeschränkten Opposition. Nichts war leichter als dieser Beschluß: die Regierung v. Papen, das *Kabinett der Barone*, erschien als Inbegriff des Klassenfeinds, dem gegenüber restloses Mißtrauen angezeigt war; charakteristisch war das immer wiederkehrende Argument, für die Ablehnung eines Vorschlags genüge allein die Tatsache, daß er von der Reichsregierung ausging.[2] Und da war der Druck der Wahlergebnisse, die dafür sprachen, der kommunistischen *Sozialfaschismus*-Agitation keine weiteren Blößen zu bieten, denn, wie Hilferding sich ausdrückte: „Das Unglück ist im wesentlichen, daß wir an der Peripherie der Wähler angesehen werden als eine Art von Kommunisten, die sich nicht trauen, revolutionär zu sein".[3] Und alle diese Beweggründe wurden von zunehmenden Zweifeln an Sinn und Funktionsfähigkeit der Weimarer Demokratie überlagert. Nicht von ungefähr kam die Diskussion im Parteiausschuß immer wieder auf eine Broschüre des österreichischen Sozialisten Otto Leichter zurück, in der die Politik der SPD scharf kritisiert wurde. Leichter warf der Partei vor, sie habe ihr sozialistisches Programm der Regierungsfähigkeit im kapitalistischen Staat geopfert und in dem Maße, in dem sie in die staatlichen Institutionen eingedrungen sei, die Bedeutung der Parteiorganisation und des außerparlamentarischen Kampfes unterschätzt. Dieser Staat aber habe mit dem Idealgebilde der Weimarer Verfassung nichts zu tun, die Artikel der Verfassung seien „nichts anderes mehr als Leichensteine, über denen sich riesengroß das Grabmal der Weimarer Verfassung, der Artikel 48, erhebt".[4] Es sei ein Armutszeugnis für die SPD, erklärte der thüringische Delegierte im Parteiausschuß Georg Dietrich, daß diese Broschüre von einem Österreicher und nicht von einem Deutschen geschrieben worden sei, und fand keinen Widerspruch.[5] Dietrich – er wurde noch am 26. April 1933 von der Reichskonferenz der SPD in den Parteivorstand gewählt – war es auch, der die Grabesstimmung jener Situation in die Worte kleidete: „Wenn man einmal die Frage aufwirft, Potsdam oder Weimar, muß man momentan sagen, Potsdam nein, Weimar aber auch nicht. Es ist doch augenblicklich alles zerschlagen".[6]

Nicht, daß dem Entschluß zur totalen Opposition irgend ein klar umrissenes Aktionsprogramm zur Seite gestanden hätte. Im Negativen, in der Politik der vollständigen politischen Abstinenz war man sich in der Parteispitze einig; Ansätze zu einer parlamentarischen Strategie dagegen sucht man in den Debatten des Parteiausschusses ebenso vergeblich wie in den Verlautbarungen von Parteivorstand und Reichstagsfraktion. „Die einzige politische Leistung", so der Reichstagsabgeordnete Julius Leber, „die der Fraktionsvorstand in diesen Monaten von sich gab, waren die sofortigen Mißtrauensanträge, mit denen er jede neue Regierung begrüßte".[7] Und was die allerseits erhobenen Forderungen nach der außerparlamentarischen Opposition anging, so blieben sie durchweg im Unverbindlichen stecken: Der verzweifelte Ausruf Toni Senders: „Ihr habt doch schon so oft [. . .] von außerparlamentarischen Aktionen geredet, habt ihr Euch denn gar nichts dabei gedacht?"[8] spricht Bände. Die Antwort darauf gab Hilferding, der klipp und klar und ganz gegen die Geister seiner Jugend erklärte: Die Drohung mit Mitteln, die man nicht besitze, richte nur Schaden an.[9] Was blieb, war jene „Theorie der Untätigkeit",[10] die Otto Wels in die seit Kautsky klassische Formel kleidete: „Wir machen keine Revolution, sie kommt".[11]

Man verharrte in der scheinbar sicheren Tatenlosigkeit, in der Hoffnung darauf, sich in der Opposition gesundzuwachsen: „Kapital aufsammeln und alles vermeiden, was den Verdacht erregen könnte, daß wir geneigt sind, dem Teufel den kleinen Finger zu reichen" – das war der strategische Grundsatz, den der Vorsitzende der deutschen Sozialdemokratie seiner Partei in den letzten Monaten des Bestehens der Weimarer Republik anbot.[12] Die SPD versank in der politischen Selbstisolation, aus der sie 1917 ausgebrochen war; als General v. Schleicher, zum Reichskanzler ernannt, den Versuch unternahm, die Sozialdemokratie zur Zusammenarbeit mit Reichsregierung und Reichswehr zu bewegen, begegnete er nur noch Abwehrreflexen: „Wir haben", so Wels, „als Gewerkschafter und Sozialdemokraten mit Schleicher nichts zu tun, laßt es die anderen machen".[13] In der Regierungskrise am Vorabend der Ernennung Hitlers zum Reichskanzler war die SPD, nach den Nationalsozialisten nach wie vor die zweitstärkste Partei, aus allen Kalküls vollständig verschwunden, politisch nicht mehr existent.

II

Es ist diese Mischung von Resignation und entschlossener Abkehr von der Beteiligung am Kräftespiel im Gegenwartsstaat, die den Betrachter frappiert – nicht nur den späteren, sondern auch den zeitgenössischen, wie den sozialdemokratischen Reichstagsabgeordneten Julius Leber, der zornig notierte: „Man schwamm nicht mit dem Strom, man schwamm auch nicht dagegen. Man stand erstaunt und hilflos am Ufer. Und als der Damm brach und das Ufer versank, da gab es nur noch einen Ausweg: die kopflose Flucht".[14] Der Kontrast dieses Bildes zu der Rolle der Sozialdemokratie in der Frühphase des demokratischen Experiments von Weimar wie auch zu der Vorstellung, die diese Partei von sich selbst besaß und bis in die Gegenwart hinein besitzt, bedarf der Erklärung: War die SPD, die in den letzten Krisenmonaten der Republik so entschlossen von der Bildfläche verschwand, dieselbe Partei, die 1918 mit der Entscheidung für die

Einberufung der Nationalversammlung zugleich die Entscheidung für ihren Ausbruch aus dem Klassen-Ghetto, für die Integration der Arbeiterbewegung in den pluralistischen Parteienstaat, für den politischen Ausgleich zwischen Arbeiterschaft und Bürgertum, kurz für die neue Republik traf? Ohne Frage wäre die Republik von Weimar ohne die deutsche Sozialdemokratie nicht entstanden; vielleicht von der linksliberalen DDP abgesehen hat es keine Partei gegeben, die sich entschiedener für die Republik eingesetzt hätte.

Bis zu den Reichstagswahlen vom 6. Juni 1920 war die SPD die führende Regierungspartei der Republik, sie stellte Reichspräsident und Reichskanzler, ihre Fraktion war mit Abstand die größte in der Nationalversammlung. Der Schock des Wahlergebnisses der ersten Reichstagswahlen – der sozialdemokratische Wähleranteil sank von 37,9 auf ganze 21,7 Prozent, während USPD und KPD von 7,6 auf volle 20 Prozent anschwollen – fegte die Partei förmlich aus dem Reichskabinett; aber dieser Austritt wurde lediglich als kurzfristig und taktisch motiviert verstanden: Die bevorstehende Wirtschaftskrise und die Folgen des Friedensvertrages sollten diejenigen Kräfte verantworten, die das Volk in Krieg und Niederlage hineingetrieben hätten, also, ganz allgemein, die bürgerlichen Parteien.[15] Im übrigen konnte man sich mit einem Argument beruhigen, das in der Folgezeit zum Mehrzweckinstrument bei allen wichtigen Entscheidungen der Partei auf Reichsebene werden sollte: „Wo haben wir jetzt, nach dem Ausfall der Wahlen, noch eine glänzende Gelegenheit, die Demokratie zu verankern? Das ist Preußen!"[16]

In der Tat war die sozialdemokratische Regierungsbeteiligung in Preußen eine Machtposition von einem derartigen Gewicht, daß der vorübergehende Verlust an Kabinettseinfluß im Reich ohne weiteres kompensiert schien: fast zwei Drittel des Reichs waren preußisch, auf herkömmliche Weise strikt zentralistisch regiert. Preußisch waren zwei Drittel der deutschen Verwaltung, der Justiz, der Bildungsanstalten sowie, nicht zuletzt, der Polizei, eine Machtballung, die ganz außerhalb aller föderalen Proportionen lag. Rechnet man den – gegenüber vorrevolutionären Verhältnissen freilich reduzierten – Einfluß Preußens auf die Reichsgesetzgebung im Reichsrat hinzu, stellt man zudem das dichte Nebeneinander der preußischen und Reichsbehörden in der gemeinsamen Hauptstadt Berlin in Rechnung, so leuchtet das Kalkül der sozialdemokratischen Parteiführung ein: Ministerpräsident und Innenminister in Preußen sozialistisch, ein Sozialdemokrat Reichspräsident – jede bürgerliche Reichsregierung war vielfach unter Druck zu setzen, und sozialdemokratische Kabinettsmitglieder konnten fast entbehrlich scheinen.[17]

Die Partei, so konnte es in den Anfangsjahren der Weimarer Republik scheinen, hatte sich von der früheren „Agitations-" in die „Regierungspartei" verwandelt, wie Friedrich Stampfer, der Chefredakteur des „Vorwärts", proklamierte.[18] Ohne die SPD konnte die neue Republik nicht bestehen, und die SPD akzeptierte ihre Verantwortung für das neue Staatswesen: in Görlitz beschloß der sozialdemokratische Parteitag im September 1921 ein neues Parteiprogramm, das klipp und klar „die demokratische Republik als durch die geschichtliche Entwicklung unwiderruflich gegebene Staatsform" proklamierte und diese Staatsform definierte als „die Herrschaft des im freien Volksstaat organisierten Volkswillens".[19] „Freier Volksstaat": Das war eine bewußte Paraphrase Lassalles, um so auffallender, als Marx und Engels diesen Begriff als politische Zielvorstellung entschieden abgelehnt hatten.[20] Das Erfurter Programm von 1891 war der Triumph des kautskyanisch gefilterten Marxismus in der SPD gewesen; das Görlitzer Programm von 1921 schien den Sieg Ferdinand Lassalles über Karl Marx im Kampf um die programmatische Orientierung der deutschen Sozialdemokratie zu signalisieren. „Marx der Führer beim Sturm, Lassalle der Organisator beim Aufbau", bestimmte 1920 Kurt Schumacher in seiner Dissertation das Verhältnis der beiden großen Antagonisten im Kampf um das Denken der deutschen Arbeiterschaft: Marx hatte der Partei in den Jahrzehnten des Kampfes gegen den wilhelminischen Obrigkeitsstaat das theoretische Rüstzeug gegeben, der Aufbau des neuen Staates konnte nur im Geist Lassalles geschehen, denn nur hier fand sich ein legitimierender Anknüpfungspunkt für sozialdemokratische Staatspraxis.[21] Friedrich Stampfer berief sich daher auch ausdrücklich auf Lassalle, als er nach dem Görlitzer Parteitag triumphierend schrieb: „Die Sozialdemokratische Partei ist in der demokratischen Republik als sozialistische Partei die eigentliche Staatspartei geworden [...] Die Sozialdemokratie bekämpft den Klassenstaat, der seine Machtmittel zur Unterdrückung der unteren Klassen mißbraucht. Aber sie bedarf zur Ausführung ihres Programms der Staatsgewalt und ihrer Stärkung [...] Darum muß sie von den Staatsbürgern Staatsgesinnung, von den Staatsdienern eine neue, höhere Auffassung ihrer Pflichten als Diener am allgemeinen Wohl verlangen [...] Umgekehrt ist aber die Masse des arbeitenden Volkes daran interessiert, daß der Staat desto stärker wird, je mehr er aufhört, Klassenstaat zu sein [...]".[22]

Der Programmentwurf war in Görlitz umstritten; es bedurfte mancher Kompromisse, um schließlich zu einer fast einstimmigen Annahme zu kommen.[23] Im Ganzen aber bedeutete das neue Parteiprogramm nicht weniger als den Sieg Lassalles und Bernsteins über Marx und Kautsky; der Letztere kommentierte es grämlich als „bloße Verkürzung" des ruhmreichen Programms von Erfurt und beklagte die schwindende Einsicht in die Zusammenhänge materialistischer Theorie – in der Tat war das neue Programm im wesentlichen ein Aktionsrahmen.[24] Auf dieser Grundlage konnte der Parteivorstand den Delegierten eine Resolution vorlegen, in der der Partei ganz pragmatisch die Teilnahme an Koalitionsregierungen verschrieben wurde: Verteidigung der Republik bedeute Bestimmung der Regierungsrichtlinien, und da die Übernahme der alleinigen Regierungsgewalt durch die SPD vorerst ein Wunschtraum sei, gelte es, „auch vorher schon zur Sicherung der republikanischen, demokratischen Staatsform ihre politische Macht in die Waagschale zu werfen".[25] Die Resolution wurde mit 290 gegen nur 67 Stimmen angenommen; die politische Praxis der SPD, ihre Teilnahme an der Reichsregierung des Zentrums-Kanzlers Joseph Wirth und der preußischen Regierung unter dem Sozialdemokraten Otto Braun, hier sogar in Koalition mit der schwerindustriellen DVP, war theoretisch wie politisch abgesichert. Die deutsche Sozialdemokratie befand sich auf dem besten Weg, zu werden, wie sie Friedrich Stampfer noch 1924 sah: „Die eigentliche Staatspartei der Republik".[26]

Als Stampfer dies niederschrieb, hatte sich seine Partei allerdings bereits wieder weit von diesem Leitbild entfernt. Das zweite Reichskabinett Wirth war am 14. November 1922 gescheitert, da die SPD-Reichstagsfraktion sich geweigert hatte, einer Erweiterung der Koalition um die DVP, die *Stinnes-Partei*, zuzustimmen, obwohl der Görlitzer

Parteitag die Große Koalition von Scheidemann bis Stresemann ausdrücklich abgesegnet hatte, und obwohl eine solche Koalition in Preußen bereits seit Jahr und Tag zur allgemeinen Zufriedenheit amtierte.[27] Im August 1923 trat die SPD dann, unter dem Druck der sich abzeichnenden Rheinlands- und Währungskatastrophe, doch einem Kabinett der Großen Koalition unter Reichskanzler Stresemann bei, um die Regierung mitten in den schwersten Krisen am 3. Oktober 1923 über die geplante Arbeitszeitregelung im Ermächtigungsgesetz stolpern zu lassen. Zwar waren auch im folgenden zweiten Kabinett Stresemann nochmals sozialdemokratische Minister vertreten, doch sie mußten auf Druck der Reichstagsfraktion bereits am 2. November 1923 wegen der Reichsexekution in Sachsen und Thüringen ihre Sessel räumen; ein sozialdemokratisches Mißtrauensvotum gab der Regierung Stresemann drei Wochen später den letzten Stoß. In dieser Situation soll Reichspräsident Ebert, verzweifelt über die Haltung seiner Parteifreunde, erklärt haben: „Was euch veranlaßt, den Kanzler zu stürzen, ist in sechs Wochen vergessen, aber die Folgen eurer Dummheit werdet ihr noch zehn Jahre lang spüren".[28]

Immerhin sollte es fünf Jahre dauern, bis die SPD noch einmal, das letzte Mal nach der Macht im Reich griff; wieder diente ein Parteitag, der von Kiel 1927, der Einstimmung der Parteiorganisation und der programmatischen Grundlegung. In seinem Grundsatzreferat über die Aufgaben der Sozialdemokratie in der Republik schlug Rudolf Hilferding mit Hilfe der Theorie des Organisierten Kapitalismus die Brücke zwischen den althergebrachten Parteiprinzipien und den politischen Problemen der Gegenwart: Der Staat, erklärte er, sei nicht mehr als die Gewaltorganisation zur Aufrechterhaltung der kapitalistischen Ausbeuterordnung, sondern als Vertretungsorgan der Gesamtheit anzusehen; nur durch den Staat könnte die Gesellschaft bewußt handeln, und der Klassenkampf erweise sich daher in der staatlichen Wirklichkeit als Kampf der Parteien um die Staatslenkung. Als leuchtendes Vorbild verwies er auf das Preußen Otto Brauns und Karl Severings, das, als sozialdemokratische Bastion ausgebaut, der Reaktion in Deutschland die Stirn biete, und dessen Regierung sobald als möglich einer sozialdemokratisch geführten Reichsregierung zur weiteren Durchsetzung demokratischer und sozialer Reformen an ihrer Seite bedürfe.[29] Noch einmal ließ sich ein Parteitag vom Parteivorstand zu einer positiven Koalitions-Resolution bereden, und nach dem günstigen Ergebnis der Reichstagswahlen vom 20. Mai 1928, die der SPD annähernd dreißig, der Weimarer Koalition fast fünfzig Prozent der Wählerstimmen einbrachten, übernahm der Parteivorsitzende Hermann Müller das Reichskanzleramt. Aber das Reichskabinett Müller, dem in wechselnder Zusammensetzung neben den Weimarer Parteien auch die DVP angehörte, erwies sich als überaus labil; die beginnende Wirtschaftskrise, die steigenden Arbeitslosenzahlen, die sich verschlechternde Haushaltslage, die Rüstungswünsche der Reichswehr, die immer lauter werdenden Subventionsforderungen des ostelbischen Großgrundbesitzes und viele andere zunehmende und akkumulierende Probleme stürzten die letzte parlamentarische Reichsregierung der Weimarer Zeit vom ersten Tag ihres Bestehens an in eine Dauerkrise, die von der ständig abnehmenden Kompromißfähigkeit der beteiligten Parteien, namentlich der Flügelkräfte SPD und DVP, begleitet und verstärkt wurde. Bereits die Affäre um den Panzerkreuzer A, dessen Bau das Reichskabinett einschließlich der sozialdemokratischen Minister zugestimmt hatte, während die Reichstagsfraktion der SPD gegen die Kriegsschiff-Neubauten aus vorwiegend prinzipiellen Gründen Sturm lief, machte aller Welt deutlich, wie wenig Müller sich auf seine eigene Partei stützen konnte – daß die sozialdemokratischen Minister von ihren Abgeordnetensitzen aus gegen die Vorlage stimmen mußten, die sie selbst im Kabinett formuliert hatten, war eine Groteske, die in der Geschichte des Parlamentarismus nicht ihresgleichen hatte.[30] Der schließliche Rücktritt Hermann Müllers am 27. März 1930, erzwungen durch ein Ultimatum seiner Fraktion, die nicht bereit war, eine weitere Erhöhung der Arbeitslosenversicherung mitzutragen, wurde innerhalb der SPD weithin als die Erlösung von einem unerträglich gewordenen Zwang zu Verantwortung und Kompromissen verstanden; „Nicht wieder hereinfallen!" lautete die Überschrift eines Diskussionsartikels in der Parteizeitschrift *Das Freie Wort,* die die vorherrschende Stimmung in der Partei gegen die Regierungsverantwortung im Gegenwartsstaat widerspiegelte.[31]

„Ohne sich allzu tiefen Gedanken hinzugeben", so noch einmal Julius Leber, „segelte die sozialdemokratische Parteileitung zurück in die bequemen Wasser alter lieber Oppositionsherrlichkeit. Daß die sogenannte Präsidialregierung ganz offenbar die letzte Form einer verfassungsmäßigen Regierung war und daß dahinter nur der reine Cäsarismus, wie ihn Spengler sah, oder der Faschismus nach italienischem Vorbilde entstehen konnte, das kam nur wenigen in den Sinn. Zwar redete man viel und oft von der bedrohten Demokratie, von der faschistischen Gefahr, aber das war doch nur Wind für Agitation und Propaganda. Zu praktischen Schlußfolgerungen irgendwelcher Art für die politische Haltung von Partei und Fraktion kam es nicht. Man stand in Opposition, das genügte [. . .]"[32]. Lebers Verbitterung – die Aufzeichnung entstand 1934 in der Untersuchungshaft – trieb die Kritik an seiner Partei auf die Spitze; praktische Schlußfolgerungen aus der bestehenden Situation zogen Partei- und Fraktionsvorstand in den Jahren der Brüning-Ära durchaus, aber es reichte lediglich zu einem Minimalprogramm: die Politik des kleineren Übels, die parlamentarische Tolerierung des präsidialen Notverordnungsregimes, um Schlimmeres zu verhüten und die letzte sozialdemokratische Machtposition, die preußische Regierung, abzuschirmen. Aber dieses Sichdurchwursteln durch die Widrigkeiten des Augenblicks war eine Politik, die niemanden befriedigen konnte – weder diejenigen Parteigenossen, die wie Otto Braun oder Friedrich Stampfer die Rückkehr in die Regierungsverantwortung predigten (eine Alternative, die nach der Wahlkatastrophe vom September 1930 durchaus bestand) noch den linken Parteiflügel, der unter dem ungeheuren sozialen und wirtschaftlichen Druck der beginnenden dreißiger Jahre erheblichen Zulauf erhielt, und als dessen Sprecher Max Seydewitz auf dem Leipziger Parteitag 1931 erklärte, Brüning wie Hitler seien Marionetten des deutschen Monopolkapitals, eine konsequente sozialistische Politik könne also nur in der scharfen Frontstellung der SPD gegen Brüning bestehen.[33] Unter diesen Umständen war es fast ein Wunder, daß die Parteiorganisation kaum an Stabilität verlor, obwohl sich im Oktober 1931 unter der Führung von Seydewitz eine *Sozialistische Arbeiterpartei* abspaltete, die aber marginal blieb.[34] Das lag zu einem guten Teil daran, daß es der Partei gelang, den Eindruck ungebrochener Widerstandskraft und -bereitschaft zu vermitteln, die sich in ständigen Kundgebungen, Aufmärschen und kraftvollen öffentlichen Reden der führenden Funktionäre äußerten.[35] Aber dieser Scheinaktivismus überdeckte eine tiefe Unsicherheit der Zielsetzung; die Partei war, seit sie 1930 das Staatssteuer nur zu gerne aus der Hand gegeben hatte, zum reinen Objekt der politischen Entwicklung geworden: „Wir schwammen wie auf einer Scholle mitten im Eismeer", notierte der bayerische SPD-Reichstagsabgeordnete Wilhelm Hoegner, „täglich bröckelten Stücke ab, wir sahen den Tod vor uns, aber wir hofften, bevor er uns umkrallte, das feste Land zu gewinnen".[36] Sozialdemokratische Politik reduzierte sich auf schieres Überleben, das alles andere überragende Kalkül war „to ride out the storm".[37] Der Papen-Putsch, die Amtsentsetzung der preußischen Regierung durch das Reichskabinett v. Papen am 20. Juli 1932, offenbarte die ganze Machtlosigkeit der scheinbar so mächtigen *Eisernen Front,* des Zusammenschlusses von Partei, Freien Gewerkschaften, Reichsbanner und Arbeitersportlern – kein Widerstand rührte sich, als die letzte sozialdemokratische Bastion mit einem Federstrich beseitigt wurde.[38] Zwar gelang es der Parteiführung, den Aktionsdrang eines Teils der Parteimitglieder auf die Reichstagswahlen vom 31. Juli 1932 umzulenken, aber das Wahlergebnis, mit 21,6 Prozent drei Prozent weniger Wählerstimmen als 1930, entmutigte die Partei noch stärker. „Tiefgreifende Meinungsverschiedenheiten über die künftige Oppositionspolitik" herrschten in den leitenden Parteigremien,[39] aber das lähmende Gefühl der völligen Einfluß- und Wehrlosigkeit nahm zu; nach den Reichstagswahlen vom 6. November 1932, das zeigt das eingangs zitierte Protokoll des Parteiausschusses von seiner Sitzung am 10. November in aller Deutlichkeit, hatten Depression und Hoffnungslosigkeit die Kampfmoral auch der aktivsten Parteiführer angefressen. Der Rest war Agonie.

III

Gemessen an ihrer Verantwortung für die Stabilität und das Überleben der Weimarer Verfassungsordnung hat die deutsche Sozialdemokratie in der Krise des ersten demokratischen Experiments der deutschen Geschichte offenkundig versagt. Das bedarf der Erklärung, um so mehr, als das Scheitern der ersten Republik zum Menetekel der zweiten wurde.

Gewiß wäre es ungerecht, die SPD allein zur Verantwortung zu ziehen. Bis zu einem gewissen Punkt war ihr Versagen das aller politischen und gesellschaftlichen Kräfte der ersten Republik, der Gegner ebenso wie der grundsätzlichen Verteidiger. Dafür gab es hauptsächlich zwei Gründe, die ineinandergriffen: zum einen die aus der besonderen Situation der Parteien im monarchischen Obrigkeitsstaat zu erklärende habituelle Unfähigkeit, sich mit ihrer Verantwortung im parlamentarischen Staatswesen anstelle der programmatischen Nabelschau zu befassen; Max Weber hatte das bereits 1917 vorausgesehen, als er bezweifelte, daß die Parteien „zur Übernahme der verantwortlichen Leitung der Staatsgeschäfte überhaupt bereit" seien.[40] Wenn zum anderen, nach Martin Kriele, staatliche Legitimität mit der Bereitschaft zu übersetzen ist, sich mit dem Staat zu identifizieren und ihn in seiner bestehenden Verfassung jeder Alternative vorzuziehen,[41] dann litt das Weimarer Staatswesen unter einem tiefgreifenden Legitimitätsdefizit, denn fast alle gesellschaftlichen und politischen Gruppen und Parteien sahen in ihm wenig mehr als ein „Transitorium" (Theodor Heuss), ein Durchgangsstadium zu anderen und der grauen Gegenwart jedenfalls weitaus vorzuziehenden Staats- und Gesellschaftsordnungen. Die mangelnde Normativität der Reichsverfassung, deren Prinzipien nach damals herrschender Lehre jederzeit zur Disposition parlamentarischer Zweidrittel-Mehrheiten standen, spiegelte lediglich diesen Zustand wider, der die Parteien von rechts bis links in negativer Einmütigkeit verband. Daß es unter diesen Umständen innerhalb der deutschen Sozialdemokratie überhaupt nennenswerte Kräfte gab, die diese Republik als zwar der Verbesserung bedürftig, aber dennoch verteidigungswert erachteten, muß daher besonders hervorgehoben werden. Hier ist vor allem, neben einigen sozialdemokratischen Zeitungsredakteuren wie Friedrich Stampfer und Julius Leber, und neben den Spitzenfunktionären des sozialdemokratisch dominierten *Reichsbanners Schwarz-Rot-Gold*, an das Preußen der Weimarer Koalition zu denken, das nach dem Willen seines sozialdemokratischen Ministerpräsidenten Otto Braun zum „Bürgen des Bestands der deutschen Republik"[42] ausgebaut werden sollte. Diese Politik scheiterte letztenendes, nicht, weil Demokratisierung und Republikanisierung auch in Preußen nicht mit der nötigen Energie vorangetrieben worden wären, obwohl hier manches im Argen lag,[43] sondern weil Preußens Stellung im Reich gegenüber der Konstruktion Bismarcks im Weimarer Staat nicht kräftig genug war, um gegenläufigen Tendenzen in der Reichsspitze auf die Dauer zu widerstehen. Der Sozialdemokratie auf der Ebene von Reichsregierung und Reichstag jedoch fehlte, im Gegensatz zur SPD Preußens, der Wille zur Verteidigung der Republik auch in Krisensituationen. Dafür gab es, neben dem allgemeinen Legitimitätsdefizit der staatlichen Ordnung, eine Reihe von Gründen, die in der Tradition und der Struktur der SPD selbst angelegt waren.

Die Tradition der deutschen Sozialdemokratie wurde in erster Linie von ihrer Situation im monarchischen, halbfeudalen Obrigkeitsstaat Vorkriegsdeutschlands bestimmt. Sie war der *Reichsfeind* par excellence gewesen, aber während andere oppositionelle Parteiungen im Bismarckstaat, der politische Katholizismus und der Linksliberalismus, immerhin im bürgerlichen Lager gestanden hatten, war die Sozialdemokratie gleich zweifach, politisch wie sozial, diskriminiert gewesen. Die festzementierten politischen und kulturellen Klassenschranken, namentlich in Norddeutschland, ließen der sozialdemokratischen Arbeiterschaft keine andere Möglichkeit der Emanzipation als den Ausbau der Partei nicht nur zur Kampf-, sondern darüberhinaus zur Lebensgemeinschaft. Nur innerhalb der SPD bot sich dem sozialdemokratischen Arbeiter die Chance, sich unabhängig vom bürgerlichen Bildungs- und Unterhaltungsangebot in seiner eigenen Sprache und Denkweise mit politischen Fragen zu befassen, am kulturellen Leben der Zeit teilzunehmen und sich selbst zu erziehen. Die Organisation war, mit den Worten Ernst Fraenkels, ein „Vertikalkonzern",[44] der im Idealfall seine Mitglieder von der Wiege bis zur Bahre, vom Arbeiterkindergarten bis zum Feuerbestattungsverein total erfaßte und ein gesellschaftlich annähernd autarkes Gebilde darstellte. Die Bindung der Mitglieder an diese Organisation, die es ihnen ermöglichte, ihre gesellschaftlichen und politischen Minderwertigkeitsgefühle zu überwinden oder wenigstens zu kompensieren, kann gar nicht hoch genug eingeschätzt werden;[45] nicht von ungefähr wird in auffallend vielen sozialdemokratischen Selbstbiographien durch Generationen hindurch *Partei* mit *Familie* gleichgesetzt.

Abwendung von der bestehenden gesellschaftlichen und politischen Ordnung, Drang in den bergenden, wärmenden *Gegenstaat*, kurz, jener für die deutsche Sozialdemokratie so kennzeichnende *Organisationspatriotismus* war eine der wesentlichen traditionsbildenden Triebkräfte, die hinter allen Parteientscheidungen der Weimarer Zeit standen. Keine Gefahr schreckte so sehr wie die Gefährdung der Parteiorganisation – das war der letzte materielle Grund für den oft genannten *revolutionären Attentismus* der SPD, aber auch für die Scheu der Partei- und Fraktionsführung vor politischen Risiken – und die Koalitionspolitik mit ihren ständigen Zwängen zu unpopulären wirtschafts- und sozialpolitischen Kompromissen war ein permanentes Risiko, der Abmarsch in die Opposition dagegen ein Zurück in die liebgewordenen Verhältnisse der Vorkriegszeit. *Attentismus*, ob revolutionärer oder reformpolitischer, gedieh um so besser, als die Partei dabei ein gutes Gewissen bewahren konnte, denn ihre vorherrschende Ideologie, jene sonderbare kautskyanische Variante des Marxismus, forderte ihr nichts anderes ab. Die Marx-Interpretation, wie sie vom sozialdemokratischen Parteipropheten Karl Kautsky und in seiner Folge von zahllosen Schreibern und Rednern im deutschsprachigen Bereich der 2. und 3. Internationale vorgetragen wurde, beruhte eigentlich auf dem naturwissenschaftlichen Weltbild der spätbürgerlichen Aufklärung des 19. Jahrhunderts, das im Darwinismus gipfelte. Kautsky war Darwinist, und er verstand Marx im Lichte Darwins; Marxismus sollte, wie er 1924 in einer autobiographischen Skizze schrieb, „nichts anderes sein als die Anwendung des Darwinismus auf die gesellschaftliche Entwicklung".[46] Das hieß: Der von Marx in Hegels Folge postulierte dialektische Charakter der Geschichte, der schon in den späten Schriften Engels' verflacht, wird von Kautsky durch die Idee der natürlichen Evolution ersetzt. Die Geschichte der menschlichen Gesellschaft stellt bei ihm eine evolutionäre und zwangsläufige Entwicklung dar, vorangetrieben durch den Klassenkampf, der den Kampf ums Dasein im Tierreich fortsetzt. Ein simplifizierter Darwinismus also, übertragen auf Geschichte und Politik und mit marxistischen Begriffen ausgedrückt – das war der Kern sozialdemokratischer politischer Theorie mit einschneidenden politischen Folgerungen: Wenn nämlich die Gesellschaft sich naturgesetzlich und streng determiniert entwickelte, was blieb dann für eine politische Partei zu tun? Ihre Neigung zum politischen Fatalismus war also durchaus ideologisch abgesichert; „wir sind", so Kautsky 1909, „eine revolutionäre, keine Revolutionen machende Partei"[47]. „Wir machen keine Revolution, sie kommt", so Otto Wels zwei Monate vor Hitlers Machtergreifung.[48]

Andere, dem ideologischen Bereich zugehörige Faktoren spielten darüberhinaus eine Rolle. Für einen sozialdemokratischen Politiker, der gewohnt war, seine Handlungen zumindest grundsätzlich unter Rückgriff auf die Parteidoktrin zu legitimieren, mußte das Fehlen einer sozialdemokratischen Staatstheorie überaus hinderlich sein; wo politische Reflexion sich lediglich auf die Gesellschaft bei weitgehender Ausklammerung des staatlichen Bereichs richtete, konnte der Verlust staatlicher Machtpositionen als quantité négligeable erscheinen – der Student Kurt Schumacher hat dieses Defizit in seiner Dissertation frühzeitig bemerkt und sehr viel später als Parteivorsitzender seine Folgerungen daraus gezogen.[49] Der Versuch Rudolph Hilferdings, mit Hilfe seiner Theorie des *Organisierten Kapitalismus* der SPD eine zeitgemäße Verbindung zwischen den Erfordernissen der parlamentarischen Staatspraxis und marxistischer ökonomischer Theorie herzustellen, kam zu spät, um in den Krisenjahren Weimars das sozialdemokratische Staatsverständnis zu befestigen.[50] Nicht zuletzt trugen die utopischen und perfektibilistischen Elemente des ideologischen Rahmens dazu bei, die Identifikation sozialdemokratischer Politiker mit dem unfertigen, kompromißförmigen, legitimationsschwachen Gebilde namens Republik von Weimar zu erschweren.

Zum Traditionskomplex gehörte schließlich, neben Ideologie und Organisationspatriotismus, die Erinnerung an den Widerstand gegen die autoritäre Staatsgewalt des Kaiserreichs. Bei allen tatsächlichen Anpassungstendenzen an die politische und gesellschaftliche Wirklichkeit des wilhelminischen Deutschland fühlten sich doch die Partei, ihre Gliederungen und ihre Anhängerschaft als die eigentlichen Gegner des bestehenden Herrschaftssystems: diesem System keinen Mann und keinen Groschen! Ihr Element war das der Opposition, der Kritik am Staatsapparat und an den Machthabern gewesen; der Reichstag war für August Bebel eine „Tribüne, von der wir zu den Millionen hinaussprechen können, ein Agitationsmaterial, wie wir es uns nicht großartiger denken können",[51] nicht weniger, aber auch nicht mehr. Eine Regierung zu stützen, sie gegen parlamentarische Angriffe abzuschirmen, war für sozialdemokratische Reichstagsabgeordnete nach 1919 ein ungewohntes Geschäft. In diesem Zusammenhang ist auch die hohe personelle Kontinuität zu sehen, die namentlich die sozialdemokratische Reichstagsfraktion auszeichnete. Von den 112 sozialdemokratischen Abgeordneten des ersten Reichstags nach der Revolution hatten 53 bereits dem letzten vorrevolutionären Reichstag angehört, der parlamentarische Erfahrungshorizont von annähernd der Hälfte der SPD-Abgeordneten war also noch von der zutiefst verinnerlichten Oppositionsrolle im kaiserlichen Reichstag bestimmt, und zu ihnen gehörten alle Parteivorstandsmitglieder, soweit sie überhaupt Reichstagsmandate innehatten, zu ihnen gehörte die Crème der Gewerkschaftsführungen, und zu ihnen gehörten vor allem die Parteiideologen, -schriftsteller, -redakteure, kurz, diejenige Gruppe, die die Politik der Partei bestimmte und ihr die Impulse und Formulierungen lieferte. Diese hohe Parlamentserfahrung der stimmführenden sozialdemokratischen Reichstagsabgeordneten kontrastierte im übrigen sehr erheblich gegen die ihrer Kollegen im seit 1921 bestehenden preußischen Landtag – im preußischen Abgeordnetenhaus des Dreiklassenwahlrechts hatten bis 1918 nur zehn Sozialdemokraten gesessen, so daß im neuen preußischen Landtag nach der Revolution zwangsläufig von 114 Mitgliedern der SPD-Fraktion 105 ohne jede parlamentarische Erfahrung waren, was sich im Interesse der neuen staatlichen Ordnung vorwiegend positiv auswirkte, da die preußischen Sozialdemokraten auf diese Weise ein unbefangeneres Verhältnis zu ihren parlamentarischen Aufgaben besaßen und sich leichter in den gewandelten Verhältnissen der Republik zu orientieren imstande waren als ihre Kollegen in der Reichstagsfraktion.[52]

Daß die Wiedervereinigung von MSPD und USPD im Jahre 1922 eine zusätzliche Belastung sozialdemokratischer Politik im Gegenwartsstaat darstellte, ist ebenfalls bereits am Erscheinungsbild der Reichstagsfraktion zu erkennen. Nach dem Zusammenschluß umfaßte die vereinigte SPD-Fraktion 163 Abgeordnete, von denen 61 aus dem Lager der Unabhängigen hinzugestoßen waren; das entsprach einem Verhältnis von SPD zu USPD wie 1,6:1. Daß die Positionen im Fraktionsvorstand darüberhinaus paritätisch besetzt wurden, verstärkte den USPD-Einfluß auf die Haltung der sozialdemokratischen Reichstagsfraktion noch zusätzlich, und zwar im Sinne eines auf die Prinzipien der Vorkriegs-Partei orientierten Verhaltens, das sich in den schweren Abstimmungsniederlagen der Fraktions- und Parteiführung in den Krisenjahren 1922/23 immer wieder manifestierte.[53] So konnte sich auf der Basis eines erheblich gestärkten linken, und das hieß allemal: anti-etatistischen Partei- und Fraktionsflügels eine organisierte, wenn auch in Einzelfällen fluktuierende linke Opposition mit bedeutenden innerfraktionellen Pressionsmöglichkeiten unter der Führung markanter Persönlichkeiten wie Paul Levi oder später Max Seydewitz ausbilden, was die Chancen der Parteiführung, eine straffe, langfristig orientierte Linie innerhalb der bestehenden Staatsordnung zu verfolgen und durchzusetzen, weiter verminderte.

Belastend für die Bereitschaft der SPD, sich entschlossen für das Weimarer Staatswesen einzusetzen, waren darüberhinaus eine Fülle weiterer Probleme. Die Sozialdemokratie als Arbeiterpartei: In jeder wirtschaftlichen Krisenlage war es die Arbeiterschaft als erste soziale Gruppe, die unter Teuerung und Arbeitslosigkeit litt, und da selbst die sogenannten goldenen Jahre Weimars zwischen 1924 und 1929 von tiefen konjunkturellen Einbrüchen begleitet waren, war die Wirtschaftskrise im Grunde permanent. Die Staatsmacht war aber nur auf Kosten von wirtschafts- und sozialpolitischen Zugeständnissen an die bürgerlichen Koalitonsparteien zu haben, und so stand die Parteiführung ununterbrochen unter dem Druck von Parteibasis und -wählerschaft. Nur in der Opposition konnte sozialdemokratische Politik guten Gewissens betrieben werden, und das um so eher, als sich gerade im Bereich der angestammten Parteianhängerschaft die drohende Konkurrenz in Gestalt erst der USPD und später der KPD bemerkbar machte, die mit jenen traditionsbeladenen Schlagworten agitieren konnte, die der SPD im Vorkriegsdeutschland einst lieb und teuer gewesen waren. Da war das Trauma des Verrats: an ideologisch befestigten Positionen, an *der Arbeiterbewegung;* dazu die Erinnerung an den 4. August 1914, als die gleiche Führung, die auch in der Weimarer Ära die Geschicke der Partei leitete, mit schlechtem Gewissen gegen alle früheren Parteitagsbeschlüsse verstoßen und die Kriegskreditbewilligung betrieben hatte; nicht zuletzt auch die Zwangslage der Revolutionsjahre 1918 bis 1920, in denen die SPD in direktem Bündnis mit konterrevolutionären Militärs gegen die eigenen Klassenbrüder hatte vorgehen müssen – ein ganzes Bündel schwerer psychologischer Belastungen, das in der Parteiführung eine tiefsitzende Unsicherheit erzeugte, durch die Agitation des linken Parteiflügels und der Kommunisten dauernd wachgehalten und verstärkt. Der von Noske überlieferte Stoßseufzer Rudolf Hilferdings aus der Zeit des zweiten Reichskabinetts Hermann Müller, die Partei sei „gänzlich führer- und direktionslos",[54] mag angesichts der gespannten Beziehungen Noskes zur Parteileitung tendenziös übertrieben wiedergegeben sein, aber cum grano salis war sie nicht falsch; der Parteivorstand blieb gesichts- und farblos, ein klar erkennbares politisches Profil bekam er nie.

Belastungen dieser Art, erwachsen aus Tradition, Ideologie, Gremienstrukturen, Parteispaltungen und personellem Ungenügen, erklären das schließliche Versagen der SPD in der Krise der ersten deutschen Demokratie hinreichend. Die Last, die diese Partei zu tragen hatte, war schwer, wohl schwerer als die der anderen Parteien. Aber daß die Verhältnisse so waren, wie sie waren, entkräftet nicht das Wort Julius Lebers angesichts der Parole „Wille zur Macht", die über dem Kieler Parteitag von 1927 stand: „Der Wille zur Macht ist eben nur ein Schlagwort, das erst Inhalt und Sinn bekommt durch den Mut zur Macht, durch den Mut zur Verantwortung mit allen Konsequenzen".[55]

ANMERKUNGEN

1 Protokoll der Sitzung des PA der SPD 10.11.1932, in: H. Schulze (Hg.), *Anpassung oder Widerstand?* Aus den Akten des Parteivorstandes der deutschen Sozialdemokratie 1932/33. Bonn 1975, S. 19.
2 Wels und Künstler, in: ebd., S. 75, 85.
3 Ebd., S. 39.
4 O. Leichter, *Ende des demokratischen Sozialismus?* Ein offenes Wort über die deutschen Lehren. Wien 1932, S. 28.
5 Schulze, S. 105.
6 Ebd., S. 43.
7 J. Leber, *Ein Mann geht seinen Weg*. Schriften, Reden und Briefe, hg. v. seinen Freunden. Berlin 1952, S. 242, s. auch: E. Matthias, Die Sozialdemokratische Partei Deutschlands, in: E. Matthias/R. Morsey (Hg.), *Das Ende der Parteien 1933*. Düsseldorf 1960, S. 145.
8 Schulze, S. 57.
9 Ebd., S. 42.
10 Matthias, Sozialdemokratische Partei, S. 158.
11 Schulze, S. 70; vgl. E. Matthias, *Kautsky und der Kautskyanismus*. Die Funktion der Ideologie in der deutschen Sozialdemokratie vor dem ersten Weltkrieg. Tübingen 1957.
12 Schulze, S. 92.
13 Ebd.; zur Schleicher-Episode s.: R. Breitman, On German Social Democracy and General Schleicher 1932–1933, in: *CEH*, Bd. 9, 1976, S. 352–378.
14 Leber, S. 187f.
15 So Hermann Müller auf der gemeinsamen Konferenz des Parteiausschusses und der Reichstagsfraktion der SPD am 13.6.1920, in: *AdsD* Bonn, Nachlaß Giebel/II.
16 Ebd.
17 Zur Rolle und Funktion Preußens im Machtgefüge der Weimarer Republik s.: H.-P. Ehni, *Bollwerk Preußen?* Preußen-Regierung, Reich-Länder-Problem und Sozialdemokratie 1918–1932. Bonn 1975; H. Schulze, *Otto Braun oder Preußens demokratische Sendung*. Eine Biographie. Frankfurt 1977.
18 Verhandlungen des Parteitags der SPD, abgehalten zu Görlitz, 18. – 24. 9. 1921. Berlin 1921, S. 178.
19 In: *Deutsche Parteiprogramme*, hg. v. W. Mommsen. München 1960, S. 454.

20 Siehe: F. Engels, *Die Entwicklung des Sozialismus von der Utopie zur Wissenschaft.* Berlin 1901[4], S. 40.
21 K. Schumacher, *Der Kampf um den Staatsgedanken in der deutschen Sozialdemokratie.* Stuttgart 1973, S. 37.
22 F. Stampfer, *Das Görlitzer Programm.* Berlin 1921, S. 12f.
23 Parteitagsprotokoll Görlitz 1921, S. 322; so wurde vor allem entgegen dem Entwurf die Klassenkampflehre in das Programm aufgenommen.
24 K. Kautsky, *Die proletarische Revolution und ihr Programm.* Stuttgart 1922, S. 2.
25 Parteitagsprotokoll Görlitz 1921, S. 389.
26 *Vorwärts,* Nr. 597, 19. 12. 1924.
27 Siehe: E. Laubach, *Die Politik der Kabinette Wirth 1921/22* (Historische Studien, Bd. 402). Lübeck 1968, S. 293, 306; A. Kastning, *Die deutsche Sozialdemokratie zwischen Koalition und Opposition 1919–1923.* Paderborn 1970, S. 105ff.
28 Nach einer Tagesnotiz Stresemanns, in: G. Stresemann, *Vermächtnis, Der Nachlaß in drei Bänden,* hg. v. H. Bernhardt. Bd. I, Berlin 1932, S. 245.
29 Verhandlungen des Parteitages der SPD, abgehalten zu Kiel, 11.–27.5. 1927, Berlin 1927, S. 256; vgl. W. Gottschalch, *Strukturveränderungen der Gesellschaft und politisches Handeln in der Lehre von Rudolf Hilferding* (Soziologische Abhandlungen, Bd. 3). Berlin 1962, bes. S. 204ff.
30 Die sozialdemokratischen Reichsminister Müller, Severing, Wissell und Hilferding standen unter dem Druck der Fraktion, die gedroht hatte, eine gegen die eigenen Parteigenossen in der Regierung gerichtete Mißtrauensentschließung im Reichstag einzubringen, s. Hermann Müller an Otto Wels, 24. 8. 28, in: AdsD Bonn, Nachl. Müller. Zur Reaktion von Parteibasis und -gremien auf den Regierungsbeschluß zum Bau des Panzerkreuzers A s.: K. Severing, *Mein Lebensweg,* Bd. II, Köln 1950, S. 157ff.; W. Wacker, *Der Bau des Panzerschiffes A und der Reichstag.* Tübingen 1959, S. 84ff.; H. J. L. Adolph, *Otto Wels und die Politik der deutschen Sozialdemokratie 1894–1939. Eine politische Biographie.* Berlin 1971, S. 162ff.
31 R. Breuning, Die Sozialdemokratie in der Regierung und in der Opposition, Nicht wieder hereinfallen!, in: *Das Freie Wort,* 2. Jg., H. 18, 4. 5. 1930, S. 17.
32 Leber, S. 234.
33 Verhandlungen des Parteitags der SPD, Leipzig, 31. 5.–5. 6. 1931.Berlin 1931, S. 124ff.
34 Die Mitgliederstärke der SPD war von Anfang 1931 bis Ende 1932 lediglich von 1 037 384 auf 971 499 Mitglieder gesunken, vgl. Schulze, *Anpassung,* S. 103, Anm. 19; damit lag der Schwund prozentual weit unter dem der SPD-Wählerschaft, die von 1930 bis 1932 von 8,57 auf 7,25 Millionen zurückging.
35 Vgl. Matthias, S. 121ff.; K. Rohe, *Das Reichsbanner Schwarz Rot Gold, Ein Beitrag zur Geschichte und Struktur der politischen Kampfverbände zur Zeit der Weimarer Republik.* Düsseldorf 1966, S. 392ff.
36 W. Hoegner, *Flucht vor Hitler, Erinnerungen an die Kapitulation der ersten deutschen Republik 1933.* München 1977, S. 19.
37 So E. Hamburger, 1925–1933 Mitglied des Vorstands der preußischen SPD-Landtagsfraktion, an den Verf.
38 Zur Frage, ob ein Widerstand möglich und wünschenswert gewesen sei, existiert eine umfangreiche kontroverse Literatur. Für Widerstand plädieren u. a. K. D. Bracher, *Die Auflösung der Weimarer Republik.* Villingen 1971[5], S. 518ff.; Matthias, S. 127ff.; der Verf. vertritt die entgegengesetzte Position: Schulze, *Braun,* S. 745ff.
39 Hermann Schlimme an Peter Graßmann, 22. 9. 1932, in: *Historische Kommission zu Berlin,* ADGB-Restakten NB 468.

40 M. Weber, Die Lehren der deutschen Kanzlerkrisis, in: *ders., Gesammelte politische Schriften.* Tübingen 1958, S. 215.
41 M. Kriele, *Legitimitätsprobleme der Bundesrepublik.* München 1977, S. 7.
42 Pressekonferenz des Preußischen Ministerpräsidenten am 5. Dezember 1926, Niederschrift, in: *GStA Berlin,* Rep. 92 Braun D/33.
43 Siehe: Schulze, *Braun,* S. 562–582; die These, eine konsequente Demokratisierung Preußens sei tatsächlich nicht betrieben worden, vertritt mit m. E. unhaltbaren Überspitzungen Ehni, passim.
44 E. Fraenkel, Parlament und öffentliche Meinung, in: *Zur Geschichte und Problematik der Demokratie.* Festschrift für Hans Herzfeld. Berlin 1948, S. 175.
45 Siehe: G. A. Ritter, *Die Arbeiterbewegung im wilhelminischen Reich,* 2. rev. Aufl. Berlin 1963, S. 44ff., 218ff.; D. Groh, *Negative Integration und revolutionärer Attentismus.* Berlin 1973, S. 57ff.
46 K. Kautsky, Mein Lebenswerk, in: B. Kautsky (Hg.) *Erinnerungen und Erörterungen.* Den Haag 1960, S. 13.
47 K. Kautsky, *Der Weg zur Macht,* Berlin, 3. Aufl. 1920, S.368.
48 Siehe Anm. 11.
49 Siehe Schumacher, passim; Joseph Wirth hat im Fehlen einer sozialdemokratischen Staatstheorie die schwerste Belastung der Weimarer Koalition gesehen, s. H. Schulze, Rückblick auf Weimar. Ein Briefwechsel zwischen Otto Braun und Joseph Wirth im Exil, in: *VfZG* 26, 1978, S. 159f., 184.
50 Siehe Anm. 29.
51 Verhandlungen des Parteitags der SPD, Mainz, 17.–21. 9. 1900, Berlin 1900, S. 208.
52 Siehe: H. Schulze, Stabilität und Instabilität in der politischen Ordnung von Weimar. Die sozialdemokratischen Parlamentsfraktionen im Reich und in Preußen, in: *VfZG* 26, 1978, S. 419ff.
53 Das Abstimmungsverhalten der SPD-Reichstagsfraktion unter dem Einfluß der ehemaligen USPD-Abgeordneten untersucht sehr instruktiv G. Arns, Die Linke in der SPD-Reichstagsfraktion im Herbst 1923, in: *VfZG* 22, 1974, S. 191ff.
54 G. Noske, *Erlebtes aus Aufstieg und Niedergang einer Demokratie.* Offenbach 1947, S. 309.
55 Mut zur Macht, Leitartikel des „Lübecker Volksboten", 1. 6. 1927, nach: Leber, S. 177.

DRITTER TEIL
Krise der Civitas:
Parteienstaat oder Präsidialsystem

13. Der Artikel 48 der Weimarer Reichsverfassung

Sein historischer Hintergrund und seine politische Funktion

HANS BOLDT

Selten hat eine Verfassungsbestimmung ein solches Interesse gefunden wie der Art. 48 der Weimarer Reichsverfassung. Für die einen hat seine Anwendung der nationalsozialistischen Diktatur die Wege bereitet, für andere ist er der letzte Rettungsanker gewesen, der sich zur Abwendung eben dieser Diktatur bot.[1] Wie kommt es, daß einem Verfassungsartikel eine derartige Bedeutung zugemessen wird? Die Beantwortung dieser Frage verlangt von uns zunächst einen historischen Exkurs. Indem wir den Art. 48 in seine geschichtliche Dimension stellen, wird seine spezifische Funktionsweise in der Weimarer Republik deutlich werden.

I

Art. 48 ist zunächst einmal eine Notstandsregelung gewesen. Unter *Notstand* versteht man, ganz allgemein gesprochen, den Eintritt einer Situation, in der ein bestimmtes Recht nicht ohne Verletzung eines anderen bewahrt werden kann. Eintritt der Notlage und Höherrangigkeit des zu schützenden Rechtes rechtfertigen bestimmte Notstandseingriffe („Not kennt kein Gebot"). Dieser Grundsatz durchzieht die Regelungen des zivilen Notstands und der Notwehr seit altersher. Er wurde auch auf den modernen bürokratischen Staat angewandt, der sich in der frühen Neuzeit aus der umfassenden *societas civilis* herausbildete. *Necessitas* oder *extrema necessitas* dienten hier als Berufungsgrundlage für juristisch auf ein *dominium eminens* oder *ius eminens* gestützte Eingriffe des Fürsten in *wohlerworbene Rechte* seiner Untertanen, aber auch in Mitsprachebefugnisse der Stände. Die gebräuchliche Doppelformel *necessitas vel utilitas* weist daraufhin, daß es dabei durchaus nicht nur um die einfache Abwendung von Notlagen, sondern auch um die Einführung neuer Institutionen aus staatlichen Nutzerwägungen ging. Der ältere Staatsnotstand hatte insofern auch eine innovatorische Funktion. Etwas überspitzt kann man sagen, daß der moderne Staat überhaupt ein Produkt der Not, der Bürger- und Religionskriege und der sie überwindenden Notmaßnahmen gewesen ist. Mit ihnen zugleich wurden aber auch die überkommenen vormodernen gesellschaftlichen Zustände überwunden.[2]

Ganz anders die *ratio* des Verfassungs- oder bürgerlichen Rechtsstaats, der dem frühneuzeitlichen Staat im 19. Jahrhundert folgte. Jetzt ging es darum, Regelungen für Notsituationen zu finden, die den erreichten Rechtszustand, die Freiheit und Eigentum einfürallemal zu wahren gestatteten. Die Bewahrungs- oder Restitutionsintention des Notstandes tritt nunmehr ganz in den Vordergrund. Zugleich bemühte man sich, Notstandseingriffe des Staates durch rechtliche Regelungen einzuschränken und kontrollierbar zu machen. Es nimmt daher nicht wunder, daß man sich gerade in dieser Zeit wieder der altrömischen Diktatur erinnerte, nicht der spätrepublikanischen, auf die Reform der öffentlichen Zustände abhebenden Version, sondern jener älteren, klassischen Form, die in streng bemessener Weise Notsituationen restitutiv überwinden sollte. Dafür bot das moderne Recht zwei Möglichkeiten, die des angelsächsischen *martial law* und die des kontinentalen Kriegs- oder Belagerungszustandes. Beide rühren aus dem altstaatlichen Kriegsrecht, dem (Bürger-)Kriegszustand her. Beiden ist die Definition der Notstandslage durch Rückgriff auf die römische Überlieferung, durch *Krieg und Aufruhr (bellum et seditio)*, gemeinsam. Sie unterscheiden sich jedoch beträchtlich in der Art, wie dieser Notlage entgegengetreten wird.

Das *martial law*, so wird es im 19. Jahrhundert von der angelsächsischen Literatur interpretiert, berechtigte und verpflichtete jedermann, für Sicherheit und Ordnung zu sorgen, besonders natürlich die öffentlichen Bediensteten und das Militär. Es sei daher vom *Common Law* nicht grundsätzlich unterschieden, sondern bleibe ein Teil davon. Aus diesem Grunde komme es auch nicht auf eine besondere Verhängung des *martial law* an. Dagegen aber hätten rechtsverletzende Noteingriffe das Prinzip der *reasonable necessity* zu beachten, d. h. sie dürften nur vorgenommen werden, wenn es unumgänglich sei, und auch dann nur soweit wie nötig. Notstandseingriffe seien vor allem aber auch in vollem Umfang richterlicher Kontrolle unterworfen. Seit der Petition of Rights von 1628 galt die Einrichtung besonderer Militärgerichte als untersagt. Eine solche scharfe Bemessung und strenge Überprüfbarkeit des Notstandshandelns konnte allerdings zur Folge haben, wie Dicey sagt, daß sie einen Soldaten in die unkomfortable Lage setzte, entweder seinem Vorgesetzten den Vollzug eines Befehls zu verweigern und daraufhin *to be shot by a courts-martial* oder aber ihn zu befolgen *and to be hanged by a judge or jury*, da er entweder gegen das Gebot der reasonableness oder das der necessity verstoßen müsse – ein Dilemma, aus dem nur ein Indemnitäts-Akt des Parlaments nach Beendigung des Notstands befreite.[3]

Von dieser auf strikte Beachtung des normalen Rechtszustandes gerichteten Version des *martial law* unterschied sich der kontinentale, zuerst in Frankreich aufgekommene Belagerungszustand *(état de siège)* insbesondere in seiner preußischen, später dann ins Staatsrecht des deutschen Kaiserreichs übernommenen Form (vgl. Art. 68 der Reichsverfassung von 1871). Der Belagerungszustand wurde durch eine besondere Erklärung (in Deutschland durch den Kaiser) als besonderer Rechtszustand konstituiert und unter Trommelschlag und Trompetenschall verkündet. Das bewirkte eine klare und jedermann offenkundige Trennung von Normalzustand und Ausnahmezustand. In ihm übernahm das Militär die exekutive Gewalt. Für seine Maßnahmen hatte es einen weiten Spielraum, eine Reihe von Grundrechten konnte suspendiert und militärische Ausnahmegerichte

(Standgerichte) eingerichtet werden. Eine Kontrolle der ergriffenen Maßnahmen durch die zivile Gerichtsbarkeit fand nicht statt, ebensowenig wie das Vorliegen der Voraussetzungen für den Belagerungszustand, ein Sicherheit und Ordnung gefährdender Krieg oder Aufruhr, nachgeprüft werden konnte. Während in Frankreich die Verhängung des Ausnahmezustands in den Händen des Parlaments lag und die Regierung dem Parlament für die Maßnahmen des ihr unterstellten Militärs politische Rechenschaft schuldete, gab es in Deutschland nicht einmal die Möglichkeit einer parlamentarischen Kontrolle; denn das Militär unterstand hier nur dem Kaiser als seinem Oberbefehlshaber und keiner zivilen Instanz. Wenn der kontinentale Ausnahmezustand auch die Kontrolldichte des angelsächsischen *martial law* nicht erreichte, blieb doch auch er durch seine gebietsmäßig und grundsätzlich auch zeitlich beschränkte Verhängung streng limitiert, durch eingrenzende Regelungen in das geltende Verfassungsrecht eingebunden und ebenfalls auf die restitutive Behebung der eingetretenen Notlage hin ausgerichtet.[4]

II

In die Tradition des Belagerungszustandes ist auch der Art. 48 WRV einzuordnen. Das wird allerdings nicht unmittelbar deutlich. Sehen wir uns ihn daher zunächst in seinem Wortlaut an:

> Wenn ein Land die ihm nach der Reichsverfassung oder den Reichsgesetzen obliegenden Pflichten nicht erfüllt, kann der Reichspräsident es dazu mit Hilfe der bewaffneten Macht anhalten.
>
> Der Reichspräsident kann, wenn im Deutschen Reiche die öffentliche Sicherheit und Ordnung erheblich gestört oder gefährdet wird, die zur Wiederherstellung der öffentlichen Sicherheit und Ordnung nötigen Maßnahmen treffen, erforderlichenfalls mit Hilfe der bewaffneten Macht einschreiten. Zu diesem Zwecke darf er vorübergehend die in den Artikeln 114, 115, 117, 118, 123, 124 und 153 festgesetzten Grundrechte ganz oder zum Teil außer Kraft setzen.
>
> Von allen gemäß Abs. 1 oder Abs. 2 dieses Artikels getroffenen Maßnahmen hat der Reichspräsident unverzüglich dem Reichstag Kenntnis zu geben. Die Maßnahmen sind auf Verlangen des Reichstags außer Kraft zu setzen.
>
> Bei Gefahr im Verzuge kann die Landesregierung für ihr Gebiet einstweilige Maßnahmen der in Abs. 2 bezeichneten Art treffen. Die Maßnahmen sind auf Verlangen des Reichspräsidenten oder des Reichstags außer Kraft zu setzen.
>
> Das Nähere bestimmt ein Reichsgesetz.

Der erste Absatz des Art. 48 betrifft einen bislang nicht erwähnten Fall, den der Bundes-Exekution. Auch diese Vorkehrung kann auf eine lange Tradition in Deutschland zurückblicken (vgl. Art. 31 der Wiener Schlußakte des Deutschen Bundes von 1820, Art. 19 Reichsverfassung von 1871 und heute Art. 37 Grundgesetz). Obwohl auch der Abs. 1 des Art. 48 in der Geschichte der Weimarer Republik eine gewisse Rolle gespielt hat (so bei der Bekämpfung der Räterepublikbildung in Gotha 1920, beim Eingreifen des

Reichs in Sachsen 1923 und zuletzt beim sog. *Preußenschlag,* der Ersetzung der geschäftsführenden preußischen Regierung durch einen Zivilkommissar des Reichs im Jahre 1932), stellt nicht er, sondern Abs. 2 das Herzstück der Ausnahmeregelung dar. Dieser Absatz ist in der Regel gemeint, wenn von der Anwendung des Art. 48 die Rede ist. Seine Bezüge zum älteren Belagerungszustand sind mit Händen zu greifen: Die Notlage wird wie im Belagerungszustand als eine erhebliche Störung oder Gefährdung der öffentlichen Sicherheit und Ordnung charakterisiert, wenn auch nicht mehr ausschließlich auf Krieg und Aufruhr bezogen. Liegt eine solche Störung vor, kann das Staatsoberhaupt (nunmehr der Reichspräsident anstelle des Kaisers) alle zu ihrer Abwendung, d. h. zur Wiederherstellung der öffentlichen Sicherheit und Ordnung notwendigen Maßnahmen ergreifen; der restitutive Charakter der Regelung wird dadurch hervorgehoben. Insbesondere ist dabei – wiederum ganz in der Tradition des Ausnahmezustandes – an den Einsatz des Militärs, jetzt fakultativ, gedacht. Auch Grundrechte können suspendiert werden (nämlich die Freiheit der Person, die Unverletzlichkeit der Wohnung, das Briefgeheimnis, die Meinungsfreiheit, die Versammlungs- und Vereinigungsfreiheit sowie die Gewährleistung des Eigentums). Außerdem erlaubte die Weimarer Verfassung auch ausdrücklich die Errichtung außerordentlicher Kriegs- oder Standgerichte (Art. 105 Satz 3). Eine gerichtliche Kontrolle der vom Reichspräsidenten selbst oder seinen Delegierten ergriffenen Notstandsmaßnahmen war im allgemeinen nicht gegeben. Dagegen kam eine parlamentarische Kontrolle in Betracht: Zwar waren die Notstandsmaßnahmen nicht an eine (nachträgliche) Zustimmung des Reichstags gebunden worden, wie man es in der Nationalversammlung gefordert hatte, doch mußte das Parlament unverzüglich über die getroffenen Maßnahmen informiert werden; auch konnte es deren Aufhebung verlangen (Art. 48 Abs. 3). Überraschenderweise hatte man von einer ausdrücklichen Erklärung des Ausnahmezustands Abstand genommen. Die Regelung bekam dadurch einen vom Normalzustand nicht mehr strikt unterscheidbaren Charakter. Man hat den Art. 48 daher gelegentlich mit dem angelsächsischen *martial law* verglichen, doch ist zu betonen, daß es sich bei ihm weniger um den Versuch einer Inkorporierung des Staatsnotstands in den normalen Rechtszustand mit voller parlamentarischer und gerichtlicher Kontrolle handelte, als umgekehrt um das Eindringen des nur dürftig kontrollierbaren Ausnahmezustandes in die rechtliche Normalität: Das Fehlen einer durchgehenden gerichtlichen Kontrolle macht das deutlich.[5]

Die Neuregelung beruhte auf Erfahrungen, die man mit dem Ausnahmezustand im Ersten Weltkrieg gemacht hatte. Sie legten eine größere Elastizität in der Handhabung des Notstands nahe, als es seine rigide Beschränkung auf eine in der ursprünglichen rechtsstaatlichen Intention des Belagerungszustands nur auf kurze Zeit bemessene Verhängung erlaubt hätte. Dies glaubte man in der Nationalversammlung umsomehr verantworten zu können, als jetzt die Verfügung über den Ausnahmezustand in den Händen eines vom Volk gewählten, demokratischen Staatsoberhaupts lag, dessen Handlungen – und zwar im Gegensatz zu den Gepflogenheiten im Kaiserreich auch die auf militärischem Gebiet – durch Mitglieder der Reichsregierung gegenzuzeichnen waren, die damit die volle Verantwortung übernahmen (Art. 50 WRV). Nicht zuletzt deshalb wurde in der Nationalversammlung argumentiert, daß es in keinem Staat so unbedenklich sei, Notstandsbefugnisse zu etablieren, wie in einer Demokratie. Dieses Vertrauen in die demokratisch legitimierte und kontrollierbare Gewalt verdrängte die prophetische Mahnung des Abgeordneten Cohn, man möge bedenken, was geschehe, „wenn ein Trabant der Hohenzollern, vielleicht ein General, an der Spitze des Reichs oder des Reichswehrministeriums steht". Im übrigen ist zu berücksichtigen, daß es sich beim Art. 48 nur um die Fixierung von Ausnahmezustandsvollmachten auf Verfassungsebene handelte. Die nähere – und einschränkende – Ausgestaltung sollte durch ein Spezialgesetz noch erfolgen (Art. 48 Abs. 5).[6]

III

Schon in den ersten Jahren der Weimarer Republik kam der Art. 48 häufig zur Anwendung. Unruhen, Inflation, Ruhrbesetzung und Aufstände von rechts und links schufen Situationen, in denen sich die Reichsregierung genötigt sah, Maßnahmen zu ergreifen, die ganz in der Tradition des älteren Belagerungszustandes standen. So wurde schon 1919 anläßlich des Spartakus-Aufstands der Ausnahmezustand verhängt. Weitere Verhängungen erfolgten im Zuge der Niederschlagung von Aufständen in Mitteldeutschland, an der Ruhr, in Hamburg und schließlich anläßlich des Hitler-Putsches 1923. In der Regel wurde die Exekution des Ausnahmezustands dem Militär unter der Leitung des Reichswehrministeriums übertragen. Dementsprechend konzentrierte sich auch der erste Entwurf eines Ausführungsgesetzes zu Art. 48 auf eine Regelung des sog. militärischen Ausnahmezustands. Erst nachdem sich das Militär im Kapp-Putsch 1920 unzuverlässig gezeigt hatte, versuchte man eines Aufruhrs auch durch Einsatz von Schutzpolizei unter ziviler Führung Herr zu werden. Die in der Weimarer Verfassung vorgesehene Unterordnung des militärischen Apparats unter die zivile Gewalt blieb nicht ohne Spannungen, solange die Reichswehr für sich eine innenpolitische Ordnungsaufgabe reklamierte. Letztlich aber vermochte sich die zivile Regierungsgewalt durchzusetzen, was wahrscheinlich zur bemerkenswerten Zurückhaltung des Militärs in der Endphase der Weimarer Republik beitrug.[7]

Auch zwischen Reich und Ländern führten die Ausnahmezustandsverhängungen zu Problemen, sowohl aufgrund des Einsatzes der Reichswehr als auch im Hinblick auf das Verhältnis des den Ländern eingeräumten prophylaktischen Notstandsrechts nach Art. 48 Abs. 4 zu Art. 48 Abs. 2. Das zeigte sich vor allem 1923 im Streit zwischen der Reichsregierung und Bayern, als das Reich die Einsetzung Kahrs zum Generalstaatskommissar in Bayern mit der Verhängung des militärischen Ausnahmezustands über das ganze Reich beantwortete. Notstandsanordnungen des Reichs mochten die Länder nur partiell tangieren wie z. B. die Verordnungen zum Schutz der Republik anläßlich der Ermordungen von Erzberger und Rathenau, die die Polizeihoheit der Länder berührten. Sie konnten aber auch in einem grundsätzlichen Konflikt zwischen Reich und Ländern getroffen werden, so in Sachsen, wo 1923 die Landesregierung aus Furcht vor kommunistischen Umsturzversuchen unter Berufung auf Art. 48 Abs. 2 abgesetzt und ein Reichskommissar mit der Bildung einer neuen Regierung beauftragt wurde.

Mit der Zeit aber nahm die Ausnahmezustandspraxis neue Züge an, und sie sind es, die für die weitere Anwendung des Art. 48 charakteristisch wurden. Neben den Ausnahmezustand älterer Art trat mehr und mehr ein Verordnungsregime, das ebenfalls auf Art. 48 Abs. 2 gründete. Die hier getroffenen Maßnahmen hatten nichts mehr mit der Niederschlagung von Aufständen und Unruhen zu tun, sondern dienten zur Bekämpfung der durch den Weltkrieg und in der Nachkriegszeit entstandenen und durch Ruhrkampf und Inflation verschärften wirtschaftlichen und finanziellen Notsituation. Eine erste Verordnung vom 12. 10. 1922 war gegen die Spekulation mit ausländischen Zahlungsmitteln gerichtet. Weitere Anordnungen zur Regulierung des Devisenverkehrs, von Kreditaufnahmen und schließlich gar zur Neuordnung des Steuersystems folgten. Das war etwas grundsätzlich anderes als bisher. Maßnahmen legislativer Art lösten die der Exekution ab. Zwar hatte schon 1920 der Reichsjustizminister Schiffer vor der Nationalversammlung erklärt, daß unter „Maßnahmen" des Art. 48 auch solche „der Gesetzgebung" zu verstehen seien, doch hatte man dabei eher an Verordnungen gedacht, die im Zusammenhang mit der Bekämpfung von Unruhen, dem eigentlichen Zweck des Ausnahmezustandes, standen. (Schon im Weltkrieg waren krisenbedingte Verordnungen auf § 9b des preußischen Gesetzes über den Belagerungszustand gestützt worden). Auch die Übernahme einer zentralen Begrifflichkeit des Polizeirechts, der „Wiederherstellung von Sicherheit und Ordnung", als Zweckbestimmung des Ausnahmezustandes deutet darauf hin, daß man ursprünglich mehr an Probleme der äußeren, polizeilichen Ordnung im Reich gedacht hatte als an die Regulierung wirtschaftlicher und finanzieller Notstände. Umgekehrt waren die nunmehr ergriffenen Maßnahmen geeignet, der alten Zweckbestimmung einen neuen Sinn zu geben. Damit aber mußte sich der Charakter des Staatsnotstands grundlegend ändern, was zeitgenössisch offenbar wenig beachtet wurde.

Regelungen für den legislativen Notstand sind dem deutschen Staatsrecht an sich nicht unbekannt gewesen. Schon in den Länderverfassungen des 19. Jahrhunderts fand sich regelmäßig ein Passus, der bestimmte, daß der Monarch das Recht zur Notgesetzgebung habe, wenn die zu regelnde Angelegenheit dringlich sei und das Parlament nicht rechtzeitig um seine Zustimmung angegangen werden könne. Die in dieser Situation erlassenen Gesetze nannte man *Notverordnungen,* um kenntlich zu machen, daß sie von der Exekutive ohne parlamentarische Mitbestimmung erlassen wurden. Erforderlich war dies, weil in den deutschen Ländern im vorigen Jahrhundert die Parlamente nicht übermäßig häufig tagten, sodaß sich die Notwendigkeit für eine provisorische Gesetzgebung durch die Regierung in der Tat gelegentlich einstellen konnte. Mit dem Ausnahmezustand hatten diese Regelungen nichts zu tun. (Allerdings: Auch das berühmte preußische Dreiklassenwahlrecht verdankte seine Entstehung einer Notverordnung. Das macht deutlich, wie empfindlich Parlamente auch von dieser zunächst rein technisch anmutenden Verfassungsbestimmung betroffen werden konnten.)[8]

Entsprechende Notverordnungsbestimmungen gab es in den Länderverfassungen der Weimarer Republik; für das Reich hatte man dagegen von der Aufnahme einer solchen Regelung ausdrücklich abgesehen. Nun brachte die neue Handhabung des Art. 48 sie gleichsam durch die Hintertür hinein. Dabei gilt es zu beachten, daß Notverordnungen nach Art. 48 Abs. 2 jederzeit, wenn es Reichspräsident und Reichsregierung für richtig hielten, erlassen werden konnten, auch während der Reichstag tagte. Doch ist diese Praxis vom Parlament zunächst nicht als unangenehm und gegen seine Stellung gerichtet empfunden worden. Schon im 1. Weltkrieg hatte sich nämlich gezeigt, daß Parlamente, nicht nur in Deutschland, überfordert waren, wenn sie schnell und angemessen auf Krisensituationen reagieren sollten. Man hatte infolgedessen schon damals zur sog. Ermächtigungsgesetzgebung gegriffen, d. h. die Regierungen (meist für eine bestimmte Zeit) autorisiert, ohne Zustimmung ihrer Parlamente Gesetze zu geben (wobei die Parlamente sich eine spätere Aufhebung dieser Anordnungen vorbehalten konnten). In Deutschland war eine solche Ermächtigung dem Bundesrat zuteil geworden. Auf diese Weise hatte das Verordnungsregime im Weltkrieg eine doppelte Rechtsgrundlage gewonnen, einmal aufgrund der speziellen Ermächtigung, zum andern aufgrund des schon erwähnten § 9b des preußischen Gesetzes über den Belagerungszustand.[9]

Genau zu dieser Praxis kehrte man anfangs der zwanziger Jahre wieder zurück. Sie war mithin nicht völlig neu, wiewohl in Art. 48 ursprünglich nicht vorgesehen. Um der Regierung ein rasches Reagieren auf die Krise zu ermöglichen, wurden in der Zeit von 1919–1923 im ganzen sechs Ermächtigungsgesetze erlassen, die eine Flut von gesetzesvertretenden Verordnungen der Reichsregierung zur Folge hatten. Dazu kamen Notverordnungen, die sich auf Art. 48 Abs. 2 stützten. Ermächtigungs- und Notverordnungen zusammen gingen in die Hunderte. Die Reichsregierung bediente sich beider Rechtsgrundlagen nach Belieben. Sie wurden faktisch austauschbar – und der Reichstag war es zufrieden, da diese Art des Vorgehens ihn von der Bürde des Krisenmanagements entlastete. Nur ein einziges Mal verlangte er die Aufhebung einer Notverordnung unter Berufung auf Art. 48 Abs. 3.

Trotz des Einvernehmens, das in diesem Punkt zwischen Regierung und Reichstag herrschte, wird man schon die in den Anfangsjahren der Weimarer Republik aufgrund des Art. 48 ausgeübte Notverordnungspraxis nicht als unbedenklich ansehen dürfen. Kritische Stimmen wurden recht bald laut. Erst später, unter dem Eindruck der Handhabung des Art. 48 am Ende der Weimarer Republik, ist man geneigt gewesen, der Praxis der Anfangsjahre eine verfassungsmäßige Korrektheit zu bescheinigen, stand sie doch im Gegensatz zur Endphase unter der Kontrolle eines der parlamentarischen Republik ergebenen Reichspräsidenten, des Sozialdemokraten Friedrich Ebert, und hatte sie doch mit dazu beigetragen, daß sich die Verhältnisse gegen Mitte der zwanziger Jahre konsolidierten und der Weimarer Republik ein paar Jahre der Ruhe bescherten. Dennoch ist die Kritik schon an der Praxis des Art. 48 in jener Zeit nicht unberechtigt. Die Ausdehnung des Anwendungsbereichs des Art. 48 auf wirtschaftliche und finanzielle Krisensituationen führte nicht nur zu einer Prävalenz bestimmter Verordnungsmaßnahmen, sie gab auch dem Sinn des ganzen Instituts ein neues Gepräge. Im Zentrum der Bemühungen stand nun nicht mehr die mit polizeilichen und militärischen Mitteln zu bewerkstelligende Wiederherstellung einer normalen Lage, sondern die Überwindung einer wirtschaftlich-finanziellen Krise. Sie zu bewältigen, wurde jetzt ebenfalls zur Aufgabe des Staates und seines Kriseninstrumentariums erklärt. Die dafür erforderlichen

Maßnahmen ließen sich aber nach Rückkehr zur Normalität nicht ohne weiteres wieder aufheben, sondern erfüllten ihren Zweck nur als Dauerregelung.

In der Logik des traditionellen Ausnahmezustands hatte es gelegen, daß er ebenso ephemer auftauchte und verschwand wie der Aufruhr, gegen den er sich richtete. Kam es zu einem Aufruhr, wurde der Belagerungszustand über das betroffene Gebiet verhängt, das Militär rückte aus und bereinigte die Lage *manu militari;* es zog sich nach Beendigung seines Einsatzes wieder in die Kaserne zurück. Das *normale* Leben aber ging weiter, als sei nichts geschehen. Anders bei einer wirtschaftlich-finanziellen Krise. Maßnahmen, die hier Abhilfe leisten konnten, waren nicht solche reiner Exekution, sondern legislativer Art. Sie bestanden häufig nicht in einer nur zeitweiligen Durchbrechung des Rechts- und Gesetzeszustands, sondern zielten auf eine dauerhafte Ersetzung alter Regelungen durch neue, die allein eine Restabilisierung der Verhältnisse herbeizuführen geeignet erschienen. *Executive* und *legislative dictatorship,* wie man in der Politischen Wissenschaft sagt, unterscheiden sich nicht nur im Hinblick auf den formellen Aspekt der von ihnen typischer Weise ergriffenen Maßnahmen (Exekutionsakt vs. generelle Anordnung), sondern auch dadurch, daß im legislativ behandelten Notstand die grundlegende Differenz zwischen Ausnahmezustand und Normalzustand schwindet. Die Ausnahmezustandsmaßnahme wird nicht mit der Beendigung des Ausnahmezustands hinfällig, sondern zum tragenden Pfeiler einer neuen Normalität (unter Umständen dadurch, daß sie in eine parlamentsgesetzliche Anordnung umgewandelt wird, wie das z. B. im Falle der Republikschutzverordnungen geschehen ist). Sicherheit und Ordnung werden auch hier wiederhergestellt, aber auf einem neuen Regelungsniveau. Der Ausnahmezustand verliert seinen exakt restitutiven Charakter, der seiner traditionell-rechtsstaatlichen Ausprägung zu eigen war, und gewinnt innovative Züge selbst dort, wo immer noch von „Wiederherstellung" die Rede ist und nicht von der Herbeiführung einer grundlegend neuen Ordnung. Die den Zweck des Ausnahmezustands bestimmenden Begriffe erweisen sich als so weit, daß Restitution und Neuerung gleichermaßen von ihnen gedeckt werden können.[10]

Man wird sagen können, daß diese Problematik des Ausnahmezustands sich schon in seiner Handhabung am Anfang der zwanziger Jahre andeutete, zumal von den Vollmachten der diversen Ermächtigungsgesetze und des Art. 48 exzessiv Gebrauch gemacht wurde. Zu Maßnahmen des Krisenmanagements traten solche der Justizreform wie in der Verordnung über Gerichtsverfassung und Strafrechtspflege vom 4. 1. 1924, die aufgrund einer sehr weiten gesetzgeberischen Ermächtigung das deutsche Justizwesen neu ordnete und vereinfachte, ohne daß dies durch eine akute Krise auf diesem Gebiet geboten gewesen wäre. Ähnliches dürfte für die Notverordnungen über die Ausprägung von Münzen vom 5. 11. 1923 und über die Umstellung des Postsparverkehrs auf Rentenmark vom 23. 11. 1923 gelten.

Damit wird ein weiteres Problem sichtbar, das des Zurücktretens des Parlaments hinter der Exekutive gerade im legislativen Notstand. Sicherlich kann die Exekutive allein schneller reagieren als mit dem Parlament zusammen, und das mag in Krisenzeiten wichtig sein. Andererseits wird das Parlament auf diese Weise seiner Aufgabe der Gesetzgebung entwöhnt. Daß der Reichstag die Möglichkeit besaß, die Aufhebung von

Notverordnungen zu verlangen und sie für die Zukunft durch eigene gesetzliche Regelungen zu ersetzen, ändert hieran nichts, ebensowenig wie der Umstand, daß er der Exekutive durch seine Ermächtigungsgesetze ja freiwillig das Feld räumte. Hier gerade liegt das Problem: Indem das Parlament durch seine Ermächtigungspraxis und durch Tolerierung des Verordnungsregimes nach Art. 48 freiwillig auf Wahrnehmung seiner Kompetenzen verzichtete, entledigte es sich seiner Verantwortung in einem kaum mehr zu akzeptierenden Umfang. Wohin das führen konnte, zeigt die 1933 der Regierung Hitler gewährte Ermächtigung, deren außerordentlich weitgehende Übertragung legislativer und sogar verfassungsändernder Befugnisse auf die Reichsregierung durch die Praxis der zwanziger Jahre vorgeprägt war. Es offenbart sich hier eine grundsätzliche Schwäche des Weimarer parlamentarischen Systems. Man übertrug eigene Kompetenzen nicht nur – der Not gehorchend – für eine bemessene Zeit auf eine auch weiterhin parlamentarisch abhängige und kontrollierte Regierung, sondern man tat dies nur zu gern aus der traditionellen Haltung heraus: Die Regierung soll regieren, die Parteien im Parlament aber verhalten sich ihr gegenüber oppositionell oder tolerierend und fordernd, übernehmen jedoch auch als Regierungsfraktion die Verantwortung für das Regierungshandeln nicht mit. Dieses *konstitutionelle Mißverständnis* der parlamentarischen Regierungsweise überschattet schon die Notstandspraxis der frühen Weimarer Jahre. Aus allen den genannten Gründen wäre es daher doch wohl verfehlt, ihr eine verfassungsrechtliche und verfassungspolitische Unbedenklichkeit zu attestieren, so glimpflich das politische System auch noch einmal davon kam.[11]

IV

Es ist nicht verwunderlich, daß die eben skizzierte Praxis auf beträchtliche Kritik stieß. So beschäftigten sich 1924 sowohl die Vereinigung der Deutschen Staatsrechtslehrer auf einer Tagung mit Vorträgen von Carl Schmitt und Erwin Jacoby als auch der Deutsche Juristentag (Referate von Robert Piloty und Richard Grau) mit der Problematik des Art. 48. Es wurden Fragen erörtert wie die Beschränkung des Ausnahmezustands auf seine klassischen Fälle des Krieges und Aufstands und die Wiedereinführung einer vorangehenden, die Situation klärenden Verhängung, die Unterscheidung der Notstandsmaßnahmen nach Art. 48 als prinzipiell vorübergehenden Anordnungen von den auf Dauer angelegten echten Notverordnungen, die Bindung des Erlasses von Notverordnungen an die Zustimmung des Reichsrats und des Ständigen Ausschusses des Reichstags, schließlich auch ob Notstandsmaßnahmen nur die in Art. 48 Abs. 2 genannten Grundrechte tangieren dürften und nicht auch andere (sog. Unantastbarkeitslehre: In entsprechender Weise hatte man schon im Weltkrieg im Hinblick auf die Handhabung des § 9b des preußischen Gesetzes über den Belagerungszustand argumentiert, daß mit darauf gestützten Verordnungen in die gesamte grundrechtlich geschützte Rechtssphäre eingegriffen werden könne, die im Gesetz genannten Grundrechte sich dagegen allein dadurch auszeichneten, daß sie überdies total suspendierbar seien). Überhaupt herrschte angesichts der Praxis eine gewisse Unsicherheit, welche Verfassungsbestimmungen und Gesetzesvorbehalte für das Parlament man noch als *diktaturfest* anzusehen habe, nur ein *organisatorisches Minimum* der Verfassung oder beispielsweise auch das parlamentarische Recht zur Kriegserklärung (Art. 45 Abs. 2 WRV) und – schon fraglich – die Verabschiedung des Haushaltsplans (Art. 85 Abs. 2 WRV) oder die Beschaffung von Krediten nach Art. 87 WRV. Wie sehr die Verfassung schon frühzeitig in Gefahr stand, durch exzessive Notstandspraxis ausgehöhlt zu werden, zeigen die Spannungen, die zwischen Reich und Ländern gerade im Zusammenhang mit der Handhabung des Art. 48 entstanden waren – ein Aspekt, der seinerzeit nicht hinreichend beachtet wurde.[12]

Forderungen im Reichstag führten schließlich dazu, daß das Reichsinnenministerium 1926 einen Entwurf für ein Ausführungsgesetz nach Art. 48 Abs. 5 erarbeitete. In ihm wurde die Bindung der Notstandsgewalt an die Verfassung (Grundrechte) klargestellt. Militärbefehlshabern mit Ausnahmekompetenzen sollten immer zivile Beauftragte zur Seite gestellt werden, die Gegenzeichnung der Anordnungen nach Art. 48 stets durch Reichskanzler und Reichsinnenminister erfolgen. Für den Fall der Reichsexekution gegen ein Land nach Art. 48 Abs. 1 war eine Anhörung des Staatsgerichtshofs vorgesehen. Ein weiterer Gesetzesentwurf versuchte, die Problematik des Notverordnungsrechts gesondert zu regeln. Dieser Entwurf versandete im Parlament. Gegen das Ausführungsgesetz zum Art. 48 gab es Widerstände im Reichswehrministerium und beim Reichspräsidenten. Die Tendenz der Vorlage, das Militär noch stärker an die zivile Gewalt zu binden und die präsidentielle Machtfülle einzuschränken, war zu deutlich. Der Protest des Reichspräsidenten bewirkte, daß die Vorlage flugs zurückgezogen wurde. Sie gelangte erst gar nicht in den Reichstag.[13]

Zusammenfassend läßt sich feststellen: Die exzessive Notstandspraxis der frühen zwanziger Jahre führte zu kontroversen Meinungen über die zulässige Reichweite und notwendige Einschränkung der Ausnahmegewalt. Literarische Auslassungen über die Diktatur schufen ein Verständnis für die Etablierung einer kommissarischen oder gar *souveränen* (!) Diktaturgewalt.[14] Demgegenüber stehen Versuche, diesen für den Rechtsstaat gefährlichen Begriff in eine begrenzte Auslegung der Ausnahmegewalt des Reichspräsidenten einzubinden, so wie heute auch in der Politischen Wissenschaft von *constitutional dictatorship* in einem durchaus rechtsstaatlichen Sinne die Rede ist.[15] Politiker und Wissenschaftler bemühten sich, eine Präzisierung und Einschränkung des Ausnahmezustandes zu erreichen. Sie scheiterten jedoch an den politischen Kräften, denen eine Einengung der Ausnahmegewalt unerwünscht war, sei es, daß sie damit eine Einbuße an persönlicher Machtfülle befürchteten, sei es, daß sie eine Einschränkung als eine unzweckmäßige Bindung im Hinblick auf unvorhersehbare und nur mit neuen ad-hoc-Maßnahmen zu bewältigende zukünftige Notlagen empfanden. Auch das Reichsgericht hielt sich in der Frage der gerichtlichen Kontrolle der Notstandsmaßnahmen zurück; grundsätzlich galt, daß nur die Rechtsförmigkeit, nicht aber das Vorliegen der Voraussetzungen für die Notstandsmaßnahmen oder ihre Zweckmäßigkeit und Notwendigkeit gerichtlich nachprüfbar waren. Im Verhältnis von Reich und Ländern konnten diese allerdings den Staatsgerichtshof zur Wahrung ihrer Rechte anrufen, wie dies anläßlich des sog. *Preußenschlags* 1932 denn auch tatsächlich geschah. (Für die zwanziger Jahre ist dagegen charakteristisch, daß man Streitigkeiten zwischen Reich und Ländern über die Handhabung des Art. 48 in der Regel auf dem Verhandlungswege auszuräumen versuchte).

V

In den sog. mittleren Jahren der Weimarer Republik von 1925–1929 wurde ohne Rückgriff auf den Art. 48 regiert. Die Verhältnisse normalisierten sich, das parlamentarisch-parteienstaatliche System funktionierte leidlich. Auch die Kritik an der Notstandspraxis der vergangenen Jahre flaute ab. Das änderte sich erst wieder 1930 infolge der prekären finanziellen Situation, in die sich das Reich im Zusammenhang mit der Weltwirtschaftskrise gestürzt sah. Wieder suchte man seine Zuflucht im Notverordnungsregime, während der traditionelle Ausnahmezustand, abgesehen vom Militäreinsatz in Preußen 1932, ganz zurücktrat. Der Notstand spielte sich nunmehr völlig in den Formen einer *legislative dictatorship* ab. Wurden von der Reichsregierung mit Hilfe des Reichspräsidenten im Jahre 1930 nur erst 5 Notverordnungen erlassen, so waren es im Jahre 1931 schon 44 (gegenüber 19 Gesetzen) und im Jahre 1932 gar 59 (bei 5 vom Parlament erlassenen Gesetzen). Der Umfang der Notverordnungen wuchs dabei gelegentlich auf den ganzer Gesetzbücher an, so in den vier großen Notverordnungen zur Sicherung von Wirtschaft und Finanzen vom 1. 12. 1930, 5. 6. 1931, 6. 10. 1931 und 8. 12. 1931. Sie enthielten umfassende Regelungen auf den Gebieten der Wirtschafts-, Finanz- und Sozialpolitik. Praktisch handelte es sich um Dauerregelungen, vielfach in Form von Gesetzesänderungen, die zum Teil bis über den 2. Weltkrieg hinaus Gültigkeit behielten; auch wurden wiederum Regelungen getroffen, deren Bezug zum Notstand nicht unmittelbar einsichtig ist, wie z. B. Verordnungen über den Kündigungsschutz für Kleingärtner oder über das Rabattwesen im Einzelhandel. Spötter behaupteten, daß die Reichsministerialbürokratie die Gelegenheit wahrgenommen habe, ihre Schubladen endlich einmal von den Gesetzesentwürfen zu befreien, mit denen sie im Reichstag keinen Erfolg gehabt habe. Wieder traten die Staatsrechtslehrer auf den Plan und warnten vor einem exzessiven Gebrauch des Art. 48, aber den Kritikern gegenüber konnte man sich inzwischen auf die Notverordnungspraxis aus dem Anfang der zwanziger Jahre berufen.

Ähnlichkeiten mit der voraufgegangenen Praxis wies das neue Regime auch im Verhältnis von Reich zu Ländern auf. Auch hier kam es wieder zu Spannungen, z. B. durch Eingriffe der Reichsregierung in die Polizeihoheit der Länder in der Frage des Verbots, Parteiuniformen zu tragen, und der Untersagung von Demonstrationen. In erheblichem Maße wurde auch die Finanzhoheit der Länder durch Notverordnungen in Mitleidenschaft gezogen, so durch die Notverordnung zur Sicherung von Wirtschaft und Finanzen vom 1. 12. 1930 und die sog. Dietramszeller Notverordnung vom 24. 8. 1931.

Schließlich jagte am 20. 7. 1932 der Reichskanzler von Papen die geschäftsführende preußische Regierung aus dem Amt und unterstellte sich als Reichskommissar die bedeutenden Polizeikräfte dieses Einzelstaates. Damit wurde einer möglicherweise in unterschiedliche Richtung gehenden Politik des Reiches und dessen größtem, etwa ⅗ des Reichsgebiets und seiner Bevölkerung umfassenden Flächenstaat vorgebeugt – ohne daß die preußische Staatsregierung einen den Notstandseingriff rechtfertigenden Anlaß gegeben hätte.[16] Doch nicht dies ist das entscheidende Neue des Notstandsregimes der beginnenden dreißiger Jahre gewesen, sondern die nun auch eintretende grundsätzliche Veränderung im Verhältnis von Regierung und Parlament.

Seit dem 1. Kabinett Brüning im Frühjahr 1930 wurden die Reichsregierungen nicht mehr auf parlamentarischem Wege gebildet, sondern Vertrauensleute des Reichspräsidenten ausdrücklich mit einer Regierungsbildung ohne Rücksicht auf Koalitionen und Parteien beauftragt (so auch bei den späteren Kabinetten von Papen und von Schleicher). Sie stützten ihre Politik dementsprechend nicht auf parlamentarische Mehrheiten, sondern auf die Verordnungsermächtigung des Präsidenten nach Art. 48 Abs. 2 WRV. Konsequenterweise wurde im Konfliktsfall, wenn der Reichstag die Politik der Regierung durch das Verlangen der Aufhebung einer Notverordnung gemäß Art. 48 Abs. 3 zu durchkreuzen suchte, das Parlament aufgelöst. So hieß es in der ersten Auflösungsverordnung des Reichspräsidenten vom 18. 7. 1930, aus Anlaß eines Verlangens des Reichstags, bestimmte Maßnahmen zur Behebung des finanziellen Notstandes wiederaufzuheben:

> Nachdem der Reichstag heute [18. Juli] beschlossen hat, zu verlangen, daß meine auf Grund des Artikels 48 der Reichsverfassung erlassenen Verordnungen vom 16. Juli außer Kraft gesetzt werden, löse ich auf Grund von Artikel 25 der Reichsverfassung den Reichstag auf.

Die betreffenden Notverordnungen wurden wenig später in erweiterter Form wieder in Kraft gesetzt. Noch stärker kam der neue Regierungsstil am 12. 9. 1932 zum Ausdruck, als der gerade erst gewählte Reichstag aufgelöst wurde,

> weil die Gefahr besteht, daß der Reichstag die Aufhebung meiner Notverordnung vom 4. September des Jahres verlangt.

Ein derartiges Vorgehen gegen die Ausübung eines legitimen Rechtes des Reichstags fand in der Weimarer Verfassung keine Stütze. Es wurde in der Literatur damit gerechtfertigt, daß eine *Verfassungsstörung* eingetreten sei, wenn das Parlament sich nicht mehr fähig erweise, seine Funktionen selbst durch Bildung positiver, entschlußbereiter Mehrheiten wahrzunehmen. Dies stelle eine neue Art von *Verfassungsnotstand* dar, der die Regierung verpflichte, die zu seiner Abwendung notwendigen Maßnahmen, eventuell auch im Wege der Verfassungsänderung (!) zu ergreifen.[17] Es ist zweifelhaft, inwieweit diese Rechtsüberlegung die vorliegenden Fälle überhaupt traf. Wie unterschiedlich auch immer die Stellung der Kabinette Brüning und von Papen, um deren Auflösungsdekrete es sich hier handelt, zum Reichstag im einzelnen gewesen ist, beiden war doch gemeinsam, daß sie ihre Politik ohne Rücksicht auf parlamentarische Mehrheiten formulierten und notfalls auch gegen diese durchsetzten. Die Frage, ob der Reichstag in jener Zeit zu einer positiven, eine bestimmte Politik vertretenden Mehrheitsbildung überhaupt noch in der Lage war, wurde von ihnen mithin gar nicht erst gestellt. So angenehm auch diese Regierungen eine mehrheitliche parlamentarische Gefolgschaft empfanden, so wenig beirrte sie eine oppositionelle Majorität. Indem sie in diesem Fall zur Auflösung des Reichstags schritten, ohne gehalten zu sein, aus Neuwahlen gegebenenfalls Konsequenzen zu ziehen, trugen sie von sich aus zur Störung der parlamentarischen Systemprozeduren bei. Offenbar handelte es sich hier gar nicht mehr um das Notstandsregime parlamentarischer Regierungen, sondern um eine neue Regierungsweise, das nichtparlamentarische Präsidialregime, in dem der Art. 48 eine neue Funktion erhielt. Das muß noch etwas genauer erläutert werden.

Der Weimarer Verfassung lag die Idee des parlamentarischen, nicht des präsidentiellen Regierungssystems zugrunde.[18] Auch wenn der Reichspräsident nach Art. 53 WRV Reichskanzler und Reichsminister zu ernennen hatte, war die Reichsregierung doch vom Vertrauen des Reichstags abhängig (Art. 54 WRV). Allerdings hatte man geglaubt, in Gestalt des wie das Parlament vom Volk gewählten Reichspräsidenten ein Gegengewicht gegen parlamentarische Willkür, den *Parlamentsabsolutismus,* schaffen zu müssen und ihm das Recht zur Auflösung des Reichstags geben zu sollen (Art. 25 WRV). Was aber ursprünglich als eine Vorkehrung im Rahmen des parlamentarischen Systems gedacht war, zur Ermittlung parlamentarischer Mehrheiten für eine erneute Regierungsbildung, wird nunmehr mit anderen Befugnissen des Reichspräsidenten zu einer neuen, antiparlamentarischen Regierungsweise zusammengefügt. Das jetzt aufkommende Präsidialregime beruhte darauf, daß der Reichspräsident (gebunden an die Gegenzeichnung durch Reichskanzler oder zuständige Reichsminister nach Art. 50 WRV) seine Rechte aus Art. 25, 48 und 53 als eine funktionelle, gegen den Reichstag gerichtete Einheit verstand. Mit Hilfe des dementsprechend antiparlamentarisch interpretierten Art. 53 konnte er eine Reichsregierung ohne Rücksicht auf die Mehrheitsverhältnisse im Reichstag ernennen. Erhielt sie für ihr Programm keine parlamentarische Rückendeckung, so konnte er ihr seine Ermächtigung aus Art. 48 Abs. 2 zum Erlaß von Notverordnungen zur Verfügung stellen. Gegen ein Mißtrauensvotum des Reichstags nach Art. 54 WRV wie gegen ein Aufhebungsverlangen nach Art. 48 Abs. 3 schützte er die Regierung mit Hilfe der Auflösung des Reichstags gemäß Art. 25. Diese war nun nicht mehr vom Parlament, sondern allein von ihm abhängig; denn er konnte sie jederzeit wie ernennen, so auch entlassen. Der Art. 48 aber fungierte in diesem neuen System als eine Art präsidentieller Gesetzgebungsparagraph.

Das Präsidialregime der Weimarer Republik ist nicht mit dem präsidentiellen Regierungssystem der USA oder der konstitutionellen Regierungsweise, wie sie im Kaiserreich gepflogen wurde, zu verwechseln. Bei diesen Regierungsformen handelt es sich um duale Systeme. In ihnen erfolgt zwar die Regierungsbildung unabhängig vom Parlament und seinen Mehrheiten, in ihrer Politik ist die Regierung jedoch auf ein Zusammengehen mit diesen angewiesen; denn die Gesetzgebung geschieht auch dort prinzipiell nur auf parlamentarischem Wege. Anders dagegen im Präsidialregime am Ende der Weimarer Republik. Es beruhte nicht nur darauf, daß die Regierung als solche allein vom Reichspräsidenten abhängig war, sondern daß sie sich auch seines Gesetzgebungsinstruments, der Notverordnungen, bedienen konnte. Im Gegensatz zu den dualen Systemen kam das Parlament auch in dieser Hinsicht nicht mehr als ein unumgänglicher Gegen- oder Mitspieler in Betracht. Bis zu einem gewissen Grade ist das auch von der Staatsrechtslehre anerkannt worden, die jetzt allgemein das Recht des Reichspräsidenten zum Erlaß dauerhafter Notverordnungen aus Art. 48 Abs. 2 anerkannte und ihn gelegentlich sogar als *Hüter der Verfassung* und Gesetzgeber (!) *ratione necessitatis* apostrophierte.[19]

Dennoch wird man nicht sagen können, daß es sich bei diesem Regime um eine dauerhafte Alternative zum parlamentarischen handelte, trotz der um seine Stabilisierung besorgten Interpretationen. Zwar ließ sich mit ihm eine zeitlang ohne parlamentarische *Störungen* regieren, was offenbar auch intendiert war. Während die Zahl der Reichstags-Sitzungen 1930 noch 94 betrug, ging sie 1931 auf 41 und 1932 auf ganze 13 zurück. Das funktionierte, solange die Regierung sich auf eine ergebene und fleißige Ministerialbürokratie stützen konnte und direkten Kontakt mit Verbänden, Parteien sowie anstelle des Reichsrates mit den Einzelstaaten pflog, deren Vorstellungen und Forderungen aufnahm und sich zugleich ihrer Unterstützung versicherte. Denn es war ganz ausgeschlossen, daß ein Regime ohne institutionalisierten Rückhalt in Reichstag und Reichsrat zugleich auch auf die Unterstützung von Parteien, Verbänden und Ländern hätte verzichten können, als eine quasi in der Luft schwebende Diktatur der reinen Sachlichkeit. An dergleichen war auch in der Weimarer Republik nicht zu denken. Auch ließ sich darüber hinaus nicht vorstellen, daß man auf Dauer unter Negierung der Gesetzgebungsrechte von Reichstag und Reichsrat sowie des Aufhebungsverlangens nach Art. 48 Abs. 3 und des parlamentarischen Mißtrauensvotums nach Art. 54 hätte regieren können, ohne die Weimarer Verfassung entsprechend umzugestalten. Insofern konnte das Präsidialregime nur eine Durchgangsstation sein. Das war allen Beteiligten klar. Doch wohin sollte die Reise gehen? Sollte nach Beendigung des Präsidialregimes mit seinen Notverordnungen das parlamentarische System wieder restituiert werden? Oder sollte etwas anderes an seine Stelle treten? Welche Funktion hatte das Präsidialregime – und mit ihm der Art. 48 – in der Entwicklungsperspektive gesehen? Sollte und konnte es vor einer Hitler-Diktatur bewahren oder führte es geradewegs auf sie hin? Wir sind damit wieder bei der am Anfang gestellten Frage angelangt.

VI

Ein so profunder Kenner der Weimarer Republik wie Arthur Rosenberg hat den Übergang zum Notverordnungsregime unter dem Reichskanzler Brüning und die Aufgabe des parlamentarischen Widerstands gegen diese Praxis im Oktober 1932 für die „Todesstunde" der Weimarer Republik gehalten.[20] Im Gegensatz dazu ist es langezeit wohl herrschende Meinung in der Geschichtswissenschaft der Bundesrepublik gewesen, daß erst das Kabinett von Papen die Abwendung von der Republik gebracht habe, Brüning dagegen noch versucht habe, Demokratie und Republik zu retten. Dementsprechend wird ein scharfer Strich zwischen der Regierung Brüning und der seiner Nachfolger gezogen.²¹ Nun hat Brüning zur Überraschung der Verteidiger seiner Politik in seinen 1970 erschienenen Memoiren aber selbst ein unmißverständliches Bekenntnis zur Monarchie abgelegt und erklärt, daß deren Restauration das Ziel gewesen sei, das er letztlich angestrebt habe. War also 1930 tatsächlich schon das Ende der Weimarer Republik erreicht und ist alles, was bis 1933 folgte, nur die Suche nach einer neuen Staatsform und nach einem Weg, der mit Hilfe des Art. 48 zu ihr führte, gewesen? Wir müssen, um diese Frage zu beantworten, etwas ausholen.²²

Zurecht hat man darauf hingewiesen, daß das parlamentarisch-parteienstaatliche Regierungssystem der Weimarer Republik sich schon immer in einer prekären Lage befunden habe.²³ Es ist nie wirklich stabil gewesen, auch wo es, wie in den mittleren Jahren der Republik, leidlich funktionierte. Problematisch blieben immer Regierungsbildung und die Interessenintegration einer Vielzahl von Parteien in Koalitionen, die rasch wieder verfielen und eine stetige Politik erschwerten, aber auch das Verständnis der Parteien von der parlamentarischen Verantwortung, die sie trugen, und dementsprechend das Verhältnis der Mehrheitsfraktionen zu ihrer eigenen Regierung. Angesichtsdessen konnten sich aus dem Kaiserreich überkommene antiparlamentarische und antiparteienstaatliche Syndrome kaum auflösen und einer die parlamentarische Republik bejahenden Haltung Platz machen, sie wurden eher noch verstärkt. Es darf daher nicht wundernehmen, daß auch und gerade in den mittleren Jahren der Weimarer Republik Stimmen laut wurden, die für eine Einschränkung der parlamentarischen Befugnisse zu Gunsten der präsidialen Machtstellung eintraten.²⁴ Schon 1925 traten Industrievertreter an den neuen Reichspräsidenten, den Feldmarschall von Hindenburg, mit dem Wunsch einer Einengung der parlamentarischen Ausgabenfreudigkeit heran. Es wurde eine erneute Anwendung des Art. 48 diskutiert. Auch der Rückgriff auf ein Beamtenkabinett spielte in den Überlegungen der Umgebung des neuen Reichspräsidenten bald eine Rolle. 1929 hatte die Situation sich so zugespitzt, daß sich die Meinung verbreiten konnte, mit einem Rücktritt des Kabinetts Müller sei die parlamentarische Regierungsweise überhaupt an einen Wendepunkt gelangt. Auf dem schwerindustriellen Flügel der DVP, immerhin einer Partei, die in der letzten parlamentarischen Koalition die Regierungsverantwortung mittrug, erörterte man den Übergang zu einem Präsidialkabinett, das unter Anwendung des Art. 48 zu regieren hätte. In der Umgebung des Reichspräsidenten wurden spätestens Anfang 1930 Forderungen nach einem antiparlamentarischen und antimarxistischen *Hindenburg-Kabinett* laut. Selbst ein bedeutender Zentrumspolitiker wie der württembergische Staatspräsident Bolz äußerte sich angesichts der parlamentarischen Misere positiv zu einer *vorübergehenden Diktatur*. Es wird von daher begreifbar, daß die letzte parlamentarische Regierung, das Kabinett Müller, wenig Chancen besaß, die finanziellen, wirtschaftlichen und außenpolitischen Probleme zu meistern, denen sie sich ausgesetzt sah. Vom Reichspräsidenten hatte diese von einem Sozialdemokraten geführte Koalition keine Unterstützung mit Hilfe des Art. 48 zu erwarten. Sie wurde erst der folgenden Regierung Brüning, die ohne parlamentarische Verhandlungen berufen worden war, zuteil. Wohin sollte sie führen?

Die Frage nach den letzten Zielen der Regierung Brüning und des Reichskanzlers selbst, der nicht einmal seine eigenen Ministerkollegen völlig ins Vertrauen zog, läßt sich wohl nicht mehr präzise beantworten. Sicher ist, daß von Anfang an der Einsatz des Art. 48 auch gegen den Willen einer parlamentarischen Mehrheit ins Auge gefaßt wurde und das Ziel nicht nur die Behebung eines wirtschaftlich-finanziellen Notstands war, sondern auch eine Verfassungsreform. Insofern unterschied sich schon das Notstandsregime Brünings deutlich von der Notverordnungspraxis der zwanziger Jahre. Dies gilt, obwohl von beiden Kabinetten Brünings die Beziehungen zu Parteien und Ländern gepflegt wurden und die Politik der Reichsregierung nicht einfach an ihnen vorbeiging. Diese Kontakte waren für die Reichsregierung umso wichtiger, als sie die Verhandlungsarenen des Reichstags und des Reichsrats aufgrund ihres Vorgehens mit Hilfe des Art. 48 nicht im hergebrachten Umfange nutzen konnte. Sie bedurfte aber nichtsdestotrotz der Verständigung mit den Parteien, um in ihrer Politik toleriert zu werden und Schutz gegen Mißtrauensanträge und gegen das Verlangen nach Aufhebung ihrer Notstandsmaßnahmen zu erhalten. So bildete sich der Zustand eines *Semiparlamentarismus* oder einer *Halbdiktatur* heraus, der die systematisch auf Transzendierung der bisherigen Verfassungsverhältnisse gerichtete Politik verdeckte. Auch zielte die Notverordnungspraxis zunächst nur auf eine Überwindung der finanziellen und wirtschaftlichen Mißstände. Eine Änderung der Verfassung sollte erst als zweiter Schritt nach einer Stabilisierung der wirtschaftlichen und finanziellen Verhältnisse zu deren endgültiger Absicherung erfolgen. Insgesamt aber sollte die Überwindung der Notsituation zu einer staatlichen Erneuerung und nicht zu einer einfachen Restitution der alten Zustände führen.

Bei seinem Vorgehen war Brüning durch den Reichspräsidenten, der ihm die Verfügung über den Art. 48 wieder entziehen und ihn entlassen konnte, gebunden. Von Hindenburg wissen wir, daß er sich als Statthalter seines Kaisers, Wilhelms II., dem er als Soldat die Treue geschworen hatte, fühlte, und die Rückkehr zu einer Monarchie, möglicherweise vorkonstitutioneller Prägung, befürwortete – insofern tatsächlich ein Mac Mahon, wie ihn der Abgeordnete Cohn 1919 prophezeit hatte.[25] Aber Hindenburg fühlte sich auch an den Eid, den er als Reichspräsident abgelegt hatte, gebunden und scheute offensichtlich den Verfassungsbruch. Von Brüning verlangte er nur, daß er nicht mit den Sozialdemokraten regiere, sondern sich eine Basis bei den Rechten im Reichstag verschaffe. Brünings Remonarchisierungsideen lassen sich am einfachsten als Wunsch eines Monarchisten nach der Wiederkehr des Königtums und der ihm scheinbar innewohnenden Ordnungsmächtigkeit verstehen, doch erklärt dies allein seine riskante politische Zielsetzung nicht. Möglicherweise sollte mit der Rückkehr zur Monarchie der Zugang zum obersten Amt im Staate Demagogen wie Hitler, der sich mit über 13 Millionen Stimmen bei der Reichspräsidentenwahl 1932 immerhin als gefährlicher Rivale Hindenburgs erwiesen hatte, versperrt werden. Aber auch die Beschneidung parlamentarischer Rechte, vor allem bei der Bewilligung von Geldern, die zur Erhöhung von Staatsausgaben führte, stand auf dem Programm. Wieweit die Rückdrängung des Parlaments gehen sollte, ist nicht klar ersichtlich. Doch wird man annehmen müssen, daß eine Verfassungsreform, die von der Vorstellung der Überholtheit bisheriger parlamentarischer Systemusancen ausging, welche gerade ja erst zur Einführung eines präsidialen Notstandsregimes geführt hatten, nicht bei einer Restauration dieser Verhältnisse – nur jetzt unter monarchischem Vorzeichen – enden sollte. Wahlrechtsreform und Lösung der Regierung aus der dauernden Abhängigkeit vom Parlament, letztlich eine Rückkehr zum Konstitutionalismus des Kaiserreichs sind mögliche Ziele der Brüningschen Politik gewesen, ohne daß sich dies in allen Einzelheiten heute noch feststellen läßt. Dagegen wird schon aus seiner Verordnungspraxis deutlich, daß Brüning offenbar die Reichsreform in Richtung auf einen dezentralisierten Einheitsstaat weiter zu treiben gedachte und zwar über eine finanzielle Aushöhlung der Länder und eine Übernahme ihrer Verwaltungs- und Polizeihoheit auf das Reich. Auch der *Preußenschlag*, den sein Nachfolger von Papen exekutierte, war von ihm schon vorkonzipiert worden für den Fall, daß die Nationalsozialisten die Regierung in diesem Lande übernommen hätten, was Brüning – bei geschwächter Landeszuständigkeit und zugleich koalitionsmäßiger Bindung z. B. an das Zentrum – für keine schlechte Idee gehalten zu haben scheint, um den Rechtsradikalismus in die staatliche Verantwortung einzubinden und abzunutzen.[26]

Remonarchisierung, Rückdrängung der parlamentarischen Regierungsweise, Entföderalisierung des Reichs – was immer damit im einzelnen gemeint gewesen sein mag, es zeigt, daß Brünings Präsidialregime jedenfalls nicht auf eine einfache Restitution des überkommenen politischen Systems gerichtet war, sondern auf Systemveränderung.[27] Noch mehr als von seinen nicht präzise rekonstruierbaren politischen Zielvorstellungen wird man dies vom objektiven Erfolg seiner Politik sagen müssen. Das ist immer wieder betont worden und daran soll hier nur kurz erinnert werden: Der Verzicht auf den ernsthaften Versuch, eine parlamentarische Basis unter Einbeziehung der SPD zu erhalten, aber auch – so mag man hinzufügen – auf eine staatsstreichartige Politik der Auflösung des Reichstags ohne Neuwahlen oder mit Wahlen nach einem neuen, notverordneten Wahlrecht im Juli 1930 führte entgegen den Erwartungen der Regierung, der Rechten und der SPD in den Septemberwahlen 1930 zu einer horrenden Zunahme der radikalen Parteien (NSDAP 107 Mandate, KPD 77). Die parlamentarische Krise nahm durch diese Manipulation der Regierung mit Neuwahlen erst eigentlich ihren Anfang. (Auch die beiden Reichstagswahlen im Jahre 1932, die den beiden extremen Parteien über 50% aller Reichstagssitze einbrachten, wirkten in der Weise einer von der Reichsregierung selbst induzierten Verstärkung der Krise.) Entsprechendes gilt für die Wirtschafts- und Finanzpolitik Brünings.[28]

Das rigide Festhalten an dem einmal gewählten Ziel, die Beendigung der Reparationen und die politisch-militärische Gleichberechtigung Deutschlands auf dem Wege rücksichtsloser Deflationspolitik zu erreichen, beschwor den Notstand, dem es zu begegnen galt, erst eigentlich herauf – und damit Massenelend und die Abwanderung der enttäuschten Arbeiter, Angestellten, Beamten, des alten Mittelstands, aber auch industrieller Kreise in das Lager der Radikalen. Außer den Reichstagswahlen zeigen das auch die Landtagswahlen jener Zeit und die Reichspräsidentenwahl im März/April 1932 mit hinreichender Deutlichkeit. Es mag sein, daß Brüning, wie er es selbst ausdrückte, durch seine Entlassung vom Reichspräsidenten „100 Meter vor dem Ziel" gestoppt wurde, aber eine Politik, die wirtschaftliche und politische Sanierung auf dem Umweg der Not-Erzeugung betreibt und über ihre Ziel-Vorstellungen weder den beteiligten Akteuren, noch den davon betroffenen Massen hinlängliche Auskunft sowie Zukunftsperspektiven zu geben vermag, wird dieses Risiko eines Scheiterns auch und gerade kurz vor ihrer Wende einkalkulieren müssen.

Auch Präsidialkabinette agieren nicht im luftleeren Raum; sie waren auf das Entgegenkommen des Reichspräsidenten und auf Massenloyalität angewiesen. Das zeigt auch das Schicksal der Regierung von Papen, die in ungleich stärkerer Weise als die Brünings des parlamentarischen und parteilichen Rückhalts entbehrte. Daß es der Regierung von Papen um Systemüberwindung, nicht um Systemerhaltung ging, wird allgemein zugegeben: Zu deutlich sind die Hinweise auf einen *neuen* oder *autoritären Staat*, den man zu errichten hoffte mit einer parlamentsunabhängigen Regierung, einem auf Pluralwahlrecht basierenden Reichstag und einem Ober- oder Herrenhaus mit lebenslänglich ernannten Mitgliedern als Gegengewicht sowie möglicherweise auch einem monarchischen Staatsoberhaupt.[29]

Handelt es sich bei der Regierung von Papen demnach zweifellos um ein Präsidialregime, das den Weg aus der Krise in der Überwindung der Weimarer Republik suchte, bleibt dennoch sein Bestreben, eine Alternative zur Machtergreifung Hitlers zu bieten, offenkundig. Zwar hat sich auch von Papen – wie Brüning vom Reichspräsidenten angehalten, eine Sammlung der Rechten zustande zu bringen – um eine Unterstützung durch Hitler bemüht: Er war andererseits aber auch bereit, seine Alternative, gestützt auf präsidentielle Vollmachten und den Einsatz der Reichswehr, in einem Staatsstreich gegen Hitler durchzusetzen (von daher stammt die Ansicht, daß der Art. 48 kein zur Hitler-Diktatur führendes Instrument gewesen sei, sondern Deutschland letztlich vor ihr hätte bewahren können). Zu einer Realisierung dieser Pläne kam es jedoch nicht, da der Reichswehrminister von Schleicher den Einsatz der Reichswehr verweigerte und es vorzog, als Nachfolger von Papens selbst eine weitere, letzte Alternative gegen Hitler durch Abspaltung des Gregor Strasser-Flügels von der NSDAP durchzuspielen.

Der Mißerfolg von Schleichers führte schließlich zur Ernennung Hitlers zum Reichskanzler. Obwohl die NSDAP über die meisten Mandate im Reichstag verfügte, konnte auch Hitler nur eine Minderheitsregierung bilden, die vom Reichspräsidenten und dessen Gewährung der Vollmachten aus Art. 48 abhängig war. Das nährte die Hoffnung, man werde das Instrument des Notstandsartikels auch jetzt noch zur Zähmung Hitlers einsetzen können, zumal die nationalsozialistischen Mitglieder der neuen Regierung ja durch andere wie den Vizekanzler und preußischen Reichskommissar von Papen *eingerahmt* waren. Immer noch galt Hitler als werbewirksamer *Trommler* für die mitregierende konservative Equipe von Papens, die selbst ohne Massenanhang blieb. Die Ereignisse zeigten, wie realitätsfern diese Überlegungen waren. Hitler benutzte die Möglichkeit, mit Hilfe des Art. 48 zu regieren, sofort für eine Reihe von Maßnahmen, darunter die berüchtigte Notverordnung *zum Schutze von Volk und Staat* vom 28. 2. 1933 – die sog. Reichstagsbrandverordnung –, um die Machtergreifung voranzutreiben und seine politischen Gegner durch Demonstrations-, Rede- und Versammlungsverbote, durch Zensur und Verhaftungen mundtot zu machen.

Von einer ihn hemmenden Funktion des Art. 48 kann keine Rede sein. (Die Notverordnung vom 28. 2. 1933 spielte noch 1944 bei der Verurteilung der Männer des 20. Juli eine Rolle.)

Schließlich gelang es Hitler sogar, von dem unter dem Druck des Terrors neugewählten Reichstag am 24. 3. 1933 ein Ermächtigungsgesetz, das *Gesetz zur Behebung der Not von Volk und Reich* zu erhalten, daß ihn als Chef der Reichsregierung praktisch zu seinem eigenen Gesetzgeber machte und – obwohl auch hier zunächst noch eine Bindung an den Reichspräsidenten intendiert war – von der präsidentiellen Bevormundung vollends befreite. Der Weg in die Diktatur war damit *legal* eröffnet, die Ära der Präsidialkabinette zu Ende. Damit hatte auch der Art. 48 seine Schuldigkeit getan. *Subjektiv* mochte er bis zuletzt als ein gegen die nationalsozialistische Diktatur gerichtetes Mittel verstanden worden sein. *Objektiv* hatte seine Handhabung eben dieser Diktatur die Wege geebnet.[30]

VII

Wir können die Ergebnisse der vorstehenden Ausführungen wie folgt formulieren:

1. Die ursprüngliche Konzeption des Art. 48 WRV bewegte sich noch in der Vorstellungswelt des traditionellen, rechtsstaatlich-restitutiven Ausnahmezustandes.

2. Die Ausweitung der Anwendung des Art. 48 Abs. 2 in der Notverordnungspraxis anfangs der zwanziger Jahre begegnet verfassungsrechtlichen und verfassungspolitischen Bedenken, tangierte aber das parlamentarisch-demokratische System der Weimarer Republik nicht grundsätzlich.

3. Erst seit Beginn der dreißiger Jahre wurde die Bekämpfung wirtschaftlich-finanzieller Notlagen durch den Art. 48 mit der Absicht einer Verfassungsreform verbunden. Art. 48 fungierte nunmehr als Gesetzgebungsgrundlage in Präsidialregimen, deren Notstandsbekämpfung nicht mehr restitutiven, sondern systemverändernden Charakter trug.

4. Trotz aller Unterschiede in Zielvorstellungen und im Regierungsstil intendierten alle Präsidialkabinette die Überwindung des politischen Systems von Weimar. Es ist insofern eher angebracht, von einer *stufenweisen Durchbrechung* des Weimarer Systems zu sprechen, als – in dieser Hinsicht – eine scharfe Zäsur zwischen der Regierung Brüning und der Regierung von Papen zu setzen.

5. Die systemüberwindenden Vorstellungen und -maßnahmen der Präsidialkabinette bedeuten nicht, daß mit ihnen der nationalsozialistischen Diktatur der Weg geebnet werden sollte. Es herrschte vielmehr die Vorstellung, daß die Systemüberwindung ein stärkeres Bollwerk gegen eine unkontrollierte Herrschaft Hitlers darstellen könne als der Versuch einer Bewahrung der überkommenen politischen Verhältnisse. Neben allen Einbindungs-, Zähmungs-, Abnutzungs- und Auseinanderbrechungsstrategien diente auch die Handhabung des Art. 48 der Bekämpfung des Nationalsozialismus (z. B. durch das zeitweilige SA-Verbot).

6. Ungeachtet der subjektiven Wünsche und Vorstellungen der Akteure der Präsidialregimes wirkte die Handhabung des Art. 48 – zumindest vorübergehend – krisenver-

schärfend und vermehrte damit die Durchsetzungschancen des Nationalsozialismus in drastischer Weise. Vom Ergebnis her gesehen widersprach die Handhabung des Art. 48 den mit ihr verbundenen Intentionen. Das Notstandsregime entglitt der Kontrolle seiner Akteure.

7. Auch nach der Ernennung Hitlers zum Reichskanzler sollte der Art. 48 noch eine Kontrolle und Eindämmung der nationalsozialistischen Politik ermöglichen; ähnliches gilt vom sog. Ermächtigungsgesetz. In beiden Fällen dienten die Ermächtigungen jedoch tatsächlich der Errichtung der nationalsozialistischen Diktatur und wurden bewußt in diesem Sinne angewandt.

ANMERKUNGEN

1 Zu dieser Kontroverse vgl. z. B. A. Arndt/M. Freund, *Notstandsgesetz – aber wie?* Köln 1962.
2 Überblick über die Entwicklung der Staatsnotstandsvorstellungen bei H. Boldt, Ausnahmezustand, Artikel in: *Geschichtliche Grundbegriffe*. Historisches Lexikon zur politisch-sozialen Sprache in Deutschland, hg. v. O. Brunner/W. Conze/R. Koselleck. Stuttgart 1973, S. 182 ff. – Vgl. auch E. Fraenkel (Hg.), *Der Staatsnotstand*. Berlin 1965. – Jetzt auch H. Oberreuter, *Notstand und Demokratie*. Vom monarchischen Obrigkeits- zum demokratischen Rechtsstaat. München 1978.
3 Zum *martial law* vgl. E. Fraenkel, Martial Law und Staatsnotstand in England und USA, in: Fraenkel (Anm. 2) S. 138 ff. Aus der älteren Literatur vor allem A. V. Dicey, *Lectures Introductory to the Study of the Law of Constitution*. London 1886², S. 236–238.
4 Über den Belagerungszustand vgl. H. Boldt, *Rechtsstaat und Ausnahmezustand*. Eine Studie über den Belagerungszustand als Ausnahmezustand des bürgerlichen Rechtsstaats im 19. Jahrhundert. Berlin 1967. Vergleich des Belagerungszustands mit dem *martial law* und Art. 48 WRV bei: ders., Article 48 of the Weimar Constitution, its historical and political background, in: *German Democracy and the Triumph of Adolf Hitler*. Essays in Recent German History, hg. v. Matthias, E./T. Nichols. London 1971, S. 97 ff.
5 Regelung und Interpretation des Art. 48 im Kommentar zur WRV von G. Anschütz, *Die Verfassung des Deutschen Reichs*. Berlin 1933[14], ND Darmstadt 1965. Zeitgenössisch ebenfalls R. Grau, Die Diktatur des Reichspräsidenten, in: G. Anschütz/R. Thoma (Hg.), *Handbuch des Deutschen Staatsrechts*, Bd. 2, Tübingen 1932, S. 274 ff. – Neuere Darstellungen von H. Kreutzer, Der Ausnahmezustand im deutschen Verfassungsrecht, und von G. Schulz, Der Art. 48 in politisch-historischer Sicht, beide in: Fraenkel (Anm. 2) S. 9 ff. bzw. 39 ff., vor allem aber auch U. Scheuner, Die Anwendung des Art. 48 der Weimarer Reichsverfassung unter den Präsidentschaften von Ebert und Hindenburg, in: F. A. Hermens/Th. Schieder (Hg.), *Staat, Wirtschaft und Politik*. Festschrift für Heinrich Brüning. Berlin 1967, S. 249 ff.
6 Die Diskussion in der Nationalversammlung ist wiedergegeben bei E. Heilfron (Hg.), *Die deutsche Nationalversammlung im Jahre 1919*, 5. Bd., Berlin 1919, S. 3236 ff. Äußerungen des Abgeordneten Cohn S. 3242.
7 Über die Handhabung des Art. 48 unterrichtet F. Poetzsch-Heffter, Vom Staatsleben unter der Weimarer Verfassung, in: *Jb. des öffentlichen Rechts*, Bd. 13., 1925, Bd. 12, 1929, Bd. 21, 1933, jeweils S. 1 ff.; vgl. auch Scheuner (Anm. 5) sowie zum Verhältnis von Militär und ziviler Gewalt H. Hürten, *Reichswehr und Ausnahmezustand*, Vorträge der Rheinisch-Westfälischen Akademie der Wissenschaften G 222. Opladen 1977.

8 Allgemein dazu W. Schoenborn, Die Notverordnungen, in: *Handbuch des Deutschen Staatsrechts* (Anm. 5), 2. Bd., S. 300 ff.
9 Überblick über die Notstandspraxis im 1. Weltkrieg bei H. Boldt, Zum Strukturwandel des Ausnahmezustands im 1. Weltkrieg, in: E.-W. Böckenförde (Hg.), *Moderne deutsche Verfassungsgeschichte (1815–1918)*. Köln 1972, S. 323 ff. – Zur Notverordnungspraxis der Länder in der Weimarer Republik jetzt U. Nesemann, Notverordnungsrecht und -praxis in den Ländern der Weimarer Republik. Jur. Diss. Göttingen 1973.
10 Über die allgemeine Problematik des rechtsstaatlichen Ausnahmezustands unterrichtet C. Rossiter, *Constitutional Dictatorship*. New York 1948, 2. Aufl. 1963.
11 Zur parlamentarischen Praxis in der Weimarer Republik vgl. z. B. G. A. Ritter, Kontinuität und Umformung des deutschen Parteiensystems 1918–1920, in: *Entstehung und Wandel der modernen Gesellschaft*, Festschrift für Hans Rosenberg zum 65. Geburtstag. Berlin 1970, S. 342 ff., und ders., *Deutscher und britischer Parlamentarismus*. Tübingen 1962.
12 Die Diskussionen finden sich in den *Veröffentlichungen der Vereinigung der Deutschen Staatsrechtslehrer* Heft 1, Berlin 1924, S. 63 ff., und in den *Verhandlungen des 33. Deutschen Juristentags* von 1924, S. 69 ff.
13 Dazu G. Schulz, *Zwischen Demokratie und Diktatur, Verfassungspolitik und Reichsreform in der Weimarer Republik*, Bd. 1, Berlin 1963, S. 422 ff., 647 ff., sowie Oberreuter (Anm. 2) S. 310 ff. Zum Entwurf einer Notverordnungsregelung s. ders. S. 53 und H. H. Gather, *Das Notstandsrecht nach der Weimarer Reichsverfassung und dem Bonner Grundgesetz*. Diss. Köln 1963.
14 So C. Schmitt, *Die Diktatur*. München 1921.
15 Vor allem bei R. Grau, *Die Diktaturgewalt des Reichspräsidenten und der Landesregierungen auf Grund des Art. 48 der Reichsverfassung*. Berlin 1922.
16 Die preußische Regierung klagte daraufhin beim Staatsgerichtshof gegen das Reich. Zum Urteil vgl. Lammers/Simons, *Die Rechtsprechung des Staatsgerichtshofs*, 5. Bd., S. 30 ff. u. H. Grund, *Preußenschlag und Staatsgerichtshof 1932*. Baden-Baden 1976.
17 So J. Heckel, Diktatur, Notverordnungsrecht, Verfassungsnotstand mit besonderer Rücksicht auf das Budgetrecht, in: *Archiv des öffentlichen Rechts*. Neue Folge Bd. 22, Tübingen 1932, S. 257 ff., bes. 310 ff. Historisches Vorbild der Überlegungen zum Verfassungsnotstand war der preußische Verfassungskonflikt von 1862.
18 Außer Anschütz (Anm. 5) und dem Hb. von Anschütz-Thoma (Anm. 5) unterrichtet darüber W. Apelt, *Geschichte der Weimarer Verfassung*. München 1964².
19 Für die neue Sichtweise sind besonders wichtig die Schriften von C. Schmitt, *Der Hüter der Verfassung*. Tübingen 1931, und ders., Legalität und Legitimität 1932, in: ders., *Verfassungsrechtliche Aufsätze aus den Jahren 1924–1954*. Berlin 1958, S. 263 ff. Vgl. dazu H. Muth, Carl Schmitt in der deutschen Innenpolitik des Sommers 1932, in: *HZ* Beiheft 1, 1971, S. 75 ff.
20 A. Rosenberg, *Entstehung und Geschichte der Weimarer Republik*, hg. v. K. Kersten. Frankfurt 1955, S. 479, vgl. auch S. 274.
21 So z. B. v. Scheuner (Anm. 5), S. 281.
22 Grundlegend zur Endphase der Weimarer Republik noch immer K. D. Bracher, *Die Auflösung der Weimarer Republik*. Villingen 1971⁵. Von seinen Stellungnahmen zur Brüning-Kontroverse beachte bes. nach Erscheinen der Brüning-Memoiren Bracher, Brünings unpolitische Politik und die Auflösung der Weimarer Republik, in: *VfZG* 19, 1971, S. 113 ff. – Die Gegenansicht wird vertreten vor allem v. W. Conze in einer Reihe von Aufsätzen, zuerst in: Die Krise des Parteienstaates in Deutschland 1929/30, in: *HZ* 178, 1954, S. 47 ff., und vor allem auch: Die Reichsverfassungsreform als Ziel der Politik Brünings, in diesem Band unten. Vgl. auch die

Stellungnahme v. G. Schulz, Erinnerungen an eine mißlungene Restauration. Heinrich Brüning und seine Memoiren, in: *Der Staat* 11, 1972, S. 209 ff. – H. Brüning, *Memoiren 1918–1934*. Stuttgart 1970; eingehend dazu R. Morsey, Zur Entstehung, Authentizität und Kritik von Brünings Memoiren 1918–1934, in: *Rheinisch-Westfälische Akademie der Wissenschaften*, Vorträge G 202. Opladen 1975. – Vgl. allgemein auch Matthias, E./R. Morsey (Hg.), *Das Ende der Parteien 1933*. Düsseldorf 1960, u. K. Revermann, *Die stufenweise Durchbrechung des Verfassungssystems der Weimarer Republik in den Jahren 1930–1933*. Münster 1959. – M. R. Lepsius, From Fragmented Democracy to Government by Emergency Decree and National Socialist Takeover: Germany, in: *The Breakdown of Democratic Regimes*, hg. v. Linz, J. J./A. Stepan. Baltimore 1978, S. 34 ff.

23 M. Stürmer, Der unvollendete Parteienstaat – Zur Vorgeschichte des Präsidialregimes am Ende der Weimarer Republik, in diesem Band unten.

24 Zahlreiche Hinweise in der in Anm. 5 u. 22 genannten Literatur; vgl. auch W. Müller, *Die Monopolbourgeoisie und die Verfassung der Weimarer Republik*. Eine Studie über die Strategie und Taktik der Beseitigung des bürgerlich-parlamentarischen Systems (1927–1930). Phil. Diss. Berlin-Ost 1970.

25 Zu Hindenburg vgl. bes. J. W. Wheeler-Bennett, *Hindenburg, the Wooden Titan*. London 1967 (dt.: Der hölzerne Titan. Tübingen 1969); A. Dorpalen, *Hindenburg and the Weimar Republic*. Princeton 1964.

26 Mit Brünings Verfassungsreformplänen beschäftigt sich eingehend Conze (Anm. 22). Bemerkenswert ist auch, daß Brüning als möglichen Nachfolger, der seine Pläne hätte realisieren können, den Leipziger Oberbürgermeister Carl Goerdeler sah. Dessen Verfassungsvorstellungen aus dem Jahre 1944 sind niedergelegt in einer Niederschrift bei G. Ritter, *Carl Goerdeler und die deutsche Widerstandsbewegung*. Stuttgart 1954, S. 553 ff.

27 Systemveränderung heißt in dem Zusammenhang ein Abgehen von den tragenden Grundsätzen der Weimarer Reichsverfassung, nicht ohne weiteres aber – illegaler – Verfassungsbruch. Nach damals herrschender Auffassung gestattete die Weimarer Verfassung jede Art ihrer Veränderung, wenn sich diese nur der in Art. 76 WRV festgelegten Prozeduren bediente. Daher war auch eine Rückkehr zur Monarchie auf legalem Wege denkbar. Brüning hat darüber offenbar mit führenden Sozialdemokraten Rücksprache gehalten (vgl. seine Memoiren – Anm. 22 – S. 462). Eine andere Frage war die, ob eventuell eine Verfassungsänderung auch über Art. 48 Abs. 2 vorgenommen werden konnte oder unter Berufung auf ein übergesetzliches Staatsnotrecht (vgl. Brünings Memoiren S. 145 und die Diskussion während der Reichskanzlerschaft von Papens).

28 Vgl. dazu den Überblick bei Schulz (Anm. 22) und K. Borchardt, Zwangslagen und Handlungsspielräume in der großen Wirtschaftskrise der frühen dreißiger Jahre, in diesem Band unten.

29 Einzelheiten bei Bracher (Anm. 22) S. 465 ff.

30 Zum Vorgehen Hitlers vgl. Bracher/Sauer/Schulz, *Die nationalsozialistische Machtergreifung 1. Teil*: Stufen der Machtergreifung, v. K. D. Bracher. Opladen 1962, S. 90 ff., 119 ff.

14. Der unvollendete Parteienstaat*

Zur Vorgeschichte des Präsidialregimes am Ende der Weimarer Republik

MICHAEL STÜRMER

Wenn die Kategorie des Unvollendeten, nach einem bekannten Satz, die Signatur der neueren deutschen Geschichte ist, so gilt dies auch für das parlamentarische Regierungssystem von Weimar.[1] Das hatte mannigfache Ursachen und Begleiterscheinungen; sie sollen in der hier vorgelegten Skizze zunächst in Hypothesenform dargelegt und dann an Versuchen der Krisenbewältigung in der Stabilisierungsphase der ersten deutschen Republik verdeutlicht werden.

Zu den Voraussetzungen des Präsidialregimes gehörten Bedingungsbündel, die nur analytisch voneinander zu trennen sind, die aber in der politischen Realität, lange bevor der Kurzschluß des Parteienparlaments eintrat, vielfältig ineinanderwirkten.

– Vor allem der historische Überdruck sich verschränkender und seit der Jahrhundertwende kumulierender Verspätungen der deutschen Sozial- und Verfassungsgeschichte: die Tradition des Landes ohne bürgerliche Revolution;[2] das Erbe des unvollendeten Verfassungsstaats; die Hypothek der Industrialisierung im Gefüge des konservativen Obrigkeitsstaats.[3] Politische Integration war in der ersten Hälfte des 19. Jahrhunderts Sache der aufgeklärten Staatsbürokratie, dann des Cäsar und charismatischen Staatsmanns. Das politische Marktmodell, das sich mit dem Parlamentarismus verband, wurzelte kaum tiefer als das ökonomische des klassischen Liberalismus.[4] Das hatte schon die geringe und seit der Großen Depression fortdauernd in Frage gestellte Statur des Parteienparlaments im Bismarckstaat offenbart.[5] Die Reichsverfassung von 1919, gewiß ein Kompromiß des bürgerlichen und katholischen Sozialmilieus mit der Sozialdemokratie, war von alldem geprägt: ein Produkt der Paradoxien und unerfüllten Möglichkeiten des bürgerlichen Verfassungsstaats in Deutschland.

– Ein zweites Bedingungsbündel liegt in dem seit der Reichsgründung weitergeschobenen Dualismus der Verfassungsentwicklung, einerseits in Richtung eines liberaldemokratischen Parlamentarismus, andererseits zur plebiszitären Ersatzmonarchie.[6] Dieser Dualismus, faßbar in den Verfassungskräften des Bismarckstaats und in den das Herrschaftssystem abstützenden Sozialnormen und Ideologien, wurzelte im verzögerten Übergang von der Agrar- zur Industriegesellschaft. Auch im Verfassungsumbruch des Weltkrieges fand er keine Lösung. Die Weimarer Verfassung überdeckte ihn durch einen Formelkompromiß.[7] Seitdem gab es ein parlamentarisches Machtgefüge

* Aus: *VfZG* 2, 1973, S. 119–126.

für die Zeit, wenn die Sonne schien, und eine cäsaristische Halbdiktatur als Versicherungsanstalt gegen schlechtes Wetter.
- Drittens der mangelnde Konsens über die materiellen Grundlagen der Verfassung, weitergeschoben aus der Bismarckzeit, aber mit vertauschten sozialen Rollen für frühere „Reichsfreunde" und „Reichsfeinde". Wo es aber keinen Minimalkonsens über den Verfassungsrahmen gibt, ist der Bürgerkrieg nur aufgeschoben. Hinter der parlamentarischen Herrschaftskomponente standen ein Teil der Mittelschichten, ein Teil der Arbeiterbewegung, ein Teil des katholischen Sozialmilieus.[8] Der Traum vom starken Mann, vom Sieg des freischwebenden Sachverstands über „Politik", von der Staatsbürokratie, die keiner „Partei" dient (Art. 131 WRV) – dieser Traum fand seinen Weg bis in die Verfassung und durchzog die politische Kultur.[9] Da der Kampf um die staatlichen Grundlagen mit der Verfassungsgebung von Weimar nicht endete, wurde in Konkurrenz zur parlamentarischen Integration widerstreitender Interessen die Idee klassenneutraler Gemeinschaft zur machtvollen Sozialnorm bis ins sozialdemokratische Lager. Das war die Grundlage, aus der in der Weltwirtschaftskrise die scheinbare Verselbständigung der Exekutivgewalt gegenüber den antagonistischen Klassen der Gesellschaft Legitimität zog. Die Schwäche und dadurch bedingte Zerfahrenheit der Minderheits- oder unsicherer bürgerlicher Mehrheitsregierungen der mittleren Jahre tat ein übriges, um Entscheidungen aus dem parlamentarischen Bereich in den Kontinuität verbürgenden der Ministerialbürokratie zu verschieben.[10] Der Präsident, von den Verfassungsvätern einerseits als Schiedsrichter des Pluralismus bestellt und andererseits, wenn es brannte, als omnipotenter Ordnungsstifter eingesetzt, wurde potentielle Gegenkraft; dies nicht nur auf dem Papier, sondern real an jenen Knotenpunkten der Politik, die die periodisch auftretenden Regierungskrisen markierten.[11] Es muß außerdem daran erinnert werden, daß in den 20er Jahren auch im wirtschaftlichen Bereich ein enormes Potential staatlicher Interventionsmöglichkeiten neu entstand. Denn die Rückkehr zur Nachkriegsnormalität leitete eine neue Phase der Errichtung von Kartellen, Syndikaten und Arbeitgeberverbänden in einem förmlichen System der Verbandswirtschaft ein. In Schlüsselindustrien wie Kohle, Braunkohle und Pottasche, in denen der Staat selbst als Produzent auftrat, wurden Zwangskartelle eingeführt, um stabile Preise zu sichern. Gleichzeitig erhielten staatliche Stellen, vor allem die Ministerien für Ernährung, für Finanzen, für Wirtschaft und Arbeit weitgreifende Eingriffsmöglichkeiten mit dem Ziel der Rationalisierung und Wirtschaftsplanung. Wenn auch bis zum Ende der 20er Jahre weitgehend ungenutzt, gehörte diese neue Dimension staatlicher Intervention doch zu den Hauptvoraussetzungen des späteren Präsidialregimes.[12]
- Viertens muß von aktuellen Widersprüchen der Realverfassung die Rede sein. Vom Reichstag, der die Hauptantagonismen der Gesellschaft in sich nicht nur reproduzierte, sondern potenzierte. Von dem Parteiensystem, das zwar stabile Sach- und Antikoalitionen zuwegebrachte, aber kaum regierungsfähige Mehrheitsbündnisse. Vom Ersatzkaiser, dem kaiserlichen Feldmarschall und Kriegsheros, der, auch abgesehen von mangelnder persönlicher Eignung, sein Amt immer dann zur Clearing-Stelle für die Reichswehr, die Partner beim erwünschten Bürgerblock, Großgrundbesitz und

Rechtsverbände werden ließ, wenn Kabinettskrisen den Machtverfall der Parteienregierung dokumentierten.[13] Anzunehmen, es habe von 1925 bis 1930 einen die vorgefundenen Verhältnisse stabilisierenden und erst danach einen den Parteienstaat transzendierenden Reichspräsidenten gegeben, heißt zu übersehen, daß es allein an den Verhältnissen lag, die vor 1930 noch nicht so waren.[14]
– Schließlich die konstitutionelle Diktatur, der ausgeuferte Artikel 48 der Verfassung.[15] Bereits die Praxis verfassungsstabilisierender Benutzung unter Ebert hatte den Anwendungsbereich auf die volle Breite interventionsstaatlicher Kompetenzen gedehnt und die partielle Abdankung des Parlaments sanktioniert. Damit war, wenn auch unbewußt und ohne den antiparlamentarischen Eifer der späteren Präsidialkabinette, der extensiven Anwendung der Endphase vorgearbeitet. Doch bildete Art. 48 bis 1930 keinen aktiven Faktor politischer Richtungsentscheidungen. Unausgesetzt wirkte er indessen als Drohung gegen die linke Mitte einschließlich der SPD wie auch als nicht unwillkommenes letztes Halteseil, falls beim Kampf der Parteien die Regierung stürzte. Die cäsaristische Reserveverfassung blieb außerdem Ansporn und Verheißung für alle, die langfristig die nationalkonservative Diktatur wollten. Wie wichtig das Potential des Art. 48 tatsächlich war, zeigte sich auch darin, daß das Vorhaben des DDP-Innenministers Külz, durch ein präzisierendes Gesetz die Diktaturgewalt stärker aus dem Bereich des Präsidenten an die Reichsregierung heranzuziehen und überhaupt den Anwendungsbereich einzuschränken, 1926 am Widerstand der Ministerialbürokratie und des Reichspräsidenten scheiterte.[16] Die Einbruchstelle konstitutioneller Diktatur wurde offengehalten, wenn auch schwerlich in vollem Bewußtsein der darin beschlossenen Möglichkeiten.

Mit diesen notwendigerweise skizzenhaften Überlegungen sind Rahmenbedingungen angegeben, unter denen sich, als die Weltwirtschaftskrise die Klassengegensätze evident verschärfte, die Auflösung der Republik vollziehen sollte. Der Machtverfall des Parteiensystems, die Einübung der Machtabstinenz durch die Träger parlamentarischer Regierung gingen voraus. Einen fundamentalen Wendepunkt, wie ihn das Jahr 1930 mit dem Bruch der Großen Koalition anzuzeigen scheint, weist die Strukturgeschichte der ersten deutschen Republik nicht auf.[17] Denn der Schein politischer Normalität in den Zwischenjahren beruhte doch vor allem auf der Gewöhnung an den Zustand strukturell bedingter Dauerkrise, ohne daß die Vielheit sozialer und verfassungspolitischer Dissonanzen und die Unsicherheit des Regierungsprozesses aufgehoben wurden. Das ist abzulesen an Zielrichtung und mangelnder Durchschlagskraft aller Vorhaben, das Verhältnis von Parteien und Regierung zu revidieren. Stets suchte man die Lösung in der parlamentsunabhängigen Autorität. Insoweit waren selbst die Reformansätze Symptom des Druckes, der auf dem Parteienstaat lastete.

Vier solcher Reformprojekte sollen abschließend die mühevollen Funktionsbedingungen des Weimarer Parlamentarismus konkretisieren. Zweimal wurden dabei Umrisse eines stillen Staatsstreichs sichtbar; immer ging es um weitreichende Versuche, die gegebene Kräfteverteilung neu zu definieren. Jedes dieser Projekte war bedeutsam genug, um Spuren in den Akten der Reichskanzlei zu hinterlassen. So wenig sie für die Ereignisgeschichte zählen, weil sie nichts bewirkten, so wichtig sind derartige Ansätze, die Verfassung zu transzendieren, für die Strukturgeschichte der Republik, weil sie auf Potentiale und Alternativen verweisen.[18] Für denjenigen, der die Problematik des Brüningschen Restaurationsversuchs kennt, klingen dabei schon manche Leitmotive des Präsidialregimes an.

— Zuerst sind die Pläne im Minderheitskabinett des Zentrumsführers Wilhelm Marx (1923/24) zu nennen, sich selbst eine Verlängerung des geltenden Ermächtigungsgesetzes auszustellen und ohne den Reichstag weiterzumachen. Voraussetzung war, daß die Reichswehr den Belagerungszustand aufrechterhielt. Seeckt, damals Chef der Heeresleitung, lehnte aber ab. Warum er das tat, ist bis heute Gegenstand einigen Rätselratens. Zweifellos war der Verschleiß der Reichswehr in zivilen Aufgaben militärisch bedenklich. Politisch dagegen dürfte gezählt haben, daß die deutsche Republik, deren Landwirtschaft und Industrie auf ein amerikanisches Stabilisierungsprogramm hoffte, sich schlecht als Militärdiktatur präsentieren konnte[19] und außerdem, wie Seeckt Politikern, die ihn vorwärtsdrängten, zu verstehen gab, „ohnehin nichts mehr zu machen" war.[20] Es blieb daher bei der Reichstagsauflösung, die der Regierung immerhin eine Atempause verschaffte. Danach wurde die Annahme des Dawes-Plans alleiniger Lebenszweck einer bloß geschäftsführenden Minderheitsregierung.

— Nach der Annahme des Dawes-Plans ging es um steuerliche und zollmäßige Lastenverteilung im Innern. Fruchtlosen Koalitionsversuchen folgte die zweite Reichstagsauflösung des Jahres 1924, durchgeführt in der Hoffnung, die Wahlen würden das Patt der Parteien aufheben und den Bürgerblock ermöglichen. Als sie es nicht taten, war guter Rat teuer. Manche Reichswehrkommandeure hofften wieder auf eine Diktatur Seeckt. Der sozialdemokratische Reichspräsident Ebert vertraute *in camera* dem General an, wenn weder ein vom Zentrum geduldetes Kabinett der Rechtsparteien noch ein „Persönlichkeitskabinett" zustandekäme, müsse er sich „zu etwas Neuem entschließen".[21] Als unverändert schwierig galt indessen ein substantieller Eingriff in die Verfassung angesichts der amerikanischen Wohlverhaltenserwartungen. Doch wurde dieser Faden in der Regierung weitergesponnen. Wenn man auch zunächst nur eine Fachminister-Regierung unter dem früheren Oberbürgermeister Luther konzipierte, sollte doch der durch Beamtentum und Sachverstand getarnte Bürgerblock vor allem das Regierungsgefüge straffen. Unwidersprochen forderte der Reichswehrminister eine starke Staatsautorität und eine Regierung, die so ausgestattet war, daß sie auf den Reichstag wenig Rücksicht zu nehmen brauchte: eine Art Bismarckverfassung also, sei es auf dem Weg über die Autorität des Reichspräsidenten, sei es durch Sicherung der Regierung, war sie erst einmal im Amt. Dissens erregte erst die Frage, ob die künftige Regierung nicht überhaupt unabhängig vom Reichstag zu stellen sei.[22] Das unmittelbare Ergebnis war eine Regierung (Kabinett Luther I), in der Großgrundbesitz und Industrie das Sagen hatten, freilich auch auf den Arbeitnehmerflügel des Zentrums Rücksicht nehmen mußten. Die große Strukturreform des politischen Gefüges blieb ein frommer Wunsch.

— An dritter Stelle bleibt der Versuch (1925) zu nennen, die Koalition durch einen Koordinationsausschuß dem Kabinett unterzuordnen, d. h. die Minister der Abhängigkeit von Flügelkämpfen und Profilpflege der Parteien zu entziehen. Kanzler und

Kabinett sollten endlich die Führungsrolle übernehmen, die ihnen bislang fehlte. Das begann mit einem förmlichen Abkommen des Reichskanzlers Luther mit den Parteiführern, um disziplinierte Ausschußmehrheiten und kalkulierbare Plenarabstimmungen zu garantieren. Anträge und Entwürfe, vor allem solche mit finanzieller Wirkung, sollten allein mit Billigung der Regierung eingebracht werden. Die Reichskanzlei übernahm die Funktion des Generalstabs der Koalition. So gut das alles gemeint war, so wenig funktionierte es. Es war ein Formelkompromiß, der dem Kanzler eine freie Hand und den Fraktionen Berücksichtigung ihrer Interessen versprach.[23] Als beides unvereinbar wurde, stürzte zuerst die Mehrheitsregierung des „Politikers ohne Partei", wie Luther sich noch im Titel seiner Memoiren lobte, im Frühjahr 1926 auch die nachfolgende Minderheitsregierung Luther. Noch einmal fungierte ein solcher Interfraktioneller Ausschuß parallel zu der von dem rheinischen Zentrumspolitiker Wilhelm Marx mehr moderierten als geführten bürgerlichen Mehrheitsregierung 1927/28, ohne aber den Geburtsfehler des Weimarer Parlamentarismus aufheben zu können, die Trennung von effektiver Macht und politischer Verantwortung.[24]

- Schließlich soll ein Fall nicht unerwähnt bleiben, der bereits 1926/27 das Potential des Präsidialregimes erkennbar machte. Das nunmehr dritte Minderheitskabinett Marx (Juni–Dezember 1926) verlor die stille Unterstützung der Sozialdemokraten, als diese ihre Kenntnis von Lieferungen russischer Granaten für die Reichswehr im Reichstag an die große Glocke hängten. Der Umgebung des Reichspräsidenten diente das zum Anlaß, die SPD für regierungsunfähig zu erklären und die Wendung zum Rechtsblock zu bewerkstelligen. Hindenburg wurde dazu gebracht, mit dem Dauergebrauch des Art. 48 zu drohen, *notabene* noch ohne Nationalsozialismus, ohne Wirtschaftskrise, aber mit Erfolg. Das alles geschah nach einem Plan, dessen Prioritäten der Staatssekretär im Präsidialamt Meissner ausgearbeitet hatte: an erster Stelle eine Mehrheitsregierung der Rechten und des Zentrums; die zweitbeste Lösung eine Minderheitsregierung der Rechten, aber auch diese abhängig, leider, von Zentrums Gnaden (das war, nebenbei bemerkt, die Koalition der Jahre 1930/32); schließlich als Alternative eine Regierung sogenannter Persönlichkeiten, aber nicht eine maskierte Koalitionsregierung, sondern ein Präsidialkabinett. Lebensfähig war es nur, und das sprach man offen aus, wenn der Präsident „zur Auflösung des Reichstags und den alsdann zu treffenden besonderen Maßnahmen hinter dieser Regierung steht".[25] Es war schwerlich ein Zufall, wenn sich Oberst von Schleicher, als Chef der Wehrmachtabteilung die politische Schlüsselfigur der Reichswehr, damals mit ähnlichen Plänen befaßte. Sie waren abgefaßt in Form einer Operationsplanung gegen Rot, eine stilistische Rücksichtnahme auf die Schwächen des alten Generals.[26] 1927 wurde daraus noch nichts. Doch beschleunigte die auf das Zentrum gezielte Andeutung im Reichskabinett, der Ausnahmezustand liege in der Luft, die Regierungsbildung. Das Ergebnis war die völlige Übergehung der Sozialdemokraten bei dieser Regierungsbildung, die Rechtsorientierung der Zentrumspartei unter dem Prälaten Kaas und die Mehrheitsregierung der rechten Mitte mit den Deutschnationalen, die bis zum Frühjahr 1928 am Ruder blieb.

Das Fazit dieser Jahre sah nicht gut aus. Wie Werner Conze 1954 konstatierte, läßt sich die Vorgeschichte der Präsidentschaftsrepublik durch ein volles Jahrzehnt zurückverfolgen.[27] Die Strukturschwächen des Parteiensystems wurden akzentuiert durch scharfe klassenpolitische Bruchlinien: in Bezug auf Versailles und Locarno, in Bezug auf Zollfrage, Aufwertung und Arbeitszeit. „Irgendwie muß Deutschland schließlich regiert werden" – so kürzte 1926 der Kanzler Luther die Debatte über seine Regierungserklärung ab.[28] In der Tat. Wo aber von politischer Reform die Rede war, war es Reform in Richtung auf Abbau des Sozialstaates, auf Beschränkung des Parlaments, auf die plebiszitäre Ersatzmonarchie. Zu keinem Zeitpunkt in der Geschichte der Weimarer Republik war der parlamentarische Kurzschluß unmöglich. Die antiparlamentarische Zerrüttungspolitik seit 1930 kam nicht aus einem heiteren Himmel.

ANMERKUNGEN

1 Th. Schieder, Das Deutsche Reich in seinen nationalen und universalen Beziehungen 1871–1945, in: ders. und E. Deuerlein (Hg.), *Reichsgründung 1870/71, Tatsachen, Kontroversen, Interpretationen.* Stuttgart 1970, S. 422–454.
2 Dazu R. Stadelmann, *Deutschland und die westeuropäischen Revolutionen.* Laupheim 1948, S. 11–33.
3 Dazu M. R. Lepsius, Parteiensystem und Sozialstruktur, Zum Problem der Demokratisierung der deutschen Gesellschaft, in: *Festschrift F. Lütge,* hg. v. W. Abel/K. Borchardt/H. Kellenbenz/W. Zorn. Stuttgart 1966, S. 371–393; weiterführend vor allem B. Moore, *Social Origins of Dictatorship and Democracy, Lord and Peasant in the Making of the Modern World.* Boston 1967², der im kapitalistisch-autoritären Weg Deutschlands nicht – wie es in der Nachfolge liberaler Leitvorstellungen der 1. Hälfte des 19. Jhs. meist geschieht – die Abweichung von der Norm kapitalistisch-demokratischer Modernisierung sieht, wie sie sich in England (und allein in England!) vollzog, sondern den Realtypus einer eigenständigen Variante wirtschaftspolitischer Entwicklung.
4 Dazu die inhaltsreiche, methodisch wegweisende Studie von H. Rosenberg, *Große Depression und Bismarckzeit, Wirtschaftsablauf, Gesellschaft und Politik in Mitteleuropa.* Berlin 1967, bes. S. 62–78.
5 Dazu W. Conze, Die deutschen Parteien in der Staatsverfassung vor 1933, in: Matthias, E./ R. Morsey (Hg.), *Das Ende der Parteien 1933.* Düsseldorf 1960, S. 3–28.
6 Ausführlich W. Sauer, Das Problem des deutschen Nationalstaates, in: *Moderne deutsche Sozialgeschichte,* hg. v. H.-U. Wehler. Köln 1968, S. 410–436.
7 Dazu P. Haungs, *Reichspräsident und parlamentarische Kabinettsregierung.* Eine Studie zum Regierungssystem der Weimarer Republik in den Jahren 1924 bis 1929. Köln 1968, bes. S. 22–34; R. Schiffers, *Elemente direkter Demokratie im Weimarer Regierungssystem.* Düsseldorf 1971; G. Schmidt, *Deutscher Historismus und der Übergang zur parlamentarischen Demokratie, Untersuchungen zu den politischen Gedanken von Meinecke-Troeltsch-Max Weber,* Lübeck 1964.
8 Das galt unverändert wie in Vorkriegs- und Kriegszeit, wenn auch in den Wahlen zur Nationalversammlung eine erhebliche Verschiebung vorübergehend sichtbar wurde, vgl. D. Grosser, *Vom monarchischen Konstitutionalismus zur parlamentarischen Demokratie. Die Verfassungspolitik der deutschen Parteien im letzten Jahrzehnt des Kaiserreiches.* Den Haag 1970; grundlegend noch immer S. Neumann, *Die deutschen Parteien, Wesen und Wandel nach*

dem Kriege. Berlin 1932 (Neudr. Stuttgart 1965); jetzt vor allem G. A. Ritter, Kontinuität und Umformung des deutschen Parteiensystems 1918–1920, in: ders. (Hg.), *Festschrift für Hans Rosenberg.* Berlin 1970, S. 342–384.

9 Dazu wie überhaupt zu den Strukturproblemen der Weimarer Republik die für die gesamte spätere Forschung grundlegende Studie von K. D. Bracher, *Die Auflösung der Weimarer Republik.* Eine Studie zum Problem des Machtverfalls in der Demokratie. Villingen, 1964[4], bes. Kap. 2.

10 Vgl. ebenda, S. 174 ff.

11 Vgl. M. Stürmer, *Koalition und Opposition in der Weimarer Republik 1924–1928,* Düsseldorf 1967. – Im übrigen hat, sofern ihr nicht die selbstmörderische These vom sozialdemokratischen „Sozialfaschismus" den Blick für die Realität verstellte, bereits seit 1929 ein Teil der marxistischen Publizistik, namentlich August Thalheimer, aus der als bonapartistisch diagnostizierten Entwicklungsrichtung dieses Prozesses den Schluß gezogen auf das früher oder später eintretende, jedenfalls historisch konsequente Ende im Faschismus, vgl. R. Griepenburg/K. H. Tjaden, Faschismus und Bonapartismus, Zur Kritik der Faschismustheorie August Thalheimers, in: *Das Argument,* Berliner Hefte für Probleme der Gesellschaft, 8, 1966, S. 461 ff.

12 Dazu vor allem D. S. Landes, *The Unbound Prometheus,* Technological and Industrial Development from 1750 to the Present. Cambridge 1969, bes. S. 401 f.

13 Vgl. Stürmer, Parliamentary Government in Weimar Germany, 1924–1928, in: Matthias, E./ A. Nicholls (Hg.), *German Democracy and the Triumph of Hitler.* London 1971, S. 79 ff.

14 Zum Problem Hindenburg neben der überwiegend apologetischen Arbeit von W. Hubatsch, *Hindenburg und der Staat,* Aus den Papieren des Generalfeldmarschalls und Reichspräsidenten von 1887 bis 1934. Göttingen 1966, die abgewogene Studie von A. Dorpalen, *Hindenburg and the Weimar Republic.* Princeton 1964; zum Gewicht des präsidentiellen Elements im Verfassungsgefüge die stärker politologische Kategorien verwendende Untersuchung von Haungs (Anm. 7), passim.

15 Vgl. U. Scheuner, Die Anwendung des Art. 48 der Weimarer Reichsverfassung unter den Präsidentschaften von Ebert und Hindenburg, in: Hermens, F./Th. Schieder (Hg.), *Staat, Wirtschaft und Politik.* Berlin 1967, grundlegend Bracher (Anm. 9), S. 51–57; H. Boldt, Article 48 of the Weimar Constitution, its historical and political implications, in: Matthias/Nicholls (Anm. 13), S. 79–97.

16 Ausführlich G. Schulz, *Zwischen Demokratie und Diktatur,* Verfassungspolitik und Reichsreform in der Weimarer Republik, Bd. I: Die Periode der Konsolidierung und der Revision des Bismarckschen Reichsaufbaus 1919–1930. Berlin 1963, S. 470–477.

17 Vgl. J. Becker, Heinrich Brüning in den Krisenjahren der Weimarer Republik, in: *GWU* 17, 1966, S. 201 ff.

18 Dazu ausführlich Stürmer (Anm. 13), dort auch die Belege.

19 Darauf gründeten sich vor allem deutschnationale Bedenken, die in Sondierungsgesprächen mit amerikanischen Bankiers zum Ausdruck kamen, vgl. W. Link, *Die amerikanische Stabilisierungspolitik in Deutschland 1921–32,* Die Vereinigten Staaten von Amerika und der Wiederaufstieg Deutschlands nach dem Ersten Weltkrieg. Düsseldorf 1970, S. 272–275.

20 Aufzeichnung des deutschnationalen Parteiführers Graf Westarp, 22. Februar 1924, zit. Stürmer (Anm. 11), S. 36.

21 Zit. H. Meier-Welcker, *Seeckt.* Frankfurt/M. 1967, S. 457 f.

22 Protokoll des Reichsministeriums vom 19. Dezember 1924, veröff. bei O. Gessler, *Reichswehrpolitik in der Weimarer Zeit,* hg. v. K. Sendtner. Stuttgart 1958, Anhang 21. Dieses Protokoll nimmt insofern eine Sonderstellung ein, als es nicht in der üblichen Weise mit den

übrigen Protokollen der Reichsregierung abgelegt wurde, außerdem an der Besprechung auch nur ein ausgewählter Kreis von Ministern teilnahm; die Vertreter der Deutschen Demokraten waren offenbar bis auf den nahezu als parteilos geltenden Gessler nicht eingeladen worden, dafür war der Staatssekretär des Reichspräsidialamtes zugegen.
23 Zum Problem des Interfraktionellen Ausschusses ausführlich Haungs (Anm. 7), S. 161 ff., 238 ff.
24 Dazu grundsätzlich G. A. Ritter, *Deutscher und britischer Parlamentarismus.* Tübingen 1962, S. 44.
25 Meissners Denkschrift zit. bei Stürmer (Anm. 11), S. 180 f.; dort auch ausführlicher zum Zusammenhang.
26 Schleichers Denkschrift wurde veröffentlich durch J. Becker, Zur Politik der Wehrmachtabteilung in der Regierungskrise 1926/27 in: *VfZG* 14, 1966, S. 69–74; zur Rechtsorientierung des Zentrums seit 1927 ders., Joseph Wirth und die Krise des Zentrums während des IV. Kabinetts Marx, in: *Zeitschrift für die Geschichte des Oberrheins* 109, 1961.
27 W. Conze, Die Krise des Parteienstaates in Deutschland 1929/30; in: *HZ* 178, 1954, S. 47 ff.
28 Zit. bei Haungs (Anm. 7), S. 294.

15. Zwangslagen und Handlungsspielräume in der großen Wirtschaftskrise der frühen dreißiger Jahre*

Zur Revision des überlieferten Geschichtsbildes

KNUT BORCHARDT

I.

Die Weltwirtschaftskrise der frühen dreißiger Jahre ist einer der wichtigsten Einschnitte in der Geschichte des zwanzigsten Jahrhunderts. In der Geschichte von Wirtschaftskrisen ist sie bislang ein einmaliges Phänomen gewesen, was ihre Länge, ihre Tiefe und die Erstreckung über nahezu alle am weltwirtschaftlichen Austausch beteiligten Länder betrifft.[1] Sie hat in zahlreichen Staaten zu heftigen politischen Krisen geführt, in deren Gefolge es zu erdrutschartigen Verschiebungen im Parteiengefüge, radikalen Kurswechseln der Innen- und Außenpolitik und auch zu förmlichen oder informellen Verfassungsänderungen gekommen ist.

Mit der Weltwirtschaftskrise beginnt eine neue Epoche der marktwirtschaftlichen (kapitalistischen) Wirtschaftsordnungen, denn von nun an wurde die sogenannte Globalsteuerung der Wirtschaft Aufgabe des Staatswesens. Insbesondere das Ziel „*hoher Beschäftigungsgrad*", um nicht zu sagen *Vollbeschäftigung*, erhielt damals quasi Verfassungsrang. Dies ist eines der wichtigsten, aus unvorstellbarer Not geborenen Ergebnisse der Weltwirtschaftskrise – in aller Welt. Aber für uns Deutsche verbindet sich noch mehr mit diesem Ereignis. In unserem Land kam etwas hinzu, was die wirtschaftliche Krise zu einem geschichtlich besonders bedeutsamen Vorgang werden ließ: der Zerfall der Weimarer Republik, der Aufstieg des Nationalsozialismus zur Macht. Unter den Antworten auf die Frage: „Wie war das – wie war Hitler – möglich?" spielt immer wieder der Hinweis auf die Große Krise eine herausragende Rolle.[2]

In Hinblick darauf ist es verständlich, daß oft die Frage gestellt worden ist, ob nicht die Krise vermeidbar gewesen wäre, wenn nur mehr Einsicht und mehr Fähigkeit bei den verantwortlichen Politikern geherrscht hätten. Schon während der Krise haben einige Zeitgenossen diese Frage mit einem „Ja" beantwortet.[3] Häufiger wurde das „Ja", als man im weiteren Verlauf der dreißiger Jahre den offensichtlichen Erfolg von Maßnahmen einer expansiven Konjunkturpolitik beobachten konnte. Vollends allgemein wurde das

---

* Ursprünglich – mit wesentlich umfangreicherem Anmerkungsteil – erschienen, in: *Bayerische Akademie der Wissenschaften, Jb. 1979*, München 1979, S. 85–132.

„Ja" nach dem II. Weltkrieg.⁴ Damals, in den fünfziger und sechziger Jahren, blieben größere Krisen bekanntlich aus. Bewies das nicht, daß man die konjunkturelle Entwicklung gleichsam dicht am Idealpfad steuern könnte? und wenn man es jetzt konnte – warum eigentlich nicht auch früher? Warum nicht schon in der Weltwirtschaftskrise? Vor dem Hintergrund eines beträchtlichen Optimismus hinsichtlich der Machbarkeit der Konjunktur der Gegenwart und Zukunft breitete sich denn auch ein *rückwärtsgewandter Problemlösungsoptimismus* aus.

Im Folgenden soll es darum gehen zu prüfen, warum in der Großen Krise der frühen dreißiger Jahre in Deutschland bis zum Sommer 1932, als die Regierung Papen erstmals ein größeres Programm fiskalpolitischer Konjunkturanregung in Gang setzte, keine expansive Konjunkturpolitik betrieben worden ist, wie sie doch spätere Lehrbücher der Wirtschaftspolitik für angemessen halten. Ich werde dabei zunächst der Frage nachgehen, *wann* eine solche Politik der Gegensteuerung gegen die Krise hätte einsetzen sollen und können. Sodann ist zu fragen, ob *geeignete Mittel* zur Verfügung gestanden haben. Dies ist eine komplexe Frage. Wir müssen sie deshalb aufspalten 1. in die Frage nach der technischen Verfügbarkeit solcher Mittel, 2. in die Frage nach der politischen Verfügbarkeit der Mittel – also nach den innen- und außenpolitischen Umständen, die den Bewegungsspielraum für eine aktive Konjunkturpolitik eng oder weit gezogen haben könnten – und 3. in die Frage nach den vernünftigerweise zu unterstellenden Wirkungen des Einsatzes solcher konjunkturpolitischer Mittel.

Alles in allem geht es um die Grundfrage, ob wirklich ein Mangel an Einsicht und Fähigkeit der Regierenden eine Hauptlast der Erklärung für das Schreckliche tragen muß, oder ob es nicht doch Gründe gibt, die wir einer Objektwelt zurechnen müssen, die damals nicht unter der Kontrolle der Regierenden gewesen ist.⁵

II.

Ich beginne mit der Frage nach dem Zeitpunkt, zu dem vernünftigerweise eine ganz neue konjunkturpolitische Strategie frühestens hätte erwartet werden können. Diese Frage ist bemerkenswerterweise auch in der die seinerzeitige Politik herb kritisierenden historischen Forschung bislang nicht hinlänglich beachtet worden. Stellen wir uns auf das Wissen der Zeitgenossen von der Krise ein – und nicht auf unsere natürlich viel besseren Kenntnisse, weil wir die Folgen schon kennen –, so müssen wir zunächst feststellen, daß für die deutschen Behörden – wie für alle anderen in der Welt – bis zum Frühjahr 1931 kein überragend starkes Motiv gegeben war, die Krise völlig anders zu behandeln, als sie es tatsächlich taten. So schwierig sah die Lage nämlich nicht von vornherein aus, daß man das Schlimmste befürchten mußte. Und selbst wenn man das Schlimmste befürchtete – wer konnte damals wissen, daß es *so* schlimm würde, also zum Beispiel 1932 im Jahresdurchschnitt 30% der Arbeitnehmer arbeitslos sein würden?

Alle vorhergehenden Krisen waren anders verlaufen. Und die hier zu behandelnde hatte im Vergleich mit vorausgehenden Krisen nicht einmal besonders dramatisch begonnen. In der ersten *weltwirtschaftlichen Krise* nach dem I. Weltkrieg, nämlich in der Krise der Jahre 1920/21, die Westeuropa, die USA und Japan heftig geschüttelt hat und von der Deutschland nur verschont geblieben ist, weil hier bis 1923 eine Inflation herrschte, – in dieser Krise stürzten die beteiligten Länder ungleich steiler in die Tiefe als 1929/30.[6] Aber der Absturz dauerte nur ein knappes Jahr. Und auf der Basis der durch die Krise gleichsam bereinigten Situation ergab sich ein neuer Aufschwung. Auch in Deutschland hatte es während der Weimarer Zeit schon einmal einen tiefen konjunkturellen Einbruch gegeben, von 1925 auf 1926, als die Erzeugung der Investitionsgüterindustrie und der Verbrauchsgüterindustrie in kurzem Abstand voneinander jeweils innerhalb von 8 Monaten um fast ein Drittel zurückging![7] Aber auch hier kam die Erholung rasch, und es folgte auf den tiefen Fall ein um so lebhafterer Zuwachs.

Aus diesen und anderen vorausgehenden Erfahrungen mit Krisen konnten die Zeitgenossen also nicht lernen, was man später als theoretisch nahezu selbstverständlich bezeichnet hat: daß nämlich ein einmal einsetzender Abschwung die Tendenz habe, sich selbst nach unten zu verstärken und deshalb ganz frühzeitig bekämpft werden müßte. – Freilich wurde es im Fortgang der Krise von 1929 auf 1930 und von 1930 auf 1931 eine schlimme Sache, daß sich die aus früheren Krisen bekannten Entspannungstendenzen, die auch in diesem Abschwung hin und wieder sichtbar wurden, jeweils nicht nachhaltiger durchsetzen konnten. Tatsächlich lief irgend etwas mehr und mehr dem Modell zuwider, welches man sich aufgrund früherer Erfahrungen von den Dingen gemacht hat.

Hierfür sind nun allerdings auch eine Reihe von Umständen verantwortlich, die damals niemand hätte voraussehen können, weil sie den Charakter von historischen Zufälligkeiten hatten. In Deutschland waren es vor allem plötzliche Störungen, die aus der politischen Sphäre in die wirtschaftliche hinüberwirkten, insbesondere die wiederholten Gefährdungen der Regierung Brüning.[8] Als zum Beispiel am 14. September 1930 die NSDAP in den Reichstagswahlen ihre Sitzzahl von 12 auf 107 erhöhen konnte, wirkte dieser sensationelle Erfolg einer Partei, die fanatisch eine innen- und außenpolitische Konfrontation versprochen hatte, auch auf die Wirtschaft wie ein Schock. Und dieser Schock gab der deutschen Krise einen ganz neuen Verlauf. Viele Kredite wurden gekündigt, neue nicht gegeben, große Kapitalsummen verließen schnellstens das Reich, weil man sich des Kurses einer künftigen deutschen Regierung nicht mehr sicher war. Die Reichsbank mußte zur Verteidigung ihrer sehr knappen Währungsreserven den Diskontsatz drastisch erhöhen – und das in der Krise, in der typischerweise sonst die Zinsen sinken. Erst 4 Jahre später ist der Zinssatz für kurzfristige Kredite in Deutschland wieder auf das Niveau von vor den Septemberwahlen von 1930 zurückgegangen!

Aber selbst nach dem September 1930 hat es in dem allgemeinen Abschwung weltweit noch einmal eine Phase gegeben, in der man auf ein glimpfliches Ende der Krise hoffen konnte. Das war vom Januar bis Anfang April 1931. Einige wichtige Anzeiger des Konjunkturverlaufs wiesen damals wieder nach oben. Wir können uns die Situation für Prognostiker und Politiker anhand von Abbildung 1 verdeutlichen, die die industrielle Produktion von Verbrauchsgütern des sogenannten elastischen Bedarfs, also von Textilien, Bekleidung, Schuhen, Hausrat, Möbeln veranschaulicht.[9] Die entsprechenden

Maßzahlen der Produktion sind auf der Senkrechten abzulesen. Auf der Waagerechten stehen die einzelnen Jahre und Monate von 1925 bis 1937. Die gestrichelte Kurve zeigt das, was wir den „rechnerischen Konjunkturverlauf" nennen wollen. Hier sind die in der Produktion üblicherweise auftretenden Einflüsse der Saison korrigiert. – Wir können die Gelegenheit nützen und auch noch einen Blick auf den scharfen Abschwung 1925/26 werfen und ihn mit dem Schrumpfungsprozeß ab 1929 vergleichen. Sodann wollen wir noch bemerken, daß für diesen Indikator nicht 1929 der Höhepunkt vor der Krise gewesen ist, sondern 1927. Doch soll an dieser Stelle vor allem gezeigt werden, daß im Frühjahr 1931 der Abschwung wirklich unterbrochen worden ist und ein recht starker Aufschwung in Gang gekommen zu sein schien, der von Zeitgenossen auch als Signal der Tendenzwende gedeutet worden ist.[10]

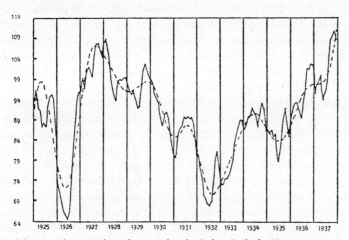

Abb. 1. Produktionsindex – Verbrauchsgüter des elastischen Bedarfs, Ursprungswerte und glatte Komponente, 1928 = 100. Deutsches Reich 1925–1937

Wir wissen noch immer nicht genau, was Mitte April in Deutschland, aber auch in anderen Staaten, das Ende des Zwischenaufschwungs und gar die neuerliche Umkehr nach unten veranlaßt haben könnte. Auf jeden Fall spitzten sich jetzt die ungewöhnlichsten Ereignisse dramatisch zu. In Österreich wurde im Mai die größte Bank zahlungsunfähig. In Deutschland gingen einige Großunternehmen bankrott oder standen dicht davor. Und – ausgelöst auch durch eine Regierungskrise Anfang Juni, in der um Haaresbreite die Regierung Brüning gestürzt worden wäre – begann in Deutschland ein Run auf die Banken, der mit erheblichen Goldabzügen aus der Reichsbank verbunden war. Im Juli schlossen die Banken ihre Schalter, hob das Reich die Eintauschpflicht der Reichsmark in Gold und Golddevisen auf.[11] Kurze Zeit später, im September, wurde die Bank von England nach heftigen Goldabzügen praktisch international zahlungsunfähig und gab England den Kurs des Pfundes frei. Die Währungsordnung war zusammengebrochen.[12]

Mit der nationalen und internationalen Finanzkrise des Sommers 1931 setzte eine neue

Phase der Weltwirtschaftskrise ein. Jetzt, im Sommer 1931, erwies sich die Entwicklung als eine prinzipielle Strukturkrise der nationalen und internationalen Wirtschaftsordnung. Jetzt erst begann man verbreitet zu fürchten, daß diese Krise nicht aus sich heraus wieder zu einem Aufschwung führen würde. Und erst jetzt, erst im späten Frühjahr bzw. Sommer 1931, tauchten nach und nach aus den verschiedensten Ecken Pläne auf, dieser Krise durch eine aktive Politik zu begegnen, die im Vergleich zu den jetzt und auch schon früher praktizierten Notstandsmaßnahmen ganz neue Eigenschaften aufweisen sollte. So wurde jetzt der Vorschlag gemacht, der Staat sollte, auch wenn er nicht über hinreichende laufende Einnahmen verfügte, eine größere Nachfrage entfalten und diese im Wege der zusätzlichen Verschuldung finanzieren.[13]

Damit liegt aber auch das Ergebnis für die erste Frage, für die Frage nach dem *Wann* für den Einsatz neuer Instrumente der Krisenbekämpfung vor. Wenn wir von Regierungen nicht eine prophetische Gabe verlangen, insbesondere kein Wissen, das erst die Nachlebenden haben können, wenn wir uns vielmehr daran halten, im günstigsten Falle die Verwertung des höchstentwickelten Wissens der Zeit zu erwarten, dann konnte eine Änderung der konjunkturpolitischen Strategie nicht vor dem Sommer 1931 erwartet werden.

Wenn man aber dieses akzeptiert, dann muß auch hingenommen werden, daß eine *rechtzeitige* Gegensteuerung gegen den Abschwung schon zeitlich nicht mehr möglich gewesen ist. Denn im Sommer 1931 war es objektiv zu spät, um noch den Anstieg der Arbeitslosigkeit im Winter 1931/32 auf 6 Millionen Menschen zu verhindern. *So* schnell wirken wirtschaftspolitische Maßnahmen, selbst massiver Art, nie auf die konjunkturelle Bewegung. Allenfalls hätte der Tiefpunkt der Krise, der dann im Sommer 1932 erreicht worden ist, um einige Monate vorverlegt werden können, hätte der Aufschwung etwas früher und vielleicht auch etwas kräftiger einsetzen können. Ob *das* möglich gewesen wäre, hängt freilich von den Maßnahmen ab, die man hätte treffen können und sollen.

III.

Damit kommen wir zur zweiten Frage: Welche Mittel hätte man einsetzen können? Als in der zweiten Jahreshälfte 1931 und im Verlauf des Jahres 1932 wirklich Pläne zu einer aktiven Überwindung der Krise in die Öffentlichkeit gelangten, hatten sie vielfach einen großen Mangel: Sie sahen Instrumente vor, die gar nicht zur Verfügung standen und die man auch nicht mit einem einfachen Akt der nationalen Gesetzgebung schaffen konnte. Das betrifft vor allem Pläne zur Finanzierung von Mehrausgaben des Staates durch die Reichsbank. Wegen der früheren Inflationserfahrungen war die Reichsbank nämlich 1922 bzw. 1924 Regierungseinflüssen weitgehend entzogen worden. Darüber hinaus war ihr gesetzlich verboten, nennenswerten Kredit an den Staat zu geben.[14] Man mag fragen, warum man in dieser Lage nicht einfach das Reichsbankgesetz geändert hat. Nun, 1. wollte man das aus noch zu behandelnden Gründen nicht, und 2. hätte man es auch nicht ohne weiteres gekonnt, denn seit der Reparationsregelung von 1924 war das Reichsbankgesetz Teil eines internationalen Vertragssystems, zuletzt feierlich beschworen bei dem 1929 ausgehandelten und 1930 vom Reichstag ratifizierten Young-Plan. Gleichen Bindungen unterlag übrigens auch der Wechselkurs der Reichsmark.[15]

Regierungen, die keinen außenpolitischen Abenteurerkurs fahren wollten, waren jedenfalls noch 1931 und vermutlich auch 1932 nicht in der Lage, sich über die gegebenen internationalen Bindungen einfach hinwegzusetzen – und verhandeln konnte man über solche Gegenstände ja nicht wegen der dann zu befürchtenden Spekulationswellen. – Es ist nicht erstaunlich, daß sich vor allem solche Autoren seinerzeit hinsichtlich der Reichsbankkredite und des Wechselkurses entschieden experimentierfreudig zeigten, die auch sonst einen grundsätzlich anderen Kurs der deutschen Politik anstrebten. Aber gerade dieser Umstand, daß die Konjunkturpolitik hier als trojanisches Pferd für viele andere Zwecke hätte dienen sollen oder auch nur können, empfahl solche Pläne natürlich erst recht nicht in den Kreisen der politischen Mitte und im Ausland.

Die deutsche Politik war aber noch in weit mehr Dilemmata verstrickt. Dies zeigte sich schon, als im Mai 1931 ein erster Plan veröffentlicht wurde, der die Politik zusätzlich kreditfinanzierter Staatsausgaben zur Erhöhung der Beschäftigung empfahl, das sogenannte Brauns-Gutachten.[16] Die Autoren haben es freilich entschieden abgelehnt, daß der Staat sich an den inländischen Kapitalmarkt wenden könnte. Hier hätte er die Zinsen nur in noch phantastischere Höhen treiben müssen und somit private Investoren vollends verdrängt. Sie haben auch jeglichen Notenbankkredit abgelehnt, also die politischen Zwangslagen beachtet. Unter diesen Umständen blieb nur noch eine einzige Handlungsmöglichkeit, die sie denn auch vorschlugen: die Aufnahme von Auslandskrediten.[17] Aber: die Empfehlung, die Finanzierungssorgen der Regierung auf dem Wege über den Auslands-Kapitalmarkt zu überwinden, kam just in dem Augenblick heraus, als sich die Reichsregierung an mehreren Fronten in scharfem Konflikt mit Frankreich und seinen ehemaligen Alliierten befand. Es ging damals um die kurz zuvor veröffentlichten Pläne einer Deutsch-Österreichischen Zollunion, um Rüstungsfragen und um die Ankündigung von erneuten Revisionsbegehren hinsichtlich der Reparationen und der deutschen Ostgrenze im Korridor und in Oberschlesien. Brüning mag immer an eine Revision des Versailler Vertrages gedacht haben – aber in diesem Zeitpunkt sollte die außenpolitische Offensive die seit den Septemberwahlen manifest gefährliche Opposition auf der Rechten unterlaufen und ein Zeichen dafür setzen, daß auch die Regierung nationale Interessen nicht aus dem Auge verliert. Aber was immer die innenpolitischen Motive waren, es ist kein Wunder, daß Frankreich, welches damals noch über enorme Währungsreserven verfügte, in einer solchen Situation nicht gerade als uneigennütziger Geldgeber einer deutschen Regierung auftreten mochte; zu nachhaltig waren schon seine Sicherheitsinteressen von Deutschland, aber auch von den anderen Alliierten, vernachlässigt worden.

Es spricht viel für die im Juli 1931 von Otto von Zwiedineck-Südenhorst formulierte Ansicht, daß das Kernproblem der Gestaltung des deutschen Arbeitsmarktes in der Außenpolitik Europas liege. Mit Zwiedineck waren zahlreiche Ratgeber damals der Meinung, daß man gerade aus konjunkturellen Gründen alles, aber auch alles tun müsse, um das internationale Vertrauen in Deutschland zu erhalten.[18] – War aber die konjunkturpolitisch so dringend geratene „außenpolitische Kapitulation" im Sommer 1931 wirklich noch politisch denkbar? Die Überlegungen, im Juli 1931 zur Behebung der akuten, höchst gefährlichen Währungskrise einen französischen Kredit in Anspruch zu nehmen, welchen Frankreich an verständliche politische Auflagen binden wollte, veranlaßte die Führer der sogenannten „nationalen Opposition" zu öffentlichen Protesten und zur Erklärung, sie würden – einmal an die Macht gekommen – solche Bedingungen nicht erfüllen.[19] Und Reichspräsident von Hindenburg hat für den Fall, daß die Regierung solche Kredite nähme, seinen Rücktritt angekündigt.[20] Das wäre wohl das Ende der Weimarer Republik im Sommer 1931 gewesen. So eng war der Spielraum der deutschen Regierung selbst hinsichtlich des letzten Restes einer international koordinierten Aktion in der Finanzkrise des Jahres 1931. Danach war Auslandskredit immer nur eine ferne Hoffnung, aber keine Realität mehr. Eine expansive Staatsausgabenpolitik zur Füllung der Nachfragelücke hätte nun nur mit interner Geldschöpfung der Reichsbank finanziert werden können.

Gegen die interne Geldschöpfung über die Reichsbank, auf die wir also wieder zurückkommen, weil sie schließlich die einzige Möglichkeit gewesen wäre, Haushaltsdefizite des Staates zu finanzieren, sprachen nun aber nicht nur die rechtlich-vertraglichen Gründe, die ich zuvor erwähnt hatte. Brüning und seine Berater nannten damals teils öffentlich, teils in vertrauten Kreisen auch zwei starke politische Gründe. Der erste, verständlicherweise nicht öffentlich erörterte und deshalb erst in der Memoirenliteratur betonte Grund betraf die Absicht, durch Nachweis der Zahlungsunfähigkeit Deutschlands endgültig die Reparationen zu beseitigen.[21] In Hinblick auf dieses Ziel konnte man selbstverständlich keine staatlichen Programme finanzieren, die sich auch im Ausland keine Regierung leistete. Der zweite, die öffentliche Diskussion beherrschende Grund betraf die Befürchtung, daß eine mit Geldschöpfung finanzierte Staatsausgabenpolitik neuerlich in die Inflation führen müßte. Das Mittel war ja als solches bekannt. Man hatte es von 1918 bis 1923 auch zum Zwecke der Arbeitsbeschaffung eingesetzt und damit sogar große Erfolge erzielt, denn Deutschland hatte nach dem I. Weltkrieg im internationalen Vergleich mit die niedrigsten Arbeitslosenquoten. Aber die Inflation war damals gänzlich außer Kontrolle geraten und hatte in einem Desaster geendet, das jetzt, in der Krise, noch keineswegs voll verarbeitet war, um zu neuen Abenteuern zu locken.[22]

In der wirtschaftswissenschaftlichen und historischen Literatur zur Weltwirtschaftskrise wird das Inflationsargument wegen der speziellen Erfahrungen in Deutschland zwar für psychologisch beachtlich gehalten, aber zugleich meint man, es sei sachlich falsch gewesen, weil doch hinlänglich bekannt sei, daß bei großer Arbeitslosigkeit eine zusätzliche Kaufkraft nicht hätte inflatorisch wirken können. Nun, auch dies würden wir heute wohl nicht mehr so unbedingt unterschreiben – und es scheint auch unter den damaligen Bedingungen in Deutschland eine echte inflatorische Entwicklung für den Fall wirkungsvoller Aktionen nicht gar so unwahrscheinlich gewesen zu sein.[23]

Aber ganz unabhängig davon, wie heute Wirtschaftswissenschaftler die damaligen Argumente bewerten, bleibt doch von allergrößter Bedeutung für den Historiker, daß für eine Politik reichsbankfinanzierter erhöhter Staatsausgaben Brüning bis zum Frühjahr 1932 nicht die geringste politische Unterstützung von irgendeiner der politisch relevanten Gruppen gehabt hätte. Was immer man gegen die tatsächliche Wirtschaftspolitik von Brüning als Wirtschaftstheoretiker vorbringen mag – es war diejenige Politik, die weder von einer der dieser Regierung nahestehenden oder sie tolerierenden Parteien noch von irgendeinem Unternehmerverband[24] oder von den Gewerkschaften[25] prinzipiell durch eine Alternative in Frage gestellt worden ist. Ausgerechnet in *diesem* Konsens trafen sich damals die im übrigen inzwischen vielfach heftig verfeindeten gesellschaftlichen Kräfte noch.[26] Insbesondere die Führung der SPD, von deren Toleranz das Kabinett Brüning seit den Septemberwahlen 1930 entscheidend abhing, war – wie übrigens auch die Labour-Party in England – gegen jedes Experiment mit der Währung und beschwor ständig die Inflationsgefahr, welche aus zusätzlichen Staatsausgaben notwendig erwachsen müsse.[27]

In Situationen, wie den hier zu betrachtenden, kommt es nun nicht auf intellektuelle Leistungen, Gedanken, Pläne, Einsichten von Außenseitern an. Eine Alternative hätte eine politische Kraft sein müssen. Eine solche Kraft gab es bis Mitte 1932 nirgends. Wer unter diesen Umständen von Brüning erwartet, er hätte eine andere Konjunkturpolitik betreiben können und sollen (für die es übrigens 1931/32 auch in keinem anderen Staat ein Vorbild gegeben hat), unterstellt ihm eine Macht über die Verhältnisse, die er wohl nicht besaß.[28]

Nein, die konjunkturpolitischen Handlungsspielräume waren wegen der außen- und innenpolitischen Zwangslagen mindestens während der Regierungszeit Brünings, also bis zum Mai 1932, viel enger, als das eine spätere, allein auf die konjunkturtheoretische Frage konzentrierte Kritik gesehen hat.[29]

IV.

Damit sind wir aber noch nicht am Ende. Denn selbst wenn man bereit ist zu akzeptieren, daß es damals keine große Wahl der Mittel gegeben hat, bleiben noch Fragen offen. Man mag vielleicht schon Verständnis für oder gar Mitleid mit den Verantwortlichen haben. Aber: hat es nicht seinerzeit hinter den gewiß ernsten politischen Verwicklungen liegende objektive wirtschaftliche Möglichkeiten des Eingreifens gegeben? Mochte gegen Geldschöpfung zum Zwecke der Finanzierung von Haushaltsdefiziten des Staates viel sprechen – wäre sie aber nicht hilfreich gewesen? Mochte auch einer Abwertung der Reichsmark vieles im Wege gestanden haben – hätte sie nicht doch Erfolg gebracht?[30]

Halten wir uns zunächst an die wenigen bis Mitte 1932 publizierten und mit Zahlen versehenen Ratschläge jener Außenseiter, die nicht erhört worden sind, so muß ein sorgfältig prüfender Wirtschaftsanalytiker heute zu der Ansicht kommen, daß keiner dieser damaligen Pläne das konjunkturelle Schicksal hätte nennenswert wenden können.[31] Dazu hatten sie, selbst wenn sie von Zeitgenossen als abenteuerlich inflationär kritisiert wurden, einen viel zu geringen Umfang. Die rechnerische Nachfragelücke belief sich 1932 auf über 30 Mrd. RM. Noch 1932 sahen aber die extremsten unter den genauer begründeten Plänen für die Erhöhung der Staatsausgaben eine Summe von etwa 2 Mrd. RM vor. Das schien damals ungeheuer viel, entsprach es doch etwa einem Drittel des Reichshaushaltes von 1931 und hätte – wie zuvor ausgeführt – nur nach einer schwerwiegenden Änderung des geltenden Reichsbankgesetzes finanziert werden können. Aber 2 Mrd. RM waren nur etwa 2,3% des Bruttosozialprodukts des Jahres 1929, also nur 2,3% der seinerzeit insgesamt zur Verfügung stehenden Gütermenge des Jahres, mit dem man vielfach die eigentliche Krise beginnen läßt. Kann man von einem solchen Betrag eine so große Wende erwarten? Im Jahr 1975 ergab die Nettokreditaufnahme aller öffentlichen Haushalte in der Bundesrepublik eine Summe, die immerhin 5,2% des Bruttosozialprodukts ausgemacht hat (bei einem Finanzierungssaldo in Höhe von 6,3% des Bruttosozialprodukts) – und dies hat die Arbeitslosenquote bekanntlich nicht nennenswert gesenkt. Was also berechtigt zu dem Optimismus, 1931/32 hätten so kleine Beträge eine viel größere Wirkung erzielt? Nein, wirtschaftspolitische Wunderwaffen gegen Hitler sind damals in keinem Arsenal gewesen.

V.

Haben wir wenigstens *heute* ein schlüssiges Konzept für die Lösung der damaligen Probleme? Nun, bislang hat noch niemand ein solches vorgelegt, wenn man darunter mehr versteht als nur die negative Kritik an der seinerzeit tatsächlich geübten Politik der Haushaltsanpassung und der administrativen Kostensenkung.[32] Auch ich habe keine solche Lösung. Aber ich hoffe Gründe dafür angeben zu können, warum es damals vermutlich auch gar keine Lösung in dem Sinne geben konnte, in dem man heute von einer Lösung einer konjunkturpolitischen Aufgabe spricht. In Wahrheit ging es damals um etwas viel, viel Schwierigeres.

Um das zu verstehen, müssen wir noch auf die Vorgeschichte der Krise eingehen. Es ist nämlich nicht nur so, daß die Weltwirtschaftskrise etwas ganz Ungeheuerliches, zuvor und nachher Nichtdagewesenes unserer Geschichte gewesen ist. Auch für den Charakter der vorhergehenden wirtschaftlichen Entwicklung zwischen Inflation und Großer Krise gibt es in der ganzen deutschen Wirtschaftsgeschichte nichts annähernd Vergleichbares.[33] Um die Weimarer Zeit in richtiger Perspektive zu sehen, soll zunächst ein Gesamtüberblick über das Wachstum der deutschen Wirtschaft seit 1850 gegeben werden. Abbildung 2 zeigt die Entwicklung der jährlich je Kopf der Bevölkerung in Deutschland (in den jeweiligen Gebietsgrenzen) zur Verfügung stehenden Gütermenge.[34] Die Kurve beginnt 1850 und reicht bis zu einer kriegsbedingten Lücke von 1914 bis 1924. Sie setzt sich dann von 1925 bis 1938 fort, wo neuerlich eine Lücke von 1939 bis 1949 nicht auszufüllen ist. Für die Bundesrepublik sind Zahlen von 1950 bis 1975 verwendet. Der auf der Senkrechten gewählte Maßstab für die Gütermenge ist ein eigentümlicher, ein logarithmischer. Er

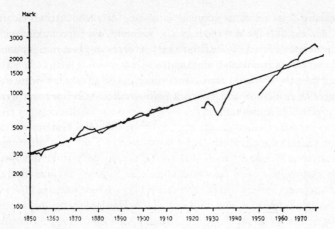

Abb. 2. Nettosozialprodukt in Preisen von 1913 je Einwohner und logarithmisch-linearer Trend, Deutsches Reich und Bundesrepublik Deutschland in den jeweiligen Grenzen, 1850–1975.

hat den Vorteil, uns sogleich das Wachstumstempo in den jeweiligen Perioden sichtbar zu machen. Wo die Kurve steil verläuft, haben wir es mit hohen Wachstumsraten zu tun; wo sie flach verläuft, mit geringen.

Wir bemerken von 1850 bis 1913 eine im großen und ganzen stabile Wachstumsbewegung mit einigen konjunkturellen Schwankungen um den sogenannten Trend. Die ausgezogene gerade Linie zeigt an, wie sich die Gütermenge über 1913 hinaus entwickelt hätte, wenn die Zuwachsraten des Sozialprodukts je Kopf nach 1913 die gleichen geblieben wären wie in den Jahrzehnten zuvor. – Auf den ersten Blick beeindruckt das relativ lang anhaltende durchschnittlich sehr hohe Wachstum in der Bundesrepublik. Was aber die Weimarer Zeit betrifft, so ist sie ganz eigentümlich. Wir bemerken den tiefen Einbruch der Krise von 1929 bis 1932 – aber man sieht auch, daß dem keine anhaltend starke Wachstumsbewegung vorausgegangen ist. Es gibt von 1925 auf 1926 einen Rückgang, gefolgt von einem Sprung von 1926 auf 1927 – aber dann eine deutliche Abflachung und baldige Umkehr. 1928, immerhin schon 10 Jahre nach dem Krieg, überstieg das Sozialprodukt je Kopf (die Gütermenge je Kopf) das Niveau von 1913 nur um ein geringes.

Nein, ein anhaltend starker Aufschwung war das gewiß nicht, was der Krise vorausgegangen ist. Die Investitionstätigkeit, also das Ausmaß der Bereitstellung neuer Produktionsmittel, Fabriken, Maschinen, Wohnungen, Verkehrswege, blieb von 1925 bis 1929 sogar weit hinter dem zurück, was vor 1914 regelmäßig hierfür aufgewendet worden ist.[35] Andererseits lag der private Verbrauch je Kopf 1928 immerhin schon um 16% über dem der Vorkriegszeit und der staatliche Verbrauch je Kopf gar um 34%.[36] Diese Zahlen signalisieren eine noch zu belegende Grundschwäche der Situation von Weimar. Sie war nicht durch Merkmale einer stark wachsenden Wirtschaft gekennzeichnet, eher durch Merkmale einer in Verteilungskämpfe verstrickten Wirtschaft. Das wollen wir mit den folgenden Abbildungen belegen.

In Abbildung 3 ist die langfristige Entwicklung der Produktivität der deutschen Wirtschaft dargestellt.[37] Unter Produktivität, genauer: Arbeitsproduktivität, verstehen wir die durchschnittlich je Erwerbstätigen im Jahr erzeugte Gütermenge. Während sich die Produktivität im Kaiserreich in der langfristigen Bewegung relativ schnell erhöht hat und sie nach dem II. Weltkrieg geradezu atemberaubend anstieg, erreichte sie während der zwanziger Jahre nicht einmal das Vorkriegsniveau! So schwach waren in dieser Zeit die langfristigen Wachstumskräfte.[38]

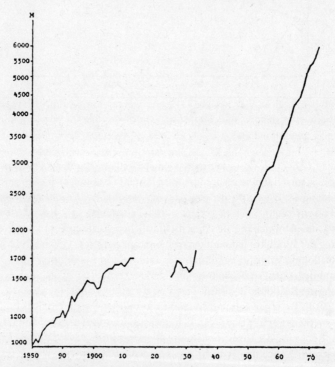

Abb. 3. Gesamtwirtschaftliche Arbeitsproduktivität (Nettosozialprodukt zu Marktpreisen von 1913 je Beschäftigten), Deutsches Reich und Bundesrepublik Deutschland in den jeweiligen Grenzen, 1880–1975.

Was nun in diesem Zusammenhang besonders interessant ist, ist der Umstand, daß 1925 bis 1929 die Entwicklung der durchschnittlichen Löhne anscheinend keine Rücksicht auf die eben veranschaulichte Produktivitätsentwicklung genommen hat. Die durchschnittlichen realen Stundenlöhne lagen bald nach 1924 deutlich über denen vor 1914 und auch die durchschnittlichen Wochenlöhne gingen – im Durchschnitt aller Arbeitnehmer – kräftig in die Höhe.[39] In einem internationalen Vergleich der Lohnentwicklung von der Vorkriegszeit bis 1930/31 schneidet Deutschland im Vergleich mit den Siegerstaaten des I. Weltkriegs, mit den USA, Frankreich und Großbritannien, erstaunlich gut ab.[40]

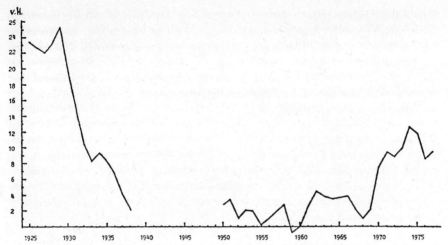

Abb. 4. Kumulierte Reallohnposition der Arbeitnehmer (Basis 1960 = 0). Deutsches Reich und Bundesrepublik Deutschland in den jeweiligen Grenzen, 1925–1977.

Wie sehr die Lohnentwicklung damals in Deutschland den durch die Produktivitätsentwicklung gezogenen Rahmen gesprengt hat und direkt verteilungswirksam geworden ist, zeigt Abbildung 4.[41] Die Kurve der sogenannten *kumulierten Reallohnposition* ist etwas kompliziert konstruiert, aber es genügt zum Verständnis, sich vorzustellen, daß die Kurve etwa die Abweichung der durchschnittlichen Reallöhne von einer durch die Entwicklung der Produktivität definierten Norm anzeigt. Von 1950 bis 1970 veränderte sich die Reallohnposition in der Bundesrepublik relativ wenig, weshalb es – auch in Hinblick auf die sonstigen bekannten Umstände – vernünftig ist anzunehmen, daß die Entwicklung der Reallöhne in diesem Zeitraum *verteilungsnormal* gewesen ist. So wurde das Jahr 1960 als Basis gewählt und hierfür die kumulierte Reallohnposition gleich Null gesetzt. Bemerkenswerterweise ergab sich nach 1970 ein Anstieg, der auffällig mit dem seitherigen Rückgang der Investitionsquote übereinstimmt. Aber die Abweichung nach oben ist nach 1970 noch immer nicht annähernd so groß gewesen, wie sie für die Jahre 1925 bis 1929, also die Jahre vor der Großen Krise, errechnet werden kann.

Was bedeutet ein so großer Abstand der Reallohnposition von der Null-Linie? Vereinfacht ausgedrückt: Die Arbeitskraft war in der Weimarer Zeit im Durchschnitt so teuer, daß dies auf Kosten der Einkommen aus Unternehmertätigkeit und Vermögen gehen mußte. Angesichts der internationalen Preisentwicklung und in einem System fester Wechselkurse, in dem die Zentralbank zur Verteidigung ihrer Währungsreserven eine restriktive Politik treiben mußte, konnten die höheren Löhne nicht auf die Preise überwälzt werden.[42] Im Verein mit der Steigerung auch anderer Kostenelemente ergab sich dadurch eine Kompression jener Einkommensarten, aus denen üblicherweise die Investitionen wesentlich finanziert werden.[43]

Die Wirtschaftswissenschaftler pflegen heute darauf hinzuweisen, daß Löhne, die die durch die Produktivitätsentwicklung gezogenen Grenzen erheblich übersteigen, die

Gefahr der Arbeitslosigkeit heraufbeschwören. Das trägt uns vielfach Kritik ein, was freilich die Wirtschaftswissenschaft, eine Wissenschaft, die oft das Nichtmachbare beim Namen nennt, seit ihrer Begründung ertragen muß. Die Weimarer Zeit kann uns aber lehren, daß es sich so verhielt, wie die Theoretiker sagen, denn die Arbeitslosigkeit war schon ab 1925 und nicht erst nach 1929 so hoch wie nie zuvor in Deutschland. Das veranschaulicht Abbildung 5."⁴ Auf der Senkrechten sind die Arbeitslosenquoten seit 1887 eingetragen. Um wiederum langfristig vergleichen zu können, reicht die Darstellung bis in die jüngste Vergangenheit. Auch hinsichtlich der Arbeitslosigkeit fällt aber die Weimarer Zeit aus dem historisch Normalen heraus; und es ist nicht nur die Weltwirtschaftskrise mit ihren bis auf die amtlich erhobenen 30% anwachsenden Arbeitslosenquoten. Schon seit dem Ende der Inflation hat es anhaltend Arbeitslosenquoten gegeben wie nie zuvor. Selbst im konjunkturell relativ besten Jahr (1927) ging die Arbeitslosenquote nicht unter einen Satz zurück, der vor dem Krieg nicht einmal die schlechtesten Jahre charakterisiert hat.

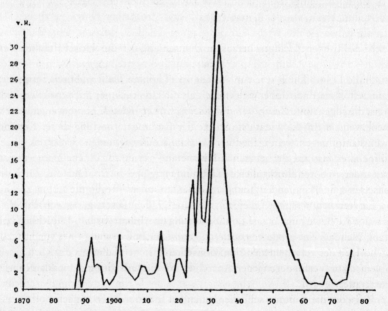

Abb. 5. Arbeitslosenquoten, Deutsches Reich und Bundesrepublik Deutschland in den jeweiligen Grenzen, 1887–1975.

Fassen wir den Eindruck dieser Abbildungen zusammen, so müssen wir feststellen: 1. Die Bilder zeigen die Wirtschaft von 1925 bis 1929 als unnormale, ja *kranke* Wirtschaft.⁴⁵ 2. Es ist schwer vorstellbar, daß ein derartiger Prozeß sich so hätte länger fortsetzen lassen. 3. Niemals konnte es nach 1929, als die Krise dann offen ausgebrochen war, darauf ankommen, den vorhergehenden Zustand wiederherzustellen. 4. Somit wäre es jetzt die Aufgabe gewesen, zusammen mit der konjunkturellen Bereinigung auch eine grundsätzliche zu verbinden. Ein wahrhaft gigantisches Programm!

VI.

Warum hat man es aber dahin kommen lassen und warum wurde die Krankheit nicht schon vor 1929 entschieden angepackt, gar kuriert – und somit die spätere Krise entlastet? Hierfür gibt es keine rein wirtschaftliche Erklärung. Neuerlich muß die Politik ins Spiel kommen.

Seit dem I. Weltkrieg war der neue, der innerlich und äußerlich so sehr labile Staat von Weimar darauf angewiesen, sich die Zustimmung von Eliten und Wählermassen zu verschaffen, um sich zu stabilisieren. Er tat das mit den Mitteln der Wirtschafts- und Sozialpolitik, indem er weit mehr als je zuvor ein deutscher Staat Subventions- und Umverteilungsstaat wurde. Unzweifelhaft sind großartige Dinge geschehen – aber unstreitig haben sie die Wirtschaft des Landes erheblich belastet, lebte der Staat, aus welchen politischen Zwängen heraus auch immer, über seine wirtschaftlichen Verhältnisse.

Auch die Lohnbildung war von Anfang an in hohem Maße politisch bestimmt. Das begann schon am Ende des I. Weltkrieges, als die Unternehmer mit den Gewerkschaftsführern die sogenannte *Zentralarbeitsgemeinschaft* gründeten. Diese war eine der wichtigsten, wenn nicht die wichtigste Stütze der Parlamentarisierung dieser Republik im Abwehrkampf gegen weitergehende revolutionäre Forderungen. Seinerzeit gingen die Unternehmer fast auf der ganzen Linie auf alte gewerkschaftliche Forderungen ein. Unter anderem boten sie förmlich den 8-Stundentag und die Lohnbildung durch die sich wechselseitig anerkennenden Tarifparteien an.[46] Und es stiegen die Löhne sprunghaft. Man hat etwas überspitzt, aber nicht grundsätzlich falsch gesagt, damals sei eine revolutionäre Bewegung in eine Lohnbewegung überführt worden. Tatsächlich steht am Anfang Weimars eine große *konzertierte Aktion* zur Bewältigung eines von nahezu allen Angehörigen der verschiedenen Funktionseliten gleichermaßen als dringlich gesehenen Problems: zur Verhinderung der Anarchie, *für* die Gründung der parlamentarischen Demokratie.

Im Zuge der dann immer schneller laufenden Inflation blieb zunächst offen, was von diesen Errungenschaften wirklich echt und auf die Dauer sein könnte. Aber spätestens Ende 1923, als die Währungsstabilisierung kam und plötzlich der Scheinsegen einer dauernd finanzierbaren Nachfrage, zu welchen Kosten auch immer, aufhörte, traten harte wirtschaftliche Tatsachen in Erscheinung. Insbesondere die Kosten-Erlösrelationen waren nun höchst ungünstig. Jetzt versuchten die Unternehmer, die materiellen Ergebnisse der Lohn-, Sozial- und Finanzpolitik der vorhergehenden Phase zu korrigieren, zum Beispiel bei Konstanz der nominalen Wochenlöhne die Arbeitszeit wieder zu erhöhen oder bei Konstanz der durchschnittlichen Arbeitszeit wenigstens die Lohnbewegung zu dämpfen.⁴⁷ Aber dies brachte eben mehr als eine allein wirtschaftliche Frage auf die Tagesordnung. Das Bestreben der Unternehmer, nun vieles ungeschehen zu machen, was man zuvor, im Angesicht des Umsturzes, selbst angeboten hatte, mußte für die Arbeitnehmer, vor allem aber für die Führer der Gewerkschaften, wie Verrat an den politischen Grundlagen Weimars aussehen.

So verlor sich der einmal staatstragende Konsens von Unternehmern und Gewerkschaften ganz schnell und wurden die Konflikte immer härter. Faktisch lief es dann so, daß die Tarifparteien sich immer seltener selbst einigten und daß die seinerzeit gesetzlich vorgesehene staatliche Zwangsschlichtung die Tariflöhne in immer weitere Höhen trieb, denn die staatlichen Instanzen waren sich der politischen Dimensionen der Frage wohl bewußt. Sie ersetzten den freiwilligen Kompromiß der Weimarer Frühzeit durch das, was die Unternehmer mehr und mehr ein „Lohndiktat" nannten.⁴⁸ Daß die Unternehmer objektiv wirtschaftlich in gewissem Maße recht hatten, haben unsere Abbildungen gezeigt.⁴⁹ Aber so wie die Dinge lagen, ging es hier nicht um Einsichten und persönliche Fähigkeiten zur Lösung wirtschaftswissenschaftlicher Seminaraufgaben, sondern um fundamentale politische Fragen. Es ging um die materielle Verfassung von Weimar.

Wer hätte diese Probleme der unnormalen, der „kranken" Wirtschaft rechtzeitig lösen können? Der so schwache Staat? Der schon bei viel kleineren Problemen keinen Konsens der Mehrheiten finden konnte und ja selbst unentwegt daran mitwirkte, daß so eben noch der innere Friede gewahrt wurde, aber mit seinen Aushilfen die Belastungen der Wirtschaft langfristig ständig vermehrte? Die Tarifparteien? Die sich mehr und mehr verfeindet hatten? – Etwa in einer neuerlichen *konzertierten Aktion?*⁵⁰ Wo sollte jetzt das große gemeinsame Ziel gefunden werden, da seinerzeit noch niemand von Wachstumspolitik sprach und solches ja selbst heute kaum die großen Kompromisse erzwingt?

Versagen wir uns die unstatthafte Anklage, man hätte sich im Angesicht Hitlers einigen müssen. Das war nicht ein allseits erkennbares und auch kein einigendes Ziel, dem alles übrige hätte untergeordnet werden können, wie am Anfang der Republik das Ziel der Verhinderung der Revolution. Nein, hier waren Zwangslagen herangewachsen, die so ungeheuerlich gewesen sind, daß wir auch heute für sie keine wirklichen Lösungen angeben können. Denn selbst wenn man sich heute darauf einigen könnte, daß es seinerzeit in Hinblick auf die wirtschaftliche Situation richtig gewesen wäre, die Dringlichkeit der Verteilungskämpfe herabzustufen zugunsten einer stärker an Kriterien der Leistungsfähigkeit orientierten Wirtschafts- und Sozialpolitik, hält man noch nicht den Schlüssel zum Geheimnis in der Hand. Hätte ein Verzicht im Verteilungskampf, zum Beispiel ein Stillhalten der Löhne nach 1925 oder gar eine Reduktion zugunsten der unternehmerischen Gewinne nicht die Gewerkschaften gesprengt und damit erst recht radikalen Kräften Raum gegeben? Nur auf sehr hoher Abstraktionsebene, in einem von der politischen Wirklichkeit weit entfernten Sandkastenspiel könnte man gewisse Lösungen skizzieren, um aber alsbald zu dem Schluß zu kommen: es ging nicht. Dies war für keinen machbar.

Wenn wir uns diese wahrhaft schicksalhaften Verstrickungen genauer vor Augen führen, verstehen wir vielleicht auch besser, daß seinerzeit recht viele der Verantwortlichen den Ausbruch der Großen Krise nicht als eine Katastrophe diagnostiziert haben, sondern sogar als Chance zur Bereinigung der kranken Situation begriffen.[51] Denn jetzt schien dem Staat die Legitimation des Faktischen zuzuwachsen, das *Stimmrecht der Sachen*,[52] seine Wirtschafts-, Finanz- und Sozialpolitik zu revidieren. Und auch die Tarifparteien hätten jetzt vielleicht, so hoffte man, die Legitimation erhalten können, zur Vermeidung noch höherer Arbeitslosigkeit die Lohnpolitik zu revidieren. Viele hatten solche Hoffnungen. Sie meinten, es werde sich aus der durchlebten Krise eine neue Konstellation von wirtschaftlichen Daten ergeben, die dann eher geeignet wäre, nicht nur eine Rückkehr zu 8,4% Arbeitslosigkeit, wie 1928, sondern auch nachhaltiges Wachstum zu garantieren. Eine solche Bereinigung fand denn auch in der Krise tatsächlich statt. – Nur hieß der Erbe der so harten, von historischen Zufällen noch immer härter gestalteten und von Brüning und den ihn umgebenden Kräften wahrhaft heroisch durchgestandenen Bereinigung in Deutschland: Hitler.[53]

VII.

Damit bin ich am Schluß meiner Ausführungen. Ich habe nach und nach, gleichsam kumulativ, Zwangslagen vorführen wollen, die es verständlicher machen, daß seinerzeit von den Verantwortlichen in Deutschland keine Politik getrieben worden ist, die man später von ihnen verlangt hat. Ich habe darüber hinaus zu zeigen versucht, daß die seinerzeit diskutierten Konzepte der Konjunkturpolitik sehr wahrscheinlich ohnehin nicht hätten helfen können. Daß im späteren Aufschwung ab 1932 expansive Konjunkturpolitik tatsächlich half, geht nicht zuletzt darauf zurück, daß in der Krise eine Bereinigung (insbesondere durch massive Kostensenkung) eingetreten ist, für die es zuvor keine Lösung gegeben hatte. Denn das eigentliche Problem der Krise ist in Deutschland ihre Vorgeschichte, aus der gravierende ökonomische Zwangslagen folgten. Die Vorgeschichte zeigt ein auf Dauer nicht funktionsfähiges wirtschaftliches System in einem schon kaum noch funktionsfähigen politischen System, die schlimmste aller denkbaren Konstellationen. Wir können diese Tragödie nur studieren und sollten uns allzu anmaßender Kritik enthalten.

ANMERKUNGEN

1 Neuere Überblicke zur internationalen Krise: *Ch. P. Kindleberger, Die Weltwirtschaftskrise, 1929–1939.* München 1973; *J. S. Davis, The World Between the Wars, 1919–39: An Economist's View.* Baltimore 1975; *G. Haberler,* Die Weltwirtschaft und das internationale Währungssystem in der Zeit zwischen den beiden Weltkriegen, in: *Deutsche Bundesbank* (Hg.), Währung und Wirtschaft in Deutschland 1876–1975. Frankfurt 1976, S. 205 ff.
Zur Entwicklung in Deutschland: *K. Borchardt,* Wachstum und Wechsellagen 1914–1970, in: *H. Aubin und W. Zorn* (Hg.), *Handbuch der deutschen Wirtschafts- und Sozialgeschichte,* Band

II, Stuttgart 1975, S. 685ff. und S. 703ff. (mit Bibliographie); *D. Petzina, Die deutsche Wirtschaft in der Zwischenkriegszeit.* Wiesbaden 1977.

2 Freilich befand sich der Weimarer Staat seit seiner Gründung in einer anhaltenden Krise, die lediglich in den verschiedenen Phasen ihren Charakter gewechselt hat. Schon vor 1930 waren diejenigen politischen Kräfte, die sich relativ bedingungslos mit dem Weimarer System identifizierten, eine Minderheit und sind Pläne zu einer Änderung der Verfassungswirklichkeit auch an höchster Stelle wiederholt erwogen worden. (Siehe u. a. Niederschrift Graf Westarps „Montag, 19. März 1929 5.30 bis 6.15 von Hindenburg eingeladene Besprechung", in: *E. Jonas, Die Volkskonservativen 1928–1933.* Düsseldorf 1965, S. 186ff. Zusammenfassend: *M. Stürmer,* Der unvollendete Parteienstaat – Zur Vorgeschichte des Präsidialregimes am Ende der Weimarer Republik, in: *VfZG* 21, 1973, S. 119ff., s. in diesem Band oben. Allerdings hätte das Ende Weimars ohne die Krise anders aussehen, etwa zu einer jener Spielarten von autoritärer Leitung führen können, wie sie in den zwanziger und dreißiger Jahren auch in anderen europäischen Staaten realisiert worden sind. Einige Autoren (siehe u. a. *V. Hentschel, Weimars letzte Monate.* Hitler und der Untergang der Republik. Düsseldorf 1978) meinen gar, selbst aus der Krise sei kein struktureller Zwang zugunsten Hitlers ableitbar. Ingesamt wird man die Machtübernahme Hitlers nicht ohne Berücksichtigung zahlreicher weiterer sehr gewichtiger Umstände auf die Krise zurückführen können, wobei es wissenschaftlich keine Möglichkeiten gibt, die Anteile genau zu gewichten.

3 Hinweise auf deutsche Autoren vor allem bei *W. Grotkopp, Die große Krise.* Lehren aus der Überwindung der Wirtschaftskrise. Düsseldorf 1954; *G. Bombach* u. a. (Hg.), *Der Keynesianismus, Band II: Die beschäftigungspolitische Diskussion vor Keynes in Deutschland.* Dokumente und Kommentare. Berlin 1976.

4 Statt vieler Einzelbelege siehe die folgenden zusammenfassenden Urteile: „Im übrigen wird der Wirtschaftskurs Brünings, in der neueren Literatur vorwiegend als falsch beurteilt..." *K. D. Erdmann,* Die Zeit der Weltkriege, in: *Gebhardt Handbuch der Deutschen Geschichte,* Band 4/I, Stuttgart 1973⁹, S. 314. „Man ist sich einig in Brünings Versagen...", *G. Bombach,* Einleitung zu *G. Bombach* u. a. (Hg.), (siehe Anm. 3) S. 6. Zuletzt zusammenfassend scharf kritisch: *W. Jochmann,* Brünings Deflationspolitik und der Untergang der Weimarer Republik, in: *Stegmann/Wendt/Witt* (Hg.), *Industrielle Gesellschaft und Politisches System.* Beiträge zur politischen Sozialgeschichte. Bonn 1978, S. 97ff. Anders *Th. Kuczynski, Das Ende der Weltwirtschaftskrise in Deutschland 1932/33.* Diss. Hochschule für Ökonomie in Berlin 1972.

5 Ich verdanke wesentliche Anregungen für die folgende Analyse einem Vortrag des Althistorikers *C. Meier,* Die Ohnmacht des allmächtigen Dictators Caesar, gedruckt in der *Themen-Reihe* der Carl Friedrich von Siemens Stiftung, München 1978. Dort heißt es S. 9: „Ging es hier wirklich nur um Probleme, die bei mehr Einsicht und Fähigkeit hätten ‚gelöst' werden können? Kann es nicht vielmehr sein, daß die gesellschaftlichen Verhältnisse, d. h. vor allem die Weise, in der damals Interessen und Meinungen gelagert waren, eine direkte Neuintegration des Gemeinwesens ganz oder nahezu unmöglich machten? Und zwar für jeden, auch für den Begabtesten, Einsichtsvollsten, Selbstlosesten, nicht nur für einen Mann von Caesars besonderer Eigenart und Vergangenheit?"

6 Zu dieser Krise siehe *D. H. Aldcroft, Die zwanziger Jahre.* Von Versailles zur Wall Street 1919–1929. München 1978, S. 84ff.

7 Siehe hierzu *F. Blaich. Die Wirtschaftskrise 1925/6 und die Reichsregierung.* Von der Erwerbslosenfürsorge zur Konjunkturpolitik. Kallmünz 1977.

8 Daß die politische Instabilität auch die Treffsicherheit wirtschaftlicher Prognosen grundsätzlich beeinträchtigte, war spätestens seit dem September 1930 allgemeine Meinung.

9 Produktionsindex – Verbrauchsgüter elastischen Bedarfs, Quelle: *Konjunkturstatistisches Handbuch* 1935 und *Wochenberichte (Institut für Konjunkturforschung)* und Berechnungen der glatten Komponente durch Dr. G. Goldrian, Ifo-Institut für Wirtschaftsforschung München. Auch andere Indikatoren des Konjunkturverlaufs zeigten eine Aufwärtsentwicklung, die nicht saisonal zu erklären ist, so Rohstoffpreise, Aktienkurse, Umsätze, allerdings nicht die Investitionsgüterproduktion.

10 Am 13. Mai 1931 glaubte das Institut für Konjunkturforschung (Wochenbericht) den „Konjunkturrückgang offenbar im großen und ganzen zum Stillstand gekommen".

11 Siehe hierzu u. a. *R. E. Lüke, Von der Stabilisierung zur Krise*. Zürich 1958; *E. W. Bennett, Germany and the Diplomacy of the Financial Crisis,* 1931 Cambridge/Mass. 1962; *K. E. Born, Die deutsche Bankenkrise 1931*. Finanzen und Politik. München 1967; *R. Stucken*, Die deutsche Bankenkrise von 1931, in: *Kredit und Kapital*, Bd. 1, 1968, S. 390 ff.; *K. Gossweiler, Großbanken, Industriemonopole, Staat*. Berlin-Ost 1971, S. 369 ff.; *G. Hardach*, Währungskrise 1931: Das Ende des Goldstandards in Deutschland, in: *H. Winkel* (Hg.), *Finanz- und wirtschaftspolitische Fragen der Zwischenkriegszeit* (Schriften des Vereins für Socialpolitik, N. F. Band 73), Berlin 1973, S. 121 ff.; *H. Irmler*, Bankenkrise und Vollbeschäftigungspolitik (1931–1936), in: *Deutsche Bundesbank* (Hg.), *Währung und Wirtschaft in Deutschland 1876–1975*. Frankfurt a. M. 1976, S. 283 ff.

12 Zum internationalen Ablauf zusammenfassend und mit Literaturverweisen siehe *Ch. P. Kindleberger*, (Anm. 1), S. 153 ff.

13 Daß die Regierung Brüning nicht grundsätzlich gegen direkt wirksame beschäftigungspolitische Maßnahmen gewesen ist (wie man häufig liest), ergibt sich auch aus den umfangreichen Planungen des Sommers 1930, die immerhin zusätzliche Ausgaben in Höhe von 800 bis 900 Mill. RM im Laufe eines halben Jahres vorgesehen haben. Die Programme scheiterten an der Unmöglichkeit, sie zu finanzieren. Auch die mit Notverordnung des Reichspräsidenten vom 29. Juli 1930 gegründete „Deutsche Gesellschaft für öffentliche Arbeiten" konnte sich nicht die erforderlichen Finanzmittel (gedacht war vor allem an Auslandskredit) verschaffen. Es war nicht umstritten, daß der Staat in Krisenzeiten durch Mehrausgaben hilfreich für die Beschäftigung sein könnte. Es war die Finanzierungsfrage, an der sich 1930/32 die Geister schieden.

14 Bankgesetz vom 30. August 1924 (*RGBl.* II S. 235) § 1 und § 25.

15 *Heilfron, E./P. Nassen, Der Neue Plan*. Young-Plan und Haager Vereinbarungen nebst den deutschen Ausführungsvorschriften. Berlin 1931. Selbst die Regierung Hitler-Papen hielt sich noch im September 1933 an dieses Reglement, als sie bei der BIZ die Zustimmung zu drei definitiven Änderungen des Bankgesetzes nachsuchte. Der Verwaltungsrat der BIZ stimmte wiederum zu und ließ dabei erkennen, daß er zwar nicht „Wert oder Unwert der vorgeschlagenen Änderungen" zu beurteilen habe, aber doch die Frage, „ob etwa die Änderungen mit dem Neuen Plan unvereinbar sind". Siehe *Bank für Internationalen Zahlungsausgleich, 3. Jahresbericht* (1932/33) S. 29 f. und *4. Jahresbericht* (1933/34) S. 38.

16 Gutachten zur Arbeitslosenfrage, Teil 1–3, *Sonderveröffentlichung des Reichsarbeitsblatts* 1931. Die Teile sind nacheinander veröffentlicht worden: Teil 1 am 4. April 1931, Teil 2 am 29. April/5. Mai 1931, und Teil 3 am 28. Mai/5. Juni 1931. Hier ist Teil 2 relevant.

17 „Was uns fehlt, ist ein an den ausländischen Kreditgeber hinreichend appellierender Anleiheprospekt, und als solcher Prospekt ist das ganze Brauns-Gutachten zu betrachen." *W. Röpke*, Das Brauns-Gutachten und seine Kritiker, in: *Soziale Praxis*, 40. Jg., 21. Mai 1931.

18 „Denn das Kernproblem der deutschen Wirtschaftslage und insonderheit des deutschen Arbeitsmarktes liegt in der Außenpolitik Europas." *O. v. Zwiedineck-Südenhorst*, Die dreifache Wurzel der Notbekämpfung, in: *Soziale Praxis*, 40. Jg., 9. Juli 1931 und 16. Juli 1931.

19 Telegramm der Führer der ‚Nationalen Opposition' an Reichskanzler Dr. Brüning vom 21. Juli 1931 Absatz 4: „Die gesamte nationale Opposition macht daher in aller Form darauf aufmerksam, daß sie gemäß ihrer Grundeinstellung neue Bindungen, die gegenüber Frankreich eingegangen werden, als für sich rechtsverbindlich nicht ansehen wird." Abgedruckt in: *Michaelis, E./ E. Schraepler* (Hg.), *Ursachen und Folgen*. Vom deutschen Zusammenbruch 1918 und 1945 bis zur staatlichen Neuordnung Deutschlands in der Gegenwart. Eine Urkunden- und Dokumentensammlung zur Zeitgeschichte, Band VIII: Die Weimarer Republik. Berlin o. J. (1963), S. 1994 f.

20 Staatssekretär a. D. *Hans Schäffer* in einem Brief vom 7. Mai 1966 an Dr. Kurt Wolf, Gräfelfing b. München. Dieser Brief ist auszugsweise in einem Leserbrief in der „Süddeutschen Zeitung" am 16./17. 5. 1970 veröffentlicht und mir dankenswerterweise vom Empfänger zur Verfügung gestellt worden. Schon zuvor hat *Brüning* die Möglichkeit einer „Kapitulation" ausgeschlossen, siehe seinen Bericht über die Besprechung mit den Bankenvertretern am 11. 7. 1931 (Memoiren, S. 317).

21 Diese Argumentation hebt vor allem W. J. *Helbich, Die Reparationen in der Ära Brüning*. Zur Bedeutung des Young-Plans für die deutsche Politik 1930 bis 1932. Berlin 1962 hervor; auch H. *Sanmann*, Daten und Alternativen der deutschen Wirtschafts- und Finanzpolitik in der Ära Brüning, in: *Hamburger Jahrbuch für Wirtschafts- und Gesellschaftspolitik*, Bd. 10, 1965, S. 109 ff. Kritisch hierzu H. *Köhler*, Arbeitsbeschaffung und Reparationen in der Schlußphase der Regierung Brüning, in: *VfZG* 17, 1969, S. 276 ff.

22 Zum neuesten Stand der Forschungen über die große deutsche Inflation siehe *Büsch, O./G. D. Feldman* (Hg.), *Historische Prozesse der deutschen Inflation 1914 bis 1924*. Ein Tagungsbericht. Berlin 1978.

23 Die spätere wirtschaftswissenschaftliche Diskussion übersieht zumeist die Instabilität der politischen Rahmenbedingungen, die kaum ein Vertrauen in dosierte Maßnahmen zuließ.

24 Siehe hierzu die umfangreiche Arbeit von M. *Wolffsohn, Industrie und Handwerk im Konflikt mit staatlicher Wirtschaftspolitik?* Studien zur Politik der Arbeitsbeschaffung in Deutschland 1930–1934. Berlin 1977. Auch M. *Schneider, Unternehmer und Demokratie*. Bonn 1975, S. 118 ff.

25 U. *Hüllbusch,* Die deutschen Gewerkschaften in der Weltwirtschaftskrise, in: *Conze, W./ H. Raupach* (Hg.), *Die Staats- und Wirtschaftskrise des Deutschen Reiches, 1929–1933*. Stuttgart 1967, S. 126 ff.; S. *Pollard,* The Trade Unions and the Depression of 1929–1933, in: *H. Mommsen/D. Petzina/B. Weisbrod* (Hg.), *Industrielles System und politische Entwicklung in der Weimarer Republik*. Düsseldorf 1974, S. 237 ff.; M. *Schneider, Das Arbeitsbeschaffungsprogramm des ADGB*. Zur gewerkschaftlichen Politik in der Endphase der Weimarer Republik. Bonn 1975; H. *Mommsen,* Staatliche Sozialpolitik und gewerkschaftliche Strategie in der Weimarer Republik, in: O. *Borsdorf* (Hg.), *Gewerkschaftspolitik heute: Reform aus Solidarität*. Festschrift für H. O. Vetter, Köln 1977, S. 85 ff.; M. *Schneider,* Die Stellung des Allgemeinen Deutschen Gewerkschaftsbundes zu den Regierungen Brüning bis Hitler, in: W. *Luthardt* (Hg.), *Sozialdemokratische Arbeiterbewegung und Weimarer Republik*. Materialien zur gesellschaftlichen Entwicklung 1927–1933, Bd. I, Frankfurt 1978, S. 150 ff.; M. *Schneider,* Arbeitsbeschaffung. Die Vorstellungen von Freien Gewerkschaften und SPD zur Bekämpfung der Wirtschaftskrise, ebd., S. 220 ff.

26 Das ist ein wesentlicher Unterschied zu 1914–1923, als die wesentlichen politischen Kräfte die Inflationspolitik (wenn auch teilweise aus verschiedenen Gründen) unterstützten.

27 Für die SPD war die Währungsstabilität ein wesentlicher Punkt der politischen Auseinandersetzung mit der Rechten, der die Inflationsabsicht unterstellt wurde.

28 Es kann nicht genug betont werden, daß das, was man vielfach personalisiert als „Brüning'sche Politik" bezeichnet hat, in großem Umfang zumindest bis zum Frühjahr 1932 diejenige Politik war, die viele Kräfte gestalteten und sei es nur in dem Sinne, daß es keinen anderen Wege der Konsensbildung gegeben hat.
29 So auch: *D. Petzina*, Elemente der Wirtschaftspolitik in der Spätphase der Weimarer Republik, in: *VfZG* 21, 173, S. 133.
30 Auf die ökonomischen und politischen Probleme einer Abwertung können wir hier nicht ausführlicher eingehen. Seit Oktober 1931 gab es hierzu in Deutschland verschiedene Vorschläge. Sie sind von *E. Wagemann* im *Wochenbericht des Instituts für Konjunkturforschung*, 2. Dezember 1931, umsichtig und kritisch besprochen worden. Sehr optimistisch hinsichtlich der vorstellbaren Wirkungen einer deutschen Abwertung neuerdings wieder *G. Haberler* (s. Anm. 1), S. 225.
31 Im strengen Sinne wird man die These nie beweisen können, weil in einem Alternativmodell zu viele Umstände zu berücksichtigen wären, über die man nur grobe Annahmen machen kann. Eine Studie, die den Einsatz alternativer Mittel der Finanzpolitik in den USA anhand eines ökonometrisches Modells geschätzt hat, kam zu dem Ergebnis, daß eine erfolgreiche kontrazyklische Politik bei weitem alle Größenordnungen hätte übersteigen müssen, die man sich in den dreißiger Jahren selbst in waghalsigsten Überlegungen gemacht haben mag. Siehe *M. R. Norman, The Great Depression and What Might Have Been*. Phil.-Diss. Univ. of Pennsylvania 1969. Ähnliche Untersuchungen liegen für Deutschland noch nicht vor.
32 Nicht zulässig ist es, aus der Beobachtung späterer „Erfolge" expansiver Konjunkturpolitik auf die Chancen solcher Maßnahmen bis 1932 zu schließen. Im übrigen ist vielfach umstritten, ob und in welchem Umfang die Aufschwünge in England, Schweden und den USA nach 1932 tatsächlich der jeweiligen staatlichen Politik zu verdanken waren.
33 Zur wirtschaftswissenschaftlichen Analyse der Entwicklung bis 1929 siehe *K. Borchardt, Wachstum und Wechsellagen*, s. Anm. 1, S. 685 ff. und 703 ff.; *W. Fischer*, Die Weimarer Republik unter den wirtschaftlichen Bedingungen der Zwischenkriegszeit, in: *H. Mommsen/D. Petzina/B. Weisbrod* (Hg.), *Industrielles System und politische Entwicklung in der Weimarer Republik*, Düsseldorf 1974, S. 26 ff.; *Petzina, D./W. Abelshauser*, Zum Problem der relativen Stagnation der deutschen Wirtschaft in den zwanziger Jahren, ebd., S. 57 ff.; *G. Hardach, Weltmarktorientierung und relative Stagnation. Währungspolitik in Deutschland 1924–1931*. Berlin 1976; zum internationalen Vergleich: D. H. Aldcroft, Die zwanziger Jahre (Geschichte der Weltwirtschaft im 20. Jahrhundert, Bd. 3).
34 Nettosozialprodukt in Preisen von 1913 pro Einwohner und logarithmisch-linearer Trend 1850–1913 mit Extrapolation. Quelle: *W. G. Hoffmann u. a., Das Wachstum der deutschen Wirtschaft seit der Mitte des 19. Jahrhunderts*. Berlin 1965 für 1850–1950/59, verkettet ab 1950 mit Angaben der amtlichen Statistik, *Statistisches Bundesamt*, Lange Reihen zur Wirtschaftsentwicklung 1974 und aktuelle Daten.
35 Die durchschnittliche Nettoinvestitionsquote betrug 1910/13 16%, 1925/29 10,5%. Siehe *K. Borchardt, Wandlungen des Konjunkturphänomens in den letzten hundert Jahren* (Bayerische Akademie der Wissenschaften. Philosophisch-historische Klasse – Sitzungsberichte, Jahrgang 1976, Heft 1), München 1976, S. 27.
36 Ermittelt nach *W. G. Hoffmann* u. a. (s. Anm. 34) S. 838 und S. 174.
37 Vgl. ebd.
38 Gesamtwirtschaftliche Arbeitsproduktivität (Nettosozialprodukt zu Marktpreisen von 1913 pro Beschäftigten). Quelle: *W. G. Hoffmann* u. a. (s. Anm. 34) und eigene Berechnungen anhand der amtlichen Statistik 1950 ff.

39 Zur Lohnentwicklung siehe vor allem *G. Bry, Wages in Germany 1871–1945.* Princeton 1960; *R. Skiba,* Die langfristige Entwicklung der Reallöhne, in: *WWI-Mitteilungen* 1969, S. 192 ff.; *E. H. Phelps Brown/M. H. Browne, A Century of Pay.* The Course of Pay and Production in France, Germany, Sweden, the United Kingdom, and the United States of America 1860–1960. London 1968; *R. Skiba/H. Adam, Das westdeutsche Lohnniveau zwischen den beiden Weltkriegen und nach der Währungsreform.* Köln 1974; *M. V. Lölhöffel,* Zeitreihen für den Arbeitsmarkt. Lohnsatz, Beschäftigungsfälle, Arbeitskosten und Arbeitsstunden (1925 bis 1938 und 1950 bis 1967), in: *Ifo-Studien* 20, 1974, S. 33 ff. In der Regel konnten die Angehörigen der niedrigeren Entlohnungsstufen ihre Lage schneller verbessern als die Angehörigen der höheren Entlohnungstufen.

40 *Phelps Brown, E. H./M. H. Browne* (s. Anm. 39), S. 210.

41 Kumulierte Reallohnposition der Arbeitnehmer in Deutschland (Deutsches Reich und Bundesrepublik Deutschland) 1925–1977 nach *H. H. Glismann/H. Rodemer/F. Wolter, Zur Natur der Wachstumsschwäche in der Bundesrepublik Deutschland.* Eine empirische Analyse langer Zyklen wirtschaftlicher Entwicklung (Kieler Diskussionsbeiträge Nr. 55). Kiel 1978, S. 29. Die Berechnungsunterlagen werden erläutert in: *H. H. Glismann/F. Wolter, Zur empirischen Analyse langer Zyklen wirtschaftlicher Entwicklung in Deutschland – Datenbasis und Berechnungsmethoden* (Kieler Arbeitspapiere Nr. 72), Kiel 1978, S. 13 f.

Legt man die Beschäftigungsstruktur des Jahres 1950 zugrunde, so lag die bereinigte Lohnquote 1925–1929 mit durchschnittlich 66,75% um etwa 10 Prozentpunkte über derjenigen von 1950–1970. Siehe *Skiba, R./H. Adam, Das westdeutsche Lohnniveau zwischen den beiden Weltkriegen und nach der Währungsreform.* Köln 1974, S. 106 und Schaubild 7.

42 Zu den höheren Lohnkosten und Sozialabgaben kamen noch erheblich höhere Finanzierungskosten, als sie vor 1914 bekannt waren. Zur Entwicklung der Zinsniveaus siehe *Deutsche Bundesbank, Deutsches Geld- und Bankwesen in Zahlen 1876–1975.* Frankfurt a. M. 1976, S. 3 ff., S. 274 ff.

43 Zur Entwicklung der gesamtwirtschaftlichen Kapital-Rentabilität im langfristigen Vergleich siehe *W. G. Hoffmann* u. a., Das Wachstum ... (s. Anm. 34), S. 98 ff. Die Rendite (Kapitaleinkommen dividiert durch Kapitalstock in v. H.) lag 1925–1929 weit unter dem Niveau von 1880–1913 und 1950–1959.

44 Arbeitslosenquoten, 1887–1938 nach *B. R. Mitchell, European Historical Statistics 1750–1970.* London 1975 S. 167 ff.; 1950–1971: Statistisches Bundesamt, *Bevölkerung und Wirtschaft 1872–1972.* S. 148. 1972–1974: *Statistische Beihefte* zu den Monatsberichten der *Deutschen Bundesbank,* Reihe 4. Die Kurve bis 1929 bezieht sich auf die Arbeitslosenquote von Gewerkschaftsmitgliedern, die Kurve ab 1929 auf Durchschnitte von Monatszahlen der bei den Arbeitsämtern registrierten Arbeitslosen.

45 An dieser Stelle kann es nicht darauf ankommen, eine vollständige Diagnose der „Krankheit" der wirtschaftlichen Entwicklung vor 1929 zu geben. Sie hätte selbstverständlich noch weit mehr Sachverhalte einzubeziehen. Doch würde dies an den Konsequenzen in Hinblick auf die gestellte Frage nach den Zielsetzungen einer Poltik der Krisenbekämpfung nach 1931 nichts ändern.

46 *H. Kaun, Die Geschichte der Zentralarbeitsgemeinschaft der industriellen und gewerblichen Arbeitgeber und Arbeitnehmer Deutschlands.* Jena 1938; *G. D. Feldman,* German Business Between War und Revolution. The Origins of the Stinnes-Legien Agreement, in: *G. A. Ritter* (Hg.), *Entstehung und Entwicklung der modernen Gesellschaft.* Festschrift Hans Rosenberg, Berlin 1970, S. 311 ff.; *G. D. Feldman,* The Origins of the Stinnes-Legien Agreement: A Documentation, in: *Internationale Wissenschaftliche Korrespondenz zur Geschichte der Arbeiterbewegung 1973,* H. 19/20, S. 45 ff.

47 Siehe u. a. *Feldman, G. D./I. Steinisch*, Die Weimarer Republik zwischen Sozial- und Wirtschaftsstaat. Die Entscheidung gegen den Achtstundentag, in: *Archiv für Sozialgeschichte 18*, 1978, S. 353 ff.
48 Hierzu *L. Preller, Sozialpolitik in der Weimarer Republik*. Stuttgart 1949, Neudruck Kronberg 1978; *H.-H. Hartwich, Arbeitsmarkt, Verbände und Staat 1918–1933, Die öffentliche Bindung unternehmerische Funktionen in der Weimarer Republik*. Berlin 1967; *U. Hüllbusch*, Koalitionsfreiheit und Zwangstarif. Die Stellungnahme des Allgemeinen Deutschen Gewerkschaftsbundes zu Tarifvertrag und Schlichtungswesen in der Weimarer Republik, in: *U. Engelhardt/ V. Sellin/H. Stuke* (Hg.), *Soziale Bewegung und politische Verfassung*. Festschrift W. Conze, Stuttgart 1976, S. 599 ff.
49 Eine dramatisierende zusammenfassende Darstellung der Beschwerden und der Argumentation der Unternehmer findet sich in der *Denkschrift des Präsidiums des Reichsverbandes der Deutschen Industrie: „Aufstieg oder Niedergang? Deutsche Wirtschafts- und Finanzreform 1929"*. (Veröffentlichungen des Reichsverbandes der Deutschen Industrie Nr. 49) Berlin Dezember 1929.
50 Es hat 1930/31 Versuche der Wiederbelebung der Zentralarbeitsgemeinschaft gegeben. Sie führten aber wegen der Widerstände auf beiden Seiten zu keinem Ergebnis.
51 Die Theorie der „Reinigungskrise" hat eine weit in das 19. Jahrhundert zurückreichende Tradition – und über lange Zeit auch erheblichen Erklärungsgehalt für das Verständnis gesamtwirtschaftlicher Bewegungen. Sie ist sowohl von liberalen als auch marxistischen Theoretikern vertreten worden.
52 Dieser Begriff stammt von *A. Gehlen*, siehe: *Urmensch und Spätkultur*. Philosophische Ergebnisse und Aussagen. Bonn 1956, S. 76: „Wer sich völlig in eine große, d. h. von den objektiven Realitäten her dominierende Aufgabe verwandelt hat, wird unwiderstehlich, weil das Stimmrecht der Sachen durch ihn hindurchwirkt."
53 Hitler kam an die Macht, als nach dem tiefen Absturz der wirtschaftliche Aufschwung, wenn auch zögerlich, in fast allen Staaten schon wieder in Gang gekommen war. Das bedeutete, daß sich zahlreiche für die spätere konjunkturelle Dynamik wichtige Größen so entwickelt hatten, daß von ihnen jetzt förmlich eine Schubkraft ausgehen konnte.
Sodann machten es das beispiellos niedrige Produktionsniveau und die riesigen unausgelasteten Kapazitäten möglich, daß in den Jahren nach 1932 aus dem wachsenden Sozialprodukt sowohl der zivile als auch der schnell wachsende militärische Bedarf befriedigt werden konnten, so daß die gewaltige Aufrüstung nicht auf Kosten des Lebensstandards gehen mußte – es sah eher wie das Gegenteil aus.
Außenpolitisch fand Hitler eine veränderte internationale Nachkriegsordnung vor, so das bereits zusammengebrochene Versailler System. Die Normen und Institutionen der freien Weltwirtschaft waren schon vor dem 30. Januar 1933 hinweggefegt. Alle Staaten wendeten sich nach innen und setzten nationale Ziele weit vor internationale, fühlten sich an keine Rücksichten gebunden.
Auch wenn man die Weltwirtschaftskrise nicht für die Erklärung der Tatsache heranzieht, warum Hitler an die Macht gekommen ist, muß man sie in Betracht ziehen, um zu verstehen, warum er seine Macht im Inneren und nach Außen so ausüben konnte, wie er es tat. Mindestens in diesem Sinne gehört die Weltwirtschaftskrise zum Fundament des Dritten Reiches.

16. Die Reichsverfassungsreform als Ziel der Politik Brünings*

WERNER CONZE

I.

Die im November 1970 erschienenen Erinnerungen *Brünings* sind oft und vielseitig besprochen worden.[1] Es scheint dem Referenten daher kaum angebracht zu sein, spät, nachträglich, noch eine weitere Rezension im üblichen Sinne hinzuzufügen, um so mehr als er durch einen für die HZ überarbeiteten Vortrag zum 80. Geburtstag von *Hans Rothfels* dieser Aufgabe bereits nachgekommen ist und *Gerhard Schulz* in dieser Zeitschrift die Memoiren für eine Würdigung der Politik Brünings als Reichskanzler eingehend ausgewertet hat.[2] Diese beiden Beiträge haben gezeigt, daß Brünings Erinnerungen die in letzter Zeit vielfältig fortgeschrittene Forschung teils bestätigt, teils durch neue Informationen bereichert, aber auch infolge fehlender Präzision an wichtigen Stellen alte Kontroversen und Mißverständnisse nicht beseitigt haben. Dies gilt heute weniger für Brünings Wirtschafts- und Finanzpolitik als für seine verfassungspolitischen Ziele. Was jene anbetrifft, so hat Schulz überzeugend einen Schlußstrich unter die Auseinandersetzungen um Brünings Deflationskurs gezogen. Es läßt sich mit Sicherheit sagen, daß Brüning hier nicht aus falscher wirtschaftspolitischer Theorieanwendung, sondern unter politischem Zwang und – diesen Zwang nutzend – aus politischem Kalkül gehandelt hat. Auch und vor allem die Wirtschafts- und Finanzpolitik war Brünings großem politischen Plan ein- oder untergeordnet. Sowohl bei Schulz wie bei mir ist dieser Plan auf Grund der bisherigen Literatur[3] und der Memoiren in den wesentlichen Phasen und Teilabschnitten im ganzen übereinstimmend wiedergegeben worden. Doch über das Verständnis der Brüningschen Verfassungskonzeption und -zielsetzung gehen die Auffassungen offenbar noch auseinander. An diesem Punkt soll daher eingesetzt werden. Wir fragen, ob sich aus den Memoiren und anderen bisher verfügbaren Quellen mit annähernder Eindeutigkeit feststellen läßt, wohin Brüning zielte, wenn er im Deutschen Reich die Monarchie „restaurieren" wollte. Nur wenn das Leitbild geklärt ist, kann auch die Frage seiner Wirklichkeitsnähe unvoreingenommen beantwortet werden.

---

* Aus: *Der Staat* 11, 1972, S. 209–217.

II.

1. Erst durch die Memoiren ist allgemein zur Kenntnis und von Historikern in vollem Gewicht ernst genommen worden, daß von Brüning selbst „die friedliche Wiedereinführung der Monarchie" noch zu Lebzeiten Hindenburgs als das „Ziel" und „der Angelpunkt" seiner ganzen Politik bezeichnet worden ist,[4] obwohl Wheeler-Bennett schon 1936 auf Grund von eingehenden Gesprächen mit Brüning nach dessen Flucht aus Deutschland das Wesentliche darüber mitgeteilt hatte.[5] Brüning habe, so hieß es dort, die Wiederherstellung der Monarchie als das einzige noch Erfolg versprechende Mittel gegen die drohende Gefahr eines nationalsozialistischen Regimes angesehen. Brüning habe die nahe bevorstehenden Erfolge der Wiederwahl Hindenburgs, der Reparationsregelung und der Rüstungsgleichberechtigung bei gleichzeitiger Aussicht auf beginnende wirtschaftliche Lageverbesserung als Voraussetzung für die Gewinnung einer ⅔-Mehrheit im Reichstag und im Reichsrat angesehen. Mit dieser Mehrheit, in der sowohl die Sozialdemokraten wie die Deutschnationalen eingeschlossen sein mußten, sollte Hindenburg zum Reichsverweser gemacht und die spätere Thronbesteigung eines Sohnes des Kronprinzen vorgesehen werden. Wheeler-Bennett betonte, daß es sich nicht um die Wiederherstellung der Monarchie von 1871, auch nicht in der veränderten Form vom Oktober 1918, sondern um eine „konstitutionelle Monarchie nach dem britischen Modell" handeln sollte.[6] Damit habe Hindenburg sich jedoch nicht einverstanden erklärt, da er an Wilhelm II. und an traditionell preußisch-deutschen Verfassungsvorstellungen festhielt.

Diese Angaben des britischen Historikers werden durch die Erinnerungen Brünings allgemein bestätigt. Doch entwickelt Brüning seine Verfassungskonzeption nirgends systematisch zusammenfassend. Sie findet sich vielmehr nur bruchstückhaft in seiner chronikartigen Darstellung verstreut und kann nur durch Zusammenfügung und Vergleich der Aussagen in den Hauptzügen erschlossen werden. Fragen wir zunächst nach unmittelbaren Äußerungen Brünings zur Einführung der Monarchie, so finden wir sie in den wiedergegebenen Gesprächen mit *Schleicher* (nach Ostern 1929 und Mai 1932), mit *Hitler* (Oktober 1930), mit *Hindenburg* (mehrfach Herbst 1931, Januar 1932), mit dem *Kronprinzen* (Februar 1932), mit *Hugenberg* (August 1931), mit *Braun, Severing* und *Hilferding* (November 1931). Brüning hatte zwar 1929 gegenüber Schleicher noch jegliche Übereilung abgelehnt, war aber 1931 entschlossen, sei es selbst, sei es durch einen Nachfolger (*Goerdeler* oder *Schleicher*) die monarchistische Verfassungsänderung schon im Jahr 1932 in Gang zu bringen, denn sie sollte ja den Sinn haben, aus der Verfassungskrise noch unter dem politisch günstigen Druck der wirtschaftlichen Depression herauszuführen und die „Alternative" zur „Nazidiktatur" darzustellen (S. 462). Wenn diese Alternative als Quintessenz der Sondierung Brünings bei seinen *sozialdemokratischen* Freunden erscheint, so ist schon dies ein Hinweis darauf, daß sich Brünings Monarchie-Plan erheblich von den monarchistischen Vorstellungen traditionell bestimmter Kreise der Rechten unterschied, die an „Restauration" im eigentlichen Sinne des Worts – u. U. durch Staatsstreich – dachten, ohne Rücksicht auf die rechtsgültige

Verfassung. Auch Hindenburg war von diesen Vorstellungen durchdrungen, wenn er auch vor zu weitgehenden Konsequenzen seines Verfassungseides wegen zurückschreckte. Entgegen mehrfach geäußerten, oberflächlichen Deutungen der Selbstaussagen Brünings muß betont werden, daß Brüning eine „Monarchie nach englischem Muster" (S. 454) anstrebte und sich ausdrücklich von der Reichsverfassung von 1871 absetzte. Suchen wir allerdings nach Konkretisierungen dieser Formel, so stellen wir fest, daß unmittelbare Hinweise auf das britische Vorbild selten sind, und es empfiehlt sich, diese Wendung nicht zu eng aufzufassen, um so mehr als Brüning nicht daran denken konnte, alle deutschen Eigenarten wie vor allem das Vielparteiensystem im Sinne des als funktionskräftig angesehenen britischen Modells zu verändern. Doch hat es sich bei der Berufung auf England keineswegs nur um eine blasse Formel gehandelt. Im Bericht über das nächtliche Gespräch mit Schleicher am 2./3. Mai 1932 heißt es: er, Brüning, habe „die Macht des Parlaments auf das richtige Maß zurückgebracht". Es bedürfe nur noch einer einzigen Änderung der Geschäftsordnung des Reichstags, „um dem Artikel der Reichsverfassung, der das Vertrauen des Reichstages für die Regierung fordert, eine Auslegung zu geben, die das Parlament auf die praktischen Rechte des englischen Unterhauses zurückwirft" (S. 579). Brüning meinte damit die Eindämmung der beliebig oft anwendbaren Mißtrauensanträge, die er „ausschließlich auf die Etatberatungen und auf das erste Auftreten einer neuen Regierung im Reichstag zu beschränken gedachte" (S. 373). Im Ergebnis hätte das für die Regierungen stabilisierend gewirkt und wäre zwar nicht formal, aber praktisch dem aus dem Zweiparteiensystem erwachsenen englischen Maßhalten im Gebrauch des parlamentarischen Mißtrauens (d. h. Regierungswechsels) nahegekommen. Auch in einer anderen, von Brüning Anfang 1931 bereits durchgesetzten Geschäftsordnungsreform, die Ausgabenanträge außerhalb der Etatberatungen und ohne ausgearbeitete Deckungsvorschläge untersagte, berief sich Brüning auf das englische Vorbild (S. 255). Der parlamentarische Praktiker der Finanzpolitik wollte durch diese und weitere Maßnahmen, die das Legislativverfahren betrafen, erreichen, „daß der Parlamentarismus ohne Verfassungsänderung auf seine wahre Form zurückgeführt" und damit „gesund" gemacht werden sollte (S. 256). Die „wahre Form" aber entsprach der britischen, wie Brüning sie als Student in England kennengelernt hatte. Es kam ihm, wenn er sich auf London berief, auf Funktionsfähigkeit und Disziplin des Parlaments sowie auf Stabilität der Kabinette an. Weiter kann auf Grund der Texte der Modellcharakter der britischen parlamentarischen Monarchie für Brünings Verfassungsreformpläne nicht nachgewiesen werden.

2. Es bleibt freilich noch ein wesentlicher Gesichtspunkt, ohne den das Verständnis der „konstitutionellen" (d. h. im englischen Sinne parlamentarischen) Monarchie unzulänglich bleiben würde: der Zusammenhang mit der Reichsreform. Hier ist die Verfassung Großbritanniens wohl kaum als Modell mit im Spiel gewesen, wenngleich die Analogie zu den west- und nordeuropäischen Monarchien allgemein sich aufdrängt. Die Monarchie wieder einführen, hieß nämlich für Brüning zugleich, Deutschlands Entwicklung zum Einheitsstaat über die Stufen von 1871 und 1919 hinaus zu Ende führen. Monarchische Restauration in den Ländern lag bei ihm außerhalb auch nur der Erwägung. Die Monarchie sollte insofern ein Vehikel zum modernisierten Einheitsstaat sein,

als sie allein eine Reichsmonarchie sein sollte. Die Länder sollten in forcierter Reichsreform verwaltungs- und finanztechnisch ausgehöhlt werden. Die Vorschläge der Länderkonferenz von 1928/29, die bis zum Sommer 1931 zu einem Gesetzentwurf ausgearbeitet wurden, sind nicht auf den (kaum aussichtsreichen) Weg der Reichsgesetzgebung gebracht worden. Statt dessen wurde mehrere Male zur engeren Verbindung Preußens mit dem Reich durch Pläne von Personalunionen (Reichskanzler/Ministerpräsident, Finanzminister, Landwirtschaftsminister), wenn auch erfolglos, angesetzt. Vor allem aber wurde die Notverordnungspraxis, beginnend mit der Verordnung des Reichspräsidenten zur Sicherung von Wirtschaft und Finanzen vom 1. Dezember 1930, dazu benutzt, etatrechtliche Vereinheitlichungen durchzusetzen und die Reichseingriffe nach dem Finanzausgleichsgesetz zu verstärken, so daß es zunehmend zu Protesten der Länder, vornehmlich Bayerns kam. Der bayerische Ministerpräsident Held stellte mehrfach in ähnlich lautenden Wendungen fest, „daß die neue Finanz- und Wirtschaftsgesetzgebung des Reichs dazu benutzt wird, der großen unitarischen Reichsreform die Wege zu ebnen".[7] Dazu sollte besonders die Dietramszeller Notverordnung vom 24. August 1931 beitragen, die die Länderregierungen ermächtigte, „alle Maßnahmen, die zum Ausgleich des Haushalts von Ländern und Gemeinden erforderlich sind, im Verordnungswege vorzuschreiben".[8] Im Wirbel der damaligen politischen Situation fand diese Notverordnung wenig und selbst von bayerischer Seite nur schwachen Widerspruch. Sie wirkte finanzpolitisch verfahrenserleichternd und war z. B. dem württembergischen Ministerpräsidenten Bolz angesichts des Zwangs der Finanzmisere des Landes nicht unwillkommen. Es ließ sich vordergründig darüber streiten, ob sie die Länder als Gliedstaaten stärkte oder schwächte. Daß aber auch und gerade diese Verordnung ihren Platz in der mit den Prinzipien der Zentralisation und Dezentralisation arbeitenden unitarischen Reichsreformbemühungen Brünings hatte, zeigen seine überaus aufschlußreichen Aussagen hierzu (S. 371ff.).[9] Danach sollte die Dietramszeller Notverordnung 1932 auch auf die Gemeinden ausgedehnt, also offenbar deren im Gang befindlichen Bestrebungen zu einer gewissen „Reichsunmittelbarkeit" Vorschub geleistet werden. In diesem Zusammenhang sprach Brüning bezeichnenderweise – ohne Hemmung gegenüber dem bundesstaatlichen Charakter des Reichs – von „Selbstverwaltung" bei „Ländern und Gemeinden". Die Länder sollten unter Ausschaltung der Länderparlamente erhebliche Einsparungen, besonders in den Personaletats (Rückstufung von Beamten in Gehaltsklassen gemäß der Reichsbesoldungsordnung) nach Maßgabe der verfügbaren Mittel ohne weitere Subventionen des Reichs selbstverantwortlich zustandebringen. Brüning rechnete damit, daß ein großer Teil der Länder eine solche Eigenverantwortung bei Finanzschrumpfung nicht würde durchhalten wollen. Dann konnte „mit einem Schlage die finanzielle Grundlage der Reichsreform" geschaffen werden. Wenn das Bedürfnis der entmachteten Länder vorlag, sah Brüning dann auch die Zweidrittelmehrheit im Reichsrat als sicher an. Er kennzeichnet die Dietramszeller Notverordnung als „die einschneidendste staatsrechtliche Änderung seit der Weimarer Verfassung und eine Rückkehr zu den besten Traditionen der preußischen Verwaltung vor 100 Jahren" (S. 372). Brüning sah also das Reich im Verhältnis zu seinen Ländern bereits in Analogie zu Preußen und seinen Provinzen nach den Reformen von 1807 bis

1823, d. h. als einen dezentralisierten Einheitsstaat mit ausgebauter Selbstverwaltung in Gebietskörperschaften, deren gewählte Organe selbstverständlich, anders als im alten Preußen, auf dem seit 1919 einheitlich eingeführten allgemeinen und gleichen Wahlrecht beruhen sollten. Brüning hatte für die entscheidenden Schritte in der Reichsreform, die ihm „als sicheres Ziel" winkte (S. 569), das auch für seine anderen Pläne entscheidende Jahr 1932, und mochte es auch unter dem Nachfolger Goerdeler sein, vorgesehen. Justiz- und Polizeiverwaltung sollten, wiederum unter Ausnutzung der Finanznot der Länder, auf das Reich übertragen werden. Nur auf solcher Verfassungsgrundlage, d. h. nach der Beseitigung der bundesstaatlichen Struktur des Reiches, war die Monarchie für Brüning eine sinnvolle Lösung.

Hatte Brüning den nach seinen Erfahrungen pervertierten, leistungsunfähigen Parlamentarismus hinter sich gelassen, um ihn auf seine „wahre Form" zurückzuführen und ähnlich dem britischen „gesund" zu machen, so glaubte er auch den als überständig angesehenen, längst nicht mehr eindeutig aufrechterhaltenen Föderalismus, der sich in der Wirtschaftskrise als schwach und wenig widerstandsfähig erwies, gänzlich überwinden zu müssen, um ihn in einem dezentralisierten Einheitsstaat aufzuheben.

3. „Restauration" der Monarchie hieß unter so veränderten Bedingungen alles andere als eine „Wiederherstellung" von Verfassungs- und Gesellschaftszuständen, wie sie vor 1918 bestanden hatten, aber auch keineswegs eine Rückkehr zur Verfassung von Weimar, in der lediglich der Präsident erblich geworden wäre. Brüning schwebte vielmehr ein deutscher Nationalstaat vor, in dem Tendenzen pragmatisch gedachter Modernisierung und politischer Überlieferung, soweit sie als bewährt und wertbeständig gelten konnte, miteinander verbunden sein sollten.

Wheeler-Bennett hat zutreffend vom „konservativ-demokratischen Geist" Brünings[10] gesprochen. In dieser, britischem Denken gemäßen, für das Deutschland der 20er Jahre atypischen Begriffsverbindung ist das Grundmotiv für Brünings politisches Denken und Handeln ausgedrückt: die Sorge um verfassungspolitische Kontinuität. Brüning war nicht fortschritts- und entwicklungsgläubig; aber er war gleichwohl, mehr als ein verbreiteter Argwohn gegenüber seinem Konservatismus zuzugeben bereit ist, einem politischen oder sozialen Wandel zugetan, sofern er ihn als praktisch zwingend oder vernünftig erkannt hatte. Dies nüchterne Offensein für neue Lösungen war mit einem starken Mißtrauen gegenüber Prinzipienpolitik sowie gegen Theorie und Praxis revolutionärer Umbrüche und Zäsuren verbunden. Seine Verfassungskonzeption war motiviert von den Erfahrungen der einst drohenden Revolution von links (1918/19) sowie von der neu drohenden „Nazidiktatur", die mit dem Begriff „Revolution" zu bezeichnen er vermied. Beide Male – 1918 wie 1932 – hat für Brüning die Rettung vor dem Sprung ins Verhängnis im Durchsetzen politischer Kontinuität, d. h. in Bewahrung und verändernder Reform zugleich gelegen. 1918/19 war dies nach Brünings Auffassung nur unvollkommen, aber immerhin soweit gelungen, daß eine „konservativ-demokratische" Neugestaltung im erhofften Kairos der großen Krise erreichbar schien. Brüning ist stets davon überzeugt geblieben, daß die Wende greifbar nahe bevorstand und von ihm hätte herbeigezwungen werden können. Er stellte nicht die Frage, ob inmitten des staatlichen Verfallprozesses vor dem Salto mortale in die „Nazidiktatur" *wirklich* eine Gunst des historischen Moments vorhanden gewesen sei, die nur ergriffen zu werden brauchte, um das rettende Ziel zu erreichen und damit die Suggestionskraft des „System"-Überwinders zu bannen. Diejenigen, die Brünings Chance verhinderten, als sie seinen Sturz herbeiführten, handelten – davon war er überzeugt – als Pseudo-Konservative, nämlich ohne Sinn für Kontinuität, da sie die Brücken zur Weimarer Verfassung sowie zu deren bisherigen Trägern auf der Linken und in der Mitte abbrachen, diese damit ausschalteten, sich fortan als politisch schwache Gegenspieler bzw. Partner den Nationalsozialisten allein gegenübersahen und, nach Schleichers letzten, unzulänglichen Versuchen, die Entscheidung des 31. Mai 1932 zu revidieren, den Kampf um die Staatsmacht schließlich verloren.

III.

Karl Dietrich Bracher hat die auf dem Buchumschlag der Memoiren stehende Behauptung, Brüning sei der „letzte Kanzler vor der Auflösung der Weimarer Republik" gewesen, durch die These ersetzt: „Er war der erste Kanzler im Prozeß dieser Auflösung der deutschen Demokratie".[11] Die Interpretation der Erinnerungen ergibt, daß beide Sätze mißverständlich sind. Der Feststellung, Brüning sei der „letzte Kanzler vor der Auflösung der Weimarer Republik" gewesen, ist hinzuzufügen, daß er der drohenden Auflösung zuvorzukommen versuchte, indem er den republikanischen Bundesstaat in einen dezentralisierten Einheitsstaat mit starker monarchischer Spitze[12] überzuleiten unternahm, wobei das parlamentarische Regierungssystem gefestigt werden sollte. Von seiner Zielsetzung aus gesehen ist Brüning also nicht der erste Kanzler im „Auflösungsprozeß", sondern im (abgeschnittenen) Heilungsprozeß der deutschen Demokratie gewesen. Will man aber nicht die subjektive Absicht, sondern die Verstrickung des Staatsmanns in den Bedingungszwang zum Kriterium des historischen Urteils machen, dann müßte schon Hermann Müller als der erste Kanzler im Auflösungsprozeß der Demokratie bezeichnet werden. Doch solches Zurückfragen dürfte problematisch sein, da „Auflösungsprozeß" als Begriff und im Strukturzusammenhang tiefergehend erklärt werden müßte.

Die bestehende Verfassung wäre durch Brünings Reformeingriffe nicht verletzt, sondern rechtlich unanfechtbar geändert worden. Es entsprach nicht nur Brünings Staatsdenken, sondern auch der herrschenden Auffassung der Staatsrechtslehrer, daß selbst eine so erhebliche Umbildung der Verfassung, wie Brüning sie vorsah, auf Grund des Artikels 76 der Reichsverfassung für unbedenklich gehalten werden konnte.[13]

Hier stoßen wir auf den Kern der verfassungspolitischen Problematik des Brüningschen Plans. Gaben Verfassungstext und Verfassungskommentare die Möglichkeit frei, durch formell korrekte Prozeduren der Verfassungsänderung die Substanz der Reichsverfassung auszuhöhlen oder grundlegend zu verkehren, so ist, auf den vorliegenden Fall angewendet, zu fragen, ob es sich etwa schon bei Brünings Absichten und nicht erst bei

Hitler um eine „legale" Aufhebung oder Minderung der verfassungsrechtlichen Substanz des Reiches gehandelt habe. Das hieße mit anderen Worten die Frage stellen, ob Brüning einer Staatsidee verpflichtet gewesen sei, von der das positive Verfassungsrecht in seinen spezifischen, die demokratische Grundordnung konstituierenden Wesensmerkmalen abzulösen gewesen sei, so als ob es einen Staat nicht nur oberhalb der Parteien, sondern auch oberhalb der Staatsverfassung gegeben hätte.

Der wunde Punkt in dem damit aufgeworfenen Fragenkomplex liegt nun aber eindeutig nicht in Brünings Verhältnis zum Parlamentarismus, dessen Dekomposition Brüning entgegenzuwirken suchte, sondern in der Frage des Föderalismus, den zu überwinden er bestrebt war. Für alle, die in der Aufrechterhaltung des föderativen Systems ein (spezifisch deutsches) Wesensmerkmal der Verfassung sahen, auf das nicht verzichtet werden durfte, mußte diese Brüningsche Absicht als unvereinbar mit der überkommenen und gegebenen Verfassung erscheinen. Brüning selbst sah jedoch die Entwicklung zum dezentralisierten Einheitsstaat nicht als Bruch, sondern als Fortsetzung eines im Gange befindlichen und als zweckmäßig beurteilten Trends an. Der bereits laufende Verfassungswandel sollte im Sinne des von Brüning betonten Erfordernisses politischer Kontinuität beschleunigt werden.

Dagegen war es erheblich komplizierter, die Republik als Staatsform aufzugeben. Formal mochte es – im Gegensatz zur Aufhebung des Föderalismus – wenig einschneidend sein, den gewählten Reichspräsidenten durch einen erblichen, d. h. durch einen Monarchen, zu ersetzen. Mehr hat Brüning nicht im Sinn gehabt. Tatsächlich aber wäre selbst eine solche Einführung der Monarchie erheblichen politischen Hemmungsfaktoren ausgesetzt gewesen. Lag die Entwicklung zum nationalen Einheitsstaat im Zuge einer ohnehin vor sich gehenden Modernisierungstendenz, so hätte die Wiederherstellung des Hohenzollernthrones notwendig Assoziationen restaurativer Politik geweckt. Zwar war Brüning der Meinung, daß es sich nicht um eine rückwärtsgewandte Restauration, sondern um die Revision des Kontinuitätsbruches von 1918 – wohlgemerkt nur für das Reich, nicht für die Länder – handeln sollte. Doch stand solcher Absicht entgegen, daß in Deutschland eine Einheitsmonarchie westeuropäischen Typs keine Wurzeln hatte und „Monarchismus" als ideologisierter Gegenbegriff nicht nur zu „Republik", sondern auch zu „Demokratie" empfunden wurde, da die Monarchie geschichtlich verlorengegangen war. Die Reichsdeutschen waren in dieser Frage geteilt in Monarchisten, die ihr verfassungspolitisches Leitbild restaurativ verstanden, und Republikaner, die antimonarchistisch eingestellt waren. Der zur Massenbewegung gewordene Nationalsozialismus aber führte trotz gewisser monarchistischer Unterströmungen oder Beziehungen tatsächlich immer weiter von der Monarchie fort, weil er – mit welchem Bewußtseinsgrad im einzelnen auch immer – rechtsgerichtete Massen des mittelständischen Bürgertums und Landvolks vom verblassenden Bild eines Kaisers fort auf das Idol eines Volksführers der Zukunft richtete. Brünings Monarchieverständnis stand jenseits dieser drei Strömungen: der konservativ-monarchistischen, der antimonarchistisch-republikanischen und der postmonarchistisch-nationalsozialistischen. Zwar sollte es im historisch-hypothetischen Urteil nicht als völlig ausgeschlossen betrachtet werden, daß Brünings parlamentarisch-demokratischer Staat unter günstigen Bedingungen alle drei

Tendenzen hätte in sich aufheben können. Doch rebus sic stantibus wäre der Versuch außerordentlich belastet und wahrscheinlich unmöglich gewesen.

Zusammenfassend läßt sich sagen, daß die Abschaffung zweier Essentialia der Weimarer Verfassung, der republikanisch-präsidialen Staatsspitze und des bundesstaatlichen Systems (bei gleichzeitiger Effizienzsteigerung des Parlamentarismus), tatsächlich den Typus der deutschen Verfassung grundlegend verändert hätte. Doch sah Brüning darin einen historisch legitimierten und praktisch notwendigen Wandel, durch den die *eigentliche* Substanz der Reichsverfassung, der parlamentarisch-demokratische Rechtsstaat, hätte gerettet werden sollen. Das war seine „Alternative" gegen die „Nazidiktatur".

Es liegt im Einklang mit den meisten Rezensenten der Memoiren nahe, zu betonen, daß Brünings großer politischer Plan nicht zu verwirklichen gewesen sei, auch wenn Brüning im Amt geblieben oder, noch wahrscheinlicher, wenn seine Ziele durch eine Rechtsregierung unter Goerdeler weiter verfolgt worden wären. Eine genauere Konstellationsanalyse würde solche Skepsis bestätigen, wenn sie auch mit zu berücksichtigen hätte, wie weit der politische Lähmungsprozeß der bisherigen Träger des parlamentarischen und des föderativen Systems fortgeschritten war. Wie stark und wirksam der Widerstand bei der republikanischen Linken einerseits, der Länder, besonders Bayerns, andererseits *wirklich* gewesen wäre, wenn die letzten Entscheidungen um Monarchie und Einheitsstaat auf der Tagesordnung gestanden hätten, ist nicht abzuschätzen. Es ist müßig, dieser Frage weiter nachzugehen.

Es besteht kein Grund, die historisch unangemessene Gegenüberstellung des potentiellen Retters oder des tatsächlichen Zerstörers der Weimarer Republik durch Parteinahme auf einer der beiden Seiten aufrechtzuerhalten. Brünings politische Konzeption steht über solcher Vereinfachung. Zu ihrer Verwirklichung hätte sie eines offeneren, von begünstigenden, stützenden Kräften stärker erfüllten Handlungsspielraums bedurft.

ANMERKUNGEN

1 Vgl. u. a. *R. Morsey*, Mehr Monarchist als Zentrumsmann. Die glanzlosen Memoiren des Reichskanzlers Heinrich Brüning: *FAZ 257*, 5. 11. 1970; *K. O. Frh. v. Aretin*, Ein Reichskanzler im Wettlauf der Zeit: *Süddt. Ztg.* 9/10. 1. 1971; *A. Müller*, Der andere Brüning: *Neue Züricher Ztg. 85*, 21. 2. 1971; *H. Hofmann*, Brüning und die Monarchie: *Publik 26. 2. 1971*; *K. D. Bracher*, Brünings unpolitische Politik und die Auflösung der Weimarer Republik: *VfZG* 19, 1971, S. 113ff.; *O. Graf zu Stolberg*, Hundert Meter vor dem Ziel?: *Zeitwende 42*, 1971, S. 271 ff.; *K. Gotto*, Die Memoiren eines Kanzlers: *Die politische Meinung* 16, 1971, H. 139, S. 85ff.

2 *W. Conze*, Brüning als Reichskanzler. Eine Zwischenbilanz: *HZ* 1972, S. 61ff.; *G. Schulz*, Erinnerungen an eine mißlungene Restauration. Heinrich Brüning und seine Memoiren: *Der Staat 11*, 1972, S. 61ff.

3 Vgl. zuletzt bes. *J. Becker*, Brüning, Prälat Kaas und das Problem einer Regierungsbeteiligung der NSDAP 1930–1932: *HZ 196*, 1963, S. 74ff.; *Die Staats- und Wirtschaftskrise des Deutschen Reichs 1929/33*, hg. v. Conze, W./Raupach, H. R., 1967; Staat, Wirtschaft und Politik in der Weimarer Republik. *Festschrift für Heinrich Brüning*, 1967.

4 H. Brüning, *Memoiren 1918–1934*, S. 378.
5 *J. W. Wheeler-Bennett, Hindenburg, The Wooden Titan*. London 1936; dt. Übers.: Der hölzerne Titan Paul von Hindenburg, 1969, S. 361 ff.
6 Ebd., S. 364.
7 *F. Menges, Reichsreform und Finanzpolitik*. Die Aushöhlung der Eigenstaatlichkeit Bayerns auf finanzpolitischem Wege in der Zeit der Weimarer Republik, 1971, S. 392.
8 *W. Besson, Württemberg und die Deutsche Staatskrise 1928–1933*. Eine Studie zur Auflösung der Weimarer Republik, 1959, S. 177.
9 Zum Vorgang der Kompetenzminderung der Länder nach 1919 bes. in Finanzverwaltung und Steuerpolitik s. *E. Forsthoff, Die öffentliche Körperschaft im Bundesstaat*. Eine Untersuchung über die Bedeutung der institutionellen Garantie in den Artikeln 127 und 137 der Weimarer Verfassung 1931, S. 91 ff.
10 *Wheeler-Bennett, S. 361*.
11 *Bracher*, S. 123.
12 Die hier zugrundeliegende Lehre von der „neutralen Gewalt" wird von Brüning, gemäß seiner allgemeinen Enthaltung von verfassungstheoretischen Bezügen, nicht erwähnt.
13 Vgl. *G. Anschütz, Die Verfassung des Deutschen Reiches von 11. August 1919*, 1930[12], S. 349 f. – Neuerdings zu dieser Frage allgemein sowie bes. bezogen auf Carl Schmitt, der von der herrschenden Lehre abwich, *H. Muth*, Carl Schmitt in der deutschen Innenpolitik des Sommers 1932: *HZ* H. 2, Beiheft 1, 1971, S. 75 ff.

17. Erste Stationen und Perspektiven der Regierung Brüning (1930)[1]

GERHARD SCHULZ

I. Brünings Memoiren und die Probleme seiner Kanzlerschaft

Wenn versucht werden soll, viel Belangvolles in wenige Worte zu bringen, dann ist vor allem festzustellen, daß, wie die vorgelegten Dokumente lehren, die Entscheidungen des Jahres 1930 unmittelbar auf die folgenreichen politischen Vorgänge des Jahres 1929, vor dem eigentlichen Beginn der weltweiten Wirtschaftskrise, zurückgehen. Sie können daher auch nicht als Folgen dieser Krise betrachtet werden, die erst in ihrem weiteren Verlauf die deutsche mit einer weltgeschichtlichen Krise zusammengeführt hat.

Im Grunde stand allerdings schon der Beginn der Verhandlungen über die Änderung des Reparationssystems nach dem von Owen D. Young entwickelten Plan im Zeichen einer – allerdings von verschiedenen Warten aus unterschiedlich bewerteten – Wende in der weltwirtschaftlichen Entwicklung. Die Skepsis im Hinblick auf die währungspolitische Fundierung des wirtschaftlichen Booms der Nachkriegsjahre, der die amerikanischen Banken und Finanzen und die französische wie die englische Zentralbank auf einen bis dahin beispiellosen Höhepunkt gebracht hatte, war auf Seiten der großen Finanzmächte stärker ausgeprägt als in Deutschland und hatte auch schon zu einer Konfrontation zwischen der Finanzpolitik der englischen und der französischen Zentralbank geführt, die nach neuen Lösungen verlangte.[2] Diese Rahmenbedingungen der internationalen Finanzbeziehungen fanden in der öffentlichen politischen Diskussion in Deutschland so gut wie gar keine ernsthafte Beachtung.[3] Die Aufmerksamkeit reduzierte sich vor wie nach Annahme des Young-Planes weitgehend auf den isolierten Aspekt der Reparationszahlungen, die begreiflicherweise als schwere Belastung und als Hemmnis auf dem Wege zu einer günstigeren wirtschaftlichen Entwicklung betrachtet und fast aus allen Richtungen bekämpft wurden. Die Rahmenbeziehungen wurden dann im weiteren Verlauf der dreißiger Jahre, in den Jahren der Ära Brüning, zunehmend deutlicher auch in der Politik erkannt. Hierzu hat Brüning in seiner Reichskanzlerzeit in Verbindung mit Luther und Schäffer unstreitig entscheidend beigetragen.

Wenn man diese Veränderung als zielbewußt angestrebt, von langer Hand mit kluger Überlegenheit herbeigeführt und ganz zum Vorteile des eigenen Landes gewendet, betrachten dürfte, dann könnte das Urteil über die Kanzlerschaft Brünings eindeutig lauten und von manchen kontroversen Bewertungen entlasten. Die hinterlassenen Memoiren könnten eine solche Version wohl stützen. Auch die offiziell protokollierten Reichsministerbesprechungen und Kabinettssitzungen unter der Leitung und ständigen

Wortführung Brünings lassen dies kaum offen, enthalten aber keine Spiegelung der politischen Vorgänge und der an ihnen beteiligten Kräfte. Im ganzen wird nun aber doch der Eindruck verstärkt, daß Brüning, abweichend von der Darstellung der eigenen Rolle in seinen Memoiren, in vielen Entscheidungen seiner Regierung wie in seiner Politik anderen Kräften Raum gab, so daß die Frage zurücktritt, ob er selbst eine politische Linie stetig verfolgte. Mit erkennbarer Mühe wahrte er nach außen und in seiner Partei ein allerdings beträchtliches Ansehen. Aber was als häufiges Zaudern ausgelegt und mitunter etwas rätselhaft empfunden wurde, erscheint bei eingehender Prüfung meist als Folge erkennbarer Widersprüche zwischen verschiedenen Intentionen, die der Reichskanzler mit überlegter Vorsicht behandelte, um nicht anzustoßen oder auch um etwas Zeit herauszuschlagen und Freiheit zum Manövrieren zu gewinnen, häufig genug wohl der einzige Ausweg, um seine Position zu schonen, wenn nicht gar, um sie noch zu behaupten.

Eine wegweisende Persönlichkeit ist Brüning als Reichskanzler jedenfalls nicht gewesen. Er selbst hat dies insofern indirekt zugestanden, als er sich nachträglich in der Rolle des theoretisierenden politischen Taktikers und Strategen interpretierte, der diese Rolle nicht offenbaren konnte und daher stürzte. Der logische Widerspruch ist unauflösbar. Es fehlt nicht an Gegenbeweisen eindeutiger Art.

Obgleich sich die Parteien im Niedergang befanden und nur die radikalen und extremistischen Bewegungen gewannen, die im Grunde gar keine Parteien waren und auch nicht sein wollten, entstanden wiederholt Umstände, unter denen auch einzelne Parteimänner dem Reichskanzler gegenüber ein bloß auf innerpolitische Partikularaspekte begrenztes, aber überlegenes Spiel wagten und wagen konnten, so daß es Brüning immer schwerer wurde, Ansehen und Einfluß zu bewahren. Die Deflationspraxis war Luthers, des Reichsbankpräsidenten, Werk. Neben ihm war der Staatssekretär Schäffer im Reichsfinanzministerium stets mehr als ein Berater des Ministers und des Reichskanzlers in finanzpolitischen Fragen. Schiele folgte in Verbindung mit der Landvolkpartei und über unmittelbare Kontakte zum Reichspräsidenten wiederholt seiner eigenen Politik, unbekümmert um Ziele und Absichten des Reichskanzlers, der ihm kaum etwas anhaben konnte. Die in den Memoiren auffälligen bitteren Bemerkungen Brünings über die Osthilfe zugunsten der ostdeutschen Landwirtschaft, die doch zu den wichtigen politischen Entscheidungen seiner Regierung gehörte, lassen sich hieraus erklären. Sie war in erster Linie das Werk einiger Vertrauensleute der ostdeutschen Landwirtschaft, das Brüning als Reichskanzler aber mit dem Namen seiner Regierung decken und verantworten mußte. Er sah sich stets auf Treviranus angewiesen, der in seiner Stellung allerdings nach dem blamablen Abschneiden der Volkskonservativen in der Reichstagswahl am 14. September 1930 viel von seinem Einfluß nach außen verlor, jedoch anfangs in seiner Vermittlungstätigkeit für Brüning gar nicht ersetzbar gewesen wäre und der sich immer enger an den Reichskanzler band und sein stets gut unterrichteter Gefolgsmann blieb. Man könnte ihn einen Kumpan nennen, was seinen Neigungen sicherlich angemessen wäre, doch ließe sich ein solcher Ausdruck kaum mit dem Wesen der Persönlichkeit des Reichskanzlers vereinbaren. Neben Treviranus fand Brüning in den Staatssekretären Pünder, v. Bülow, der im Auswärtigen Amt schaltete, und Schäffer verläßliche Mitarbeiter, in den letzten beiden auch Mitgestalter seiner Politik. Zu ihnen gesellten sich schließlich der Leipziger Oberbürgermeister Goerdeler, dem Brüning nach der vierten großen Notverordnung im Dezember 1931 das Amt des Reichskommissars für die Preisüberwachung übertrug und mit dem er noch mehr im Sinn hatte, nicht zuletzt, weil er ihn für einen neuen einflußreichen Verbindungsmann zum Reichspräsidenten hielt, was sich dann jedoch nicht bestätigte. Schließlich gewann er auch Schlange-Schöningen, der allerdings seine eigenen, überaus ehrgeizigen Pläne verfolgte und eher Schwierigkeiten schuf als ausräumte. Brüning hielt sich aber stets auch an die Reichswehr, d. h. an den Reichswehrminister Groener und mehr und mehr an Schleicher, nicht zuletzt um seinen eigenen Kontakt zum Reichspräsidenten mit ihrer Hilfe abzusichern. Das brachte ihn in eine prekäre Lage, als Groener aus einer Reihe von Gründen Ansehen und Einfluß einbüßte.

Was die Regie seines Kabinetts wie die Wahl der Reichsminister anlangt, soweit er darin frei war, möchte man es eher glücklichen Umständen zuschreiben als der Entschlossenheit Brünings, daß er eine zeitlang auf die Mithilfe und wirkungsvolle Unterstützung einiger Männer bauen konnte, die ihn umgaben und die er mehr akzeptiert als selbst erwählt hatte, so den zähen und widerstandsfähigen, vitalen Dietrich als Reichsfinanzminister, aber auch Groener und Schleicher. Dagegen erwies sich die Ausbootung seines Parteifreundes Wirth als Reichsinnenminister, um den Reichswehrminister Groener, nun schon in der Phase seiner nachlassenden Energie, auf Hindenburgs Verlangen an die Spitze des dem General fast in jeder Beziehung fremden Innenressorts zu stellen, als fragwürdiger Kompromiß mit unglücklichen Folgen.[4] Es steht dahin, ob Brüning wußte, daß Groener vordem auch als Ersatz oder Nachfolger in dem Amt des Reichskanzlers in Betracht gezogen war, aber in seiner neuen Stellung diese Aussicht einbüßte. Kaum etwas Günstigeres läßt sich von anderen Personalwechseln im Kabinett sagen, die Brünings Lage im Grunde niemals besserten, meist aber bald verschlechterten und dem Ansehen der Regierung keinen Nutzen brachten. Sicherlich faßte Brüning die Lösung der meisten Personalprobleme seiner Amtszeit als interimistische Lösungen auf, bis neue Verhältnisse ihm neue Entscheidungen abverlangten und er mehr Bewegungsraum gewönne. Aber wie die wesentlichen Stationen personeller Entscheidungen so entsprangen die seiner Politik eigentlich nicht seinen eigenen Wünschen und Absichten, sondern blieben die Entscheidungsmarken unabhängig von seinem Willen oder formten sie sich erst in seinem Kopf zu Kompromissen.

Brüning hatte sich auf seine Kanzlerkandidatur eingerichtet; aber Zeitpunkt und Umstände seiner Ernennung waren keineswegs glücklich gewählt und entsprachen gar nicht seinem Wunsch. Die Erklärung Brünings, notfalls ohne den Reichstag, mit Hilfe der Präsidialgewalt nach dem Artikel 48, zu regieren,[5] forderte Hugenberg zu dem waghalsigen Versuch heraus, die Probe aufs Exempel zu machen und dann, als es so weit war, daß der Reichskanzler seiner Ankündigung nachkam, den Zusammenhalt seiner Fraktion endgültig aufs Spiel zu setzen.

Vor der Amtsübernahme hatte sich Brüning abgesichert und schon die verfassungsrechtlichen Voraussetzungen prüfen lassen. Ein Gutachten, das der Staatssekretär in der Reichskanzlei vom Reichsministerium des Innern und vom Reichsjustizministerium einholte und das die Staatssekretäre Zweigert und Joël gemeinschaftlich erstatteten,[6] behandelte drei – vermutlich vorgegebene – Fragen. Als erste: ob nach einem Mißtrauensbeschluß des Reichstags gegen die Reichsregierung der Reichskanzler einen von ihm gegengezeichneten, ihm zu treuen Händen übergebenen „Erlaß des Reichspräsidenten auf Auflösung des Reichstags" noch vollziehen könne. Diese Frage wurde unumwunden bejaht: „Vor erfolgter Entlassung der Reichsminister durch den Reichspräsidenten ist die Rechtsstellung des Reichskabinetts, im besonderen die des Reichskanzlers, unverändert." Nach dieser – auch unter Staatsrechtlern erörterten – Auffassung kam dem Ministerentlassungsrecht des Reichspräsidenten Vorrang vor dem parlamentarischen Regierungssturz zu. Die beiden folgenden Fragen und ihre Beantwortung ergaben dann, daß die Gutachter dem Notverordnungsrecht Vorrang vor parlamentarischen Entscheidungen einräumten und es auch einer geschäftsführenden Reichsregierung zugestanden, soweit es eine unmittelbare erhebliche Gefahr „auf eine minder erhebliche zurückzuführen oder ganz zu beseitigen" vermöge. Das erlaubte nach Meinung der Gutachter, die nächsten gesetzgeberischen Absichten in Notverordnungen zu transferieren, Steuererhöhungen vorzunehmen, um „das fehlende Gleichgewicht des Haushalts" wiederzugewinnen, und eine durch mögliche Nichtzahlung anderer Verpflichtungen heraufbeschworene Gefährdung der öffentlichen Sicherheit abzuwenden. Sogar das Agrarprogramm einer Osthilfe zählte zu den erörterten Absichten; denn es sollte mögliche Gefährdungen infolge zunehmender Beunruhigungen der Landbevölkerung beseitigen. Die Begründung, auf die es allein noch ankam, fiel nicht schwer; sie schien durch die Landvolkbewegung, Bombenanschläge in Schleswig-Holstein und das hier schon hervorgehobene Anwachsen der nationalsozialistischen Bewegung gerade in den Ackerbauzonen in der Tat gegeben. Die Frage nach anderen Abhilfen wurde weder gestellt noch erörtert. Die Anwendung der Diktaturermächtigung wurde nicht als ultima ratio, als letztes und einziges, nicht einmal als optimal notwendiges Aushilfsmittel der Regierung begründet, sondern tatsächlich als einfaches und bereitliegendes Mittel, dessen Nutzung nur einer schlüssigen, aber keineswegs einer besonders qualifizierten Begründung bedurfte. Das Vorhaben der Regierung besaß Vorrang gegenüber dem Willen des Reichstags, sofern sie sich mit dem Reichspräsidenten im Einklang befand. Dies war der eigentliche Sinn der gedanklichen Konstruktion des Gutachtens.[7] Diese Auffassungen haben sich das Kabinett Brüning und die nachfolgenden Reichsregierungen vorbehaltlos zu eigen gemacht.

Obgleich der Reichskanzler die Anwendung des Artikels 48 für den Notfall angekündigt hatte, gelang es am Ende dann doch „fast wider Erwarten", wie Moldenhauer schrieb[8] und wohl auch Brüning meinte, letztlich infolge des Taktierens Hugenbergs, die Zustimmung der Mehrheit des Reichstags für das Finanz- und Agrarprogramm der Regierung zu erhalten. Die entscheidende Frage, ob man die amtierende Regierung als ein „Kabinett der Mitte" betrachten, in der Opposition bleiben und bekämpfen oder durch Beteiligung „nach rechts drücken" sollte, um „dabei als erstes die unmittelbar und in schwerster Krise stehende Landwirtschaft zu retten", gab unter den Deutschnationalen den Ausschlag und wurde schließlich zugunsten der Regierung entschieden. Die Anwendung des Ausnahmerechts des Reichspräsidenten nach dem Artikel 48 der

Reichsverfassung begann aber schon drei Monate später mit den ersten beiden „einer langen Kette von Notverordnungen zur Deckung des Haushalts".[9]

Nach seinen Äußerungen während der zwanziger Jahre stand Brüning in dem Ansehen, der Befürworter einer soliden Finanzpolitik im Innern wie im Äußern zu sein.[10] Aber die wirtschaftlichen und finanzpolitischen Ansichten, die er in der Vergangenheit vertreten oder angedeutet hatte, liefen eher auf eine landläufige Überzeugung von der Notwendigkeit sparsamer Haushaltsführung hinaus, die sich ebensowohl mit Auslandsanleihen und internationalen Kapitalbewegungen wie mit Reparationsverpflichtungen nicht abfinden mochte. In diesen Hinsichten waren Brünings Vorstellungen offenkundig enger und unbeweglicher als die Luthers, was bei der Erklärung der Entschiedenheit, mit der die Reichsregierung den Deflationskurs einschlug, zu berücksichtigen ist. Doch von Brünings grundsätzlicher und seit langem bezeugter Einstellung zu den Reparationsleistungen Deutschlands – und dem Vertrag von Versailles insgesamt – führte keine lineare Entwicklung zur Reparationspolitik der Jahre 1930–32,[11] die infolge des Zusammenwirkens mehrerer Faktoren in mehreren Phasen zu Ergebnissen gelangte, die in dieser Form weder von langer Hand verfolgt wurden noch so bald angestrebt werden konnten.

So große Mühe sich Brüning in seinen Memoiren auch gegeben hat, die Prinzipien seiner Revisionspolitik darzulegen und einen kausalen Nexus zwischen Intentionen und Ergebnissen zu konstruieren, so wenig eindeutig und klar erscheint doch sein Eingehen auf die Gedanken, die erst gegen Ende 1930 an ihn herangetragen und formuliert wurden. Im Grunde hielt er vorerst auf Beruhigung, um in Übereinstimmung mit der interministeriellen Reparationskonferenz den deutschen Auslandskredit zu sichern, wie es Schäffer und andere geraten hatten. Es beruht kaum auf Fehleinschätzungen der Persönlichkeit, daß sich immer wieder Zweifel an einem deutlichen und entschlossenen Kurs des Reichskanzlers und schon gar an einer starken Politik regten und niemals verstummten, auch wenn man Hugenberg und seinen Anhang einmal außer Betracht lassen wollte. Es mangelt anderseits aber auch nicht an Zeugnissen, die beeindruckende Äußerungen Brünings in langen Gesprächen unter vier Augen oder im kleinsten Kreise belegen, wenn sich der Kanzler ganz auf sein Gegenüber einstellen und Rücksichten auf andere Anwesende fallen lassen konnte. Die bemerkenswerte Anhänglichkeit, die die Staatssekretäre Pünder und – mit stärkerem Abstand – Schäffer bis in ihr höchstes Lebensalter dem Reichskanzler gegenüber an den Tag legten, mag auf eine Reihe von Erlebnissen dieser Art zurückgehen. Doch die Widersprüchlichkeit mancher Äußerungen Brünings zu verschiedenen Gelegenheiten und aus unterschiedlichen Anlässen ist offenkundig und dürfte wohl einigen Zeugen seiner komplizierten, wenn auch indulgenten Darlegungen nicht entgangen sein.

Immerhin hielt sich Brüning länger und kam er um mehr politische Klippen herum, als auch illusionslose Beobachter, zu denen anfangs Luther gehörte, angenommen hatten. Aber im Grunde wechselten die nachweisbaren Zielsetzungen in erstaunlich kurzer Zeit unter dem doppelten Eindruck der fortschreitenden Krise und der sich formierenden Gegner, die auseinanderzumanövrieren Brüning nie unterließ, was seiner Politik mehr und mehr den Stempel aufdrückte. Doch der wahre Inhalt des Dramas dieser Jahre liegt in dem Ringen um eine andere Entscheidung, die bislang verdeckt geblieben ist: Sollte in der Krise der Primat der wirtschaftlichen Interessenten über die Regierung oder ein Primat der Regierung über die Wirtschaft errichtet werden? Ohne das Auftauchen dieser Frage und ohne gewisse Vorentscheidungen wären schließlich auch die Ereignisse des Jahres 1933 kaum so abgelaufen, wie sie dann tatsächlich abgelaufen sind.

II. Wirtschaftspolitische Problemlage im Sommer 1930

Die Entwicklung auf der agrarischen Seite war durch das von der Regierung verkündete, vom Reichspräsidenten geförderte „Ostprogramm" für die Landwirtschaft der preußischen Ostprovinzen in Gang gekommen. Im Hinblick auf die Durchführung und die dadurch berührten Verwaltungspraktiken entstanden jedoch Kontroversen, die in den folgenden Jahren weder beendet noch gemildert werden konnten, sondern sich zu Konflikten zuspitzten. Reichskanzler und Reichsregierung verfügten schon im Anfang über keine zweifelsfrei führende Rolle in der wechselvollen Entstehungs- und Entwicklungsgeschichte dieses Ostprogramms.

Die Verhandlungen Silverbergs über die zweckmäßigste Konstruktion der Kreditvermittlung folgten einer sorgsamen Abwägung der Gesichtspunkte und endeten in einem Kompromiß, nachdem sowohl die Widersprüche aus dem RDI, die anfängliche Ablehnung durch die Reichsregierung und auch Einwände aus der Landwirtschaft selbst den Grundgedanken des Projekts nicht zerstört hatten. Dem Ganzen lag die Erwartung zugrunde, durch die Osthilfe großen Stiles eine Kaufkraftstärkung der von der Landwirtschaft Lebenden, eine bedeutsame Konsumsteigerung und gar eine Abwendung der wachsenden Arbeitslosigkeit auf dem flachen Lande einzuleiten. Silverbergs Plan lief also auf einen beträchtlichen Ausbau des inneren Marktes in Ergänzung zu den Exportmöglichkeiten der deutschen Industrie hinaus, wobei die in der ostdeutschen Landwirtschaft liegenden Möglichkeiten von Anbeginn weit überschätzt wurden. Allerdings gaben Überlegungen zugunsten des Zusammenwirkens von Industrie und Landwirtschaft stets den Ausschlag.

Dem tragenden Gedanken entsprach die Konstruktion, aus der Aufbringung der Industrieumlage Darlehen zu vergeben, deren sukzessiver Abbau von der Landwirtschaft späterhin erwartet wurde, die man also nicht als dauernde oder verlorene Subventionen betrachtete. Damit trat die zur Durchführung des Dawes-Planes 1924 gegründete Bank für deutsche Industrieobligationen nunmehr als Gläubigerin der beliehenen Betriebe bzw. als Vermittlerin industrieller Kredite an agrarische Kreditinstitute in Erscheinung. Sie übernahm mithin die Führung und Kontrollfunktion innerhalb der gesamten Kredithilfe zugunsten der ostdeutschen Landwirtschaft.[12] Die Interessen der Landschaften mit ihren Banken, die sich in kritischer Lage befanden, wurden ihr untergeordnet. Sie trat aber auch in eine ideelle und reale Konkurrenz zur Preußischen Genossenschaftskasse, als deren Präsidenten die preußische Regierung in Klepper einen der schärfsten Kritiker der ostelbischen Großgrundbesitzer eingesetzt hatte.[13] Wie

Staatssekretär Schäffer nach einem Gespräch mit Klepper feststellte,¹⁴ wollte die Preußenkasse aus mancherlei Gründen, auch in Anbetracht ihrer eigenen ungünstigen Finanzlage, bei der Durchführung des Ostprogramms weitgehend ihren Einfluß sichern. Dies war natürlich nur mit Hilfe der preußischen Regierung möglich, die auch für die Landwirtschaft in den Ostgebieten zuständig war, aber erhebliche Aufwendungen für ein großes Agrarprogramm, gleich welcher Art, aus eigener Kraft gar nicht finanzieren konnte. Industrie und Landwirtschaft verband der Gedanke einer vollständigen Sicherung des der Umschuldung dienenden Zweckvermögens vor Zugriffen des Staates, dem die Konstruktion der Obligationenbank entsprach, die nur durch ein besonderes Reichsgesetz hätte geändert werden können. Hingegen befürchtete man über die unter preußischem Einfluß stehende Preußenkasse eine unbeeinflußbare Verwendung der Sanierungsmittel nach Gesichtspunkten der preußischen Politik.¹⁵

Die Ostmaßnahmen und die Agrarsubventionen hatten jedoch noch keine greifbare Gestalt angenommen, als Mitte Mai 1930 bereits erste Gerüchte von einer Umbildung der Regierung Brüning im „Herbst" umliefen,¹⁶ da sie vor ihrer ersten Schwierigkeit stand. Die erste große Entscheidung der Regierung, die die Reichsfinanzen konsolidieren und die wirtschaftliche Lage durch einschneidende Maßnahmen auf wirtschaftlichem, finanziellem und sozialem Gebiet bessern sollte, erstreckte sich zunächst auf Ausgabensenkungen im gesamten öffentlichen Bereich. Die Regierung versuchte, einerseits ihr Versprechen einer Sicherung des Reichshaushalts zu erfüllen, anderseits dem ständigen Drängen der industriellen Interessenten nach Kostensenkung nachzukommen und den wiederholt konstatierten „klaffenden Unterschied zwischen Rohstoffpreisen und den Selbstkosten für industrielle Erzeugnisse" Deutschlands¹⁷ zu mindern, um die Exportaussichten der deutschen Industrie zu verbessern. Die Dominanz des Exportinteresses entsprach allerdings auch den Prinzipien der Reparationsregelungen sowohl nach dem Dawes- als auch nach dem Young-Plan, was der Reparationsagent Parker Gilbert in den vergangen Jahren mit der strikten Forderung nach „productiveness" der deutschen Wirtschaft wiederholt in Erinnerung gerufen hatte. Sie ließ sich schon aus diesem Grunde nicht ohne weiteres abweisen, auch wenn sie mit Opfern in der Innen- und in der Sozialpolitik verbunden war.

In der Tat konnte Deutschland im Jahre 1930 eine positive Handelsbilanz erreichen. Doch der Preis erschien von Anbeginn hoch, obgleich die Auswirkungen der fortschreitenden weltwirtschaftlichen Krise noch gar nicht erkannt wurden. Gilsa schrieb: „Alle diese Maßnahmen werden vielleicht nicht ohne innere Erschütterungen und Unruhen durchgeführt werden können; wenn man aber von vornherein energisch zupackt, dürfte die Ruhe und Ordnung wohl bald und endgültig wiederhergestellt werden."¹⁸ Als sichernde Voraussetzung betrachtete Gilsa, „daß einmal die loyale Zusammenarbeit Brünings mit den Rechtskreisen fortbesteht und daß die Person des Reichspräsidenten als Rückhalt des Ganzen uns erhalten bleibt." Er behauptete auch, „daß ihm Abmachungen zwischen Hindenburg und Groener" über eine Nachfolge in der Reichspräsidentschaft „im Falle ernster Erkrankung" zu Ohren gekommen seien. Bei einem gewöhnlich gut unterrichteten Manne wird man den Wert dieser Mitteilung, obgleich er sie nicht authentisch wiedergab, nicht unterschätzen dürfen, mag auch das Wort „Abmachung" in diesem Zusammenhang eine etwas saloppe Konkretisierung sein. Im Grunde war indirekt die Frage des künftigen Reichspräsidenten als Frage einer Nachfolge Hindenburgs aufgeworfen.

Die an Reusch gehenden ausführlichen Berichte des Reichstagsabgeordneten v. Gilsa liefern eine Chronik der sich mehrenden Probleme, der die Ruhrindustrie zu begegnen versuchte. Die Enttäuschung über den Reichsfinanzminister Moldenhauer resultierte aus einer erneuten Gefährdung des Haushaltsausgleichs, diese aus der rasch zunehmenden Arbeitslosigkeit, die auf der einen Seite Steuerausfälle, auf der anderen neue Belastungen durch die Erwerbslosenfürsorge brachte. Während der ersten 26 Wochen nahm sich der Arbeitslosen die auf Reichszuschüsse angewiesene Reichsanstalt für Arbeitsvermittlung und Arbeitslosenfürsorge an; danach fielen sie den Ländern und Gemeinden, die die Krisenunterstützung übernahmen, und nach einem Jahr Dauerarbeitslosigkeit ausschließlich der Wohlfahrtsfürsorge der Kommunen zur Last. Noch ehe die Gemeinden als Endglieder dieser irreversiblen Belastungskette[19] über ihre Spitzenverbände die schärfsten Proteste erhoben, drückte die Industrie ihre Befürchtungen aus angesichts der in der Krise fortschreitenden Erhöhung der Arbeitslosen- und Arbeitslosenversicherungslasten. In ihrer ständigen Sorge um die Kostengestaltung stand sie infolge der Krisenwirkungen auf dem Weltmarkt unter starkem Preisdruck. Ein Ausweg, der erörtert und schließlich auch eingeschlagen wurde, schien darin zu liegen, die durch Absatzschwierigkeiten bedingte unvermeidbare Preissenkung mit einer Lohnsenkung großen Stils zu verknüpfen. Damit sollte auch eine Steuererhöhung in Anbetracht der zunehmenden Belastungen des Reiches unterbunden werden. Dies bedeutete einerseits Ausgabensenkung, andererseits Lohn- und Gehaltskürzungen in der Wirtschaft wie im öffentlichen Dienst, wofür die fällige Preissenkung als Gegenleistung angeboten wurde.

Das volle Ausmaß der bevorstehenden Schwierigkeiten und Umfang wie Dauer der Krise wurden von keiner Seite vorausgesehen. Insofern erscheint es auch nicht berechtigt, daß Moldenhauer sich als das Opfer der Wende hinstellt, weil man „für die seelische Erschütterung einen Sündenbock" suchte, während er andererseits doch bemerken muß, daß man „damals" noch gar „kein Verständnis dafür" hatte, „in wie starkem Maße wir in die Weltwirtschaftskrise hineingerissen wurden und daß kein Finanzminister die Dinge im vollen Umfange hätte voraussehen können [. . .]."[20] Das traf gewiß zu. Man achtete in Deutschland noch wenig auf die Auswirkungen der Vorgänge in den Vereinigten Staaten. Daher wird auch nicht behauptet werden können, daß der Fehlschlag Moldenhauers in irgendeiner Beziehung zur Weltwirtschaftskrise stand. Wenn sich der Reichsfinanzminister nachträglich bescheinigte, daß er vorher „etwas zu optimistisch gewesen sei", so lag dem offenbar die Annahme einer raschen Beruhigung im internationalen Geldverkehr zugrunde, mit der man im Frühjahr 1930 weithin auch außerhalb Deutschlands rechnete.[21] Nur so läßt sich erklären, daß der Haushaltsausgleich mit Rücksicht auf die Auslandskreditfähigkeit vorangetrieben wurde. Im Grunde wirkten sich jetzt die Folgen jener Schwierigkeiten im Dezember 1929 aus, die Moldenhauer Schacht gegenüber mit Zusagen überbrückt hatte, um Hilferding abzulösen, die nun aber, nach den finanzpolitischen Anstrengungen der letzten Monate, nicht eingehalten werden konnten. Die Beschäftigungslage hatte sich verschlechtert, und das Steueraufkommen war zurückgegangen, so daß nur die von Zarden entwickelte Idee einer Kürzung der Beamtengehälter übrig blieb, wenn man eine generelle Steuererhöhung oder „neue Steuern auf die Produkte" vermeiden wollte. Angesichts der nachlassenden Konsumtion und im Zusammenhang mit einer Preissenkungspolitik größeren Ausmaßes kamen steuerliche Belastungen des Konsums natürlich erst recht nicht in Betracht; allerdings versuchte die Regierung später, in der Getränkebesteuerung Länder und Gemeinden auch in diese Richtung zu drängen, um Einnahmeausfälle auszugleichen.

Auf dem Wege der ordentlichen Gesetzgebung, im Rahmen seiner verfassungsrechtlich gegebenen Gesetzgebungskompetenz konnte das Reich eine allgemeine Kürzung der Beamtengehälter und Pensionen vornehmen. Doch erst die Verknüpfung mit der generellen Lohn- und Gehaltssenkung und einem Preisabbau gab dieser Maßnahme den rechten Sinn und milderte psychologisch ihre soziale Härte. Hierfür reichte indessen die Gesetzgebungskompetenz des Reiches nicht aus; zudem hätte sich im Reichstag keine ausreichende Mehrheit gefunden, die einen derartigen Weg beschreiten wollte.

Mit Hilfe des Artikels 48 zu regieren, „wenn hier irgendwelche Schwierigkeiten auftreten sollten", war auch für Gilsa ein denkbarer, wenn auch noch nicht zwangsläufiger Ausweg.[22] Die gleiche Quelle überliefert das erste Mal den Gedanken, durch derartig umfassende „Wirtschaftserleichterungen" ein weiteres Ziel zu erreichen, nämlich am Ende auch „zu einer Revision des Neuen Planes zu kommen". Falls es gelänge, „unsere Produktionskosten stark zu senken, werden wir unseren Gläubigermächten ein so unangenehmer Konkurrent auf dem Weltmarkt werden, daß sie bald die Unsinnigkeit ihrer Reparationsforderungen fühlen werden."

Um diese Vorhaben auszuführen, war das Zusammengehen von Landwirtschaft und Industrie geboten, mit den Aussichten für die Durchsetzung des Ostprogramms zunächst auch gesichert. Unter diesen Voraussetzungen eröffneten der ehemalige Reichswirtschaftsminister v. Raumer und andere Vertreter des RDI wie der Vereinigung Deutscher Arbeitgeberverbände (VDA) Verhandlungen mit den Gewerkschaften, um das Lohn- und Preissenkungsprogramm auf breiter Basis abzusichern und eine künftige Einigung in Tarif- und Arbeitslosenversicherungsfragen anzubahnen. Der Zeitpunkt für diesen Versuch, Gemeinsamkeiten der Zentralarbeitsgemeinschaft von 1918 erneut in Erinnerung zu bringen, war günstig. Alle Gewerkschaften litten ebenso unter der Wirtschaftskrise und der nachlassenden Beschäftigung wie die großindustriellen Unternehmer,[23] so daß Lohnherabsetzungen in Verbindung mit wirksamen Preissenkungen nicht mehr undurchführbar erschienen, sofern eine Minderung der Arbeitslosigkeit zu erwarten war. In Frage stand nur der Gesichtspunkt, der auch angeführt wurde, daß die Gewerkschaftsseite stärkerem Druck unterliege und früher nachgeben müsse.

Die Unterhändler des ADGB wollten sich jedoch nicht auf eine Stützung der Regierung Brüning festlegen, sondern eine Vereinbarung durch die Autorität des Reichspräsidenten absichern lassen. Die generelle Lohnkürzung, die erörtert wurde, galt indessen als Voraussetzung eines Opfers aller Festbesoldeten, das die Beamten des Reiches einschloß und die Haushaltslücke ohne Steuererhöhung decken sollte. Die Führer der Gewerkschaften bestanden darauf, daß Preissenkungen den Lohnkürzungen vorausgingen und daß Steuersenkungen nachfolgten. Dem widersetzte sich die Gegenseite, die indessen in all diesen Fragen gespalten war und zu einem Teil nur mit Vorbehalten die Bemühungen Raumers verfolgte. Zu einer Umkehr der von ihnen verlangten Reihenfolge ließen sich die Freien Gewerkschaften aber nicht gewinnen; ein Nachgeben hätten sie wohl auch zu diesem Zeitpunkt schwerlich vor ihren Mitgliedern vertreten können.[24]

Die Verhandlungen scheiterten; doch die öffentliche Bekundung des angestrebten Einvernehmens deutet darauf hin, daß der Bruch zwischen Arbeitgeber- und Gewerkschaftsseite weder als endgültig noch als länger anhaltend verstanden wurde. Er war es auch nicht, wie spätere Verhandlungen über ähnliche Fragen bezeugen. Im Oktober 1930 wurden die Gespräche über Preis- und Lohnsenkungen wieder aufgenommen,[25] die nach wechselnden Aussichten und nach dem Abschwenken der Christlichen Gewerkschaften auf eine Nebenlinie Anfang Februar 1931 wieder abbrachen.[26] Danach bemühte sich der ADGB um engere Anlehnung an die Reichsregierung, um die Bemühungen um eine Revision der Reparationsverpflichtungen ebenso zu unterstützen, wie der RDI dies tat.

Trotz unterschiedlicher Auffassung in der Beurteilung der Situation lassen sich jedoch schon im Juni 1930 Anspielungen auf die Inaktivität oder auch Ratlosigkeit der Regierung nicht übersehen, die die großen wirtschaftlichen Organisationen zu eigenem Handeln herausforderte. Die Kritik verbreitete sich allerdings mehr im Blick auf die nächste Zukunft als im Rückblick auf die letzten Ereignisse. Da die Verhandlungen zwischen Arbeitgebern und Gewerkschaften scheiterten, meinte Gilsa, daß man sich nun mit reichsgesetzlichen Regelungen abfinden, daß die Reichsregierung ermächtigt werden sollte, laufende Tarifverträge zu kündigen, neue Verhandlungen zu führen und gegebenenfalls Schiedssprüche für verbindlich zu erklären.[27] Allerdings stellten sich sogleich Bedenken ein, wenn der Fall bedacht wurde, daß auch später eine Linksregierung die Ermächtigung nutzen und Maßnahmen gegen die Unternehmer treffen könnte. Das Kernproblem der Situation lag eben darin, daß eine kraft großer Vollmachten operierende Reichsregierung, die sich im wachsenden Umfang wirtschaftlicher Fragen annahm und sie zu regeln versuchte, auch die Interessenorganisationen, die derartige Regelungen herbeiführten, in eine sekundäre Rolle verwies. Sie vermochten sie dann nur auf Gedeih und Verderb zu unterstützen oder mußten versuchen, sie durch eine andere, aber ihnen verbundene Regierung zu ersetzen.

Damit ist auch das Prinzip bezeichnet, das sich in der Richtung, die die politische Entwicklung nahm, beobachten läßt, nachdem die Reichsregierung die ersten außerordentlichen wirtschaftspolitischen Ermächtigungen erhalten hatte. Sobald sich die Reichsregierung als unsicher, schwach oder unzulänglich erwies, lag den Interessenten daran, eine Alternative nach links zu unterbinden; dies führte auf die Dauer zur fortgesetzten Förderung von Rechtstendenzen. Zunächst und noch auf längere Sicht hatte dies jedoch nichts mit einer Unterstützung der Nationalsozialisten zu tun. Gilsa sagte am 17. Juni voraus, daß Moldenhauer zurücktreten müsse. „Vielleicht kommt keine Regierungskrise, dafür aber eine Reichstagsauflösung". Aber er glaubte nicht an einen Erfolg der Regierungsparteien, so daß die Regierung, wie er meinte, sich doch wohl nicht für eine Auflösung des Reichstags entscheiden werde. „Kommt es aber trotzdem zu einer Reichstagsauflösung, so müssen die Dinge eben durchgefochten werden, selbst auf die Gefahr hin, daß uns noch Schweres bevorsteht."

Die Nachrichten, die von einer Umbildung der Regierung sprachen, schienen teils auf eine Erneuerung der Großen Koalition mit der SPD hinzudeuten, teils aber auch auf eine engere Konzentration zwischen der Rechten und der Mitte. Die Namen Bracht, Luther und Schacht wurden genannt. Es mag sein, daß die Unbeirrbarkeit des Reichspräsidenten, der zu diesem Zeitpunkt an Brüning festhielt, eine Ausweitung der Erörterungen verhinderte, so daß nur die Auflösung des Reichstags übrig blieb. Doch das Ansehen Brünings wie der Respekt vor seiner Regierung waren erschüttert. Die Anfänge einer sich allmählich ausbreitenden Opposition gegen dieses Kabinett lassen sich deutlich erkennen, die der Gegnerschaft des deutschnationalen Parteiführers Hugenberg neuen Auftrieb gab. Es erscheint nicht unangemessen, die Ereignisse der nächsten beiden Jahre und die rasche Veränderung der wirtschaftlichen Lage auch in dem Aspekt zu betrachten, ob sie eine Beschleunigung oder eher eine Verzögerung in dem Prozeß der Fortbildung der Opposition bewirkten. Für die Monate nach der Entscheidung für eine Neuwahl des Reichspräsidenten traf gewiß das erste zu; für die Zwischenzeit läßt sich dies jedoch nicht feststellen.

III. Notverordnung, Reichstagsauflösung und Neuwahl

Die schwerwiegende Entscheidung, mit Hilfe des Reichspräsidenten und mit dem Artikel 48 den Haushaltsausgleich herbeizuführen,[28] vor der Luther noch während einer Fahrt nach Basel aus seinem Zuge eindringlich warnte, weil er ein ungünstiges Echo auf eine deutsche Finanzdiktatur im Ausland befürchtete,[29] erscheint zumindest zu diesem Zeitpunkt überaus unglücklich. Brüning stieß Warner und Mahner vor den Kopf; er wartete auch das Ende der unter zunehmenden Schwierigkeiten geführten Verhandlungen zwischen Arbeitgebern und Gewerkschaften nicht mehr ab. In der nachfolgenden Auseinandersetzung im Reichstag ging dann die Verbindung zur Sozialdemokratie völlig verloren, entschied sich aber die Mehrheit der Deutschnationalen gegen die Regierung. Ihrer Niederlage folgte die Auflösung des Reichstags, die jedoch weithin Ungewißheit und Unsicherheit hinterließ, jedenfalls nicht als Ausdruck der Stärke des Reichskanzlers erschien.

Die sich schnell verschlechternde Wirtschaftslage, Steuerausfälle und die Vergrößerung der Arbeitslosigkeit schlugen sich schon wenig später in einer düsteren Prognose über die Reichsfinanzen nieder,[30] die zum Jahresultimo 1930 wieder ein ähnlich prekäres, eher größeres Kassendefizit ankündigte, als 1929 entstanden war. Die umkämpften Gehaltskürzungen büßten ihre Bedeutung als rettendes „Notopfer" ein; die schweren Wellen der Krise überrollten schon nach wenigen Wochen das lange und heftig umkämpfte „Opfer". Die Regierung Brüning wollte ihrer ursprünglichen Geschäftsgrundlage nach eine Regierung der Sanierung und der finanzpolitischen Reformen nach

Annahme des Young-Plans sein. Sie brachte den Haushaltsausgleich für das laufende Jahr nur mit Hilfe des Artikels 48 zustande; aber schon stand weitaus Schlimmeres bevor.

Schäffer erblickte den nächsten Ausweg in einer neuen Auslandsanleihe, diesmal vom New Yorker Bankhaus Lee, Higginson & Co. Mit Luther stimmte er in der Annahme überein, daß die wirtschaftliche Krise länger anhalten werde und ihre Beendigung durch eine Konjunktur von der Art der Jahre 1927 und 1928 nicht zu erwarten sei. Schäffer deutete eine internationale Orientierung in dem Gedanken an, für Länder, die noch erschlossen werden müßten, Kredite zu mobilisieren und die wirtschaftliche Entwicklung in einen weiteren Rahmen hineinzuführen, während sich der Reichsbankpräsident auf seine Bemerkungen von Eilsen im Vorjahr[31] bezog und die Hebung des Konsums empfahl. Obgleich mit Lohn- und Preissenkungen im Grunde der Deflationskurs bereits eingeschlagen war, hielt Luther auch in der „Reinigungskrise" des kapitalistischen Wirtschaftssystems an diesem Gedanken fest.

Der Ausgang der Reichstagswahl am 14. September veranlaßte Schäffer, für eine beschleunigte Kreditaufnahme im Ausland zu sorgen.[32] Anfang Oktober hatte er sein Ziel erreicht und eine Anleihe des Reiches in Höhe von 125 Millionen $ (mehr als eine halbe Milliarde RM) gesichert, die ein Konsortium unter Führung von Lee, Higginson & Co. aufbrachte, die größte Auslandsanleihe, die der Reichskasse jemals zugeführt wurde. Es läßt sich kaum darstellen, wie das schwere Krisenjahr 1931 ohne diese beträchtliche Auslandshilfe verlaufen wäre. Daß sich Schäffer wegen der Reaktionen in der Bankwelt zu Recht sorgte, bestätigte die Mitteilung Luthers über das Alarmzeichen erster größerer Devisenabzüge. Die Konsequenzen, die beide hieraus zogen, waren allerdings unterschiedlicher Art. Während Luther die äußerste Rechte „vor die Notwendigkeit einer praktischen Arbeit stellen", also doch wohl an die Reichsregierung heranziehen wollte, damit sie sich nicht auf „wirtschaftspolitisch unmögliche Theorien" festlegte, erkannte der um die Anleihe bemühte Schäffer, daß eben diese Rechte „durch die Art ihres Auftretens ihren Kredit im Auslande" bereits erschüttert hatte.

Das Wahlergebnis, das außerhalb des politischen Katholizismus den Niedergang der in den Fragen über Einigung oder Neuformierung in aussichtslosen Kontroversen zerfallenden Parteien dokumentierte und die Nationalsozialisten als größte und in raschem Aufschwung befindliche Gewinner auswies, kam für die meisten Beobachter völlig überraschend. Blanks Warnung vor Voraussagen wurde bestätigt und seine Ahnung, daß NSDAP, KPD und SPD allen anderen Parteien gegenüber die Mehrheit darstellen könnten,[33] sogar übertroffen. Schäffers Befürchtungen hatten die NSDAP erst in der Größenordnung einer Mittelpartei – und nicht schon an zweiter Stelle – aus der Wahl hervorgehen sehen.[34] Koch-Weser und Curtius zeigten sich ähnlich konsterniert wie die Zentrumsführung und die Volkskonservativen. Reuschs Engagement zugunsten der großen „Sammlungspartei", auch über die Presseorgane, in denen er Einfluß besaß, war unmittelbar vor der Reichstagswahl ebenso beachtlich wie vergeblich gewesen. Er sagte von sich selbst, er habe auf die Parteiführer „die stärksten Druckmittel angewendet, die überhaupt anzuwenden waren".[35] Damit meinte er wohl in erster Linie Scholz, dem sich Koch-Weser immer wieder entzog, wohl auch die BVP Fritz Schäffers. Doch bis zur

Wahl hatte diese Aktion nicht mehr als eine Vereinbarung der Volkskonservativen und der DVP in Hinsicht auf einen gemeinsamen Wahlaufruf ergeben. Das bescheidene Ergebnis beweist die Erfolglosigkeit der Bemühungen selbst eines der scheinbar mächtigsten Industriemagnaten gegenüber verschiedenartigen „bürgerlichen" Parteien.

Dies alles ließ den Versuch einer politischen Koordination durch den Reichskanzler von vornherein äußerst schwierig erscheinen. Auf längere Sicht wirkte sich zudem die Haltung des Reichsjustizministers Bredt im sogenannten Reichswehrprozeß vor dem Reichsgericht verhängnisvoll aus. Seine übertriebene Zurückhaltung und die Art der Verhandlungsführung durch den Senatsvorsitzenden boten Hitler die überraschende Gelegenheit, mit dem Wahlerfolg in die Zone der Mentalreservationen einzudringen und mit seinem sogenannten „Legalitätseid" eine kaum zu überschätzende Rolle vor der Öffentlichkeit zu spielen.[36] Der Reichskanzler selbst und der Reichswehrminister traten in unmittelbare, wenn auch jetzt wie später zu keinen greifbaren Ergebnissen vorstoßende Verhandlungen mit Führern der NSDAP ein. Die innerpolitische Lage war von Grund auf verändert.

Eine Wiederherstellung der Großen Koalition schien manchem Betrachter vernünftig und auch greifbar. Schäffer, der schon vorher die maßvolle Haltung der SPD – bis auf die Frage der Arbeitslosenversicherung – hervorgehoben hatte, erörterte diesen Gedanken, erkannte freilich die rechnerisch erforderliche Einbeziehung der Wirtschaftspartei als Hemmnis.[37] Ähnliche Überlegungen stellte auch Kastl im Vorstand des RDI an,[38] der sich schon vorher zu Staatssekretär Pünder gegen eine Beteiligung der NSDAP ausgesprochen hatte, wohl aber dafür, daß Reformen „parlamentarisch im neuen Reichstag" verankert würden, was rechnerisch nur mit Hilfe entweder der NSDAP oder der SPD möglich war. Der aus der DNVP ausgeschiedene ehemalige Reichstagsabgeordnete Hoetzsch hielt sogar einen sozialistischen Reichskanzler für unumgänglich.[39] Tatsächlich unternahm Brüning Schritte, um seine Regierung mit Hilfe Otto Brauns durch Bindung der Sozialdemokraten zu stärken.

Die Volkskonservativen waren nach ihrem eklatanten Fehlschlag kaum noch geeignet, die Einhaltung einer scharfen Distanz zwischen der Regierung und der SPD durchzusetzen und dafür die Absicherung nach rechts zu gewährleisten. Die Unterrichtung des bayerischen Gesandten durch Pünder enthielt die hoffnungsvolle Mutmaßung, daß in den nächsten Wochen eine Verbindung zwischen Reichs- und preußischer Regierung und darüber hinaus eine Festlegung der SPD auf den Regierungskurs gelingen werde, so daß „damit die Gefahr einer, wenn auch verfassungsmäßigen Diktatur, die sonst drohen würde, gebannt wird."[40]

Der Reichspräsident ließ jedoch gleich nach der Wahl den Reichskanzler wissen, daß er einen Rücktritt des Kabinetts auf gar keinen Fall annehmen werde, um jede Erwägung in diese Richtung abzuschneiden. Das konnte und sollte wohl eine Rückenstärkung des Reichskanzlers gegenüber dem Aufschwung der NSDAP bedeuten, schließt aber eine ebensolche Überlegung hinsichtlich der SPD nicht aus. Tatsächlich verhandelte Brüning, seinem eigenen Zeugnis zufolge, nur kurz mit der SPD, danach mit nationalsozialistischen Führern, was offenbar sowohl dem Versuch der Erkundung als auch dem hinhaltenden Taktieren diente.[41]

Im Hinblick auf die SPD war die Einigung nicht allzu schwierig. Die Zusage der Duldung seiner Regierung im Reichstag verschaffte dem Reichskanzler, neben der Zusage Hindenburgs, eine zweite Garantie. Daß die sozialdemokratische Parteiführung nicht für seine Politik Stellung nahm, bot Brüning den Vorteil, daß auch er sich der SPD gegenüber nicht festzulegen brauchte, was ihn wahrscheinlich über kurz oder lang um die Stützung durch den Reichspräsidenten und einige der hinter den Reichsministern seiner Regierung stehenden Parteien und Gruppen gebracht hätte. Den Mitgliedern und Anhängern der SPD gab die Parteiführung ihren Kurs, der die Regierung Brüning „tolerierte", parlamentarische Angriffe auf sie abwies, aber dennoch für ihre Politik nicht eintrat, mit der dialektischen Begründung bekannt, daß ein Rücktritt oder Sturz des Kabinetts nur zu einer Regierung auf der Grundlage des Notverordnungsrechts des Reichspräsidenten, zu einem Beamtenregime nach dem Artikel 48 oder zu einem Reichskabinett mit Hugenberg und der NSDAP führen würde.[42] Gerade diese deutlich erkannte Möglichkeit zeigt die Überzeugung an, die sich auch in der Masse der Parteiangehörigen zu festigen begann, daß die Regierung Brüning nunmehr gegenüber jeder anderen denkbaren Regierung die bessere, zumindest das kleinere Übel sei. Nachdem der Reichspräsident seine Auffassung und dann die Reichstagswahl die Stimmungen und Strömungen in der wählenden Bevölkerung offenbart hatten, ergriffen nunmehr die Führer der SPD die Möglichkeit, mit der Erhaltung der Regierung ihre politische Redoute zur Verteidigung herzurichten,[43] obgleich sie die Entschlüsse der Regierung weder beeinflussen noch voraussehen konnten. Damit war im Grunde die parteipolitische Konstellation bleibend fixiert, nachdem die Reichstagswahl den Zusammenbruch der Neuformierungsversuche der an der Regierung beteiligten Parteien ergeben hatte und Brüning nur noch wenige Wege offen ließ.

IV. Brüning und Hugenberg

Stetigkeit und Beharrlichkeit zeichneten die andere Seite aus. Der Reichspräsident hielt sich in allen Wandlungen, die die Krise brachte, an seine Veteranen und Gefährten – oder die er dafür hielt – und stand der DNVP politisch und geistig am nächsten, so daß er auch immer wieder in ihren Kreisen nach geeigneten Anwärtern für Ministerämter Ausschau hielt. Allerdings erschwerte seine Abneigung gegen Hugenberg die Verwirklichung seiner Wünsche, die der alte Mann aber doch im Grunde seines wenig wandelbaren Wesens nie aufgegeben haben dürfte. Später behielt oder gewann die DNVP trotz ihrer unsicheren Wahlerfolge eben in den Augen derer Bedeutung, die zwar eine Rechtsregierung wünschten, aber doch Sicherungen gegenüber den Nationalsozialisten erhalten wollten, die von den Regierungen im Reich oder in den Ländern auf die Dauer nicht ausgeschlossen bleiben konnten. In dieser Perspektive wuchs der DNVP eine Schlüsselstellung zu.

Indirekt läßt sich die Verlegenheit des Kanzlers nach dem Wahlergebnis vom 14. September aus den Schilderungen seiner Bemühungen um Hitler und Hugenberg Anfang Oktober 1930 entnehmen. Der Erfolg blieb im ersten Falle überaus fragwürdig, im zweiten gänzlich aus. Vielleicht ohne es ganz so zu wollen, ist Brüning in seiner Darstellung eines weiteren Gespräches unter vier Augen mit Hugenberg am 26. November die deutliche Wiedergabe der Atmosphäre gelungen wie auch der beiden Charaktere, die einander gegenübersaßen. Er nennt dies „die entscheidende Aussprache mit Hugenberg, die über vier Stunden dauerte. Was mir an Menschlichkeit, Liebenswürdigkeit, Wärme und letzter Offenheit im politischen Leben überhaupt je zur Verfügung stand, setzte ich von Anfang an ein, um Hugenberg zu gewinnen." Doch plötzlich „sah Hugenberg nach der Uhr, stand auf und sagte als Abschluß der Unterhaltung mit stereotyper, eiskalter Miene: ‚Ich bin jetzt mehr überzeugt denn je, daß ich immer recht hatte. Deutschland steht mitten in dem von mir vorausgesagten Zusammenbruch. Das ist mir nach Ihren ausführlichen Darlegungen klarer denn je. Deshalb muß ich Sie und das ganze System bekämpfen.' Ich antwortete ihm daraufhin, in der Erkenntnis der Gefahren stimmten wir beide wohl seit langer Zeit überein; ich könne aber nach meiner Auffassung der Politik nicht warten, bis der Zusammenbruch eingetreten sei. Für mich gebe es nur eines: Genau wie im Felde mich dort einzusetzen, wo eine Gefahr noch zu verhüten sei. Ich gäbe trotzdem die Hoffnung nicht auf, doch mit ihm zusammenarbeiten zu können und würde ihn zu häufigeren Aussprachen, in denen ich zu rückhaltloser Auskunft über die jeweiligen Ziele und Phasen der Außenpolitik bereit sei, bitten. Eine kühle, stumme Verbeugung war die Antwort."[44]

Diese Schilderung mit der Darstellung seiner eigenen Rolle dürfte Brüning kaum frei erfunden haben. Sie erlaubt in mehreren Beziehungen Aufschlüsse und Rückschlüsse und läßt nicht nur die Ungewißheiten seiner aufs Taktieren abgestellten Politik durchscheinen. Die Art, wie er dies schildert und sich selbst wiedergibt, wirft auch ein Licht auf die merkwürdigen Einseitigkeiten seines Wesens und seine erstaunliche Phantasielosigkeit in der Einschätzung anderer Menschen und ihrer Eigenarten, auch der Fähigkeiten mancher Parteimänner, denen er sich zu nähern versuchte.

An allen der vielen kritischen Punkte während der Regierung Brüning tritt dieser Gegensatz deutlich zutage. Er bezeugt das Ringen des Reichskanzlers mit Hugenberg um den Anspruch auf die wirkliche Führung der patriotisch gestimmten nationalen Rechten, in dem von Anbeginn die Rücksicht auf die NSDAP und schließlich ihre Einbeziehung in das Kalkül seit September 1930 großen und wachsenden Raum einnimmt. Das erlaubte schließlich Hitler, sich mit eigenem Gewicht an diesem Kampf zu beteiligen, während Brüning sich durch die Pflichten seines Amtes, die Situation im Reichstag und durch manche unaufgebbaren Verbindungen seiner Partei zur Weimarer Koalition gezwungen sah, einen offenen und schroffen Bruch mit der Linken und der Mitte zu vermeiden.

Die rücksichtslos entschiedene, starr anmutende Haltung Hugenbergs schien ihm in diesem Zusammenhang auch eine Daueraufgabe zuzuweisen, der kein Konkurrent innerhalb seiner Partei noch ernsthaft gewachsen war, so daß die in vielen Zeugnissen immer wieder auftauchende Frage nach einer Ablösung des Parteiführers und einer personellen Alternative sich regelmäßig alsbald auch wieder erledigte. Wahrscheinlich hat kein deutscher Parteiführer dieser Jahre außerhalb seines engeren persönlichen Anhangs so viele Antipathien und Zweifel an seiner Persönlichkeit hervorgerufen und Nachteile hierdurch in Kauf genommen wie Hugenberg. Doch die Unwandelbarkeit seiner Eigenarten und Ansichten, zu denen er sich selbst stolz bekannte, und sein engherziges, niemals auf die Sache abstellendes Streben nach Erhaltung und Ausbau seiner Position trugen entscheidend dazu bei, die Parteikrise im Sommer 1930 zu überstehen und womöglich die DNVP länger als politischen Faktor am Leben zu erhalten, als ihr sonst beschieden gewesen wäre. Die Folgen liegen freilich auf der Hand.

Auch den von anderen Seiten kommenden Bemühungen um eine größere politische Sammlung hat sich die DNVP unter Hugenbergs Führung stets versagt und den Anspruch auf die reale oder wenigstens die ideelle Führung der nationalistischen Rechten niemals preisgegeben. In der Tat behauptete Hugenberg, nicht zuletzt mit Hilfe seines eigenen Presse- und Filmkonzerns, ein gewisses Maß an Unabhängigkeit sowohl dem Reichspräsidenten als der Reichsregierung, den schwerindustriellen Ambitionen[45] als auch den agrarischen Interessen gegenüber – im Widerstreit mit allen anderen Parteien. Doch die von ihm – schon seit April 1930 im Hinblick auf „die kommende Reichspräsidentenwahl" – geknüpften Beziehungen zur NSDAP überstanden die Ära Brüning nur für eine kurze Zeit. In Anbetracht der absehbaren innerpolitischen Entwicklung in Deutschland sinken die Augenblickserfolge seiner taktischen und strategischen Schachzüge zur Bedeutungslosigkeit herab, bleibt fürs Ende nur das völlige Scheitern einer Parteipolitik zu konstatieren, die auf ihrem Wege bis zu diesem Punkte mehr als eine andere Kraft dieser Jahre andere Politiker, Kräfte und politische Programme zum Scheitern brachte. Doch der Kreis der Ereignisse, aus dem dieses Fazit zu ziehen ist, liegt außerhalb des zeitlichen Rahmens, den die Thematik hier setzt.

ANMERKUNGEN

1 Dieser Beitrag ist ein Auszug aus der Einleitung zu der Aktenedition *Politik und Wirtschaft in der Krise 1930–1932.* Quellen zur Ära Brüning, eingeleitet v. G. Schulz, bearbeitet v. Maurer, I./ U. Wengst unter Mitwirkung v. J. Heideking (*Quellen zur Geschichte des Parlamentarismus und der politischen Parteien,* Dritte Reihe: Die Weimarer Republik, Band 4), zwei Teilbände. Düsseldorf 1980. – Soweit Aktenstücke der Edition zitiert werden, sind die Nummern für diesen Abdruck durch die Bezeichnungen der Dokumente ergänzt worden; die Literaturhinweise wurden vervollständigt. Der erste Abschnitt bezieht sich auf H. Brüning, *Memoiren 1918–1934.* Stuttgart 1970.

2 Vgl. E. Moreau, *Souvenirs d'un gouverneur de la Banque de France.* Histoire de la stabilisation du franc (1926–1928). Paris 1954, S. 489. Knappe, aber informative Einführung in die Problematik der Gold-Devisen-Währung nach den Vereinbarungen von 1922 bei C. P. Kindleberger, *Die Weltwirtschaftskrise, 1929–1939.* München 1973, S. 62–77. Über Haltung und Politik des Governor der Bank of England, Montagu Norman, neuerdings aufschlußreich J. Monnet, *Mémoires.* Paris 1976, deutsche Übers., *Erinnerungen eines Europäers,* Vorwort von Bundeskanzler Helmut Schmidt. München 1978, S. 120, 133.

3 Die hieraus folgende amtliche wie parteigeschichtliche Überlieferung erklärt auch den geringen

und unzulänglichen Reflex des finanzpolitischen Rahmens in den Forschungen und Darstellungen zur deutschen Zeitgeschichte. K. E. Born, *Die deutsche Bankenkrise 1931.* Finanzen und Politik. München 1967, bezieht sich schon auf die spätere Phase der Ära Brüning. Auch der mit bedeutsamen Beiträgen aufwartende gewichtige Sammelband von H. Mommsen/D. Petzina/ B. Weisbrod (Hg.), *Industrielles System und politische Entwicklung in der Weimarer Republik.* Düsseldorf 1974, steuert außer einigen Hinweisen in dem Einführungsvortrag von W. Fischer, *Die Weimarer Republik unter den weltwirtschaftlichen Bedingungen der Zwischenkriegszeit,* hierzu nichts Wesentliches bei.

4 Hierzu *Staat und NSDAP 1930–1932.* Quellen zur Ära Brüning, eingeleitet von G. Schulz, bearbeitet von I. Maurer und U. Wengst *(Quellen zur Geschichte des Parlamentarismus und der politischen Parteien)* S. XLIIIff., LIVff. sowie die zugehörigen Dokumente.

5 Deutlicher noch als in der Regierungserklärung vom 1. April während der Aussprache, in einer Äußerung des Reichskanzlers am 3. April 1930. *Stenogr. Berichte d. Verhandlungen d. Reichstags,* Bd. 427, S. 4769.

6 Gemeinschaftsgutachten für die Reichsministerbesprechung am 3. April 1930, Anlage zu Tagesordnungspunkt 1, *BA,* Koblenz R 43 I/1443; auch *BA,* Nachl. Pünder/131.

7 Ein weiteres Gutachten des Ministerialdirektors im Reichswirtschaftsministerium Dorn „Zur Frage der Anwendung des Artikels 48 der Reichsverfassung und der Auflösung des Reichstags" wich von dem Gemeinschaftsgutachten Zweigert-Joël etwas ab; es ging aber auch auf eine veränderte Fragestellung ein. In der Sache zog es jedoch keine andersartigen Folgerungen. Dorn verwies auf die etwa zwischen Walter Jellinek und Carl Schmitt einerseits und Gerhard Anschütz andererseits strittige Frage, ob eine Reichsregierung, der bereits ein Mißtrauensvotum erteilt worden ist, die Befugnisorder des Reichspräsidenten gegenzeichnen darf; er stellte jedoch im Hinblick auf eine bereits im voraus gegengezeichnete Auflösungsorder gleiche Meinung mit dem Gemeinschaftsgutachten fest. Im übrigen bestand auch darin Übereinstimmung, daß einer „Geschäftsregierung" die vollen Machtbefugnisse der „normalen Regierung" zukommen.

8 Nr. 55. Bericht Moldenhauers über die Anfänge der Regierung Brüning; *BA,* Nachlaß Moldenhauer 3. Lebenserinnerungen, Ministerzeit III, S. 38ff.

9 U. Scheuner, Die Anwendung des Art. 48 der Weimarer Reichsverfassung unter den Präsidentschaften von Ebert und Hindenburg, in: *Staat, Wirtschaft und Politik in der Weimarer Republik.* Festschrift für Heinrich Brüning, hg. v. Hermens, F. A./T. Schieder, Berlin 1967, S. 274.

10 R. Morsey, Brünings Kritik an der Reichsfinanzpolitik 1919–1929, in: *Geschichte, Wirtschaft, Gesellschaft.* Festschrift für Clemens Bauer zum 75. Geburtstag, hg. von E. Hassinger u. a. Berlin 1974, S. 259–273.

11 Dies ist auch gegenüber der in diesem Punkte noch nicht eindeutigen Darstellung zu unterstreichen, die während der Sammlung der nun vorgelegten Dokumente entstand und schon einige Ergebnisse vorweggenommen hat, G. Schulz, *Aufstieg des Nationalsozialismus.* Krise und Revolution in Deutschland. Frankfurt a. M. 1975, S. 867, Anm. 159, in Verbindung mit S. 599f. Brünings Bericht über die Darstellung seiner Reparationspolitik, die er Hitler am 5. bzw. 6. Oktober 1930 gegeben haben will, ähnelt einer Zusammenfassung der sich variierenden Motivationen zwischen Herbst 1930 und Frühjahr 1932 in der Perspektive des Reichskanzlers, für die es in den überlieferten Akten dieser Zeit allerdings keinen Anhalt gibt. Brüning, S. 192.

12 Zur besonderen Rechtsstellung der Bank für deutsche Industrieobligationen innerhalb der Osthilfe der Kommentar der zuständigen Referenten im Reichswirtschaftsministerium, K. Hamann/H. Hartenstein, *Die Osthilfegesetze.* Eine Darstellung der Osthilfemaßnahmen (Veröffentlichungen des Reichsverbandes der Deutschen Industrie, 59). Köln 1931, S. 73–86.

13 Vgl. H. Barmeyer, *Andreas Hermes und die Organisationen der deutschen Landwirtschaft.* Christliche Bauernvereine, Reichslandbund, Grüne Front, Reichsnährstand 1928–1933 (Quellen und Forschungen zur Agrargeschichte, 24). Stuttgart 1971, S. 131 f.
14 Nr. 66. Aktenvermerk des Staatssekretärs Schäffer über eine Besprechung mit Klepper, 9. 5. 1930; IfZ, München, Nachlaß Schäffer, ED 93.
15 Über den Gegensatz in der Ostagrarfrage vor der „Osthilfe" G. Schulz, Staatliche Stützungsmaßnahmen in den deutschen Ostgebieten. Zur Vorgeschichte der „Osthilfe" der Regierung Brüning, in: *Staat, Wirtschaft und Politik in der Weimarer Republik,* S. 141–204; leicht veränderter Wiederabdruck, Staatliche Stützungsmaßnahmen in den deutschen Ostgebieten in: Schulz, *Das Zeitalter der Gesellschaft.* Aufsätze zur politischen Sozialgeschichte der Neuzeit. München 1969, S. 254–298.
16 Nr. 70. v. Gilsa an Reusch, 17. 5. 1930; *Historisches Archiv der Gutehoffnungshütte* Oberhausen (=HA/GHH) 400101291/4a-Tgb. Nr. 266.
17 Wiedergabe einer Äußerung des Staatssekretärs Trendelenburg über die besonders ungünstigen Exportbedingungen der englischen und der deutschen Industrie, 16. Oktober 1930; Vermerk von Georg Lübsen für Reusch; *HA/GHH* 4001012003/24.
18 v. Gilsa an Reusch, 17. 5. 1930.
19 Vgl. D. Rebentisch, Kommunalpolitik, Konjunktur und Arbeitsmarkt in der Endphase der Weimarer Republik, in: R. Morsey (Hg.), *Verwaltungsgeschichte.* Aufgaben, Zielsetzungen, Beispiele (Schriftenreihe der Hochschule Speyer, 66), Berlin 1977, S. 107–157.
20 Nr. 91. Bericht Moldenhauers über seinen Rücktritt als Reichsfinanzminister am 18. Juni 1930; *BA,* Nachlaß Moldenhauer 3, S. 16–23.
21 Kindleberger, S. 134 ff.
22 Nr. 73. v. Gilsa an Reusch, 24. 5. 1930; *HA/GHH* 400101293/4a-Tgb. Nr. 293.
23 Zahlen zur Lage im Gebiet der „nordwestlichen Gruppe" bei B. Weisbrod, *Schwerindustrie in der Weimarer Republik.* Interessenpolitik zwischen Stabilisierung und Krise. Wuppertal 1978, S. 480. Danach war gegenüber dem Höchststand der Beschäftigtenzahl im Juli 1929 bereits bis Frühjahr 1930 jeder Zehnte arbeitslos geworden. Die Kapazität der Vereinigten Stahlwerke wurde 1929 zu 75,8% ausgenutzt, 1930 nur zu 51,6% (1931: 35,5%, 1932: 23,9%).
24 Zu den Verhandlungen nach den vorliegenden Akten (Nr. 77–82) U. Wengst, Unternehmerverbände und Gewerkschaften in Deutschland im Jahre 1930, in: *VfZG,* 25, 1977, S. 102 ff.
25 Nr. 162. Aufzeichnung über eine Besprechung im Reichsarbeitsministerium, 12. 11. 1930; *BA,* Nachlaß Silverberg 248.
26 Nr. 195. Rundschreiben der Vereinigung der Deutschen Arbeitgeberverbände, 3. 2. 1931; Nachlaß Silverberg 458; Nr. 197. Niederschrift über die Sitzung des Vorstandes des Allgemeinen Deutschen Gewerkschaftsbundes, 4. 2. 1931; Historische Kommission zu Berlin, *ADGB-Akten* NB 3.
27 Nr. 89. v. Gilsa an Reusch, 17. 6. 1930; *HA/GHH* 400101293/4a-Tgb.–Nr. 305.
28 Die Haltung der Parteien ist eingehend dargestellt von K. D. Bracher, *Die Auflösung der Weimarer Republik.* Eine Studie zum Problem des Machtverfalls in der Demokratie (Schriften des Instituts für politische Wissenschaft, 4), Villingen 1960[3] (mehrmals wiederaufgelegt), S. 337 ff.
29 Nr. 108. Telegramm des Reichsbankpräsidenten Luther an Reichskanzler Brüning, 13. 7. 1930; *BA,* R 43 I/2365.
30 Nr. 134. Aufzeichnung des Staatssekretärs Schäffer über eine Unterredung mit Reichsbankpräsident Luther und Reichsbankvizepräsident Dreyse, 12. 9. 1930; Nachlaß Schäffer.
31 Colm, G./H. Neisser (Hg.), *Kapitalbildung und Steuersystem.* Verhandlungen und Gutachten

der Konferenz von Eilsen. Erster Teil (Veröffentlichungen der Friedrich-List-Gesellschaft e. V., 3. Band), Berlin 1930, S. 74f. und S. 114f.

32 Nr. 138. Aktenvermerk des Staatssekretärs Schäffer über eine Besprechung mit Reichsbankpräsident Luther, 18. 9. 1930; Nachlaß Schäffer. Nr. 141. Aktenvermerk Schäffers über eine Besprechung bei Brüning, 22. 9. 1930; Nachlaß Schäffer.
33 Nr. 129. Blank an Reusch, 9. 8. 1930; *HA/GHH* 4001012024/7.
34 Nr. 126. Schäffer an Max Warburg, 2. 8. 1930; Nachlaß Schäffer.
35 Nr. 133. Reusch an Otto Weinlig, 5. 9. 1930; *HA/GHH* 400101293/10b.
36 Staat und NSDAP, S. 159–163, XXXV ff.; P. Bucher, *Der Reichswehrprozeß. Der Hochverrat der Ulmer Reichswehroffiziere 1929/30* (Wehrwissenschaftliche Forschungen, Abt. Militärgeschichtliche Studien, 4), Boppard 1967, S. 278f., 284–294, 298; Erinnerungen mit Dokumenten von Joh. V. Bredt 1914 bis 1933, bearb. von M. Schumacher, *Quellen zur Geschichte des Parlamentarismus und der politischen Parteien, Dritte Reihe, 1*. Düsseldorf 1970, S. 250f.
37 Nr. 138. Aktenvermerk Schäffers über eine Besprechung mit Reichsbankpräsident Luther, 18. 9. 1930; Nachlaß Schäffer. Nr. 126. Schäffer an Warburg, 2. 8. 1930.
38 Nr. 140. Rede Kastls in der Vorstandssitzung des Reichsverbandes der Deutschen Industrie, 19. 9. 1930; *Werksarchiv der Farbenfabriken Bayer AG Leverkusen*, Reichsverband der Deutschen Industrie 62/10, 4d.
39 Nr. 137. Staatssekretär v. Bülow an Reichsminister Curtius, 16. 9. 1930; *PA.AA*, Büro Staatssekretär, RM/1.
40 Nr. 139. Der Bayerische Gesandte Ritter v. Preger an Ministerpräsident Held, 19. 9. 1930; Bayerisches Hauptstaatsarchiv München, Abt. II: *GStA*, Ministerium des Äußeren 103 460.
41 Brüning, S. 187.
42 Nr. 153. Presseerklärung der Sozialdemokratischen Partei Deutschlands, 16. 10. 1930; *Jb. der SPD* 1930, S. 21ff.
43 Dies erkannte und berichtete Gilsa mit deutlichem Mißfallen; Nr. 160. v. Gilsa an Reusch, 30. 10. 1930; *HA/GHH* 400101293/4b.
44 Brüning, S. 210f.
45 Nr. 46. Niederschrift über die Sitzung der Reichstagsfraktion der DNVP; BA, Nachlaß Schmidt-Hannover, 72a. Hugenberg durfte bis in die frühen zwanziger Jahre als Mittler westdeutscher industrieller Einflüsse in der DNVP gelten, geriet dann aber in einen politischen Gegensatz zu Reusch. Daß er, gestützt auf seinen Pressekonzern, seine eigenen Wege ging, hebt K.-P. Hoepke nach Studien im Nachlaß Hugenberg hervor: Alfred Hugenberg als Vermittler zwischen großindustriellen Interessen und Deutschnationaler Volkspartei, in: *Industrielles System*, S. 914ff. Das abschließende Urteil S. 918: „Es hieße, die subjektive Seite der Hugenbergschen Biographie zu verzeichnen, wollte man Hugenberg als Vertreter irgendwelcher spezieller Wirtschaftsinteressen ausweisen. Das schließt nicht aus, daß Hugenbergs Wirken je nach den Zeitumständen merkliche Akzentuierung erkennen ließ."

18. Hitlers *Ermöglichung* und die preußisch-deutsche Geschichte*

KLAUS HILDEBRAND

Es ist nicht angebracht, Hitlers *Ermöglichung* (E. Deuerlein) auf eine Detailanalyse der *Machtergreifung* zu reduzieren und den Untergang der Weimarer Republik zu untersuchen. Ein solches Verfahren würde der übergreifenden Fragestellung kaum gerecht werden. Vielmehr sollen einige Grundzüge der Entwicklung der preußisch-deutschen Großmacht zwischen 1848 bzw. 1862 und 1945 markiert werden, die das soziale und politische Geschehen der preußischen bzw. preußisch-deutschen Nation durchgehend bestimmt haben.

Als für den Verlauf der neueren deutschen Geschichte entscheidend wird dabei häufig auf das Ausbleiben der bürgerlichen Revolution hingewiesen, die das industrielle Bürgertum aus der politischen Bevormundung des Adels und der Krone befreit hätte. „Das Scheitern der achtundvierziger Bewegung", so diagnostiziert *Rudolf Stadelmann*,[1] „war um so verhängnisvoller für die politische Entwicklung der Deutschen, als durch den Rückschlag, der nach jeder Revolution erfolgen muß, der auch in England nach 1660 und in Frankreich nach 1814 eingetreten ist, die inneren Gegensätze verschärft und vergiftet wurden und jener Weg der vernünftigen Reform von oben, den wir als Lieblingsidee der Deutschen kennengelernt haben, nun ganz und gar verrammelt wurde. Eine unübersteigliche Mauer des Mißtrauens erhob sich jetzt erst zwischen bürgerlicher Fortschrittspartei und reaktionärer Regierung, und dieses Mißtrauen übertrug sich auf die kommende proletarische Bewegung. Auch Bismarck, der in seinen außenpolitischen Konzeptionen so großartig die Staatsidee des 18. Jahrhunderts gegen den neuen Nationalismus in Europa auszuspielen verstand, hat infolge seiner romantischen Wurzeln in der Innenpolitik den Weg zum aufgeklärten Reformstaat nicht mehr zurückgefunden und ist dem Gegensatz von Fortschritt und Reaktion verfallen. Das Gift einer unausgetragenen, verschleppten Krise kreist von 1850 an im Körper des deutschen Volkes. Es war die typische Krankheit des ‚Landes ohne Revolution' [. . .]".

Die Inkongruenz von wirtschaftlicher Macht und politischer Herrschaft[2] charakterisierte fortan die Geschichte Preußen-Deutschlands und erklärt zu einem gewissen Teil jene sozialen und politischen Spannungen, die besonders deutlich in den Jahren vor dem Beginn des Ersten Weltkrieges die Existenz des deutschen Kaiserreichs belasteten. Ihnen begegneten die Repräsentanten des „Staates" in Preußen-Deutschland durch jene Politik einer „Revolution von oben", d. h. der „conservation by the use of revolutionary means, of the Prussian aristocratic-monarchical order in a century of increasingly dynamic

---

* Überarbeiteter Textauszug der Seiten 608–617 aus: Hitlers Ort in der Geschichte des preußisch-deutschen Nationalstaates, in: *HZ* 217, 1973, S. 584–632.

economic and social change".³ Nun sollen in diesem Rahmen auf der einen Seite die Ansätze zu einer Parlamentarisierung in der „Ära Bismarck" oder im wilhelminischen Reich keinesfalls übersehen werden. Und auf der anderen Seite dürfen auch nicht die ja ihrerseits gleichfalls durch spezifische krisenhafte Erscheinungen begleiteten Entwicklungen in den westlichen Nationalstaaten allzu stark in normativem Sinne als Vorbild idealisiert werden. Denn es ist ja beispielsweise kaum zu bestreiten, daß sich das Bismarck-Reich im Hinblick auf die sog. Industrialisierung als außerordentlich leistungsfähig und in bezug auf die damit anfallenden „Kosten" im Vergleich mit den nationalen Industrialisierungsvorgängen im England des 18./19. Jahrhunderts oder in der Sowjetunion des 20. Jahrhunderts als relativ human erwies. Schließlich können an dieser Stelle auch nicht im einzelnen – den Grad ihrer historischen Berechtigung als die Frage nach ihrer politischen Funktion sorgfältig abwägend – die außenpolitischen Gründe für die lange Vorherrschaft und für die Dauerhaftigkeit der monarchisch-konstitutionellen Staatsform in Preußen-Deutschland ausführlicher erörtert werden. Dennoch ist bei angemessener Berücksichtigung aller dieser hier nur kursorisch angeführten Überlegungen und Argumente insgesamt doch festzustellen, daß der nicht zu unterschätzende, ja erhebliche Einfluß des Großagrariertums auf die politische und soziale Verhaltensweise der in Generalität, Bürokratie und in der Wirtschaft führenden Schichten für den Weg deutscher Geschichte zu Hitler entscheidend gewesen ist. Dabei wurde jene Politik, „die Herrschaft einer wirtschaftlich nicht mehr lebensfähigen Herrenschicht zu konservieren" (M. Weber), durch ein unter Bismarck virtuos gehandhabtes, später aus subjektiven Zwängen und subjektivem Unvermögen sich vergröberndes und zum Va-banque-Spiel pervertierendes System von Aushilfen ergänzt, das *Wolfgang Sauer* mit dem Begriff der „sekundären Integration"⁴ umschrieben hat. Diese auf Machtstabilisierung ausgerichtete, mit allen Einschränkungen der Verallgemeinerung schlagwortartig formuliert: im Kern antiparlamentarisch orientierte Politik versuchte unter anderem über außenpolitische Erfolge das Bürgertum, aber mehr und mehr auch den vierten Stand, die durch den industriellen Prozeß entstehende Arbeiterschaft, an den „Staat" zu binden. Bismarck gelang es, trotz seiner Konzessionen in der Kolonial- und Englandpolitik der Jahre 1884/85, seine Außenpolitik in ihren letzten Konsequenzen von innenpolitischen Erfordernissen frei zu halten. Dennoch ist aufs Ganze kaum zu übersehen, daß „der Persönlichkeit Bismarcks [. . .] letztlich die Einsicht in die Notwendigkeit und eminent politische Relevanz einer langfristig angelegten inneren Reformpolitik fehlte".⁵

Ohne die Bedingungen des internationalen Systems, die für die Entstehung und Durchführung der wilhelminischen Flottenpolitik ausschlaggebend waren, geringzuschätzen, ist doch bereits in der „Ära Tirpitz" die Indienstnahme des außenpolitischen Hasardspieles um „Weltmacht oder Niedergang" „nicht zu einem geringen Grad auch deshalb" für innenpolitische Zwecke unübersehbar geworden, „weil in der neuen großen nationalen Aufgabe und dem damit verbundenen Wirtschaftsgewinn ein starkes Palliativ gegen gebildete und ungebildete Sozialdemokraten liegt".⁶

Innen- und außenpolitische Rückwirkungen des Tirpitz-Planes gefährdeten indes zunehmend mehr die nationale und die internationale Existenz des Reiches. Ja, heute ist kaum mehr zu übersehen, wenn im Ausmaß auch längst noch nicht abgeschlossen untersucht, daß die Idee einer „Flucht nach vorn" aus vermeintlich unüberwindbar gewordenen inneren Schwierigkeiten ein Stimmungsfaktor gewesen sein mag, der die Gedankenbildung von Teilen der führenden Schichten vor dem Ersten Weltkrieg mitbestimmt hat und indirekt auch auf die politischen oder strategischen Konzeptionen einzelner Persönlichkeiten in der Juli-Krise des Jahres 1914 eingewirkt haben könnte. Anfang Juni 1914 ist diese Stimmung, wie sie vor allem für Kreise des Militärs und der konservativen Elite typisch gewesen sein dürfte, von dem bayerischen Gesandten in Berlin Graf Lerchenfeld nach einem Gespräch mit Reichskanzler v. Bethmann Hollweg, der sich dieser Ansicht entschieden widersetzte, mit folgenden Worten charakterisiert worden:[7] „Die Unterredung kam dann auf den von vielen Militärs geforderten Präventivkrieg. Ich sprach die Ansicht aus, daß für diesen der rechte Augenblick schon versäumt sei. Der Reichskanzler bestätigte dies, indem er die militärische Lage im Jahre 1905 als diejenige bezeichnete, die für uns die größten Chancen geboten hätte. Es gebe aber Kreise im Reich, die von einem Krieg eine Gesundung der inneren Verhältnisse erwarteten, und zwar im konservativen Sinne."

Der Erste Weltkrieg und der in seinem Gefolge geschlossene „Burgfriede" der Parteien stifteten sodann erst einmal ein hohes Maß an sozialer und politischer Integration. „Der Kriegsausbruch ließ alle politischen Gegensätze verschwinden", so hieß es in einem Schreiben des preußischen Kriegsministeriums an die Militärbefehlshaber vom 31. August 1915, in dem Richtlinien für die Behandlung des radikalen Flügels der Sozialdemokratie erlassen wurden.[8]

Erst ab 1916/17 polarisierten sich die politischen Kräfte wieder deutlich sichtbar.[9] Ganz grob skizziert, standen sich dabei zwei Lager gegenüber: Die einen waren innenpolitisch entschlossen, den Status quo zu bewahren und außenpolitisch den „Siegfrieden" zu erringen, die anderen waren innenpolitisch reformerisch orientiert und traten außenpolitisch für den „Verständigungsfrieden" ein. Aus der Sicht der damals für alle wichtigen militärischen und politischen Fragen kompetenten 3. Obersten Heeresleitung[10] nahm sich diese Aufspaltung gegen Ende April des Jahres 1917 – hinsichtlich der quantitativen Einschätzung sicher nicht ganz realisistisch – so aus:[11] *„Augenblicklich* haben wir also in Deutschland in der Auffassung vom Staate zwei Parteien:

1. eine *noch* kleine, bestehend aus einzelnen Führern der Sozialdemokratie und des jüdischen Liberalismus sowie deren fanatischen Anhang. Sie wollen zweifellos die *Republik;* um an Anhang zu gewinnen, fordern sie bessere Ernährung, allgemeine Gleichheit, sofortigen Frieden ohne Annexionen und ohne Entschädigungen – also Spekulationen auf die Massen-Instinkte.

2. eine noch große (vom Konservativen bis zum Liberalen und zur Masse der Arbeiter). Sie will eine kraftvolle Monarchie, einen erfolgreichen Frieden und will unter allen Umständen durchhalten."

Die Gründung der einerseits an Blockbildungen der Parteien im Kaiserreich[12] anknüpfenden, andererseits jedoch von ihren Vorläufern in bezug auf ihre Massenbasis, Programmatik und Agitation unterschiedlichen „Deutschen Vaterlandspartei"[13] im Jahre 1918 verwies bereits auf die totalitäre Bewegung der kommenden Jahre. „Alldeutsche und Vaterlandspartei" waren tatsächlich, wie *Friedrich Meinecke* 1946 rückblickend feststellte[14], „ein genaues Vorspiel für den Aufstieg Hitlers" und sein ins Utopische zielendes „Programm": „The development of the *Vaterlandspartei* demonstrated both the protofascist potential in Germany and its dependence on illusionism".[15]

Ja, schon an der Jahreswende 1917/18 erschien Oberst Albrecht von Thaer, dem Chef des Generalstabes des IX. Reservekorps und „politischem Berater Ludendorffs" die Errichtung der „Diktatur geboten und nötig! Im Inland durchzugreifen und auch nach außen große Politik zu machen! Einen Bismarck müßten wir haben!"[16]

Die 1919 geschaffene Republik galt der Mehrzahl der Vertreter der Führungsschichten in Preußen-Deutschland allerdings kaum als geeignet, jenen Grad an Einheitlichkeit zwischen allen sozialen Schichten und politischen Gruppierungen zu stiften, den sie zur Durchsetzung ihrer Ziele als erforderlich ansahen. Analog zu entsprechenden Bestrebungen auf seiten der extremen Linken gegenüber der Weimarer „Vorbehaltsrepublik" (K. D. Bracher) begann auf seiten der politischen Rechten jene Politik der Distanz, des Widerstandes und der Obstruktion gegenüber dem Staat von Weimar, vor deren gefährlichen Folgen der Direktor der Marineschule Mürwik, Kapitän z. S. von Egidy, bereits vor den Ereignissen der Novemberrevolution des Jahres 1918 gewarnt hatte:[17] „Wir werden gewaltig umlernen müssen [...] Und ich finde, Alles kann man heute vertragen, nur die Leute nicht, die einem jetzt das Umlernen verbauen wollen. Du weißt, wie wir Alle den Ernst Reventlow [...] geschätzt haben, aber jetzt ist er unerträglich. Das ist nicht männlich und ist vor allem nicht vornehm, wenn man abgewirtschaftet hat (und das haben ‚wir') und hat abtreten müssen von der Bühne, den Anderen, die, noch dafür im Moment der Gefahr, eingesprungen sind, dauernd Knüppel zwischen die Räder stecken zu müssen. Denn wir *haben* nun mal abgewirtschaftet [...]".

Indes traten solche Einsicht und Lernbereitschaft auf seiten der Repräsentanten der „nationalen Opposition"[18] nur vereinzelt zutage. Abgesehen von den Jahren der „Ära Stresemann", die mit der Zeit einer weitgehend auslandsfinanzierten Konjunktur zusammenfiel, hielt die überwiegende Mehrheit der führenden Schichten einen „starken" Staat, zumindest eine in ihrem Sinne effektivere Integration für nötig, als die parlamentarische Demokratie sie bot. Im Grunde stimmte „der Rhythmus des parlamentarischen Lebens" während keiner Phase der Weimarer Entwicklung so recht „mit dem der übrigen gesellschaftlichen Kräfte überein", und nicht zuletzt daraus erklärt sich die Funktionsunfähigkeit der deutschen Demokratie in den zwanziger und beginnenden dreißiger Jahren.[19] „Wilhelmian society had been an anarchy, externally controlled by militarism and imperialist pseudosuccesses. The Weimar Republic", so urteilt *Wolfgang Sauer*,[20] „as it emerged from the revolution, was a system of balanced powers, an open anarchy internally controlled by ad-hoc compromises in the fashion of diplomatic alliances."

Indes, die Vertreter der in beiden Gesellschaften tonangebenden Schichten, ostelbischer Grundbesitz und westdeutsches Großunternehmertum, „die Nutznießer des Systems Bismarck", wie *Golo Mann* diesen Tatbestand einmal umschrieben hat,[21] „wollten [die] unvermeidlichen Folgen" der Parlamentarisierung „nicht hinnehmen". Doch angesichts der tatsächlich bestehenden bzw. so wahrgenommenen Bedrohung durch die politische Linke widerstanden nicht nur die Repräsentanten der auf dem

Rückzug befindlichen, nichtsdestoweniger einflußreichen Kaste der „pseudodemokratisierten Rittergutsbesitzer"[22], deren personeller Anteil am Vorgang der „Machtergreifung" im Januar 1933 ja nicht zu unterschätzen ist, dem Parlamentarismus. Sondern auch weite Kreise aus allen Sparten des Industriebürgertums schlugen diesen Kurs ein. Sie konnten die spezifische Erbschaft ihrer in der Reichsgründungszeit einsetzenden und vor allem im wilhelminischen Reich betriebenen Neo-Feudalisierung nicht abstreifen, die „mit der Unterwerfung unter das politische System der autoritären Monarchie zugleich zur Einordnung in die Hierarchie der preußischen Gesellschaft" geführt hatte.[23] Ihre Anpassung an die im Grund vorindustriell, ja, vorkapitalistisch orientierte Gedankenwelt des Landjunkertums, in der „Rang und Titel [. . .] eine größere Durchschlagskraft als Geld und Bildung"[24] besaßen, blieb weiterhin dominierend und reihte sie in die antiparlamentarische Front ein. Die ab 1917 in Deutschland zu beobachtenden politischen Veränderungen trugen dazu ebenso bei, wie die „kopernikanische" Wende dieses Jahres auf internationalem Sektor diesen Grundakkord verstärkte. Denn die Drohung des sozialen Umsturzes hatte nunmehr erstmals mit dem Entstehen des kommunistischen Rußlands real und herausfordernd nationale Form angenommen.[25]

ANMERKUNGEN

1 R. Stadelmann, Deutschland und die westeuropäischen Revolutionen, in: H. Böhme (Hg.), *Probleme der Reichsgründungszeit 1848–1879*. Köln 1968, S. 47.
2 Vgl. dazu auch Th. Schieder, Grundfragen der neueren deutschen Geschichte, in: Böhme, S. 27.
3 O. Pflanze, *Bismarck and the Development of Germany*. The Period of Unification 1815–1871, Princeton 1963, S. 338.
4 W. Sauer, Das Problem des deutschen Nationalstaates, in: Böhme, S. 462 ff., bes. S. 473.
5 F. P. Kahlenberg, Das Epochenjahr 1866 in der deutschen Geschichte, in: M. Stürmer (Hg.), *Das kaiserliche Deutschland. Politik und Gesellschaft 1870–1918*. Düsseldorf 1970, S. 67.
6 A. von Tirpitz, *Erinnerungen*. Leipzig 1919, Zit. nach V. R. Berghahn, Flottenrüstung und Machtgefüge, in: Stürmer, S. 383.
7 *Bayerische Dokumente zum Kriegsausbruch und zum Versailler Schuldspruch*, hg. v. P. Dirr, 3. erw. Aufl. München 1925, S. 113.
8 W. Deist (Bearb.), *Militär und Innenpolitik im Weltkrieg 1914–1918*, Erster Teil. Düsseldorf 1970, S. 253.
9 F. Fischer, *Griff nach der Weltmacht*. Die Kriegszielpolitik des kaiserlichen Deutschland 1914/18. 3., verb. Auflage Düsseldorf 1964, bes. S. 428 ff.
10 Zur „Diktatur"-These im Zusammenhang mit der Beurteilung der Politik der 3. Obersten Heeresleitung vgl. Deist, S. LXIV ff.
11 Deist, Zweiter Teil, S. 717.
12 Vgl. dazu G. Schmidt, Innenpolitische Blockbildungen in Deutschland am Vorabend des Ersten Weltkrieges, in: *Aus Politik und Zeitgeschichte*. Beilage zur Wochenzeitung „Das Parlament" 20/72 vom 13. 5. 1972, S. 3 ff.
13 Eine umfassende Untersuchung über die Vaterlandspartei fehlt. Unter Auswertung der vorliegenden Literatur vgl. H.-U. Wehler, *Das Deutsche Kaiserreich 1870–1918*. Göttingen 1973, S. 212 ff.

14 F. Meinecke, *Die deutsche Katastrophe*. Betrachtungen und Erinnerungen. Wiesbaden 1946, S. 50.
15 W. Sauer, Weimar Culture: Experiments in Modernism, in: *Social Research 39*, 1972, S. 267.
16 A. v. Thaer, *Generalstabsdienst an der Front und in der OHL*. Aus Briefen und Tagebuchaufzeichnungen 1915–1919, hg. v. S. A. Kaehler. Göttingen 1958, S. 151, zit. nach D. Stegmann, *Die Erben Bismarcks*. Parteien und Verbände in der Spätphase des Wilhelminischen Deutschlands. Sammlungspolitik 1897–1918. Köln 1970, S. 518. Vgl. in diesem Zusammenhang auch die briefliche Äußerung des Generalleutnants Wild von Hohenborn gegenüber seiner Frau vom 13. 4. 1917 (W. Deist, Zweiter Teil, S. 713): „Ein Volksheer waren wir vor dem Kriege und wollen es bleiben, ja noch mehr werden; aber wenns an die Kommandogewalt, an Ehrengerichte, Disziplinarsachen, Entlassungsrecht – ja Ernennungsrecht und manches andere gehen sollte, kurz, wenn das kaiserliche Heer zum Parlamentsheer herabzusinken drohen sollte, dann kann nur ein neuer Bismarck und ein neuer Roon helfen [. . .]".
17 Deist, Zweiter Teil, S. 1316f.
18 Zur Entstehung des Begriffs im Umkreis des Alldeutschen Verbandes während des Kaiserreichs siehe A. Kruck, *Geschichte des Alldeutschen Verbandes 1890–1939*. Wiesbaden 1954, S. 26.
19 A. Rosenberg, *Geschichte der Weimarer Republik*. Frankfurt a. M. 1961, S. 13.
20 Sauer, S. 268f.
21 G. Mann, *Deutsche Geschichte 1919–1945*. Frankfurt a. M. 1961, S. 98.
22 H. Rosenberg, Die Pseudodemokratisierung der Rittergutsbesitzerklasse, in: ders., *Probleme der deutschen Sozialgeschichte*. Frankfurt a. M. 1969, S. 47ff.
23 F. Zunkel, Das rheinisch-westfälische Unternehmertum 1834–1879, in: Böhme, S. 105.
24 Ebd., S. 104.
25 Vgl. dazu W. Conze, Deutschlands weltpolitische Sonderstellung in den zwanziger Jahren, in: VfZG 9, 1961, S. 166f.

19. 1933 und die Kontinuität der deutschen Geschichte*

THOMAS NIPPERDEY

Unser Thema wird man nur dann jenseits des Trivialen und also mit Aussicht auf Gewinn an Erkenntnis erörtern können, wenn man es als Problem versteht, d. h. mit Hilfe des logischen Gegenbegriffes Diskontinuität Inhalt, Gewicht und Grenzen der Kontinuität zu präzisieren sucht. Unsere erste Frage ist, wieweit sich *1933* aus so etwas wie der Kontinuität der deutschen Geschichte erklären läßt, und die zweite Frage, wieweit sich von 1933 her die vorangegangene deutsche Geschichte verstehen läßt.

Eine Erörterung, die Kontinuität nicht als Selbstverständlichkeit, sondern als Problem behandelt, setzt sich dem Verdacht aus, gegenüber den Traditionen, die im weiteren Sinn zur Vorgeschichte des Nationalsozialismus gehören, apologetisch zu sein. Man erinnert sich mit Unbehagen der eigentümlichen Mischung aus Selbstmitleid und Selbstrechtfertigung, die einen Teil der einschlägigen deutschen Nachkriegsliteratur charakterisierte. Ist nicht gegenüber der deutschen Geschichte allein die sogenannte „kritische" Perspektive legitim? Ich werde am Schluß zeigen, warum ich die Alternative Kritik versus Apologie für wissenschaftstheoretisch unbrauchbar halte. Vorweg möchte ich aber darauf verweisen, daß unsere Situation 1977 eine ganz andere ist als nach 1945. Kein Historiker meiner Generation würde wie die drei berühmtesten antinationalsozialistischen Historiker, die nach 1945 zu unserem Thema geschrieben haben, Meinecke, Ritter oder Dehio, davon sprechen, daß „wir" Deutsche 1870 oder 1890 das und das taten oder dachten. Diese selbstverständliche Identifizierung ist bei uns vergangen. Wir stehen der deutschen Geschichte mit großer Distanz gegenüber, und zumal die imperiale Phase der deutschen Geschichte zwischen 1871 und 1945 ist zumeist nicht mehr nostalgisch erinnerte Nähe, sondern, wo nicht gespenstisch und feindlich, einfach fremd. Sie ist nicht mehr Tradition, sie ist Geschichte, und das ist ein durchaus normaler und verständlicher Prozeß. Unterschiedliche Ansichten über die Geschichte setzen offensichtlich kaum noch wirksame Kräfte und Emotionen in Bewegung. Darum scheint mir die reale, nämlich politische Basis für eine Apologie der deutschen Geschichte einfach weggeschmolzen. Das gibt der Wissenschaft eine neue, eine andere Freiheit.

* Leicht überarbeiteter Text eines Vortrags, den ich zuerst im Frühjahr 1977 in Freiburg gehalten habe. Ich habe den Vortragsstil beibehalten – auch weil so der Diskussionscharakter besonders betont wird. Unsere wissenschaftlichen Bemühungen sind Teil eines Diskussionsprozesses, stehen im Kontext von früheren, anderen gegnerischen Positionen und sollen da stehen. Zuerst in: *HZ* 227, 1978, S. 86–111.

I.

Ich beginne mit einer Reihe von Abgrenzungen, und zwar erörtere ich zunächst Gesichtspunkte, die gegen die Akzentuierung der Kontinuität vorgebracht werden können, und die darum das Diskontinuierliche, das Epochale an 1933 betonen. Mit offensichtlich apologetischen Meinungen, 1933 sei eine Art Betriebsunfall der deutschen Geschichte, brauchen wir uns nicht aufzuhalten: Sie haben keinen Erklärungswert, für die Wissenschaft existieren sie schlechterdings nicht mehr. Ähnlich und doch wesentlich anders steht es mit Versuchen, 1933 aus der singulären („dämonischen") Person Hitlers zu erklären, oder aus singulären Konstellationen der Weimarer Republik – der Wirtschaftskrise nach der vorangegangenen Inflation, oder den Belastungen durch Niederlage und Versailles – oder aus beidem. Solche Erklärungsversuche beantworten nicht die Frage, warum denn das exzeptionelle Individuum Hitler gerade in Deutschland Erfolg hatte, warum die Wirtschaftskrise, die doch alle Industrieländer betraf, gerade in Deutschland zum Ende der Demokratie führte, und warum eine Niederlage wie die von 1918 vierzehn Jahre später gerade die nationalsozialistische Machtergreifung bewirkt haben soll. Insofern sind sie unbrauchbar. Dennoch ist es nicht überflüssig, diese Erklärungen hier zu erwähnen. Sie erinnern uns an eine fundamentale Wahrheit, nämlich daran, daß der geschichtliche Prozeß, bevor das zu erklärende Ereignis eingetreten ist, nicht voll determiniert ist. Daran zum einen, daß es in der Geschichte das Element der Kontingenz, des Zufälligen gibt, und daß exzeptionelle Persönlichkeiten herausragende Fälle solcher Kontingenz sind. Es ist offensichtlich Unsinn zu sagen, Hitler sei eine historische Notwendigkeit gewesen: das gerade war er nicht. Und es fällt mehr als schwer, sich 1933 und die nationalsozialistische Machtergreifung ohne Hitler (oder mit einem 1932 gestorbenen Hitler) zu denken. Zum anderen erinnern uns jene Erklärungen nachdrücklich an die oft verdrängte Trivialität, daß in der Folge von Determinanten die nächsten Ursachen ein viel erheblicheres Gewicht haben als die ferneren. Ohne die Wirtschaftskrise zum Beispiel ist 1933 wirklich kaum denkbar. Daraus folgt, daß es bei der Frage der Kontinuität nicht darum gehen kann, eine Art deterministischer Notwendigkeit aufzuweisen (und nicht jeder, der das als logisch einräumt, verfährt auch in seiner historischen Praxis so). Worum es gehen kann, ist allein der Aufweis von Wahrscheinlichkeiten, von Voraussetzungen, die erklären, warum in singulären, nicht vorausbestimmten Konstellationen gerade diese Konsequenzen eintraten. Das Gewicht der singulären Konstellation kann – das ist unter Historikern unbestritten – keine strukturanalytische Betrachtung wegeskamotieren.

Eine andere Erklärung für 1933 – jenseits der Kontinuität, genauer: jenseits der spezifisch deutsche Kontinuität – bietet die Zuordnung zum Phänomen Faschismus. Denn der Faschismus ist zum einen eine europäische, keineswegs allein deutsche, Erscheinung, und noch mehr ist das natürlich die Krise der Demokratie, für die 1933 ebenfalls Symbol ist: von den 25 europäischen Demokratien von 1919 zum Beispiel waren 1938 noch 11 übriggeblieben. Und der Faschismus ist zum anderen ein epochales Phänomen; ausgelöst durch die einschneidenden Ereignisse des Ersten Weltkrieges, der russischen Revolution, des prekären Sieges der liberalen Demokratie ist er eine Antwort auf diese besondere Lage. Darum ist er ein Phänomen sui generis, nicht auf Früheres reduzierbar, nicht aus Früherem herleitbar, er ist etwas Neues. Kontinuität, der Zusammenhang mit dem Früheren, ist demgegenüber sekundär, und nationalgeschichtliche schon gar; nicht was das Besondere an der deutschen Geschichte ist, sondern was ihr zum Beispiel mit der italienischen gemeinsam ist, darauf kommt es dann an. Kein Zweifel, die wissenschaftliche Erneuerung des Faschismus-Begriffs und die darauf beruhende vergleichende Forschung ist aus unseren Erklärungen für 1933 gar nicht mehr wegzudenken, wobei man freilich den verbreiteten Etikettenschwindel, von nichts als dem Nationalsozialismus zu sprechen und das Faschismus zu nennen, beiseite lassen muß. 1933 also läßt sich aus der Epoche und aus der Parallelität der europäischen Bewegungen dieser Epoche erklären. Die Bezugnahme auf den Faschismus relativiert insofern die Erklärungskraft aller Theorien, die von der Kontinuität der deutschen Geschichte ausgehen. Aber damit ist unser Problem mitnichten erledigt. Auch auf dem Boden des Faschismusmodells bleibt die Frage nach der Kontinuität bestehen, und zwar in doppelter Hinsicht. Einmal: Warum hat sich der Faschismus, wenn auch nicht nur in Deutschland, so doch anders als in den Industrieländern des Westens oder den Demokratien des Nordens, anders auch als in den autoritären Nichtdemokratien Ost-, Mittel- und Südeuropas gerade in Deutschland durchgesetzt? Und zum anderen: Warum ist der Nationalsozialismus die radikalste und gewalttätigste Form des Faschismus gewesen? Beide Fragen verweisen auf eine singuläre Erklärung aus besonderen deutschen Bedingungen. Das Epochale und Neue des Faschismus relativiert zwar die Bedeutung der Kontinuitätsfrage, aber es hebt sie nicht auf.

Man muß sich nun freilich hüten, den Begriff der Kontinuität zu weit auszudehnen. Natürlich steht 1933 im Zeit-Kontinuum aller früheren Ereignisse der deutschen Geschichte, ja der Vergangenheit überhaupt; aber wenn man so formuliert, rekurriert man eigentlich auf den Kausalzusammenhang der Welt und setzt Kontinuität gleich Kausalität; die Diskontinuität, die doch die Bedingung der Möglichkeit ist, von Kontinuität zu reden, scheidet als Kategorie dann aus. Solche Allkontinuität aber ist trivial. Doch das meinen wir gar nicht, wenn wir von Kontinuität sprechen. Die Tatsache zum Beispiel, daß es in Deutschland eine starke marxistische Arbeiterbewegung gegeben hat, ist sicherlich eine der Ursachen für den Aufstieg des antimarxistischen Nationalsozialismus: ohne Sozialismus kein Nationalsozialismus; aber es wäre Unsinn, hier von Kontinuität zu sprechen. Oder: Das Kaiseramt der deutschen Könige des Mittelalters hat die Partikularisierung Deutschlands begünstigt, und von daher kann man viele der Besonderheiten des deutschen Nationalismus zwischen 1789 und 1933 erklären. Auch hier aber ist es offenbar Unsinn, von einer Kontinuität zu sprechen. Kontinuität ist mehr als Kausalität. Kontinuität setzt die Ähnlichkeit der Glieder voraus, zwischen denen Kontinuität bestehen soll, setzt partielle Identität voraus.

Spricht man in diesem Sinn von Kontinuität, so scheinen mir drei Abgrenzungen notwendig. Zunächst: 1933 steht selbstverständlich in europäischen Kontinuitäten. Einerseits, das Unbehagen an der Modernität, das Phänomen der Entfremdung, die Krise des Liberalismus, die revolutionäre Mobilisierung der Massen, die totalitäre und antiinstitutionelle Tendenz der radikalen Demokratie, (auch sie gehört zu dem, woran der Nationalsozialismus anknüpft, selbst wenn viele das heute nicht wahrhaben wollen), Sozialdarwinismus, Imperialismus, die Entchristianisierung schließlich: Das sind europäische Phänomene und europäische Kontinuitäten, die man bei der Interpretation des Nationalsozialismus nicht übersehen kann. Aber dergleichen erklärt nicht, warum der Faschismus gerade in Deutschland sich durchgesetzt hat; und darum haben solche Argumente, wenn sie isoliert oder überakzentuiert werden, leicht etwas Apologetisches. Andererseits: 1933 steht im Zusammenhang mit der – allgemeinen – Entwicklung des Kapitalismus. Die orthodox-marxistische Interpretation führt 1933 auf den monopolistischen Kapitalismus zurück. Hier gilt nun paradoxerweise Ähnliches wie gegenüber der eher konservativen These von der europäischen Kontinuität. Daß die Mehrheit der kapitalistischen Systeme gerade nicht faschistisch geworden ist, daß Italien wiederum noch nicht im eigentlichen Sinne kapitalistisch war und Rumänien oder Kroatien erst recht nicht, das zeigt die Schwäche dieses Ansatzes; zur Erklärung von 1933 müssen Zusatzannahmen gemacht werden, die nicht aus der Struktur des Kapitalismus, sondern aus der Kontinuität der deutschen Geschichte folgen, und so verfahren die orthodoxmarxistischen Erklärungen, ohne das Verhältnis des „Allgemeinen" und des „Besonderen", des Kapitalismus und der eigentlich deutschen Kontinuitäten wirklich zu klären. Das gleiche gilt für die esoterischere Interpretation der frühen „kritischen Theorie", 1933 sei der „notwendige Zusammenbruch der bürgerlich-liberalen Rationalität" – eine angesichts der angelsächsischen Welt sehr deutsche Hypostasierung der deutschen Geschichte zur Weltgeschichte. Die heterodoxe marxistische Interpretation – die Bonapartismustheorie – entgeht dieser Schwierigkeit zwar, aber sie konzentriert sich ganz auf die Weimarer Zeit und gibt für die Kontinuitätsfrage wenig her.

Sodann: Wendet man sich den Kontinuitätsmodellen zu, die sich wirklich auf die deutsche Geschichte konzentrieren, so findet man zunächst einen Typ von Erklärungsversuchen, die man mit Dahrendorf ironisch Tacitushypothesen nennen kann, weil sie so weit zurückgehen. Vermeil hat aus der Kaiserpolitik eine nationalistische Sendungsidee, aus der Parallelität von Hanse und Mystik im Spätmittelalter die explosive Mischung von Expansion und irrationaler Innerlichkeit herauszuarbeiten versucht. Ein anderer Autor geht bis zur Hermannsschlacht zurück, weil mit der Romanisierung Deutschlands letzten Endes die Zivilisierung und Demokratisierung verhindert worden sei. A. J. P. Taylor hat in seinem vielgelesenen Buch zur deutschen Geschichte immerhin die letzten 450 Jahre dieser Kontinuität zugerechnet, und Barrington Moore vermutet im Bauernkrieg eine der Hauptursachen für den Nationalsozialismus. Die Linie von Luther, der den Untertanen-Gehorsam, die spezifisch deutsche unpolitische Innerlichkeit, die Autonomie der Politik jenseits des christlichen Ethos, die Trennung von Seele und Welt und den Vorrang der Seele begründet haben soll, über Friedrich den Großen, den – so meint man dann – Protagonisten des preußischen Militarismus und Machtstrebens, zu Bismarck, Nietzsche und Hitler ist öfter behauptet worden; Augstein hat noch vor kurzem mit seinem Friedrichbuch dazu beigetragen, und im Hintergrunde spukt dergleichen noch herum. In der gegenwärtigen Wissenschaft spielen solche Ansätze freilich kaum noch eine Rolle. Daß es langfristige Zusammenhänge gibt, ist natürlich ganz unbestritten, aber hier Kontinuitäten anzunehmen, ist unhistorisch, ist anachronistisch. Das Luthertum im demokratischen Skandinavien, die absolutistische Machtpolitik im nichtpreußischen Europa des 18. Jahrhunderts, selbst die fin de siècle – Philosophie des nichtdeutschen Europa – dergleichen widerlegt solche Konstruktionen. Freilich, wie weit man zurückgehen soll, das ist schwierig. Daß das Bismarckreich und seine Gründungsgeschichte und die deutsche Sonderform der industriellen Revolution mit dem Hitlerreich in einer Kontinuität stehen, ist unbestritten. Aber weiter zurück: Soll man das Scheitern der Liberalen in der Revolution von 1848, den Abbruch der Reformen nach 1815, die am Ende negative deutsche Reaktion auf die französische Revolution, die Idealisierung des Staates, das Vertrauen in die Evolution, die frühe Fixierung auf nationale Ziele, soll man das alles miteinbeziehen? Und muß man dann nicht mit Rudolf Stadelmann die ausgebliebene Revolution und die Tatsache, daß der aufgeklärte Absolutismus in Deutschland mit seinen Reformen eben eine revolutionäre Situation, eine „schöne" und hinterher eigentlich erwünschte Revolution gerade verhindert hat, oder mit Leonard Krieger die eigentümlichen Verschränkungen von Staat und Freiheit im Reich des 17. und 18. Jahrhunderts miteinbeziehen? Ich breche hier ab. Ich will mit diesen Beispielen zeigen, daß es hier notwendig einen regressus ad infinitum gibt und daß es darum nicht simpel polemisch ist, auf die „Tacitushypothesen" hinzuweisen. Es scheint schwierig, in diesem Argumentationszusammenhang Kriterien anzugeben, wo und wie denn das Sinnvolle vom Absurden zu scheiden sei. Ich werde am Schluß noch darauf zurückkommen. Fürs erste werden wir uns auf die Kontinuität von der Bismarckzeit bis 1933 konzentrieren. Das Wie der Reichsgründung und das Wie der industriellen Revolution – das sind sichere Ausgangsstationen.

Die letzte Abgrenzung schließlich: Es gibt natürlich auch eine Gegen-Kontinuität, eine Kontinuität der demokratischen Bewegung. Auch die Weimarer Republik war eine Alternative der deutschen Geschichte. Auch der Widerstand gegen Hitler hat seine Kontinuität wie die Bundesrepublik die ihre, das werden nur schreckliche Vereinfacher vom Schlage Shirers bestreiten. Zumeist waren das freilich nicht die dominierenden Linien der deutschen Geschichte, sie gehörten eher zur Geschichte der Besiegten von damals. Wir können diese Gegenkontinuität – sei es marxistisch, radikaldemokratisch, föderalistisch oder auch konservativ – heute stärker ins historische Bewußtsein zu rücken suchen. In der wirklichen, der geschehenen Geschichte aber sind es zunächst die Sieger, die die Wirklichkeit prägen, und an sie denken wir, wenn wir 1933 in eine Kontinuität stellen. Trotzdem, die Gegenkontinuität erinnert uns noch einmal daran, daß auch die länger zurückreichenden Linien der deutschen Geschichte nicht so einheitlich, so deterministisch sind, daß Kontinuität für die kausalen Erklärungsversuche nur einen bestimmten Grad von Wahrscheinlichkeit ergibt.

II.

Nach diesen Abgrenzungen will ich nun mich einigen der Sachzusammenhänge der deutschen Geschichte vor 1933 zuwenden, die gemeinhin unter der Kontinuitätsperspektive erörtert werden.

1.

a)

Zwischen 1866/71 und 1945 besteht der preußisch-deutsche Nationalstaat, das Deutsche Reich. Dieses Reich ist eine Großmacht, deren Politik unter dem Gesichtspunkt der Großmachtpolitik eine hohe Kontinuität aufweist. Dehio hat diese Kontinuität als Hegemonialpolitik beschrieben. Hillgruber hat sie moderner und detaillierter auseinandergelegt: Wie die Machtbehauptung, die Behauptung außenpolitischer Souveränität, dieses Reich im Zuge des europäischen Imperialismus angesichts seiner Mittellage zur Weltpolitik, zur Machtsteigerung notwendig treibt, wie sie sich, modifiziert zwar, doch in der revisionistischen Außenpolitik der Republik mit dem Ziel der Wiedererringung der Großmachtstellung durchhält und in Hitlers „Weltmacht"politik kulminiert; wie ein Konsens der Führungsschichten über die Selbstverständlichkeit von Großmachtpolitik vom Kaiserreich über die Republik bis zu Hitler reicht. Selbst die radikale Lebensraumpolitik Hitlers stand in einer mehr spezifischen Kontinuität, sie knüpfte an an die Vorstellungen nicht nur der Alldeutschen, sondern auch der OHL im Ersten Weltkrieg, die Vorstellungen vom blockadefesten autarken Großraum: Das war eine „Brücke" von der klassischen Kontinuität der Großmacht zu der revolutionären Wendung, die ihr Hitler gab. Die Wähler und die Bundesgenossen Hitlers von 1933 jedenfalls konnten kaum anders, als ihn in der Kontinuität der deutschen Großmachtpolitik zu sehen. Diese Politik hatte ihre *eigene* Kontinuität; die läßt sich nicht auf soziale Gruppen, auf innenpolitische Herrschaftsverhältnisse, auf sozialimperialistische Ablenkungsstrategien zurückführen, so wichtig das alles war; denn die Hitlersche Weltpolitik war etwas Neues, die läßt sich von einem altmodischen Primat der Innenpolitik oder von Klasseninteressen her gerade nicht erklären.

b)

Klar ist, daß es Teile der alten Machteliten gewesen sind, die den Untergang der Republik betrieben und Hitlers Machtergreifung ermöglicht haben in der Meinung, er sei einer der Ihren oder ihr Instrument. Junker, Militärs, hohe Bürokratie, die Führung der Deutschnationalen, ein gut Teil des alten Deutschland, für das der Name Hindenburg symbolisch stehen mag – diese alten Eliten hatten zwar in der Republik die politische Führung verloren, aber doch erheblichen, im Falle des Militärs mehr noch als in dem der

Bürokratie, institutionell abgesicherten Einfluß behalten: Man kann mit dieser Einschränkung von einer Kontinuität ihrer Machtstellung sprechen; diese Kontinuität verbindet 1933 vielleicht am stärksten mit der früheren deutschen Geschichte, mit der institutionellen, sozialen, sozialökonomischen und sozialkulturellen Prägung und Absicherung dieser Einflußpositionen. Schwieriger ist es mit den führenden Vertretern des Kapitalismus, den Unternehmern. Ihre Machtposition reicht ja kontinuierlich in das Kaiserreich zurück. Sie standen der Republik mit Distanz gegenüber, sie haben die Demokratie nicht stabilisiert, sie haben mit autoritären Modellen geliebäugelt.

Am Aufstieg des Nationalsozialismus und an der Machtergreifung wiederum haben sie nicht den entscheidenden Anteil gehabt, das hat die neuere Forschung, hat zumal Henry A. Turner bewiesen; das Verhältnis dieser Gruppe zum Nationalsozialismus war durchaus ambivalent. Die hier gerne behauptete Kontinuität ist eine ideologische Konstruktion. Daß wir zwischen dem in Deutschland herrschenden System des Kapitalismus, dem durch Konzentration, Kartelle, Verbände und Staatsintervention charakterisierten „organisierten Kapitalismus" und 1933 eine Kontinuität (also eine partielle Identität) herstellen können, erscheint mir unwahrscheinlich: Das ist nicht singulär deutsch, man denke an die USA, und das ist bisher auch nicht nachgewiesen, ja kaum nachweisbar. Die deutsche Sozialstruktur schließlich ist, wenn wir zunächst nur die statistisch-ökonomische Seite ins Auge fassen, nicht sonderlich auffallend – sie ist der der westlichen Industrieländer ähnlicher als der Italiens –, eine Kontinuität, die 1933 erklären könnte, ergibt sich daraus – zunächst – nicht.

c)

Die Kontinuitäten, von denen ich im Folgenden spreche, lassen sich unter Begriffen wie politische Kultur, politische Verhaltensweisen, Mentalitäten zusammenfassen. Es geht um kollektive Wertvorstellungen und Dispositionen, an die der Nationalsozialismus appellieren konnte. An das meiste – oft erörtert und wohlbekannt – brauche ich hier gerade nur zu erinnern. Da ist der deutsche Nationalismus, der sich zum großen Teil von den liberal-universalistischen Wurzeln abgelöst hatte, sich ins Reizbar-Aggressive, Chauvinistische der in ihrer Identität Unsicheren, der vermeintlich zu spät und zu kurz Gekommenen, der verspäteten und unvollendeten Nation gewandelt hatte und nach rechts orientierte und der sich nach 1918 noch radikalisierte. Hitler hat ihn dann, das muß man deutlich unterscheiden, mit einem anderen Nationalismus, dem anti-etatistisch-irredentistischen großdeutsch-völkischen Nationalismus der Besiegten von 1866, der Österreicher, zusammengefügt. Da ist der Militarismus, der bis in die älteren preußischen Traditionen reicht, die Sonderstellung des Militärs und das Prestige militärischer Werte und Lebensformen: Befehl, Gehorsam, Disziplin, Entschlossenheit, Kampf – und die Übersteigerung und soziale Absicherung solcher Werte in der wilhelminischen Zeit: die Ideologisierung, die Verharmlosung oder die Verherrlichung des Krieges, und die Machiavellisierung (und Militarisierung) der Politik, ihre Reduktion auf das Element des Machtkampfes. Der Nationalsozialismus stand in dieser Tradition und konnte zumal an sie appellieren; die Masse seiner Anhänger konnte zwar den ihm inhärenten absoluten

Entschluß zum Kriege nicht erkennen, aber das offensichtliche Spiel mit dem Kriege löste keine Abwehrreaktionen aus.

Da ist natürlich die obrigkeitsstaatliche Kontinuität: Das Vertrauen in den „Dr. v. Staat", in den Sachverstand, die Interessenunabhängigkeit und die Überparteilichkeit der staatlichen Bürokratie, in straffe Organisation, Effizienz und Fürsorge, das Verlangen nach Autorität und Führerschaft, die Priorität der Ordnung vor der Freiheit, weil die Gefahren der Freiheit – Anarchie und Ineffizienz – bedrohlicher schienen als die der Ordnung. Und umgekehrt dann die entsprechende Reserve, ja Abneigung gegen Demokratie, Parlamentarismus und Parteien, gegen liberalen Individualismus und gegen die pluralistisch-antagonistische Gesellschaft. Dazu gehört der oft beschriebene Sonderweg des deutschen politischen Denkens: Die Wendung gegen Aufklärung, Naturrecht, Rationalismus, common sense, gegen Universalismus und Individualismus, die polemische Entgegensetzung von Kultur gegen Zivilisation, Gemeinschaft gegen Gesellschaft, Eliten gegen Massen, organische Vielfalt gegen nivellierende Egalität, die Wendung also gegen 1789 und gegen die westliche Tradition – wie sie in der Mißgeburt der Ideen von 1914 oder sehr viel verführerischer in Thomas Manns „Betrachtungen eines Unpolitischen" zum Ausdruck kommen. Dazu gehört das harmonistische, gegen Konkurrenz, Konflikt, Pluralismus gerichtete Gesellschaftsmodell; dahin gehört das, was Thomas Mann polemisch „machtgeschützte Innerlichkeit" genannt hat, die Hochstilisierung des Unpolitischen und die Negativwertung des Politischen, kurz die spezifische Verinnerlichung einer lange geübten, lange erfahrenen obrigkeitsstaatlichen Praxis. Der Antiparlamentarismus und Antiliberalismus des Nationalsozialismus knüpfte an diese Wertvorstellungen und Verhaltensnormen an; diese Traditionen haben überdies Hemmungen und Widerstände gegen den Nationalsozialismus, wie sie aus dem Geist der Freiheits- und Menschenrechte erwachsen konnten, erheblich abgeschwächt.

Zu dieser Kontinuität gehört die Erwartung bestimmter Klassen und Gruppen, vom Staat in ihrem Status geschützt zu werden, eine Erwartung, die der wilhelminische Staat bewußt gefördert hatte. Das gilt zumal für die sogenannten Mittelschichten, Bauern, alten städtischen Mittelstand, Handwerker und Einzelhändler, und zum Teil auch für die Angestellten. Als die Nationalsozialisten ihre Mittelstandsparolen entwickelten, konnten sie an solche protektionistischen Erwartungen, durch die Enttäuschung über das Versagen der Demokratie in der Krise gesteigert, anknüpfen.

Weiterhin gibt es eine sozialpsychologische Kontinuität, die zur Erklärung des Nationalsozialismus selbst wie seiner Resonanz beiträgt. Das ist die „Gleichzeitigkeit des Ungleichzeitigen", das komplexe Gemenge von vormodernen und modernen Elementen und zumal Einstellungen. Sozialpsychologisch geht es um die durch das Tempo der Modernisierung verursachten Verunsicherungen und Verwerfungen, um Unbehagen und Widerstand gegen die Modernität, der man gleichzeitig doch zugehörte und zugehören wollte. Der Nationalsozialismus gehört mit seiner Mischung moderner und vor- und antimoderner Züge, mit der ihm spezifischen Antwort auf die Modernitätskrise in diese Kontinuität. Und die Situation, in der er Erfolg hatte, steht in eben dieser Kontinuität.

Man könnte, wenigstens zur Erklärung der Schwäche der Demokratie, auch auf die

Kontinuität des spezifisch deutschen Konfessionsgegensatzes und die daraus stammende Reserve beider Konfessionen gegenüber der Demokratie verweisen; oder auf die von Lepsius herausgearbeitete Kontinuität der Segmentierung der deutschen Gesellschaft in unterschiedlichen Sozialmilieus, die auf Grund ihrer Pattkonstellation die Funktionsfähigkeit von Parteien und Parlament wesentlich beeinträchtigten. Aber hier müssen solche Andeutungen genügen.

d)

Zwei Kernelemente des Nationalsozialismus neben Antiliberalismus und Krieg habe ich bisher noch nicht erwähnt, den Antisemitismus und den Antimarxismus. Natürlich, der Antisemitismus, der schauerlichste Zug des Nationalsozialismus, steht in einer reichsdeutschen wie österreichischen Kontinuität. Aber obwohl in dieser Vorgeschichte Hemmungen gegen den Antisemitismus abgebaut worden sind – zu den dominanten Kontinuitäten der deutschen Geschichte, wie es die sind, von denen bisher die Rede war, zählt der Antisemitismus nicht. Und 1933 kam Hitler nicht primär an die Macht, weil er Antisemit war, das nahm man zumeist und eher nur (schlimm genug) in Kauf.

Anders steht es mit dem Antimarxismus. Der Nationalsozialismus ist geradezu als neuer militant-radikaler Antimarxismus zu definieren; sein Antiparlamentarismus rührte daher, daß Parlamentarismus und Liberalismus der Boden der marxistischen Erfolge gewesen waren. Und Antimarxismus war ein Stück vitaler politischer Tradition in Deutschland. Der antisozialistische Affekt, der sich in der Republik intensivieren mußte, als die Sozialdemokraten Anteil an der Macht beanspruchten und die Kommunisten – Geschöpf, Bruder und Todfeind der Sozialdemokraten zugleich – die bürgerliche Welt mit Vernichtung bedrohten, trägt wesentlich zur Erklärung von 1933 bei. Ich sehe aber nicht, daß dieser Antisozialismus eine spezifisch deutsche Kontinuität darstellt. Die heute gängige Meinung geht dahin, daß der Klassenkampf in Deutschland wegen der Überlagerung von kapitalistischen und feudalen Privilegien, wegen des Sozialistengesetzes, wegen der Nichtintegration der Arbeiterschaft in die Nation eigentümlich verschärft gewesen sei und sich daraus die Polarisierung einer marxistischen Arbeiterbewegung und eines antimarxistischen Bürgertums, die Abneigung der Bürger, auch nur den demokratischen Sozialismus in den pluralistischen Konsens wirklich einzubeziehen, ergeben habe. Diese Meinung erweckt in mir immer stärkere Zweifel, wenn ich mir die europäischen Klassenkämpfe, die Revolutionsfurcht und den Antisozialismus der europäischen Bourgeoisie ansehe. Spezifisch deutsch, wie der Antiliberalismus, ist dieser Antimarxismus doch offenbar nicht. Was hier eher zur charakteristisch deutschen Kontinuität gehört, ist etwas anderes, nämlich das Unbehagen am Klassenstaat, die Tendenz zur Synthese von Nationalismus und Sozialismus, die Volksgemeinschaftsideologie und ihre eigentümliche Mischung egalitärer und elitärer Momente. Indem sie daran appellierten, mobilisierten die Nationalsozialisten allerdings eine spezifisch deutsche und genauer: mittelständische Kontinuität.

e)

Aus dieser Zusammenfassung bekannter Dinge ziehe ich jetzt zwei Konsequenzen. So sehr diese Kontinuitäten zur Erklärung von 1933 beitragen – zumal zum Verhalten des alten Deutschland und zum Verhalten der Wähler –: Für Hitler und für den Nationalsozialismus gilt, daß er an diese Kontinuitäten anknüpft und sie doch zerbricht. Diesen qualitativen Bruch gilt es zu beachten. Es gibt die spezifische Nähe des alten Deutschland zum Nationalsozialismus, aber diese Nähe ist nicht einfach Identität, sie schlägt in Todfeindschaft um. Es ist kein Zufall, daß Hitler gegen Kriegsende noch bemerkt, das Arrangement von 1933 mit den Konservativen, den etablierten Kräften, sei sein großer Fehler gewesen, kein Zufall, daß der Kampf gegen eine der Bastionen der Tradition, das Christentum, für die Zeit nach dem Endsieg in aller Radikalität in Aussicht genommen war, daß der Widerstand aus der gleichen Kontinuität des alten Deutschland kommt. Hitlers Konzeption einer Weltmacht auf Rassenbasis stellt einen Bruch der klassischen Großmachtkontinuität dar. Den Unterschied zwischen Bismarck, Bethmann und Stresemann einerseits, Hitler andererseits kann man nicht relativieren: Hier ist nicht ein quantitatives Mehr, sondern ein qualitativ Anderes. Ähnliches gilt für seine totale Formierung der Innenpolitik von einem außenpolitischen Ziel her oder besser: für die Aufhebung dieser Unterscheidung – das ist neu. Das Rassenimperium war zuletzt gerade die Negation der Nation. Die Sonderstellung des Militärs ist gerade aufgehoben worden, es ist politischen Kommissaren und der ideologischen SS ausgeliefert worden. Der totalitäre Staat war, auch in seiner anarchischen Gestalt, nicht der autoritäre Staat der Tradition, der sich auf Institutionen, Bürokratie und nicht zuletzt doch auch auf das Recht gründete. Die totalitäre Gesellschaft mit ihrer politischen Religion war nicht die autoritäre mit ihrer Trennung von Politik und Nichtpolitik. Die kapitalistische Unternehmerwirtschaft war nicht die zentralistische Kommandowirtschaft der späteren Jahre des Regimes. Die Erwartungen des Mittelstandes haben sich sowenig erfüllt wie die der alten Eliten. Diese Eliten haben die Machtergreifung ermöglicht. Den Nationalsozialismus geschaffen oder seinen Aufstieg ermöglicht, das haben sie nicht.

Man mag Begriffe wie Brücke, dialektischer Umschlag oder Aufhebung verwenden; mit der vom Bruch, vom Gegensatz abstrahierenden Perspektive der Kontinuität ist nichts begriffen, sowenig freilich wie mit dem – in dieser Hinsicht apologetischen – Gegenbegriff der Diskontinuität. Wir werden also die Kategorie der Kontinuität in einem engeren Sinne eher auf all das, was die Machtübernahme ermöglicht hat – Mitglieder, Wähler, alte Eliten – anwenden als auf den Kernbestand des Nationalismus selbst, hier kann nur im eben beschriebenen Sinn von einer partiellen Kontinuität, einer Mischung von Anknüpfung und radikaler Unterscheidung die Rede sein.

2.

Kontinuität – das ist in Wahrheit eine Mehrzahl von Kontinuitäten, von unterschiedlichen Kontinuitäten, und die Beteiligten stehen in unterschiedlicher Weise und in unterschiedlichem Grade in solchen Kontinuitäten. Nicht nur ist die Kontinuität, in der

der Aufstieg des Nationalsozialismus und die Machtergreifung stehen, von der antidemokratischen Kontinuität, der Kontinuität, die zur Auflösung der Republik führt, zu unterscheiden. Vielmehr besteht gerade die letztere, die antidemokratische Kontinuität, wiederum aus einer Mehrzahl unterschiedlicher, ja gegensätzlicher Kontinuitäten. Der borussische Etatismus und der völkische Nationalismus, der Autoritarismus alter Eliten und der Protektionismus des Mittelstandes, der kapitalistische und der mittelständische Antisozialismus, jugendbewegte und ständestaatliche Demokratiekritik, die Tradition des Unpolitischen und die höchst politische Demokratiefeindschaft – das sind eben unterschiedliche Kontinuitäten. Und manche Kontinuitäten umgriffen Nationalsozialisten wie Antinationalsozialisten: Der nationale Revisionismus und der Anschluß Österreichs zum Beispiel gehörten zum außenpolitischen Konsens der Weimarer Koalition, also keineswegs allein in die pränationalsozialistische oder auch nur die rechte Traditionslinie. Kurz, die unterschiedlichen Kontinuitäten, die zum Nationalsozialismus führen, stellen keinen einheitlichen Zusammenhang, kein „Syndrom", dar. Und umgekehrt: Der Erfolg des Nationalsozialismus erklärt sich gerade aus dem, was ich seine „Omnibusstruktur" nennen möchte – aus der Tatsache, daß er eine Reihe von Kontinuitäten miteinander verband und jedem die seine versprach. Es wäre natürlich Narretei, zu übersehen, daß es Vorläufer dieser Verbindung, antidemokratische, rechte Konstellationen und „Sammlungen" gibt, daß es größere und geringere Nähe der hier genannten Faktoren gibt und daß sich die Unterschiede historisch geändert haben. Die Verbindung der Kontinuitäten ist nicht beliebig. Aber es ist eine Abstraktion, mit Hilfe von Entweder-Oder-Einteilungen (Revolution oder Konterrevolution, Demokratie oder Antidemokratie, Fortschritt oder Reaktion) eine Einheit der Kontinuitäten zu konstruieren, die 1933 kulminieren. Damit erklärt man nichts mehr. Denn der Nationalsozialismus verbindet gerade traditionell konservative und revolutionäre, elitäre und egalitäre Momente. Und die Machtergreifung ist 1933 und nicht früher eingetreten, es macht gerade die Geschichte der Jahre vor 1933 aus, daß da jene Kontinuitätslinien zusammentreffen. 1933 bedeutet nicht nur eine Steigerung und Radikalisierung, sondern eine neue Kombination von Kontinuitäten, bedeutet etwas Neues.

Mit diesen Differenzierungen können wir sagen, daß 1933 sich zwar nicht aus „der" Kontinuität der deutschen Geschichte ergibt, wohl aber, daß 1933 mit der Mehrzahl der dominanten (wenn auch unterschiedlichen) Kontinuitäten der deutschen Geschichte eng verknüpft ist und ohne den Rekurs auf diese Kontinuitäten keine historische Erklärung möglich ist. Dieses Ergebnis – trivialisiert ja eine Selbstverständlichkeit – gilt es festzuhalten, wenn ich in meiner dritten Überlegung nun die generelle Anwendbarkeit der Kontinuitätskategorie kritisch einschränke.

III.

Es wäre naiver Realismus, zu meinen, die Kontinuität läge simpel in den Dingen. Kontinuität ist eine Kategorie des historischen Bewußtseins, unter der wir das Material der historischen Überlieferung auswählen und organisieren. Die Wirklichkeit kann sich einem solchen Organisationsversuch widersetzen, aber die Kontinuität bleibt eine Kategorie des nachgeborenen Beobachters. Nun haben wir bisher nach den Kontinuitäten von 1933 aus zurückgefragt, um 1933 zu erklären; unsere Richtung ging vom Späteren zum Früheren, und unsere Geschichte müßte eigentlich eine von 1933 aus rückwärts schreitende, eine der wirklichen Zeitfolge entgegengesetzte sein. Jetzt drehen wir diese Fragerichtung um. Wir wollen, zum Beispiel, 1871 erklären, und die Frage ist, ob und wie wir uns dabei der Kontinuität der wirklichen Zeitfolge auf 1933 hin bedienen können. Also nicht wie bisher: was trägt 1871, das Frühere, zur Erklärung von 1933, dem Späteren, bei, sondern was trägt 1933, das Spätere, zur Erklärung von 1871, dem Früheren, bei, das ist jetzt die Frage. Man mag auch sagen, es geht nicht mehr um die Vorgeschichte (von 1933), sondern um die Wirkungsgeschichte (von 1871).

Es gibt nun heute eine weitverbreitete Richtung (keineswegs nur in Deutschland, keineswegs nur in bezug auf die deutsche Geschichte), die dieser Fragerichtung folgt, darin den eigentlichen Schlüssel zum Aufschließen der Vergangenheit sieht. Für die neuere deutsche Geschichte ist 1933 die leitende aufschließende Frage, diejenigen Tendenzen in der deutschen Geschichte, die zu 1933 hinführen, sind die wichtigen, die dominierenden Tendenzen. Die logische Unterscheidung, die ich eben gemacht habe zwischen dem Historiker, der von 1933 zurückfragt bis hin zu 1871, und demjenigen, der von 1871 vorausfragt auf 1933 hin, löst sich dann auf, beide haben den gleichen Gegenstand und müssen zum gleichen Ergebnis kommen – weil sie nach 1945, weil sie 1977 schreiben. Solche Erklärung aus dem Späteren, aus der Wirkung, steht unter dem Gesichtspunkt der Kontinuität. Wir können die Richtung in unserer Wissenschaft, die so verfährt, Kontinuitätshistorie nennen. Sie nimmt einerseits – nicht immer bewußt – das Erbe eines Stranges der klassischen Historie auf: die quasi-teleologische Erklärung der Vergangenheit aus einem Prinzip, auf dessen Seite man sich fühlte. Die nationale Geschichtsschreibung, im Extremfall die kleindeutsche Historie etwa Droysens, die in der Vollendung der eigenen Nation das leitende Prinzip sah, ist dafür charakteristisch, aber nicht minder – nicht-deutsch und unter ganz anderen politischen Vorzeichen – die Whig-Interpretation der englischen Geschichte oder die fortschrittsgläubige Interpretation der Weltgeschichte. Sie unterscheidet sich freilich von ihren Vorgängern in Sachen (Quasi-)Teleologie dadurch, daß sie nicht mehr eine Gegenwart positiv legitimieren will und darum einer Linie der vergangenen Ereignisse affirmativ gegenübersteht, die Linie der Kontinuität ist vielmehr für sie eine Linie des Mißlingens, des „Unglücks". Wissenschaftstheoretisch andererseits ist die moderne Kontinuitätshistorie in einer stärkeren Position, weil für alle Historiker inzwischen nicht mehr nur die Erklärung aus dem Früheren – aus den Absichten der Handelnden oder den Kausalitäten von Zuständen und Prozessen – Gültigkeit hat, sondern die wirkungsgeschichtliche und die funktionale

Erklärung ebenfalls als legitim anerkannt ist – freilich nicht in der Weise der Kontinuitätshistorie, die diesen Erklärungen de facto Priorität zuspricht. Diese neue Kontinuitätshistorie ist heute vielfach verbunden mit dem sogenannten „kritischen" Ansatz, d. h. einem Ansatz, der die Vergangenheit an Werten und an sogenannten Aufgaben, die sie zu erfüllen hatte, (zum Beispiel der Aufgabe, Deutschland zu einer friedlichen, fortschrittlichen Demokratie zu machen) mißt und von daher kritisiert. Wer sich der Vergangenheit gegenüber nicht in diesem Sinne verhält, sei, so meint man, affirmativ und damit apologetisch. Die kritische Historie verfährt gegenüber der Vergangenheit nach der Art eines Prozesses, in dem der Historiker als Staatsanwalt fungiert, am Ende freilich auch die Rolle des Richters (ja eigentlich auch die des Gesetzgebers) übernimmt. Und in diesem Prozeß wird dann Schuld, allenfalls mit mildernden Umständen, zugeteilt: Nach Junkern und Militärs sind heute das angepaßte Bürgertum und die sozialdemokratische Führung besonders beliebte Schuldige. Begleitet wird solche kritische, anklagende und richtende Geschichte von einer Art implizierten Gegengeschichte, einer Konstruktion der Wünschbarkeiten, des Wie-es-hätte-sein-sollen. Doch will ich mich auf die prozessual-moralistische und die konjunktivische Komponente der kritischen Historie nicht weiter einlassen, sondern auf das Kontinuitätsproblem konzentrieren.

Meine These ist nun: Die kritische Kontinuitätshistorie, die das Frühere vom Späteren her erklärt, ist nicht sachgerecht. Das versuche ich zu begründen.

1.

Ich beginne mit einer Reihe von fremden und eigenen Feststellungen. Ernst Fraenkel hat bemerkt, daß dem deutschen Parlamentarismus die Periode von Patronage und Korruption gefehlt habe, um ihn regierungsfähig zu machen. Dahrendorf meint, die Sozialversicherungspolitik Bismarcks habe die Chance der Freiheit zugunsten des Staates geschwächt. F. Sell, der im Nationalismus die Tragödie des Liberalismus gesehen hat, betrachtete den Antinationalisten Metternich als Quasiliberalen. Stadelmann sah die Schwäche der deutschen Demokratie in den – für sich positiv zu wertenden – Reformen des aufgeklärten Absolutismus begründet, die die demokratische Revolution verhindert hätten. Entscheidungen der Reichsgründungszeit, die sich im nachhinein als verhängnisvoll erwiesen, die Annexion des Elsaß und der Kulturkampf zum Beispiel, wären von einem liberal-demokratischen Deutschland nicht anders getroffen als vom borussisch-obrigkeitlichen. Die frühe Einführung des allgemeinen Wahlrechts gerade ist es gewesen, die den deutschen Liberalismus entscheidend geschwächt hat. Die obrigkeitliche Regierung in Bayern war vor 1914 fortschrittlicher als das demokratisch gewählte Parlament. Die soziale Mobilität war bei den Studenten im undemokratischen Deutschland höher als in den westeuropäischen Demokratien. Die egalisierende Modernisierung der deutschen Gesellschaft, die „braune" Revolution, ist eines der wichtigsten Ergebnisse der antisozialistischen Diktatur des Nationalsozialismus.

Was sollen diese Feststellungen in unserem Zusammenhang besagen? Offensichtlich ist das von unseren Wertungen her Positive und das Negative, letzten Endes das Gute und das Böse, vielfach miteinander verschränkt, und zwar sowohl unter dem Gesichtspunkt der Gleichzeitigkeit: Das demokratische Wahlrecht schwächt die objektiv demokratisierende Macht, die Liberalen – wie unter dem Gesichtspunkt der Zeitfolge: Der Nationalsozialismus, der unter anderem aus dem Unbehagen an der Modernität geboren ist, hat die Gesellschaft modernisiert, hat sie – demokratischer gemacht. Wir finden unsere Wertvorstellungen, wie im Leben so auch in der Geschichte, nicht auf einer Seite vereint, die Guten tun Böses, die Bösen Gutes, und bei den meisten mischt sich das; was wir nicht mögen, taucht bei denen auf, in deren Traditionen wir uns gerne stellen oder stellen würden – und umgekehrt. Die Demokratie steht zum Nationalismus, zum Krieg, ja zum Antisemitismus in einem viel weniger eindeutigen, nämlich ablehnenden Verhältnis, als unsere Wunschweisheit es haben möchte; in Wien z. B. waren es die konservativen, die antidemokratischen Mächte, die die Juden schützten. Nimmt man die angelsächsischen Demokratien, so beruhen sie nicht, wie die Lieblingswerte der aufgeklärten Moderne es wollen, auf Rationalität, sondern durchaus auf nicht-rationalen, vor allem natürlich religiösen Grundlagen. Die berühmtberüchtigte „autoritäre Familie", die gelegentlich zur Erklärung des Nationalsozialismus herangezogen wird, existierte fröhlich mit dem radikal-demokratischen Frankreich und dem liberalen England zusammen, korrupte Städte mit der amerikanischen Demokratie, die freie Wissenschaft mit dem deutschen Obrigkeitsstaat. Der liberale Staat war doch wohl keinen Deut weniger Klassenstaat als der Obrigkeitsstaat. Bismarck war kein Nationalist, seine Gegner, Großdeutsche und Sozialisten, Katholiken und Demokraten, Burckhardts und Liebknechts, mitnichten eines Sinnes; das Kaiserreich war nicht, wie es bei einem der Protagonisten der kritischen Kontinuitätshistorie, H.-U. Wehler scheinen mag, ein riesiger Kommentar zu Heinrichs Manns *Untertan*. Die Aufklärung hat andere Folgen, „dialektische" zum Beispiel, als das Gros ihrer Verehrer meint. Und so fort. Die Wirklichkeit ist nicht so eindeutig, sie ist nicht, wie es die Kontinuitätsperspektive verlangt, sonderlich homogen, sie ist widersprüchlich und ambivalent, sie ist, um ein heute verfemtes Wort zu benutzen, tragisch, d. h. von unlösbaren Widersprüchen erfüllt. (Keine Vokabel hat – nebenbei gesagt – bei meinem Vortrag solche negativen Emotionen ausgelöst wie diese sehr beiläufige Benutzung von „tragisch"). Die Wirklichkeit ist nicht ein System, in dem alles einheitlich geordnet ist, wie die Wissenschaft es gerne möchte. Sie fügt sich nicht unserem Entweder-Oder. Sie ist von anderen Konflikten bewegt, als die – auf progressiv/antiprogressiv, demokratisch/nichtdemokratisch eingestimmte – Kontinuitätsperspektive sehen läßt, vom Kulturkampf und dem Konflikt zwischen Sozialisten und Liberalen zum Beispiel, und in Folge dessen gibt es auch andere Koalitionen als die, die sich unter der Kategorie Fortschritt ergeben. Wir können Sozialversicherung und allgemeines Wahlrecht nicht unter der 1933–Perspektive begreifen.

Kein ernst zu nehmender Historiker wird die Bedeutung des preußisch-militaristisch-junkerlichen, des bürokratisch-obrigkeitlichen Komplexes, der ökonomisch-sozialen Absicherung einer älteren Herrschaftsordnung, niemand die Bedeutung der sogenannten Anpassungen von Teilen des Bürgertums an die herrschende Ordnung unterschätzen – Komplexe, die gerade von der Kontinuitätsfrage her ihre scharfe Beleuchtung gewinnen. Und – von der Methode her gesehen –: Niemand wird die großen Errungenschaften der neueren Wissenschaftsentwicklung, Folgen von Handlungen und zumal unbeabsichtigte Folgen, Ergebnisse von Prozessen und strukturelle Funktionen in die historische Analyse gleichgewichtig neben Motive und Ursachen einzubeziehen, aufgeben wollen. Niemand wird bestreiten, daß man die uneindeutige und ambivalente Wirklichkeit unter bestimmten Schwerpunkten ordnen könnte, und daß zum Beispiel auch der Gegensatz Demokratie: Obrigkeitsstaat aufschließende Kraft hat. Aber jene anti- oder undemokratischen Komplexe, jenes Urteil von einem (und nur einem) Ergebnis her, jene Polarisierung der historischen Wirklichkeit unter einen, und nur einen „Haupt"-Gegensatz – das reicht nicht hin, die Wirklichkeit zu erfassen, ja das alleine vergewaltigt die Wirklichkeit. Es geht mir also nicht darum, den Blick auf 1933 auszuschließen – das wäre schon von der Logik unserer Wissenschaft her absurd –, wohl aber darum, daß dieser Blick für 1871, 1890, 1914 oder 1928 nicht genügt.

Wehler hat gemeint, in der Frage der Beurteilung mit dem Begriff der Kosten, der sozialen Folgekosten operieren zu können, und von daher die Bilanz zu erstellen, die natürlich, das liegt an der gewählten Metapher, ins Positive und Negative zerfällt. Ich glaube nicht, daß man auf diese Weise dem Problem entkommt. Denn wer berechnet die Kosten (quis iudicabit) und wie? Es hat zwischen 1871 und 1945 eine lange Diskussion um die „Kosten" der Reformation für die deutsche Geschichte gegeben, normalerweise unter der altmodischen Frage, ob sie ein Glück oder ein Unglück war, und also den Versuch einer Bilanz. Das ist nicht unsinnig; nur zeigt das Ergebnis eines mit Sicherheit: daß eine abschließende, gewichtete Bilanz wissenschaftlich nicht möglich ist. Und das gilt auch für spätere Zeiten.

Die Kontinuitätshistorie muß nach dem Gesetz, nach dem sie angetreten, die vergangene Wirklichkeit eindeutig und polarisierend zuordnen. Damit aber verfehlt sie letzten Endes die komplexe Wirklichkeit. Und sie ist ihr gegenüber ungerecht. Sie geht über Motive hinweg, wenn die unbeabsichtigten Wirkungen die Kontinuitätsthese stützen, und wenn das nicht der Fall ist, wie zum Beispiel bei der Sozialversicherung, dann interessiert sie sich plötzlich nur noch für die Motive, für Bismarcks Motive und analysiert sie unter der Herrschaft des Verdachts. Sie legt anachronistisch unsere Maßstäbe an die Vergangenheit an, mit der eifernden oder beckmesserischen Besserwisserei der Nachgeborenen, dem Gestus der permanenten und allumfassenden Anklage. Sie wird unmenschlich, wo sie Ungerechtigkeit, Unvollkommenheit, Widersprüche, Krisen allein aufrechnet, als ob es eine Gesellschaft der Vollkommenheit gäbe oder je gegeben hätte. Sie verweigert jedem, der der patent-demokratischen Utopie nicht zustimmte, Katholiken, die ihre Kirche, Väter, die ihre Familie, Angestellte, die ihre Versicherung, Bauern, die ihre Gesellschaft nicht „demokratisieren" wollten, die eigentliche Legitimität, und da wird dann solche monistische Kontinuitätshistorie auch leicht antipluralistisch, sie erkennt unterschiedliche Motive nicht mehr an. Es hat doch etwas Kleinkariertes, Wagner oder Nietzsche oder Max Weber auf das Prokrustesbett unserer Demokratievorstellung zu spannen und sie auf ihre präfaschistischen Züge abzuklopfen. Das ist, was Hegel bei der Analyse der Jakobiner als die Herrschaft des Verdachts beschrieben hat. Das ist ungerecht, das verzerrt. Oder solche Historie wird trivial: daß Junker Junker, Liberale Liberale, Bauern Bauern sind und ihre Interessen (und nicht die unserer Kontinuitätstheorie) vertreten, ist so neu auch wieder nicht und langweilt ein wenig.

2.

Die Ambivalenz, ja die Vieldeutigkeit der Wirklichkeit und ihre Widerständigkeit gegen unser wertend eindeutiges Kontinuitätsbegehren macht nun die Offenheit der Wirklichkeit, ihr Entwicklungs- und Möglichkeitspotential aus. Hier liegt mein zweiter Einwand. Die Kontinuitätshistorie tendiert in der Praxis – trotz gegenteiliger Versicherungen – dazu, den Notwendigkeitsgrad der Entwicklung über-, die Chancen einer anderen Entwicklung unterzubewerten. Die Weimarer Republik hatte noch Chancen – die Nazis waren bis 1928 nur eine Splittergruppe, die Integration selbst von Konservativen in die Demokratie schien, wie sich am Westarpflügel zeigt, möglich, die Ideen von 1914 waren nicht so mächtig, daß nicht Thomas Mann, Ernst Troeltsch sich neu orientiert hätten; die Republik hatte im Kaiserreich, im Aufstieg des Reichstags ihre Vorgeschichte; die Bedeutung des deutschen Sonderwegs muß gegen die europäischen Gemeinsamkeiten genauer als bisher abgewogen werden: Waren die Deutschen nicht etwas zurückgeblieben hinter dem Westen, aber doch auf dem Wege, wie viele Engländer 1914 meinten? Die Determination des Prozesses ist vom jeweiligen Moment her gesehen nicht so überwältigend, wie es der Post-factum-Analyse erscheint. – Es ist vielleicht möglich, auch innerhalb des kontinuitätshistorischen Ansatzes die Uneindeutigkeit und die Undeterminiertheit der Wirklichkeit viel stärker zu berücksichtigen, als das zumeist geschieht, ja selbst dem „historistischen" Postulat: Gerechtigkeit gegenüber vergangener Wirklichkeit etwas mehr zu entsprechen. Der Gegensatz einer kontinuitätsorientierten und einer nicht-kontinuitätsorientierten Historie würde deshalb nicht verschwinden, wohl aber gemildert werden. Schwieriger ist es mit meinen beiden weiteren Einwänden gegen die Kontinuitätshistorie.

3.

Es gibt viele Kontinuitäten, nicht beliebig viele, aber viele, je nachdem welchen Einschnitt ich wähle, je nachdem von was ich in der Gegenwart ausgehe. Von heute her stellen sich andere Fragen als die nach 1933. Die französische Geschichte sieht im Lichte des Gaullismus anders aus als im Lichte der Abwehr des Faschismus, die englische anders, je nachdem wir die Unanfälligkeit für den Faschismus oder die Krise der heutigen Sozialverfassung als Thema wählen. Man kann die Geschichte der wilhelminischen Zeit als Vorgeschichte der sozial-liberalen Koalition (Zmarzlick) schreiben, man kann die Kontinuität vom Problem der Unregierbarkeit, der Sinn- oder Legitimationsdefizite, der Modernisierungsverluste, der Umweltgefährdung schreiben und wer weiß wie noch. Die Kontinuitäten überlagern und überlappen sich, die Vergangenheit wird ein Netzwerk von Vorgeschichten, sinnvoller und legitimer Vorgeschichten gewiß. Aber diese Mehrzahl der Kontinuitäten relativiert jede einzelne. Jede einzelne Kontinuität erschöpft nicht die Vergangenheit, vereinseitigt, ja deformiert sie vielmehr. Wenn wir – soweit das möglich ist – die Vergangenheit selbst zu Gesicht bekommen wollen, können wir uns nicht dieser und jener Kontinuitätsfrage allein anvertrauen.

4.

Die Kontuinitätshistorie wertet, sie nimmt Partei. Wie kann man eine solche Wertung wissenschaftlich legitimieren, wo doch die Gegenwart vom Konflikt um Wertungen wie eh und je bewegt ist. Soll Wissenschaft parteilich sein? Es gibt einen der Wissenschaft immanenten Grundkonsens (eine Ethik als Existenzbedingung der Wissenschaft selbst), und es gibt einen demokratischen Grundkonsens, von dem aus wir intersubjektive Übereinstimmung über Wertungen und über Strukturierung bestimmter Kontinuitäten erzielen können. Wir können auch die Überlebensbedingungen eines modernen politisch-sozialen Systems, das die individuelle Freiheit achtet, seine Konfliktbewältigungs- und Innovationsfähigkeit im Sinne der Demokratie zu formulieren suchen. Aber diese Konsense sind doch sehr allgemein, und sie lösen die drängenden Wertkonflikte, nach der Gewichtung von Gleichheit und Freiheit zum Beispiel oder dem Ausmaß der Staatstätigkeit, nicht. Sie können nicht verhindern, daß es eine Vielfalt von Kontinuitätshistorien gibt. Sollen wir – gebrannte Kinder der Exzesse des Nationalismus, so oft postnational gesonnen – zum Beispiel den Nationalismus unter den Blick zurück im Zorn stellen, oder seine sogenannte Perversion? Gibt die Renaissance des Nationalismus von de Gaulle über Quebec und Schottland bis zur Wiederentdeckung der ethnic identity oder bis zu den bürokratischen nationalen Auseinandersetzungen in der Europäischen Gemeinschaft und zumal natürlich die Wucht, mit der er die Dritte Welt formiert, nicht eine ganz andere Perspektive, muß sie nicht die Perspektive ändern – und zwar ganz unabhängig davon, was wir mögen, was wir nicht mögen? Und die Situation der Demokratie in der Welt heute ändert nicht unsere Wertung der Demokratie, wohl aber vielleicht das Gewicht, das wir der Demokratie als „Normalstufe" der Entwicklung zugeschrieben haben. So eindeutig ist es nicht mit Konfliktlösung und Innovation. Die Kontinuitätshistorien selbst zeigen im Wechsel, wie sie von zum Beispiel naturrechtlichen, liberal-konservativen, emanzipatorischen, sozialistischen Wertsetzungen bestimmt sind: Friedrich Ebert ist für manche vom Repräsentanten der Republik zu ihrem Verräter geworden, der die wahre demokratische und 1919 mögliche Revolution verhindert hat. Je nachdem laufen die Kontinuitätslinien anders. Die Historie ist nicht – das war ein historisch-apologetisches Mißverständnis – die Geschichte der Sieger, weder der von gestern oder von damals, noch der von heute oder morgen, sie ist jenseits von Siegen und Niederlagen. Es geht mir überhaupt nicht darum, welche politischen Wertsetzungen man für richtig hält, sondern darum, daß man sie nicht in die Wissenschaft einführen kann, ohne deren Anspruch auf Allgemeingültigkeit zu zerstören. Das aber tut die Kontinuitätshistorie, und sie tut es von ihren eigenen Voraussetzungen her mit logischer Notwendigkeit.

5.

Aus diesen kritischen Überlegungen ziehe ich nun zum Abschluß zwei grundsätzliche Folgerungen:

a)

Ich plädiere für die Rehabilitierung der Idee der Objektivität – der Objektivität als Allgemeingültigkeit unter den Zeitgenossen, als Gerechtigkeit gegenüber der Vergangenheit. Der triviale Einwand, daß es solche Objektivität nicht gäbe, besagt nichts, weil es sich nicht um eine empirische Feststellung, sondern um eine regulative Idee handelt. Die Wirklichkeit der Wissenschaft, die sich in der community of investigators konstituiert, beruht auf der Voraussetzung der Möglichkeit von Objektivität, ohne diese Voraussetzung gäbe es weder Diskussion noch Kritik. Wertungen und die heute so beliebten Erkenntnisinteressen sind für die Entstehung wissenschaftlicher Aussagen wichtig; für die davon streng zu unterscheidende Geltung dieser Aussagen sind sie irrelevant. Die Soziologie der Wissenschaft ist nicht ihre Logik. Die Wissenschaft kann – oberhalb jenes Basiskonsens – bei Gefahr der Selbstaufgabe die Wertkonflikte nicht entscheiden, das haben Max Weber und der kritische Rationalismus erwiesen; sie ist der Idee der Wertfreiheit, der Idee der Objektivität verpflichtet. Von daher ist die Alternative Kritik oder Apologie eine Scheinalternative, und Max Webers wissenschaftliches Werk zum Beispiel widerlegt sie konkret.

b)

Die Frage nach der Kontinuität, mit der das Spätere aus dem Früheren erklärt werden kann, ist notwendig und legitim. Die Richtung der Frage aber ist nicht umkehrbar: Ich kann das Frühere vom Späteren her allein – als ob es eine Quasi-Teleologie gäbe – nicht erklären. Sonst verkürze, vereinseitige ich die vergangene Wirklichkeit, trimme sie auf ein Ergebnis hin, das doch nur eines unter möglichen Ergebnissen ist. Schon die Pluralität sinnvoller Kontinuitäten muß solche Vergewaltigung der Vergangenheit, solche Deformierung des historischen Urteils hindern. Gegen die Konstruktionsansprüche der Kontinuitätshistorie geht es um die Rettung der Phänomene, und dazu scheint mir nicht nur die Vielfalt der Kontinuitäten nötig, sondern heuristisch sogar zunächst ihre Einklammerung: Dann befreien wir uns von der Deformation der Vergangenheit, dann ist das Problem, zum immer Früheren zurückgehen zu müssen, ein Scheinproblem, dann gewinnt unsere Erkenntnis größere Objektivität, größere Fülle, größere Differenziertheit. Oder: Vergangenheit ist mehr, als es in jeder Kontinuitätsperspektive scheint, und sie ist anderes und anders. Vergangenheit ist mehr als Vorgeschichte. Jede Epoche ist mittelbar zu Hitler – manche mehr, manche weniger – aber unmittelbar ist sie noch ganz anderes, ist sie sie selbst. Das ist der unmythologische Sinn des Ranke-Worts, jede Epoche sei unmittelbar zu Gott. Wir müssen den vergangenen Generationen das zurückgeben, was sie einmal besaßen, so wie jede Gegenwart es besitzt: die Fülle der möglichen Zukunft, die Ungewißheit, die Freiheit, die Endlichkeit, die Widersprüchlichkeit. Damit gerade leistet die Geschichtswissenschaft der Gesellschaft einen notwendigen Dienst: Sie hält gegen alle Absolutheitsansprüche technischer oder ideologischer Art die Zukunft offen, sie stabilisiert das Bewußtsein unserer Pluralität, unserer Endlichkeit, unserer Freiheit.

Bibliographie

Albertin, L., Liberalismus und Demokratie am Anfang der Weimarer Republik. Eine vergleichende Analyse der Deutschen Demokratischen Partei und der Deutschen Volkspartei, Düsseldorf 1972.
Aldcroft, D. H., Die Zwanziger Jahre. Von Versailles bis zur Wall Street 1919–1929, München 1978.
Angress, W. T., Die Kampfzeit der KPD 1921–1923, Düsseldorf 1973.
Apelt, W., Geschichte der Weimarer Verfassung, München 1946.

Bariéty, J., Les relations franco-allemandes après la Première Guerre Mondiale, 1918–1925. De l'exécution à la négotiation, Paris 1978.
Barmeyer, H., Andreas Hermes und die Organisation der deutschen Landwirtschaft. Christliche Bauernvereine, Reichslandbund, Grüne Front, Reichsnährstand 1928–1933, Stuttgart 1971.
Becker, J., Brüning, Prälat Kaas und das Problem einer Regierungsbeteiligung der NSDAP 1930–1932, in: HZ 196 (1963), S. 74–111.
Berghahn, V. R., Der Stahlhelm. Bund der Frontsoldaten 1918–1935, Düsseldorf 1966.
Berglar, P., Walther Rathenau. Seine Zeit. Sein Werk. Seine Persönlichkeit, Bremen 1970.
Bergsträsser, L., Geschichte der politischen Parteien in Deutschland, München ¹⁰1960.
Besson, W., Württemberg und die deutsche Staatskrise 1928–1933. Eine Studie zur Auflösung der Weimarer Republik, Stuttgart 1959.
Besson, W., Zur Frage der Staatsführung in der Weimarer Republik, in: VfZG 7 (1959), S. 85–111.
Blaich, F., Staat und Verbände in Deutschland zwischen 1871 und 1945, Wiesbaden 1978.
Böhret, C., Aktionen gegen die ‚kalte Sozialisierung' 1926–1930. Ein Beitrag zum Wirken ökonomischer Einflußverbände in der Weimarer Republik, Berlin 1966.
Bölling, R., Volksschullehrer und Politik. Der Deutsche Lehrerverein 1918–1933, Göttingen 1978.
Borchardt, K./C. M. Cipolla (Hg.), Die Entwicklung der industriellen Gesellschaften (= Europäische Wirtschaftsgeschichte Bd. 4), Stuttgart 1977.
Born, K.-E., Die deutsche Bankenkrise 1931. Finanzen und Politik, München 1967.
Bosl, K./K. Möckl u. a. (Hg.), Bayern im Umbruch. Die Revolution von 1918, ihre Voraussetzungen, ihr Verlauf und ihre Folgen, München 1969.
Bracher, K. D., Die Auflösung der Weimarer Republik. Eine Studie zum Problem des Machtverfalls in der Demokratie, Stuttgart 1955 u. ö.
Bracher, K. D./W. Sauer/G. Schulz, Die nationalsozialistische Machtergreifung. Studien zur Errichtung des totalitären Herrschaftssystems in Deutschland, Köln 1960.
Bracher, K. D., Deutschland zwischen Demokratie und Diktatur. Beiträge zur neueren Politik und Geschichte, Bern 1964.
Bracher, K. D., Die deutsche Diktatur. Entstehung, Struktur, Folgen des Nationalsozialismus, Köln 1969.
Bracher, K. D., Die Krise Europas 1917–1975 (= Propyläen Geschichte Europas 6), Frankfurt/M. 1975.
Bracher, K. D., Europa in der Krise. Innengeschichte und Weltpolitik seit 1917, Frankfurt/M. 1979.
Bucher, P., Der Reichswehrprozeß. Der Hochverrat der Ulmer Reichswehroffiziere 1929/30, Boppard 1967.
Büsch, O., Geschichte der Berliner Kommunalwirtschaft in der Weimarer Epoche, Berlin 1960.

Büsch, O./G. D. Feldman, Historische Prozesse der deutschen Inflation 1914 bis 1924. Ein Tagungsbericht, Berlin 1978.

Büsch, O./M. u. W. Wölk (Hg.), Wählerbewegung in der deutschen Geschichte. Analysen und Berichte zu den Reichstagswahlen 1871–1933, Berlin 1978.

Campbell, G. F., Confrontation in Central Europe. Weimar Germany and Czechoslovakia, Chicago 1975.

Carsten, F. L., Reichswehr und Politik 1918–1933, Köln 1964.

Conze, W., Die Krise des Parteienstaates in Deutschland 1929/30, in: HZ 178 (1954), S. 47–83.

Conze, W., Deutschlands weltpolitische Sonderstellung in den zwanziger Jahren, in: VfZG 9 (1961), S. 166–177.

Conze, W./H. Raupach (Hg.), Die Staats- und Wirtschaftskrise des deutschen Reiches 1929/33, Stuttgart 1967.

Craig, G. A., The Politics of the Prussian Army 1640–1945, Oxford 1955 (dt. Ausg. 1960).

Craig, G. A., Germany 1866–1945, Oxford 1978 (dt. Ausg. 1980).

Craig, G. A., Geschichte Europas im 19. und 20 Jahrhundert. Bd. 2. Vom Ersten Weltkrieg bis zur Gegenwart 1914–1945, München 1979.

Dahrendorf, R., Gesellschaft und Demokratie in Deutschland, München 1965 u. ö.

Diehl, J. A., Paramilitary Politics in Weimar Germany, Bloomington 1977.

Döhn, L., Politik und Interesse. Die Interessenstruktur der Deutschen Volkspartei, Meisenheim a. G. 1970.

Dyck, H. L., Weimar Germany and Soviet Russia 1926–1933. A Study in Diplomatic Instability, London 1966.

Eliasberg, G., Der Ruhrkrieg von 1920, Bonn 1974.

Epstein, K., Matthias Erzberger und das Dilemma der deutschen Demokratie, Berlin 1962.

Erdmann, K. D., Adenauer in der Rheinlandpolitik nach dem Ersten Weltkrieg, Stuttgart 1966.

Erdmann, K. D., Die Zeit der Weltkriege. Die Weimarer Republik. in: Gebhardt Handbuch der deutschen Geschichte Bd. 4/1, hg. v. H. Grundmann, Stuttgart 1973.

Eschenburg, T., Die improvisierte Demokratie. Gesammelte Aufsätze zur Weimarer Republik, München 1963.

Eschenburg, T., Matthias Erzberger. Der große Mann des Parlamentarismus und der Finanzreform, München 1973.

Eyck, E., Geschichte der Weimarer Republik, 2 Bde., Erlenbach/Zürich 1956.

Fenske, H., Strukturprobleme der deutschen Parteiengeschichte. Wahlrecht und Parteiensystem vom Vormärz bis heute, Frankfurt/M. 1974.

Fest, J. C., Hitler, Eine Biographie, Frankfurt 1973.

Fischer, W., Deutsche Wirtschaftspolitik 1918–1945, Opladen ³1968.

Flechtheim, O. K., Die KPD in der Weimarer Republik, Frankfurt/M. 1969.

Flemming, J./C. D. Krohn/D. Stegmann/P. C. Witt (Hg.), Die Republik von Weimar, 2 Bde., Königstein i. T. 1979–80.

Frommelt, R., Paneuropa oder Mitteleuropa. Einigungsbestrebungen im Kalkül deutscher Wirtschaft und Politik 1925–1933, Stuttgart 1977.

Gay, P., Die Republik der Außenseiter. Geist und Kultur in der Weimarer Zeit 1918–1933, Frankfurt 1970.

Gessner, D., Agrarverbände in der Weimarer Republik. Wirtschaftliche und soziale Voraussetzungen agrarkonservativer Politik vor 1933, Düsseldorf 1976.
Gessner, D., Agrardepression und Präsidialregierungen in Deutschland: 1930–1933. Probleme des Agrarprotektionismus am Ende der Weimarer Republik, Düsseldorf 1977.
Gessner, D., Das Ende der Weimarer Republik. Fragen, Methoden und Ergebnisse interdisziplinärer Forschung, Darmstadt 1978.
Geyer, M., Aufrüstung oder Sicherheit. Die Reichswehr und die Krise der Machtpolitik 1924–1936, Wiesbaden 1978.
Gordon, H. J., Die Reichswehr und die Weimarer Republik 1919–1926, Frankfurt/M. 1959.
Graml, H., Europa zwischen den Kriegen, München 1969.
Guratzsch, D., Macht durch Organisation. Die Grundlagen des Hugenbergschen Presseimperiums, Düsseldorf 1974.

Haffner, S., Anmerkungen zu Hitler, München 1978.
Hardach, G., Weltmarktorientierung und relative Stagnation. Währungspolitik in Deutschland 1924–1931, Berlin 1976.
Hardach, K., Wirtschaftsgeschichte Deutschlands im 20. Jahrhundert, Göttingen 1976.
Hartwich, H. H., Arbeitsmarkt, Verbände und Staat 1918–1933. Die öffentliche Bindung unternehmerischer Funktionen in der Weimarer Republik, Berlin 1967.
Heiber, H., Die Republik von Weimar, München ⁷1974.
Heinemann, M. (Hg.), Sozialisation und Bildungswesen in der Weimarer Republik, Stuttgart 1976.
Helbich, W. J., Die Reparationen der Ära Brüning. Zur Bedeutung des Young-Plans für die deutsche Politik 1930 bis 1932, Berlin 1962.
Henning, F.-W., Das industrialisierte Deutschland 1914–1972, Paderborn 1974.
Hentschel, V., Weimars letzte Monate. Hitler und der Untergang der Republik, Düsseldorf 1978.
Hermens, F./T. Schieder (Hg.), Staat, Wirtschaft und Politik in der Weimarer Republik, Festschrift für Heinrich Brüning, Berlin 1967.
Hess, J. C., ‚Das ganze Deutschland soll es sein'. Demokratischer Nationalismus in der Weimarer Republik am Beispiel der Deutschen Demokratischen Partei, Stuttgart 1978.
Hildebrand, K., Das Dritte Reich, München 1979.
Hillgruber, A., Kontinuität und Diskontinuität in der deutschen Außenpolitik von Bismarck bis Hitler, Düsseldorf 1969.
Hillgruber, A., Großmachtpolitik und Militarismus im 20. Jahrhundert. 3 Beiträge zum Kontinuitätsproblem, Düsseldorf 1974.
Hofmann, H., Legitimität gegen Legalität. Der Weg der politischen Philosophie Carl Schmitts, Neuwied 1964.
Hornung, K., Der Jungdeutsche Orden, Düsseldorf 1958.

Jacobson, J., Locarno Diplomacy. Germany and the West 1925–1929, Princeton 1972.
Jasper, G. (Hg.), Von Weimar zu Hitler, Köln 1968.
Jonas, E., Die Volkskonservativen 1928–1933. Entwicklung, Struktur, Standort und staatspolitische Zielsetzung, Düsseldorf 1965.

Kater, M. H., Studentenschaft und Rechtsradikalismus in Deutschland 1918–1933. Eine sozialgeschichtliche Studie zur Bildungskrise in der Weimarer Republik, Hamburg 1975.
Kindleberger, C., Die Weltwirtschaftskrise 1929–1939, München 1973.
Kluge, U., Soldatenräte und Revolution. Studien zur Militärpolitik in Deutschland 1918/19, Göttingen 1975.

Kolb, E., Die Arbeiterräte in der deutschen Innenpolitik 1918–1919, Düsseldorf 1962.
Kolb, E. (Hg.), Vom Kaiserreich zur Weimarer Republik, Köln 1972.
Krause, H., USPD. Zur Geschichte der Unabhängigen Sozialdemokratischen Partei Deutschlands, Frankfurt/M. 1975.
Krohn, C.-D., Stabilisierung und ökonomische Interessen. Die Finanzpolitik des Deutschen Reiches 1923–1927, Düsseldorf 1974.
Krüger, P., Deutschland und die Reparationen 1918/19. Die Genesis des Reparationsproblems in Deutschland zwischen Waffenstillstand und Versailler Friedensschluß, Stuttgart 1973.

Laqueur, W., Die deutsche Jugendbewegung. Eine historische Studie, Köln 1962.
Laqueur, W., Weimar. Die Kultur der Republik, Frankfurt/M. 1977.
Lee, M./W. Michalka, Deutsche Außenpolitik 1917–1933. Kontinuität oder Bruch? Stuttgart 1980.
Lepsius, M. R., Extremer Nationalismus. Strukturbedingungen vor der nationalsozialistischen Machtergreifung, Stuttgart 1966.
Link, W., Die amerikanische Stabilisierungspolitik in Deutschland 1921–1932, Düsseldorf 1970.

Maier, C., Recasting Bourgeois Europe: Stabilization in France, Germany and Italy in the Decade after World War I, Princeton 1975.
Matthias, E./R. Morsey, Das Ende der Parteien 1933, Düsseldorf 1960.
Matthias, E., Zwischen Räten und Geheimräten. Die deutsche Revolutionsregierung 1918/19, Düsseldorf 1970.
Maurer, J., Reichsfinanzen und Große Koalition. Zur Geschichte des Reichskabinetts Müller 1928–1930, Frankfurt/M. 1973.
Maxelon, M.-O., Stresemann und Frankreich. Deutsche Politik der Ost-West Balance, Düsseldorf 1972.
Meinck, J., Weimarer Staatslehre und Nationalsozialismus. Eine Studie zum Problem der Kontinuität im staatsrechtlichen Denken in Deutschland 1928 bis 1936, Frankfurt/M. 1978.
Miller, S., Die Bürde der Macht. Die deutsche Sozialdemokratie 1918–1920, Düsseldorf 1978.
Mommsen, H., Staat und Bürokratie in der Ära Brüning, in: Tradition und Reform in der deutschen Politik. Gedenkschrift für Waldemar Besson, Berlin 1976, S. 81–137.
Mommsen, H., Klassenkampf oder Mitbestimmung. Zum Problem der Kontrolle wirtschaftlicher Macht in der Weimarer Republik, Frankfurt/M. 1977.
Mommsen, H./D. Petzina/B. Weisbrod (Hg.), Industrielles System und politische Entwicklung in der Weimarer Republik. Verhandlungen des Internationalen Symposiums in Bochum vom 12.–17. Juni 1973, Düsseldorf 1974.
Mommsen, W. J., Max Weber und die deutsche Politik 1890–1920, Tübingen ²1974.
Morsey, R., Die deutsche Zentrumspartei 1917–1923, Düsseldorf 1966.
Morsey, R., Brünings Kritik an der Reichsfinanzpolitik 1919–1929, in: Geschichte, Wirtschaft, Gesellschaft, Festschrift für Clemens Bauer, Berlin 1974, S. 359–374.
Mosse, G. L., Germans and Jews. The Right, the Left, and the Search for a ‚Third Force' in Pre-Nazi Germany, New York 1970.
Mosse, G. L, The Crisis of German Ideology, London 1966.
Mosse, G. L., Die Nationalisierung der Massen. Politische Symbolik und Massenbewegung in Deutschland von den Napoleonischen Kriegen bis zum Dritten Reich, Berlin 1976.
Mosse, G. L., Ein Volk, ein Reich, ein Führer. Die völkischen Ursprünge des Nationalsozialismus, Königstein i. Ts. 1979.

Neumann, S., Die Parteien der Weimarer Republik (1932), Stuttgart ²1965.
Nolte, E., Der Nationalsozialismus, München 1963.
Nolte, E., Der Faschismus in seiner Epoche. Die Action Française, der italienische Faschismus, der deutsche Nationalsozialismus, München 1963.
Nolte, E., Die Krise des liberalen Systems und die faschistischen Bewegungen, München 1968.

Orlow, D., The History of the Nazi Party, 1919–1939, Pittsburgh 1969.

Petzina, D., Die deutsche Wirtschaft in der Zwischenkriegszeit, Wiesbaden 1977.
Pogge v. Strandmann, H., Großindustrie und Rapallopolitik. Deutsch-sowjetische Handelsbeziehungen in der Weimarer Republik, in: HZ 222 (1976), S. 265–341.
Pohl, K. H., Weimars Wirtschaft und die Außenpolitik der Republik 1924–1926. Vom Dawes-Plan zum Internationalen Eisenpakt, Düsseldorf 1979.
Post, G., The Civil-Military Fabric of Weimar Foreign Policy, Princeton 1973.
Potthoff, H., Gewerkschaften und Politik zwischen Revolution und Inflation, Bonn 1978.
Preller, L., Sozialpolitik in der Weimarer Republik, Stuttgart 1949.

Riekhoff, H. v., German-Polish Relations, 1918–1933, Baltimore 1971.
Rohe, K., Das Reichsbanner Schwarz-Rot-Gold. Ein Beitrag zur Geschichte und Struktur der politischen Kampfverbände zur Zeit der Weimarer Republik, Düsseldorf 1966.
Rosenberg, Arthur, Entstehung und Geschichte der Weimarer Republik, hg. v. K. Kersten, Frankfurt/M. 1955 u. ö.
Rürup, R., Probleme der Revolution in Deutschland 1918/19, Wiesbaden 1968.
Ruge, W., Deutschland von 1917 1933. Von der Großen Sozialistischen Oktoberrevolution bis zum Ende der Weimarer Republik, Berlin/DDR 1967.
Runge, W., Politik und Beamtentum im Parteienstaat. Die Demokratisierung der politischen Beamten in Preußen zwischen 1918 und 1933, Stuttgart 1965.

Salewski, M., Entwaffnung und Militärkontrolle in Deutschland 1919–1927, München 1966.
Sontheimer, K., Antidemokratisches Denken in der Weimarer Republik. Die politischen Ideen des deutschen Nationalismus zwischen 1918 und 1933, München 1968 u. ö.
Speier, H., Die Angestellten vor dem Nationalsozialismus. Ein Beitrag zum Verständnis der deutschen Sozialstruktur 1918–1933, Göttingen 1977.

Schäfer, D., Der Deutsche Industrie- und Handelstag als politisches Forum der Weimarer Republik. Eine historische Studie zum Verhältnis von Politik und Wirtschaft, Hamburg 1966.
Schieder, T., Die Probleme des Rapallo-Vertrags. Eine Studie über die deutsch-russischen Beziehungen 1922–1926, Köln 1956.
Schieder, T., Der Nationalstaat in Europa als historisches Phänomen, Köln 1964.
Schieder, T. (Hg.), Handbuch der europäischen Geschichte, Bde. 7/1 und 7/2, Europa im Zeitalter der Weltmächte, Stuttgart 1979.
Schneider, W., Die Deutsche Demokratische Partei in der Weimarer Republik 1924–1930, München 1978.
Schüddekopf, O.-E., Nationalbolschewismus in Deutschland 1918–1933, Berlin 1973.
Schulz, G., Zwischen Demokratie und Diktatur. Verfassungspolitik und Reichsreform in der Weimarer Republik. Bd. 1. Die Periode der Konsolidierung und der Revision des Bismarckschen Reichsaufbaus 1919–1930, Berlin 1963.

Schulz, G., Revolution und Friedenschlüsse, München ³1974.
Schulz, G., Deutschland seit dem Ersten Weltkrieg 1918–1945, Göttingen 1976.
Schulze, H., Otto Braun oder Preußens demokratische Sendung, Berlin 1977.
Schumacher, M., Mittelstandsfront und Republik. Die Wirtschaftspartei, Reichspartei des deutschen Mittelstandes 1919–1933, Düsseldorf 1972.
Schumacher, M., Land und Politik. Eine Untersuchung über politische Parteien und agrarische Interessen 1914–1923, Düsseldorf 1978.
Schuster, K. G. P., Der rote Frontkämpferbund 1924–1929. Beiträge zur Geschichte und Organisationsstruktur eines politischen Kampfbundes, Düsseldorf 1975.
Schwarz, A., Die Weimarer Republik, Frankfurt/M. 1968.
Schwarz, J., Studenten in der Weimarer Republik. Die deutsche Studentenschaft in der Zeit von 1918 bis 1923 und ihre Stellung zur Politik, Berlin 1971.

Stegmann, D., Zum Verhältnis von Großindustrie und Nationalsozialismus 1930 bis 1933. Ein Beitrag zur Geschichte der sogenannten Machtergreifung, in: Archiv für Sozialgeschichte 13 (1973), S. 399–482.
Stephan, W., Aufstieg und Verfall des Linksliberalismus 1918–1933. Geschichte der Deutschen Demokratischen Partei, Göttingen 1973.
Stern, F., Kulturpessimismus als politische Gefahr. Eine Analyse nationaler Ideologie in Deutschland, Bern 1963.
Stern, F., Das Scheitern illiberaler Politik. Studien zur politischen Kultur Deutschlands im 19. und 20. Jahrhundert, Frankfurt 1972.
Stoltenberg, G., Politische Strömungen im schleswig-holsteinischen Landvolk 1918–1933. Ein Beitrag zur politischen Meinungsbildung in der Weimarer Republik, Düsseldorf 1962.
Stürmer, M., Koalition und Opposition in der Weimarer Republik 1924–1928, Düsseldorf 1967.

Thamer, H.-U./W. Wippermann (Hg.), Faschistische und neofaschistische Bewegungen. Probleme empirischer Faschismusforschung, Darmstadt 1977.
Timm, H., Die deutsche Sozialpolitik und der Bruch der Großen Koalition im März 1930, Düsseldorf 1953.
Turner, H. A., Stresemann, Republikaner aus Vernunft, Berlin 1968.
Turner, H. A., Faschismus und Kapitalismus in Deutschland. Studien zum Verhältnis zwischen Nationalsozialismus und Wirtschaft, Göttingen 1972.
Tyrell, A., Vom Trommler zum Führer. Der Wandel von Hitlers Selbstverständnis zwischen 1919 und 1924 und die Entwicklung der NSDAP, München 1975.

Vogelsang, T., Reichswehr, Staat und NSDAP. Beiträge zur deutschen Geschichte 1930–1932, Stuttgart 1962.

Walsdorff, M., Westorientierung und Ostpolitik. Stresemanns Rußlandpolitik in der Locarno-Ära, Bremen 1971.
Weber, H., Die Wandlungen des deutschen Kommunismus. Die Stalinisierung der KPD in der Weimarer Republik, 2 Bde., Frankfurt/M. 1969.
Weidenfeld, W., Die Englandpolitik Gustav Stresemanns. Theoretische und praktische Aspekte der Außenpolitik, Mainz 1972.
Weisbrod, B., Schwerindustrie in der Weimarer Republik. Interessenpolitik zwischen Stabilisierung und Krise, Wuppertal 1978.

Winkler, H.-J. Preußen als Unternehmer 1923–1932. Staatliche Erwerbsunternehmen im Spannungsfeld der Politik am Beispiel der Preussag, Hibernia und Veba, Berlin 1965.
Winkler, H. A., Mittelstand, Demokratie und Nationalsozialismus. Die politische Entwicklung von Handwerk und Kleinhandel in der Weimarer Republik, Köln 1972.
Winkler, H. A., Die Sozialdemokratie und die Revolution von 1918/19. Ein Rückblick nach 60 Jahren, Bonn 1979.
Wippermann, K. W., Politische Propaganda und staatsbürgerliche Bildung. Die Reichszentrale für Heimatdienst in der Weimarer Republik, Bonn 1976.

Zapf, W., Wandlungen der deutschen Elite. Ein Zirkulationsmodell deutscher Führungsgruppen 1919–1961, München 1965.
Ziebura, G. (Hg.), Grundfragen der deutschen Außenpolitik seit 1871, Darmstadt 1975.
Zorn, W. (Hg.), Handbuch der deutschen Wirtschafts- und Sozialgeschichte, Bd. 2, Das 19. und 20. Jahrhundert, Stuttgart 1976.

Quellen

Akten zur deutschen auswärtigen Politik 1918–1945 (Aus dem Archiv des Auswärtigen Amts). Serie B. 1925–1933, Göttingen 1966–1976.

Akten der Reichskanzlei. Weimarer Republik. Herausgegeben für die Historische Kommission bei der Bayerischen Akademie der Wissenschaften von K. D. Erdmann, für das Bundesarchiv von W. Mommsen unter Mitwirkung von W. Vogel, Boppard 1968–1973.

Deutsch-sowjetische Beziehungen von den Verhandlungen in Brest-Litowsk bis zum Abschluß des Rapallovertrages, 1. Dokumentensammlung. 1917–1918, Berlin/DDR 1967.

Deutsch-sowjetische Beziehungen 1922–1925. Vom Rapallovertrag bis zu den Verträgen vom 12. 10. 1925. Dokumentensammlung. Hg. v. Ministerium für Auswärtige Angelegenheiten der UdSSR, Berlin/DDR 1978.

Deuerlein, E. (Hg.), Der Hitler-Putsch. Bayerische Dokumente zum 8./9. November 1923, Stuttgart 1962.

Der Friedensvertrag zwischen Deutschland und den Alliierten und Assoziierten Mächten. Amtlicher Text der Entente und amtliche deutsche Übertragung im Auftrage des Auswärtigen Amtes, Charlottenburg 1919.

Wilhelm Groener, Lebenserinnerungen. Jugend, Generalstab, Weltkrieg, hg. v. F. Frhr. Hiller von Gaertringen, Göttingen 1957.

Der Gründungsparteitag der KPD. Protokoll und Materialien, hg. v. H. Weber, Frankfurt/M. 1969.

Hoffmann, W. G./E. Grumbach/H. Hesse, Das Wachstum der deutschen Wirtschaft seit der Mitte des 19. Jahrhunderts, Berlin 1965.

Huber, E. R. (Hg.), Dokumente zur deutschen Verfassungsgeschichte, Bd. 3: Dokumente der Novemberrevolution und der Weimarer Republik 1918–1933, Stuttgart 1966.

Locarno-Konferenz 1925. Eine Dokumentensammlung. Hg. v. Ministerium für Auswärtige Angelegenheiten der DDR, Berlin/DDR 1962.

Marx, Wilhelm. Nachlaß des Reichskanzlers Wilhelm Marx, bearb. v. H. Stehkämper, 4 Bde., Köln 1968.

Maurer, I./U. Wengst (Hg.), Staat und NSDAP 1930–1932. Quellen zur Ära Brüning, Düsseldorf 1977.

Michalka, W./G. Niedhart (Hg.), Die ungeliebte Republik. Dokumente zur Innen- und Außenpolitik Weimars 1918–1933, München 1980.

Milatz, A., Wähler und Wahlen in der Weimarer Republik, Bonn 1965.

Miller, S./H. Potthoff (Hg.), Die Regierung der Volksbeauftragten 1918/19, Düsseldorf 1969.

Morsey, R. (Hg.), Protokolle der Reichstagsfraktion und des Fraktionsvorstands der Deutschen Zentrumspartei 1926–1933, Mainz 1969.

Petzina, D./W. Abelshauser/A. Faust (Hg.), Sozialgeschichtliches Arbeitsbuch zur neueren deutschen Geschichte III. Materialien zur Statistik des Deutschen Reiches 1914–1945, München 1978.

Pünder, H., Politik in der Reichskanzlei. Aufzeichnungen aus den Jahren 1929–1932, hg. v. T. Vogelsang, Stuttgart 1961.

Quellen zur Geschichte des Parlamentarismus und der politischen Parteien.
  Erste Reihe. Von der konstitutionellen Monarchie zur parlamentarischen Republik, Düsseldorf 1959–1971.

Zweite Reihe. Militär und Politik, Düsseldorf 1970–1979.
Dritte Reihe. Die Weimarer Republik, Düsseldorf 1970–1977.
Walter Rathenau. Tagebuch 1907–1922, hg. v. H. Pogge v. Strandmann, Düsseldorf 1967.
Walther Rathenau. Gesamtausgabe hg. v. D. Hellige u. E. Schulin, München 1977 ff.
Reichsgesetzblatt, hg. v. Reichsministerium des Innern, Berlin 1920 ff.
Schüddekopf, O. E. (Hg.), Das Heer und die Republik. Quellen zur Politik der Reichswehrführung 1918 bis 1933, Hannover 1955.
Schulthess' , Europäischer Geschichtskalender, München NF 34 (1918)ff.
Schumacher, M. (Hg.), Parlamentspraxis in der Weimarer Republik. Die Tagungsberichte der Vereinigung der deutschen Parlamentsdirektoren 1925 bis 1933, Düsseldorf 1974.
Treue, W. (Hg.), Deutschland in der Weltwirtschaftskrise in Augenzeugenberichten, Düsseldorf 1967.
Ursachen und Folgen. Vom deutschen Zusammenbruch 1918 und 1945 bis zur staatlichen Neuordnung Deutschlands in der Gegenwart. Eine Urkunden- und Dokumentensammlung zur Zeitgeschichte, Bd. 4–8, hg. v. H. Michaelis und E. Schraepler, Berlin 1960/63.
Verhandlungen des Reichstags. Stenographische Berichte, 1920 ff., Berlin 1921 ff.
Verhandlungen der Verfassunggebenden Deutschen Nationalversammlung. Stenographische Berichte 1919/20, 6 Bde., Berlin 1920.
Entstehung des Young-Plans. Dargestellt vom Reichsarchiv 1931–1933, Boppard 1970.

Personenregister

Adenauer, Konrad 24, 96, 101
Adler, Alfred 219
Albers, Josef 233 f.
Anderson, Benjamin M. 142, 144, 147
Augustinus, Aurelius 219
Ayres, Leonard P. 150

Bacon, Francis 235
Balfour, Arthur James 68
Barth, Karl 222 f.
Baruch, Bernard 68
Bauer, Otto 200
Bayer, Herbert 233
Bebel, August 282
Becher, Johannes Robert 216
Behrens, Peter 192
Belluzzo, Giuseppe 195
Below, Georg von 229
Bergson, Henri 222
Bernhard, Georg 198, 202
Bernstein, Eduard 276
Bernstorff, Johann Heinrich Graf von 39
Bethmann Hollweg, Theobald von 93, 370, 383
Bismarck, Otto Fürst von 101, 227 f., 280, 368 f., 371, 377, 383, 386 ff.
Blank, Herbert 360
Blücher von Wahlstatt, Gebhard Leberecht Fürst 227
Blüher, Hans 225
Bolz, Eugen A. 302, 343
Bosch, Carl 79
Bracht, Clemens F. 359
Bradbury, Sir John 69
Braun, Otto 18, 276 ff., 280, 341, 361
Bredt, Johann Viktor 361
Breuer, Hans 224
Breuer, Marcel 233 f.
Briand, Aristide 41, 56, 73, 94, 100, 103 ff.
Brockdorff-Rantzau, Ulrich Graf von 43, 46, 52

Brüning, Heinrich 9, 18, 26, 44 f., 56 f., 59, 76, 84 f., 89 f., 106 ff., 122 f., 255, 266 f., 272, 278, 299, 301–306, 320 f., 323 ff., 332, 340–347, 349, 350–353, 355, 357, 359, 361–364
Buber, Martin 220
Bülow, Bernhard Wilhelm Fürst von 44, 350
Burckhardt, Jacob 14, 21, 387
Burgdörfer, Friedrich 163

Chamberlain, Sir Austen 73, 103, 120 f.
Churchill, Sir Winston 20, 66
Clemenceau, Georges 95 ff., 193
Clémentel, Etienne 193
Cohen, Max 198, 201 f.
Cohn, Oskar 292, 303
Coolidge, Calvin 67
Craigie, Robert L. 74
Crowe, Sir Eyre 114
Cuno, Wilhelm 100, 103
Curtius, Julius 44, 360
Cushendum, Lord (Ronald J. Mac Neill) 74

D'Abernon, Edgar Vincent Viscount 74, 115, 121
Darwin, Charles 231, 281
Dawes, Charles Gates 69, 102
Degoutte, Jean M. J. 101
Dehio, Ludwig 14, 374, 379
Delbrück, Hans 229
Descartes, René 235
Dietrich, Georg 273
Dietrich, Hermann 351
Dresel, Ellis Loring 62
Droysen, Johann Gustav 385
Dulles, John Foster 71
Dunn, Robert 142
Dyck, Harvey 59

Ebert, Friedrich 21, 277, 294, 312 f., 390
Edge, Walter 141

Egidy, Moritz von 371
Einstein, Albert 232
Engels, Friedrich 275
Erzberger, Matthias 292

Farinacci, Roberto 196
Feininger, Lyonel 233
Ferenczi, I. 167
Ferguson, Homer L. 141
Filene, Edward 205
Foch, Ferdinand 95, 101
Ford, Henry 189, 192, 204
Fraenkel, Ernst 280, 386
Frank, K. G. 81
Franz Ferdinand, Erzherzog von Österreich-Este 93
Freud, Sigmund 219
Freyer, Hans 226
Freytagh-Loringhoven, Axel Frhr. von 262
Friedrich II. (der Große), König von Preußen 227, 231, 377

Gantt, Henry L. 190, 207
Gaulle, Charles de 390
George, Stefan 216
Gessler, Otto 23
Gilbert, Parker S. 85f., 105, 107, 355
Gilsa, Erich von 355–358
Glass, Carter 140
Goerdeler, Carl-F. 341, 344, 347, 351
Goethe, Johann Wolfgang von 228
Gramsci, Antonio 188, 206
Graßmann, Peter 273
Grau, Richard 296
Grimm, Hans 226
Groener, Wilhelm 97, 351, 355
Gropius, Walter 192, 232–235
Groves, Lawrence H. 84
Guardini, Romano 219

Haecker, Theodor 219
Hagen, Louis 96
Haller, Max 81
Harding, Warren G. 66f.
Harriman, William Averell 80
Hasenclever, Walter 216
Hasse, Otto 261

Hauptmann, Gerhart 217
Hegel, Georg Wilhelm Friedrich 218, 222, 281, 388
Heidegger, Martin 221f., 226
Heilmann, Ernst 273
Heine, Heinrich 228
Held, Heinrich 343
Hergt, Oscar 259
Herriot, Edouard 102, 193
Heuss, Alfred 21
Heuss, Theodor 280
Hilferding, Rudolf 201, 273f., 277, 282f., 341, 356
Hindenburg, Paul von Beneckendorff und 249, 254, 262, 264–267, 272, 302f., 314, 324, 341f., 351, 355f., 379
Hintze, Otto 229f.
Hitler, Adolf 14, 16ff., 25, 45, 56f., 59, 108, 123, 219, 223, 266, 274, 278, 281, 296, 303, 306f., 318, 326, 332, 341, 361, 363, 368f., 371, 375, 377–380, 382f., 391
Hoegner, Wilhelm 279
Höltermann, Karl 273
Hoetzsch, Otto 361
Hofmannsthal, Hugo von 227, 231
Hoover, Herbert L. 63, 65, 67, 78, 89, 106ff., 206
House, Edward Mandel 96
Hugenberg, Alfred 106, 262, 265ff., 341, 351ff., 359, 362ff.
Hughes, Charles E. 63, 66–69
Hume, David 231
Husserl, Edmund 219

Itten, Johannes 234
Jacoby, Erwin 296
Jaeger, Werner 220
Jarres, Karl 70, 101
Jaspers, Karl 13, 220ff.
Joël, Curt 352
Joll, James 21
Jünger, Ernst 218, 227
Jung, Carl Gustav 219

Kaas, Ludwig 314
Kahr, Gustav Ritter von 255, 292
Kandinsky, Wassily 233f.

Kantorowicz, Ernst 231
Kastl, Ludwig 361
Kautsky, Karl 263, 274, 276, 281
Kehr, Eckart 19
Kellogg, Frank Billings 73
Kessler, Harry Graf 46
Keynes, John Maynard 117
Kierkegaard, Søren 221 f.
Klages, Ludwig 226
Klee, Paul 233 f.
Klein, Julius 77 f.
Kleist, Peter von 23
Klepper, Otto 355
Klöckner, Peter 99
Klotz, Louis-Lucien 97
Koch-Weser, Erich 90, 360
Kopp, Victor L. 47, 52
Krestinskij, Nikolai N. 53
Krieger, Leonard 378
Kuczynski, Robert R. 131, 163
Kühlmann, Robert von 46
Külz, Wilhelm 312

Lambach, Walther 261 f.
Lamont, Thomas W. 68, 145
Landauer, Karl 201
Langbehn, Julius 197
Larin, J. (M. A. Lurje) 201
Lassalle, Ferdinand 275 f.
Laval, Pierre 89, 108
Law, Andrew Bonar 51
Leber, Julius 23, 274, 278, 280, 284
Le Corbusier (Charles F. Jeanneret) 192, 198
Leichter, Otto 273
Lenin, Wladimir Iljitsch 38, 45 f., 50, 192, 201 f.
Lenz, Max 229
Lerchenfeld-Köfering, Hugo Max Graf von 370
Levi, Paul 283
Lewin, Kurt 200
Liebknecht, Wilhelm 46, 387
Lindbergh, Charles, jr. 206
Litvinov, Maxim 39, 41, 58
Lloyd George, David 95 f., 116–120
Locke, John 231
Löbe, Paul 261

Logan, James A. 69
Loucheur, Louis 97
Ludendorff, Erich 46, 94, 371
Ludwig III., König von Bayern 257
Ludwig, Emil 58
Luther, Hans 23, 101 f., 239, 243 f., 248 f., 313 ff., 349 f., 353, 359 f.
Luther, Martin 227, 377
Lysis (pseud. für Letailleur, Ernest) 194

Macchiavelli, Niccolò 231
MacDonald, James Ramsay 89, 108, 120, 123
McGuire, Constantine E. 147
MacMahon, Maurice de 303
Maltzan, Adolf Georg Otto Frhr. von 47 f.
Mangin, Charles 96
Mann, Heinrich 387
Mann, Thomas 217, 230, 381, 389
Marc, Franz 215
Marcks, Erich 228 f.
Marcks, Gerhard 233
Marinetti, Filippo Tommaso 192
Marx, Karl 102, 219, 231, 275 f., 281
Marx, Wilhelm 239, 244, 264 f., 313 f.
Matteotti, Giacomo 196
Mayer, Gustav 228
Meinecke, Friedrich 217, 226, 228, 230 f., 259 f., 263, 371, 374
Meissner, Otto 314
Mendelsohn, Erich 232
Mercier, Ernest 206
Metternich-Winneburg, Clemens Wenzel Fürst von 386
Miljutin (Wladimir Pawlowitsch) 201
Moellendorff, Wichard Joachim Heinrich von 198–203
Moholy-Nagy, Laszlo 233 f.
Moldenhauer, Paul 352, 356, 358
Molotow, Wjatscheslaw Michajlowitsch 57
Mommsen, Theodor 228
Morgan, J. P. 68, 145
Moulton, Harold G. 147
Müller-Franken, Hermann 55, 74, 105 f., 277 f., 283, 302, 345
Mussolini, Benito 195 f.
Muth, Carl 219
Muthesius, Hermann 192

Natorp, Paul 225
Naumann, Friedrich 21, 192, 230
Neumann, Sigmund 9
Nietzsche, Friedrich 217f., 377, 388
Noske, Gustav 283

Ossietzky, Carl von 228

Papen, Franz von 23, 44f., 56, 59, 90, 123, 179, 272f., 279, 299, 301, 304ff., 319
Piloty, Robert 296
Pinthus, Kurt 215
Poincaré, Raymond 99–102, 105, 206
Preußen, Eitel Friedrich, Prinz von 257
Prittwitz und Gaffron, Friedrich W. von 81
Proust, Marcel 214
Pünder, Hermann J. M. 350, 353, 361

Radek, Karl 48
Ranke, Leopold von 229f., 391
Rathenau, Walther 48, 68, 99, 119, 198f., 201ff., 227, 292
Raumer, Hans von 357
Reinhardt, Karl 220
Reusch, Paul 356, 360
Reventlow, Ernst Graf von 371
Ricardo, David 231
Ritter, Gerhard 374
Rocca, Massimo 195f.
Röhm, Ernst 255
Roosevelt, Franklin D. 207
Rosenberg, Arthur 18f., 21, 27, 249, 301
Rossoni, Edmondo 196
Rousseau, Jean-Jacques 231
Rupprecht, Kronprinz von Bayern 257f., 267
Russell, E. E. 83

Saint Simon, Claude Henri de Rouvroy Comte de 193
Scott, Howard 207
Seeckt, Hans von 43, 49, 313
Sender, Toni 274
Severing, Carl 18, 273, 277, 341
Severini, Gino 192
Seydewitz, Max 278, 283
Seydoux, Jacques 99
Silverberg, Paul 203, 354

Simon, Sir John 113, 115
Simons, Walter 47
Sombart, Werner 172, 226
Sorel, Georges 194f., 197
Spann, Othmar 231
Spengler, Oswald 197f., 218, 221, 227, 278

Schacht, Hjalmar 86, 106, 356, 359
Schäffer, Fritz 261, 360
Schäffer, Hans 349f., 353, 355, 360f.
Scheidemann, Philipp 97, 277
Scheler, Max 217, 219
Schiele, Martin 350
Schiffer, Eugen 293
Schlange-Schöningen, Hans 351
Schleicher, Kurt von 44f., 56, 59, 90, 179, 261, 274, 299, 305, 314, 341f., 345, 351
Schlemmer, Oskar 233
Schmitt, Carl 16, 26, 296
Schönberg, Arnold 215
Scholz, Ernst 360
Schubert, Karl von 75
Schumacher, Kurt 276, 282
Schurman, Jacob Gould 62
Schwerin von Krosigk, Johann Ludwig (Lutz) Graf 23

Stadelmann, Rudolf 15, 368, 378, 386
Stalin, Josef 18, 39, 42, 55f., 58f., 206
Stampfer, Friedrich 275f., 278, 280
Stimson, Henry Lewis 87, 89f., 108
Stinnes, Hugo 68, 203
Strasser, Gregor 305
Stresemann, Gustav 23, 25, 41, 44f., 51–55, 59, 72–75, 85, 89, 100–106, 121f., 240f., 264, 266, 277, 371, 383
Strong, Benjamin 70, 85

Tardieu, André 89, 206
Taylor, Alan John Percivale 377
Taylor, Frederick W. 190ff., 200
Techow, Ernst-Walter 227
Thaer, Albrecht von 371
Thalheim, Karl Christian 163, 167, 170
Thomas von Aquin 219
Tirard, Paul 101
Tirpitz, Alfred von 369

Tönnies, Ferdinand 226, 231
Treviranus, Gottfried R. 350
Troeltsch, Ernst 230f., 389
Tschitscherin, Georgi Wassiljewitsch 41, 47f., 51
Tucker, Rufus S. 146, 151
Turner, Henry A. 380

Vanderlip, Frank A. 146
Veblen, Thorstein B. 193ff., 203, 207
Viviani, René 66
Voltaire, François Marie Arouet de 231

Wagner, Richard 388
Warburg, Max 142
Warburg, Paul 71, 142
Weber, Max 229, 260, 279, 369, 388, 391
Weizsäcker, Ernst von 23
Weizsäcker, Viktor von 220
Wels, Otto 272, 274, 281
Werfel, Franz 215

Westarp, Kuno Graf 22, 259, 261, 264
Wheeler-Bennett, John W. 341, 344
Wilhelm II., Deutscher Kaiser und König von Preußen 257–260, 303, 341
Wilhelm, Kronprinz des Deutschen Reiches 257f., 266, 341
Wilhelm II., König von Württemberg 257
Williams, John H. 146, 148f., 151
Wilson, Edwin E. 86
Wilson, Henry 115
Wilson, Woodrow 63, 66, 95f., 117, 198
Wirth, Joseph 48, 99, 102, 242, 254, 276, 351
Wissell, Rudolf 198, 200f.
Wittig, Josef 220
Wolfenstein, Alfred 216

Young, Owen D. 69ff., 81, 86, 105, 349

Zarden, Ernst 357
Zweigert, Erich 352
Zwiedineck-Südenhorst, Otto von 323

Athenäum Verlag GmbH
Postfach 1220

D-6240 Königstein/Ts.

Droste Verlag GmbH
Postfach 1122

D-4000 Düsseldorf 1

Jens Flemming/Claus-Dieter Krohn/Klaus Saul/Dirk Stegmann/Peter-Christian Witt (Hrsg.)
Die Republik von Weimar
ADT 7224 und ADT 7225
Band 1: Das politische System
1979. 240 Seiten, kt.
ISBN 3-7610-7224-4
Band 2: Das sozialökonomische System
1979. 216 Seiten, kt.
ISBN 3-7610-7225-2

Die beiden Bände „Die Republik von Weimar" lassen in Quellen und Dokumenten die Zeit selbst zu Worte kommen. Verbunden mit Übersichtsdarstellungen und problemorientierten Einführungen, Sachstichworten und Kurzbiographien ergibt sich ein Übersichts-, Text- und Arbeitsbuch zur Sozialgeschichte der Weimarer Republik.
Band 1 behandelt unter dem Stichwort „Politisches System" Aspekte der Verfassungspolitik, der Entwicklung von Parteien und Verbänden, der Rolle des Militärs und der Bürokratie.
Band 2 behandelt unter dem Stichwort „Sozialökonomisches System" Aspekte der Sozial- und Wirtschaftspolitik, der Beziehungen zwischen den großen gesellschaftlichen Gruppen und Schichten und deren Verhältnis zum Staat.

Hans Mommsen/Dietmar Petzina/Bernd Weisbrod (Hrsg.)
Industrielles System und politische Entwicklung in der Weimarer Republik
Nachdruck der Ausgabe 1974. Mit einem Vorwort 1977
ADT 7206 und ADTG 7207
1977. 2 Bände, zus. 1020 Seiten, kt.
Band 1: ISBN 3-7610-7206-6
Band 2: ISBN 3-7610-7207-4

Internationale Historiker, Nationalökonomen und Politologen legen in diesem Band wichtige Forschungsergebnisse zum sozialökonomischen Strukturwandel der Weimarer Republik vor. Dabei wird deutlich, daß die Probleme der Weimarer Republik in vieler Hinsicht bis heute fortwirken.

Ludwig Preller
Sozialpolitik in der Weimarer Republik
Nach der Erstausgabe von 1949.
Mit einer Einführung von Albin Gladen
ADT 7210
1978. 570 Seiten, kt., ISBN 3-7610-7210-4

Das Buch breitet in Jahrzehnten zusammengetragene, souverän vorgestellte und analysierte Daten und Materialien zur Sozialpolitik von der Zeit des Ersten Weltkrieges bis zum Untergang der Weimarer Demokratie aus. Dabei ergeben sich unübersehbare Beziehungen zur Gegenwart des Deutschland nach 1945.

Karl Dietrich Bracher
Die Auflösung der Weimarer Republik
Eine Studie zum Problem des Machtverfalls in der Demokratie. Mit einem Vorwort des Verfassers zur Taschenbuchausgabe
ADT 7216
1978. 734 Seiten, kt., ISBN 3-7610-7216-3

Karl Dietrich Bracher analysiert in diesem Standardwerk Struktur, Niedergang und Auflösung der Weimarer Republik – den geradezu exemplarischen Fall, an dem die Problematik einer parlamentarisch-rechtsstaatlichen Demokratie angesichts der Versuchung und Bedrohung durch links- und rechtsradikale, autoritäre und totalitäre Kräfte in Staat und Gesellschaft studiert werden kann.

Erich Matthias/Rudolf Morsey (Hrsg.)
Das Ende der Parteien 1933
Darstellungen und Dokumente
ADT 7220
1979. 864 Seiten, kt., ISBN 3-7610-7220-1

Dieses 1960 erstmals erschienene Standardwerk ist bis heute trotz zahlreicher Einzelforschungen als Gesamtdarstellung unübertroffen. Es beschreibt Verhalten und Versagen der Parteien und politischen Gruppierungen in der letzten Phase der Weimarer Republik und in den ersten dramatisch bewegten Monaten der nationalsozialistischen Diktatur.

Verlagsgruppe Athenäum · Hain · Scriptor · Hanstein
Postf. 1220 · 6240 Königstein/Ts. · Tel. (0 61 74) 30 26